U0937545

从『馆舍天地』走向『大千世界』

——关于广义博物馆的思考

单霁翔 著

守正创新·思辨文博

单霁翔文化遗产保护丛书

天津大学出版社
TIANJIN UNIVERSITY PRESS

图书在版编目(CIP)数据

从“馆舍天地”走向“大千世界”：关于广义博物馆的思考 / 单霁翔著. — 天津：天津大学出版社，2019.12
（守正创新　思辨文博）
ISBN 978-7-5618-6550-7

Ⅰ. ①从… Ⅱ. ①单… Ⅲ. ①博物馆学 Ⅳ. ①G26

中国版本图书馆CIP数据核字(2019)第215121号

Cong “Guanshe Tiandi” Zouxiang “Daqian Shijie” ——Guanyu Guangyi Bowuguan de Sikao

策划编辑　金　磊　韩振平　苗　淼
责任编辑　李　源
装帧设计　王建泽　谷英卉

出版发行　天津大学出版社
地　　址　天津市卫津路92号天津大学内(邮编：300072)
电　　话　发行部：022-27403647
网　　址　www.tjupress.com.cn
印　　刷　廊坊市海涛印刷有限公司
经　　销　全国各地新华书店
开　　本　185mm×260mm
印　　张　32.25
字　　数　557千
版　　次　2019年12月第1版
印　　次　2019年12月第1次
印　　数　1—2000
定　　价　96.00元

目 录

第一章 引言

《东南文化》2009年第6期，发表了著名博物馆学专家苏东海先生的《国际博物馆理论研究的分化与整合——博物馆研究的两条思想路线札记》一文，文中对1946年国际博物馆协会成立以来，世界博物馆领域发展和博物馆学演进过程中的一系列分化事件进行了科学梳理，并指出“博物馆发展中的分化与整合不是孤立的，它是博物馆在适应社会发展大环境中产生的分歧，并且形成了两条各有侧重的思想路线：一条是以博物馆功能为基础的专业化路线，另一条是以博物馆职能为基础的社会化路线。当前，这两条思想路线正在新整合理论的整合下进行新的探索和实践”①。上述所说“一系列分化事件”中，最引人瞩目的是国际博物馆协会的“分裂”，即由于文化遗产涵盖的范围越来越大，1965年，在联合国教科文组织的主持下，成立了独立的“国际古迹遗址理事会”，正式与国际博物馆协会相分离，成为专门致力于文化遗产保护的非政府组织。这是文化遗产事业发展壮大后的必然结果。此后，虽然在很多情况下，博物馆专业人员仍然积极参与保护不可移动文物的行动，但是更多的精力集中于博物馆馆舍内的各项业务和自身建设。国际博物馆协会前副主席P.博伊兰（P.Boylan）在1996年发表的《国际博物馆协会五十年》回忆文章中认为：“将保护世界物质文化遗产的责任人为地割裂开，是对双方力量的削弱，是国

① 苏东海:《国际博物馆理论研究的分化与整合——博物馆研究的两条思想路线札记》，载《东南文化》，2009（6）：9。

际博物馆协会成立 25 年间的最为严重的失误。”

量子论创始人 M. 普朗克（M.Planck）认为：“科学是内在的整体，被分解为单独的部门不是取决于事物的本质，而是取决于人类认识能力的局限性。”科学研究的目的就是要突破人类认识上一个又一个局限性，而要使种种局限性获得根本性突破，就必须注重学术的综合，加强交叉学科研究。博物馆资源作为人类资源中的一种独特的存在形式，有着自身的包容范畴。“在我们看来，博物馆学曾经而且现在仍陷在某种理论的僵局之中，它对博物馆自身的密切关注从一定程度上阻滞了我们的反思，无法充分拓展思维，树立更宏伟的规划。当时，我们深感如笼中鸟、网中鱼，所以，作为积极向上的激进派，我们被迫回溯到博物馆之最本源的问题，然后一路逆流而上探究它的功能，诸如收藏、研究、文化传播，等等。”[①]传统的博物馆，本质上定义为收藏、展示、教育和研究四大功能。美国著名博物馆学者 S. 威尔（S.Weil）却认为，博物馆过于强调功能，忽视了它存在的目的，那就是“为大众开放，促进社会发展，并以研究、教育及娱乐为目的”。从真正意义上的博物馆出现到现在，博物馆从贵族、社会名流、研究人员等少数人的古物陈列所、学术据点，到成为人们的“精神的家园”“文化的绿洲”“知识的殿堂”“城市的客厅”“文明的窗口”，博物馆经历了深刻的文化演变。

上海博物馆陈燮君馆长认为，博物馆文化拥有四大力量，即以其民族凝聚力，诉说着民族文化的博大精深、源远流长；以其历史穿透力，演绎着漫长历史的沧桑巨变、岁月坦诚；以其文明渗透力，寻觅着中华文明的悠悠源头、绵绵根脉；以其艺术感染力，守望着精神家园的世代传承、人文自豪[②]。徐忠文先生认为，“博物馆是什么？博物馆是历史的终点，更是历史的起点，即人类发展的驿站。它的责任是尽可能地收集、保护好人类前行中所取得的成就和过失，更要为人类走向更高的文明提供路标，同时也应是人类心灵得以净化的圣殿”[③]。美国博物馆学家哈里森（Harrison）曾在阐述 20 世纪 90 年代博物馆观念的文章中指出，新博物馆学的观念

① 弗朗索瓦·科泰：《博物馆城市之脉动与激情》，载《国际博物馆》，2006（2）：43。
② 陈燮君：《博物馆——守望精神家园》，载《人民政协报》，2009-09-14（C4）。
③ 徐忠文：《走出博物馆免费开放后的迷茫》，载《中国文物报》，2009-02-20（6）。

是相对于传统博物馆学的观念而言的，并尝试对过去的概念作一番全面的检讨与批判。它的重心不再置于传统博物馆一向奉为准则的典藏建档、保存、陈列等功能，转而关怀社区民众与社区的需求，这也成为博物馆经营的最高指导准则。法国卢浮宫馆长 H. 瓦路莱特（H.Valorette）认为："今天的博物馆不能仅仅满足于'接待'。今天，博物馆应该在城市生活占据重要的地位，扮演重要的角色，它是公民责任感的工具，是批判精神的孵化器，是品位的创造地，它保存着理解世界的钥匙。当然前提条件是它必须有能力通过各种手段，不仅将这些钥匙传递给它的同道，而且还要传递给所有其他的人。"[①]这些见解表明人们在深入思考博物馆在新时期的功能与职能。

今天，博物馆工作的内容涵盖了整个文化遗产的信息体系和价值体系。"现代意义上的博物馆从其诞生起就肩负了很重的社会责任。如果说博物馆从'贵族化'到'平民化'用了 200 年的时间，那么，随着世界上全球化、社区化、信息化、网络化、数字化和个性化特点的显现，博物馆正在与时俱进，走上现代化的探寻之路，其中最主要的莫过于博物馆文化的创新和发展"。长期以来，"博物馆界内部的改革派也一直没有停止探索，他们提倡博物馆要和环境融为一体，博物馆里的遗产要回到遗产地去，他们掀起了新博物馆学运动和生态博物馆学运动，博物馆要进入生活之中，要为社会服务"[②]。这个问题也引起了联合国教科文组织的重视，目前国际博物馆协会与国际古迹遗址理事会这两大文化遗产保护领域的国际组织，在越来越多的领域加强合作，也使博物馆在保护不可移动文物中发挥出更大作用[③]。对此，苏东海先生指出，"研究博物馆在适应社会发展中出现的分化与整合是博物馆发展研究和历史研究中有价值的课题"。"现代博物馆在价值取向上的最大变化就是推倒思想围墙，使博物馆勇敢地融入社会发展的洪流中去，面向社会大众，表达他们在文化上的企盼；面向城市生活，展示文化的多样性；面向发展着的实际，不断地更新理念"[④]。

① 曹静，黄玮：《世界文明的高处相逢》，载《解放日报》，2008-03-19（5）。
② 曹兵武：《关于博物馆的核心价值》，载《中国文物报》，2007-12-28（6）。
③ 涂小元，田家馨：《浅析博物馆与城市文明的关系——兼论博物馆保护文化遗产的作用》，见《携手 2010：宁波国际博物馆高峰论坛论文选辑》，第 84 页。
④ 陈燮君：《博物馆——守望精神家园》，载《人民政协报》，2009-09-14（C4）。

近年来，我国博物馆界始终关注社会现实，跟踪社会热点，先后针对博物馆与环境、博物馆与全球化、博物馆与无形遗产、博物馆与文化多样性、博物馆与社会变革及发展、博物馆与科学发展观、博物馆与社会和谐等课题进行积极探索。随着经济社会的发展，公众对文化的需求呈现出多样化、多层次的状态。各级政府也开始将更多关注的目光投向全体公众基本的文化权益和基本的文化需求。在这一背景下，博物馆的概念也应随着公众需求的多样化而扩大，不断创新博物馆文化的展现方式，提高博物馆文化的服务能力，不仅文化遗产领域所有的信息都可能被纳入博物馆文化之中，甚至博物馆本身也成为地区文化活动的核心。“实际上，在过去几年的不断尝试的过程中，我们总结出一个观点，即实践博物馆学理论的最有意义的方式是保证给予文化交流和多学科组合以更大的空间，同时真正地吸引更多的人就我们的研究对象进行讨论。在这层意义上博物馆学是个纳百川之流、聚四海之智而非故步自封的领域”。“我们所要倡导的是由博物馆所引导的一种特有的文化，它不仅仅只被理解成城市过去的标志和记录，局限于展示城市文明原有的发展进程，而是要打破对博物馆功能理解的禁锢，将它看作城市文明的推进者和引导者，鼓励其搭建文化多元性展示的舞台，利用特有的资源和方式，为城市乃至社会提供精神文明的有力支持”[①]。

著名物理学家 W. 海森伯（W.Helsenberg）指出：“在人类思想史上，重大成果的发现常常发生在两条不同的思维路线的交叉点上。”学科交叉点往往就是科学新的生长点、新的前沿，最有可能产生重大的突破。国际博物馆领域曾经历“从整体走向分化”，而在新的历史时期，人们期待重新“从分化走向整合”。“在现实需要的面前，以专业化为基础的主流博物馆的改革与以社会化为基础的改革日益融合起来。两者并非对抗的矛盾的，而是可以相容的，两者的从对抗到包容是理论日益成熟的表现”[②]。国际博物馆协会根据新的形势，确定 2008 年“国际博物馆日”的主题为“博物馆：社会变革与发展的动力”。

① 朱莉，丁燕：《博物馆城市文明的践行者》，见《携手 2010：宁波国际博物馆高峰论坛论文选辑》，第 109 页。

② 苏东海：《国际博物馆理论研究的分化与整合——博物馆研究的两条思想路线札记》，载《东南文化》，2009（6）12。

陕西大唐西市博物馆（2009 年 11 月 19 日）

这一主题，从更高层次上明确赋予了博物馆的社会责任，从而要求博物馆进一步增强使命意识、责任感和自觉性，努力完善自身功能，充分发挥社会教育和文化传播职能，更好地为社会及其发展服务。既保证博物馆的本质，又向更多的公众开放，提供更加丰富的知识经验，这是当前博物馆面对的一个挑战。因此，需要不失时机地运用“融贯的综合研究”方法，科学地揭示博物馆的本质特征，进一步认识博物馆学科的重要性和科学性，从更大的范围内和更高的层次上提供相关理论框架，揭示其内容的广泛性和错综复杂性，从而对博物馆文化资源的丰富内涵和外延深度作出创新辨识。

吴良镛教授于 1989 年创立了“广义建筑学”理论，提出采用“融贯的综合研究”方法，扩大相关学科的概念和视野，推动学科的不断进步。他认为：“融贯的综合研究”方法的理论框架，并非一般意义上的“跨学科”，而是以某一学科为中心，有目的地向外围展开，在有关科学中寻找结合点，以解决有关具体问题。这样既可以扩大原有的知识领域，又比在目的不明确的情况下，一般地从多学科间的交叉来探索更为集中，因而有可能将学科的发展推向更高的层次。今天，博物馆具有开阔前景，充满发展机遇。面对博物馆领域呈现出的发展变化，通过深刻领会广义认识理论的时代意义，运用“融贯的综合研究”方法，深入思考博物馆概念内涵的深化和外延的扩展，准确地把握新时期博物馆事业的发展趋势，正确处理博物馆学科与其他学科的各种关系，探求博物馆文化体系的完善，从更广阔的视野、更深入的角度，分析和梳理文化遗产保护与博物馆发展之间的内在联系，更加多样化地理解博物馆的功能与职能，评价博物馆的社会价值，探索新的博物馆类型和相应的发展方式，强调博物馆事业“整体的观念”，将传统的博物馆理论扩展为全面发展、兼容并蓄、动态开放的博物馆理论，实现博物馆事业的健康发展。

今天，面对城市化进程加速，大规模城乡建设持续展开，人类社会珍贵的文化记忆在以前所未有的速度消失。在此情况下，博物馆不能再囿于过去所形成的传统框架，不能再将博物馆的活动空间和影响范围循规蹈矩地限定在馆舍之内或有限领域，而应该创建和拓展出更大的空间和更宽的区域。博物馆反映着城市的文化形象，表达着城市的文化精髓，在广大民众中扮演着不可或缺的角色，这表明博物馆的结构已经日趋复杂和多元，博物馆事业的领域，不仅在博物馆的建筑群内和人工制品之间，而是涵盖整个城市生活领域，包容作为整体的文化遗产。同时，在传统意义上，博物馆无一例外地集中反映历史变迁，对现在状况和未来发展则往往不感兴趣。如今博物馆与人们现实的生活联系日益紧密，博物馆类型和文物藏品内容都已经发生变化。人们不仅要“为今天而收藏昨天”，而且还要更多地关注人类的“今天”和“明天”，“为明天而收藏今天”。当越来越多的现代和当代文物成为博物馆的藏品和展品，将进一步拉近广大民众与博物馆的时空距离，增强亲和力和影响力。事实上，在人类生存环境演进和城市生活变迁中，过去、现在和将来往往浑然一体，过去的遗存、当代的生活和未来的迹象，往往同时呈现于社会生活之中。因此，博物馆文化不应仅记录过去，还应反映现代和未来发展。

今天博物馆的核心价值，是从保护文物藏品到保护文化遗产，再到服务社会，进而向参与推动社会变革的神圣责任回归，这是人类在现代博物馆诞生二百多年后的历史选择，是人类在进入全球化时代后的理性决策，是对博物馆具有永久意义的真理原则与价值原则的科学诠释，更是对要成为"一个在保护世界文化遗产和自然遗产方面令人尊敬的声音"卓有成效的履行。为此，董贻安先生提出"博物馆大资源观"，认为博物馆大资源观应该是站在21世纪和全球化的高度，在对我国和世界博物馆资源比较研究基础上，建构起由有形和无形形态组合的整体框架。从本质上讲，博物馆大资源观就是运用广义认识论，以大世界、大时代、大思维、大构建、大手笔实现对博物馆资源的不断认知。这既是一种方法，也是一种境界，更是一种进入深层次的思维方式。旧址博物馆和遗址博物馆，将保护对象扩大到不可移动文物，突破了人们头脑中传统博物馆固有的拥有一定藏品和特定馆舍建筑的概念；生态博物馆和社区博物馆，将保护范围扩大到文化遗产留存的区域，并引入社区居民参与管理的方式，同时寻求文化遗产在未来的延续和发展；数字博物馆，突破空间和时间的藩篱，在更广阔的范围，在任何时间和任何地点之间穿梭链接，促进博物馆文化的影响和传播。

新时期博物馆文化的发展目标，将从满足广大民众日益增长的文化需求，拓展到保障广大民众的基本文化权益，再拓展到让广大民众共享文化发展成果。这是"以人为本"理念在博物馆领域的体现。博物馆存在的前提是文物藏品，但是在博物馆的物质资源中蕴藏着丰富的人类文化精神。"博物馆文化的精髓不是留恋过去和固有，而是探索、发现和创新未知与未来。它用物化的'往事'启发来者，哺育新生"①。因此，不能认为博物馆只是文物的积累，藏品的仓储，历史的收藏，静态的展示。同时，博物馆还应努力站位时代的前沿，催生人们对美好生活的向往，催生

① 彭俐：《博物馆引领时尚》，载《北京日报》，2010-02-21（12）。

美国盖蒂博物馆（2005 年 3 月 25 日）

社会崭新的艺术、道德、观念和行为。如果仅是见物不见人，就如同人没有灵魂一样，只能是博物馆文物藏品的堆积。“博物馆绝不是杂货铺，也不是古董店，博物馆是展示文明的窗口，是讲故事的场所，是还原历史的地方”。为此，必须挖掘博物馆的文化内涵和文化精神，以展现民族文化的伟大创造力和生命力。博物馆藏品涵盖着物质和非物质文化遗产两大因素，“物和非物都成了博物馆的保护对象，博物馆已经从收藏人类不断消灭的物，变为保护收藏人类不断变化的文化精髓，成为人类长河中的一道堤坝，守护着日渐消失的文明，传承着古老稀有的习俗”。这是一个崭新的理念，对博物馆的收藏、研究和展示都具有重要的启迪作用[①]。

今天，人们已经越来越感觉到博物馆文化快速走进自己日常生活的脚步声。近

① 袁仲一：《“博物馆话题”读后》，载《中国文物报》，2010-03-23（4）。

年来，伴随人类对保护文化多样性的觉悟逐渐强化，对文化遗产多样性的认识也逐渐加深，而对文化遗产多样性的认识，带动博物馆文化多样性的思考。“我国的博物馆经历了从被认为是城市的名片到城市的客厅的发展过程。从‘参观’改变为‘使用’，从灌入信息到获取信息”。G.B. 古德（G.B.Goode）曾指出：“博物馆不在于它拥有什么，而在于它以其有用的资源做了什么。”[①]博物馆不再是传统意义上的简单的收藏、陈列和科研，而是多元化、多功能的文化设施。博物馆的触角伸入社会的各个领域、各个行业、各个阶层。博物馆的功能和职能也已经大大超出以往博物馆所发挥和所承担的责任与义务，博物馆不但参与城市文化发展进程，而且与城市经济社会发展息息相关。历经沧桑的我国博物馆，正在通过自身的不断完善，见证并推动着社会向前迈进。随着社会变革的深化，博物馆功能正在延伸，博物馆价值正在提升，博物馆事业正在壮大。此时此刻，更加需要清醒地分析国际发展趋势，认清自身不足，在博物馆事业发展中避免追逐功利、遏制浮躁之风，坚持从现实国情出发，从夯实基础做起，从社会需求实践，真正使博物馆成为开启公众智慧的钥匙、创新思想观念的源泉。当前，我们正面临博物馆事业前所未有的发展机遇期，必须抓住这一历史机遇，我国博物馆事业才能取得功在当代、利在千秋的辉煌成就。

① 陈同乐：《后博物馆时代》，载《东南文化》，2009（6）：6。

红色娘子军纪念馆
红色娘子军

第二章
博物馆社会职能的调整与完善

今天，人类生活在一个非同寻常的快速变革的时代，变革影响到每一个国家、每一个城市、每一个社区的方方面面。全球化也带来了新的挑战，由于变革速度加快，知识、财富和权力在快速转移，思潮、理念和观点也在快速变更。在这一背景下，博物馆面临着正确理解自身价值以及重新定义宗旨、功能和职能的任务。事实证明，任何一座博物馆都不可能独善其身，必然参与到全球变革的进程中来，面临着各种挑战和选择。这些新的挑战和选择，也给博物馆提供了分享国际社会经验、完善自身功能和职能、加强能力建设的机遇。

2.1 国际社会博物馆定义的调整

人类先具有收藏宝物的意识和行为，而后才有博物馆的出现。无论在中国，还是在西方的文化发展历史上，博物馆都称得上源远流长。在我国，博物馆收藏的早期形态可以追溯到夏商时期；而在西方，博物馆的萌芽也可以远溯到古希腊、古罗马时期。由于博物馆的建立与发展具有漫长的历史，因此，不同时代人们对于博物馆的理解不尽相同，关于博物馆功能与职能的定位，也随着时代的发展而不断变化。在博物馆发展的雏形阶段，人们只把博物馆作为名器重宝的收藏所。“这时的博物馆还只是特权阶级的活动场所，它们总是与‘奇珍异宝’联系在一起，帝王在此显示自己的权力，教会在此释放神的力量，贵族在此展示自己的财富，贵妇人也在这里炫耀自己的时装。所有的一切如同一个上流社会的沙龙”[①]。到欧洲文艺复兴时期，古代希腊、罗马的古典遗物受到重视，出现了搜求、研究古物的热潮，博物馆不仅保藏古物，而且对古物进行研究与探讨。但是在这一时期，无论是皇宫、王室，还是寺庙、教堂，对藏品的收集、交流和展示，仍然仅仅是较小范围私人性质的行为。直到 19 世纪末，人们开始将博物馆看作“博览兼收、益智集思”的机构；20 世纪初，博物馆被视为“高阁广场、罗列物品、古今兼备、纵人观览”的设施；20 世纪 30 年代，博物馆发展为一种文化机构，不再是专门用来保管宝物的仓库，而是以实物进行教育的组织，是探讨学问的场所[②]。

第二次世界大战以后，博物馆学研究一度呈现出繁荣景象，西欧、北美、日本均有一大批研究成果问世。例如联邦德国出版了《未来的博物馆》，美国出版了《寻求有用的未来博物馆》《危机中的博物馆》，日本出版了《博物馆学纲要》，前苏联出版了《苏联博物馆学基础》等有影响力的博物馆学方面的专著。1977 年，英国学者 K. 赫德森（K.Hudson）所著《八十年代的博物馆——世界趋势综览》一书由联合国教科文组织和伦敦麦克米伦出版有限公司出版。该书从博物馆资源、藏品保护、博物馆建筑、博物馆及其观众、人员的选择与训练、博物馆管理等方面，对当代世界博物馆及未来博物馆发展进行评论，在国际博物馆界产生了较大影响[③]。1946 年 11 月，国际博物馆协会（ICOM）在法国巴黎成立，成为世界上唯一代表博物馆和博物馆专业人员的国际组织，也是国际博物馆界最有影响力的组织。国际博物馆协会致力于在世界范围内鼓励并支持各类博物馆的建立、发展及专业管理；增进人们对博物馆在为社会及其发展服务中的性质、职能及作用的认识与了解；组织不同国家博物馆之间及博物馆专业工作人员之间的合作与互助；代表、支持并增进博物馆各类专业人员的利益；增进并传播博物馆学及其他有关博物馆管理及运转规则的知识，

① 刘克成：《到博物馆去》，载《建筑与文化》，2007（2）：10。
② 于萍：《博物馆与博物馆文化传播》，载《丝绸之路》，2009（18）：92。
③ 张桂华：《博物馆学研究趋向探析》，载《丝绸之路》，2010（6）：94。

规范博物馆道德的标准。

在最初的《国际博物馆协会章程》中，第一次提出了规范的博物馆定义，即“博物馆是指向公众开放的美术、工艺、科学、历史以及考古学藏品的机构，也包括动物园和植物园，但图书馆如无常设陈列室者则除外”。同时，国际博物馆协会将博物馆与保护不可移动文物结合起来，要求博物馆在保护不可移动文物中发挥出更大的作用。然而，“国际博物馆界的认识分歧从国际博物馆协会一开始建立就产生了”。“这个定义在领导层中产生了分歧，争论的焦点在于那些不以藏品为中心的机构。如动物园、植物园、图书馆陈列室应否算作博物馆”。苏东海先生评价说：“现在看来，那时只对机构膨胀持否定态度，并没有认识到第一个定义引发的机构之争，实际上正是博物馆改革的一个新思想的开端，体现了博物馆走向社会最初的一种努力。”①20世纪50年代，博物馆开始被视为科学研究机构、文化教育机构、物质文化和精神文化遗存与自然标本的主要收藏机构。由此不难看出，早在20世纪前叶，国际领域对于博物馆功能与职能的认识，已经开始上升到科学研究、文化教育等公益性层面。

随着经济社会的发展与变革以及新情况、新问题的不断涌现，博物馆的功能与职能不断拓展。1960年12月，联合国教科文组织大会第11届会议在巴黎召开，会议通过的《关于博物馆向公众开放最有效方法的建议》中指出，“‘博物馆’一词系指以公众利益予以管理的任何永久性机构，其目的在于通过各种方式保护、研究、增加，特别是为娱乐及教育之目的向公众展览具有文化价值的成套物品和标本：即艺术、历史、科学、技术藏品、植物园、动物园及水族馆”。该建议同时指出，为了“进一步推动普及教育及传播文化；通过建立民众之间的合作促进不分种族、性别或任何经济、社会差别的教育机会均等之观念，在增进民众之间相互了解的事业中开展合作，并保存、增加和传播知识；考虑到博物馆可以有效地协助完成这些任务；考虑到各类博物馆均是欣赏与教育的根源；亦考虑到博物馆通过保护艺术品和科学

① 苏东海：《国际博物馆理论发展中两条思想路线札记》，载《中国文物报》，2010-06-16（6）。

资料并将其展示于众，有助于传播各种文化知识，并以此促进各国之间的了解；考虑到因此应尽一切努力鼓励各阶层公众，特别是劳动阶级参观博物馆；考虑到随着世界工业体制的发展，人们享有更多的闲暇，这些闲暇应用于全民利益及其文化发展；认识到博物馆为执行其长期的教育使命，并满足劳动者的文化需要”。这一建议充分肯定了博物馆的普及教育功能。

1965 年 6 月，在联合国教科文组织的帮助下，国际古迹遗址理事会在华沙召开了成立大会，并于 1971 年正式与国际博物馆协会相分离，建立了一个新的致力于文化遗产保护的非政府组织。由于国际古迹遗址理事会摆脱了博物馆传统职能的束缚，得以不断扩大自己的职能和影响。同时，国际博物馆协会也在调整博物馆功能和职能方面进行探索。1968 年 7 月，在联邦德国科隆和慕尼黑召开的国际博物馆协会第八届全体会议强调“应把博物馆视为真正向研究开放的机构，而不是一些传统的‘堂皇的隔绝’理论的支持者，或是一种私人领域”。1971 年 8 月，在巴黎和日内瓦召开的国际博物馆协会第九届全体会议主题是“博物馆以人为本，今天和明天：博物馆的教育和文化角色”。

1972 年，在联合国教科文组织的支持下，在当时国际博物馆协会主要领导人的倡导和推动下，国际博物馆协会在智利首都召开了著名的“圣地亚哥圆桌会议”，目的在于反思博物馆的社会作用，讨论博物馆如何对社会全面渗透的问题。该次会议除了有博物馆方面的专家外，还邀请了一批教育、文化、科学机构的学者出席。这些不同领域的专家学者将博物馆引入社会改革与发展的大环境中去思考博物馆改革之路。H. 戴瓦兰（H.de Varine）指出：“本次会议应该被视为一座将两个不同领域的科学家联系在一起的桥梁。”经过深入讨论，会议提出了“整体博物馆”概念。这一新的博物馆概念远远超出了对传统博物馆的固有认识，而是将博物馆与社会“整合”在一起。所以博物馆史专家认为，“圣地亚哥圆桌会议”所形成的“整体博物馆”思想，第一次将一个新博物馆学运动公之于众，并引起国际社会的关注。“新博物馆”，或称新类型的博物馆，例如生态博物馆、社区博物馆、邻里博物馆、地区博物馆、整体性博物馆等，它们的核心特征有很多相近之处，其所依据哲学通常被人们称为“新博物馆学”。“圣地亚哥圆桌会议”所通过的《圣地亚哥宣言》，虽然没有使用“新博物馆学”的名词，但是其基本原则已基本确立。

1974 年在丹麦哥本哈根召开的国际博物馆协会第十届全体会议，主题是“博物馆和当今世界”。这次大会决定了国际博物馆的未来，所有与会者都清楚地意识到《国际博物馆协会章程》已经不适应博物馆的发展，不能再代表国际博物馆协会的真正目标，为此，决定对博物馆的定义进行修改，由此产生了新的章程及其新的定义，给予博物馆更多面对社会、面对未来新的意义，即“博物馆是一个为社会和社会发展服务的不以营利为目的的永久性机构，它向公众开放，以研究、教育、欣赏为目的而征集、保存、研究、传播和展出人类及人类环境的物证”。上述定义得以通过，被看作各方面都能认可的结果，保持了博物馆不同思想路线的平衡，保持了博物馆的平稳发展。虽然这个表述框架存在争议，但是一直沿用至今。1974 年的博物馆定义，明确地规定了博物馆的属性：一是博物馆不以营利为目的；二是博物馆属永久性社会公共机构；三是博物馆的主要功能为征集、保存、研究、传播和展出人类及人类环境的物证。这一定义赋予博物馆更宽泛的功能，这种功能带有永久性和公益性的特征，特别是“人类及人类环境的物证”涵盖了人类在历史发展过程中创造的所有物质文明和精神文明。同时，定义中所述机构包括：隶属于图书馆和档案馆的库房和展览厅；在搜集、保护和传播活动方面具有博物馆性质的考古学、人种学和自然方面的遗迹和遗址及历史遗址、遗迹；陈列活标本的机构，如动物园、水族馆、动物饲养场或植物栽培所等；自然保护区；科学中心和天文馆”。

国际博物馆协会 1974 年博物馆定义所表达的“为社会和社会发展服务”的战略方向，将博物馆从自我封闭引向开放。“博物馆要生存、要发展就必须适应社会大环境的发展。在现实需要的面前，以专业化为基础的主流博物馆的改革与以社会化为基础的改革日益融合起来。两者并非对抗的矛盾，是可以相容的，从两者的对抗到两者的包容是理论日益成熟的表现”[①]。长期以来，博物馆的研究以藏品为中心。随着博物馆事业的发展，人们开始认识到藏品并不是博物馆的一切，而更应该提倡“以人为本”。但是，起初博物馆对“人”的关注，主要表现为对观众的关注。而1974年博物馆定义所提出的博物馆“为社会和社会发展服务”的宗旨，体现出博物馆对社会的关注，实际上就是更广泛的对“人”的关注。博物馆对“人”的关注与对“物”的关注不应相互排斥，而应相辅相成。从可持续发展的观点看，对“人”的研究与对“物”的研究以及对“人”和“物”结合的研究，对博物馆的可持续发展至关重要，也是今后博物馆研究的一个基本出发点。1977年5月，在莫斯科召开的国际博物馆协会第11届全体会议的主题为“博物馆和文化交流”，决定将每年的

俄罗斯二战胜利纪念馆（2004年4月10日）

① 苏东海:《国际博物馆理论研究的分化与整合——博物馆研究的两条思想路线札记》，载《东南文化》，2009（6）: 9。

5 月 18 日定为“国际博物馆日”，致力于促进博物馆与社会公众之间的理解和合作。

1977 年国际博物馆协会决定建立博物馆学专业委员会，聚集一批国际博物馆界既有实践经验，又有现代科学知识背景的学者，通力合作建立现代博物馆学，从根本上强化博物馆的基础理论建设。1980 年 10 月在墨西哥城召开的国际博物馆协会第 12 届全体会议的主题为“世界遗产——博物馆的责任”，更加强调博物馆事业与文化遗产保护的整体关系。此后，兴起了新博物馆学运动。新博物馆学运动以“社会的、公众的”为中心，而对传统博物馆学以“专业的、行业的”为中心的思维进行反思。1983 年 3 月在英国伦敦召开的国际博物馆协会第 13 届全体会议的主题为“发展中世界的博物馆”；1986 年 10 月在阿根廷布宜诺斯艾利斯召开的国际博物馆协会第 14 届全体会议的主题为“博物馆和我们遗产的未来：紧急呼救”。从这些会议讨论的主题，可以看出国际博物馆协会努力将博物馆事业融入时代进步和社会发展。

1984 年 10 月，新博物馆运动者在加拿大魁北克召开第一次生态博物馆国际学术讨论会，并正式成立了自己的组织“国际新博物馆学联盟”，发表了《魁北克宣言》，新博物馆学的概念得到进一步发展。《魁北克宣言》的序言指出，这一运动表明了博物馆的社会作用和对社会全面渗透的特征。宣言要求国际博物馆社会承认这次运动；要求将生态博物馆、社区博物馆、邻里博物馆和地区博物馆纳入博物馆类型之中；要求在国际博物馆协会内设立国际生态博物馆—社区博物馆委员会。尽管对“新博物馆学”的界定始终存在较大的差异，但是其共同点是以社区为核心的、多学科的、开放型的博物馆思维和实践。1985 年在国际上代表新博物馆学的组织“新博物馆学运动”正式组建。该组织则始终把自己定义为一个“运动”，一个涵盖所有符合博物馆哲学体系和行动方针的学科运动，其内容涉及社会博物馆理论、生态博物馆理论和社区博物馆理论。前国际博协博物馆学委员会主席 P. 门施（P. Mensch）教授认为，新博物馆学是以社区发展为价值取向的博物馆学，可以说是一种社区博物馆学。它的目标是通过强化某一特定社区的文化特性为其发展作出贡献。

在这种思维中，文化遗产的保护和诠释被置于社会行为和社会变革联系之中。20 世纪 90 年代初，“新博物馆学运动”正式成为国际博物馆协会的附属国际组织，承认并遵守《国际博物馆协会章程》和《国际博物馆协会职业道德准则》。

1989 年 9 月，在荷兰海牙召开的国际博物馆协会第 15 届全体会议，修订通过了《国际博物馆协会章程》，规定：“博物馆是一个为社会及其发展服务的、非营利的永久性机构，并向大众开放。它为研究、教育、欣赏之目的征集、保护、研究、传播并展出人类及人类环境的物证。”这一定义规定博物馆为非营利性机构，这是博物馆区别于其他社会机构的重要特征。同时还进一步明确，凡具备收藏和展示功能的自然、考古及人种学的古迹与遗址以及历史古迹与遗址，收藏并陈列动物、植物活标本的机构都具有博物馆资格。1990 年，国际博物馆协会主席 A. 科纳里（A. Konary）在答记者问时指出：“今后 10 年，我们将集中全力去迎接人类文化与自然遗产破坏向我们发出的挑战。博物馆无论何时都尽力去满足人们保护文化与自然遗产的需求。现代人越来越强调博物馆应具有‘人的属性’。作为一种‘社会武器’，博物馆应积极参与社会发展活动。”[①]进入 20 世纪 90 年代，1992 年国际博物馆协会第 16 届全体会议的主题是“博物馆：有无疆界？”1995 年第 17 届全体会议的主题是“博物馆与社区”，1998 年第 18 届全体会议的主题是“博物馆与文化多样性：古老文化，崭新世界”。从这些大会讨论的主题可以看出，国际博物馆界始终努力将博物馆文化进一步融入社会，进一步将自身的发展系于人类的未来。

关于博物馆的不同定义，作为数百年来博物馆发展的缩影，展示了博物馆内涵和外延不断变化的过程。功能是“有特定结构的事物或系统，在内部和外部的联系和关系中，表现出来的特性和能力”。从博物馆的功能演变来看，博物馆在最初创办时，基本都只是在收藏、保存某种藏品的基础上简单展示，之后逐渐扩展出了研究、教育等功能。从博物馆的内涵方面来看，博物馆已经从早期的收藏、保护、展示珍品的场所，演变为跨越人文和科技等领域，同时将科研、教育等也作为主要职能，

---

① 苏东海：《国际博物馆理论研究的分化与整合——博物馆研究的两条思想路线札记》，载《东南文化》，2009（6）：9。

通过满足大众的文化知识需求，来服务社会的公共服务机构。从博物馆的外延方面来看，已经成为涉及文物、艺术、科技、自然等多方面的收藏展示与传播交流机构。这一认识的发展，一方面使博物馆家族的成员变得日益壮大，博物馆的功能变得愈发强大；另一方面也使博物馆内部的不同类别之间呈现出明显的个性特征。随着社会发展和博物馆自身的进步，人们对于博物馆的性质，尤其是博物馆功能和职能的认识不断深化，博物馆定义也在与时俱进，处于不断修改完善之中。与此同时，出现了许多新形态的博物馆，即“人们很难只是以组织的名称、构成成分和组织结构来简单确定其是否为博物馆”的博物馆，反映出国际博物馆界开放、包容的心态。

2.2 我国博物馆社会职能的完善

20 世纪初，我国博物馆研究与实践尚处于倡导与发轫阶段。对于博物馆功能与职能的认知，可以追溯到 1905 年南通博物苑的创建。我国近代博物馆诞生与成长之初，正值“教育救国”和“科学救国”思潮涌动之际，其现实的文化诉求引发对博物馆的迫切需求，博物馆被看作是“开发民智、救亡图存”的一种文化工具，革命派、改良派都在呼吁中国人自己建博物馆。随着新文化运动蓬勃兴起，民主、科学的观念深入人心，推动了博物馆事业的进一步发展，教育类和科学类博物馆的数量显著增多。此后数十年间，我国博物馆实践处于起步阶段，博物馆研究主要以国外相关理论的引进、传播和本土相关理论的探索为主，其成果也集中于基础理论层面。“如果说蔡元培之《何谓博物馆》等论文可谓中国博物馆学的筚路蓝缕之作，那么陈端志之《博物馆学通论》、费畊雨和费鸿年之《博物馆学概论》、曾昭燏和李济之《博物馆》、杨成志之《现代博物馆学》等论著则代表了这一时期中国博物馆学研究的最高水平。然而，这批研究成果并非立基于中国博物馆事业发展之上，而是在很大程度上局限于借鉴和吸收西方博物馆的理论和实践成果”[①]。但是，这些研究成果推进了我国博物馆的学科化和规范化，初步奠定了我国博物馆学的基础。这一时期，博物馆被看作是一种文化机构，是以实物的论证进行教育工作的组织及探讨学问的场所，而不是专为保管宝物的仓库。

中华人民共和国成立以来，博物馆事业经历了不平凡的历史阶段，获得了令人瞩目的发展。旧中国留在各地的博物馆只有 25 所，其中包括各地的公立博物馆和外国人在中国办的博物馆。1951 年 10 月，文化部颁布《对地方博物馆的方针、任务、性质及发展方向的意见》，明确提出“博物馆事业的总任务是进行革命的爱国主义教育，通过博物馆使人民大众正确认识历史，认识自然，热爱祖国，提高政治觉悟与生产热情”。《意见》同时强调，“博物馆事业仍应以改造原有的为主，仅在个别有条件地区，可筹建新的博物馆”。根据这一精神，有步骤地、慎重地开展了博物馆整顿改造。一是确定博物馆性质，明确办馆方向；二是改造陈列内容，清除缺乏历史、科学与艺术价值的封建性、殖民地性糟粕，坚持推倒反映封建、买办及帝国主义思想的陈列展览，提出以思想性、科学性、艺术性为衡量陈列质量水平的标准，并按照辩证唯物主义与历史唯物主义观点举办新的陈列展览；三是对原有藏品进行清理，建立科学保管制度。至 1952 年，基本上完成了对旧有博物馆的整顿改造，健全功能，赋予新的内涵，从此博物馆发生了质的变化。20 世纪 50 年代是我国博物馆的正规化发展起步时期。这一时期建立了一批省级地志博物馆与一批纪念性博物馆，初步奠定了博物馆事业的基础。

1956 年 5 月召开的全国博物馆工作会议，对于博物馆功能与职能提出了颇具中国特色的“三性二务”理论，即博物馆的基本性质是“科学研究机关”“文化教育机关”“物质文化和精神文化遗存以及自然标本的收藏所”；博物馆的基本任务是“为科学研究服务”“为广大人民群众服务”。此后，关于博物馆定义的讨论始终没有停止，直到 1979 年 6 月，全国博物馆工作座谈会通过的《省、市、自治区博物馆工作条例》中明确规定：“博物馆是文物和标本的主要收藏机构、宣传教育机构和科学研究机构，是我国社会主义科学文化事业的重要组成部分。博物馆通过征集收藏文物、

① 侯春燕：《博物馆学研究的“实”与“虚”》，载《中国文物报》，2009-12-02（6）。

标本，进行科学研究，举办陈列展览，传播历史和科学文化知识，对人民群众进行爱国主义教育和社会主义教育，为提高全民族的科学文化水平，为我国社会主义现代化建设作出贡献。”该条例继续沿用“三性二务”定义博物馆及其功能，同时将科研、教育、文物标本收藏的旧顺序，改为文物标本收藏、教育、科研的新顺序，在这个新顺序中更加突出了文物标本收藏的地位。20 世纪 50 年代后期，在北京建设了中国历史博物馆、中国革命博物馆、中国人民革命军事博物馆、北京自然博物馆等大型专业博物馆，它们的基本陈列代表了国家水平。

改革开放至今的 40 年来，是我国历史上博物馆发展最好的时期。随着经济社会的全面进步，博物馆事业进入全新的发展阶段，为传承中华文明，弘扬优良传统，普及科学知识，发展先进文化，构建和谐社会，作出了积极贡献。20 世纪 80 年代以来，我国提出了建设具有中国特色博物馆学的设想，并对博物馆的性质、宗旨、功能和任务等问题进行了广泛而深入的讨论，标志着我国博物馆学基础理论日臻成熟。为了解决博物馆发展过程中存在的问题，规范对博物馆的管理，发挥博物馆的功能，进一步促进博物馆事业的发展，2005 年《博物馆管理办法》颁布，结束了长期以来博物馆管理没有统一规章的历史。办法中首次明确了博物馆的定义，即博物馆“是指收藏、保护、研究、展示人类活动和自然环境的见证物，经过文物行政部门审核、相关行政部门批准许可取得法人资格，向公众开放的非营利性社会服务机构”。近年来，我国博物馆在改革过程中，始终贯穿着对博物馆功能与职能认识的转变，经历了逐步从片面认识到全面认识的一个发展过程，呈现出若干新的变化。

一是在公立博物馆发展方面。我国博物馆采取文物行政部门行业主管与多主体日常管理相结合的管理体制。总体上可以分为文化文物系统博物馆和其他公立博物馆。文化文物系统博物馆是指由文化文物主管部门管理的博物馆；其他公立博物馆是指文化文物系统博物馆以外的政府部门、高等院校、科研院所、事业单位、国有企业等主体设立的博物馆。目前文化文物系统博物馆以外的公立博物馆有了很大发展，开始广泛分散于科技、教育、体育、公安、规划、国土、测绘、民政、民族、出版、工业、农业、军事、银行等系统和行业之中。总体上来看，公立博物馆主要采用以委托—代管为特征的事业单位管理制度，即国家将国有文物委托给某一级政府或某个事业单位代管，某一级政府或者某个职能部门利用国有文物藏品、国家资金等设立博物馆，作为其下属的事业单位，对国有文物进行代管。今天，由于博物馆设立主体不同，管理主体呈现多元化状态，其“人权、财权、事权”均独立于文物主管部门，仅接受文物主管部门的业务指导和依法监督，即将博物馆的具体业务管理与行业管理加以分离，呈现出分散化管理的特点，管理结构日趋复杂。随着我国经济社会的发展和政策支持力度的加强，我国文化文物系统以外的公立博物馆数量还将继续增加，营利性、非营利性的社会力量参与博物馆事业的程度将更加广泛。

二是在博物馆管理层级方面。当前我国博物馆管理，普遍采用层级化和属地化管理体制，其优点是便于分清博物馆的隶属关系，方便文物行政部门对博物馆的业务指导和执法监督。在层级结构上，从国务院文物主管部门到县级以上政府的文物主管部门，形成了层次分明的、纵向的分级管理结构，不同层级的文物主管部门拥有不同的管理权限，实现了对博物馆行业的条状垂直管理，体现了管理的系统性和专业性。国家级和省级综合博物馆是我国博物馆体系中的骨干，是博物馆系统的龙头，在文物藏品、管理能力等各个方面资源上均拥有较好的基础，在博物馆领域发挥着重要的辐射作用。近年来，国家和省级综合博物馆相继进行了新建或改建工程，功能作用有了明显

海南红色娘子军纪念馆（2004 年 2 月 27 日）

提升。相比之下，随着各地经济快速发展，地市博物馆也有了较快的发展。地市级博物馆所处范围内地域的、传统的、民族的文化资源往往丰富多彩、千姿百态，蕴含着广大民众质朴的文化传统和浓厚的生活气息，凝聚着各地信仰习俗与行为习惯，反映出一个地方的文化价值观念，在很大程度上增进民众对传统文化和地方历史的了解，增强人们对地方传统的文化认同感。因此，地市级博物馆往往成为展示地方历史文化的窗口，充分利用文物藏品资源和当地民俗文化素材，发挥其独特的社会教育功能。

三是在博物馆内容性质方面。新中国成立初期颁布的博物馆工作指导文件，要求以综合性的地志博物馆为建设目标，即以当地的“自然资源”（包括地理、民族、生物、资源等）、“历史发展”（包括革命史）、“民主建设”（包括政治、经济、文化等方面的建设成绩）等三部分为博物馆的主要内容。这一要求曾对我国的博物馆分类产生过较大影响。因此，一度各地的博物馆大多是以当地的自然资源、历史沿革、经济社会发展为陈列内容的综合性博物馆，而专题性博物馆数量较少。1988 年以前，我国博物馆分为综合性博物馆、纪念性博物馆和专门性博物馆三类，这是新中国成立以来国家统计部门一直使用的分类方法，这种分类办法简单且便于管理。近年来，我国博物馆在内容性质方面，呈现出多元化局面，特别是专门性博物馆大量涌现，几乎囊括人类生产、生活的方方面面，极大地丰富了博物馆的内容。按照博物馆的性质和基本陈列内容来进行划分，分为历史类、艺术类、科学与技术类、综合类等类型。历史类博物馆基于历史的观点来展示藏品；艺术类博物馆主要展示藏品的艺术和美学价值；科学与技术类博物馆以立体的方法从宏观或微观方面展示科学成果；综合类博物馆综合展示地方自然、历史、艺术方面的文物藏品。总体来说，目前我国科学与技术类博物馆的数量偏少。

四是在民办博物馆发展方面。中华人民共和国成立初期，我国几乎所有的博物馆均为公立博物馆。随着改革开放，我国的博物馆分为公立博物馆和民办博物馆，

中国人民抗日战争纪念馆（2010 年 5 月 5 日）

即利用或主要利用国有文物、标本、资料等资产设立的博物馆为公立博物馆，而利用或主要利用非国有文物、标本、资料等资产设立的博物馆为民办博物馆。新时期文物保护法规体系的逐步健全，在国家层面进一步明确了民间收藏文物的合法权利，“藏宝于民”成为社会各界的广泛共识，民间收藏进入迅速发展时期。近年来，在国家鼓励“个人、法人或其他组织设立博物馆”的政策引导下，民办博物馆建设出现高潮，涌现出数量众多的民间社会力量建立的博物馆和个人建立的博物馆。同时，伴随我国经济的高速发展，国内个体经济的腾飞，以个体经济发展为基础的民间收藏空前活跃，出现民间资本建设博物馆的积极态势。除完全由私人开办经营的博物馆以外，一些具有较强经济实力的民营企业，或出于公益事业考虑，或希望树立企业文化形象，具有进入公益性文化事业的强烈愿望，期望将企业多年的收藏与社会共享，采取民间企业出资、股份制出资、民办公助等多样化的组建形式，逐渐出现一批新型民办博物馆群体，并成为博物馆事业发展的一支重要力量。

博物馆的分类是博物馆有效管理的基础。加强对博物馆分类的研究，可以明晰各类博物馆在藏品、功能定位等方面的异同，为理顺博物馆的隶属关系、建立科学合理的管理制度奠定基础。目前，全国博物馆总数已超过 3000 座，初步形成了门类丰富、特色鲜明的博物馆发展新格局。以同一指标体系评估所有博物馆显然有其局限性，因此，对博物馆进行分类十分必要，只有正确分类评估才能真正指导不同类型的博物馆功能强化。近年来，博物馆的资源总量持续高速增长，并形成了门类较齐全、分布较广泛的博物馆体系。同时，博物馆的藏品保护、科学研究、陈列展示、社会教育水平也有了大幅度提高，一批功能齐全的国家级重点博物馆相继落成，对我国博物馆整体水平的提高及健康发展起到良好的示范带动作用。国家博物馆、故宫博物院、上海博物馆、南京博物院、湖南省博物馆、陕西历史博物馆、河南博物院、湖北省博物馆、浙江省博物馆、辽宁博物馆以及首都博物馆、重庆中国三峡博物馆、山西博物院等一批现代化博物馆在基础设施、研究展示、管理运行与社会服务等方面快速提升，已经赶上或接近国际博物馆的先进水平。以国家级博物馆为龙头、省级博物馆和重点行业博物馆为骨干、公立博物馆为主体、民办博物馆为补充，各行业和各种所有制博物馆各具特色，丰富多彩的新格局逐渐形成，博物馆事业规模和社会影响力都在迅速扩大，我国正在悄然成为博物馆大国。

近年来，我国将博物馆建设和管理纳入公共文化体系建设和保障公民基本文化权益体系中予以高度重视。2008 年 1 月，全国博物馆向社会免费开放工作正式启动，改变了过去我国博物馆实行的以减免费为例外的制度，确立了博物馆以免费开放为基本原则的制度。为此，国家财政对免费开放的博物馆实施门票的全额补贴，同时，对于免费开放后博物馆新增加的工作量及费用以及博物馆陈列展览水平提升予以资金补贴。这些免费开放的政策辐射作用十分明显，出现了全国博物馆联动的可喜局面，吸引更多民众开始走进博物馆，改变了一些博物馆冷冷清清的局面，充分发挥了博物馆服务社会的公共文化职能，社会反响良好，达到了政策实施所预期的社会效益。“这种推进博物馆彻底转型、转向的力度，在全世界范围内也是最大的。这种转变，不仅是博物馆运营方式由被动向主动的改变，而且是博物馆调整与社会、社区、学校的关系，以提供动态服务刷新静态守候”[①]。免费开放使博物馆服务对象从观众拓展到公众，引起了全国博物馆界对改革发展思路的深刻思考，有力推动了博物馆管理体制和运行机制的改革。各地博物馆以免费开放为契机，推动博物馆管理体制改革和机制创新，使博物馆更加充满生机与活力，更加融入社会、惠及民众，

① 陈同乐：《后博物馆时代》，载《中国文物报》，2010-01-13（6）。

从而使博物馆的功能和职能得到充分发挥。

我国博物馆的发展变化，不仅充分表现在博物馆数量的增长、藏品的增加、展览的提升和影响的扩大上，更突出地体现于博物馆管理理念和水平所发生的明显变化。中华人民共和国成立初期的博物馆，更像庄严肃穆的课堂，在当时社会过渡和社会改造的历史背景下，博物馆带有很强的使命感，更侧重于思想教育。新时期的博物馆作为向公众开放的非营利性常设机构，在为教育、研究、欣赏的目的而征集、保护、研究、传播并展出人类及人类环境的物质及非物质文化遗产的同时，更加强调"以人为本"和为社会及其发展服务的方向。尽管在过去的 70 年间，我国博物馆事业取得了举世瞩目的辉煌成就，但是也应该清醒地认识到，博物馆事业的全面、协调、可持续发展，仍然面临着诸多突出问题，例如博物馆的布局和结构不够合理，文化资源的利用效率不高，专业化人才的数量不够，公众对博物馆的参与

故宫博物院增加观众座椅（2014 年 4 月 5 日）

热情不足，博物馆对政府的依赖性过强，资金来源和投入渠道过于单一，馆际之间的交流合作不够广泛，博物馆文化特色不够突出等。这些问题的存在，在一定程度上制约着我国博物馆的功能发挥，使我国博物馆的发展水平和国际竞争力与发达国家相比还有相当的距离，亟须通过博物馆的体制机制改革，来保障和促进博物馆的科学发展。

2.3 新时期博物馆社会职能的扩展

世纪之交，随着社会的发展，博物馆的外延不断延伸，内涵不断丰富，新的观念开始被注入原有概念当中，探索博物馆事业发展进程中更为核心的问题。近 10 年来，全球范围内博物馆的工作重心在悄然发生着转移，在很多情况下，博物馆成为推动城市发展的新文化势力，开始以各种姿态呈现。一方面竭力促进博物馆事业的发展，另一方面努力探索博物馆学科的更新。国际博物馆界开始摈弃独善其身的博物馆发展观念，寻求在坚守博物馆核心价值的前提下，使博物馆文化与经济社会发展和民众生活之间建立平衡与和谐的关系，使弘扬博物馆文化成为社会共识。博物馆功能与职能的拓展，也使博物馆的社会影响力越来越大，改变博物馆在民众文化生活中的地位，使博物馆文化能够惠及全体民众。同时，也在博物馆领域逐渐树立这样一种理念，即在新的世纪里，博物馆不能只满足于传统的功能定位，而是要将自身的建设与发展，融入社会发展的总体进程之中，定位于“参与社会变革的重要力量”。让博物馆文化融入社会生活的方方面面，充分体现出时代进步的文化理念，实现由“仓库看门人”到“文化加油站”的转变，担负起新的历史使命，实现国际博物馆协会所倡导的，“博物馆不仅是旧遗产的投影机，还应成为新文化的发生器”。

近年来，国际博物馆界对于博物馆的功能提升和职能扩大进行深入思考，创新理念不断涌现。博物馆学专业委员会主席特丽萨（Teresa）在任期间提出“整合性博物馆”的概念，她在论文中指出：“现在，再也不可能把传统的典型的博物馆作为唯一的、一般模式和唯一参照。现在提倡博物馆学的调和，将会把现存的理论和实践的许多积极的方面整合起来。博物馆面临着以下 5 个方面的扩大：①博物馆概念的扩大，把博物馆看作一种现象而不仅仅是一种机构；②物品概念的扩大，超越了人类的'创造物'而包容了人类社会及自然环境之间的所有证据，收藏行为要作为发展的一个优先考虑条件，收藏不是手段而是博物馆的一种最终目的；③遗产概念的扩大，超越了有形文化遗产，包含了文化的无形证据；④社会概念的扩大，包含所有人类群体、平等地融入博物馆中；⑤发展与可持续性概念的扩大，21 世纪必须研究发展的多元模式共生的可能性、可持续发展的不同模式。"整合性博物馆从传统博物馆几个世纪以来积累的丰富经验和资源中获益，体现出从整体到分化，再到新的整合的辩证关系。她在论文中提出："希望整合的博物馆概念能够明确地融入博物馆学的知识中；希望社区的有效参与，包含收藏；希望其他形式的文献和保护能够被接受；希望超越了学术知识的其他形式的知识价值能够被博物馆学所接受。"

国际博物馆协会副主席 A. 加拉（A.Galla）倡导"包容性博物馆"的理念，强调对博物馆功能与职能进行整合，他在《寻找包容性博物馆》一文中指出："当前博物馆出现了几个发展动态，预示着博物馆将更具包容性。对参观者的包容性要超越高雅文化和大众文化的分隔，技术科学的与日常普通之间的分隔，全国的现代和民族地区的传统之间的分隔。要创造一种新的普遍性形式，那就是普通的包容性。"他认为："博物馆的所有权和使用在概念上的分歧必须在保护个体的和集体的权利的框架下得到整合。"2006 年国际博物馆协会组建了跨文化组织，任命 A. 加拉为主席，开展跨文化的整合。2008 年 6 月，在莱顿召开了第一届国际包容性博物馆会议，"讨论了在这个发生了根本性社会变革的时代，博物馆作为变革的产物和变革的促动者应该发挥什么作用。"无论是特丽萨所倡导的整合性博物馆，还是 A. 加拉所倡导的包容性博物馆，均表明国际博物馆界面对新的发展机遇，活跃思维、开阔视野、前瞻行动，及时捕捉全球信息，不断跟踪时代前沿，以全世界的经验，以新世纪的思维，以勇于实践的精神，从理论层面对博物馆事业的时代发展给予深入思考，并将研究成果及时用于指导实践，使博物馆事业不断处于积极向上、创新突破的良好势态。

2001 年联合国教科文组织第 31 届大会通过了《世界文化多样性宣言》，2005 年联合国教科文组织第 33 届大会又通过了《保护和促进文化表现形式多样性公约》，以宣言和公约形式形成的世界性法律文书，总结了文化多样性的理论认识和国际联合行动的准则，记载着国际社会为捍卫世界文化多样性所进行的艰苦卓绝的努力，意味着文化多样性原则被提高到国际社会应该遵守的伦理道德高度。全球化进程的不断加快，不仅促使文化与经济、政治与社会相互交融，而且进一步凸显出国家文化利益的战略地位，甚至国家之间的利益矛盾在很大程度上表现为文化利益的矛盾，世界各国对文化利益的诉求、争夺与矛盾日趋激烈。为了当代世界的和谐共存以及人类和平与发展的美好未来，倡导不同文明的对话，构建以平等互动、多元共存为基础，以互利共赢、和谐发展为目标的公正合理的国际文化新秩序，对于世界文化的交流与不同文明的共存，具有极为重要的意义。以往，对于国际秩序，人们更多的是从政治经济的角度加以论述，随着全球化进程所带来的文化交流的扩大，文化霸权、文化侵略对民族国家文化主权构成的威胁，构建国际文化新秩序的重要性与紧迫性日益为人们所认同。这些不仅关系到人类所创造的多元文化的走向，而且关系到人类今后将营造怎样的生存环境和以怎样的生存方式生活下去。

构建国际文化新秩序，需要通过不同文明的对话，就一些基本的问题达成共识。2007 年 8 月，在维也纳召开的国际博物馆协会第 21 届全体会议，通过了最新的《国际博物馆协会章程》，其中再次对博物馆定义进行了修订，即“博物馆是一个为社会及其发展服务的、向公众开放的非营利性常设机构，为教育、研究、欣赏的目的征集、保护、研究、传播并展出人类及人类环境的物质及非物质文化遗产”。国际博物馆协会 2007 年博物馆定义的变化，反映在博物馆功能和职能的拓展方面。在经过多年广泛讨论的基础上，将博物馆的工作对象由“人类及人类环境的物证”扩展为较宽泛的"人类及人类环境的物质及非物质文化遗产"。从"物证"到"物质及非物质文化遗产"，消除了长时间以来围绕博物馆能否进行非物质文化遗产保护工作的争议，明确了博物馆不仅要继续保护管理好物质遗产，也要调整工作方向、业务流程和工作规范，成为保护、传承、管理非物质文化遗产的积极力量。这一规定在拓展博物馆工作领域的同时，也提出了新的挑战。博物馆要面对新的工作对象、领域和需求，创造新的工作方法，既借鉴保护物质遗产的成功经验，又不能照搬照抄，要研究非物质文化遗产保护的特殊性，创造适合博物馆条件和特点的保护理论和方法①。

宋向光先生认为，2007 的《国际博物馆协会章程》还传递了一个强烈信号，即当代博物馆事业进入了一个快速发展的时代，也处于一个变革发展的时期。在 2007 年博物馆定义中，删除了沿用多年的博物馆外延表述，只保留了对博物馆组织目的、性质、功能和工作对象的原则性表述，"即当代公共博物馆的发展进入一个多样化的时代，人们很难以组织的名称、构成成分和组织结构来简单确定其是否为博物馆"。"这一调整也说明：只要组织宗旨、身份、目的、任务和主要业务活动的基础和内容符合博物馆的原则规定，并经所在国家博物馆组织的认定，就可以被接纳成为博物馆大家庭的成员。这一做法显然为博物馆组织的创新和革新亮了绿灯，人们不再纠缠于组织名称和构成要素，而是更重视博物馆的组织特性、社会责任和社会效益"②。事实上，由于博物馆在不同国家有着不同的发展模式，长期以来各国均按照各自的认识和理解来定义博物馆。例如美国博物馆协会认为，博物馆是一个有组织的、常设的、向公众开放的非营利性机构，其宗旨是为教育、研究、美学和娱乐服务，收集、保存最能有效地说明自然现象及人类生活的资料，并使之用于增进人们的知识和启蒙教育的机关。日本的博物馆法规定，博物馆是收集、保存、展出有关历史、艺术、民俗、工业、自然科学等资料，供一般民众使用，同时进行为教育、调查研究、启蒙教育等所必要的工作，并对这些资料进行调查研究的机关。

---

① 宋向光:《国际博协"博物馆"定义调整的解读》，载《中国文物报》，2009-03-20（6）。
② 宋向光:《国际博协"博物馆"定义调整的解读》，载《中国文物报》，2009-03-20（6）。

进入21世纪，人们看到国际博物馆事业和文化遗产保护事业正在快速融合。国际博物馆协会两次发布战略规划，即2001年《国际博协2001—2007年战略规划》和2005年《国际博协2005—2007年战略规划》，都强调要使国际博物馆协会成为“一个在保护世界文化遗产和自然遗产方面令人尊重的声音”。进一步重申了博物馆的核心价值和历史使命，再次明确了博物馆的核心价值在于“对物质与非物质世界的文化遗产保存、延续、交流的义务”，其历史使命在于“在社会上致力于保存、传播和交流目前与未来世界的有形与无形、自然和文化遗产的工作”。今天必须重新思考博物馆和博物馆人的角色定位，超越博物馆是保存文物藏品的机构和博物馆人是文物藏品保存者、保护者和研究者的概念。国际博物馆协会近年来通过的几个决议，都与文化遗产保护这个问题有关。“新整合运动是博物馆界以一种前所未有的大视野，包容了博物馆业内的各种流派，与业外的各种文化机构广泛地建立联系，依托联合国教科文组织的理论支持和组织支持，使博物馆有力地向前发展的一种趋势。博物馆职业道德的新版本，博物馆培训的新方向，都紧跟着这种新趋势。博物馆正以更高的热情联系和服务更广大的观众。这些都是博物馆在艰难改革中出现的新曙光，无疑是令人鼓舞的”①。

博物馆是社会文化精品的总汇，是展示国家、民族文化的窗口。文化遗产在博物馆里得到专业的保护、保存，为国内外广大观众享用。传统博物馆的价值和作用，在当代不是被弱化而是在不断强化之中。同时，由于文化遗产概念的扩大和保护范围的扩大，存在于广大的民间领域的文化遗产的保护日益受到关注。2007年，国际博物馆协会在《2008—2010年战略计划》中进一步强调，“把博物馆人的多样性联结在一起的就是我们普遍奉行的‘核心价值’。因此，核心价值实现了多样性的统一，明确了我们的使命和愿景，并确定了我们的‘新责任’”。国际博物馆协会主席A. S.康明斯（A.S.Cummins）在《21世纪博物馆的核心价值与新责任》一文中指出，“我们在《战略计划》中指出，我们的愿景是为‘自然和文化遗产的重要性得到普遍

---

① 苏东海：《国际博物馆理论研究的分化与整合——博物馆研究的两条思想路线札记》，载《东南文化》，2009（6）：9。

重视的世界'而奋斗"。她进一步强调，国际博物馆协会的核心价值是，重视人类创造力及其对了解过去、塑造现在和规划未来所做贡献的价值；国际博物馆协会认为遗产具有人文价值；重视基于思想、文化和社会多样性的全球对话的价值：重视透明的对话，包括对人权的跨文化理解；认识到博物馆承担者参与有关社会变革的公共事务的社会责任。"我们继续寻找博物馆和博物馆人进行长期交流、分享知识和参与世界遗产管理的途径"①。

"在过去很长一段时间中，博物馆学认为文物标本是博物馆的核心，文物的特质决定并影响着博物馆工作的目的、任务、方法和标准，文物标本的'保藏与利用'成为博物馆学研究的核心课题。这些认识使博物馆学更多关注于博物馆内部运营体制和工作规范的研究，忽略了对博物馆的组织特点和组织目标的持续关注和反思"。宋向光先生认为，应将博物馆学研究的重点转移到博物馆社会职能实现的条件和手段上。"不能简单地将博物馆视为实现文物标本效用的手段和场所，博物馆是一个有机的社会系统，是在特定社会环境、社会关联中运作和发展的社会机构。博物馆是具有独立性、具有自身特质的社会组织，它的存在是为了满足特定的社会需求，为此而有特定的组织目标、结构和运用机制"②。传统意义上的博物馆更多注意的是保护、研究、教育的职能，往往忽略了博物馆的传播与交流职能。D. 格鲁考克（D. Grew Hancock）指出"如果没有预见、协调与有力的拥护，在这一进程中博物馆可能会沦为边缘化的产物，或者在文化转型范畴中，它们对于社会的潜在贡献会被抹杀，而这些将是很危险的。然而，博物馆对社会变迁和市民参与的逐渐递增的贡献表明，它本身可以在空间规划的事件中扮演更加富有创造性、更为正式的角色"③。

实际上，从博物馆的"收藏"与"保护"的职能定位，到博物馆的"研究"与"陈列"的职能加强，再到博物馆的"传播"与"交流"的职能拓展，与人类认识由注重物质财富，向注重文化内涵、再向注重精神领域的不断进步有关。博物馆定义的每一次变化与调整，都使博物馆功能与职能的概念更为宽广、更为综合、更为深

① 阿历桑德拉•康明斯：《21世纪博物馆的核心价值与新责任》，载《中国文物报》，2008-12-12（6）。
② 宋向光：《从事博物馆学研究的点滴体会》，载《中国文物报》，2010-03-31（4）。
③ 邓肯•格鲁考克：《城市博物馆和城市未来：城市规划的新思路与城市博物馆的机遇》，载《国际博物馆》，2006（2）：32。

刻。“众所周知，博物馆的藏品是关在馆内的物品，传统博物馆只是征集、保护藏品，使博物馆越来越画地为牢、闭关自守；而‘遗产’的概念则无限大，包括可移动文物和不可移动文物、有形遗产与无形遗产、文化遗产和自然遗产”①。今天，博物馆的战略地位，已经成为当代社会文明的显著特征，能否自觉地坚守博物馆核心价值，直接关系到博物馆本质特征和社会职能作用在新时代的全面发挥，也是检验博物馆在新的历史时期的应变力、亲和力、吸引力和感染力以及在社会公众中的形象和作用。从保护文物藏品、保护文化遗产，到服务社会、推动社会变革，是向博物馆神圣职责的回归，也是博物馆在进入全球化时代后的理性决策和历史选择，是对博物馆具有永久意义的真理原则与价值原则的科学诠释。博物馆只有立足自身特色，顺应社会要求，把握时代脉搏，才能够在前行中实现可持续发展。

经过多年来的发展实践，我国博物馆事业在理论、政策、方法以及实践方面都

敦煌莫高窟保护利用工程（2014 年 9 月 10 日）

① 孟建辉：《时代的新需要与博物馆的新价值——以宁波博物馆创新实践为例》，载《浙东文化》，2008（创刊号）：1。

取得了可贵的经验，出现了许多新的理论，开辟了一些新的领域。在今天这个伟大的变革时代，博物馆事业应与时代同行，不断创造新的博物馆奇迹，用持续发展的辉煌成就，为人类社会进步和可持续发展作出应有贡献。为此，博物馆应根据内外因素的变化，根据社会条件和社会需求，以博物馆全面免费开放、努力纳入国民教育体系为契机，丰富和拓展博物馆工作的疆域，总结博物馆实践的成功经验，在继承的基础上，对文化资源进行重新整合，设定新的发展目标。当前，文化自觉成为人们的文化追求，这是一种深刻的文化觉醒、一种广阔的文化境界、一种执着的文化思考、一种具有高度人文关怀和社会责任感的文化理念。各级政府有了文化自觉，就能将博物馆事业发展作为重大战略事项加以推动；广大民众有了文化自觉，就会产生旺盛的文化需求，主动参与博物馆文化建设，享受博物馆文化生活。在新的时代，博物馆应该成为城市文化进步的积极力量，成为加强社会教育的积极力量，成为改善民生的积极力量，成为促进社会发展的积极力量，这些目标的实现既是博物馆核心价值与社会责任的体现，也是新时期博物馆功能与职能的完善。

2008 年 12 月，以“21 世纪博物馆核心价值与社会责任”为主旨的“携手 2010：宁波国际博物馆高峰论坛”在浙江宁波举行。以 A.S. 康明斯主席为首的国际博物馆协会全体执委参加会议。作为会议的主题，关于博物馆的核心价值和社会责任的讨论引人注目。会议多视角地审视了当前形势下博物馆的社会作用、博物馆与文化多样性、博物馆的国际性与国家性以及博物馆与城市文化等前沿问题。论坛通过的《宁波宣言》指出，当今世界博物馆的外部和内部环境正在经历着复杂、深刻的变化，促使博物馆建立一种全面的价值体系和社会服务范式，以强化博物馆的本质特征，确保其在全球化时代的发展与繁荣。《宁波宣言》认为，共存与和谐既是包括博物馆在内的全人类的共同追求，也充分体现了东方式的哲学与文化观；强调文化多样性的存在与发展是人类社会的基本特征。博物馆要更充分地关注全球化、现代化和信息化对社会生产、管理模式和民众生活的影响，在避免文化冲突、协调文化矛盾、增进文化包容、鼓励文化创新中发挥更加积极的作用。论坛为随后将在上海召开的国际博物馆协会第22届全体会议作了主动、积极、颇为有效的理论铺垫和思想准备，并决定将“博物馆致力于社会和谐”作为国际博物馆协会第22届全体会议的主题。

今天，如何以国际视野、世纪目标、科学理念和实践精神，在对自身文化资源与整体优势实现优化的基础上，不失时机地寻求与国际先进理念和时代潮流对接，正在成为我国博物馆界有识之士的共识与实践。如今，人们十分欣喜地注意到，正是这种充满思想与智慧的共识与实践，正在不断推动着我国博物馆的现代化进程，使我国的博物馆活跃于国际博物馆界。今天，我国博物馆群体在国家文化领域的作用引人瞩目，在国际博物馆界的影响与日俱增。2010年11月，令人瞩目的国际博物馆协会第22届全体会议在上海隆重举行。每隔三年举行一次的国际博物馆协会全体会议，无疑是国际博物馆界最重要的盛事，同时也是世界各国博物馆界相互交流、学习，推进博物馆事业持续发展的重要会议。“博物馆致力于社会和谐”的会议主题，充分表达了国际博物馆界追寻自身精神轨迹的清醒意识。以“和谐”为主题词，更使人们期待能够包容各种分歧，使各类博物馆和谐存在，共同发展。通过和谐发展实现多元文化的展示和传播，使民族文化与外来文化、传统文化与现实文化、高雅文化与通俗文化，在交流比较中互助融合，相互促进，创造文明向上、协调发展的和谐文化，并通过和谐文化的熏陶和哺育，提高人们的境界、情趣、品位，促进人类的素质提高和全面发展。

第三章 博物馆是城市文化进步的积极力量

今天，人们对于博物馆的作用有着新的期待，希望博物馆留给人们的不仅仅是历史的记忆，还蕴涵着人们对未来的理想。因此，博物馆应当更加自觉地关心城市文化的进步，注重自身业务活动与人居环境改善的内在联系，以推动和促进社会变革和发展为己任。无论是将博物馆称为“精神的家园”、称为“文化的绿洲”、称为“高雅的殿堂”、称为“城市的客厅”，或是称为“文明的窗口”，都不仅仅是对于博物馆形象的描述，而是对博物馆功能与职能的阐释。

3.1 让博物馆成为“精神的家园”

如果说，让博物馆成为“精神的家园”，那么，就应该使广大民众在博物馆中不仅感受到视觉上的愉悦和知识上的满足，更多的应是精神上的归属和心灵上的净化。文化是城市的灵魂，更是人们精神世界的写照和依托。“社会、政治和文化思潮的变迁越来越深刻地影响着城市的兴衰，一个精神失落的城市必定是失效的城市，而一个繁荣的城市必定有着积极活跃的民风和秩序”。一个没有文化的城市常常让人质疑它的品位。如果说贫穷的城市难以和谐，但在一些经济发达国家，也存在严重的因为精神空虚而出现的社会问题[①]。实践证明，解决上述问题的重要途径，就是给予自

① 安俊辉:《谈谈人与城市的和谐》，载《光明日报》，2006-06-04（7）。

身传统文化、地域文化以更多的关注，给予先进文化、有益文化以更好的环境，给予落后文化、腐朽文化以更加有效的抵制。博物馆在这方面具有不可替代的作用，具有不可推卸的责任，也具有不可低估的能力。人类自己创造的博物馆文化，应该成为安抚自己心灵的精神家园。博物馆健康文化的弘扬，对一代又一代的市民的影响是潜移默化的。因此，应将博物馆建设成为充满人文关怀与和谐氛围的“精神的家园”，成为城市文化创造的内在动力。

美国著名作家和诗人 R.W. 埃默森（R.W.Emerson）指出，城市“是靠记忆而存在的”。城市是人类物质财富的集中地，是人类精神文化的创新地，是人类文化的巨大“容器”。美国学者 L. 芒福德（L.Mumford）认为，“城市是一个文化容器之说，鲜明地提示了城市在人类文化进化方面的积极意义”。“那种巨大浩瀚，那种对历史和珍品的保持力，也是大城市的最大价值之一”[①]。今天，博物馆已经成为文化领域发展最快的系统，具有明显的综合效益。同时，作为城市独特的文化设施，博物馆每年接待来自世界各地的参观者数以亿计，对于社会就业和经济发展的贡献不可轻视。因此可以说，博物馆是城市现代化的必要内容，是城市可持续发展的基础环节，也是衡量城市综合竞争力的关键指标。K. 林奇（K.Lvnch）认为，“我们必须选择要保护什么。只要是经得起时间考验的就值得保护”。从现代发展意义上说，城市作为一个巨大的经济、政治、文化和社会的有机综合体，城市的核心性资源已经不仅仅是自然资源，也不仅仅是技术和人才，还包括城市的人文环境。在此情况下，城市更需要文化提升。要从时代变革的含义与需求中，赋予博物馆文化以特殊价值与全新意义，从更高的视界和更宽的层面上，来认识博物馆文化对于城市文化建设与发展的重要性。

自 20 世纪 80 年代起，我国不少城市开始陷入建设国际化大都市的亢奋之中，以“改善生活条件”“美化城市景观”为由大兴土木，许多城市建起由大片绿地、大型喷泉和雕塑构成的城市广场和气势恢宏的政府办公楼，一些地市级城市也纷纷建

① 刘易斯·芒福德:《城市发展史——起源、演变和前景》，宋俊岭，等，译，北京，中国建筑工业出版社，1989。

起华丽的歌剧院。在这些奢华夸张的城市形象建设的过程中，城市的文化环境也随之出现显著的变化，在许多豪华项目“打造”之前生活在原地的民众被迁出，他们中的绝大部分人被返搬进远离城市中心的安置小区。越来越多的城市改造计划，不仅挑战着原住民的生存权利，更破坏着城市中本应多样的生活形态与文化生态。这种千篇一律的“国际化大都市”建设显然不符合城市文化发展的正常形态，一方面在毁灭着城市原有的传统和个性；另一方面也创造不出新的城市特色和风貌。而问题在于，恰恰是那些原住民的存在，才使小区生活充满活力。保护城市的文化遗产，就是保护城市的历史，保护城市的精神传承，保护城市文化生命的完整性。一座城市的繁荣与发展，从本质上说，取决于城市的人文态度。一座城市如果仅仅局限于地域的扩张，局限于地标的升高，所获得的只能是外在的有形的变化，唯有注重无形的内在内容，以文化观念指导城市建设，才能不断实现文化创造，城市的繁荣与发展，才有可能性和持续性。

联合国 2010 年 3 月 25 日发布的一份报告称，中国的城市化进程极为迅速，目前全球超过 50 万人口的城市，有 1/4 都在中国。联合国经济与社会事务部当天在纽约总部发布了《世界城市化展望 2009 年修正版》。报告指出，中国正经历着城市化的重要转型。1980 年，中国只有 51 个城市人口超过 50 万，自 20 世纪 90 年代起，中国超过 50 万人口的城市数量显著增加。从 1980 年到 2010 年的 30 年间，共有 185 个中国城市跨过 50 万人口门槛。报告预测，到 2025 年，中国又将有 107 个城市加入这一行列。中国的城市化水平从 1980 年的 19% 跃升至 2010 年的 47%，预计至 2025 年将达到 59%[①]。就城市化的概念来看，人口学家注重的是人口的流动过程，地理学家注重的是空间的扩散过程，社会学家注重的是生活方式的转变过程，而在文化遗产保护领域，人们感受到的是城乡大规模建设的冲击和影响。H. 列斐伏尔（H.Lefebvre）在《空间的生产》中认为，这种城市空间及土地的经济利益最大化与城市生活空间环境价值人性化之间的矛盾，本质上是“剥削空间中抹去利润的资本

① 白洁，王湘江：《中国是全球城市化速度最快的国家》，载《中国文化报》，2010-03-28（1）。

要求与消费空间中维持生存的人群需求之间的对峙”[①]。在城市化加速进程中，人们需要的是精神坐标，而不仅仅是地理坐标，需要的是人性化的文化城市，而不仅仅是城市化的功能城市。

改革开放以来，我国市场经济体制已经基本确立，GDP 以年均 9.8% 的速度高速增长。上海作为我国最具活力、最国际化的城市，人口数量达到 1900 万，跻身全球大都市之列，超过 750 家外国跨国公司在这里设立办事处，200 多米高的摩天大楼已经多达 30 多座。如今漫步上海街头，仿佛置身于纽约曼哈顿。但是，上海仍在探索未来应该走向何处。财富源源不断地流入，城市建设永不停歇，声名远播全球，由此激发了城市的自豪和自信。但是，与此同时，很多市民感觉自己的城市正在遭受某种身份危机，这一感觉的与日俱增，很大程度上与如何保存过去的文化记忆有关，在追逐发展速度的过程中，城市正在逐渐失去与众不同的特质。居住在上海的作家及顾问 P. 佛伦奇（P.French）说：“问题是，过去 18 个月以来，我们失去的老宅子可能比过去几十年失去的还要多。这是最让我难过的。”实际上，需要保护的不仅仅是那些有形的历史建筑，而且包括生活习俗和文化传统[②]。城市中的文化遗产，是城市生生不息的生命力的体现，也是演绎人类生活内涵的重要载体。生活在大都市中，人们感受着更多的城市气息，每一分一秒无不被城市化的进程所包围。从城市发展的视角来看，准确把握城市发展的社会动态，选择切实可行的城市发展模式，制定有效的城市文化策略，对城市的可持续发展具有重要作用。

可喜的是，上海世界博览会的主题是“城市，让生活更美好”。通过世界博览会的窗口对文化遗产与城市生活作一次深入思考，无疑有助于守护人们精神的家园，提升城市居民的生活质量。“城市，让生活更美好”，既是世界领域的普适性定义，又符合我国城市的理想诉求。人类的天赋在于，永远乐于创造更为宜居的城市生活形态。而快乐与幸福是人类愿意遵循的永恒追求。在这个追求下，上海世界博览会既彰显科技与教育、园林与建筑的魅力，也伴随着诗歌与绘画、舞蹈与音乐的魅力，

---

① 王玥：《上海的精神坐标》，载《解放日报》，2010-06-15（5）。
② 奥斯汀·拉姆齐：《上海重返“世界之巅”》，载《环球时报》，2010-04-26（6）。

还诞生了足以令人陶醉和难忘的文明成果，孕育出城市中新的文化遗产。人类花费足够长的时间来建造各具特色的城市，这个过程既是生活，也是历史；既有愉悦，也有痛苦；既伴随创造，也伴随毁灭。多少个世纪以来，城市的发展给人类的生活带来了美好、舒适与财富，但是与此同时，城市的膨胀又给人类带来了污染、堵塞与喧嚣。城市已经完全改变了人类的生活格局。“城市让生活更美好”这一命题，“就是想纠正非理性举动给城市带来的诸如生态灾难以及物欲横流等弊病。让每一位城市的居民坐在自己家中，就能畅快地呼吸到辽阔无边的草原上甜丝丝的空气；让书香挤走铜臭，在城市的林荫道上，每一位陌生人，脸上都挂着真挚的微笑”[①]。

一座现代化城市的特色，除了要有时代气息外，还要有深厚的文化底蕴。作为城市文化的重要内容，博物馆见证并凝聚着城市发展的历程，在城市记忆的保持、特色形象的展示、乡土情结的维系、文化身份的认同、生态环境的建设、和谐社区的构成等多方面具有综合的价值。将烙上城市珍贵记忆、留下城市发展足迹的文化遗产融入今天的城市生活，使城市更具特色、更有内涵、更加美好，既是对城市民众的尊重，也是当代人不可推卸的文化责任。“现在，许多城市为了提高城市品位，让城市更加宜居，越来越重视生态建设。湖泊水网、亲水走廊、创意雕塑、大型广场、江滩夜景等遍地开花。然而，在建设的过程中，一些地方‘为建而建’，造成了自然景观不‘自然’，对市民缺乏亲近感、亲和力，不仅审美效果大打折扣，也背离了城市建设的初衷”[②]。城市文脉，是指一座城市的文化及文化传统，与城市功能是否延续密切相关。如果城市的文化传统得不到传承，将难以形成城市文脉。只有城市形成了自己的文脉，并且得到延续，城市的功能才能得到充分的发挥。城市文脉不仅是文化设施、文化遗址、文化景观的积累，更是一代代城市民众文化和智慧的结晶。因此，保护城市文脉，就是保持城市记忆，保护人们的生活智慧和发展经验。

文化城市应具有博大的文化情怀。历史文化、地域文化和现代文化的兼容并蓄、合理扬弃是城市文化发展的必然趋势。许江先生认为，“文化历来是一个健全社会的

① 熊召政：《城市是我们的历史》，载《人民日报》，2010-06-02（24）。
② 晓牧：《城市景观应贴近人的生活》，载《光明日报》，2008-04-10（4）。

文明的思想和精神核心，是平衡社会和谐发展的重要因素。它代表着社会良知，对可能出现的异化现象，担当着守望的责任”[①]。博物馆事业发展应着眼于满足城市民众日益增长的精神文化需求，提高城市民众的思想道德素质和科学文化素质。在挖掘城市文化特色时，不但要研究城市外貌、建筑特征以及文化遗产等能给人们直观感受的文化，更重要的是研究蕴涵于市民集体性格之中的城市精神。D. 格鲁考克指出，“城市规划与博物馆在很多方面都是相互重叠的。城市规划的某个转型时期以及这些变化的一些轨迹，都会是博物馆未来发展的有趣借鉴。鉴于城市规划的方方面面都在从它传统的学科界限发展开来，加入了更多的文化因素，这就使得城市博物馆有可能与城市规划产生更有创造性、更加正式的联系”[②]。城市的发展过程充满着和谐与不和谐的因素。要想促进民众与城市的和谐，就要通过城市内部人们各类活动与各类资源、环境的有机统一，努力实现城市的规划、建设、管理与城市性质、城市规模、城市布局、城市功能相协调，进而实现城市经济、政治、文化、社会的全面、协调和可持续发展。

作为城市历史的记录者和展现者，同时是城市文化重要承载者的博物馆，绝不仅仅为今天的城市记录过去，也为未来的城市留存今天，并联系和展示历史与现实间的关系，展望未来的发展方向。博物馆的这一特性决定了它必然是城市文化的积极参与者和推动者。2009 年 10 月 22 日，首座以商帮命名的博物馆——宁波帮博物馆的大门隆重开启，向世人述说宁波这座城市的百年故事。宁波帮是至今还活跃在海内外的少数几个商帮之一，百余年来，超越时空、传承文明、繁衍发展、经久不衰，从无数商帮中脱颖而出并后来居上。这个以血缘姻亲和地缘乡谊为纽带联结而成的商帮群体，广泛分布于 64 个国家和地区，活跃在全球经济舞台上。宁波帮是现代商业文化的宝贵财富，研究宁波帮不仅可以凸显和培育当前城市文化的特色，还有助于加强与海外宁波帮的交流和商贸发展。正如宁波同乡会理事长毛葆庆先生所说：“宁波帮博物馆就是我们在故乡的家，我们不仅要全力支持，还会经常回来看

① 许江：《中国当代视觉文化的境遇与责任》，载《光明日报》，2007-02-01（10-11）。
② 邓肯·格鲁考克：《城市博物馆和城市未来：城市规划的新思路与城市博物馆的机遇》，载《国际博物馆》，2006（2）：32。

看。”宁波帮博物馆的建成不仅向全世界的宁波同乡展示出可以守望的心灵家园，更是使海外游子的心灵有了可以停靠的泊岸。宁波帮博物馆以润物细无声的方式在宁波民众与广大侨胞、海内外人士之间搭建了团结友谊的平台。

随着博物馆概念与功能的扩展，博物馆正在由单纯的参观场所变成小区文化中心，成为介入民众生活的有力组织。美国博物馆理论家 D. 普莱茨奥斯（D.Preziosi）认为：“今天，我们生活在一个深受博物馆影响的世界。如果没有这项卓越的发明，我们的世界将无法想象。”“博物馆已经成为我们的文化景观中一个主导性特征，形成了我们对历史与自身的最为基本的认识。”[①]由此可见，博物馆在现代社会中所起的作用是其他设施所无法取代的。从外在的功能来看，它是保存和展示文物艺术品的实物空间或实地现场，然而，它所传递的社会价值却并非如此简单。博物馆作为城市的精神家园，给予公众的不仅是精神上的愉悦和满足，更多的是心灵上的归属感。博物馆可以为参观者提供一个娱乐的氛围和轻松的空间，在这里人们可以充分享受自己的时光，而且经常与家人或朋友共同分享。

一个城市现代化的标志不是高档汽车呈现的豪华，不是灯红酒绿下的喧嚣，而是文化氛围和文化气息。世界上一些著名城市如北京、巴黎、伦敦、柏林、圣彼得堡等，都拥有鲜明的文化氛围和强势的文化气息，无处不体现出博大精深的城市文明，这些文化智慧的成果，给当地民众和来宾以人性的温暖。一个缺少文化氛围和文化气息的城市不可能成为真正的现代化城市。人们强调博物馆是城市“精神的家园”，不只是说博物馆建筑的优美和环境的温馨，而是说把博物馆当作展示城市文明的窗口。春节是中华民族最重要的传统节日。2010 年春节期间，北京市组织推出“博物馆里过大年”活动，汇集了北京地区 50 余座博物馆的百余项丰富多彩、形式多样的系列活动，突出春节民俗特色，突出传统文化特点，突出观众参与，为北京市民提供了一种既传统又有新意的过年方式。在克罗地亚，每年 1 月 30 日是市民们期盼的“博物馆之夜”。当天晚上，克罗地亚所有城市的博物馆都免费开放，并且很

① 雷新：《免费促成中国博物馆华丽转身》，载《人民政协报》，2010-05-18（A3）。

第六届博物馆教育·北京论坛（2013 年 12 月 4 日）

多博物馆还特地安排了富有特色的临时展览和文化活动。政府要求经过博物馆的公交线路都将营业时间延长到凌晨两点，而且都是免费乘车。由于参观博物馆的观众大多是青年学生，往往都没有自己的私家车，所以政府的这一举措大大方便了人们走进博物馆①。

3.2 让博物馆成为“文化的绿洲”

如果说，让博物馆成为“文化的绿洲”，那么，就应该使广大民众在博物馆中尽情分享文化资源，感受文化氛围。在现代城市建设、发展过程中，博物馆兼具传统文化内涵和引领未来城市文化的双重属性，也随着现代城市文化发展的需要，而成为城市公共设施的重要组成部分。今天，许多城市围绕博物馆形成了一个或者多个文化中心，在高楼林立的现代功能都市中，形成一片片“文化的绿洲”。每个城市的

① 赵嘉政：《克罗地亚的“博物馆之夜”》，载《光明日报》，2010-02-06（5）。

传统文化保留到今天，都经历了历史的风雨和时间的洗礼，沉淀为一座城市的灵魂。文化认同是指广大民众接受城市文化理念而产生的归属感。如同生物多样性维持着生物平衡和生命延续，文化多样性则维系着人类的文明赓续绵延。文化全球化不等于文化一元化，经济的发达不意味着文化上的霸权，因此，要像保护生物多样性一样尊重文化多样性。博物馆通过对一座城市文化遗产的收集、整理、研究，将城市文化的精华展示出来，并呈现出文化发展的历史脉络，那些看似遥远的历史，其实是今天城市文化发展的根基。随着博物馆全面免费开放和纳入国民教育体系，博物馆开始走进百姓的日常生活，成为提高民众个体文化修养和整体文化素质的积极力量。博物馆将通过文化的传承、培育、积淀和创新，实现对城市文化的塑造。

单一的经济增长目标对社会关系和自然生态的损害，已引起社会各界的广泛关注。“全球金融危机和环境恶化更昭示我们，反思和矫正现代文明已刻不容缓。这是300年以来文明观的重大调整”。“一方面快速发展，另一方面问题丛生，正是在这样的时代背景下，我国酝酿并尝试着发展模式和文明方向的重大调整。其实质是矫正短视的发展主义，‘以人为本’，构建‘自然—人—社会’相互协调的新的文明共同体”[①]。中国科学院公布的《2010中国新型城市化报告》，公布了内地50座城市的上班花费时间，在被调查的13个国家和地区中，我国内地此项指标排名第一。上下班路上耗时过长，已经成为大城市的普遍问题。拥堵的路况，拥挤的车厢，频繁的换乘，无一不令人心烦意乱。日复一日地疲于奔命。不少人的生活状态，由此成为“如果不在家里，就在单位；或者在两者之间的路上”。资源在来来往往中消耗，效率在熙熙攘攘中降低，人们的幸福感也在奔波劳碌中点滴消磨。缩短上班耗时，已经成为很多城市亟待解决的社会难题。这一难题的解决方案，多数方法聚焦于调整城市规划，加快城市道路建设以及提高交通管理水平。其实除了这些“全球通用”的解决方案之外，关键是更多地了解和分析民众生活需求，以提高民众幸福度为核心，制定“以人为本”，而不是“以车为本”的解决方案[②]。

---

① 祝东力：《文明的反思和观照》，载《人民日报》，2010-06-11（19）。
② 封寿炎：《如何降低大城市的上班耗时》，载《解放日报》，2010-06-12（5）。

“当前，我们正处在一个思想大活跃、观念大碰撞、文化大交融的时代，先进文化、有益文化和落后文化、腐朽文化同时存在，正确思想和错误思想、主流意识形态和非主流意识形态相互交织，各种思想文化有吸纳有排斥，有融合有斗争，有渗透有抵御，这种交流、交融、交锋不仅发生在国际而且发生在国内。对不同文化的冲突、碰撞、摩擦，如果不注意协调、妥善解决，就会引起思想混乱，甚至导致社会危机”。同时，“都市生活带来的快节奏、紧张感及市场经济中过度发展的交换理性、分工理性、工具理性，消解了传统人类小区的关系纽带和情感生活，加剧了人与人之间的疏离感、冷漠感，由此引发各种心理疾病、犯罪、社会问题”[①]。在一些城市，“环境问题、道德问题、贫富差距拉大、人际疏远及犯罪等转型期的社会问题表现得更为突出”。博物馆作为城市“文化的绿洲”，通过对城市民众生活的持续影响，树立起城市特有的文化形象。一个城市的文化渊源、文化传统和文化积累，通过博物馆得到展示的同时，城市文化在博物馆的文化塑造功能之下得以传承、发展和进化。博物馆不仅培育了城市文化，更促进了城市的软实力建设，随着城市软实力在经济社会的方方面面产生带动和辐射效应，博物馆在现代城市中的不可替代价值将真正得到体现[②]。

目前，文化、城市与博物馆的关系正在开始变得紧密，三者之间的关系也得到了各级政府的关注。随着时代的发展，人口的文化素质、文明程度愈来愈成为城市发展的一个关键因素，市民是城市的主体，是城市文明的创造者和体现者，也是城市文明的载体，市民的素质如何，直接决定着一个城市的形象，同时也关系着一个城市的可持续发展。博物馆丰富精深的民族文化再现了本地的历史沿革和经济、政治、文化、社会发展的脉络，把最辉煌、最闪亮的史实呈现在观众面前，让人们了解更多的历史知识、人文精神和民俗风情。使人们或感怀于先民顽强不屈、艰苦卓绝的创业历程，或赞叹于古代工程巧夺天工的创造能力。博物馆根据独特的性质、任务，利用直观、形象、感染力强的特点，向市民传播自然、历史、考古、艺术、

① 白藜璠：《省级博物馆的社会价值、责任及发展方略》，见《携手2010：宁波国际博物馆高峰论坛论文选辑》，第24页。

② 武斌：《论博物馆的社会责任》，载《沈阳故宫博物院院刊》，2008（6）：1。

科学和综合人文信息，是人们获取科学知识、提高文化修养的重要场所，在丰富市民文化生活的同时，发挥着教育、激励、凝聚、娱乐、审美等多种功能，在潜移默化中陶冶市民的情操，并为市民进行科学研究和艺术创作提供丰富的数据及珍贵的借鉴。由此，博物馆成为培养社会道德最理想的人文环境，对于增强人们对故乡、祖国的认知和热爱、眷念之情，激发观众的社会责任感和使命感等具有重要作用。

文化城市不是单纯的城市文化的建设，而是经济、政治、科技、教育等方面的协调发展，是一个多层次、多结构、多要素、多目标的系统整体。南通，与一些历史名城相比历史不悠久、特色不明显、资源不突出。2002 年，吴良镛教授在南通考察时指出，南通是近代史上中国人最早自主建设和全面经营的城市典范，其起始之早、功能之全、理念之新、实践意义之强，堪称“中国近代第一城”。“中国近代第一城”命题的提出，为南通在历史与现实的对接中继往开来、再创辉煌找到了重要的动力。近年来，作为我国博物馆事业的发祥地，南通动员社会各方面力量，特别是鼓励企业、民间投资兴办博物馆，建成了以南通博物苑为龙头的环濠河博物馆群。目前，南通全市共有女工传习所、纺织博物馆、给水博物馆、蓝印花布艺术馆、建筑博物馆、珠算博物馆、风筝博物馆、民间艺术馆、长寿博物馆等各类博物馆 23 座，其中市区内有 17 座，即平均不到 5 万人就拥有 1 座博物馆，这一指标达到了发达国家水平，南通因此被誉为“博物馆城”。在博物馆建设的良好氛围下，南通中国眼科学博物馆、南通中国环境博物馆、南通中国技工教育博物馆、南通气象博物馆等一批高水平的专业博物馆也纷纷选择在南通筹建，不但博物馆的规模在不断扩大，而且质量也在不断提高。

博物馆是一座城市文化含量的体现，也是对一座城市文明程度的考量。宁波博物馆提出“市民博物馆”的理念，不断创新服务载体和形式，敞开大门让所有市民共享文明的成果。针对博物馆自身开馆时间短，文物藏品、专业人才等诸多资源不足的状况，按照“大资源观”理念，借助展厅硬件优势，采取特展形式，推出“当今国内外著名博物馆文物精品”系列特展、“当今海内外著名宁波籍收藏家藏品”系列特展等，这一系列高档次的精品展览，通过中国宁波网、宁波文化网、宁波文化遗产保护网和宁波博物馆网等网站进行大量的专题报道，吸引更多市民前往宁波博物馆参观，使宁波民众有幸在自己的城市中享受视觉盛宴。宁波自古以来就有收藏的习惯，加上近几十年来宁波经济的快速发展，极大地丰富了宁波民间收藏的资源。宁波博物馆为了充分发挥这一巨大社会资源，让宁波市民欣赏到这些藏于深闺的珍宝，开馆以来一直在筹划推出“宁波民间收藏系列展览”。这也是宁波博物馆在“市民博物馆”理念指导下，利用民间收藏资源的首次尝试。2009 年 9 月“我与宁波博物馆”摄影大赛收到摄影爱好者的参赛作品 700 余幅，从不同视角展示了宁波博物馆独特的魅力。“2009 市民最喜爱的十大展品”评选活动收到市民现场、网络、邮寄的有效选票近 3000 份，这些都充分体现了市民对宁波博物馆的关注①。

现代社会的城市文明程度不是以这个城市有多少商店、多少宾馆、多少高楼大厦来衡量的，而是以这个城市拥有的博物馆、图书馆、美术馆的规模和数量来衡量的。目前世界一些国际大都市，往往拥有 200 多个博物馆。一座城市的博物馆群是城市文明的载体，反映出城市文化发展的整体水平，是城市文化竞争力的重要体现。“没有人在真空中出生，我们所有人都是漫长生物演化和文化发展历史的产物和接受者。这个历史与我们今天所处的环境一起影响着我们的思想、行为。关于我国过去的知识就正如关于我们环境的知识一样，对我们人类的生存至关重要，而了解我们自身过去的历史则是我们每个人与生俱来的权利”②。今天，当人们来到杭州西子湖畔，在湖光山色间徜徉的时候，一定会被一座座各具特色的博物馆所吸引。在西湖东北侧不远处，浙江省博物馆武林分馆、浙江科技博物馆、浙江自然博物馆和浙江革命历史博物馆，数座博物馆总面积共达 7 万多平方米，连同原有的浙江博物馆、中国茶叶博物馆、中国丝绸博物馆、杭州历史博物馆、杭州名人纪念馆、中国印学博物馆及其他一系列专题博物馆和名人故居等，形成了一个环绕西湖的博物馆群落，

---

①《宁波博物馆年回顾——四大亮点》，载《中国文物报》，2009-11-09（11）。
② 李琴，陈淳：《公众考古学初探》，载《江汉考古》，2010（1）：38。

而西湖也因为这些博物馆的存在呈现出更具人文色彩和文化底蕴的非凡景象[①]。

人们生活在两种生态环境中，一种是自然生态环境，一种是文化生态环境。自然生态环境的恶化状况日益严峻，人们已经尝到环境污染和生态破坏带来的苦果。同时，人们对于文化环境给予越来越多的关注。以J.斯图尔德（J. Steward）为首的美国文化生态学派认为，文化生态指人类文化和行为与其所处的自然生态环境之间相互作用的关系。城市文明的发展是历史的进步，它广泛而深刻地影响着人们的生活方式和社会心理。城市的发展为人们带来了更多的舒适、便利和机会，也带来一些新的困扰和问题。人们赖以生存的城市家园不同程度地面临着记忆消失、面貌趋同、交通拥挤、环境恶化等诸多问题。城市的发展不断地满足并刺激人们的物质需求，而精神上、心理上的慰藉和憧憬却在不同程度地失落。人们在为城市日新月异的变化而兴奋的同时，困扰和疑虑也在悄然滋生。“文化生态，就是人们精神呼吸的空气，通过耳濡目染影响人的精神世界，影响人的行为。”张德祥先生认为，“尽管当前文化的主流是好的，但是文化圈内也有不少不和谐音。文化生态应当引起重视，因为关系到世道人心的健康，关系到社会和谐与文明进步，关系到正气与邪风的消长。”[②]在此背景下，人们对博物馆与地域文化生态，甚至全球文化生态的关系日益重视。

“我们究竟需要一个什么样的生存空间？我们究竟在追求怎样的生活？当人们试图以全新的、理性的眼光审视扑朔迷离的城市形态时，不约而同地选择了文化的视角”[③]。有人把博物馆形象地比喻为一棵大树，“那么，体制是干，管理是枝，业务是叶，文化是根，而社会环境，则是它的土壤”。多伦多诗人P.G.迪奇科（P.G.Cicco）主张“城市必须爱上它自己”。多伦多作家R.富尔福德（R.Fulford）曾说过：“我们用两种方式来构建城市：一种是用水泥，另一种是用想象。”“为了构建和维持适于生存的、有趣的城市，为了计划未来，我们必须让所有的公民一起来展现过去和现在，让他们感觉到，他们自己、他们的祖先和孩子在这一被称为历史的、

① 杨建新：《博物馆：浙江公共文化服务体系的重要环节》，载《国际博物馆》，2007（2）：112。
② 张德祥：《改良我们的文化生态》，载《人民日报》，2010-06-29（24）。
③ 孙家正：《建设形神兼备的城市家园》，在城市文化国际研讨会上的发言，2007年6月9日。

复杂而进化的故事中都能成为合法而光荣的角色。”多伦多以“我们的‘人文节’”来实现这一目标。“人文节”是多伦多湖滨区一种新的、创新性的城市博物馆，它把多伦多的故事告诉市民和所有来访者[①]。“保护城市的文化遗产，并非是一种被动地对抗岁月的磨蚀，其中也应包含着对城市人文生命的挖掘与创新”[②]。文化不仅是经济、社会等的驱动力，而且还是整个社会生活和社会系统的大脑、血脉与灵魂。基于这个原因，世界上凡是充满活力和魅力，具有锐气与朝气的宜居城市，都无一例外地有着良好的人文环境和深厚的文化底蕴。

毕尔巴鄂古根海姆博物馆，作为由博物馆文化的力量推动城市转型的著名案例，证明博物馆有能力在工业时代的废墟上，在一片萧条中重建一座面向未来的文化城市。毕尔巴鄂是一座有 700 年历史的古城。一座在西班牙称雄海上时代的重要海港城市。19 世纪毕尔巴鄂由于出产铁矿而重新振兴，曾跃居西班牙第四大城市，但是 20 世纪中叶以后由于传统工业的颓败，成为一座污水横流、废气弥漫的“灰色”工业城市。1991 年，毕尔巴鄂市政府与古根海姆基金会共同作出极为深远的决定，邀请美国建筑大师 F.O. 盖里（F.O.Gehry）为毕尔巴鄂设计古根海姆博物馆。“提出建设博物馆来振兴城市时，确实遇到许多挑战，毕竟当时依然面对危机，这是用公共基金来投入的。然而 6 年后的事实证明，通过文化振兴来实现城市发展，其带来的效果远远超出当初的预料。”1997 年，毕尔巴鄂古根海姆博物馆正式落成启用，它以奇美的造型、特异的结构和崭新的材料举世瞩目，成为古根海姆博物馆群中又一颗璀璨的新星。几年后，世界建筑艺术界评价毕尔巴鄂古根海姆博物馆“属于最伟大之列，与悉尼歌剧院一样，它们都属于未来的建筑提前降临人世，属于不是用凡间语言写就的城市诗篇”。博物馆文化的力量使毕尔巴鄂脱胎换骨，变成一座充满魅力的文化城市。如今，毕尔巴鄂不再是一个灰暗的充满工业危机的城市，她已经成为欧洲经济发展、旅游休闲、投资环境最好的城市之一[①]。

① 丽塔·戴维斯:《多伦多的人文节：一个项目的故事》，载《国际博物馆》，2006（2）：60。
② 黄晴:《城市，一个文化的生命体》，载《人民日报》，2010-06-11（23）。

3.3 让博物馆成为“知识的殿堂”

如果说，让博物馆成为“知识的殿堂”，那么，就应该使广大民众能够经常走进“知识的殿堂”，享受到应该获得的文化权益，接受文明的熏陶。“博物馆是高雅的文化殿堂，此话不错。想当年，法国的卢浮宫，中国的故宫，收藏了许多宝物，只供皇室和达官贵人欣赏把玩。这‘高雅的殿堂’便成了贵族的专利，百姓不得问津。法国大革命后，中国辛亥革命后，这两座宫殿作为博物馆向社会开放了，打破了贵族的垄断，是一大进步！虽然这种开放是不彻底的，还有很多的限制，但毕竟朝着正确的平民化方向前进”[②]。作为收藏人类文化的殿堂，博物馆在社会发展的进程中，从某种意义上说，具有文化坐标的性质。博物馆以其深厚的人文积淀，以其无可比拟的文化象征优势，赋予城市以精神的灵性和文化的气韵，潜移默化地培育着城市的形象。决定城市形象、城市地位以及城市生活质量的因素并不是由所谓“标志性工程”“政绩工程”所展现，而是对于地方文化的认同感与回归感，是民众的精神状态以及文化信仰和生活信念。当代博物馆的建设不仅仅是一个建筑过程，也是一个文化过程，一个社会过程，对于经济、政治、文化和社会进步具有巨大的推动作用，博物馆早已超越了其传统意义，它们应该成为城市复兴的高地。

世界范围内的现代化发展和全球化趋势，一方面，使各民族之间的文化交流、碰撞和融合更为剧烈；另一方面，也使人们更加关注自己民族的文化传统，关注自己的文化之根。关注传统、了解和认识传统，是现代化浪潮冲击下，人们强烈的精神需求。人们当前生活在信息化、网络化的“地球村”中，文化的同质化日益大于文化的异质化，使许多人忘记了血缘、亲缘与地缘的原有脉络，产生了“我是谁，我从哪里来”的困惑，博物馆的展示、教育对此都应该给予震撼心灵的回答。当人们知道了自己的血缘、亲缘与地缘后，得到文化认同，才会产生归属感，有助于社会的和谐。今天，博物馆在人们的日常生活中，扮演着越来越重要的角色，并且与整个城市存在同生共荣的关系。凡是历史上的文化元素，博物馆都必须审慎地加以

① 周龙，李慧：《文化唤醒了城市》，载《光明日报》，2010-05-14（4）。
② 自庶：《让更多观众走进博物馆》，载《人民日报》（海外版），2009-01-16（15）。

辨别，在诠释中展现其人文精神和社会价值。这样，传统文化才能与时代精神融为一体，在博物馆中，这些文物藏品既是古老的、饱经沧桑的，又是年轻的、充满活力的。博物馆以其独有的文化资源和文化方式为社会及其发展服务，以其独立的文化形态和文化价值深植于现代社会之中。博物馆文化的每一次新创意和新举措，都将丰富和提升城市生活的文化含量。俄罗斯总统普京在参观北京故宫时留言，“一个伟大的民族植根于历史。对此重要的历史文物，如此地珍爱和保护，值得尊敬。这样的民族必将有伟大的未来”[①]。

在城市化进程加快的今天，城市文化早已成为重要的社会资本，支撑和决定着城市的发展进程。城市文化的发展水平往往代表着一座城市文明程度所能达到的最高水平，城市文化的提升则是城市发展的重要任务。通过参观博物馆，了解城市文化，可以提高市民对于所在城市的认同感、满意度，进而产生自豪感、优越感，逐渐转化为城市的凝聚力，产生更大的感召力，最终形成人们热爱城市、建设城市的热情，使城市居民积极参与城市发展进程，这些是城市文化发展的根本动力，也是城市文化发展的根本价值。因此，博物馆要承载历史，反映城市的历史发展过程及其特有的文化积淀；博物馆要展现现实，多层次、多侧面、多角度地反映现实的文化内涵；博物馆要昭示未来，城市的文脉、传承、创造属于城市独特的新文化。过去，一些博物馆展览没有很好地考虑到公众的心理和审美诉求，如今，公众的参与和对展览质量的监督促使博物馆认真、全面地考虑观众在审美、知识、历史、文化方面的诉求，否则将承受公众和新闻媒体的舆论压力。过去，博物馆把观众当作知识教育的对象，没有作为平等的主体进行交流。如今，一些博物馆经常举办一些专题性的文化论坛和讲座，旨在提高公众解读博物馆藏品资源的能力以及交流对话的能力。

真正的文化城市应该是具有良好的文化与自然生态的城市；是兼顾物质文化与精神文化发展的城市；是人与自然和谐相处的城市；是大多数公民的道德和文化素

---

① 郭黛姮：《伟大创造时代的宋代建筑》，载《中国营造学研究》，2005（1）：20。

质较高的城市；是人们能够处处感受到文化氛围的城市；是城市小区文化发达的城市；是具有鲜明特色和个性的城市。文化城市应具有高雅的文化气质。文化城市要成为高尚文化的沃土，城市的主流文化要贴近生活、紧扣时代脉搏，要将每一个城市单元都融入主流城市文化之中。博物馆作为社会瞩目的公共文化机构，以其独有的文化资源和文化方式为社会和社会发展服务，构成了独特的博物馆文化。早在1880年，在普及文化、开启民智的目标下，布宜诺斯艾利斯省政府决定，在首都一处空旷的平原上建设一座新城，并在新城中同时建设一座“有重要影响力的博物馆”。于是，一座长135 m、宽70 m、高4层的拉普拉塔博物馆就与新城同时诞生。建成之时，这座博物馆的高度、体积、投资都超过了包括市政府大楼在内的其他任何建筑，使城市保持着一种独特的文化气质[①]。今天，“博物馆文化的共享与弘扬”已成为全球博物馆界的一个共同话题。作为博物馆工作的核心内容，博物馆应既形

波兰肖邦故居（2007年11月3日）

象鲜明又深入浅出地揭示城市文化主题，展示一座城市或一个地区的文化风貌。只有紧紧围绕这一核心内容，并从博物馆的自身资源中加以挖掘，才能突显出博物馆给城市未来带来的积极意义。

进入21世纪，在我国，城市建设以空前的规模展开，而城市文化的传承、发展和繁荣却面临着沉重的压力，在这一背景下，博物馆可以为城市文化建设注入新的活力，形成城市独特的文化氛围，或者形成特色鲜明的城市文化区域，树立城市的文化形象，发展城市独特的文化吸引力和文化凝聚力，加强城市居民的文化认同感，尤其是加强对文化遗产保护和博物馆文化的认同感，并最终建立起广大民众与传统文化、民族文化、地域文化的情感联系，形成具有高度吸引力、凝聚力和独特魅力的城市文化。今天，城市化加速进程中，博物馆文化在现代城市文化塑造方面的功能，已经越来越受到社会各界的重视，并确实在引领城市文化发展，树立城市形象等方面发挥着难以替代的作用，成为推动社会进步和发展的重要力量。在当前经济全球化的现实情形下，任何城市都不应自居于“弱势文化”，既要借鉴经济发达国家对城市文艺复兴以及文化发展战略研究与实施的经验，又要深入挖掘自己城市的文化资源，对城市文化发展战略作出积极响应；特别是对于传统人文精神和优秀文化内涵进行发掘、整理，进行融贯的综合研究，使其在城市文化建设中以其独特的优势而发扬光大。

作为城市历史的记录者和展现者，同时是城市文化重要承载者的博物馆，其核心使命绝不仅仅是为今天的城市发展而记录过去，也为未来的城市发展而留存今天，既要联结和展示历史与现实之间的关系，又要展望未来的发展方向。正因为博物馆作为社会瞩目的公共文化机构，以其独有的文化资源和文化方式为社会和社会发展服务，因此构成独特的博物馆文化。在上海，1996年上海博物馆新馆落成，成为展示上海城市文明的重要窗口。在新馆建成的15年中，上海博物馆成功举办了数十项成系列的大型展览，产生了较大的社会影响，对弘扬上海城市文化精神发挥了积极

① 范剑青：《博物馆与城市一起诞生》，载《人民日报》，2008-10-28（8）。

作用。上海博物馆关于大型展览的定位与功能、大型展览的模式及可持续性发展、大型展览的社会互动与城市文化精神的激励等新的课题和新的观念在实践中不断被提出，这些理论思考和创新概念又不断指导新的实践。在北京，博物馆的发展体现出城市综合实力不断增长。1949 年，北京地区仅有 2 座博物馆；1965 年，北京地区博物馆增加到 15 座；改革开放后，北京地区的博物馆实现较快发展，20 世纪 80 年代初达到 38 座；20 世纪 90 年代初达到 90 座；世纪之交，北京地区的博物馆数量突破了 100 座；如今北京地区的博物馆数量接近 150 座。这一发展变化，是我国博物馆整体发展状况的缩影。

博物馆被誉为“一本打开了的关于人的本质力量的书”。文化是指人类精神生产的能力和产品，具有认知、教化、审美、娱乐、交流、传承、塑造等功能，对于陶冶人的情操、提高人的素质、实现人的全面发展，具有不可替代的重要作用。当今时代，城市竞争不仅体现在物质财富的生产，更深层的是在精神层面的竞争。文化是区域竞争力的核心内容，影响并决定着区域发展的前景和方向。文化作为现代城市的灵魂，已经成为城市生活中举足轻重的关键元素。从“功能城市”走向“文化城市”成为越来越多城市的发展理念。在城市现代化进程中，如何使城市经济发展富有文化内涵，城市规划建设突出文化特色，城市社会环境注重文化生态，城市社会生活体现文化素质，城市民众发展追求文化品位，这些都是需要认真思考的问题。目前，我国广大民众的文化需求呈现出五个明显的变化，“一是文化需求总量呈现较大幅度增长；二是社会对文化产品和文化服务质量提出了更高的要求；三是文化消费更加多样化和市场化；四是文化产品的制作、传播、消费手段和方式更加科技化和现代化；五是不同文化相互交往的要求和程度日益加深”①。当经济社会发展到一定阶段，物质财富的积累和社会收入水平达到一定程度，人们便越来越关心如何生活得更好，这种生活不仅包括物质生活，更包括精神文化生活。

精心呵护文化遗产，维系历史文脉，留住城市记忆，是人们生存发展的心理需

---

① 孙家正：《追求与梦想》，北京，文化艺术出版社，2007。

“故宫一小时”主题活动（2013 年 5 月 18 日）

求，也是当代人对祖先和子孙后代的责任。对此，博物馆应对文化遗产保护和城市文化发展作出更大贡献。现代意义的博物馆伴随着人类理性的觉醒而发展。博物馆从来都和城市的发展和文明的进步息息相关。博物馆作为人类理性觉醒的产物，得益于工业革命和社会发展的推动力，已经成为一种独有的文化标志。参观博物馆，实际上就是在阅读一座城市的历史，了解过去，展望未来。博物馆通过积极参加国家性、地域性的文化活动或文化节日，树立自身公益性的社会形象，成为博物馆主动融入社会的具体表现。每个城市都有表现自己地域特征的文化活动或文化节日，有的是与民俗或某种纪念活动有关的传统文化活动或文化节日，体现了浓郁的地域特色和民族特色，例如端午节、龙舟节、风筝节、泼水节等。有的是代表现代城市经济文化发展特征的文化活动或文化节日，例如服装节、音乐节、电影节、艺术节等。这些定期举办的文化活动或文化节日无论是传统的，还是现代的，都体现了城市发展的文化风貌，成为当代以文化力量推动城市经济社会发展的有效手段。博物馆主动参与其中，使博物馆成为城市文化的有机组成部分而发挥独特的作用[①]。

中华文明是世界古老文明之一，在人类文明史上占有重要地位。中华文明具有原生性、可信性、整体性、连续性、先进性和包容性等特点[②]。它傲立东方，著称于世，为当代，更为后代留下了蔚为壮观的文化遗产。这些文化遗产是民族的“根”，是国家的“魂”，是穿越时空，走向未来的精神纽带。而保护这些“根”之所系、“魂”之所在的文化遗产，是历史赋予当代的庄严使命，也是当代对后代肩负的神圣责任。中华文明作为一个历史悠久、根基深厚的文化体系，具有自己鲜明的特色，其中蕴涵着许多久经考验的有利于人类和谐发展，而又为其他文化所欠缺的优秀元素，不断为人类的进步和未来的发展提供新的思想启迪和文化滋养。保存在我国各地博物馆中的系列文物藏品，可以为中华文明描绘出清晰的文化图谱，使人们能够清晰了解“我们是谁”“从哪里来”“到哪里去”，并找到与世界其他文化对话的正确立场和恰当位置。博物馆文化资源具有“跨行业”“跨学科”“跨领域”的知识属性和文化特点。因此博物馆文化资源研究，必须以系统化的思维方法，积极理解和适应新的变化和新的特点，倡导和推动博物馆与各学科间的交流对话，打破学科壁垒和狭隘浅薄的门户之见，实现方法、视野的互补和相互激荡，从而实现博物馆文化的提升和创造。

博物馆是社会集体记忆的重要组成部分。博物馆旨在提高公民素质，提供唤醒人们理智的经验。一位作家写道：“万一迷路，我希望自己就在博物馆附近。因为在博物馆你不会真的迷路。”“我们可以说，现在整个城市就是一个博物馆群。此时，我们所说的博物馆已经是个很宽泛的概念了。博物馆从来没有像今天这样如此深刻地影响着社会，如此深入地走进大众的日常生活中。这是一个属于博物馆的时代，是一个充满博物馆情结的社会，已经形成了势不可挡的博物馆现象。”[①]“博物馆已经成为我们的文化景观中一个主导性特征，形成了我们对历史与自身的最为基本认

① 郝黎：《从若干博物馆实践看博物馆教育》，见《携手 2010：宁波国际博物馆高峰论坛论文选辑》，第 1 页。
② 单霁翔：《从原生东方到兼容并蓄——中华文明发展初探》，载《文化遗产保护与城市文化建设》，北京，中国建筑工业出版社，2009。

识。”美国博物馆理论家 D. 普莱茨奥斯（D.Preziosi）撰文写道：“今天，我们生活在一个深受博物馆影响的世界。如果没有这项卓越的发明，我们的世界将无法想象。”[②]城市发展的目标是为了使人们的生活在物质和精神上得到多方面的满足。城市中的历史街区、文化遗存、社会习俗等一切物质与非物质文化遗产，均是漫长历史发展过程留下的记忆，渗透于城市中的每一寸土地，而博物馆正是收集和记录城市记忆，见证和展示城市变迁，具有特殊使命的文化设施。博物馆已经成为城市发展不可或缺的组成部分，以其巨大的文化力量，联系着社会生活的方方面面，成为惠及广大民众文化生活的“知识的殿堂”。

山东博物馆展览（2010 年 11 月 16 日）

当近代科学来临时，英国的著名哲学家 F. 培根（F.Bacon）提出了“知识就是力量”的英明论断，他不仅在科学的意义上奠定了知识的至尊地位，而且也通过对知

① 陈同乐：《后博物馆时代——在传承与蜕变中构建多元的泛博物馆》，载《东南文化》，2009（6）：6。
② 李舫：《中国博物馆：从“藏宝库”到“魔法棒”》，载《人民日报》，2010-01-29（17）。

识的盛赞，在人类社会促成了对知识价值的普遍认同。长期以来，F. 培根的箴言不断被事实所验证，不论是工业革命的发展还是新技术革命的兴起，文化知识与科学技术都在其中起到了不可替代的决定性作用。D. 格鲁考克认为，“城市博物馆是一个开放、真诚的民主地点，并且从物理上说，可以被看成城市的一部分，同时还是在城市历史语境中就城市问题进行辩论、商讨和实践的地方”[①]。新时期博物馆应该更加体现“以人为本”的精神，更新服务理念，强化服务意识，充实服务内容，突出服务特色，逐渐成为为社会公众服务的“知识的殿堂”。博物馆应分别针对学生观众、家庭观众、年轻观众、老年观众等不同的观众群体，设计和开展更多新颖、有趣的活动。开放部分过去隐藏的博物馆空间，如实验室、文物仓库的某一部分，使观众有机会揭开博物馆工作神秘的面纱去窥探其中的奥秘；采取向学校出借文物盒的方式，使学校拥有一个可以辅助教学的迷你博物馆；设计移动博物馆，走进小区、偏远的乡村或繁华的商业街区等非传统的展览地点，将历史学和考古学知识带到更多的人群中间。

3.4 让博物馆成为“城市的客厅”

如果说，让博物馆成为“城市的客厅”，那么，就应该使广大民众能够充分利用“城市的客厅”，享受到应该获得的文化氛围，接受文明的洗礼。当公众能够自由进出博物馆，把博物馆当作自己的博物馆，当作生活中不可缺少的部分，当作向外地客人展示精神家园的地方时，博物馆就会成为所有市民引以为豪的自己“城市的客厅”。博物馆文化的产生与发展，标志着人类文化的进步与成熟。城市的文化资源、文化氛围和文化发展水平，在一定程度上决定着城市是否具有活力和竞争力，决定着城市的未来。在此过程中，博物馆通过对城市生活潜移默化的渗透，逐渐形成城市的文化标志，形成城市的文化品牌，形成城市的文化精神，形成城市的文化竞争力，引领未来城市经济社会的发展。文化遗产资源是一座城市最为宝贵、最为独特

① 邓肯·格鲁考克:《城市博物馆和城市未来：城市规划的新思路与城市博物馆的机遇》，载《国际博物馆》，2006（2）：32。

的文化优势。博物馆是公共文化服务体系的重要组成部分，是保护、收藏人类文化知识的殿堂，具有经典性、纪念性和永久性的特征，往往作为一座城市的文化坐标和文明形象而存在。博物馆以其深厚的人文积淀以及无可比拟的文化内涵优势，赋予城市以精神气质和文化品位。因此，博物馆应该积极创造条件，使广大民众作为城市的主人，更多地利用"城市的客厅"，为民众提供更为优质的社会服务。

一个城市的特色，大都经历了几十年、几百年甚至几千年的积累、沉淀而形成。城市文化特色形成不易，而毁坏却在转瞬之间，一旦遭到毁坏，便覆水难收，留下千古遗恨。城市失去了记忆，失去了历史，也就失去了自己独有的特色，失去了灵魂。一个没有记忆、没有灵魂的城市，绝对与文化城市无缘。今天，在全球化、城市化和工业化的大潮中，城市的文化特色和个性正在消融，一些历史性城市也正在日趋变为所谓"国际化都市"的翻版。一些城市盲目建设大规模硬化广场、大面积进口草坪、大体量西洋雕塑，追求所谓的"气势不凡"，误以为建设材料档次越高，景观环境效果越好，不惜重金，不远千里，"打造"异国风情，进口的花岗岩或大理石铺装，代替了本地的青砖地面或卵石铺装；进口高档木材或不锈钢装修材料，代替了本地的木质构架或铁制围栏；进口的古树名木或奇花异草，代替了本地的乡土树种或普通花草，于是，无论是购买、运输，还是日后维护的成本都很高。更有一些严重缺水的城市，推崇"有水则灵"的城市形象，热衷于建造大型水面、人工瀑布、音乐喷泉之类的城市水景，不但耗地、耗水、耗电，而且缺少特色。在建筑造型上，不少城市钟情于"欧陆风"，而现代化西方城市的建筑风格早已出现变化，改为提倡简约，崇尚自然[①]。

作为社会文化系统的一个重要组成部分，博物馆形象地反映了人类历史、科学技术、文化艺术等领域的风貌和变迁，是人们获取知识、陶冶情操、提高修养的重要场所。城市文化建设推动了博物馆前所未有的发展，而博物馆实践经验的积累和业务水平的提高，又促进了所在城市的文化建设。一个城市的文化特色，影响着一

---

① 高拯：《景观设计中经济视角的缺失》，载《中国建设报》，2010-05-19（8）。

个城市整体风貌和居民生活的精神状态以及人们的理想追求。博物馆建筑具有经典性、纪念性和永久性的特征，往往作为一个城市、一个地区的文明形象而存在，它们既是重要的人文景观，也是民族精神和优秀文化的代表。博物馆文化以藏品等文物资源为基础，与当地城市的人文与自然环境相适应，努力为城市文化发展提供精神动力和智力支持。博物馆文化的每一次新的创意和新的举措，都将丰富和提升城市生活的文化含量。柏林是德国第一个举办“博物馆之夜”活动的城市。每年2次所有的博物馆由晚上6时开放至次日凌晨2时，博物馆提供丰富的特别节目，一个夜晚参观博物馆的人数可以达到24万人左右。在现代化城市发展中，博物馆往往有着举足轻重的地位，通常是这个城市的文化形象。博物馆事业的总体规模、管理水平和服务质量往往成为衡量一个国家、一个民族、一个城市文化发达程度的标志。

博物馆文化属于精神范畴。博物馆的文化力量包含着理想、道德、科学、礼俗、情操等诸多文化因素，凝聚着博大精深的知识体系，成为人们的普遍价值取向与理想追求，形成独特的社会文化环境。文化软实力，作为21世纪人类社会发展的新动力，正在日益凸显出对于社会进步的强大推动作用。进入全球化时代，越来越多的城市拥有了先进的城市基础设施，一些城市居民甚至开始获得发达国家城市水平的物质生活享受。但是，这些并非人们所需要的城市生活的全部。今天，要化解人与自然、人与人、人与社会等的矛盾，就必须依靠文化的陶冶、教化、激励作用，发挥先进文化的凝聚、整合、传播作用。只有这样，一个社会才能得到较为有效的治理与健康、有序、和谐、可持续的发展。因此，更加融入城市文化、更加重视全民教育、更加关注社会发展、更加强调服务民生，应该成为博物馆文化新的关注点和思考点。博物馆的发展问题必须从文化的角度去研究和探索，因为博物馆是在文化的土壤中得以培育和生长的。博物馆文化要从馆舍、邻里、小区、城市等各种物质和非物质所构成的空间中，根据人们的需要，体察人们的思想、活动、喜怒哀乐的心理变化加以研究，目的在于努力解决人们不同的生产生活需要和方方面面的社会需求。

博物馆是一个内涵极为丰富的概念，博物馆的收藏几乎涵盖了人类社会和自然界的方方面面，并且同人类文明一样，是一个无限的发展过程。今天，越来越多的博物馆主动融入社会生活，建立和完善博物馆公众参与的机制。为了给更多的参观者提供文化服务，首尔历史博物馆从 2003 年开始，将开馆时间延长到晚上 10 时，这项举措贯彻了首尔特别市建立健康夜文化生活的政策，而且博物馆承担了其中枢作用。根据这项文化政策，博物馆提供了“与爸爸一起观看展览”“为职工提供的历史补习班”“流动着音乐的博物馆之夜”等多种夜间展览项目。活动在首尔博物馆前的广场上进行，举办了做饼、做瓷器、叠韩服等市民直接参与的项目，这些是从视觉、听觉、味觉、触觉等感官能够体验的项目入手，再现和介绍手工艺生产等在城市里难以见到或难以体验的传统文化项目。特别是各处的“体验角”，每日超过 1 万多名观众积极参与，延续着民众直接体验首尔历史与文化的热情。2008 年 4 月，在首尔市 35 个博物馆美术馆共同举办的“美丽首尔”专题展览中，展示了具有首尔地方特点的 400 件展品，集中反映首尔历史和文化发展变化，记录现代都市生活中急速消失的传统日常生活状况，并通过文化遗产保护的实践活动，将博物馆转型为城市文明的公共交流中心①。

博物馆是时代的一面镜子，系统地反映着一个国家、地区、城市的文化状况和特征。博物馆的文物收藏、科学研究、保护管理以及陈列展示，使得原本断裂的历史残片连缀成一段完整的历史之链，从而给人们带来感悟和启迪。博物馆既是历史文化的保存者，同时，随着社会的不断发展和博物馆理论的不断创新，它也将自己置身于现代文明之中，不断完善、充实自身，发展成为类型齐全、布局合理、内容丰富、形式多样的博物馆文化。在一些发达国家，参观博物馆早已成为公众的一种休闲习惯，一种文化习俗，一种生活方式。每逢节假日，各大博物馆都会观者如织。特别是每逢精彩的专题展览开幕，都会吸引参观者从四面八方赶来，使博物馆真正

① 朴相彬:《首尔历史博物馆地域文化发展的作用和课题》，李贤淑，译，载《沈阳故宫博物院院刊》，2008（6）22。

成为反映社会文明的窗口，培育公民素质的沃土和“城市的客厅”。美国学者 L. 芒福德指出：“城市有包涵各种各样文化的能力，这种能力，通过必要的浓缩凝聚和储存保管，也能促进消化和选择。”[1]希腊的文物法律明确规定，古物属于所有市民共有。新发现的古迹、古物，要适时通过电视、报纸报道、宣传，相关部门不得隐瞒信息。在我国，今天博物馆担负着文化交流的重任，上海博物馆和首都博物馆已成为城市对外接待的重要平台，博物馆的社会地位也大大提升。

21 世纪，世界城市之间的竞争力并不是仅仅体现于城市规模、城市经济效益指标及其城市硬件的现代化程度，这只是一系列不断浮动变化的参数。城市包含着人们渴望享受的所有现代生活方式，更需要赖以生存的人居生活环境。博物馆是一种社会现象，其产生、发展与社会的需要密切相关。伴随时代变迁，博物馆不断担负新的历史使命，回归“为社会和社会发展服务”的总体目标。事实证明，博物馆是城市文化建设的重要力量，也应当在城市文化建设中扮演应有的角色。博物馆有责任、有能力积极参与并帮助人们理解与改变他们的城市环境，为构建一个更加和谐、美好的社会作出积极的贡献。几十年来，我国的博物馆从被认为是“城市的名片”，发展到被视为“城市的客厅”。今天，博物馆的发展与所在城市的历史文化、政治经济、民风民俗有着紧密的关系，包括生态环境、地理地貌，博物馆随着整个城市的呼吸而生存，人们早已无法把博物馆的发展与城市的发展割裂开来。在当代社会生活中，博物馆是新的城市文化中心，是公众交往的重要场所，更是对外交流的舞台，其公共空间的开放性、共享性是衡量博物馆水平的重要标准。博物馆也只有更深入地渗透并融入城市文化，才能真正发挥出“城市的客厅”的作用。

1993 年，K. 赫德森在一篇题为《大欧洲博物馆》的文章中阐述了对于博物馆功能的理解：“从博物馆的角度看，我认为每个城镇、村庄、景观，每个国家，甚至每个洲都可以被看作一个‘大博物馆’。在这里，每人都能找到他们自己的根，都能明白他们如何融入数百年来延续下来的人类活动的各环节之中。‘大博物馆’的传播推

① 刘易斯·芒福德：《城市发展史——起源、演变和前景》，宋俊岭，倪文彦，译，北京，中国建筑工业出版社，2005。

广要通过我们所说的博物馆这一机构来进行。博物馆存在的真正原因是它能使我们的生活更有趣、更有意义。”H. 弗里曼（H.Friman）在斯德哥尔摩市博物馆工作了很多年，对此深有同感，即博物馆的主要任务和经营范围就是城市本身，博物馆必须参与到城市的建筑环境和社会生活的诸多变化的讨论之中。博物馆不仅要通过物品的收集和行为的实证，更要通过观点的交流、沟通和辩论来获取这种功能。博物馆的存在主要是激发市民对博物馆围墙之外城市及世界的好奇和探索之心。为此，H. 弗里曼离开传统博物馆的世界，于 1996 年秋在斯德哥尔摩街区启动建立一种新的、没有围墙的博物馆，开始用新方式与人们沟通。“这个项目的另一个重要目的是向参与者们开放城市，以便他们能逐渐把斯德哥尔摩视为一个属于他们的地方”。在“斯德哥尔摩教育”背后还有更深一层的意义，那就是营造一个良好、开放的社会①。

在城市中，文化遗产是通过漫长历史时期逐步形成和遗留下来的宝贵财富，反映着城市的历史、社会、思想的变迁，是“可能触摸到的消逝了的真实”。城市的魅力在于特色，而特色的基础又在于文化。城市一旦形成深层的文化，形成市民的集体性格，这个城市便有了魅力，也就有了城市精神。城市精神不仅写在历史书上，而且活生生地存在于市民的集体性格之中。文化城市应具有鲜明的文化特色。城市文化特色不仅是一种凝聚力和认同感，更是外界看待、了解一座城市的重要切入点。只有具有鲜明特色的城市，才能在世界上占有属于自己的地位。文化特色和个性的消失，将失去历史性城市参与全球化竞争最有力度的文化资源，对于一座城市的长远发展而言极其危险。“一个商业气息时刻扑面而来的躁动城市不可能是文化城市”。一座没有博物馆的城市，是一座没有灵魂的城市。博物馆本身就是动态过程的记录，既为今天记录过去，又为未来留存今天；既使历史文化得以保存，又使现代文化得以融入；既展示历史与现实间的关系，又展望未来的发展方向。在这一形势下，博物馆应当努力担当城市文化标志和文化中心的角色，表现出特有的文化质量，为城市良好的人居环境增添文化与艺术气息，提升城市的文化竞争力。

① 海伦娜・弗里曼:《没有围墙的博物馆》，载《国际博物馆》，2006（2）：55。

把博物馆比喻为“城市的客厅”，是对博物馆功能的一种阐释，能否真正发挥作用，关键在于公众的参与，在于建立和完善博物馆公众参与的机制，并在制度上给予充分的保障。维也纳博物馆中心由占地约 6hm^2 的昔日奥地利皇家马厩改建而来。随着奥地利现代艺术博物馆、维也纳利奥波德绘画博物馆等几十家不同规模的艺术机构在附近安家落户，该地区成为世界著名的文化聚集区之一。《思奇》是维也纳博物馆中心广场空地上的一组极具特色的雕塑。这是一组用于公共区域的多功能雕塑，由 114 个完全相同的构件组成。夏日时它们被用作独立的座椅或躺椅，供市民与游客休息、纳凉和玩耍；冬日时将分散的各部分组成拼接起来，成为一座别出心裁的“因纽特人冰屋”。《思奇》每年更换一种颜色，以全新的面貌迎接来自世界各地的游客，例如 2003 年是“游泳池蓝色”，2004 年是“亮玫瑰红色”，2005 年是“开心果绿色”，2006 年是“惬意红色”，2007 年是“奶油米色”，2008 年是“奥地利紫罗兰色”，2009 年则是“柠檬黄色”。而 2010 年，维也纳市民可以在 3 月 14 日前通过互联网为雕塑《思奇》挑选颜色，备选的四种颜色分别为：“茂盛草场的绿色”“糖果店的粉色”“草莓田地的红色”以及“市中心区的灰色”，选票的统计结果由维也纳博物馆中心网站予以公布[①]。

3.5 让博物馆成为“文明的窗口”

如果说，让博物馆成为“文明的窗口”，那么，就应该使广大民众参观博物馆的过程成为开阔文化视野、增长科学知识、接受传统教育和享受知识熏陶的过程，同时也是提升文明素质的过程。城市是文化的产物，又是文明的重要生成地。城市的出现，正是人类文明曙光升起的时候。城市本身就是一件杰出的文化作品。文化的力量，深深地熔铸在城市的创造力和凝聚力之中，是团结民众、推动发展的精神支撑。博物馆是人类历史发展的见证，代表着一种独特的艺术成就和独特的自然风情，因而是在更高层面展示人类文明。所以，在一座城市中，博物馆是集中体现城市文

① 王娟：《维也纳市民上网为博物馆雕塑选颜色》，载《中国文化报》，2010-03-11（3）。

化灵魂的场所，是促进科学文明的课堂。博物馆应根据公众的多样性需求，在增强吸引力、寓教于乐等服务功能上下功夫，从而使博物馆的教育功能充分展现。博物馆是城市“文明的窗口”，是建设文化城市的重要资源，博物馆作用的发挥，就是城市文化的弘扬。将博物馆作为“文明的窗口”，其目的在于增强文化在国家生活中的地位与作用，使博物馆更加融入社会，更加贴近民众、贴近生活、贴近实际，提高博物馆的社会贡献。因此，博物馆必须主动地联系观众，从公众需求出发，严肃认真地设计提供服务的过程，将服务观众的思想贯穿于博物馆发展的整个过程的始终。

自人类进入 21 世纪以来，我们所面临的突出问题是环境恶化与文化冲突，如何协调各种文化之间及人类与自然的矛盾，是当今世界最紧迫的任务。而博物馆在保护文化多样性及生物多样性，开展不同文化之间的对话和不同族群之间的交流方面具有得天独厚的优势。因为博物馆中保存着不同民族、不同文化色彩的精神财富。这些财富告诉人类应当如何相互依存、相互帮助，为了人类更加幸福的未来共同努力。因此可以说，博物馆是沟通文化的桥梁，是推动社会变迁与发展的力量。人们对博物馆文化的热爱，表达出人们对历史记忆的渴望。在漫长的岁月里人类创造了璀璨的文明，然而，如果没有对历史有意识的记录，再辉煌的文明也将被岁月的尘埃裹挟而去。“当前，我国博物馆的职能和社会角色正在发生显著的变化，从传统的重视保藏和研究功能，逐步转向更加突出文化传播、宣传教育和休闲娱乐功能”。“藏品若被利用好，便不再是静止的对象，而能成为可以引起化学变化的酵母，它们对观赏者潜移默化的影响巨大，对艺术生命有再造之功，会催生新的艺术珍品的诞生。当新的艺术珍品也成为藏品时，便构成了一个美妙的‘生态循环’过程”[①]。从“物品”到“藏品”，实现文化遗产的保护，再从“藏品”到“展品”，实现文化遗产的传承，博物馆以这一“生态系统”的延续，参与社会和谐发展的进程。

从世界博物馆的起源来看，博物馆是城市文明的产物，是城市历史的文脉，是

① 雷新:《免费促成中国博物馆华丽转身》，载《人民政协报》，2010-5-18（A3）。

城市文明的窗口，是城市发展的灵魂。一个城市的文明发育，不仅体现于现代化的程度，更重要的是历史发展的延续性和独特性，保护历史文脉就是保留城市的“根”与“魂”。在全球化背景下的后工业时代，文化财富的积累和保护是文明发展的基础，是最重要的社会资源，对于未来发展拥有无限潜能，圣彼得堡被称为俄罗斯的“文化首都”，这一地位的确立在很大程度上得益于该市拥有众多举世闻名的博物馆。圣彼得堡拥有250座博物馆，在市内36个历史文化保护区内的4000多处历史建筑和文化遗迹中，分布着艾尔米塔什博物馆、俄罗斯博物馆等享誉世界的著名博物馆群。博物馆形成了圣彼得堡社会特殊的心理状态，实现民众对文化财富的永久继承，成为城市稳定发展的重要因素。没有博物馆文化就无法想象圣彼得堡今天的生活和未来的发展。同时，丰富的博物馆资源也支撑着圣彼得堡的经济复兴，深厚的文化底蕴使其具有特殊的投资魅力，为市民带来现实的社会福利。圣彼得堡利用得天独厚的文化财富培育着现代社会的合格公民。圣彼得堡民众认为，博物馆文化滋养着现代科学、教育和文化，是民族自尊和获得国际尊严的力量源泉。因此，圣彼得堡将博物馆建设作为城市发展的重要战略，在社会生活中占有重要地位。

近年来，对博物馆的钟情成为上海市民突出的文化特征。“2003年1月6日是一个极其普通的日子，然而这一天因为‘晋唐宋元书画国宝展’在上海博物馆落下帷幕而变得不普通。在上海博物馆的50年历史中，还没有哪一个展览把闭馆时间定在子夜，让最后一批观众在迎接晨曦时离开，而气氛比开幕式还隆重热烈”。一场文化热浪席卷了申城。“晋唐宋元书画国宝展”展览的一个多月里，每天凌晨，零下5℃，但是观众已经在严寒中开始形成队伍，直至早上开馆。进馆后在《清明上河图》等展品前依然排起长队，一排就是几个小时。《解放日报》为之刊登长篇通讯《长队优美——“晋唐宋元书画国宝展”的告诉》，记者的文字客观而深刻，“不是计划时期抢购凭票商品，不是春运高峰苦候返乡车票，不是房产旺市竞买火爆楼盘。前所未有的长队，史无前例的人潮——上海排队看书画”。新世纪的上海完成了一次颇具辐射力的“文化轰动”。“这是一座城市的朝圣。如果不是因为虔诚，华发老人怎能在零摄氏度中矗立；如果不是因为真挚，花季学子怎能在寒风中守望；如果不是因为景仰，背着双肩包的欧美教授怎能一出机场就奔进了这支队列”。打动人们的不仅仅是72件“国宝”，还有伴随珍贵文物而呈现的民族凝聚力，它们诉说着民族文化的博大精深、源远流长①。

博物馆文化是城市文化的重要组成部分，博物馆文化又与作为背景的城市文化互动互益。城市因为有了博物馆及其文化积累就显得和谐与宁静，博物馆也由于有了和谐与宁静的城市环境就更加增添理性与深沉。博物馆创意无限的文化情怀不仅丰富了城市文化的色彩，还提升了城市文化的品位，凝聚了城市文化的精髓。城市文化的发展也对博物馆文化不断提出新的需求与挑战，促进博物馆在城市文化发展进程中拓展自身功能与社会功能，使博物馆更好地为城市文化品格、文化品位和文化质量的育成作出贡献。博物馆以其独有的文化资源和文化方式为社会服务，构成独特的博物馆文化形态，用“润物细无声”的方法，滋润着城市文化，养育着城市风骨，弘扬着民族精神，传承着人类文明②。今天，博物馆在作为文物收藏机构的同时，更应该成为城市文明的践行者，承担起城市文化中心、教育中心、学术中心、休闲中心和娱乐中心等多项新的职能，只有这样博物馆在城市经济社会发展中的潜能才能得以发挥。博物馆作为现代城市的象征和地标，在提升公众的文化素质和修养的同时，传承和培育着城市的文化内涵，民众对城市的归属感、满意度、亲和力，随着博物馆功能的发挥而得到强化，最终将影响城市的综合实力和竞争力。

我国学者在21世纪之初曾经提出“文化就是力量”的命题，也得到了社会各界的高度评价和积极响应。文化是国家和民族的灵魂，集中体现了国家和民族的品格。今天，人们越来越发现博物馆文化所具有的非同寻常的伟大力量，无论是人们把博物馆文化视为人类创造的物质与精神财富，还是把博物馆文化视为人类独特的生活方式，它都为人类社会的发展提供了巨大动力。今天，“博物馆作为文化遗产的保护

① 陈燮君：《新的价值体系中的博物馆文化的力量与智慧》，载《浙东文化》，2008（创刊号）：11。
② 陈燮君：《博物馆——守望精神家园》，载《人民政协报》，2009-09-14（C4）。

神，异军突起的教育新天地，高档文化消费的乐园的现代形象已经树立起来，博物馆已经深深地植入现代社会之中”。博物馆最大的优势就在于它珍藏着传承文化传统的物证，因此博物馆存在的真正意义是让观众找到个人与社会的文化认同，也使本民族的文化得以薪火相传。为了迎接2009年国际博物馆日，香港文博界发起了以“全城投入·博物馆动感巡礼”为主题的活动。有关部门专门推出了“动感博物馆”车队，穿梭于港岛、九龙和新界的闹市、游客区和博物馆之间，以提升市民参与博物馆文化活动的兴趣，拉近博物馆与公众的距离。在日本东京的上野，以东京国立博物馆为首的博物馆、美术馆、艺术大学，形成了“上野森林文化圈”，收藏着国宝和重要文化遗产的“优秀作品”。陈梦家先生曾感言，在美国“城市无分大小，其博物院皆为艺术文化之中心”[①]。

博物馆的文化作用不仅仅表现在文物收藏、文物研究和文物陈列上，还表现在引领城市文化、弘扬城市精神、搭建多元文化交流平台等方面的特殊作用上。人们在浓郁的城市文化氛围中耳濡目染，熏陶其脑，浸润其心，使一代代市民传承着城市的文化基因，也培育着每一位市民对城市文化的眷念。随着城市居民物质生活条件的改善和居住质量的提高，文化需求也日益强烈，他们迫切希望居住环境不再是冷寂的钢筋混凝土建筑群落，而应该拥有完善的文化设施，充满温馨的文化氛围，成为满足多样文化需求的精神家园。美国20世纪著名盲聋哑作家H.凯勒（H. Keller）在《假如给我三天光明》中写道，她将用生命中可能获得的仅有的三天光明中之一天，参观博物馆——美国的大都会博物馆和自然历史博物馆。1999年，意大利的保罗格纳出现一座“空的博物馆”——犹太博物馆，整个博物馆没有一件藏品，它的兴建必须放在意大利的“新多元文化主义”和“反种族主义”的背景下才能被理解，完全成为理念的产物[①]。美国《华盛顿邮报》称：当代美国的博物馆已经成为“新的城市广场”，举办从爵士音乐会到教育研讨的各种活动，没有任何别的场所能像今天的博物馆一样，把各种不同的人聚集到一起[②]。

① 范剑青：《博物馆与城市一起诞生》，载《人民日报》，2008-10-28（8）。

今天，“以征集、保护、研究、传播并展出人类及人类环境的物质及非物质文化遗产”为使命的博物馆，是人类文化记忆与传承、创新的重要阵地，是提高人们文化修养的重要场所，发挥着教育、审美、激励、凝聚、娱乐等多种功能。莫斯科市博物馆的社会职能与城市小区关系十分密切，其工作目标已经超出举办各类展览活动和日常接待参观者的定位和限制，转而积极地参与城市各类活动。关于城市发展中的社会和道德问题，诸如犯罪、宗派及种族纷争或恐怖主义等，都纳入博物馆的展览主题。他们认为“我们的使命核心中有多重主义价值观，保护居住环境，拒绝暴力和极端主义，帮助人们适应城市生活，捍卫文化多样性”。博物馆的社会使命，实际上就是帮助人们进行自我表达，在城市小区生活中传播保护文化遗产和保持文化多样性的价值观念。直到20世纪初，莫斯科还留存着吹奏口琴这一古老的俄罗斯传统习俗，特别是在城市郊区的工人居住区。但是这一文化传统在近代几乎荡然无存。近年来，莫斯科市博物馆开始收藏古旧口琴，成立了“俄罗斯口琴博物馆”的分馆，开展旨在重新确立口琴演奏技巧的科研项目，并举办了“口琴——俄罗斯之魂”音乐节，如今已经成为一个广受欢迎的国际性博物馆节[③]。

莫斯科市博物馆逐渐发展成一个拥有多项功能的机构，它可以容纳各种不同的文化景观和文化空间。近10年来，该馆创立了7个分馆，其中设立在库兹明基的乡墅文化博物馆，是利用几座乡村别墅作为馆舍，以复兴庄园生活及文化传统为基础，组织以历史、民族、民俗为主题的展览，采用“遗产”而非博物馆展品这一概念，通过“儿童时代的乡墅”或“时尚乡墅”等主题，创造各特定历史时期的形象，同时也使博物馆改变传统的工作方式，日益转型为小区公共文化中心，参与当代的社会生活。博物馆还举办各类文化活动，例如年度园艺节、国际性音乐节等，并据此引导出在乡村别墅里营造“历史娱乐公园”的概念。库兹明基博物馆活动实践的这种演进，来自城市生活的活力。如今博物馆观念有了很大变化，推动变化的原因首先来自公众期望所产生的压力和动力，对博物馆活动发生浓厚兴趣的民众与日俱增，

① 朱莉，丁燕：《博物馆：城市文明的践行者》，见《携手2010：宁波国际博物馆高峰论坛论文选辑》，第109页。
② 李玫：《博物馆走进小区的意义及途径》，载《博物苑》，2008（1）：25。
③ 塔季扬娜·戈尔巴乔娃：《城市博物馆及其价值》，载《国际博物馆》，2006（2）：50。

70% 以上的参观者肯定地表示他们将经常与家人一起到博物馆参加活动。事实证明，博物馆可以而且能够通过自己的努力使小区生活更美好，同时也为自己争取更有利的生存条件。赫尔辛基市博物馆也是博物馆诠释城市生活与文化空间的一个典范，该博物馆所建分馆中不仅包括工人阶层居住的整个街区，还包括城市电站、有轨电车站等市政服务设施[1]。

2001 年，美国的一项“艺术、文化与国家对策”项目研究报告认为，美国文化是美国智慧和创造精神积聚而成的一种资本。这种特殊的资本既是人类成就和历史的宝藏，也是人类创造力和创新精神的源泉。近年来，软实力作为一种重要的国家力量被提到国家战略的高度。一切可以外化为物质力量的实力都是硬实力，包括制造力、运输力、打击力等；可以内化为精神动力的力量，都可以称之为文化软实力，它的柔性特质，较之硬实力来说，比较容易被对手接受，而不易产生激烈的对抗反应。未来世界的竞争不仅仅是政治的竞争、经济的竞争，也将是文化的竞争。文化软实力的发展与文化的竞争已成为 21 世纪最核心的话题之一。当前，国际形势正在发生深刻的变化，安全问题不再是单纯的军事问题，已经涉及经济、政治、金融、科技、文化等诸多领域。在当前市场经济下，物欲横流，道德底线不断被冲击，全球范围内各种矛盾时有爆发，群体性事件频发，努力塑造公平、公正、民主、法治的价值观迫在眉睫。在西方发达国家首先开始的金融危机，使人们开始反思过去的西方价值观，开始重新认识东方传统智慧，并试图从中找出好办法。在这一背景下，博物馆重新被社会各界所重视，博物馆文化可以鼓励人们创造更加和睦与和平的生存环境。

① 塔季扬娜・戈尔巴乔娃：《城市博物馆及其价值》，载《国际博物馆》，2006（2）：50。

第四章 博物馆是加强社会教育的积极力量

教育是民族振兴的基石。博物馆凝聚着人类文化遗产的精华，述说着人类历史发展的进程，展现着人类整体文明与智慧。博物馆纳入国民教育体系，符合世界博物馆发展潮流，既是博物馆履行其教育使命的需要，也是完善我国现代国民教育体系，建设学习型社会，形成终身教育体系的必然要求。因此，努力发挥博物馆教育资源的独特优势，推动博物馆与学校教育、社会教育的紧密结合，组成更加健全的社会教育网络，对于普及科学文化知识，提高全民文明素质，具有十分重要的意义。

4.1 完善博物馆的教育体制

1880 年，美国学者詹金斯（Jenkins）在其《博物馆之功能》一书中明确指出："博物馆应成为普通人的教育场所。"1906 年，美国博物馆协会成立时的宣言是"博物馆应成为民众的大学"。从实践角度来看，在美国，所有博物馆的建馆宗旨都包含教育这一项内容。1984 年，美国博物馆界名著《新世纪的博物馆》中，对博物馆的教育意义有如下描述，若典藏品是博物馆的心脏，教育则是博物馆的灵魂。1990 年，美国博物馆协会在解释博物馆的定义时，将"教育"与"为公众服务"并列视为博物馆的核心要素。该协会首席执行官 E.H. 埃博（E.H.Able）认为"博物馆第一重要的是教育，事实上教育已经成为博物馆服务的基石”[①]。美国长期以来十分重视艺术教育，例如哈佛大学从很早开始就要求其政治、法律、商业等专业的学生必须选修音乐、艺术、文学等限制性选修课，使其毕业生无论从事政治、法律还是商业，均具有较高的文学、艺术修养，他们不仅经常在博物馆的氛围中受到熏陶，而且掌握自我鉴赏艺术作品的方法。不仅如此，美国的绝大部分博物馆和美术馆都有着力量强大的教育部门。这些教育部门除了拥有固定的有着高学历的教育及艺术史背景的专职人员，同时还拥有庞大的志愿者团队，掌握针对不同文化背景的参观群体和个体观众，采取个性化的阐释及解说方法。

国际社会高度重视博物馆在国民教育，特别是学校教育中的作用。1960 年联合国教科文组织《关于博物馆向公众开放最有效方法的建议》指出：“博物馆与广播、电视服务机构以及企事业单位之间亦应建立或增进合作，以便使博物馆展览能在最大限度的安全保障之下为成人教育及学校教育所用。”“对于博物馆为学校和成人教育所能作出的贡献，应予以承认并给予鼓励，这应通过设立适当的机构进一步系统化，这些机构负责在地方教育部门负责人与那些因其藏品性质而对学校特别重要的博物馆之间建立正式和定期的联系。这种合作，可采取以下形式：一是各博物馆可在其本身职员中配备教育专家，以便在业务部门主管的监督下利用博物馆组织以教育为目的的活动；二是博物馆可成立教育部门，并约请教师提供服务；三是为确保博物馆最充分地用于教育目的，可建立地方、地区及省一级的业务部门主管与教师的联合委员会；四是能够协调教育需求与博物馆资源的任何其他博物馆。”[②]2007 年新的《国际博物馆协会章程》中对原有博物馆定义进行了修订，其中最重要的变化之一，是将“教育”调整到博物馆功能的首位。即博物馆“为教育、研究、欣赏的目的征集、保护、研究、传播并展出人类及人类环境的物质及非物质文化遗产”，表明教育功能不仅是博物馆对社会的责任，而且是首要的任务。

目前，在文化遗产保护发达国家，将博物馆纳入国民教育体系、服务学校教育

---

① 王宏甲：《张謇与中国近代第一城》，载《文化月刊》，2007（7）：6。
② 郝黎：《从若干博物馆实践看博物馆教育》，见《携手 2010：宁波国际博物馆高峰论坛论文选辑》，第 1 页。

已经成为普遍行为，并由政府给予充分的政策和财政保障。这些国家的博物馆，普遍设立公众教育部或教育服务部，创造了许多值得借鉴的经验。一些国家政府制定法规，明确博物馆纳入国民教育体系的内涵及要求，即博物馆纳入国民教育体系主要指为青少年教育服务，重点是纳入义务教育体系，通过制定有效的政策措施，切实使博物馆文化融入中小学校教学计划。例如意大利《文化遗产和景观法》规定，意大利文化遗产部、教育大学研究部及各地政府，应当缔结协定，协调博物馆等文化机构和场所，与属于国家教育系统的各种类型和水平层次的学校缔结特别协定，博物馆有义务为学校提供有偿借用的图片、幻灯片、标本和模型等教学参考材料，传播文化遗产和科学知识，促进学生的全面发展。日本《博物馆法》源于日本《社会教育法》，规定“博物馆是对历史、艺术、民俗、产业、自然科学等有关资料进行收集、保管，为辅助教育而向大众开放展示，以促进教育、调查研究、娱乐等而举办必要活动的机构”。为便于博物馆教育功能的发挥，同时规定博物馆归属于都道府县教育委员会管理。法国、西班牙、荷兰、丹麦等国的博物馆法也都有将博物馆纳入国民教育体系的类似规定。

欧盟国家的公立博物馆对本国及欧盟其他国家所有 18 岁以下和 65 岁以上人群以及组织参观的学校教师、导游免费开放，对其他人群优惠开放，尽可能地扩大博物馆的社会教育范围。英国博物馆界普遍认为，博物馆与观众的关系不应该是施教者与受教育者的关系，而应该是一种平等互动的关系，在这种理论和观点的影响下，许多英国博物馆正在朝着激发观众学习兴趣、引导观众进行学习的角色转换，即博物馆教育由教育向学习的转变。例如大英博物馆的教育部已经改名为学习部。英国的博物馆通常会根据观众类型的不同，例如个体观众、成人参观团队、家庭参观团队、教育参观团队和有特殊需要的参观群体，而制定不同的教育方案和配套的服务措施。在奥地利，维也纳市教育局专门设有艺术教育专员，负责博物馆与学校的联系。教育局不仅同维也纳所有的博物馆都建立了联系，与附近奥地利州的各博物馆也都广泛建立了联系。每个博物馆有了新的展览，都会用电子邮件等形式，将展览内容发送给教育局，由艺术教育专员与博物馆联系，进一步了解情况，并商量优惠办法。然后由教育局向各学校和有关专业课教师转达相关信息，建议组织学生参观。参观的具体安排，则由学校教师同博物馆直接联系。

在青少年中进行关于世界遗产的教育对于文化遗产在未来城市文化发展中的价值实现，具有前瞻性和引导性的价值。1994 年，为了鼓励和教育青少年关心世界遗产，联合国教科文组织世界遗产中心和联系学校项目网络，共同发起被称为“年轻人参与世界遗产保护和发展”的区域性世界遗产保护项目。该项目的核心内容就是在 90 个国家的 300 多所中学中将世界遗产教育纳入学校的教学课程之中。到目前为止，这一教学网络已覆盖了 5000 多所学校。2002 年 8 月，在苏州“中国世界遗产国际青少年夏令营”活动中，诞生了我国第一批“帕特里莫尼托”（Paterimonito）即“世界遗产青少年保卫者”。2004 年 7 月，苏州第 28 届世界遗产委员会会议期间，参加“世界遗产·中国论坛”的与会代表，共同讨论通过了《世界遗产青少年教育苏州宣言》，宣言指出“让全世界所有青少年均接受世界遗产教育，确立保护世界遗产的意识，自觉担负起保护世界遗产的责任”，并呼吁世界各国政府、机构、团体和协会采取联合行动。这一宣言通过后，我国教育部门正式把“世界遗产教育”纳入中学历史教学。目前，我国已有部分省市在中学历史学课程中设立了“世界文化遗产荟萃”选修课，这是一项向广大中学生宣传和普及世界遗产知识及其保护理念的重要举措。

J. 奈斯比特（J.Naisbitt）曾经断言：终生教育将成为第二次文艺复兴，而博物馆将成为第二次文艺复兴的重地。在社会发展、科研进步、信息爆炸的时代，博物馆的知识传播功能发生了相应的变化。如今博物馆教育中传播给观众的知识信息量越来越多，知识的传播也已不再是教育者向受教育者的单向传递，而是双向互动交流[①]。博物馆的教育主要是为广大观众提高文化素养服务，为学生的校外教育服务，为成

① 宋向光：《愉民育民 不辱使命》，载《中国文物报》，2008-04-25（6）。

人的终生教育服务，为科学研究服务，为旅游观光和文化休闲服务。在新的博物馆与观众的关系中，博物馆教育逐渐改变了它传统的结构，而被赋予了更加多样化的内容，其内涵也注入了更多更为丰富和新鲜的元素。博物馆教育要研究如何调动公众的求知欲、兴趣、爱好和探索精神，使他们能够轻松而愉快地获取所需要的各类知识。单向灌输的旧有方式已难以满足部分观众的认同。人们需要给予个性尊重，并提倡差异存在的新型博物馆公共教育。事实上，各类博物馆都可以结合自己的资源特点加强正确对待大自然、正确对待社会、正确对待自己的公民素质教育。一些博物馆向社会传播知识不仅仅停留在展览的层面上，更加注重发挥自身的资源优势，自行编辑各种专业资料，以教材等形式促进社会教育的发展。

北京市第三十五中学 2014—2015 学年开学典礼（2014 年 8 月 31 日）

在我国，一百多年前，我国最早引进与兴办博物馆，实则以教育为上，将博物馆纳入为教育服务的范畴，强调其为教育服务的功能。从中国人自己创办的第一座博物馆南通博物苑开始，我国博物馆界就以传播知识、教育公众为己任。“事实上，从张謇开始，中国人对博物馆的最初认识就是教育，张謇办博物馆就是以教育为目的的。那个时期对博物馆认识最深刻的有两个人。蔡元培认为，博物馆是重要的社会教育机构。杨钟健认为，博物馆相当于若干个大学”①。1912—1949 年我国的博物馆曾隶属于教育部门管理，为学校教育作出了积极贡献。甚至当时许多省在创办

① 黄琛：《漫谈博物馆宣教服务体系建设》，载《中国文化报》，2008-07-04（6）。

博物馆时都定名为教育博物馆，例如甘肃省博物馆的前身就是1939年中英庚子赔款董事会组建成立的甘肃科学教育馆。今天看来，当时国人对博物馆功能的理解和定位十分准确。如今，国内博物馆界也越来越明确，博物馆的功能就是为教育、欣赏和研究的目的而进行展示收藏。“这正是对最初博物馆建设理念的回归”[①]。中华人民共和国成立后，国家日益重视博物馆在国民教育体系中的作用，博物馆服务学校教育的功能得到不断加强。早在1956年提出的“三性二务”理论中，即明确了博物馆的“文化教育”职能，这一定义在之后的数十年内日臻完善。20世纪80年代以来，虽然传统的博物馆观念一直处于变革之中，但“教育”这一职能始终未变，并在21世纪得到全社会更广泛的关注。

今天，在学校教育主要是应试教育的情况下，很多学校都没有把博物馆视为教育机构，存在着制约博物馆纳入国民教育体系的一系列现实问题：一是长期以来，各级政府及有关部门对博物馆教育功能的认识不到位，一直未能把博物馆当作必不可少的教育资源纳入教学体系，博物馆文化一直游离于教学体系之外，缺乏将学校教育与博物馆教育有效衔接的意识。在现行九年普及教育的课程内容中，有关博物馆的知识非常有限，中小学的教材中几乎没有博物馆的应有位置。二是法规政策滞后。目前无论国家还是地方政府，都尚无法规明确规定将博物馆纳入国民教育体系，配套的政策措施缺失，因而宣传、教育、文物、科技等相关行政主管部门的协作联动机制、馆校联系制度、博物馆纳入教学计划、经费筹措与保障等相关工作启动不力。三是博物馆的教育活动未能制度化、经常化，内容、形式较为单一，博物馆纳入国民教育体系的长效机制尚未建立。为此，2007年3月，全国政协会议期间，笔者与多名政协委员联名提交了《将博物馆纳入国民教育体系》的提案，提出由政府制定法规或出台相关政策，明确博物馆纳入国民教育体系的任务，并通过免费开放等方式，促进博物馆为公民终身学习服务，在教育界、博物馆界引起了积极反响，并得到了教育部门的积极回应。

---

① 吕天璐，乔欣:《博物馆的首要功能是教育》，载《中国文化报》，2009-07-21（6）。

博物馆是知识的殿堂，文化传承的载体，具有承先启后，激发人们省思、净化、学习的教育功能，是构成教育潜能的基础，是终生教育和全民教育的重要基地。完善博物馆教育功能的关键，是将博物馆纳入国民教育体系，建立起长效机制。一是完善相关法规，从制度上明确博物馆的教育机构性质，确立博物馆是国民教育体系有机组成部分的法律地位，研究制定具有针对性的政策措施，将博物馆教育列入学校教育，并对博物馆纳入国民教育体系的有关工作和活动给予充分的资金保障。二是博物馆应无偿为学校教育教学活动和教师培训提供便利，积极利用博物馆开展教育教学活动，将博物馆纳入各层次教育教学体系框架，纳入教学计划、教学大纲、教材编制、学分设置，在日常学科教学活动中，要渗透博物馆教育的相关内容，在各地教材的编写中，注意增加博物馆教育和当地历史文化知识的相关内容。三是有关行政部门加强协调，促进博物馆与其他文化教育机构的横向联系，与学校及有关单位建立协作机制。协调教育、文物、科技等行政部门形成合力。指导和协调博物馆与学校深化合作，建立长期有效的馆校联系制度，真正实现资源共享共用。博物馆对中小学生全天候无限次免费开放的同时，积极做好教育服务工作。

我国的《文物保护法》《教育法》《义务教育法》《科学技术普及法》《公共文化体育设施条例》《爱国主义教育实施纲要》《博物馆管理办法》等法律、法规，对深化博物馆的教育、服务功能提出了一系列原则性规定和较为具体的政策。2005 年，《国务院关于加强文化遗产保护的通知》进一步明确："教育部门要将优秀文化遗产内容和文化遗产保护知识纳入教学计划，编入教材，组织参观学习活动，激发青少年热爱祖国优秀传统文化的热情。"国家文物行政部门在开展博物馆评估定级工作中，也将展示和教育作为其中一项重要评估标准。近年来，一些地方在建立博物馆纳入国民教育体系长效机制方面迈出了实质性的探索步伐。2007 年 8 月，陕西省文物局、教育厅联合发布的《关于将博物馆教育纳入国民教育体系的实施意见》提出，将全省文物系统的 104 座博物馆、纪念馆纳入国民教育体系，与教育部门实现文化资源共享，以激励青少年对祖国优秀传统文化的热情，并培养青少年参观和利用博物馆资源的良好习惯；在对中小学生集体预约全年免费开放的基础上，将博物馆建设成中小学校日常教学实习和综合实践基地；将博物馆教育列入中小学校教学计划，并把相关知识编入地方教材，充分发挥博物馆社会教育功能，强化博物馆在国民教育体系中的地位。

国际博物馆协会将2006年国际博物馆日的主题确定为“博物馆和青少年”。选择这一主题，是为了提高公众对于青少年接受博物馆教育的使命与行动以及博物馆如何通过与青少年的互动，提高他们为未来社会作出贡献的认识。正如国际博物馆协会主席A.S.康明斯（A.S.Cummins）所言：“通过认识年轻人在社区中的现状使博物馆与他们更亲近，博物馆可以为年轻人做许多事。这样博物馆就能帮助人们在认知世界的基础上建立彼此间的理解，并在其间扮演一个交流与对话窗口的角色。年轻人对这个世界的所有事物有着全新的视角，而博物馆恰恰是了解世界的窗口。”博物馆教育与学校教育的不同之处在于，学校教育是正规教育，表现为强制性；博物馆教育是非正规教育，表现为非强制性。学校教育以课堂教学为主，形式比较单一；博物馆教育形式则灵活多样。学校教育的对象分类明确；博物馆教育的对象极为广泛。如果博物馆教育与学校教育各自为政，不能有效融会贯通，必然影响教育效果。因此博物馆教育作为学校教育的有益补充，必须紧密结合学校教育实际，更好地实现二者的对接，互为补充，营造立体的教育网络，发挥更大的效果。实现博物馆教育与学校教育的有效衔接，使博物馆真正成为青少年课堂教育的必要补充和国民终身教育的大课堂。

4.2 深化博物馆的教育职能

16世纪德国思想家、改革家M.路德（M.Luther）指出：“一个国家的前途，不取决于它的国库之殷实，不取决于它的城堡之坚固，也不取决于它的共同设施之华丽，而在于它的公民的文明素养，即人们所受的教育、人们的学识、开明和品格的高下。这才是利害攸关的力量所在。”[①]博物馆的核心价值由其社会属性和社会职能所决定。博物馆作为文化与自然遗产收藏保护、科学研究、陈列展示，实现传播文化科学信息的文化机构，在其承担的社会职能中，为社会提供公众教育应作为核心职能，体现出博物馆的文化责任。在相当长的时间内，博物馆在以物为本、重视科研功能、重视馆藏文物保护的同时，却对博物馆的公众教育功能认识不足，以至于不少博物馆的主要藏品被束之高阁，常常只扮演“文物仓库”的角色，严重影响了博物馆社会职能的发挥。近年来，伴随城市开发建设，更有少数地方片面追求博物馆的形象标志功能，忽视或弱化博物馆的公众教育功能。博物馆早已不再仅仅是保存珍贵文物的宝库，也早已不再仅仅是向少数人提供专业服务的殿堂。今天博物馆的重要责任是面向大众，服务大众，增进社会各阶层的相互了解与和谐，实现文化多样性的保持与融合。人们越来越认识到，博物馆本身就是独具特色的教育机构，提高人的素质，促进人的全面发展，应是博物馆的目的和存在的意义。

历史是人类总体思维的产物，博物馆是保存历史的文化机构，具有帮助观众感知人类总体思维的综合性价值。人类进入 21 世纪以来，全球化成为必须面对的问题，不仅经济活动越来越超越国界，文化也出现了全球化的趋势。一方面，经济发达国家的价值观念和生活方式正在不断向其他国家输出和普及，直接影响到人们的理想信念、思想行为和审美心理等精神层面，使社会的价值取向和道德准则发生变化。文化娱乐化、历史虚无化、语言失范化、艺术消费化等种种不良的文化生活方式，正在消解着人们对于优秀传统文化的理解和继承。特别是一些青年人总在快速浏览的眼睛，越来越不习惯于安静中的凝视、凝视中的深思。“对绘画的诗意品味，对文学的倾心阅读，让位给了图像的快速浏览和奇观化感官刺激。读图代替了品画，快感代替了美感，刺激震惊代替了凝视沉思，戏谑恶搞代替了诗意与思想的浸润，低俗嬉戏代替了品位的追求”[②]。另一方面，信息技术革命给认知领域带来了巨大的

① 艾斐：《建设中华民族共有精神家园》，载《人民日报》，2008-01-17（11）。
② 许江：《技术之光，取代不了人文之光》，载《人民日报》，2010-05-13（12）。

变化，给经济发展和社会进步注入了强劲的生机和活力，同时，激烈的竞争、复杂的利益关系和层出不穷的新情况、新问题，呼唤着人文关怀，全民族价值体系的重建，青少年教育的责任，民族传统文化的弘扬，均需要深入研究和解决。

早在 1916 年，克里夫兰艺术博物馆就成立了教育部，1931 年 T. 芒罗（T.Munro）担任教育部主管时，开展了关于如何在博物馆进行学习的专项研究，并形成了一套“双轨制”原则，以保证博物馆始终为观众提供高水准的教育。1929 年，以“鼓励和发展现代艺术的学习为目标”建立的纽约现代艺术博物馆，首任馆长 A .H. 巴尔（A. H.Barr）制订的教育课程，有效地促进了美国公众的现代艺术普及教育，提高了对现代艺术的鉴赏品位。一直以来，博物馆的社会公共性主要通过其公共教育职能来体现，尤其一些博物馆的公共教育部，往往同时联系着以博物馆之友和捐赠人为代表的各方社会资源，致力于博物馆促进公民教育、促进社会文明进步的核心任务和使命。为了更好地履行公共教育职能，博物馆各部门之间必须更多沟通，增进对彼此工作和所需专业的了解。同时也必须投入更多努力，通过陈列、展览、表演、解说以及数字信息传播工具和科技展示手段等多种方式，拉近观众与现代科学技术、文化艺术之间的距离[①]。今天所强调的博物馆公共教育职能，是以为社会服务为目标，以提供教育为目的，使博物馆成为“生动的百科全书”，成为每个人的“终身学校”。博物馆要注重发挥自身优势，强化教育服务意识，拓展公共教育领域，策划多种教育活动，既要避免博物馆的气氛过于凝重，又要避免参观者仅满足于走马观花。

美国文化人类学者 R. 雷德菲尔德（R.Redfield）指出“城市的作用在于改造人”。“城市的主体是人，创造城市形象的过程，也是创造现代人的过程，人与城市之间的主客体相互改变着对方。城市形象的本质是城市人的素质，没有城市人的素质，也就不可能有良好的城市形象和城市环境。很难想象，一个市民素质很低的城市，或没有良好生活行为的市民群体，会有良好的城市形象”。今天，越来越多的博物馆已经自觉地将社会教育当作自己的主要任务。英国的博物馆为高等院校提供藏品出借

① 王真真:《博物馆公共属性的“生成”》，载《中国文物报》，2010-06-02（6）。

服务，很多博物馆都有专门的文物库房存放用于出借的博物馆收藏品，学校教学负责人可以在该库房内亲手挑选所需文物，在与博物馆签订协议后，即可以在规定期限内将藏品借出，用作授课的辅助教具。文物外借盒（Loan Boxes），是英国博物馆所采用的一种公众考古实践的方式，早在第二次世界大战前即有很好的发展。文物外借盒内装着各个时期的考古文物，盒的四周有泡沫垫，对文物起到保护作用。通过向学校等教育机构出借这种文物盒，学校等便可以拥有一个可以辅助教学的迷你博物馆，而博物馆也可以更加充分地利用“那些由于缺乏考古相关背景材料而重要性相对略低的考古物品”[①]。藏品出借服务对学校教学活动的支持，彰显出博物馆在社会教育方面的优势。

随着物质生活水平的提高，人们的文化需求也随之增长，简单的文化娱乐活动已经无法满足人们更多的情感投入和学习要求。追求更为高雅的文化活动方式、追求寓教于乐的学习方法，成为越来越多普通民众的自发需要。人们希望作为优秀文化载体的博物馆能为他们提供更加丰富、更高品质的文化生活。在博物馆教育的内容方面，由于馆藏文物收藏量大、文化内涵丰富，使博物馆可以实现来自不同年龄、不同层次、不同群体的多方面、多层次、多角度教育需求，实现多方位的教育功能，例如博物馆可以通过展品的定期更换和互借、举办“特展”、举办“巡回展览”等灵活多样的方式，始终保持鲜明的特色主题、多元的教育形式、系统的教育过程、较低的教育成本、良好的教育效果，实现对观众持续且广泛的吸引力，形成博物馆教育的长效机制，对广大民众的学习、生活都会发生深刻的影响。博物馆教育作为各类学校教育的辅助和延伸，其特殊的形式发挥着不可替代的作用。综合上述优势，博物馆群体形成了独特的、强大的教育功能，在满足各种教育需求的同时，也为国民教育体系注入了新的活力。特别是在博物馆全面免费开放的背景下，博物馆的教育功能得以强化和提升，并对其他功能的发挥也产生了较强的引领与带动作用。

中华传统文化是中华民族在长期的历史发展过程中，由于特殊的自然环境、经

① 李琴，陈淳:《公众考古学初探》，载《江汉考古》，2010（1）：38。

济状况、政治结构、意识形态的作用而形成的文化积累，丰富多彩、弥足珍贵的文化遗产是中华传统文化的重要载体，体现着中华民族的生命力和创造力，它不仅以经典、文献、制度等客体形式存在，而且广泛地以民众的思维模式、知识结构、价值观念、伦理规范、行为方式、审美情趣、风尚习俗等主体形式存在，是当今时代精神的重要构成元素。文化遗产是宝贵的教育资源，博物馆作为收藏、保护、研究、展示文化遗产的文化机构，是弘扬中华传统文化的主要场所，是公共文化服务体系的重要组成部分，具有鲜明的教育功能。充分发挥博物馆在认知历史、提升素质、弘扬道德、陶冶情操等方面的教育功能，是博物馆的社会责任。今天，我国博物馆正在从传统的重视收藏保管、学术研究功能，向同时重视文化传播、宣传教育功能转变，更加强调社会服务职能。博物馆是知识的宝库，它的特点是综合的、立体的，涉及社会科学和自然科学的诸多领域。对普通公众来说，博物馆是令人向往的教育场所，一个学习传统与知识的场所，一个享受艺术和休闲的场所，一个培养素质和情操的场所。同时，博物馆应该成为青少年学习历史、认识现在、探索未来的重要文化殿堂。

文化遗产是人类在漫长的文明历程中积累的物质和精神的财富，是对历史和传统的见证，是人类智慧和灵感的源泉，是情感和灵魂的家园，是创新与发展的基石。德育教育是博物馆教育和学校教育的结合点。博物馆不仅传播知识，也是传播精神文明的重要课堂。通过博物馆教育使观众增强民族自豪感，增加民族凝聚力，更加爱祖国，爱人民，爱劳动，爱科学，这些是博物馆的重要社会职责。博物馆作为社会教育机构，要努力开展内容健康、丰富多彩、生动活泼的活动，使德育教育寓于其中，以提高广大民众的精神境界和道德水平。要进一步认识和发挥博物馆工作的特殊优势，为加强和改进青少年思想道德建设提供良好文化氛围和特色服务。对广大青少年进行思想道德教育，促进他们牢固树立远大理想，是我国博物馆的光荣传统。在新的历史时期，博物馆要增强为青少年提供优质服务的意识和社会责任感，尊重青少年的心理感受、审美情趣和认知特点，善于与青少年对话、交流和互动。通过推出丰富多彩、各具特色、个性鲜明、为青少年喜闻乐见的社会普及活动，并借助新闻媒介和互联网络，激发青少年的参与意识，引导青少年感受博物馆的氛围，逐步养成参观习惯，进而实现博物馆与青少年的相互认知，建立良好的互动关系。

目前，博物馆加强与学校及有关单位的横向联系，共建教育基地，是普遍采用的行之有效的社会教育方式。仅全国文物系统就有1000多个博物馆、纪念馆被当地教育部门确定为教育基地。这些博物馆、纪念馆制定教育基地建设规划，充分发挥自身优势，采取优待参观、培训义务讲解员、送展览进校园、举办夏令营和冬令营、有奖征文、知识竞赛等丰富多彩的活动形式，使越来越多的青少年学生和普通民众通过博物馆、纪念馆的实物课堂受到深刻、生动的教育。一些中小学校已经把阅读课和入队、入团仪式安排在博物馆、纪念馆进行，增加青少年对优秀民族文化的了解和热爱，提高他们的思想道德素质和科学文化素质。例如南京梅园新村纪念馆，结合小学语文教材中有关周恩来的内容，组织小学生分期到纪念馆参观，进行教学辅导。旅顺博物馆的“博物馆一日学”活动，将参观陈列，听专题讲座和报告，模拟体验原始先民生活融为一体，提高了中小学生的学习兴趣。老舍纪念馆搜集被选进大中小学生教科书的老舍先生作品，进行课内外比对式的延续教育，针对不同年级设计出不同内容的讲解词，并配有引发思考的习题，最大限度地利用纪念馆资源，利用学生已有的知识，从而既扩大了学生们的知识面，又巩固了课堂所学内容，事半功倍地发挥教育效果。

当前我国教育正面临巨大的挑战。国家经济社会的进一步发展，跻身世界强国之林，急需大批高素质、创新型人才，学校的正规教育正艰难地从应试教育转向素质教育。在这方面博物馆作为社会教育的重要机构，应该作出自己独特的贡献。未来学家J. 奈斯比特（J.Naisbitt）的《中国大趋势》一书认为，中国能否实现建设创新型国家，很大程度上取决于教育体制的转变，必须把学生从家长制、以考试为中心的体制中解放出来，让他们独立思考。如果教育和其他机构依然坚持等级森严的家长制，那么建设创新型国家的目标将难以实现。我国的教育体制过于强调死记硬背，非常重视考试成绩。“这可不是培养诺贝尔奖获得者的沃土”[①]。F. 科泰（F.Cortoi）则认为“现在我们知道，学习根本上就是个‘具体化’的过程。强迫大量的人被动地坐在教室里远非一个有效的学习环境”[②]。但是，目前在校学生利用博物馆的状况不容乐观。例如以 2004 年北京地区大学生利用博物馆的调研报告为例，有 95.7% 的学生认为青少年应该经常参观博物馆，但是实际状况则是：“偶尔一次”的比例高达 54.7%，选择“2~3 次”的占 32.6%，只有 11.6% 的学生一年参观“3 次以上”。“当代大学生对待博物馆在想与做上的反差之大，实在是不得不令人正视的现实”[③]。

我国现行的教育体制，如果按照教育场所的不同可分为“学校教育”和“校外教育”；如果按照教育内容的不同可分为“基础教育”和“素质教育”。近年来，我国积极倡导加强“校外教育”“素质教育”，建设学习型社会，这些对博物馆社会教育职能提出了新的要求。其中，在校学生是我国博物馆数量最大的观众。全国 18 岁以下的未成年人有 3.67 亿人，占总人口的 29%。大中小学加上各级各类职业、技术学校的学生，合计有 2 亿人，约占全国总人口的 1/7，而且中小学生一年中约有 180 天不在学校读书。目前，大多数博物馆的学生观众一般占 25%~40%，有的博物馆高达 50% 以上。因此，博物馆在加强自身功能建设的同时，必须对校外教育给予足够的重视，从博物馆的组织机构、人员配备、工作重点、教育方式等方面进行必要的改革，使每一座博物馆都和相关学校建立起教学实习、共建互动的关系。博物馆教育不仅仅是学习场所的转换，更是学习方式的改革，不仅是向未成年人传播科学文化知识，使他们学习、理解、继承中华民族传统，从中汲取精神营养，还要指引他们思考未来，完善道德与人格以及培养他们审美的意识。在博物馆的教学实践中，需要关注教育客体的研究，运用发展心理学的原理，激发未成年人的学习兴趣，变“教育”为“学习”，鼓励思考与研究。

---

① 舒泰峰，奈斯比特：《观察中国大趋势》，载《北京日报》，2009-10-19（19）。
② 弗朗索瓦·科泰：《博物馆：城市之脉动与激情》，载《国际博物馆》，2006（2）：43。
③ 毛颖：《博物馆与青少年教育》，载《东南文化》，2010（1）：93。

教育是博物馆的主要目的和功能，博物馆是社会教育的重要承担者，是民众特别是青少年感知历史，认识现在，探索未来的重要文化殿堂。目前，各地博物馆积极创造条件，根据青少年观众的特点，精心布置陈列展览，提供讲解和相关服务，开展各种形式的教育活动，增加科普内容和互动展台，设立面向未成年人的动手工作室，推出各种各样适合未成年人参与的兴趣展览项目。同时，积极推进博物馆与学校的联系制度，通过制定有效的措施，将博物馆教育切实纳入义务教育规划，融入中小学教学方案。博物馆对未成年人的服务接待工作应有科学周详的策划，不同的青少年群体有不同的年龄特点、知识背景、兴趣爱好和教育需求，应根据不同情况，制订有针对性的参观计划，以取得最佳的参观学习效果；重视宣传普及和服务工作，加强青少年服务部门建设，例如在大中型博物馆建立专门的青少年服务部门，在小型博物馆设立青少年服务专员，健全为青少年服务的功能；培养专家型讲解员队伍，结合博物馆资源和未成年人的特点制定有针对性的讲解方案，特别是应当具备较强的解疑释惑能力，保证讲解的知识含量，提高对青少年服务的质量。对于青少年来说，希望博物馆教育更加活泼和亲切一些，博物馆展览不但要有实物、有内涵，而且要有特色、有趣味，才具有吸引力。

4.3 突出博物馆的教育特色

博物馆基本功能之一就是社会教育。如何以博物馆的资源和优势为依托，通过直观形象的教学手段，在凝聚人类文化遗产精华的同时，强化公民素质教育，提高国民综合素养，应成为新时期博物馆教育功能拓展研究的重要课题。今天，博物馆在社会教育的角色上，已不限于回顾历史、灌输知识，而是积极透过博物馆研究和展示，传达当代社会的种种问题与现象，并且构建大众对于博物馆文化的认知，跻身到参与社会文化重构的行列。博物馆博大精深的文化内涵和实物资料再现了当地的历史沿革和政治、经济、文化、社会发展的脉络，不但把最重要的史实呈现在社区民众面前，让人们了解更多的历史沿革、文物知识和民俗风情，而且使人们或感怀于先民顽强不屈征服自然的历程，或赞叹古代工匠巧夺天工的创造能力，增强对故乡、对民族、对祖国的认知和热爱与眷念之情，激发社区民众的社会责任感和使命感。随着时代的进步，博物馆的功能日趋丰富多样。在人们的心目中，博物馆不仅是收藏中心，也是文化中心、教育中心、学术中心，还是休闲中心。与此同时，博物馆的门类也日益丰富，包括综合类、历史类、艺术类、自然类、科技类、社会类等在内的各类博物馆结构比例日渐平衡。然而在这些多元的功能和多样的博物馆中，博物馆的教育功能应该是实现其社会责任的核心功能。

博物馆教育具有全民性。博物馆的教育功能具有广泛性，其陈列展览内容涉及人类生活的各个方面，不同程度地影响和延伸到社会生活实践和文化形态的不同领域，从而构成人类教育实践的必要环节。今天，博物馆正在逐步成为全社会终身教育的基地，博物馆的社会教育功能也正在从传统文化的范畴向更广阔的领域扩展。博物馆作为社会教育机构，处处体现出公益性和全民性，其在教育方面的使命不是完成特定人群的精英教育，而是在于提高全民的科学素质和文化素养，丰富广大民众的精神生活，促进人的全面发展。博物馆的教育对象几乎涵盖所有社会成员，在提高公民素质方面不同于程式化的学校教育，不受性别、年龄、出身、民族、职业、文化程度、健康状况等条件的限制，以全体社会成员为服务对象。对于所有希望获得知识、受到教育的人而言，博物馆教育是平等的，无论男女老少，无论不同民族或国籍，无论不同文化背景或受教育程度，从幼儿园的儿童到老年人，从一般民众到特殊困难群体，从团体观众到外国旅游者，博物馆都向他们敞开大门，无选择无差别地对待每一位愿意利用它的人。所有社会成员都可以自由地出入于博物馆内的各个陈列空间，参加博物馆组织的各类社会活动，吸取科学文化知识，获得理想情操和审美情趣的熏陶。

博物馆教育具有社会性。当代博物馆作为公益性的社会文化教育机构，承载着

"为观众自我学习提供服务而实现教育目的"的重任，这种双向交流、互动影响的教育方式，是博物馆与观众共同创造的新观念。在提高公民素质方面，博物馆高度关注社会民众的精神文化需求，构建起信息化、多元化的知识性动态平台，展示具有教育和文化价值的对象与标本，确立以社会教育为宗旨的良性运行机制，突出社会性的特征，使广大民众共同享受博物馆文化资源。博物馆通过爱国主义教育、乡土教育、文明礼仪培训等多元化途径，肩负起培育公民道德素养和社会责任感的历史使命，培育道德是非观念，倡导健康生活方式，使正确的价值观深入人心，使公众将道德观念和社会责任感转化为自觉的行动。当前，尊重生命、保护生态、爱护环境、节约能源等都要求这一代青少年了解历史、启迪心智，认识和保护所赖以生存的地球，为人类更美好的生活而更新知识、探索创造。博物馆公民综合素质教育的外延宽泛，涉及智商、审美、技艺、体育、社交能力等各个方面，创造一个生活化、综合性、系统性的"社会课堂"，为拓展博物馆社会教育功能提供了张力与维度，而公民素质提高的最佳途径是在完全自主、自由的状态下接受科学文化、道德礼仪等方面的教育与熏陶，而博物馆恰好提供了理想的场所。

博物馆教育具有终身性。学习是一种终身任务，目的在于适应不断发展变化的形势，而博物馆提供的教育在时限上具有终身性的特点和无限性的优势，可以真正形成互动交换最频繁、最持久的"社会课堂"。过去，人们常常把学习局限在学生、学校范围，局限在人的少年、青年阶段。在信息爆炸式增长、形势飞速变化的今天，人们日益认识到终身学习的重要性和必要性，一些发达国家和地区纷纷出台了推动终身学习的法律和政策[①]。终生教育包括广泛的教育形式，广泛的教育泛指一切有目的地增进人的知识和技能、发展人的智力和体力、影响人的思想和品德的社会活动，包括社会教育、学校教育、家庭教育。博物馆教育是社会教育的组成部分，教育内容广博，形式多样，效果显著。同时，博物馆的教育内容具有多样性。从社会历史到自然生态，从文化艺术到科学技术，从古老的石器到宇宙飞船，从中华民族文化

① 王喜成:《想想学习为了什么》，载《人民日报》，2010-03-25（7）。

到世界各民族的风俗，都可以在博物馆里得到反映。博物馆是一部立体的“百科全书”，实物的“图书馆”。它对青少年是一个充满新奇和引起幻想的天地，对成年人也是补充新知识、研究新问题的理想场所。因此，作为公共文化设施，博物馆是终身学习的重要设施，有着广泛的教育内容、丰富多彩的教育形式、自愿选择的教育机会、寓教于乐的教育方法、持续终生的教育目标。

博物馆教育具有直观性。博物馆的不可替代性在于其积聚保藏了大量实物资料。博物馆教育主要建立在运用实物、模型、标本、景观、图片、资料的基础之上，以人类文明和大自然的可靠见证物为基础进行教育活动，具有鲜明的直观性、形象性、可比性和强烈的说服力、震撼力。这是博物馆社会教育的特色和优势，也是与其他教育方式的重要区别。大量事实证明，多重感官的刺激能够大大增强学习的效果。博物馆教育手段丰富多彩，以各类展品为基础，精心组织陈列展览，综合运用文物藏品、标本以及辅助性艺术作品等实物资料的有机组合，运用文字、图版说明等展陈形式，借助讲解服务、视听教育、参与性操作等辅助手段，表达陈列展览的主题、内容、内涵、意义与影响，普及历史、文化、经济、政治、科技知识，提高公民的基本素质。这种以实物例证向观众表达深刻内涵和传送信息的方式，无论从人的生理机制或者认识过程来说，都会使观众感到亲切，易于接受和理解。一些博物馆的陈列不仅可以观赏，还可以亲手触摸，亲自试验，生动直观，强调亲身参与和互动体验，这是其他社会教育机构所无法比拟的。以实物为基础是博物馆教育的基本特征，实物带给人们以震撼力，事实胜于雄辩。同时现代科技手段以及新的展览形式在博物馆中的应用，增强了展览的形象性。

博物馆教育具有丰富性。博物馆往往采取丰富多彩、不拘一格的形式，开展展览、参观、培训等教育活动。随着博物馆向多功能文化中心的方向发展，公众对博物馆教育的需求不断增加，博物馆逐渐融入多元的教育手段，数字博物馆、网络、视频资源、与观众进行互动等都成为满足公众需求的有效途径，这些现代科技手段、人性化服务等，使博物馆教育活动呈现日益丰富的特征，更加符合现代人对文化生活实现途径的需求，发挥出博物馆教育的良好效果。博物馆教育提升公民素质的含义十分宽泛，只有博物馆这样包罗万象的教育场所，才能提供全面、丰富、深刻的教育内容。譬如举办义务讲解员培训班、文物鉴赏学习班、历史题材影视展播、民间民俗文化考察，开设人文历史讲堂、才艺展示课堂，举行诗歌朗诵会、动漫作品比赛、知识竞赛、征文活动等，在为公民传输知识、答疑解惑的同时，扩大博物馆自身的知名度、影响力、辐射面和认同感，为博物馆公众素质教育注入新的生机与活力。当代博物馆还采用电子技术、电脑遥控录音等新型讲解方式，不仅解决了语言障碍问题，还便于观众自由选择。此外，利用高科技开展视听教育，借助编制多媒体、影视作品，将展览中孤立零星的信息系统化，并提供展览的背景知识，能为观众创造“身临其境”的感觉，同样有助于提升博物馆教育活动的效果。

博物馆教育具有开放性。博物馆作为国民教育的特殊资源和场地，具有服务社会教育的独特优势。丰富的教育资源是博物馆的优势所在，将其运用于社会公共教育，为公众提供良好的教育服务，是博物馆将公益性与公众性相结合的重要体现。博物馆教育综合多学科知识，形成相对独立完整而生动鲜明的展示内容，有助于参与者在较短的时间内深化对相关内容的理解。博物馆教育活动的规模、形式和举办场所更为灵活，很多教育活动可以在开放空间举行，采取开放性的形式，观众可以随时加入，也可以随时离开。博物馆还可以根据不同参与者的特点，设计不同的学习活动，而对于群体参与的活动，也可以安排多样化的教育项目。“这种开放性的教育活动不仅为观众提供了多样化的学习机会，也营造了博物馆的学习氛围，有助于观众确认博物馆是学习的场所，在一定程度上纠正一些人将博物馆看作游艺场的认识偏差”。由于博物馆可移动文物体积较小、具有便于运输、展览和管理的特点，使博物馆的教育形式不局限于博物馆内部，各种巡回展览可以走进学校、社区，不断丰富博物馆的教育形式。博物馆教育活动融多种表现形式于一身，可以通过增强计划性和针对性，保障教育资源的文化特色，向社会公布教育活动的日程，方便广大公众的参与，树立博物馆社会教育机构的良好公共形象①。

博物馆教育具有自主性。博物馆素质教育的最高目标是鼓励人们通过创造性学习实现自我理想与追求，达到自我发展和承担社会责任相契合的境界。博物馆通过建立资源与观众之间的必然关联，促使人们激发创意灵感，引发思考认知，通过自身的感悟树立新的世界观和发展观。换而言之，就是满足参观者在从事本职工作之后，调整身心、提高科学文化素养、培养社会责任感、提升综合素质、实现自我价值的要求。博物馆提高公民素质功能的发挥，不是采取单向的、灌输式的，而是加强主客体间的交流，加快信息的反馈。与传统学校教育相比，博物馆公民素质教育具有绝对意义上的自主性。为鼓励观众自主学习，博物馆在教育活动中创造条件，让观众成为学习的主体。博物馆教育是自愿发生的，在博物馆里没有任何人被强迫学习；博物馆教育没有规定的课程和学习进度；博物馆教育无所不在，只要人们踏入博物馆，教育就随之发生。受教育者不受课堂教学形式的限制，也没有竞争、淘汰等外在压力，足以在开放的条件下完成自我学习和教育。博物馆向任何一个有意愿利用博物馆资源的人开放，但是却对任何人都不具有约束力。观众是否愿意进入博物馆、是否愿意参观某个展览，完全取决于他本人的兴趣和愿望。只要公民个体有提高自身素养的意愿，就可以根据自己所需去博物馆汲取知识、拓宽视野、激发创意。

博物馆教育具有愉悦性。博物馆是真正意义上的“人类社会的立体教科书”，常常以“寓教于乐”的方式，在轻松愉快的环境中潜移默化地协助公民实现素质的提升与完善，故而在具有丰富性的同时又具有愉悦性。博物馆不仅是一所学校，还是广大民众的休闲娱乐场所。例如注意到观众文化休闲的需求，博物馆在设计教育活动时，注意活动的趣味性，内容活泼生动，教具新颖有趣，教学方式直观，可听可看可参与。民众在博物馆通过视觉和听觉等多种感官的感受而达到一种精神上的享

---

① 宋向光：《愉民育民 不辱使命》，载《中国文物报》，2008-04-25（6）。

受和满足。在博物馆内，青少年学生结合学校课程内容，用他们所有的感官投入学习，即将单一智力的学习代之以脑、心、眼、耳、手并用的学习。博物馆教育直观生动，是传播科学知识的重要场所。博物馆的教育方式更多地与情感、情趣相关，寓教于乐是其优势所在，也是其他知识传播手段所不能达到的。博物馆通过陈列、多媒体设备、图书资料、纪念品、展演设施、专家学者、文物藏品、科学保护设施等丰富多彩的手段，在同一主题下，根据各类设施和资源的特点，设计独具特色的教育项目。以“人”与“物”的互动交流为中心，以展品、藏品及其他辅助设备为载体，触发参观者的视觉、听觉等感官，促使他们通过观察、阅读、听讲、触摸及操作等方式，接受、加工、记忆信息，进而完成整个认知的过程。

时代的发展带动了博物馆教育观念的更新和教育活动的创新。国际博物馆协会对自身发展走向的定位，立足于更加关注博物馆如何在推进社会进步中扮演更加积极和重要的角色。因此，也要求博物馆教育在理念、形式、手段上不断发展并与时俱进。文明是一个渐进的过程，不仅需要经济基础的支撑，还需要健康思想文化的教育和熏陶。博物馆和教育之间存在着天然的联系。因为博物馆教育具有直观形象性和自然随和的非强制性等特点，深受社会民众的喜爱，已经被许多国家认为是理想的终身教育场所。今天，博物馆必须准确把握社会生活的新特点和广大民众的新期待，在展示传播的内容上、形式上，积极探索公众教育功能的发挥，采取外向的、多维的、以社会文化需求为中心的公众教育形式，通过制作引人入胜的展览、举办启迪民智的

“故宫知识课堂”活动（2014 年 8 月 1 日）

讲座、开展丰富多彩的活动等独特的文化方式，营造良好的文化氛围，促使人们了解国情、认识传统、关注社会、定位人生，从而达到净化心灵、培育理性、提升情趣和健全人格的目的，实现博物馆独特的文化价值和文化精神。同时，使博物馆的社会教育功能从传统文化的范畴，向更广阔的科学领域扩展，从随机等待观众的参与，向规范化的全民教育机制转化，使博物馆成为公众流连忘返的文化园地，成为文化教育和传播的中心。

4.4 改善博物馆的教育方法

博物馆公民素质教育功能的起源，最早可以追溯到19世纪中后期。1869年，美国出现了第一座以普及科学知识为主题的科技博物馆，由此开创了博物馆公民科学素养培育的先河。20世纪60年代后，随着全球化、信息化的加速，博物馆被赋予了现代化的定义，成为连接传统文化与未来社会的桥梁与纽带。博物馆通过优化组合内部资源、积极投身社会实践等尝试，实现博物馆传统功能的拓展与升华。如果说“为社会及其发展服务”是现代博物馆的基本任务，那么社会教育就是博物馆的灵魂。博物馆将传统文化、民族文化、地域文化融入博物馆文化之中，并对公众发挥无可替代的教育作用，对人们的思想产生潜移默化的影响，从而推动整个社会的变革和发展。博物馆的公民素质教育旨在搭建起公共教育平台，使博物馆成为公民提高自身素质的文化殿堂和理想场所，也昭示着传统博物馆向现代博物馆的历史性跨越。博物馆发挥公民素质教育功能，同样有助于自身的建设与发展。在全球化时代，博物馆要不被社会所遗忘，不被边缘化，就必须将目光投向社会发展及其变革，获得社会与公众的关注与重视，从而提高自身的社会地位和影响。因此，博物馆的发展与公民素质的提高本身，就是一个相互促进的过程。

荷兰莱顿国家人种志博物馆的馆长将人们参观博物馆的动机划分为三种类型，即：“寻求美学的动机；寻求浪漫主义或者逃避现实的动机；寻求知识的动机。”从心理、生理特征的适用性上研究深化博物馆教育功能，以实现公众的最大受益程度这一终极目标，就必然要求教育理念、教育形式和教育手段的多元化[①]。实际上，在博物馆敞开大门，运用各种手段吸引观众的同时，观众群体也在悄然发生着变化，不仅在构成上日益呈现出多元化趋势，而且在利用博物馆的方式、目的、需求上也与以往呈现全然不同的多样性。博物馆要按照贴近实际、贴近生活、贴近民众的要求，创新内容、形式、手段，增强博物馆教育活动的知识性、科学性的同时，增加趣味性、观赏性、互动性和可参与性。依托博物馆藏品进行的直观实物教育更能够培养观众的兴趣，提高观众在博物馆教育中的参与程度，教育效果较好而且比较灵活。博物馆教育的学习内容不应强加于人，而是使参观者根据自己的兴趣利用现代化的手段不断追踪了解。但是，如何增强公众和展示场景之间的亲和力、情绪互动以及探索的满足，需要从实践上予以落实。参与、互动、体验的方式是适应时代和公众的需求，使博物馆教育的对象，从被动的地位变为主动探索的变革性措施，有助于推进博物馆教育发生本质上的跨越，使博物馆教育增添无尽的活力[②]。

在世界各地，博物馆以自己特有的文明传播方式，为提高社会民众的整体素质作出应有的贡献，在提升城市文明中发挥着越来越重要的作用。但是，也有一些现代化的博物馆优雅地坐落于城市中心，却不能够为更多的民众提供经常性的服务。长期以来，一些博物馆对纳入国民教育体系，特别是为青少年教育服务的意识淡薄，缺乏主动性。对未成年人免费开放仅限于集体参观，远远不能满足青少年们随时到博物馆参观学习的需求。虽然博物馆教育相比学校教育有很多优势，但是不少青少年参观完陈列展览后并没有获得预期的效果，部分原因是因为博物馆陈列展览忽视青少年们的心理特点、知识水平及接受能力，无法提供通俗易懂的信息。一些博物馆的陈列展览和教育活动内容陈旧单一，缺乏对本馆教育资源的深入挖掘整理，缺乏面向青少年教育的筹划设计，缺乏适合青少年特点有针对性的讲解，缺乏为青少年服务的活动场所和互动空间，缺乏面向青少年的有效教育手段和方法。例如文字

① 杨琛：《再论博物馆讲解员的工作》，见《携手 2010 ：宁波国际博物馆高峰论坛论文选辑》，第 59 页。
② 李象益：《当今博物馆创新理念及其发展态势》，载《浙东文化》，2008（创刊号）：19。

说明多数情况下仅标明文物藏品的名称、年代、出土地点，很难激发青少年们的兴趣，留不住青少年的脚步，致使不少青少年感到“博物馆里的东西距离我们太遥远”，感觉博物馆的陈列展览与自己的日常学习和生活关系不大。

博物馆作为社会教育机构，应当通过在校外教育中所扮演的特殊角色，充分发挥自身在素质教育工作中的优势，努力开展内容健康、丰富多彩、生动活泼的活动，并使思想教育寓于其中。青少年天性活泼，好奇、体验、求知构成了这个年龄段最显著的特点，然而在“应试教育”的束缚下，我国青少年的学习压力变得越来越大，而学习动力却变得越来越小，个性和创造力明显缺失。在“升学”和“就业”的压力下，学校教育等同于应试教育，教育的内容和教育的形式都变得枯燥而乏味，学生们生活在由补习班和各类考试构成的“畸形”生活链中。同时，如今青少年多是独生子女，城市居住特点和应试教育压力往往限制了他们了解社会的视野，使学生们陷入学校和家庭“两点一线”的单调生活模式，容易产生以自我为中心、缺少沟通能力和合作精神、与现实生活脱节、知识面狭隘等一系列问题。尽管学校教育条件和家庭生活条件不断得到改善，但是留给青少年的心理生长空间却愈加狭窄。正是由于严重的功利思想影响了人们的教育观，造成教育方式的偏颇，致使青少年对于中华传统文化的了解存在相当程度的缺失。然而，一个精神文化缺失的人将无法把握人生的命运，未来也难以对国家和民族作出应有的贡献。

博物馆堪称人类文明进程中的伟大发明。博物馆教育是博物馆最核心的服务，博物馆服务则是一种潜移默化的教育，无论是“服务”还是“教育”，两者均体现出博物馆专业水准和文化内涵。公民素质教育应该是博物馆教育工作的重中之重，任何时代，博物馆都对当地人口文化素质的提高有着重要推动作用。博物馆不仅是知识的传播者，也是塑造真、善、美灵魂的工程师。青少年教育是公民素质教育的重要组成部分。博物馆是青少年感知历史，认识现在，探索未来的重要文化殿堂。对青少年的教育应从他们身边生动、鲜活的城市故事说起，而参观博物馆对于他们将是一次终生难忘的体验，这无疑是一条极其重要的途径。应该把城市的传统文化、历史名人、风土民俗写入学校课本，请进教学课堂，通过电视、电台、报纸、网站、短信等大力宣传，形成浓厚的社会氛围，让青少年从小自觉地接受博物馆的养成教育，亲历并感受博物馆的力量，通过多种途径，发掘多种资源，滋润、化育青少年们的心灵，培养他们从小就对自己的城市产生深入骨髓的情感，形成难以割舍的情怀。日后，他们虽然要走向不同的人生道路，但是弘扬传统文化、民族文化、地域文化，将成为他们的自觉意识，他们的心也将会更多地留在故乡这片文化底蕴深厚的土地上。

青少年处于多梦的年龄、充满好奇的年代，博物馆能够成为他们最好的成长伙伴，为他们提供丰富的精神食粮，帮助他们认知历史、认知祖先、认知祖国，从而展开探索的翅膀，了解历史、走向未来。博物馆教育活动能够为青少年提供各种接触社会的机会和途径，使他们开阔视野、体验人生、提高交往能力，使集体意识、社会意识在幼小的心灵中扎根，充实他们的情感，健全他们的品格，完善他们的人格，教会他们如何解决问题、承受挫折、正确对待别人和自己，教会他们什么是勇敢、坚强、宽容、进取，而这些都是面对未来生活必不可少的知识。因此，博物馆要整体策划青少年“走进博物馆”“体验博物馆”“爱上博物馆”的思路，激发青少年的参与意识，引导青少年经常感受博物馆的氛围，逐步养成参观博物馆的习惯。心理学研究表明，只有学得快乐才能学得持久、学得有效。博物馆教育活动应依据社会人才需求趋势，以促进青少年心智发育和人格完善为目的，探索适宜的教育形式，针对青少年好动、好奇的特点，发挥他们的想象力，进行各类活动的设计，提供激发兴趣、展示特长、实现梦想的平台，为青少年创造宽松的学习氛围，使他们充分享受到学习过程中的快乐，既增加知识，又增添乐趣。

在人们的心目中，博物馆是最具科学权威的文化机构之一，人们在博物馆所接受的教育可能会伴随他的一生。因此，博物馆必须以最真诚的方式对待自己的观众，向观众提供准确的科学知识。这是博物馆必须恪守的道德原则。这一原则要求博物馆在举办展览时，尽可能保证所传播知识的准确性、真实性和科学性。宋新潮先生指出：“西方博物馆界秉承两个发展理念：‘艺术即历史’，‘艺术就是人的发展’。我们今天致力的，就是恢复博物馆完整的社会地位，吸纳更广泛的社会人群走进博物馆的大门，让他们在这里不断完成人生的审美熏陶、伦理教育，这正是博物馆免费开放的目的之所在。”①宋向光教授指出，“寓教于乐”不是简单地将学习过程游戏化，而是让学习者感受到学习过程中“豁然开朗”的快乐。因此博物馆教育应当聚焦于如何提高观众在博物馆中享受发现、推理和验证的乐趣上，积极纠正人们把博物馆看作是游艺场的认识偏差，消除“逛博物馆”的心态②。博物馆应更多采用探索、实验、发现的方法，采用集体学习和研讨的方式，让参观者在学习活动中互动，感受自己能力的提升和信心的增强。“有效的博物馆学习意味着，当观众离馆时，对某一相关的主题有了比进馆时更多的知识和更深的理解”③。

博物馆教育作为青少年的第二课堂，与学校教育的手段不同，博物馆具备独特的文化氛围来辅助学校教学，为学生们营造一个健康的、充满活力与挑战的文化教育场所。博物馆教育应自觉与学校教育相互配合，以其独有的教育特点参与到学校教育中去，充分发挥博物馆的教育功能。积极探索博物馆与教育部门的联动机制，促进学校教育和博物馆教育的有效衔接。博物馆教育与当前大力倡导的素质教育相契合，可以激发青少年的潜能，提高学生们的综合素质。学校应肩负起把青少年领进博物馆大门的重要责任，要充分意识到博物馆教育对于提高国民素质的重要性。受到良好教育的学生会主动走进博物馆，在博物馆中又会接受文化遗产熏陶，如此可以形成良性循环。只有充分发挥博物馆教育的作用，培养大众对文化遗产的兴趣，才能使博物馆的公益性得到充分体现。在美国，教育成为博物馆的重要任务，70%的博物馆专门有人负责教育项目，88%的博物馆为幼儿园至高中的学生提供教育项目，每年有5000万学生参加这个项目。美国博物馆每年用于学生教育项目的开支多

① 李舫：《中国博物馆从“藏宝库”到“魔法棒”》，载《人民日报》，2010-01-29（17）。
② 沈岩：《从免费开放反思当前博物馆教育的改革》，载《中国文物报》，2010-02-24（7）。
③ 严建强：《论博物馆的传播与学习》，载《东南文化》，2009（6）：100。
④ 张和清：《美国博物馆的管理与运作》，载《中国文化报》，2008-10-22（7）。

达 1.93 亿美元，教育时间至少 400 万小时[④]。不论大小博物馆都为学生设立专门教师、实验室，开办专供儿童参观的陈列室或“儿童博物馆”。

今天，博物馆需要进一步提高教育服务能力，从宏观和微观两个方面调整博物馆教育的起点，创造更多更好的与学校教学内容结合互补的活动方式。一方面，积极呼吁博物馆教育进学校、进课堂，从宏观上强化博物馆教育的普及性，使学生们从小接受博物馆文化，为日后科学、有效地利用博物馆打下基础；另一方面，要将过去学生们走进博物馆后才开始实施的博物馆教育，前移至他们准备参观博物馆之时就开始，减少盲目参观、无效参观问题，努力提高学生们的参观质量[①]。博物馆要根据学生们的需求设计陈列展览和各项活动内容，才能增加教育活动的吸引力。学生们的学习目的是强化个人能力，以适应快速变化的外部世界。在知识学习方面，博物馆不仅要向学生们展示最新的学术研究成果，更要使他们了解这些知识对社会发展的积极作用；在发展能力方面，博物馆要通过教育活动，增强同学们的探索能力、交流能力和审美能力；在伦理道德方面，博物馆要通过环境营造、榜样引导和制度约束等手段，使同学们养成良好的博物馆参观习惯，提升社会公德意识和自觉遵循社会行为规范[②]。博物馆应通过多渠道筹措资金、挖掘现有资源潜力等方式，不断改善服务条件，显著提升为青少年教育服务的能力[③]。

教育部门要制定宏观政策，使学校和博物馆紧密结合起来，形成良好的互动关系。制定教学大纲时，将组织学生到博物馆参观学习列入教学计划，明确规定教师有义务和责任尽量创造机会引导学生走进博物馆。博物馆，则应更加积极地创造条件，将博物馆文化融入学校教育，例如为学校提供教具教材和特别辅导、赴学校举办展览和活动等。特别是对青少年的教育，要作为博物馆教育活动的基本内容加以安排。台湾史前文化博物馆，将观众主体定位为中小学生。一般来说，史前文化的陈列展览专业性较强，但是该馆的说明文字却非常浅显生动，吸引青少年的浓厚兴趣。与其他教育方式相比，博物馆文化的传播更具有综合性的特点。当今社会科学

① 沈岩:《从免费开放反思当前博物馆教育的改革》，载《中国文物报》，2010-02-24（7）。
② 宋向光:《愉民育民 不辱使命》，载《中国文物报》，2008-04-25（6）。
③ 郝黎:《从若干博物馆实践看博物馆教育》，见《携手 2010 ：宁波国际博物馆高峰论坛论文选辑》，第 1 页。

知识与现实生活的关系愈加密切，青少年观众对实用性知识的需求也愈加强烈。因此，他们对博物馆的需求已经不仅仅停留在了解知识的层面，而是将博物馆作为训练思维能力、培养创造能力的场所。台中自然科学博物馆同样把主要参观观众定位为中小学生。因此，在展厅中设置了大量能启发青少年对自然现象好奇心的大型电动模型装置和惟妙惟肖的场景演示，并有多种青少年可以动手触摸的展品，由于观众定位准确，台中自然科学博物馆每年参观人数高达300万以上。

在美国，政府历来鼓励博物馆增强教育功能，以博物馆之长补学校不足，许多博物馆相继推出面向学校的教育项目。如今美国博物馆已经成为从小学生到研究生名副其实的第二课堂。成立于1899年的美国布鲁克林儿童博物馆是世界上第一家专门面向儿童的博物馆。正是由于对青少年教育的重视，美国博物馆被视为“儿童最重要的教育资源之一和最值得信赖的器物信息资源之一”。在纽约大都会博物馆和古根海姆博物馆，专门为不同年龄段的青少年提供与之相应的美术教育课程，甚至于学校当中的部分课程直接在博物馆中进行，博物馆与教师之间形成了非常紧密与和谐的关系，共同为青少年的成长和发展搭建良好的平台。据统计，每年以班组为单位参观纽约大都会博物馆的儿童和中小学生达20万。美国博物馆对青少年教育的重视获得了丰硕的回报，不仅在一定程度上改变了国民教育思想，从小培养了国民的创新意识，“而且许多博物馆的捐赠者，都是从小经常去博物馆并对博物馆拥有美好回忆的人”。在法国，中小学生每周有1~2次参观博物馆的专门课程，并有具体的教学大纲和计划，以确保博物馆教育的实施，为学生提供个性发展的机会。感受博物馆教育已成为青少年生活的一部分，学生通过参与实践，获得更直观和感性的认识，从而加深对历史文化的理解，培养多元智能和团结协作能力。

4.5 强化博物馆的教育效果

博物馆是形象展示一座城市文明发展程度的窗口，更是一所公众的社会大学。

早在1908年，美国宾夕法尼亚博物馆就成为世界上最早开办博物馆培训课程的博物馆。在2001年，在美国有100多万教育工作者在其课堂上使用了史密森尼研究院编印的教育资料，数百万从学龄前儿童到高中生均从中受益。克利夫兰艺术博物馆的“教师资源中心”，向数千名注册成员提供24种不同专题的幻灯片教材，每年9月至次年6月的周二至周五都有各种培训、进修活动，定期参加有关培训班可获得大学承认的硕士课程学分。再如大都会艺术博物馆编印了《希腊艺术》《韩国艺术》《东南亚艺术》等系列专题材料，向纽约市的每一所公立学校赠送，其经费除来自每年约50万元的资料印制费外，也有一些来自社会的捐赠。在加拿大魁北克，国家艺术博物馆为了充分发挥博物馆的社会教育功能，专门为该地区的学校制订了一套细化的专题类参观计划，即针对不同年龄段学生的特点，制定不同主题的展览，采取不同方式参观展览，使学校可以根据学科性质及学习主题选择性地参观。在韩国，京畿道博物馆每年举办儿童画展，邀请小朋友走进博物馆，以展出的文物为写生对象，任凭孩子们发挥想象的空间来进行创作。

青少年是未来社会的主人，是未来文化的缔造者。奥地利维也纳市制定教学大纲时，将组织学生到博物馆参观学习列入教学计划，要求教师树立博物馆教育理念，熟悉并善于利用博物馆资源辅助学校教育，明确规定教师有义务和责任尽量创造机会带学生到博物馆参观。美国有相当部分正式课程在博物馆的展厅、教室、库房、图书馆等地进行。在英国、新西兰，未来的小学教师都要接受博物馆教学的专门指导。苏格兰国家博物馆将其展览定位为“连接苏格兰过去和未来的桥梁”。2008年推出展览“变化中的国家”，通过广泛的观众调查，聚焦于展示苏格兰的历史，表达苏格兰人民的声音，甚至部分展品来自普通苏格兰民众，展览的目标就是成为苏格兰的历史教科书[①]。在博物馆，学生们有机会目睹文物藏品实物，留下比课本上的内容更加深刻的印象，能够巩固以往所学到的知识。在我国，一些博物馆展览针对青少年教育特点增加相关内容。例如增加陈列展览的直观性，更容易为中小学生所理解

① 白藜璠:《省级博物馆的社会价值、责任及发展方略》，见《携手2010：宁波国际博物馆高峰论坛论文选辑》，第24页。

和认知；增加陈列展览的科学性，增强中小学生们的信赖感，使博物馆教育更具权威性。一些博物馆尝试开辟专门的学生展区和动手室，例如中国科技馆的“儿童乐园”、河北省博物馆的“儿童艺术天地”、河南博物院开辟的“历史教室”等，均取得了较好的效果。

上海博物馆每年接待未成年人观众占全年观众总量的30%左右，于是，博物馆将更多的精力放在为未成年观众服务上。该馆精心设计未成年观众的教育活动，以激发兴趣为先导，有效利用博物馆资源，着力揭示文物的鲜活生命。每当有重要的展览，博物馆都委派馆内人员或志愿者到30所“文博基地”中小学校，开展“观前导览”讲座，讲解文物背后的故事，提出参观的要求和思考题，激发学生们的参观兴趣，并制作导览专用“文化包”，供教师辅导学生参观使用。同时，鼓励教师们把课堂搬到博物馆，例如针对历史课中的“孔子时代的音乐”内容，通过组织学生们观察和欣赏春秋战国时期的乐器，加深理解古代文化与科技知识，针对课程中“青铜器中的中国古代神话”内容，利用馆藏青铜器上的纹饰，讲解我国古代神话与社会现实的关系。上海博物馆的这些努力，使被动的“教育”转变为主动的“学习”，使青少年观众从博物馆这部“百科全书”中获得了更多知识[①]。实施免费开放后，湖南省博物馆学生观众大幅增长，占到观众总数的57.3%，学生观众成批成班级地到博物馆参观和接受教育，学校教师利用博物馆资源开展历史、艺术课教学，已经成为湖南省博物馆教育工作的重要组成部分。

近年来，博物馆努力创新为青少年教育服务的内容、形式和手段，设置专门服务中小学生的机构和人员，提升服务设施，不断改善服务质量。故宫博物院为贴近少年儿童趣味，聘请著名少儿节目主持人录制导游讲解。河南博物院等单位根据青少年的心理特点，编写了适合不同年龄段的讲解词，努力挖掘文物背后的知识和故事，增强知识性和趣味性。上海科技馆针对青少年策划了创新大赛、科普夏令营、科学小讲台、小小化学家等一系列丰富多彩的活动，这些活动的核心价值在于自主

① 顾咪咪：《博物馆成了课外“大学堂”》，载《解放日报》，2009-07-27（8）。

体验，而非被动接受。纽约大都会博物馆和古根海姆博物馆，积极建立有效的馆校联系制度，实现博物馆教育与学校教育的有效衔接，使博物馆真正成为青少年课堂教育的必要补充和校外教育的重要内容，例如专门为不同年龄段的青少年提供与之相应的美术教育课程，学校当中的部分课程也直接在博物馆中进行。奥地利国家自然史博物馆青少年服务部的口号是：观看、实验、发现、探索。英国自然历史博物馆为13岁以下儿童举办“自然历史俱乐部”，指导儿童完成野外或室内作业；对大学生除在一定程度上为某一课程提供大量展品外，还在暑假接待二年级以上的大学生，使他们了解藏品的广泛知识；对研究生，指定专门工作人员进行指导，并欢迎他们参加博物馆实际工作[①]。

国际博物馆协会希望各国的博物馆通过国际博物馆日开展各具特色的青少年教育活动。国际博物馆日，青少年们在父母或老师的陪伴下，来到博物馆后可以参加一系列快乐的学习活动。例如博物馆可以为青少年们提供复制他们最喜欢的油画、雕塑或纪念像的机会，通过模仿艺术作品，青少年们将有机会展示其才华；博物馆可以通过竞赛的方式对青少年们的作品进行奖励，他们所有的努力都应得到奖励；博物馆可以事先准备一系列的问题以及相关的暗示和线索，当青少年们徜徉在博物馆的展厅时，可以在其中寻找线索并发现秘密，从而测试孩子们所掌握的知识和解决问题的能力；博物馆可以邀请青少年们把自己的独特收藏拿到博物馆来进行展示，贝壳、标签、昆虫、邮票、玩偶、纸牌等，与同龄人一起分享收藏快乐，培养青少年们的收藏爱好。这些可供选择的、参与式的多向交流活动，对于青少年们来说是有趣的和难忘的，同时也使他们有机会与其他的伙伴以及博物馆职工和观众进行交流[②]。英国的博物馆设立家庭活动日，专门为家庭观众设计展览服务项目，家长和孩子一起参观博物馆，共同体验各种教育活动，一方面，父母和孩子在博物馆都能得到学习的机会；另一方面，无疑增加了观众的数量[③]。

首都博物馆根据市民的需求，开展遗址遗迹参观探索活动，由专业人员陪同文

---

① 宋向光：《愉民育民 不辱使命》，载《中国文物报》，2008-04-25（6）。
② 黄磊：《国际博协关于2006年国际博物馆日活动的说明与建议》，载《中国文物报》，2006-03-10（6）。
③ 焦丽丹：《免费开放下的英国博物馆（上）》，载《中国文物报》，2009-12-16（7）。

台湾台北树火纪念纸博物馆（2011 年 5 月 30 日）

物爱好者、大中小学生、亲子家庭，访问庙宇寺观、探寻王宫府邸、触摸市井生活，感受古都北京的悠久历史，体验传统文明的博大精深。同时，开展不同形式的“博物馆进校园、进社区”计划，举办民众喜闻乐见的专题展览，并利用现代科技手段，实施“数字博物馆计划”，通过远程教育网络，使博物馆文化辐射广大农村地区。天津博物馆被附近的学校纳入整合优质教育资源，这些学校在组织活动时首先与博物馆取得联系。为配合学校素质教育和学校的新课程改革，博物馆定期邀请学校将历史课搬到《中华百年看天津》展厅，教师就是讲解员，展览则是立体的教科书。博物馆还将展览内容制作成若干专题，每段史实都有生动的故事。在一幅幅真实照片、一件件珍贵文物和一处处文化景观面前，同学们对自己家乡的历史有了真切直观的了解。一些平时对历史课不感兴趣的同学也喜欢上了历史课，文物展览也为教师的教学开辟了新天地[①]。天津自然博物馆在陈列馆一楼新辟“海洋世界”展区，将丰富多彩的海洋科普知识、馆藏珍稀标本与活体海洋生物有机融合，把绚丽多彩的海洋世界呈现给观众，展览的生动性、趣味性、参与性大大增强。

博物馆需要更多地与周边学校、家庭、社会联合起来，共同举办一些与博物馆展览主题相关的活动，使博物馆教育真正成为学校教育的必要补充。例如对在校学生，可组织配合学校教学的现场实物教学，可组织专家学者与学生交流座谈，可组织“标本进课堂”的活动。假期，则可以组织学习兴趣小组、亲子课堂、户外考察

① 李玫：《博物馆走进社区的意义及途径》，载《博物苑》，2008（1）：25。

等活动。在一些发达国家，博物馆通常被视为最重要的教育机构之一，参观博物馆历来是学校教育的一个重要环节。例如维也纳的中小学美术、音乐等选修课，艺术史等必修课，每周 2 学时。这些课程不一定在学校的课堂上进行，到博物馆参观同样可以计入课时。纽约自然历史博物馆为 3~9 年级学生编制两套《我们居住的世界》讲座教材。法国的博物馆对学生的教育活动分为两种：一是为 3~7 岁儿童开设博物馆入门教育班，培养对博物馆的兴趣和感情；二是为 7~18 岁中学生开设实物教育班，学生们在博物馆除参观陈列展览外，还利用幻灯、录像等视听设备学习历史、文学、自然科学等课程。在墨西哥，每年中学生学习历史和自然科学的课程时，都要去参观博物馆。在我国，上海高中二年级语文课本（试验本）、上海七年级中学语文课本（试验本）分别选用了有关“晋唐宋元书画国宝展”的文章《百代法书》和《上博今日无眠》。

实现博物馆教育与学校教育的结合，需要充分发挥教师的积极性，在博物馆与教师群体之间形成紧密和谐的关系，互通有无，共同为青少年的成长和发展搭建起良好的平台。例如湖南省博物馆于 2006 年 7 月与长沙市中学历史教师联合会合作成立“长沙市中学历史教师沙龙”，沙龙所招募的会员都是现任的历史教师和研究人员，对博物馆的历史文化热心研究。教师沙龙的成立，为社会教育工作带来了更大空间。针对教师沙龙会员，博物馆组织了丰富多彩的活动。随着一次次沙龙活动及合作项目的开展，不仅使更多的教育工作者了解了博物馆，也进一步加深了会员们对博物馆的感情，而且吸引了更多的教师加入其中，促进了博物馆教育功能的发挥。在湖南省博物馆每逢新的展览开幕，均举办免费观赏专场，邀请教育部门领导、各学校校长和沙龙会员前来参观，增进教育工作者与博物馆之间的友谊，提高将博物馆文化积极融入教学活动的意识，使博物馆资源与学校教学切实结合成为可能。实际上，历史类、艺术类、自然类、科技类、名人类以及民俗民族等各种类型的博物馆，都可以紧密结合相关学校教育，语文、历史、地理、生物、美术、自然等各类课程，也都可以根据需要，把课堂搬到博物馆，进行现场教学，发挥博物馆独特的教学功能。

目前，免费开放虽然拆除了博物馆的有形门槛，但是如果博物馆教育理念依然固守于“灌输教育”的模式，那么横亘在观众与博物馆之间的无形门槛依然不会打破，观众对博物馆仍然会敬而远之。为此，免费开放以来，在天津主要报刊媒体上连续登载了博物馆方面的知识介绍，例如《怎样参观博物馆》《老年人参观博物馆应该注意什么》《青少年参观博物馆注意事项》《博物馆为您提供哪些服务》《怎样看懂博物馆的陈列》等，为人们及时补上缺失的博物馆知识这一课，为科学参观、文明参观、愉快参观奠定基础，让观众知道文明参观不仅是对博物馆文化的尊重，也是个人自身素养的体现。广大市民按照博物馆专家的指点前来参观，既省时、省力，又能很快抓住参观重点，取得良好的效果。如今很多博物馆重视博物馆文化的宣传，特别是在新展览推介、研究成果发布、重要藏品入藏等方面都会加大宣传力度。在今天的博物馆展览中，展览要素丰富多样，以各自独特的方式，履行着传播博物馆文化的使命。苏州博物馆的社会讲座名为《如何走进博物馆》，很多青少年观众，通过讲座的介绍和生动的演示，在走进博物馆之前，对文物藏品、对艺术陈列产生神圣感，不但在参观过程中自觉维护和尽情享受博物馆文化氛围，而且将文明举止及心灵感受传递给其他伙伴。

中国丝绸博物馆是国内最大的展示丝绸文化的博物馆。长期以来博物馆注重向青少年普及有关丝绸的知识，例如面向杭州市学龄前儿童和小学生开展的“大家来养蚕宝宝”活动。每年 3 月中国丝绸博物馆向幼儿园、小学校发出“大家来养蚕宝宝”活动的通知，并派出专业人员进行宣传，确定参加活动的幼儿园、小学校。同时博物馆做好养蚕的前期准备：蚕种、桑叶源、蚕种孵化等。4 月底前后，博物馆开始发放蚕宝宝和桑叶。每位参加活动的学生可以领到一份养蚕用具；一个特制的蚕盒，内装有约 10 条二龄蚕（或 20 粒蚕卵），一份养蚕说明书，一袋桑叶。以后每周博物馆都会再给每位参与者一袋桑叶，直至蚕宝宝吐丝结茧为止。整个养蚕期间，博物馆派专人到学校举办蚕桑知识讲座，在博物馆的网站开设养蚕专栏，与养蚕学生在线交流，并要求学生写养蚕日记，拍摄养蚕过程，以蚕桑为题材作画，用蚕茧制作工艺品等。最后，这些作品经过评比，优秀作品在中国丝绸博物馆展出。经过多年实践，“大家来养蚕宝宝”这一极富中国特色的博物馆青少年科普实践活动，取得良好效果。同学们通过亲自养蚕，与蚕宝宝结下了深厚的感情，不但掌握了养蚕的全过程技术，同时了解了蚕桑丝绸文化的相关知识。

目前，在我国的学校教育中，以本地为主的地域历史、文化传统的教育比较欠缺，而博物馆在这些方面拥有十分丰富的资源。2007 年，湖南省博物馆举办《国家宝藏》大型专题展览，长沙市教育局专门发文倡导全市中小学生参观展览，并与湖南省博物馆联合举办有奖征文大赛和对全市小学生免费赠票 10 万张等活动。各沙龙会员也组织所在学校和学生们前来参观。同年长沙市的中考题试卷出现了一道分值 10 分的“宣传家乡”题目，画有一件四羊方尊，题意是“正在湖南省博物馆举行的国家宝藏展览中，这个文物特别显眼，陈列在正厅专用的展台上，为什么博物馆要为这件文物设专用展台？”要求学生完成一个解说词提纲。博物馆的展览内容列入中考试题，在全国是头一次。中国国家博物馆配合中小学教材，编辑《中国历史》《社会发展史》等教学幻灯片，中小学《历史教学挂图》等形象的教学参考资料。内蒙古博物馆为小学教学大纲所制定的“学生综合实践课”，设置了一整套教学方案，开设环境保护、石器打制、青铜器铸造、陶瓷制作、蒙古包的搭建、奶制品制作等课程。赣州市博物馆参与教育局主编《赣南历史》乡土教材，株洲市博物馆与中学合作编写地方史校本课程，都将参观博物馆纳入学校课时。这些都是博物馆教育与学校教育有效衔接的可喜结果。

第五章 博物馆是改善民众生活的积极力量

公平正义是实现社会和谐的重要基础，如果在文化权益享受上不均衡，将严重制约社会的和谐发展。只有不断努力保障广大民众的基本文化权益，才能更好地促进社会成员、社会群体之间的友好交往与和谐相处。因此，重视消除文化贫困、维护文化公平，关切基层民众的基本文化权益，降低文化消费的“门槛”，解决各类困难群体、弱势群体的文化生活贫乏的问题，保证全体社会成员共享人文关怀和文化成果，也应该成为博物馆不懈的文化追求。

5.1 肩负改善民生的职责

联合国开发计划署曾在人类发展报告中提出“人文贫困”的概念，其含义包括寿命、健康、居住、知识、参与、安全和环境等方面基本条件的缺乏，也意味着体力、智力这两个人力资本因素的缺失。文化贫困是人文贫困的最重要表现。当前，我国社会正处于转型期，低收入民众占社会总人口的多数。他们经济基础薄弱，社会地位相对弱势。由于社会成员之间收入分配和社会地位的差距，使文化生活存在明显的不公平现象，有相当部分民众仍然处于文化贫困之中。一部分人文化生活比较丰富，受教育程度较高，能够享受高水准的文化消费；另一部分人则文化生活相当贫乏，受教育程度不高，享有文化话语权不多，甚至长期与健康的文化生活无缘。同时，由文化贫困和文化不公导致的社会矛盾及冲突也日渐突出。联合国教科文组织《关于博物馆向公众开放最有效方法的建议》中特别强调“各成员国应采取一切适当措施以确保其领土内博物馆向所有人开放，而不论其经济或社会地位如何”，“并特别要考虑到劳动者的闲暇时间”。“如有可能，门票应予以免费。如果不是全部免费或者认为有必要维持少量门票费，甚至即使只是象征性的收费，各博物馆至少亦应每周或在同等时间内免费开放一天”[①]。这就要求博物馆的公益性、开放性、社会性表现得更加突出，向全社会提供无偿均等服务的意识更加强化。

保障民众的基本文化权益，是社会文明进步的重要标志，本质上是要用优秀文化为民众服务，将文化变为广大民众的智慧源泉和精神家园。虽然，当前越来越多的城市意识到博物馆设施的建设和博物馆事业的发展对城市文化形象和竞争力的重要价值，一座座现代化的博物馆争先恐后地在城市中建立起来，但是，与此形成鲜明对照的是，前来参观的民众却并不踊跃。普通民众对艺术殿堂的冷漠，与博物馆服务民众、惠及民生的公益性质之间形成巨大反差，逐渐成为我国各地博物馆面临的一大窘境。中国博物馆学会、中国文物报社所开展的一项社会调查表明，大约20%的被调查者每年用于参观博物馆的时间为4~6小时，其余80%的被调查者每年参观博物馆的时间则不足2小时，其中还有相当数量的民众根本不进博物馆。博物馆是人类文化记忆与传承、创新的重要阵地，在现代化和全球化的时代，博物馆注定要在人类的文化生活中扮演重要的角色，使博物馆真正成为普及科学知识、树立社会正气、塑造美好心灵的生动课堂，使人们在博物馆中有所发现，有所启迪，有所感动，有所亲近，有所收获。今天，只有深刻理解博物馆文化在民族复兴、社会进步中的重要地位，从战略和全局的高度来谋划博物馆文化建设，推进博物馆文化发展，才能凝聚博物馆文化建设的社会共识。

衣、食、住、行是人类的基本生活需要。在我国，自古以来人们就认识到“甘

---

① 李爱国，王征：《国外公益性文化设施免费开放的指导原则》，载《中国文化报》，2008-03-30（3）。

其食、美其服、安其居、乐其俗”。F. 恩格斯（F.Engels）指出：“人们首先必须吃、喝、住、穿，然后才能从事政治、科学、艺术、宗教等。”[①]可见，无论古今中外，长期以来，由于生活水平的低下，人们将物质生活条件的改善看作民生的改善。但是，民生改善的内容，在基本物质生活条件得到基本满足以后，文化更成为基本民生的重要内容。一位哲人说：“当一个人吃不饱饭时，只有一个烦恼；当一个人吃饱饭以后，就会生出无数个烦恼。”人类生活的内涵十分丰富，概括来说，可分为物质生活和文化生活。物质生活是人类最基本的需要，文化生活则是人类最基本的价值。民生改善是不断满足民众需求的过程，人们对文化生活的依恋和需求也是一个不断增长的过程。当前，文化成为社会生活的重要组成，也是一个城市赖以生存和发展的重要智力资源和精神动力。作为城市生存和发展的方式，文化能够使人们的生活更有质量、更有品位、更有档次。博物馆文化与民生改善息息相关，博物馆应该成为改善民生的积极力量。以此作为博物馆事业的时代追求，从满足人们最基本的物质生活需要，到进一步满足人们更高层次的文化生活需要，则是博物馆文化的根本目标。

博物馆作为公共文化服务体系的重要组成部分，具有直接为民众提供文化服务的神圣义务。当前，我国改革处于攻坚阶段，在一些人群中存在焦虑不安的心理，人们迫切需要得到心灵慰藉，此时博物馆可以凭借其生动、直观的效果，充实、多样的主题，面对广泛、多元的观众，为人们提供一处平静的港湾，成为调节人们情绪、增强战胜困难信心的理想场所，起到稳定人心、积聚力量、鼓舞人们勇敢克服困难的作用，在改善民生和增强国家文化软实力方面发挥出不可替代的重要作用。同时，博物馆具有多样性、差异性，促进不同文化背景的人们和谐相处。博物馆培养人们的宽容精神。宽容精神对于处理人与人、人与自然、人与社会、民族与民族、国家与国家的关系极具价值，有利于和谐社会的构建与发展。根据 A.H. 马斯洛（A.H.Maslow）著名的需求层次论，满足物质上的基本需求后，人们会对精神文化生

① 恩格斯：《在马克思墓前的讲话》，载《马克思恩格斯选集第三卷》，北京，人民出版社，1972。

广西柳州博物馆非物质文化遗产演示（2010 年 3 月 22 日）

活提出新的要求。目前我国正处在这样一个历史阶段，广大民众物质需求满足后，迫切需要满足文化需求，而且文化需求日益显现出多样化的趋势，对博物馆的服务水准要求更高，博物馆的社会地位也愈显重要。博物馆馆藏文物的集中性、陈列展示的开放性以及展示主题的针对性，使人们不同层次的精神文化需求得到满足。

纵观世界博物馆发展史，博物馆的形成是以私人收藏为起点，以公共共享为终端。人类可贵的分享、共享的博爱精神在博物馆得以充分体现。保存主要是保存传统，一个没有传统的社会，是没有根基的社会，将缺乏持久发展的后劲和动力，而把传统文化中的精华保存下来，实际上是为和谐社会作贡献。当新的艺术珍品也成为博物馆的藏品时，便进入了新的文化生态循环过程。工业化、后工业化进程，剧烈地震荡着人们原已约定俗成的价值观念和生活传统，在这种变化中，博物馆承担着保护传统文化遗产、保存传统文化价值的责任，为社会公众提供了审视传统、反思今天和创造未来的一个平台。如果没有文化遗产保护意识，很多优秀的、有价值的文化遗存就会消失、毁灭，不可再生，保护意味着文明的延续，保存意味着价值的递进。但是，“独善其身的文化遗产保护观以一系列禁止性的措施为基础，很少考虑融入社会生活，使文化遗产保护与地方社会发展渐渐疏离，进而削弱了居民参与文化遗产保护的积极性”[①]。同样，博物馆必然会随着时代的变迁、社会的变革、文化的进步，不断得以发展。特别是在全球化趋势越来越明显的今天，一座博物馆如果自我禁锢，封闭自处，缺少与社会的交流，就必然会因为生命力的丧失，使功能与职能逐渐弱化。

丹增先生认为：“文化资源是一种动态的、非独占的、可再生的精神财富。”“人们对文化资源的认识，又必须基于对文化的认识。与文化认识多样性相对应，人们对文化资源的认识同样千差万别。一般说来，人类发展进程中所创造的一切含有文化意味的文明成果及其承载着一定文化意义的活动、物件、事件乃至一些名人、名城等，都是某种形式的文化资源。”[②]一个国家、一座城市的博物馆数量多少、规模大小、水准高低，在一定程度上，反映出一座城市的文化品位和市民的生活质量。同时，这些功能完善的博物馆设施，有利于提升城市功能，彰显城市价值，增强城市吸引力。城市历史学家 L. 芒福德认为：“城市通过它的许多储存设施（建筑物、保管库、档案、纪念性建筑、石碑、书籍），能够把它复杂的文化一代一代地往下传，因为它不但集中了传递和扩大这一遗产所需的物质手段，而且也集中了人的智慧和力量。这一点一直是城市给我们的最大的贡献。”[③]正是博物馆，将那些零星的、分散的各类事物，通过主题集中起来，加以系统化展示；将人们共同关心的难题，连同相关的各种解决途径集中起来，再生动地加以展现，给人们以启迪，用“润物细无声”的方法，滋润着城市文化，弘扬着民族精神，传承着人类文明。

当前，人类进入了一个新的历史阶段，科学发展、和谐发展是这个时代的发展主题。建立人与自然协调、人与社会和谐、人的全面发展，三者高度统一和谐的思

① 郝黎：《从若干博物馆实践看博物馆教育》，见《携手 2010：宁波国际博物馆高峰论坛论文选辑》，第 1 页。
② 丹增：《发展文化产业与开发文化资源》，载《求是》，2006（1）：44。
③ 刘易斯·芒福德：《城市发展史——起源、演变和前景》，宋俊岭，等，译，北京，中国建筑工业出版社，1989。

想，是当前博物馆文化中特别需要关注的新时代的人文精神。人文精神是对人性、人的主体地位和价值尊严的关注与高扬，是关于人的生命、人的生活、人的幸福的终极关怀和价值取向。不同历史时期的文化中，蕴含的人文精神也不尽相同。从历史上讲，我国是一个具有鲜明人文精神传统的国度，例如周代的“礼乐精神”以及影响深远的孔孟之道，无不体现着中华民族五千年来在文化发展过程中所体现的对人性、人伦、人道、人格的关怀[①]。由于人们的个体差异存在于生理、心理、行为习惯、教育背景、社会身份等各个层面，因此博物馆要注意坚持多元化的特点，满足不同阶层、不同爱好人群的精神文化需求，维护充满艺术气息和文化品位的博物馆环境，使其成为对于人们陶冶情操、放松身心、交流思想等具有持久吸引力的文化空间。伴随物质生活的逐步改善，人们渴望全程参与可以获得独特体验的博物馆文化活动，通过博物馆的藏品构成和展览方式，总结以往的实践体会，挖掘历史中充满生机的精神内核，为未来的发展寻找可供借鉴的思想内涵，进行自我认同并强化这种认同。

公共文化机构，就应该面向社会大众开放，按照公益性、基本性、均等性、便利性原则，保障民众基本文化权益。《大英博物馆法》导言中明确规定：博物馆“不仅是为学习者和猎奇者调研与娱乐的场所，也是为普通功用和大众福利”。博物馆作为公共文化机构，应把关心人的命运、关心人的生存和发展作为工作的重点，从长期以来以“物”为中心，转变为同时还要以“人”为中心。博物馆文化的核心是坚持“以人为本”。在博物馆发展的根本目的上，明确“为了谁”的问题，体现尊重社会发展规律与尊重民众历史主体地位的统一，体现为崇高理想奋斗与为最广大民众谋利益的统一；在博物馆发展的基本动力上，明确“依靠谁”的问题，发展必须尊重民众的主体地位，发挥民众的首创精神，使博物馆事业获得最广泛、最可靠的社会基础；在博物馆发展的最终目的上，坚持实现人的“自由而全面的发展”，把人的全面发展作为经济、政治、文化和社会发展的终极目标，也是博物馆的最高价值追

① 辛言：《文化建设需要人文精神》，载《中国政协》，2007（7）：16。

求。重视人的生活和命运、满足人的需求，正在成为博物馆文化新的关注点。这既是时代的要求，也是民众的要求。博物馆必须在功能、定位和工作中心方面进行相应的调整，特别是在保障民众基本文化权益方面承担起应有的责任。

今天，更多的人徜徉于各个博物馆欣赏各类藏品，所获得的是艺术的熏陶、审美的享受以及知识的拓展。因为任何文化创造，都只有以其鲜明的个性，才能形成自身的优势；又都只有以其强大的优势，才能在人们的广泛认同与欣然接受中产生价值和发挥作用。当今时代，已进入以文化论输赢、以文明论高低、以精神论成败的阶段。在文化遗产空间涵盖范围扩大的同时，人们对文化遗产的时间特性也有了新的认识。博物馆的文化收藏和保护范围不再仅限于过去的文化遗存，而扩大到与社会变革、环境变迁有关的整个文化进程。基于此，博物馆的收藏与展览不仅限于"过去"的文化遗产和历史，"为未来收藏今天"已经成为博物馆的重要工作内容；保存普通民众的生活原貌，将活态文化遗产以鲜活的方式保存下来，也已成为博物馆新的工作任务。法国前总统 J.R. 希拉克（J.R.Chirac）曾经说过："城市不应当永远凝固不变，对巴黎来说，凝固就是灾难，每个时代都应该在城市中留下自己的标志。"[①]博物馆文化应该不但使历史文化得以保存，继承，再生，而且使现代文化得以融入，历史本身就是动态过程的记录，是一本"可读"的历史。博物馆不再只见证过去，还将是创造未来的起点。因为一种文化没有活力，就会停滞不前，就会逐渐衰落，历史上许多古老文明的消亡，大多是由于文化失去活力而引起的[②]。

城市的主体是人，城市的发展必须以提升人的生活品质为前提。让观众走进博物馆、了解博物馆并爱上博物馆，成为博物馆的忠实观众，已经成为博物馆应该探讨的重要命题。今天，对博物馆功能与职能的认识更加注重"以人为本"，强调博物馆应以满足广大民众日益增长的文化需求为出发点，成为紧密联系民生、惠及亿万民众的公共服务机构。事实上，博物馆文化从来没有如此深刻地影响着社会，如此深入地走进民众的日常生活之中。博物馆不但直接面向民众，而且面对的是全体民

① 陈秉钊：《历史文化保护与再生中的情理观》，载《建设科技》，2007（11）：22。
② 刘卫华：《全球化趋势下博物馆发展的新视野》，见《携手 2010：宁波国际博物馆高峰论坛论文选辑》，第 9 页。

众。走进民众，就是回归博物馆的使命。V. 彼斯特曼（V.Bisteman）认为：“博物馆最值得珍视的资源不是展品，而是观众。”S. 韦尔（S.Weil）则指出：“如果我们的博物馆运行的最终目的不是改善人民的生活质量，那么在什么（其他）基础上我们才可能寻求公众支持呢？”[①]因此他认为，只有当博物馆为人们的公共福利服务时才值得大众支持。这一观点对于我国博物馆的现实发展十分重要。今天博物馆文化能否走近广大民众，走进广大民众的生活，早已成为检验博物馆发展成果的重要标准。据报道，平均每个北京市民每两年才会走进一次博物馆。但是据保守估算，平均每个美国人每年至少走进两次博物馆。英国人的名言则是：“我不在家，就是去博物馆的路上。”[②]

现代博物馆起源于17~18世纪的欧洲，而我国首座民办博物馆南通博物苑（1905年）和首座国立博物馆中国历史博物馆（1912年）都要比欧洲的博物馆历史晚近200年。而且在20世纪相当长的时间里，当发达国家的民众已经将参观博物馆视为文化生活的重要组成部分时，我国民众还在为生存而奋斗，因此，由于历史原因，虽然我国的博物馆事业已有100余年历史，但是广大民众的博物馆意识仍然欠缺，参观博物馆还远未成为社会公众的生活习惯。在社会公众的心目中，博物馆一直是文化的圣殿，博物馆文化一直被视为高雅文化。这一认识有利于彰显博物馆的崇高地位，但是，博物馆以“圣殿”自居，将导致博物馆与社会公众之间存在隔阂。博物馆不应是政府的博物馆，而是全体民众的博物馆。严格地讲，“观众”“参观者”等习惯用语，从所有权属的角度来看，并不十分恰当，博物馆虽然在法律上被指定为文物收藏机构，但是，仅仅是受托代表公众收藏文物藏品，公众才是合法的拥有者。因此，在任何情况下，博物馆都要维护社会全体成员的文化权益，并向他们提供无偿均等的服务。特别是关注基层民众的文化生活和弱势群体的文化权益，更是政府的职责，是社会的良心。基层民众文化生活的改善，弱势群体文化权益的回归，使广大民众成为博物馆的真正主人，从而使更多的人加入支持博物馆发展的行列中

---

① 维多利亚·迪肯森：《历史，民族特征与公民意识：多民族国家中历史博物馆的职责》，载《国际博物馆》，2006（2）：21。

② 陶斯咏：《中国人的博物馆意识有点缺》，载《环球时报》，2010-05-17（15）。

来。

5.2 提升和谐发展的意识

20 世纪 70 年代，美国南加州大学经济学教授 C. 伊斯特林（C.Easterlin）通过研究发现了经济增长与国民快乐的不一致性问题。1974 年，他提出了“收入和快乐之间不存在显著正向关系”的研究命题，促使经济学界开始认真思考人类发展的终极关怀。美国、日本等一些发达国家均出现了这种“伊斯特林悖论”现象，亦称为“财富悖论”现象，即随着收入增长到一定程度，国民的快乐和幸福感不再随着收入增长而增长。在“有增长无发展”的发展中国家经济发展难题解决后，在发展中国家与发达国家同时又遇到的“有发展无提高”的经济社会发展新难题。实际上，“财富悖论”现象的产生并非偶然，它是忽视经济社会发展的终极价值，仅以物质利益为中心，而不是以快乐和幸福为中心，特别是对“最大多数人的最大快乐”终极价值原则忽视的结果。由于只顾及物质利益，导致了经济社会发展路径的偏离。经济增长是人类生活水平提高的一个基础，但是，它并不是反映人类生活水平的全面指标。经济增长归根到底只在某种程度上保证人类物质生活水平的提高，此外，人类还要追求快乐和幸福，人类追求的最终目标应该是人的自由全面发展，而人的自由全面发展应从改善人的文化生活状况出发，超越狭隘的发展观念。

事实证明，虽然经济增长能够增长人们的快乐和幸福，但是人们的快乐和幸福并不完全等同于经济增长。尽管物质生活水平的提高是人类追求快乐和幸福的基础，也是人的自由全面发展的基础，但是物质生活水平的提高也不能等同于人类的快乐和幸福，也不是人的自由全面发展本身。因此，人们强调如何既增加人们的财富，又更加关注如何从根本上增加人的快乐和幸福。澳洲华裔著名经济学家黄有光对经济增长能否增长快乐的问题进行了研究，他认为经济增长与快乐之间似乎没有完全的正相关关系。对整个社会而言，经济增长能够提高人们的绝对收入，但是不能提高人们就平均而言的相对收入。当人们收入水平较低时，绝对收入很重要；当收入水平较高时，绝对收入并不重要，相对收入愈来愈重要。收入较高的国家，如果不增加文化教育等公共开支，社会因素没有改善，则经济增长并不会提升广大民众的快乐和幸福感[①]。一些学者也指出，希望在不久的将来可以看到用“国民幸福总值”取代或弥补“国民生产总值”的局限和不足。几十年来，按照人均国民生产总值等指标来衡量，大部分国家的经济状况都有显著提升，可是人们并不觉得比以前幸福多少。这种现象促使人们重新审视发展的内涵、手段、工具、评价、发展目的和终极关怀之间的伦理关系。

就人类行为的终极关怀而言，J. 边沁（J.Bentham）提出的“社会应该用‘最大多数人的最大快乐’原则来进行管理”的主张最具吸引力。这一主张一经提出就几乎影响了所有社会科学的终极关怀，成为主导社会伦理学的最有影响的理论之一。狭隘的经济发展观，把发展理解为个人收入的提高、国民生产总值的增长、外汇储备的增加、工业化和技术进步等。尽管这些目标都很重要，但是，发展不能见物不见人，更不能无限制地扩大发展的鸿沟，只顾少数人的发展，而忽视大多数人的发展。社会上大多数人的快乐和幸福，才是真正的发展。因此，更要关注包括基本教育、知识增长在内的生活标准的提高，寻求社会上所有阶层分享成果的均衡发展，寻求使广大民众能够以多种方式参与和影响政策决策过程的民主发展，寻求政府不仅关心发展中的收入增长，而且关心社会的公平、公正。人们的身体健康、心理平衡、人伦关系和睦、天人关系和谐等都构成快乐和幸福的源泉，发展的过程不应破坏这些快乐和幸福的源泉[②]。令人遗憾的是，在发展的过程中，文化小康长久以来一直被忽视，拥有金钱和占有物质的多少几乎成为衡量成功与否的唯一标准。正是由于人们把社会关注片面地、过多地引导到物质利益上去，才出现了既浪费大量资源，又使得快乐和幸福指数难以提高的后果[③]。

文化小康是社会发展到一定阶段的必然要求，人们在追逐物质财富的同时，必

---

① 曹新：《经济增长与快乐和幸福》，载《光明日报》，2007-01-16（10）。
② 林光彬：《难量化的“快乐”比易量化的“财富”更值得研究》，载《光明日报》，2007-01-09（10）。
③《文化小康刻不容缓》，载《小康》，2007（6）：72。

须关注文化境界的提升，才能不迷失自我。一个在文化上达到小康的社会，才会知道财富和物质所能达到的边界，才会知道用理性的态度去分辨事物的真伪，才会知道在物质发展之外，追求更多样和充实的社会，才会知道人类不能完全被物质所支配，文化价值应凌驾于金钱之上，且不容冒犯。因此，文化小康的建设不容忽视，是当今我国迫在眉睫的发展需求。如果没有广大民众文化生活的小康，就无法造就一个和谐的社会，就无法创造人类社会的美好未来[①]。快乐和幸福的影响因子由多层级因素组成，不仅包括职业、收入、待遇、财富等大量经济因素，而且包括环境、健康、亲情、友谊等大量非经济因素。同时，文化教育、人际关系、社会公正等也都是影响快乐和幸福的重要因素。满足快乐和幸福往往并不需要耗费多少资源，和谐、诚信、责任、尊重、公正和关怀等才是快乐和幸福更重要的源泉。快乐和幸福是相对的，物质的丰富并不能直接带来快乐和幸福。博物馆是今天社会快乐和幸福的积极力量。博物馆真实记录了时代发展的潮起潮落，清晰见证了社会进步的脚印，标识了人类今天的相对位置，承担起阐释历史、定位今天、预测未来的责任。

我国五千年的历史积淀留下许多宝贵的文化财富。今天，我国正处在城市化进程的快速发展期，处在建设规模和资源消耗的高峰期，如何在快速发展的同时，切实保护好文化遗产，促进经济建设与文化遗产保护的和谐发展，这是当前面临的严峻挑战之一。因此，更需要博物馆作为一个文化空间，作为一方净土，让人们从历史当中，从文化当中，从艺术当中去体验，去感受，将躁动的心安静下来，使绷紧的神经放松下来。博物馆应该成为人们共同的精神家园，这是社会发展的需要。因此，博物馆应积极主动地参与到社会生活中去，为社会健康和谐发展贡献力量。在这一背景下，博物馆只有总结过去、立足现实、着眼未来；贴近实际、贴近生活、贴近民众；从博物馆的实际工作出发，不断研究现实中的具体问题、不断提出可行的解决对策、不断明确未来的发展方向，通过呼吁审美智慧，倡导理性思维与精神信仰，搭建好经济社会发展与人文关怀之间的桥梁。强调博物馆以人为中心，就是

① 陈惠雄：《快乐与幸福理论对于经济社会发展的战略意义》，载《光明日报》，2007-05-29（7）。

关心人，关心人的成长和发展，关心人的快乐和幸福。应该把博物馆文化作为民生的有机组成部分，博物馆利用其拥有的文化资源，通过独特的教育方式和手段，使广大民众成为认同历史文化、认同社会价值、具备现代知识和本领、全面发展的现代合格公民。

一个城市是否具有这种人文关怀的精神、环境和氛围，应该成为评价城市建设水平高低、管理质量优劣的重要标准。社会学家 M. 卡斯特（M.Castells）对城市空间有多种层面的认识，他说："城市是社会的表现。""空间是结晶化的时间。"[①]这些观点表现出人类正在从更理性的层面认识城市这一人类所创造的空间形式。文化是一定历史、一定地域、一定人类群体的生态状态和愿望的反映。同时，又对于人类的生存和发展产生广泛而深刻的影响。城市是市民的居所和精神家园，城市建设应秉持"以人文本"的原则。创造人类与自然友好相处的生态环境，形成亲切和谐的人际关系，构建和谐自然的城市空间，这是民众的共同愿望和要求。面对现代生活的快速变化和市场经济下的激烈竞争，人们的物质需求不断地得到满足，而心理上的迷茫和困扰尤需抚慰。一方面，经济的发展、社会的进步，振奋了人们的精神，增强了人们创造新生活的信心；另一方面，面对日趋复杂的利益关系和层出不穷的社会问题，民众的生态状态、心理感受，需要更多的人文关怀。城市形态的变化和发展过程，应该同时成为不断满足人们的精神需求、提高人的文化素质、促进人的全面发展的过程。城市建设和管理呼唤着深刻的人文关怀。

美国未来学家 G. 赫曼（G.Herman）将人类社会发展的第四次浪潮预言为"休闲时代"[②]。在现代社会，由于生产力水平的不断提高，使人们的休闲时间显著增加，也使人们产生强烈的精神文化的消费需求。但是，今天人们仿佛置身于一个娱乐消费时代，很多人感觉到社会生活的方方面面都在"被娱乐"，打开电视、翻开报纸、点击网页、接收短信，立刻会被歌声舞影、美女靓仔、笑话恶搞等所包围。"泛娱乐化"是一种社会现象，指在经济、政治、文化、社会等领域，娱乐元素都无孔不入

① 张鸿雁：《城市形象与城市文化资本论——中外城市形象比较的社会学研究》，南京，东南大学出版社，2002。
② 周建明：《借鉴与创新：形成中国特色的旅游发展之路》，载《国外城市规划》，2003（1）：1。

地进行着渗透。“我们需要娱乐，但不能忘记了思考”。娱乐本身并无害处，但过了头，就会走向媚俗和庸俗，考验人们的道德底线、心理底线甚至法律底线。无论如何，一个社会应该有主流的秩序、共享的价值和情感，警惕泛娱乐化倾向对民众心理、社会风气、人格基因等带来的负面效应[①]。爱因斯坦曾经指出，人的差异就在于闲暇时间。博物馆应作为休闲教育的主要场所。闲暇教育顾名思义，就是在除正规教育之外的闲暇时间接受的教育。“一座城市没有博物馆，就像一个民族没有史籍。博物馆虽然是人类物质丰富的产物，却不是物质贪婪的载体，正相反，它是心灵的向往，智慧的追求，是让人安静和虔诚的地方，是浮躁与轻狂的过滤器，是文化知识的储藏室，更是物化的精神圣殿”[②]。

博物馆文化可以超越时空，博物馆文化的撞击是心灵的撞击。走进博物馆，观赏的是文化遗产，寻觅的是人类文明，解读的是历史智慧，感悟的是艺术哲理，抒发的是人文情怀，守望的是精神家园[③]。博物馆文化的力量深藏于人们的头脑、观念、行为、规范、价值观之中。苏东海先生认为：“博物馆的情感领域比知识领域大得多，美妙得多。博物馆的魅力因之会更强烈地释放出来。”他认为，博物馆情感不是一个小的概念，它包含着知识情感、道德情感、审美情感诸多发生在博物馆中的情感现象，是一个大的范畴。“情感在博物馆里比博物馆知识领域还要宽广深厚，它是博物馆文化魅力的基础”。研究博物馆中的情感现象，有利于博物馆价值的实现。以往在博物馆的研究中，重视文物藏品的历史价值、科学价值和艺术价值，而往往忽视其情感价值，形成博物馆文物藏品研究的薄弱环节。挪威博物馆学家 M. 摩尔（M.Maure）认为“怀旧是博物馆存在的最基本的理由”。

博物馆把参观者带入历史情感之中，满足和提升他们的怀旧情感，从而认识过去，感知现在，希冀未来。为怀旧而建立的纪念馆，为寻根而建立的博物馆更是怀旧的产物。事实上，每件藏品都有一个故事，把这些故事都输送到陈列中去，展品就不再枯燥，陈列就有声有色，伴随陈列主题的展开，不断引发人们的情感变化，

① 曹钰：《泛娱乐化解构中国》，载《人民论坛》，2007（2）：11。
② 彭俐：《让博物馆藏品变成酵母》，载《北京日报》，2009-05-15（14）。
③ 曾光：《博物馆在创建城市文明建设中的重要作用》，见《携手 2010：宁波国际博物馆高峰论坛论文选辑》，第 77 页。

引起共鸣与提升[①]。

我国的博物馆大多数建立在大中城市，广大基层，尤其是民族地区、边远山区、革命老区的基层民众，特别是青少年学生很难走进博物馆，享受政府提供的文化服务。就四川而言，全省面积48.5万km^2，山区、高原、丘陵约占省域面积的97.46%，而8800多万人口中，乡村人口约占75%。根据四川博物院研究人员的走访调查，省内一些民族地区、边远山区、革命老区的民众，一家三口若来省会城市的博物馆参观，来回需要4天的时间，花费近2000多元的交通食宿等费用。调查人员曾在偏远地区进行问卷调查，在350个受访对象当中，没有去过成都的有187人，不知道四川博物院的有297人，不了解当地博物馆的有320人，缺少文化消费的245人，而文化消费主要以民族祭祀、购买书籍、孩子上学为主要开支。由此可见，偏远地区广大民众因路途、经济、文化素质等因素的限制，难以走进博物馆，文化生活单调。幅员辽阔，人口众多，经济发展不平衡，教育资源不均等，这些都是我国博物馆事业发展所面对的基本国情。实现全面小康不仅是经济发展，还有文明水平的提升：不仅是城市民众的需求，而且是农村民众的渴望。博物馆作为公益性事业单位，仅仅服务于请进来的观众远远不够，一时难以走进博物馆的广大民众同样也需要享受博物馆的文化气息。

5.3 建立社会动员的机制

博物馆社会动员机制，是指动员博物馆之外的人员和组织，参与博物馆的管理和建设的机制。这一机制的功能之一在于为博物馆募集免费或超值的人才资源，以弥补博物馆在人力资源方面的不足，或者为博物馆节省人力资源方面的开支。尽管博物馆是面向全体民众的文化机构，但是热爱博物馆事业和对博物馆的特定藏品拥有特殊感情的热心观众，是最稳定、最具专业水准的观众群体，也是博物馆最主要的服务对象。这些热心观众对于博物馆事业的关心热爱，是推动博物馆事业发展的

① 苏东海:《博物馆情感初论》，载《中国文物报》，2009-08-12（6）。

重要力量。如果博物馆能与热心观众建立起较为固定的联系，并为他们提供参与博物馆管理和建设的渠道和平台，这些热心观众通常很愿意为博物馆的管理和建设出谋划策、添砖加瓦。在实践中，一些博物馆采取的会员制、博物馆之友等做法，实际上就是博物馆与热心观众群体建立固定联系的具体方式，也是博物馆为热心观众群体提供的参与博物馆建设和发展的平台，取得了相当明显的效果。除了会员制、博物馆之友外，博物馆还应积极探索与热心观众群体建立固定联系的新途径、新办法，建立与扩大博物馆的热心观众群体，并充分利用热心观众群体的才智、热情和资源，提升博物馆的管理水平，解决博物馆所面临的实际问题。

社会动员机制对于博物馆事业的发展能起到积极的推动作用。当前，社会力量参与博物馆事业的程度需要全方位提高。各种社会力量广泛参与博物馆事业是我国博物馆的发展方向。社会力量参与博物馆工作的形式也日趋多样化，逐渐由博物馆的参观者扩展到博物馆活动的参与者，各种社会团体、志愿者等社会力量的参与，密切了我国博物馆与广大民众的联系，丰富了我国博物馆的社会服务职能，也为我国博物馆的发展增添了活力。从某种意义上说．志愿服务是公众参与的一种形式，主要是在博物馆服务岗位上的公众参与，而公众参与也是一种志愿服务，主要是在管理环节上的志愿服务。博物馆应当借助公众的力量和智慧来改善博物馆的管理，提高博物馆的服务水平。为此，博物馆应建立和完善制度化的公众参与机制，提高公众参与水平，广泛听取并主动征询公众对博物馆各项工作的意见建议，并把公众评价作为岗位绩效评估的一项重要指标，以此改进内部管理、提高服务水平。为了建立鼓励公众积极参与的长效机制，博物馆可以针对自身的业务发展和工作环节，设立主要由社会人士组成的馆外监督、咨议团体，积极吸纳有热情、有能力的社会人士稳定地、正规化地参与博物馆的管理，以通过这些社会人士的热情、才智和资源，改进博物馆的各项工作。

志愿者，一般是指公益机构因其成立宗旨与服务需要招募而来，不计报酬，关心社会福利，本着个人自由意愿，以奉献个人的时间、精力，主动参与各项社会服务活动的人士或团体。自愿、无偿和为社会公益事业服务是志愿者的重要特点，而作为某一领域的志愿者，还与其本人对该领域的志趣有关。志愿者服务，泛指利用自己的时间、技能、资源、善心，为邻里、社区、社会提供无偿的非职业化援助行为。现代国际志愿者活动始于第一次世界大战之后，各国志愿者相继开展了义务服务活动，在重建家园、发展经济和促进社会文明进步等方面，发挥了重要作用。1985 年，第 40 届联合国大会通过决议，确定每年 12 月 5 日为“国际志愿人员日”。许多国家及政府、社会团体、民间组织等都在这天举办各种活动，大力宣传、表彰和倡导志愿者为社会义务服务的重要作用与奉献精神。2001 年又被确定为“国际志愿者年”。由此可见，志愿者组织的发展，已经成为社会进步的一项重要标志，也是世界文明发展的新潮流之一。我国的志愿者工作及志愿者组织，以 1994 年中国青年志愿者协会正式成立为标志，志愿者通过志愿服务增强自己对他人的关爱之心和领导能力、管理能力以及沟通技巧。志愿服务通过引导人们要有责任心以及促进互信和谐，让整个社会更具凝聚力。

进入 21 世纪，志愿者服务有了更快的发展。有关资料显示，目前仅我国注册的志愿者人数就已经超过了 2500 万人。志愿者是社会和谐的道德楷模，志愿精神则是公民社会日益成熟的标志。被生动形象地概括为“送人玫瑰，手有余香”的志愿工作，现在已经发展成为具有多种服务功能的社会团体，博物馆志愿者就是其中一支重要的力量。博物馆志愿者于 1907 年首先出现于美国波士顿艺术博物馆，近几十年来，则普遍为博物馆所采用，并逐渐形成制度化。博物馆志愿者在国际博物馆界也称为“博物馆之友”，他们出于道义，或从经济上，或从事博物馆志愿工作，或贡献自己的专业知识，积极、主动支持博物馆的发展。博物馆之友队伍不断地发展壮大，于 1975 年在比利时成立了国际博物馆之友联盟（WFFM）。这是一个国际非政府、非营利性，把世界各地博物馆之友聚集在一起，并予以支持的组织，该组织由两部

志愿者考察国庆节第二天参观环境（2013 年 10 月 2 日）

分人士组成，一是提供无偿服务的志愿者，二是提供各种赞助的捐赠者。目前，其成员由 36 个不同的国家的 18 个国家联合会和 27 个协会近 200 万人组成，参与该组织的国际性、国家性和区域性的活动。国际博物馆之友联盟认为，通过对社会的开放和社会成员的积极参与，博物馆将全面完成其使命。推进博物馆之友组织、博物馆志愿者队伍的壮大，使之成为支持博物馆发展的最坚定、可信赖的社会力量。

志愿者服务对于每个文明社会不可缺少。博物馆志愿者既是珍贵的人力资源，也是树立博物馆自身形象、扩大博物馆社会影响的资源，是博物馆与广大民众之间沟通的桥梁。加强博物馆与社会各界的合作与资源共享，发挥博物馆的平台优势，推进博物馆之友组织、博物馆志愿者队伍的壮大，使之成为支持博物馆发展的最坚定、可信赖的社会力量。中国历史博物馆较早在博物馆志愿者工作方面进行探索与实践，2002 年 3 月，该馆率先通过媒体从社会上公开招募志愿者，接到 2000 多个咨询电话，有 560 多人报名应征，220 多人获准应试，150 人被首批录用，主要安排在讲解导览岗位。随后，故宫博物院、上海博物馆、河南博物院、湖南省博物馆等一批大中型博物馆纷纷开始志愿者工作的探索与实践。至今全国各地已涌现出一大批博物馆志愿者，其规模、水平乃至影响力已不可忽视，正在引起社会的广泛关注，并在推进博物馆事业快速健康发展中发挥着其不可替代的独特作用。故宫博物院于 2004 年底面向社会招募，建立起志愿者队伍，每天在部分专题展馆为观众进行义务讲解，目前人数保持在 200 人左右，其中约 20 人还能用英语进行讲解。湖南省博物馆积极动员社会力量支持、参与博物馆建设，目前注册志愿者达到 1246 人，普通会员达到 4949 人，高级会员达 78 人，他们积极参与到博物馆管理和服务中来。

如今，博物馆志愿者服务已经开始越来越多地存在于我国各地的博物馆，逐渐达到多样化和正规化水平，影响力与独特贡献也日益凸现。吸纳志愿服务、招募志愿者，是弥补我国博物馆现有专业人才资源不足及节约人力成本的有效方式。尤其是在我国，庞大的大学生群体及退休人员群体，为博物馆招募志愿者创造了得天独厚的条件。湖南省博物馆于 2003 年 10 月对外招募志愿者。5 年以来，志愿者队伍不断扩充并逐步形成规模，据统计共有 1000 余人提供了志愿服务，人员结构也由在校大学生的单一群体，发展为由在校学生、在职工作者和退休老年人组成的综合群体。一方面，为了确保志愿者的服务质量，完善志愿者的管理档案，建立起志愿者个人的工作档案；另一方面，加强志愿者的培训考核工作，使培训内容不断扩充，培训形式也更为新颖。多年来，湖南省博物馆志愿者们秉承“服务社会，提升自我”的工作宗旨，义务为来自世界各地参观湖南省博物馆的观众提供志愿服务，范围涉及多语种讲解和翻译、观众劝导、展厅疏导、活动策划、问卷调查、平面设计、文字录入等各方面，形成了团结有序而又充满活力的工作氛围，特别是在免费开放以后，志愿者更以耐心细致周到的服务，获得了社会各界的赞许。

志愿者服务在宁波起步较早、发展较快，自愿到博物馆担任志愿者的人士明显增加。宁波博物馆努力将志愿者队伍培养成为博物馆的一支忠诚的社会力量，赋予博物馆志愿者“文明使者”的含义，把他们定位为“牵手历史、联系社会、走向国际的博物馆文化的播种机和宣传队”。为此，宁波博物馆努力创新志愿者服务模式，注重志愿者服务专业化和社会化，不少志愿者各有专业特长，教授、医师、工程师、艺术家等，成为志愿者队伍中的核心。让志愿者更广阔、更深入地融入社会，将博物馆文化传向身边的人、周边的社会，并发动更多人加入志愿者队伍。志愿者不仅可以将博物馆与社区很好地联系起来，而且可以为博物馆的发展提供极大的帮助和支持。2008 年 12 月 5 日，在宁波博物馆开馆典礼上，宁波博物馆两名志愿者代表向出席“携手 2010：宁波国际博物馆高峰论坛”的中外嘉宾庄严宣读志愿者誓词：“尽心尽力，无私奉献，服务公众，回报社会。践行志愿精神，担当历史使命，传承多元文化，推动社会发展，积极支持博物馆公益事业，为弘扬与共享人类文明而不懈努力！”这是目前国内外博物馆志愿者自诞生以来的第一份国际化誓词，向国际博物馆界展示文明使者的风采，深得在场的国际博物馆协会主席 A.S. 康明斯（A.S.Cummins）和来宾的赞许。

一般博物馆选聘志愿者大多局限于市内对象，局限于在馆内服务，而宁波博物馆选聘志愿者的范围扩展到市外乃至省外、海外的具有代表性的高层次志愿者，发挥他们的独特作用，使志愿者队伍形成层次，他们的服务范围也辐射到海内外。宁波博物馆志愿者以社会志愿者为主力，以学生志愿者为后盾。社会志愿者由在职人员、自由职业者和离退休人员组成。社会志愿者包括一支历史文化研究专业的志愿者队伍。他们积极开展宁波地域历史、艺术、文化研究，并以学术出版物成果的形式，实施“把博物馆带回家”工程，这支队伍极大地弥补了博物馆研究力量的不足。还包括一支收藏界专业的志愿者队伍。以“宁波市收藏家协会”为主体，免费提供自己的系列藏品，提供给宁波博物馆展览，他们成为博物馆的核心观众和博物馆之友。学生志愿者由浙江大学、宁波大学等学校的大学生组成。为体现志愿者工作的国际化水准，发挥国际文化交流的作用，志愿者与诺丁汉大学开展馆、校合作，在宁波博物馆成立“诺丁汉大学国际博物馆志愿服务队”，队员由150名外籍师生组成，他们的主要工作是开展多语种翻译、讲解、学术交流、展览交流。如今，国际志愿者已经成为宁波博物馆与各国文化交流的使者，为宁波博物馆，也为宁波这座城市架起了通向世界的文化桥梁[①]。

时代在进步，观念在更新，志愿服务已不是一项可有可无的工作，而是当代博物馆社会化趋向的必然要求。宁波博物馆按“定时、定岗、定责”的“三定”管理方案，对志愿者进行自治化管理，即将志愿者按任务和居住地分成10个团队，每个团队选出一名组长，日常工作由组长负责管理，博物馆平常组织各团队开展联谊、竞赛活动，并对各团队进行考核、表彰，使大家既有分工，又有联系。宁波博物馆对于志愿者在馆内服务，仅仅是为他们提供学习、锻炼的平台，其最终目的是发挥志愿者根植各社区的优势，使他们成为社区与博物馆之间联系的桥梁，成为社区博物馆文化的宣传员，成为一个个“流动的博物馆”。随着志愿者队伍的不断发展壮大，宁波博物馆的目标是成为“三位一体”式的博物馆，即以建筑为载体的“实体博物馆”.以网络为载体的“虚拟博物馆”，以志愿者为载体的“社会博物馆”。近年来，河南博物院转变办馆思路，坚持开放办馆，组建了一支规模较大、年龄和知识结构较为合理的志愿者队伍，他们不仅从事讲解、接待和咨询工作，还参与组织展厅报告会、观众调查和对外联络工作，站在一个普通观众的角度，了解民众对博物馆文化的关注点、需求点，更好地为社会服务，为广大民众服务。

我国博物馆志愿者及其形成的志愿精神，是一种看不见的和谐力，是一种博物馆文化的软实力；它既是一种社会责任，也是一种生活品质[②]。在一般人的想象中，做志愿者仅仅只是做好事，只要肯做好事的人，均可以加入志愿者队伍。但是作为博物馆志愿者并不是想象中那么轻而易举。要具备博物馆的基本知识或历史、艺术、科学知识；具有较好的语言表达能力；具有较强的文字处理能力：具有较强的艺术

① 孟建辉：《时代的新需要与博物馆的新价值——以宁波博物馆创新实践为例》，载《浙东文化》，2008（创刊号）：1。
② 张柏：《世纪的使命 时代的呼唤》，载《中国文物报》，2009-12-09（10）。

审美眼光；具有一定的幼儿教育能力等。为此，博物馆应积极探索利用志愿服务的新途径、新领域，在发展壮大志愿人员队伍的同时，加强对志愿服务的管理和规范，尤其是加强对志愿人员的培训，为志愿者提供更多学习和提高的机会，向志愿者开放更多的资源与信息，与志愿者进行更多交流与接触，以帮助志愿人员能达到博物馆的岗位要求，以确保博物馆的管理和服务水平不会因为志愿者的加入而降低水准。甘肃省博物馆组织志愿者对博物馆陈列内容、历史文化知识以及讲解技巧方面进行交流。在观众参观淡季，博物馆专门安排时间，为志愿者开展专业知识讲座，以提高志愿者业务、讲解水平。对一些表现突出的志愿者，博物馆也会经常给予表扬和鼓励，组织新闻媒体进行专题采访报道，对不计报酬、无私奉献的志愿者给予高度评价。

今天，全国各地的博物馆经过精心选聘、培养，构建了一支支专业化的志愿者队伍，他们代表着高素质的奉献精神。博物馆在发展志愿者工作中，应树立开放创新意识，拓展志愿者服务业务，扩大志愿者甄选范围，建立志愿者服务档案数据，建立志愿者工作的分配、管理和评估的完整体系。为了更好地发挥志愿人员的作用，同时也为了吸纳更多的志愿人员进入博物馆，博物馆提高对志愿服务的重视程度，加大对志愿服务的投入，优化志愿服务队伍的人员结构，改善志愿服务人员的知识结构，提高志愿人员的专业技能，以改变志愿人员队伍年龄结构偏低、服务岗位单一、流动性过大、专业性不足等缺陷，建立起一支适应博物馆实际需求，且具有较高专业水准的较为稳定的志愿者队伍。此外，博物馆还应加强对志愿服务人员的保障，尽量为志愿人员创造较为适宜的志愿服务环境，并采取适当措施防范和降低志愿服务的风险，从建立长效服务机制的高度出发，力争把每一位志愿者都培养成为博物馆文化的推广大使。要不断加强志愿者队伍的体系化，制度化、规范化建设工作，不断拓展其服务项目的内涵和外延，建立切实可行、行之有效的激励机制与措施，使志愿者始终充满可持续发展的活力与动力。

5.4 增强文化惠民的能力

博物馆是否收取门票，历来存在广泛的争论，这一争论可以追溯至 H. 斯隆（H.Sloane）勋爵的遗嘱，他于 1753 年去世时的捐赠带来了大英博物馆的建立，但是其捐赠带有明确限制，即博物馆不能收取门票[①]。因此，拥有 600 多万件藏品的大英博物馆，从 1759 年开馆至今，除了 1972 年的几个月外，一直免费对外开放。今天大部分英国博物馆，包括英国美术馆、格林尼治天文台等在内的顶级博物馆和美术馆也实行免费开放。英国博物馆的免费开放政策"因馆而异"，形式灵活多样。其灵活性主要表现在：首先，仅公立博物馆对公众免费开放，民办博物馆一般不免费开放；其次，即使是免费开放的博物馆，如大英博物馆、维多利亚博物馆，也会实行建议门票制，即捐赠制，例如在博物馆入口处设有捐款箱；再次，临时展览实行分级收费；最后，博物馆的相关服务收费，例如租借多语种的语音导览系统，参加博物馆举办的各类讲座与研讨会，类似于"博物馆之夜"的特殊博物馆活动等，都需要收取一定费用[②]。英国博物馆的免费开放政策，使越来越多的公众得以走进博物馆，同时，也使博物馆在国民生活中的地位越来越不可或缺。"如果说欧洲中世纪的文化中心是教堂，那么 21 世纪的文化中心就是博物馆"[③]。正如"有英国人说，博物馆现在已经取代了教堂在英国社会的地位，是绝大多数人一生中最重要的文化体验"。

长期以来，博物馆向观众发售门票，成为世界范围内的主流做法，博物馆借此建立了一种付费准入制度。但是，经过几个世纪的发展，目前西方国家公立博物馆在实行付费准入制度的同时，大都以各种形式实施有选择的减免制度。例如按时间减免费，包括在每周或每月的某个固定时间实行免费或半费，特定节假日免费或半费，淡季减免费；按观众年龄减免费，包括对学龄前儿童免费，对一定年龄以上的老年人免费；按观众身高减免费，包 1.2 m 以下的儿童免费；按观众身份减免费，包括对学生免费或半费，对教师减免费，对现役军人减免费；按展出内容减免费，包

① 宋向光：《愉民育民 不辱使命》，载《中国文物报》，2008-04-25（6）。
② 焦丽丹：《免费开放下的英国博物馆（上）》，载《中国文物报》，2009-12-16（7）。
③ 王莉：《中国博物馆建筑批判》，载《文物天地》，2002（1）：54。

括对于博物馆举办的公益性展览减免费，对于某种特定展览减免费；对弱势群体减免费，包括对残疾人减免费，对低收入群体减免费等。同时，几乎各国博物馆都普遍实施低廉门票定位，并就博物馆向全社会免费开放进行积极探索。例如日本公立博物馆对高中生以下青少年和70岁以上老人免费；“国际博物馆日”和“敬老日”对全社会免费开放；“留学生日”对留学生免费；残疾人及其护理者享受终生免费。近年来，尽管在全球经济危机的背景下，政府公共财政面临一些考验，但是，一些国家的博物馆坚持实施门票减免制度，得到了广大公众的拥护，对于博物馆核心价值的体现和功能与职能的发挥也起到积极的推动作用。

在我国，长期以来博物馆所面临的门庭冷落局面，成因包括多方面，除了文化习惯、历史传统、社会风尚等，还有一个不容回避的重要原因，就是博物馆票价高，超过大多数人的心理承受能力。门票制度是博物馆沿袭了数十年的传统做法，虽然博物馆的门票价格一般在10~100元之间不等，但是，这些门票收入早已成为博物馆经费补偿的主要来源之一。“我们也曾多次看到父母带着孩子在博物馆外徘徊，但最终因门票价格望而却步；还有的只是给孩子买一张门票进去，大人则拿着矿泉水啃着面包在外面等着孩子。这不多不少的门票费却阻挡了众多想进博物馆参观的民众”[①]。问卷调查结果显示，18~34岁的人群受门票价格影响较大，这主要由于他们大多刚刚走出校门，经济实力有限。实际上，这些年轻人有着较强的求知心理，应该对于博物馆有更多的需求。事实上，我国博物馆一直在尝试采取减免门票的方式，增加对社会的回报，按观众年龄及身份减免门票，则是博物馆长期实行的政策。例如学龄前儿童免费、在校学生半费等。从20世纪90年代以来，一些博物馆逐渐扩大了减免门票的范围，例如实行对老年人、对弱势群体减免门票等。进入新的世纪，随着国民经济的发展和国家财力的增长，国家开始初步具备实现博物馆更大范围免费开放的能力。

早在2001年1月，北京市就出台并实施了全国第一部博物馆法规《北京市博物

① 王虹光：《免费开放喝彩中的点滴问题》，载《中国文物报》，2009-03-20（6）。

馆条例》，其中规定：“博物馆应当向老年人、残疾人优惠开放，向青少年学生免费、定期免费或者低费开放。”2001年，北京市部分博物馆开始对市内60岁以上的老人实行免费。2002年，广东省湛江博物馆、番禺博物馆率先宣布常年对社会免费开放，受到社会各界好评。2003年5月，西湖周边的6家杭州市属博物馆实行免费开放，意想不到的是，仅半年时间参观者就达到120余万人次，而以往半年的参观人数仅为20余万人次。2004年1月起，浙江省博物馆、中国丝绸博物馆等也开始实施向社会免费开放，引起强烈反响。特别是在国内旅游景点纷纷涨价的情况下，西湖周边的博物馆和文物景点却实施了全部免费开放。可喜的是，博物馆免费开放不但没有对城市财政造成负担，反而作出了重要贡献。西湖周边的博物馆和文物景点免费开放前的门票收入大约2600万元。再加上免票开放后由于参观者的增加，在安全、保洁等方面增加的投入，一年需要城市财政补助资金约6000万元。“但是，根据杭州市统计局和杭州市旅游委联合统计，2004年，杭州市的旅游总收入比去年增加了120亿元！”“在120亿元中，至少有40%是由西湖综合保护工程所带来的效益，其中，免费西湖策略的实施更是功不可没”[①]。

在国家层面，2004年3月，文化部、国家文物局发布《关于公共文化设施向未成年人等社会群体免费开放的通知》，在将博物馆等公共文化设施的减免费制度进一步规范化的同时，也扩大了减免费制度的使用范围。《通知》要求，从2004年5月1日起，全国文化、文物系统各级博物馆、纪念馆、美术馆要对未成年人集体参观实行免票；对学生个人参观可实行半票；家长携带未成年子女参观的，对未成年子女免票。对持有相关证件的现役军人、老年人、残疾人等特殊社会群体，也要实行门票减免或优惠。随后，2005年12月，国家文物局发布《博物馆管理办法》，要求从2006年1月1日起，博物馆应当逐步建立减免费开放制度，并向社会公布。2007年10月开始，湖北省博物馆试行免费开放，并制定了《湖北省博物馆免费开放管理办法》。在此基础上，该馆于2007年11月正式向社会免费开放，立即引起强烈反响。

① 蒋萍，马颖华，雨农：《免费西湖怎样名利双收》，载《文汇报》，2005-02-04（7）。

实施免费开放的首日进馆观众超过 9000 人次，之后连续几天更是突破了 10000 人次，每天开馆前后，博物馆门前便排起数百米的长队，5 个开放日中观众达到 67000 人次。调查显示，免费开放之初，观众中 70% 以上是本地居民，50% 以上是学生。这些观众中有 70% 是第一次参观湖北省博物馆。

湖北省博物馆的免费开放，带动了全国各地民众、媒体以及博物馆界对本地区博物馆是否免费开放的关注与思考。城市居民、记者纷纷询问当地文物行政部门和博物馆是否实施免费开放、何时免费开放，一些观众在参观之后留言希望博物馆尽快实施免费开放。问卷调查显示，79% 的人认为免费可以吸引其更多地参观博物馆。《人民网》的调查显示，67.9% 的网民支持免费开放。他们认为博物馆免费开放是惠民利民的实事，是对纳税人的具体回报。2008 年 1 月，中宣部、财政部、文化部、国家文物局联合发布《关于全国博物馆、纪念馆免费开放的通知》，全国博物馆向社

故宫博物院改善观众购票环境（2013 年 10 月 5 日）

会免费开放工作正式启动，改变了过去我国博物馆实行的以减免费为例外的制度，确立了我国博物馆以免费开放为基本原则的制度。根据《通知》要求，全国各级文化文物部门归口管理的公共博物馆、纪念馆以及全国爱国主义教育示范基地全部实行免费开放。由于博物馆门票收入对于国内绝大多数博物馆来说，都是不可忽略的经费来源，尤其一些经济不发达地区的博物馆，门票收入更是生存的经济命脉。对此，国家财政对免费开放的博物馆实施门票的全额补贴，对于免费开放后新增的工作量及费用，国家财政按照东、中、西三个地区分别给予 20%、60%、80% 的补贴。

与此同时，国家财政还加大对博物馆、纪念馆陈列展览的投入，以提高博物馆整体陈列展览水平。这些免费开放的政策辐射作用十分明显，出现了全国联动的可喜局面，社会反响良好，达到了政策实施所预期的社会效益。博物馆免费开放充分发挥了博物馆服务社会的公共文化职能，吸引更多的人开始走进博物馆，改变了博物馆冷冷清清的局面。从地区情况来看，东部地区、中部地区和西部地区，分别是 2007 年的 1.44 倍、1.71 倍、1.79 倍，西部地区增幅最高。青海、甘肃、宁夏等省原有基数不高，在免费开放政策作用下，参观人数翻了一番，甚至两番，甘肃省更达到了 235.11% 的高增长率，广大民众的参观热情得到了巨大的释放。这组数据表明，在经济文化并不发达的中西部，尤其是西部省区，门票是困扰广大民众走进博物馆的一个主要障碍，免费开放政策的实施，正是降低了这一有形门槛。从行政隶属级别来看，参观人数增幅最大的是省级博物馆。2008 年，66 座省级博物馆接待观众总数为 3710 万人次，241 座地市级博物馆接待观众总数为 5611 万人次，697 座县级博物馆接待观众总数为 6110 万人次，同比分别增长 1.91 倍、1.58 倍、1.47 倍。这组数据表明，省级博物馆地理位置好、馆藏资源丰富、服务设施配套、陈列展览水平较高等，在免费开放后发挥了重要作用。

免费开放后博物馆观众结构呈现多元化趋势，其中未成年人、低收入群体、农民工、村镇居民、老人和儿童的参观人数较免费开放前有了大幅度提高。特别是全国各地免费开放的博物馆，成为众多青年学生的文化盛宴。例如湖南省博物馆免费开放后，观众的主体是18岁至36岁的青年人，占到观众总体的75.9%；观众的职业构成以学生为主，占一半以上。由此笔者联想起2007年12月在甘肃省博物馆调研时看到的情形，当时在展览大厅里十几位大学生围着展柜聚精会神地观赏，有的学生还在做着笔记，看到同学们如此喜欢博物馆的陈列展览，我们心里很高兴，就约他们一起开了个座谈会。从同学们的介绍中了解到，他们是学习旅游专业的大学三年级学生，平时经常从甘肃省博物馆门前走过，虽然很想进来参观，但是35元钱的门票却始终挡住了他们的脚步，“一大碗兰州拉面过去只需要2元钱，最近涨价了也才3元钱，而一张博物馆的门票等于我们10多天的早餐费用。实在不好意思再向家里要钱参观博物馆。正好今天甘肃省博物馆搞社会评议活动，我们得以免费进物馆参观，陈列展览的内容对于我们在校课程学习很有帮助”。博物馆免费开放政策的实施，无疑使这些青年学生成为真正的受益者。

博物馆免费开放还使城市中的“农民工”走进了博物馆。据天津市统计，博物馆免费开放后，农民工数量占全部观众的8%以上，这是前所未有的现象。农民工离家在外，终日辛勤劳作，所得工资绝大部分用来补贴家用和日常生活开销，不可能将钱用于高雅文化消费。因此，闲暇时间他们通常仅靠聊天、打牌来消磨时间，条件好一些的也只能围在一起看看电视，精神文化生活单调、匮乏。博物馆免费开放，为农民工打开了解传统文化、民族文化和地域文化知识的窗口，弥补了精神文化生活的空虚，也为提高他们的文化素质开辟了新的途径。以前舍不得花钱到博物馆参观的农民工，也相继加入了参观者的行列。农民工走进博物馆，活跃了他们的文化生活，也为博物馆增加了新的服务群体。“敞开怀抱”让普通民众真正享受到基本的文化权利，“让所有人都能参观得起”是博物馆免费开放的宗旨。博物馆免费开放是利民的好政策，必须用长远的、发展的、大局的眼光来看待这一政策，必须从公众享有文化权益，博物馆肩负社会责任的角度进行思考和把握。免费开放拉近了广大民众和博物馆的距离，博物馆不只是“政府”的博物馆，更多的是“我们”的博物馆，这种权利的回归，使广大民众成为城市的真正主人，成为博物馆的真正主人，从而更好地加入城市文化资源保护和城市文化建设中来。

截至 2008 年年底，全国各省、自治区、直辖市列入 2008 年向社会免费开放试点名单的 505 座博物馆中，有 500 座实现了免费开放。免费开放政策得到了全国博物馆界积极而热烈的响应和支持，另外有 507 座博物馆主动向社会免费开放，使 2008 年实际向社会免费开放的博物馆数量超过了 1000 座。受益于免费开放政策，2008 年全国博物馆参观人数出现了可喜的大幅攀升。通过有效组织、科学调节、合理引导等措施，在持续一段时间后，参观博物馆人数逐渐从免费开放之初的“爆棚”“井喷”现象，回落到相对均衡的正常状态，大型如省级博物馆基本上保持在每天 3000~4000 人次，中型如地市级博物馆基本上保持在每天 500~600 人次，小型如县级博物馆基本上保持在每天 200 人次左右，免费开放的管理、服务新格局逐步形成。尽管在实施全国博物馆向全社会免费开放之初，博物馆在管理和服务等方面面临一些考验，但是，随着博物馆免费开放向广度推进，这项政策已由自上而下的被动推动，变为各个博物馆的主动作为，建立起各项应对机制，对于博物馆核心价值体系的构建起到积极的推动作用。免费开放一年后，湖南省博物馆的观众留言簿已有 150 余本，留言共计 2 万余条。其中，对博物馆免费开放表示赞赏，对接待服务表示满意的留言占总数的 96%。

2008 年 4 月 9 日，《人民日报》海外版以《中国博物馆迎来免费时代》为题，对“全国博物馆向社会免费开放”这一重大文化事件给予了热情报道。从一次性实施免费开放的数量和力度来看，此次我国博物馆免费开放在世界博物馆领域前所未有。为此，全国博物馆界面临着巨大的挑战和机遇。通过免费开放，使博物馆明显提高社会贡献率，同时，以免费开放为契机，推动博物馆管理体制改革和机制创新，使博物馆更加充满生机与活力，更加融入社会、惠及民众，从而使博物馆的功能和职能得到充分发挥。博物馆全面实施免费开放是新生事物，目前还有待于进一步完善，免费开放实践与理想的政策目标之间也还存在一段距离。免费开放是我国文化政策的重大调整，但是与之相适应的配套政策和措施尚未跟进。如《博物馆条例》尚未出台，法人治理结构尚未建立，奖勤罚懒制度尚未落实，博物馆管理体制和运行机制亟待改革；博物馆免费开放的服务标准、展厅文物保存环境标准等亟须制定，提升博物馆的现代化管理水平迫在眉睫；专业人员资格、专业机构资质等管理办法亟待出台，提高博物馆人员的自身素质已摆上了博物馆发展与繁荣的议事日程；制定相关税收减免优惠政策，引导和鼓励博物馆开发文化产品，也已成为博物馆可持续发展的重要议题。

5.5 探索服务民生的方法

随着社会的进步，人类对城市环境的追求已经由功能型向生态型，由物质型向文化型逐步演化。城市景观作为城市的一个重要外在表征，其自身变化与城市发展密不可分。尤其是"文化是城市灵魂"的观念必然促使人们对城市景观内涵的认识发生根本性的转变，开始对城市功能实现、生态发展、文化传承三者在时空上的合理配置予以期待[①]。作为自然的人，需要良好的"生存环境"，作为社会的人，则需要健康的"文化环境"。人们对由"生存环境"和"文化环境"所构成的"生活环境"改善充满期待[②]。美国学者 L. 芒福德积极提倡城市人居环境建设，他在巨著《城市发展史》中，对人类城市发展究竟是以生活文化导向为目标，还是为了促进技术的无止境扩张进行了讨论，他认为西方正向第二种路线越走越远，而在第一种路线中，他特别引用了我国的《清明上河图》："各种各样的景观，各种各样的职业，各种各样的文化活动，各种各样人物的特有属性——所有这些能组成无穷的组合、排列和变化。不是完善的蜂窝而是充满生气的城市。""城市的内在生活丰富多彩，城市生活与城市文化融合在它所构成的物质环境中延绵百世。比如《清明上河图》，

① 熊向宁：《生态·文化·功能》，发《规划师》，2000（3）：48。
② 杨戌标：《现代城市发展中历史街区的保护与复兴——杭州河坊街保护的实践与研究》，载《城市规划》，2004（8）。

就非常写实地、准确地表达了12世纪中国城市的丰富多彩和它绚丽的面貌。”①

D. 格鲁考克指出：“作为地点博物馆的城市博物馆完全可以合理地把21世纪城市生活的各种问题放在一起综合考虑，而其他公共设施是没有这个可能的。”②尽管博物馆是为社会及其发展服务的、向公众开放的非营利性常设机构，在发挥教育、研究、欣赏等功能上具有显著的优势，但是，目前博物馆文化服务民生的能力亟待提高。一方面，博物馆事业在服务民生的体制机制、方式方法方面还有待系统化、制度化。如何从服务民生的意识、内容、措施、质量、效果、绩效评估等方面加以策划，提高服务民生的能力。博物馆在这方面拥有较大的提升空间，诸如博物馆如何从自身藏品资源的优势出发，提升展示传播水平，增强展示的互动性，以切实满足公众需要；如何加强馆际交流与合作，不断推出优秀的主题展览，保证相关文化产品的质量和水平，以吸引观众、留住观众；如何深入发掘内涵，提高科技含量，充分吸收学术界和考古界的最新研究成果，体现博物馆教育职能，这些问题普遍存在，但是没有制度化的解决方案，使博物馆服务民生的作用难以全面发挥：另一方面，作为公益性文化设施，服务民生应该涉及博物馆的各方面职能，而目前往往仅将陈列展览、讲解服务作为服务民生的具体职能，而博物馆其他部门和工作职能似乎与服务民生没有关系，这种片面认识对博物馆服务民生的职能实现造成障碍。

今天，公益性的文化事业主要提供公共性文化产品和文化服务，适应并确保以纳税人为主体的全社会的基本文化需求。博物馆应当清醒地认识到，社会上的不同人群有着不同的文化背景，因此应注意细分观众群体，满足社会各阶层文化需求。博物馆不能忽视在城市经济、文化领域处于底层和被边缘化的人群。包括拥有户籍的城市低收入民众、没有户籍的外来人口，还有非常态生活的特殊群体。例如目前北京市流动人口超过500万，外来人口在城市生活和社会运转中发挥着不可替代的作用。但是，其中的外来务工人员收入微薄、社会地位低下，常常被社会主流忽视，在日常生活中很少享受社会主流的文化成果，同时，外来务工人员工作、生活的不

① 吴良镛：《展陈中华智慧，好！》，载《光明日报》，2010-05-03（2）。
② 邓肯·格鲁考克：《城市博物馆和城市未来：城市规划的新思路与城市博物馆的机遇》，载《国际博物馆》，2006（2）32。

稳定性和身份的不确定性，在特殊条件作用下，甚至成为社会不安定因素。今天，对于老龄人口的关怀和照顾，是衡量一个国家文明程度的重要尺度。老龄人口直面的不仅是老有所养、老有所医的生存问题，还涉及老有所为、老有所乐的精神需要。老龄人口精神世界的丰富性，也是判别社会进步程度的鲜明准则。博物馆作为公益事业，有义务，有条件实行方便老年观众参观的措施，根据老年观众群体的特点，修正展览和开放服务要求，依据老年观众的需求开展特定主题的展览和形式多样的文化活动，使老年观众在安全、舒适、方便的环境中享受博物馆文化。

博物馆是文化遗产事业的重要承载平台，相对于一些文物古迹而言，博物馆与民生的关系更加密切。博物馆是一个城市或地区文明发展程度的重要标志，既是青少年教育的第二课堂，又是成年人的终生学校；既是衡量一个地区文化水平的窗口，又是人们休闲娱乐的重要场所。一座好的博物馆应有好的社会声誉，主要表现在，人们对博物馆的展览和服务有较深刻的良好印象，陈列展览经常有所更替，有较多临时展览推出；人们在参观博物馆的过程中，真正享受到精神产品，享受到文化服务，在博物馆内，人们得到愉悦的感受和舒适的心情；人们能将在参观中最深刻、最直观的印象或感受，通过购买资料、书籍、文物复制品、相关的生活实用品等方式，带回家里收藏、使用、品味，以延伸享受的时间，而这些服务产品应该是简单的、通俗的、适用的、美感的，是人们真正想要的；人们在博物馆内得到休息、得到享受、得到收获，并流连忘返，有希望再次参观博物馆的愿望，成为再次光临博物馆的潜在观众①。博物馆文化与广大民众的日常生活息息相关，应把学术性、专业性、知识性与趣味性、观赏性有机统一起来，用最直接生动的形式将博物馆文化带给广大民众，把博物馆的工作切实融入广大民众的实际生活，实实在在地让民众拥有博物馆，享受博物馆。

建立有效的观众调查、信息反馈机制是实现博物馆与广大观众对话交流的基本保障，可以使博物馆准确有效地了解服务对象的反映，评定博物馆文化传播的成效，

① 龚良：《博物馆要做和谐社会的促进者》，载《中国文物报》，2010-01-20（3）。

从而使决策更加科学化。因此，在未来的博物馆发展中，进行观众调查是必须重视的基础工作，内容包括各类专题调查，例如陈列评估调查、教育项目调查、消费倾向调查等。近年来，国外博物馆观众调查除了了解观众的数量与人口学特点，例如年龄、地域、职业、收入、教育背景、个性特征等，还更多地关注观众在博物馆的参观特点，一是关于观众在博物馆的活动，包括观众来馆次数、参观到达区域、使用馆舍设施、参观展览种类、参观展览时间、消费活动项目、消费资金数额等情况；二是关于观众对博物馆的评价，包括观众对博物馆的展览或服务满意与否、观众对不同展览或不同服务项目的满意程度、观众对展览印象最深刻的内容；三是关于观众今后的参观意向，包括以后是否会再来馆参观、是否会推荐其他人来馆参观；四是关于潜在的观众群，包括观众从何处了解到博物馆信息、还有哪些潜在观众、利用什么交通工具来馆等。调查的方法主要有抽样调查、范样调查、个别谈话、信件调查、网上调查、电话调查等，也可以用个别访谈或座谈的形式深入了解某些特定问题。

深入地了解观众是我国博物馆的当务之急。观众是博物馆的立馆之本，是博物馆的起点，博物馆一切效益和成就的实现都依赖于观众的参与和支持。博物馆的第一要义是服务观众，适应观众的广度、深度和结构，让尽可能多的公众认知博物馆、走进博物馆、分享博物馆。要获得观众满意，首先要了解观众需求，而要真正了解观众需求，就必须对博物馆观众进行全面科学的调查研究。2008 年春节，营口博物馆举办了“大年前后——辽南年俗文化展”，展览借用当地一位民俗收藏家的实物展品，再现了清末民初普通百姓人家过年时的喜庆场景，当展览还在筹备之中，通过报纸的宣传，吸引了众多热心市民和社会团体的支持和参与。老年书画研究会的书法家义务题写春联、春条作为展览的辅助展品，免费赠送，烘托春节氛围；剪纸协会的艺术家免费提供剪纸作品，作为猜灯谜活动的奖品；热心市民出谋献策，主动参与各项活动，营造节日喜庆气氛；老年观众担任展览义务讲解，用亲身经历和感悟向观众传达民族传统和文化精神。营口电台针对此次展览先后制作了五期专题节目，使展览所传达的文化内涵更加深入人心[①]。博物馆必须着眼于长远，实行大众化的教育，提升公众的知识素养，沟通共享的意义空间，获取观众的情感认同，从而使博物馆文化走向民众生活、深入民众文化、渗入民众思想。

博物馆的陈列展览，可以通过大时空的叙事手段，展现文化脉络，将民族传统、地域特色、时代精神紧密结合起来，取得意想不到的效果，从而使历史更为庄严，使文化更为深邃。杭州南宋官窑博物馆是我国首座依托古窑址建造的陶瓷专题馆。1992 年正式对外开放，2006 年博物馆实施二期扩建，新增中国陶瓷文化陈列厅、陶艺培训中心、临时展厅及仿古瓷工厂等部分，目前博物馆已成为集收藏、展示、教育、休闲等多种功能于一体的陶瓷文化中心。南宋官窑博物馆所有的活动项目都围绕“陶瓷”展开，打陶瓷品牌，作陶瓷文章，深受参观者的欢迎。博物馆注重发掘自身优势，开设了一处情趣盎然的“陶艺培训中心”，观众可以亲身体验古代陶瓷艺人用泥与火创造陶瓷文化的艰辛与乐趣，在拉、捏、拍、揉中创作出独具个性的陶艺作品。博物馆注重公众参与互动，开辟一个约 60 m^2 的互动区，设置了“陶瓷拼装”“陶瓷连连看”“物归原主”“釉变游戏”“陶瓷问答”等数种游戏供观众选择，使人们在不知不觉中获得与陶瓷相关的知识，加深对陶瓷文化的认知和传统工艺的理解。杭州南宋官窑博物馆还推出面向未成年人的“考古小专家——模拟考古活动”。同时，“流动的陶瓷博物馆”带着流动展览，陶瓷讲座进入学校、街道、社区、公司，普及陶瓷文化，博物馆先后在多个街道、社区举办陶瓷文化讲座，在多所学校开办陶艺教学课程等[②]。

现代意义的博物馆起源于欧洲，受历史文化传统的影响，人们参观博物馆已经是一种时尚和生活方式，也形成了相对完善和成熟的运行模式。自 2003 年，罗马市利用周末双休日举行“不眠之夜”活动，吸引了数百万市民与游客参与。“不眠之夜”是指市内所有博物馆、画廊和艺术古迹当晚延长开放时间，免费向游人开放，

① 磊贺雅贤：《创建没有围墙的博物馆》，载《中国文物报》，2009-08-05（4）。
② 孙媛：《新时期博物馆的选择——以杭州南宋官窑博物馆为例》，见《携手 2010：宁波国际博物馆高峰论坛论文选辑》，第 115 页。

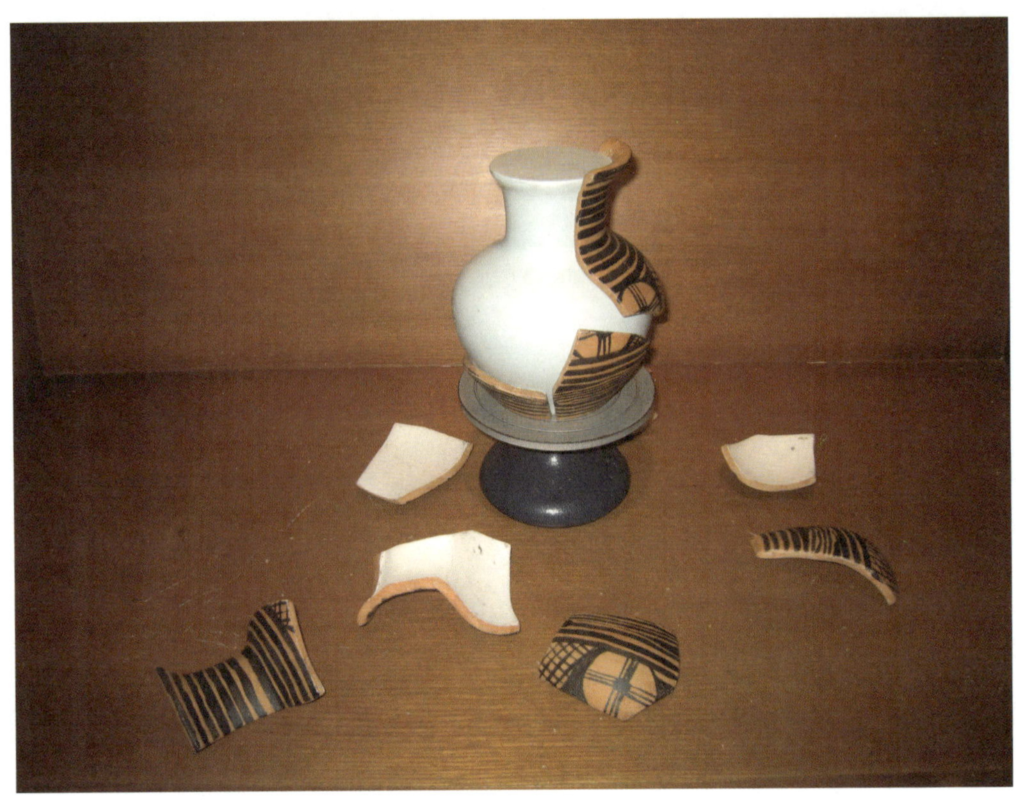

浙江杭州陶瓷博物馆（2008 年 12 月 4 日）

极大地活跃了人们双休日的文化生活，带动旅馆、餐饮和其他服务业的发展。意大利总理还呼吁所有内阁部长在国庆节这一天自行选择参观至少一座博物馆，以带动全体公民增强珍爱文化遗产、保护文化与自然环境的意识。博物馆“能够与古人对话，与历史对话，与科学对话，与美学对话，与大师对话，与英雄对话，还可与其他观众对”。历史智慧不断地物化于博物馆中，成为一个国家、一个民族永葆生机的灵魂，照耀国家、民族发展的光芒，推动国家、民族、社会发展的动力[①]。在巴黎，随处都可以感受到浓郁的文化和艺术气息。展示现代艺术作品的奥赛艺术博物馆和蓬皮杜国家文化艺术中心，与展示古典艺术作品的卢浮宫相映生辉，完整地描绘出迄今为止法国艺术发展的历史全貌，还有军事、人文、技术、海洋、钱币、时装、

① 盘福东：《多维视野中的博物馆文化作用——桂林博物馆为例》，见《携手 2010：宁波国际博物馆高峰论坛论文选辑》，第 124 页。

希腊雅典卫城博物馆二层展厅（2009 年 6 月 19 日）

乐器、钟表等各种名目的大小博物馆 170 余家，各类画廊 300 多个。

随着博物馆文化融入社会的程度不断加强，博物馆惠及民生的不可替代作用已经无可辩驳地清晰展现。“人类只有精习过往，方可开拓未来；只有起步宏碁，才能跨越发展；只有体近而知远，方可察显而识微；只有固本而纳异，才能强已而行远”[①]。任何一座博物馆，无论是何种类型，均承载着一定的文化内容，而这个内容既有其相对稳定的特征，也有其发展变化的一面。日本江户博物馆经常举办各种“通俗讲座”，为普通市民讲解博物馆平日的研究成果，有时也根据讲座的内容从馆外聘请讲师。最初规模较小，目前讲座数量逐渐增加，已经发展成为较大规模的博物馆教育活动，仅 2007 年就举办了 177 次讲座，听众逾 1.3 万人。讲座的内容非常

① 艾斐：《占据文化发展的制高点》，载《人民日报》，2007-05-17（9）。

广泛，如“江户的古文书”“看江户的绘画书”“欣赏江户博物馆馆藏的浮世绘”“江户的教育”等，还配合博物馆举办的“北京故宫、书法名宝展”专题展览，举办了“王羲之《兰亭序》的魅力”“从宋朝四大家到明清时代的个性派画家”等讲座。听讲费根据讲课的内容有所不同，平均每次1000日元，全年收入超过1000万日元[①]。2004年夏季，香港历史博物馆在走廊上以屏风形成了一个小型展览，以市民的口吻介绍各个家庭的拿手家常菜，通过菜谱解释乡土文化与传统，吸引了很多在此路过的家庭驻足观看和讨论交流。

面向全体公民的博物馆文化，应当便于人们近距离的、经常性地享用，应当保证人们方便地、顺利地获得。没有便利性，就难以实现公益性；没有便利性，就难以实现公平性。当今世界，普遍存在区域发展不平衡、文化资源不均等、社会服务不便利的情况。由于受到区位条件和经济条件的限制，很多民众难以享受到博物馆文化，这就要求博物馆必须更加扎实地走向基层。近年来，一些国家的博物馆设立流动展览车，采用将陈列展品布置在汽车里开到各地去展出的方法，受到偏远地区学生和公众的欢迎。澳大利亚南威尔士博物馆还建立了一列“火车上的博物馆”，用了7年时间跑遍面积约80万km^2的新南威尔士铁路沿线的村镇。泰国国家科技馆在10年前就开始了一个叫“科学大篷车”的活动，将展品带到泰国的每一个府，让更多民众能够参观。例如在边远地区的博物馆布展，邀请当地人提供展示物品，通过展示和教育普及渔业生产的知识，帮助一些地区动植物的重新培育，将这个项目称为“学校里的植物园”，通过邀请学生关注他们所在地的特有植被，种植当地特有的植物，参与当地的生态保护，希望借助博物馆的影响力，通过策划各种活动，让更多当地民众参与到享用自然、理解自然和保护自然的行列之中[②]。

近年来，四川博物院“大篷车流动博物馆”成为该院的一个常设机构，在全国属于首创。“大篷车流动博物馆”设有馆长、副馆长、协调办、讲解组、公众服务组、对外宣传组、安全保卫组等机构，紧紧围绕“把公众需求当成我们追求”的宗

① 竹内诚著：《根植于所在地区的博物馆活动》，王铁军，译，载《沈阳故宫博物院院刊》，2008（6）：11。
② 章迪思，梁建刚：《自然博物馆：重建中的若干可能》，载《解放日报》，2009-11-30（5）。

旨，把文物展览办到边远山区、民族地区、革命老区，走进校园、走进营房、走进社区，把厚重的历史文化知识和爱国主义教育，以通俗易懂的方式和朴实的语言传达给民众，把各种实用技术带到基层。同时，帮助基层建立门类有别、形式多样、民众喜欢的乡村博物馆，使“博物馆从象牙塔里走进缤纷的大千世界”。从 2010 年初开始的“大篷车流动博物馆”活动，三辆大篷车带来了 50 件，馆藏精品文物，所到之处，场场爆满。“大篷车流动博物馆”第一站前往革命老区巴中，从大年初二到初四，举办了 3 天的展览，不少民众都是起大早，赶几十里山路前来参观。目前“大篷车流动博物馆”已经形成了自己的一整套实践经验，从前期调查，到文物装箱，再到现场展示，无不体现出博物馆人的智慧，凝结着博物馆人的汗水。

第六章 博物馆是促进社会发展的积极力量

伴随着博物馆定义确立“为社会及其发展服务”为宗旨，国际博物馆界日益关注以“有助于人的发展与愉悦”作为博物馆的任务。博物馆服务社会的理念无论是体现在以专业化为基础的博物馆功能方面，还是体现在以社会化为基础的博物馆职能方面，都逐步拉近了博物馆与广大民众的距离，从而改善了博物馆的公共形象。目前，博物馆自身虽然存在一些亟待解决的问题，但是更为关键的是博物馆如何更多地参与到社会发展的进程之中，对于全球的博物馆来说，这都是现实的和永恒的挑战。6. 博物馆是促进社会发展的积极力量。

6.1 博物馆职能与社会服务

博物馆的建立与发展已经有了很长的历史。从根本上讲，博物馆是人类尊重历史、珍视艺术和崇尚科学的产物。但是，博物馆作为人类社会的一种文化现象，从诞生伊始就被打上了贵族文化、精英文化的标签，在发展的初期缺少社会服务意识。早期的博物馆多是以古物收藏宝库的形式存在，即使是被称为“全世界第一个对公众开放的大型博物馆”的大英博物馆，在最初阶段由于开放时间的限制、申请程序的烦琐，普通社会民众难以利用，未能融入社会生活之中。整个 19 世纪，博物馆对于社会民众来讲是冷漠的，没有或仅有少量博物馆作为公众服务设施对外开放。直到 1945 年以后，随着社会环境和公众要求的变化，博物馆的社会角色也开始发生变化，逐渐产生社会服务意识，博物馆文化开始与“贵族文化”拉开了距离，知识传播逐步代替“宝物收藏”成为博物馆更重要的主题，但是变革的步伐依然缓慢。20 世纪 60 年代以来，真正的公众博物馆的概念才逐渐明朗，博物馆的工作重心也逐步向社会服务倾斜。20 世纪 80 年代，世界进入“博物馆繁荣”的时代，国际博物馆领域也确立了社会服务的宗旨。与此同时，博物馆的功能不断拓展。在延续文化遗产征集、保护、诠释等功能的同时，对当地经济社会发展也起到重要推动作用。

30 多年来，全世界博物馆的数量不断增长。博物馆在社会文化教育中的作用日益凸显，博物馆为社会服务的理念日益深化，博物馆的文化力量得以空前释放，越来越深入地融入社会。今天，博物馆早已不再是当年“贵族的客厅”，也早已摘下了“高雅的殿堂”的神秘面纱。博物馆改革的重要目标是实践真正的社会服务。作为一个国家、一个民族或一个地区、一个城市的形象，博物馆所展示的是文明历史的缩影。博物馆是当代民众与历史、与文化对话的空间，是提高公民素质和培养文明市民的第二课堂，是提高城市品位和塑造文化城市的标志设施。正如恩格斯所说：博物馆是一座城市的眼睛[①]。博物馆在社会服务的道路上不断探索，越来越深刻地融入社会生活之中，以更加积极的姿态关注社会、服务社会。博物馆不应该仅仅是收集记忆的地方。然而，在相当长的时期内，博物馆在办馆宗旨上还存在“以物至上”的倾向。文物藏品固然是博物馆事业发展的基石，然而保存研究博物馆文物藏品的主要目的，终究还是为了文明的传播与传承，即在妥善保护好、研究好文物藏品的前提下，根据现实发展需要，合理释放博物馆藏品所包含的文化内涵，使更多的人感受到人类文明成果的丰富、灿烂和辉煌，使广大民众得以借鉴、吸纳、继承前人的生存智慧和发展经验。

真正现代意义的博物馆，在我国仅有百余年的历史。但是，博物馆在各个历史

---

① 徐宁:《关于博物馆在城市文明建设中发挥作用的几点思考》，见《携手 2010：宁波国际博物馆高峰论坛论文选辑》，第 89 页。

时期都毅然选择了先进、积极的文化方向。博物馆在保藏中华文明物证，弘扬中华传统文化，启迪各族民众智慧，培育地域文化认同，构建世代爱国情怀等方面，发挥了巨大作用。在此背景下，博物馆如何改变原有的封闭式管理与运营模式，如何更好地为社会及其发展服务，成为博物馆面临的新课题。事实上，我国的博物馆有联系社会、融入社会、服务社会的传统。例如当年东北博物馆[①]自建立之初，就筹办了“伟大祖国历代文物展览”“生产工作演进史”等陈列展览，并于1954年起组织流动展览小组，赴长春、大连、抚顺等25个城市和地区进行巡回展出，在全国首创了流动展览这一服务社会的展览形式，受到博物馆界的重视和社会民众的欢迎[②]。在国际社会，20世纪60年代以来，一些国家推行“把博物馆送到民众中间”的理念，“巡回展览”的模式在瑞典和前苏联十分流行，经过数十年的努力，在许多国家都取得了不同程度的成功，其中主要的成功模式之一是“流动博物馆”，例如法国的林德博物馆汽车，印度的加尔各答博物馆汽车、班加罗尔的工业技术博物馆流动科学展览，坦桑尼亚的国家博物馆流动展览车，美国和加拿大更有众多各具特色的流动展览车。

博物馆是推动社会变革与发展的文化力量。在我国，博物馆的教育功能，博物馆的社会效益，博物馆的公益性质，都是为了满足社会大众的需求。博物馆作为公益性社会文化服务机构，其使命就是“为社会及其发展服务”，不断满足广大民众日益增长的精神文化需要，促进人的全面发展。这也是公共文化机构的本质特征，是实现公民文化权利和文化福利的重要内容。博物馆拥有大量珍贵的文化资源，是别的文化机构难以提供的特殊的知识源泉，人们在博物馆中可以使文化得到满足，精神得到愉悦。同时，博物馆所积累起来的巨大的丰富经验性资源，使其在区域性、全球化的世界里实现独特的社会作用。随着科技革命的迅猛发展和全球化浪潮所导致的生产方式和社会结构的变革，博物馆工作的性质和特征不断发生新的变化，博物馆工作的组织结构及运作机制也出现了新的特点，需要新的创意与之对应。现代

① 注：今辽宁省博物馆。
② 刘社刚，崔波，长韦：《博物馆事业60年》，载《中国文物报》，2009-09-30（4）。

意义的博物馆不再仅仅是保护物质及非物质文化遗产的场所，还应该是一个底蕴深厚的社会文化机构，担负着传承文明传统的社会责任，而社会责任是博物馆的生命价值所在。今天，博物馆文化对社会责任的关注是文明进步的标志，彰显出人们的人文追求和精神品位。正是在这一背景下，要求对博物馆的功能与职能有新的定位。

目前，博物馆联系社会、融入社会、服务社会的基本功能定位问题并未解决，在传统观念影响下，一些博物馆和管理部门仍将博物馆仅仅看作是文物藏品保护和研究机构，将博物馆工作看作是部门性、行业性、专业性的工作，认为自身是国家文化遗产的守护人，只对政府管理负责，对学者研究负责。在这种认识影响下，一些博物馆知识垄断的观念根深蒂固，往往仅从学术角度、用专业语言来阐释文物藏品内涵，指导陈列布展，开展各项活动；一些博物馆习惯于坐等参观者上门，对自己的陈列展览宣传不够，社会民众对于各类展览信息和博物馆举办的各类活动了解甚少；一些博物馆仅根据文物藏品特点来确定所传播的知识与信息，而对广大民众需求与关注热点反应迟缓，甚至予以忽视，从而在公众心目中形成博物馆“保守、刻板、迟钝”的印象。由于理论与社会生活实践的脱节，严重影响博物馆的社会形象，与广大民众之间存在距离感。“在建立公共形象方面，博物馆已落后于社会发展的需要，并进而影响到博物馆服务社会的效率与质量”[①]。英国广播公司的一篇文章中曾指出，“中国的博物馆往往是高高在上而板着脸的教官”，博物馆缺乏必要的亲和力和凝聚力，没有将博物馆文化融入社会经济文化发展大潮之中，也没有使博物馆真正成为“产生意义”、体验快乐的地方[②]。

当前情况出现了转机，随着博物馆努力纳入国民教育体系的尝试，博物馆事业与国计民生的联系日益紧密，而通过实施全国博物馆向全社会免费开放，博物馆正在成为文化遗产事业中与公众接触最频繁、联系最紧密、影响最广泛的平台。时代需要博物馆的社会责任从保护文化遗产延伸到服务社会并促进社会和谐发展。如今，国际博物馆界已经明显地感觉到，博物馆的公共形象越来越影响到博物馆吸引观众

① 冯好：《浅谈博物馆的公共形象》，载《沈阳故宫博物院院刊》，2008（6）：27。
② 孙媛：《新时期博物馆的选择——以杭州南宋官窑博物馆为例》，见《携手 2010：宁波国际博物馆高峰论坛论文选辑》，第 115 页。

的数量以及社会支持的力度，对于博物馆的生存和发展越来越具有实际意义。尤其是近年来快速发展的资讯业已经成为一个放大器，任何人对博物馆的建议和评价，都可以随着媒体、网络的传播被无限放大，进而在很短的时间内影响更多民众对于博物馆的印象。因此，顺应社会发展趋势，构建博物馆的公共形象，作为一个亟待展开的新课题，已经引起博物馆界的关注。一方面，在博物馆工作中不能仅仅“以物为中心”，而应该同时“以人为中心”，以“为社会及其发展服务”为中心。另一方面，博物馆通过建立亲切的公共形象，引导市民将博物馆视为良师益友，将博物馆作为终身教育的课堂、文化休闲的场所，使博物馆从市民生活的旁观者变成参与者。同时，博物馆担负起主动关注社会诉求、预测社会热点的责任，通过专题展览、咨询服务、互动活动等各种手段对社会舆论予以正确引导。

以往，我国的博物馆基本上是以收费参观的形式服务社会，博物馆免费开放之后，最显著的变化就是观众数量剧增。以河南博物院为例，自 2008 年 3 月下旬正式实施免费开放，至同年 7 月底，累计参观人数 53.6 万人次，这一数字甚至超过了 2007 年全年的参观人次，体现出广大民众对于博物馆免费开放举措的认可和响应，也是博物馆社会地位和影响力提升的重要标志。事实证明，免费开放为博物馆事业的发展营造了良好的社会氛围，注入了新的活力。博物馆界应以此为契机，提高社会服务水平，加大宣传引导力度，逐渐使参观博物馆成为社会公众的一种生活方式，一种文化习俗，一种休闲习惯，使博物馆成为培养公民文化素养的沃土。但是，博物馆免费开放之后，也暴露出一系列问题，例如一些博物馆基础设施相对薄弱，难以适应免费开放后各项工作的正常进行；一些博物馆安全设施相对简陋，难以适应观众、文物和博物馆本身的安全要求；一些博物馆服务设施相对缺乏，难以适应一般观众、特别是特殊群体的服务需要等。种种新问题的出现，说明目前博物馆的发展滞后于服务主体的变化。面对新的形势，博物馆的社会教育工作需要加快转换角色，社会服务理念需要进一步提升，避免由于参观人数的增加，导致忽视观众的需求，社会服务水平的下降。

目前，博物馆“为社会及其发展服务”的理念已为社会公众所接受，但是社会由不同的阶层组成，不同的阶层对于博物馆的看法和走进博物馆的目的不尽相同，知识界人士因为具有较好的文化背景，甚至具有丰富的专业知识，所以一般将博物馆视为休闲审美之地，而身处基层的广大民众，则由于知识、信息、地理、经济等多种因素，在一般情况下难以经常走进博物馆，有的甚至一辈子与博物馆无缘，而恰恰是他们才能使博物馆更好地发挥出自身的教育作用。为此，博物馆界不得不审慎思考为谁服务的问题，即作为公共资源的博物馆究竟是注重为少数人士服务，还是更加注重为广大民众服务，为从未接受过博物馆教育的普通民众服务。面对知识更新加快与民主意识加强的时代，广大民众更有享受博物馆文化的权利，博物馆也亟须拉近博物馆文化与广大民众的距离，博物馆必须针对服务对象的多元化调整工作思路，不能只着眼于少数服务对象。“以人为本”打破了博物馆仅为收藏、保护、展示藏品而存在的观念束缚，达成了博物馆的存在是为社会服务、为公众服务的共识，为此许多博物馆在陈列展览、社会教育和服务观众方面不断探索，不断创新。事实上，今天博物馆中许多科技元素的运用都是出于公众的需要，或者出于更好地为公众服务的目的。

对于博物馆而言，“为社会及其发展服务”就是努力使博物馆与观众之间相和谐，就是努力使博物馆文化与民众文化需求相协调，就是努力使博物馆事业与社会进步相统一，就是使博物馆的社会效益最大化。服务民众是博物馆的天职，如果不主动融入社会、拉近与公众的距离、增强博物馆文化亲和力，博物馆就难以成为社会公众精神文化生活中不可或缺的组成部分，博物馆自身也不可能获得生存和发展的广阔空间。“以人为本”的理念打破了身份、地位、收入、文化水平等方面的差别，消除了可能引发分享博物馆价值方面的障碍，使博物馆成为所有民众文化生活的一部分，增强观众参观的知识性和参与性，提高观众对服务的满意度，已经成为

故宫博物院电子标识（2014 年 4 月 7 日）

"为社会及其发展服务"的最好诠释。为了更好地贯彻"以人为本"的理念，博物馆在发展过程中越来越注重针对性、多样性、新颖性、参与性和自主性，以此来增强观众的满意度，满足不同观众的求知欲望和好奇心理，以贴近生活来体现生活的现实意义，以丰富多彩满足观众的多方面需求。要由"以物为中心"，转向同时要"以人为中心"，关键是树立人性化的服务理念，举办与广大民众日常生活密切相关的陈列展览，使丰富多彩的博物馆文化进入社区生活、联系学校教学，吸引更多的公众走进博物馆和参与博物馆的相关活动。

从博物馆的发展趋势来看，"以人为本""为社会及其发展服务"已经成为博物馆实现硬件与软件合理配置的主要依据。面向社会、面向观众的办馆理念和以观众为中心的服务宗旨，不是抽象的概念，而应该实实在在地落实在博物馆工作的各个方面。博物馆的社会价值虽然客观存在，但是不可能自动体现出来，即使博物馆有丰富的文物收藏、漂亮的馆舍建筑、优秀的研究人员，也只有当它以“为社会及其发展服务”时，博物馆文化价值才能得以实现。如果明确博物馆的所有工作岗位都要以服务观众为核心，博物馆的所有工作人员角色就有了明确的方向。不论是收藏、研究、陈列、教育、讲解或其他岗位，都是为公众服务的具体环节。因此，博物馆要加强对不同岗位员工进行服务意识教育和服务质量培训，使每一个环节都能为观众提供优质服务，使每一位走进博物馆的观众，都能感受到风景如画的室外环境、整洁明亮的室内展厅、精美绝伦的文物展品、文图并茂的陈列展览、通俗易懂的文字说明、深入浅出的现场讲解、操作简单的导览设备、生动有趣的互动方式、标识清楚的参观线路、方便舒适的服务设施、独具特色的纪念礼品、热情主动的工作人员。如此，观众在博物馆内就会流连忘返，就会乐于把博物馆文化带回家，就会再

北京中国科技馆观众参与（2010 年 11 月 10 日）

次甚至经常走进博物馆，就会把更多的朋友带到博物馆来。

以为教育、研究、欣赏的目的征集、保护、研究、传播并展出人类及人类环境的物质及非物质文化遗产为使命的博物馆，是人类记忆、传承、创新文化的重要设施，是提高人们文化修养的重要场所，发挥着教育、审美、激励、凝聚、娱乐等多种功能。博物馆通常被视为最重要的教育机构之一，参观博物馆也成为社会公众一生中最重要的文化体验。博物馆文化广泛地影响着每一代民众。英国政府认为国家博物馆免费开放，是政府关于“建设一个更美丽的英国”的承诺之一，其目的在于增强文化艺术在人们日常生活中的地位与作用。宋向光教授认为“博物馆还是一种社会现象，换句话说，博物馆的存在反映了特定的社会情态和社会需求，是多种社会因素和社会关系共同作用而发生的特殊社会现象。博物馆的存在受到一定社会条件的制约，其社会职能、组织目标更直接地反映了社会条件的影响。博物馆与社会发展阶段和社会发展需求有着密不可分的联系。基于这一认识，我认为博物馆不是超时空的、不食人间烟火的象牙塔”①。同时，随着经济社会的不断发展，社会公众的精神文化需求呈现出多层次、多样化的特点，无论是审美情趣，还是评价标准，与过去相比都有很大不同。因此，博物馆必须准确把握文化生活的新特点和社会民众的新期待，使博物馆文化反映出新时代的特征。

6.2 博物馆职能与社会合作

在博物馆与其他组织机构相互合作方面，包括科研部门、教育设施、文化机构、社会组织、企业单位、新闻媒体、民间团体、社会公众等，都拥有可以为博物馆所用的资源。为了使这些资源能够成为博物馆发展的积极力量，博物馆应与这些组织机构建立合作共享机制，使合作双方能够取长补短、各取所需，实现双赢。博物馆与科研部门，诸如社会科学、自然科学等研究部门之间建立长期稳定的战略合作伙伴关系，可以实现博物馆研究水平的提升；博物馆与教育设施，诸如高等院校、中

① 宋向光：《从事博物馆学研究的点滴体会》，载《中国文物报》，2010-03-31（4）。

小学校等之间建立长期稳定的战略合作伙伴关系，可以实现博物馆后续人才的培养；博物馆与文化机构，诸如图书馆、青少年宫等之间建立长期稳定的战略合作伙伴关系，可以实现博物馆文化的社会传播；博物馆与社会组织，诸如妇联、青联、残联等之间建立长期稳定的战略合作伙伴关系，可以提升博物馆文化活动的社会影响；博物馆与企业单位，诸如国有企业、民办企业等之间建立长期稳定的战略合作伙伴关系，可以实现博物馆强有力的社会支撑；博物馆与新闻媒体，诸如新闻出版、广播电视等传播机构之间建立长期稳定的战略合作伙伴关系，可以实现博物馆文化的广泛宣传；博物馆与民间团体之间建立长期稳定的战略合作伙伴关系，可以在博物馆建设及运营方面不断得到支持；博物馆与社会公众之间建立长期稳定的战略合作伙伴关系，可以增加博物馆的社会吸引力。

建立博物馆馆际之间合作共享机制，是指博物馆与其他博物馆相互合作，实现彼此资源共享的机制。任何一座博物馆都保存着独有的文化资源，例如独有的文物藏品、独有的研究力量、独有的展示场所、独有的宣传方式等。但是，对任何博物馆而言，所拥有的文化资源又相对有限，其事业发展都会受到自身资源的局限。博物馆之间只有加强合作，才能取长补短，才能打破自身资源的局限，促进博物馆文化的共同繁荣，推动博物馆事业更好更快地发展。因此，每一座博物馆均应建立与其他博物馆之间的合作共享机制，以自己的独有资源与其他博物馆的优势资源相互支撑，为观众提供更加优质的博物馆文化，从而实现馆际之间的资源共享。今天，博物馆建立与其他博物馆之间的合作共享机制，可以从多方面探索，例如建立藏品资源的合作共享机制，即通过博物馆之间的藏品交流，实现博物馆之间藏品资源的合作共享；建立人力资源的合作共享机制，即通过博物馆之间的人才交流，实现博物馆之间人力资源的合作共享；建立管理经验的合作共享机制，即通过博物馆之间的管理经验交流，实现博物馆之间管理模式的合作共享。但是，目前博物馆之间的交流合作机制尚不健全，博物馆之间的资源共享机制尚未真正建立，博物馆之间的藏品资源配置还不能发挥最佳效用。

博物馆馆际之间合作共享机制的现实意义，在于博物馆文物资源短缺的实际。虽然国家和省级博物馆以及一些城市的博物馆文物藏品资源丰富，但是从观众的需求和展览的需要出发，任何博物馆的文物藏品资源都显得十分有限。“一个博物馆的藏品再丰，品类再多，体系再全，不可能囊括全球之文物，穷尽人间之遗珍，总揽古今之瑰宝，涵盖地区之特色”。“正是面对有限的文物资源，博物馆更应以共享求持续，以智慧对‘短缺’”[①]。只有实现博物馆之间的合作与共享，才可能全面揭示人类漫长的发展足迹，全面展现人类文明的多样性特征。巴黎是著名的国际旅游城市，巴黎的博物馆占法国博物馆总数的5%，接待观众数量却占到总量的1/3，特别是外国参观者络绎不绝。为了使法国其他地区，特别是地理位置偏僻、藏品类型单一的博物馆，走出被人们遗忘的窘境，法国政府推动将邻近的博物馆组成网络，统一管理，例如斯特拉斯堡就把其周围的8个博物馆合并起来，并指定专人整体协调这些博物馆的工作。博物馆网络的成立把临近博物馆的竞争关系转变为合作关系，让这些博物馆能够资源共享。同时，相关部门还制定了一些辅助措施，例如设定博物馆参观路线、发行博物馆通行证等，在一定程度上扩大了单个博物馆的影响力，使博物馆以较低的成本更加贴近民众，从而体现其公益性。

2008年北京奥运会期间，国家文物局主办的《奇迹天工——中国古代发明创造文物展》取得圆满成功。可以说，没有博物馆之间的资源共享，就不会有这次大型文物展览的成功举办。在博物馆与其他博物馆相互合作方面，首都博物馆取得了成功的经验。近年来，首都博物馆所举办的一系列展览活动，许多都是与国内外博物馆合作与资源共享的成果。例如2008年北京奥运会期间，在首都博物馆举办的《北京文物精品展》《长江文明展》《中国记忆——中国古代文明瑰宝展》《紫禁城内外的竞技游戏展》和《公平的竞争——古希腊竞技精神展》等5项展览集体亮相，就有来自全国27个省市的70余家博物馆的文物精品，吸引大批国内外来宾前往参观，

① 陈燮君:《新的价值体系中的博物馆文化的力量与智慧》，载《浙东文化》，2008（创刊号）：11。

在博物馆界和社会上产生了广泛的影响。辽宁省博物馆与沈阳故宫博物院实现人力资源合作、文物资源共享，充分发挥各自博物馆的优势，共同举办讲座，共同开展考察，共同攻关课题，利用辽宁省博物馆的场地优势，沈阳故宫博物院的研究力量和资金的优势，共同举办文物资源更丰富、地域特点更鲜明、课题研究更深入、社会影响更广泛的展览和活动[①]。对于大量的中小博物馆来说，往往资源和影响均十分有限，通过地域相近或者内涵相通的博物馆之间馆际合作，联合开展博物馆展览和活动，可以形成合力，增强社会影响。

在促进博物馆之间合作方面，各级政府和文物部门应给予关注和支持，通过制定博物馆发展总体规划，建立博物馆资源共享体系，鼓励不同类型的博物馆在藏品、资料、技术、设施和人才方面实现合作，使不同类型的博物馆在相互学习与交流中共同得到发展，从而提高博物馆的整体发展水平。通过制定相关政策法规，推动博物馆的馆藏目录向其他博物馆开放，为使博物馆之间藏品资源实现共享创造条件。例如推动拥有较多文物藏品，但长期无法陈列展出的大型博物馆与其他博物馆的合作，使适宜陈列展出的文物藏品在不同的博物馆之间流动起来，以实现博物馆之间藏品资源的共享，充分发挥博物馆文物藏品的社会效益，提高陈列展览的更新频率，吸引观众经常走进博物馆。推动博物馆之间合作举办具有思想性和震撼力的陈列展览，设立国家支持的专项经费，支持各地博物馆，特别是中小型博物馆的陈列展览更新和服务水平提升，发挥博物馆群体优势和整体效益。推动考古研究单位在考古发掘工作结束之后，依法及时将发掘出土文物移交博物馆，既使珍贵文物得以妥善保存，又使博物馆文物藏品得以补充。此外，各级政府和文物部门还应出台相关政策，推动博物馆之间的人才交流，实现大型博物馆对邻近地区中小博物馆的支持指导。有条件的地区还可以推动大型博物馆对中小博物馆的托管，以实现博物馆之间管理经验及人才资源的共享。

英国学者 K. 赫德森（K.Hudson）指出“有必要破除博物馆与研究机构之间的旧

---

① 郭富纯：《博物馆与城市文明》，见《携手 2010：宁波国际博物馆高峰论坛论文选辑》，第 104 页。

障碍，有必要破除博物馆与博物馆之间的心理上的和等级上的障碍。必须要做的是在各级博物馆组织系统的协作”。博物馆馆际之间的合作，将有限的资源集中在一起，增加了举办陈列展览的可行性。多家博物馆的联合，既分享文物藏品，保障展览质量，有利于为观众推出完美的展览，又分担运营风险，为每个博物馆提供展示自己的空间，为观众提供多层次的服务。博物馆馆际之间的合作，往往是在不打破相关博物馆的藏品所有权与管理制度的前提下，通过简化手续，实现文物藏品和人才资源更自由、更通畅的交流。博物馆之间互相借势、取长补短是较为常见，也是具有可操作性的合作形式。例如在本馆的文物藏品保护中引进合作博物馆的设备和技术，在本馆销售或宣传合作博物馆的纪念品或出版物，在本馆的宣传广告上刊登合作博物馆的展览信息，在本馆的网站上设立合作博物馆网站的链接等，这些都是双赢的合作模式。博物馆之间交流与合作的方式多种多样，仅就陈列展览方面的交流与合作就可以包括联展、巡展、互展、借展等方式。联展，即两家或多家博物馆就某一内容共同举办展览；巡展，即一家或多家举办的展览，在不同的博物馆之间巡回展出；互展，即两家或多家博物馆相互交换同一类型或不同类型的展览；借展，即引进其他博物馆的展览，进行短期或长期的展出。

各国博物馆界的交流与合作有着悠久的历史，建立了友好的合作基础与交流机制，应在此基础上进一步扩大博物馆的开放幅度，从而提高博物馆服务社会的广度与水平。英国东北部地区的泰恩和威尔博物馆组织，是一个区域性的博物馆联合体，由 12 家博物馆、画廊和档案馆共同组成，藏品内容包括考古、艺术、历史、自然科学等多个方面，涉及地区、国家甚至世界上的重要历史事件。该组织由统一的机构和人员进行管理，在馆长之下分别设置分管不同区域的高级监理，并拥有统一的博物馆标志设计和统一的博物馆门户网站，这个博物馆联合体的资源共享不仅仅指展品资源的合作共享，还包括人力资源、管理经验与模式等的合作共享。所有加盟博物馆都可以方便快捷地了解到其他加盟馆的资源状况，并由泰恩和威尔博物馆组织统一调配资源。这一联合体目前已接待来自世界各地的观众约 1600 万人次，有效地促进了英国东北部地区博物馆的繁荣发展，成为英国博物馆群资源共享的最佳案例[①]。日本江户东京博物馆通过巡回东京以外城市的其他博物馆，将展品借用费、输送费、布展费、印刷费、展览图录等经费由相关博物馆分别负担，从而减少博物馆经费。该博物馆还通过与新闻媒体共同筹资举办展览，共享分配收益。例如该馆与朝日新闻社、TBS（东京广播）共同举办《世界遗产庞培展》，参观人数 38 万人左右，取得良好的综合效益。

博物馆与其他社会成员的合作，是自身社会职能完善与发展的需要。博物馆作为实物资料的收藏、研究、展示机构，自身的特色和优势为其他机构所无法取代，但是在发挥其职能的过程中，却可能受到各种自身难以克服的困难，例如资金不足、相关资源的匮乏等，限制了博物馆活动的广度和深度，此时与其他机构进行合作、寻求帮助是理智的选择。博物馆的社会合作应该是多元的，可以是一个复杂而多层次的社会合作体系。博物馆的合作伙伴既可以是考古研究部门、文物修复机构、民间收藏团体、展览策划单位等，也可以是新闻媒体，还可以是资助社会公益事业的企事业单位。博物馆应当有意识地使自身成为合作的受益者。博物馆与其他社会团体机构建立平等的、互利互惠的合作伙伴关系，是维系其社会合作体系的保障。建立合作关系，既源于博物馆自身功能不健全，也源于需要不断拓展自身影响力以及充分发挥社会作用的目的。具有开放形象的博物馆能够更广泛、更快捷地吸纳社会资源，并在开放中扩展社会服务。因此，博物馆要主动探索与其他社会成员合作的路径，通过自身的行动和努力，改变长期以来自视清高的形象，重新塑造具有亲和力的社会形象，现实与社会各界更好地交流与合作。同时，博物馆在合作中应考虑其他社会成员正当利益的实现，以增加互信感和增强吸引力。

目前，人类文化在其物质层面和结构层面上，由于跨国家跨地区的经济贸易合作、社会交流已经达成了不少共识。但是在人类文化的精神层面上，由于各个利益

① 焦丽丹:《英国博物馆群落实共享体系》，载《中国文化报》，2010-01-13（6）。

群体的文化传统与社会发展进程的不同以及社会制度与意识形态的差异，更由于旧的国际文化秩序的存在，话语权掌握在少数发达国家手中，使得现实的文化交流具有极大的不平衡性和不对等性。虽然人类社会的发展实践已经证明，西方社会的发展模式和行为规范，并非是全世界所有国家实现社会发展的唯一道路和模式，西方社会的价值观念也绝非就是唯一的真理性判断。然而，现在一些发展中国家为了在西方文化中占有一席之地，取得对方的认同与对话资格，自觉不自觉地放弃了自己的价值体系，转而以西方文化和体制为楷模，努力在文化的理念与实践等诸多方面进行重新整合，其结果是民族文化个性的丧失，人类文化多样性的破坏。这已成为一些发展中国家普遍面临的问题。在这样一种世界格局下，我国博物馆界如何珍爱中华民族的优秀文化传统，抢救、发掘、整理最具民族特征的文化遗产，并将其融进现代生活之中，使其在世界舞台发出自己的声音，具有异常重要的意义。意义就在于，只有每一个民族的文化特征得到充分发展和展示，整个世界才会更加丰富多彩，才会形成相互影响、相互映衬的世界文化的和谐局面[①]。

在全球化日益向纵深发展的今天，不同文明间是固守文明冲突论，还是尊重不同民族、不同国家、不同文化的差异性，这不仅是文化选择问题，而且关系人类未来的命运。文化的差异是最根本的差异，不同文化背景的人，如何交往，如何对话，如何在同一地球村里和睦相处，共存共荣，是新世纪人们最关注的话题。文化是一个民族共有的精神家园，它深深地熔铸在民族的生命力、创造力和凝聚力之中。文化的民族性构筑了世界文化的多样性；正是文化多样性与差异性的存在，构成了人类文化生态。中华文化就是在与不同文化的对话与融合中发展起来，在先秦时期就有诸子百家的对话，以后又有汉民族文化与其他少数民族文化的对话以及与佛教文化的对话等。认同、尊重不同文化存在的合理性与合法性，既是对其他民族文化的存在权、文化个性的表达权、发展道路的选择权的充分理解与尊重，也是对其他民族国家文化特色的包容与欣赏。以健康的文化心态，尊重和承认世界文化的多样性，

① 钟淑洁：《文明对话与世界文化的和谐发展》，载《人民日报》，2005-12-22（9）。

已经成为当今世界大多数国家所普遍接受的国际关系准则。文化多样性是对每个民族、每个国家文化选择权利的尊重，这同时也赋予了尊重其他民族、国家文化选择的责任。因此，从任何意义上都可以说，人类文化多样性的存在是人类社会的福祉，也是人类自强不息的生机所在。

6.3 博物馆职能与社会支持

“社会支持”这一概念最早出现于20世纪70年代，属于心理学理论体系范畴，指个体所接收到的各种积极的社会作用，它们能增强个体的归属感、安全感和自尊。今天，社会各部门之间的联系日益紧密，综合性问题不断出现，涉及的领域更加复杂，需要各方面协同解决，不能仅凭一己之力得以实现。良好的社会支持有利于个体的健康，而恶性社会关系则会损害个体的健康。而随着这一概念逐渐为其他学科所借鉴，它也已经由一个学科的专业概念向通用概念转变。将“社会支持”概念引入博物馆研究和工作中，即是从关注个体的身心健康，转变为关注一座博物馆机构的健康和良性发展，也是从生存的角度考虑哪些社会关系和资源有利于博物馆的发展以及如何更有效地获取这种支持[①]。由于长期以来博物馆的社会职能定位是文物收藏、研究与展示，各项业务活动主要围绕这些内容展开，在其他社会活动方面则显得力不从心。博物馆不能独立地成功实现其目标，是博物馆需要广泛社会支持的根本原因。同时，博物馆在寻求和获取社会支持方面的意识比较薄弱，往往将视野主要局限于争取政府的资金投入和政策支持。这种状况说明博物馆潜在的社会支持，尚未得到充分认识和有效拓展。为了博物馆更加健康全面地发展，有必要积极构建博物馆的社会支持体系。

在当今社会中，任何机构都不可能处于自我封闭的生存状态，必然要与社会各界发生各种各样的关联。博物馆作为向公众开放的社会性公益机构，在满足社会公众教育、审美、感情以及认同等方面需求的同时，自身的健康发展也离不开社会其

① 刘迪：《博物馆社会支持体系刍议》，载《博物馆研究》，2009（1）：20。

他成员的关注与支持。今天是一个开放与交流的时代，是一个资源共享、互利共赢的时代，加强交流与合作的观念逐渐深入人心。事实证明，博物馆是一个资源高度依赖于外部环境的组织，博物馆的生存与发展离不开外部力量的支持与协作，既需要来自政府的支持，更需要来自社会各界的支持。任何一座博物馆都不应将自身封闭起来，都不可能独善其身，关门办馆没有出路，只有加强交流与合作，才能实现博物馆的可持续发展。同时，随着信息化时代的到来，为实现交流与合作的深度和广度发展，提供了前所未有的条件，无论是博物馆与其他社会成员的合作，还是博物馆之间的合作，都有利于优势互补，有利于在整体上提高效率，有利于实现“为社会及其发展服务”目标结果的优化，对博物馆的可持续发展有着极为现实的意义。因此，博物馆自身不能解决的问题应积极争取来自外界的支持，不但要分析哪些社会资源有利于博物馆的可持续发展，还要总结如何成功获取这些资源以建立稳固的联系。

今天，为所在城市的各类文化活动提供专项策划服务、信息咨询服务以及专业技术支持，已经成为博物馆扩大对外开放与服务的重要途径。著名博物馆学家G.H. 李威斯（G.H.Lewis）在其为达喀尔黑人文化博物馆的设计规划中，曾经设想把7个学科即人类学、生态学、技术经济学、社会学、意识形态学、美学和史学的方法融为一体。英国奇切斯特市的菲什伯恩博物馆的陈列是由一名新闻工作者、一名考古学教授和一名设计师共同努力，发挥各自的职业专长而实现的，并取得了极大的成功。历史已经并将继续证明“不从尽可能广泛的学科中吸取养料的博物馆学将会很快地枯萎而死”。时至今日，越来越多的博物馆人认识到，博物馆事业不仅仅是博物馆人、博物馆学专家的事业，更需要社会学家、心理学家、教育学家以及众多社会科学、自然科学方面专家的支持和参与，否则博物馆就只能游离于社会发展的轨道之外，并将永远处于科学世界的边缘地带。例如博物馆的陈列展览设计是艺术、学术与技术的结合，需要陈列设计人员、学术研究人员和藏品保管人员的充分合作对话，因为每一件文物藏品在生命延续历程中，不仅积淀了不同历史记忆，承载了不同文化内涵，见证了不同环境变迁，要实现科学展示，不可能由单方面独立完成，而多学科的密切合作，能够更加有效地解决问题。

博物馆的社会支持，按不同角度可以划分成不同的结构，“从范围上划分，包括国家支持、地方支持、社区支持等；从性质划分包括经济支持、实物支持、智力支持、情感支持等；从主体划分包括：政府支持、社会团体机构支持、个体支持等”。各级政府对博物馆的支持，是最根本而最稳定的支持，体现在财政拨款和政策扶植两个方面，公立博物馆对国家财政的依赖性大，拨款的力度直接关系着一座博物馆生存与发展的质量，政策扶植在于各级政府在文化政策中对博物馆的定位和对其重要性的认识以及相关文化政策、财政政策等方面对博物馆的具体优惠和倾斜，例如博物馆在文物艺术品竞拍中有优先取得权、博物馆商店免税等。社会团体和机构对博物馆的支持，不仅仅是一种单向的关怀或帮助，在多数情况下，更体现在通过合作方式来实现博物馆社会功能的发挥，或是无偿地向博物馆提供其自身所不具备的资源和手段。当前，各类社会团体和机构的支持，是博物馆需要关注的重点。个体支持是指社会中的个体对博物馆的支持，这不仅体现在最基本的博物馆参观活动中，而且涉及更为深广的方面，例如作为博物馆志愿者、文物标本捐赠者等，来实现对博物馆的具体支持。个体支持虽然作为单体力量较小，但是，作为整体具有庞大的潜在基数和巨大的社会能量。

今天，博物馆正在发展成为与社会生活息息相关的现代文化设施，是吸纳知识、体验文明的地方，是陶冶情操、升华气质的地方，是了解社会、思考人生的地方，是舒适优雅、充满乐趣的地方。博物馆应努力摒弃行业神秘感，增进社会亲和力。应将社会公众作为重要的合作者，更多地考虑人们的多样化需求，考虑人们在博物馆中的行为方式与心理需求，扩大博物馆服务社会的范围与质量，开展丰富多彩的博物馆活动。同时，应努力增进社会公众对博物馆的认知，构建博物馆与社会公众的联系纽带。使人们每一次走进博物馆，都成为一次真正的文化体验，引导社会公众文明、有序和理性地参观博物馆，逐步树立“感受博物馆”“尊重博物馆”的理念。博物馆有着丰富的实物资源，有着雄厚的学术力量，因此，社会公众对博物馆的需求必然多种多样。根据首都博物馆对观众的采访与调查发现，市民对博物馆的期望与需求已经远远超出博物馆藏品与展览所能满足的范围。博物馆教育与传播的职能并非仅仅依靠自身的文物藏品能实现，并非仅仅在博物馆的展厅内能实现，也并非仅仅依靠陈列展览活动能实现。从博物馆的生存与发展角度看，只有经常开展具有社会影响的文化活动，才能够凸显博物馆的价值与实力，. 从而更多地争取社会公众的支持。

台湾学者邵仙韵认为“21 世纪的博物馆应该是多元化的，应该走出静态展览的金字塔，通过开展多层次，多形式的活动，主动走进民众，形成富有活力、灵活多样的开放式博物馆体系”。今天，博物馆需要加强与社会各类机构的合作与资源共享，发挥博物馆的平台优势。例如湖南省博物馆与湖南卫视、湖南经视等媒体合作，推出博物馆教育专题节目，其中《博物馆翻箱底》《天天向上》等电视名牌栏目，将该馆的社会影响扩大到更广泛的领域。事实上，不同地区、不同类型的博物馆以及社会上的其他组织机构往往都拥有能为本博物馆所用的资源，包括资金、场地、设施、人员、网络渠道、营销模式等。为了使这些资源能够为博物馆所用，英国博物馆大多致力于探索建立与这些组织机构的合作共享机制，使合作双方能够各取所需，实现双赢。例如与媒体和学校建立长期固定的战略合作伙伴关系，借用合作伙伴的资源优势。布赖顿和霍为博物馆为奥运会举办的《1650 年至 1930 年英国具有中国艺术风格的物品展》，会聚了来自英国 50 多家博物馆和科研机构的展品，其中包括皇家收藏和大英博物馆、国家美术馆、威尔士国家博物馆和苏格兰国家博物馆的文物藏品，开创了跨地区多家博物馆合作的成功尝试。

一座博物馆应该通过丰富的文物藏品，开阔人们的文化视野，满足人们的知识渴求，丰富人们的生活体验，发挥启迪智慧、开阔思维的作用。英国的博物馆将管理的根本目标定位为“让民众成为博物馆的核心，让博物馆成为社会的核心”。为此，英国的博物馆在发展过程中高度注重融入社会，强调博物馆信息传播活动的“双向性”，着力改变以往博物馆“高高在上”的姿态，充分注重博物馆与社会公众的紧密联系与交流①。博物馆作为向公众开放的非营利性社会服务机构，要在当今激烈的社会竞争中生存与发展，不可能以一种封闭的状态存在，而是需要来自社会各界的支持与协助。在满足社会公众教育、审美、感情以及认同等方面需求的同时，离不开社会各界对自身健康发展的关注与支持。今天，社会公众的文化需求应作为博物馆举办展览的根本目的；社会公众的喜闻乐见应作为博物馆开展活动的基本标准；社会公众的满意与否应作为博物馆自我实现的正确途径；社会公众的积极参与应作为博物馆各项工作的基本保证。因此，博物馆在吸引观众接受博物馆文化的同时，应该注重观众调查，做好展前、展中和展后的效果评估，经常征求社会公众的中肯意见，尊重广大民众的普遍要求，虚心听取观众的价值评判。

近年来，博物馆越来越重视与学校、社区的互动，鼓励当地民众参与陈列展览的策划，文化活动的交流，在博物馆馆舍内外，开展各类颇具特色的活动。例如有的博物馆组织艺术节庆，既展出本馆的特色文物藏品，又允许公众提供展品，提高社会公众的参与性，使人们在博物馆既获得知识，又可以实现个人收藏展示；有的博物馆组织动手活动，配合主题展览开展科技实验或手工艺品制作，为观众提供参观之外获得技能的机会；有的博物馆组织冬夏令营，在寒暑假期间为学生提供有趣的实践和实习机会；有的博物馆组织主题旅行，结合博物馆的展览陈列内容，组织观众到考古遗址现场或文物景点参观，使观众获得更为直接的体验；有的博物馆组织电影鉴赏活动，结合陈列展览内容，播放相关主题电影或录像资料，并有偿提供观众在馆内使用或向馆外出租；有的博物馆组织艺术创作活动，创办或与艺术家合办工艺制作工作室，指导观众自己进行艺术创作。例如美国的大都会美术馆设有纺

① 焦丽丹:《免费开放下的英国博物馆（上）》，载《中国文物报》，2009-12-16（7）。

《古书画临摹复制与装裱修复技艺展》（2012 年 6 月 29 日）

织品研究室，成为时装设计人员梦寐以求的研究园地。该馆还设有版画素描研究室、青少年美术馆等，举办艺术讲座、研讨会、电影放映与音乐会，定期出版《大都会美术馆馆刊》等数十种期刊读物。

随着时代的进步，博物馆的社会功能与价值体现越来越充分，积极探讨博物馆与社会发展的关系，建立充分发挥博物馆服务社会职能的有效机制，成为各国博物馆共同面临的重要课题。为此，欧美国家提出了一个新的理念，即享受博物馆。博物馆是人们娱乐休闲的理想去处，是自主学习的优雅课堂，让观众在愉快的心情中更新文化知识，享用品质空间，接受优质服务，体会快乐人生。目前国际博物馆界正在探索一些新的方法，让公众感觉来博物馆是一种享受，使观众参与到陈列展览和各项活动中来。不论是自然科学还是人文科学，在博物馆的氛围里，人们都可以得到在其他场所难以获得的享受[①]。社会公众希望在博物馆能够满足自身对获取知识

① 李承森：《博物馆的教育功能亟待开发》，载《光明日报》，2005-09-28（5）。

与娱乐休闲并重的需求；能够舒缓现代社会越来越快的生活节奏；能够减轻现代社会越来越大的工作压力，在增长知识的同时，使人们感受到参观博物馆充满乐趣。因此，越来越多的博物馆努力打破传统的封闭模式，加强与社会的联系，提高社会化程度，注重广泛的参与，向社会扩大开放，走出博物馆的大门，走进社区民众中间，实现博物馆和社会的互动与交流。一方面，可以从社会需求方面，调整博物馆自身的工作，适应社会的发展；另一方面，从社会当中吸收有利于博物馆发展的资源。

可喜的是，目前本地观众越来越多地走进博物馆，这是公众主动认知博物馆的积极表现，也为博物馆融入社区、社会创造了契机。社会责任是博物馆的生命价值所在。博物馆应强调为社会及其发展服务，体现外向的、多维的、以公众需求为中心的文化精神。博物馆展览走出馆舍，走进社区，不仅宣传了博物馆，更重要的是密切了博物馆与社区的关系，是当代各国博物馆的共识。美国克利夫兰艺术博物馆教育部有专职岗位负责社区活动，每年都要与附近社区合作组织若干次主题鲜明的博物馆活动。2002 年，克利夫兰艺术博物馆曾在狂欢节期间组织了题为“灯笼”的主题活动，吸引了 2000 多名当地社区的居民参加，他们还亲自制作了 600 多个各式的灯笼参展，吸引了国内外 5 万多人参观。自 1967 年开始，美国史密森尼协会在国家大草坪举办每年的民俗生活节，以此展示美国文化的多样性。这一活动在每年 7 月 4 日前后举办，每次为期两个星期以上的时间，此时国家大草坪就会变成音乐演出、互动节目、视觉艺术、制作工艺、文化讲座、民族舞蹈和烹饪表演等活动的临时场所，每次活动都能吸引 100 万左右观众参加。在这一活动举办期间，附近的其他博物馆也开放场地，提供特殊节目、活动和展览[①]。

6.4 博物馆职能与社会参与

“参与”是相关利益群体影响和共同管理与他们相关的发展活动和决策以及资源

① D. 弗伦奇曼：《北美的节庆活动——场所：城市的内涵和形象塑造》，载《国外城市规划》，2006（6）：13。

的过程。对于我国来说，“公众参与权利”是指公民依法通过各种途径和形式，参与管理公共资源、社会事务的权利。博物馆的诞生与发展根植于社会，对博物馆本质的研究必须与社会公众互动。公众参与是促进博物馆事业发展的有效途径和工具。博物馆所涉及的知识、意识、技能、情感等都属于社会公众参与的内容。博物馆事业的社会公众参与强调，博物馆事业不是各级政府部门和博物馆工作者的专利，而是广大民众的共同事业，每个人都有参与博物馆建设、管理、发展的权利和义务。社会公众参与表明了一种全新的公民责任、权利以及治理观念，体现了社会公众能够实现自我管理的理念，即社会公众通过影响那些涉及他们生活、就业、社区、环境等社会事务的决策过程实现自我管理。目前，虽然博物馆工作仍然要以政府管理为主，但是政府管理主要体现于法律规范和政策支持，不可能事无巨细。博物馆事业涉及的范围广泛、情况复杂，如果仅凭博物馆自身的力量，不足以推进博物馆工作的良好开展，因此应注重促进社会公众参与进程。但是，社会公众参与博物馆工作需要相应的方法和机制，才能达到促进博物馆可持续发展的目的。

我国绝大多数博物馆是实物遗存的管理者和文化信息的拥有者。长期以来，博物馆凭借着实物、文字、电子媒介，运用陈列展览作为综合传播方式，与观众进行着理智、成熟、有效的沟通和交流。这种传播虽然真实准确、生动直观、广博系统，但是也因时间和地域的局限，影响沟通和交流的效果。为了吸引更多的社会公众，博物馆需要强化基本陈列的更新机制，有计划地更换展品，使一成不变的静态知识变得生动有趣起来。例如台北故宫博物院每 3 个月就要全面更新一次展品。定期更换展览，是吸引所在社区居民走进博物馆的有效办法。发挥文物资源优势，举办临时展览，也是满足社会公众求新求变心理的有效措施。临时展览以其选题新、时效性强、内容丰富多彩以及常办常新的特点而深受广大民众的喜爱。如今社会公众对博物馆的需求已经不局限于某次特定的展览，对博物馆展览不断产生新的期待，因此博物馆需要策划一系列展览活动，以满足观众的需求。例如国家博物馆从 2000 年起推出《边疆古代文明系列展》，内容包括西藏、内蒙古、新疆、云南等一系列展览，集中展示了我国作为多民族国家的整体风貌。每个展览期限一般为 3 个月，每个展览的观众量均高达 10 万人以上。据国家博物馆的统计，观众中 80% 以上是北京当地观众，观众在展厅内的停留时间大都在两个小时左右，说明人们对这些陈列展览抱有极大兴趣。

流动展览是一种理想的博物馆文化传播方式，它不需要很多的实物，简单、轻便，机动性强，但是往往效果更明显。让观众在欣赏中体验学习，让文物藏品走进“大千世界”，与社会生活紧密结合，使难以经常到博物馆参观的广大民众也能满足学习愿望。因此，博物馆不仅要吸引观众，还需要主动走出去，加强“上门服务”。通过巡回送展、到社区举办宣讲活动等方式，让更多的人有机会接近博物馆，扩大博物馆社会教育的辐射面。例如博物馆通过与学校、图书馆等其他社会教育机构的合作，构建阶梯式的社会教育网络，最终实现博物馆教育资源的社会共享。广东省博物馆在宣传互动中，将有关展览送到广州的高等院校和少年宫，还不定期地将海报张贴到广州的各大中小学，并派专家学者分别在各大学举办讲座。通过这样的互动式宣传教育，使广东省博物馆在广州地区的青少年中有了一定的影响。湖南省博物馆，2008 年共举办各类临时展览 15 个，举办 60 余场面向公众的学术讲座，为中小学生举办了 24 场美术鉴赏活动，还创造性地推出“流动美术馆”，将世界名画送到衡阳、娄底、株洲等城市。宁波博物馆经常开出“文化遗产大篷车”，送展览、展演、资料进部队、企业、机关，使博物馆真正走出“象牙塔”，走进社区，走向社会。

2009 年 4 月，成都金沙遗址博物馆与四川航空公司联合举办的《金沙文化月——四川航空梦回金沙之旅》文化推广活动，在北京飞往成都的航班上拉开了序幕。中国文化遗产标志“太阳神鸟”，继 2005 年 10 月 12 日搭载神舟六号飞船遨游太空后，此次再次携带着远古先民的美丽梦想，飞上蓝天，开展了一次与南来北往乘客的直接对话，也开创了空中探秘博物馆的先河。在30天的活动中，由北京、上海、太原等城市飞往成都J4条航线120个航班上，金沙遗址博物馆的优秀讲解员和经过专门培训的各航班乘务员担任起了金沙文化的解说员，直接面对来自四面八方的约24000名乘客详细介绍金沙遗址博物馆及出土的精美文物；各航班的电视屏幕循环播放金沙遗址的宣传片。活动期间，累计发放有关博物馆的各种宣传折页上万份，并以互动的方式向乘客赠送了中国文化遗产标志“太阳神鸟”纪念徽章以及金沙遗址博物馆的特色旅游纪念品360件，赠送金沙遗址博物馆的门票240张。此次活动得到了广大乘客的普遍好评。当中国国民党荣誉主席连战先生和夫人乘坐航班时，对金沙遗址博物馆这种活动的新颖性与独创性加以赞赏。此次活动的开展是博物馆文化推广的有益探索，更是博物馆文化宣传多样化形式的一次全新尝试[①]。

我国的博物馆事业坚持政府主导、社会支持、公众参与的原则，动员和鼓励广大民众积极参与。在这一情况下，公众对待博物馆的意识和态度，公众对博物馆发展的关注、参与和支持程度，都直接影响博物馆工作的开展和社会环境的改善。今天，博物馆应该成为广大民众生活中不可或缺的朋友，保障公众文化权益应该成为博物馆不可推卸的责任，走进博物馆应该成为人们喜爱的公共生活方式。因此，博物馆事业不仅是一项专业性、学术性、部门性、行业性的工作，更需要广大公众的积极参与。根据2008年相关调查资料显示，广大民众关注博物馆陈列展览信息的仅为54.9%。还有不少社会公众虽然关心博物馆陈列展览信息，但是却没有走进博物馆参观展览。其中25.4%的观众只去过一次博物馆，只有4%的观众在过去的一年内去过5次以上博物馆，这说明大多数民众缺乏体验博物馆文化的经历。现阶段博物馆事业的重要任务，一方面需要通过宣传教育提高社会公众关于博物馆文化的知识；另一方面需要组织丰富多彩的博物馆文化活动，调动社会公众参与的意愿，最终转化为支持博物馆发展的实际行动。必须承认，目前广大民众对于博物馆文化还缺乏理性的认知和发自内心的认同，还未形成全民参与的模式，公众参与博物馆事

① 金沙宣：《金沙遗址博物馆开启“空中展厅”》，载《中国文物报》，2009-12-02（7）。

业尚处于起步阶段。

人们往往把参观过博物馆陈列展览或巡回展览、参加过博物馆各种教育服务活动的社会公众称之为“博物馆观众”。但是，在当今高速发展的信息时代，“博物馆观众”显然已经超出了原有概念上的局限，特别是在博物馆免费开放之后，博物馆观众进一步扩大为整个社会公众，而“博物馆观众”构成的多样性势必促使博物馆在原有收藏、研究和教育的基本功能上发生新的变化，进一步融入社会，走进生活，其观光、休闲和娱乐的职能也愈加明显。2009 年 5 月 18 日国家文物行政部门为首批国家一级博物馆举行了授牌仪式。83 家单位荣获此称号。在《博物馆评估定级标准及评分细则》中，观众一级指标项目中“社会认同感”的总分值为 22%，从中可以看出，博物馆存在的意义和价值依赖于广大民众，只有观众认可满意，最终才能释放博物馆的生命力，发挥博物馆的作用，不断地扩大其社会影响力。公众参与博物馆事业，需要从内因和外因两方面进行考虑，内因是公众对博物馆发展的意识和期望，是公众参与博物馆事业的先决条件和潜在动力，公众参与的愿望为博物馆工作开辟了新的途径；外因是指社会、政府、舆论的力量为公众参与提供的环境因素，社会公众对博物馆工作的认可、社会上支持博物馆发展的热情、媒体对博物馆文化的宣传等，都是推动公众主动参与博物馆事业的积极因素。

目前，从社会参与博物馆工作的方式来看，参与模式途径单一，组织形式覆盖面窄，活动缺乏必要策划。一些博物馆所组织的活动参与者少，活动的效果也不尽如人意。不少博物馆的陈列展览，采用形式雷同的昏暗氛围，常年不变的陈列内容，难辨方向的参观路线，难以读懂的说明标志和喧宾夺主的室内装饰，再加上与博物馆文化毫无关联的纪念礼品，缺乏缓解观众饥渴劳累的服务设施，使观众在博物馆感受不到温馨典雅，享受不到舒适快乐。同时，我国公众参与博物馆事业的时间不长，对博物馆文化认知的广度和深度都存在欠缺，需要建立长期有效的公众参与博物馆事业的机制，将博物馆公众参与长期化，制度化，这样才能保证参与博物馆事业的社会公众数量和质量，实现可持续发展。随着社会需求的增加，博物馆信息传播的内涵也在不断扩大，博物馆参与市民生活的范围扩展迅速，经济、政治、文化、社会等与民生息息相关的内容，都可以进入博物馆所关注或传播的领域，从而使博物馆的服务范围与社会影响力不断扩大。从博物馆宣传活动的途径来看，电视、网络等现代化的传播途径可以有效地让更多社会公众参与进来，因此博物馆传播活动可以采取信息获取和实际参与相结合的方式，增加博物馆活动宣传的覆盖面，使博物馆公众参与成为常态。

实现社会公众参与程度的不断扩大，就要求博物馆合理确定相关活动目标，通过科学方法组织策划推广活动，把握每次活动的内容形式、受众范围、预期目标、宣传方式等方面内容，提供有效的公众参与方案，有针对性地提高群体意识和参与热情，推动公众参与博物馆工作的实际效果。在实际工作中，社会公众参与的效果评定和经验交流，也是博物馆活动的重要环节，以期在更大程度上达到全民参与的效果。因此，要建立以展示教育、开放服务为核心的博物馆质量评价体系，建立社会、政府、媒体、公众代表相结合的对博物馆展示与社会服务的监管制度与监督体系，定期对博物馆展览和服务水平进行检查、抽查、监督评估，开展博物馆评估定级和分类指导。法国博物馆界每年都由博物馆的主管管理部门组织专家、市民、学生和议员等社会力量，对博物馆进行评估考核，不仅博物馆面向社会的展览和服务等工作包括在内，一个很重要的指标就是社会公众对博物馆的满意度。管理部门可以将评估结果作为对博物馆资格认定年检和对博物馆评估定级工作的重要依据，作为一种综合管理的手段。只要博物馆细心倾听社会各界的意见，时刻把观众的需求放在首位，一切以观众的需要为根本，举办更多更好的展览和活动，就一定能够吸引越来越多的观众走进博物馆。

广泛的社会参与有利于提升博物馆的社会影响力，形成良性的循环互动，吸引更广泛的社会支持。我国博物馆界于每年 5 月 18 日“国际博物馆日”期间，都根据国际博物馆协会确定的主题，开展形式多样的纪念活动，产生良好的社会影响，增进全社会对博物馆事业的了解和支持。2007 年，南京博物院举办评选“南京博物院镇院之宝”活动，事先对 42 件候选“镇院之宝”以专家和记者合作的形式，每天一篇，介绍一件宝物，连续一个多月发表于当地晚报，引起市民朋友的广泛关注，并踊跃投票评选，再结合专家评选，最后评出 18 件镇院之宝，又隆重举行“镇院之宝”特展，每个环节都有媒体作深入报道。此次活动及宣传工作，对提升博物馆的美誉度和吸引力，形成南京博物院品牌，无疑起到了积极作用[1]。近年来，中国人民军事博物馆连续举办了一系列具有社会影响的大型主题展览，例如 2006 年的《伟大壮举光辉历程——纪念中国工农红军长征胜利 70 周年》展览历时 56 天，接待观众 201 万人次；2007 年的《复兴之路》和《我们的队伍向太阳——新中国成立以来国防和军队建设成就展》两个大型主题展览，观众总数也分别突破了 200 万人和达到 248 万人，创造了国内临时性主题展览观众总数和日平均数的最高纪录。

山东省博物馆“十大镇馆之宝”揭晓仪式（2011 年 3 月 16 日）

以往，博物馆习惯于只扮演“行业角色”，其工作节点、思维视野往往只专注于馆舍内的各项工作，很少深入思考如何为城市文化建设和社会和谐稳定服务。但是，今天任何一座博物馆，不论规模大小，不论是国际性的还是地区性的，都必须拓展博物

① 邓健：《论博物馆如何通过陈列展览吸引观众》，载《东南文化》，2010（1）：100。

馆的功能和职能，不仅如此，社会、环境和文化方面的挑战也要求现代博物馆积极参与，通过恪守互利互惠和彼此尊重的原则，在当代动态多变的社会环境下充分发挥地区文化的潜能，在不同文化背景的民族之间建立彼此理解和相互欣赏的牢固关系，为创造全球性的文化空间作出贡献[①]。H. 弗里曼认为，“对未来的欧洲博物馆来说，一个最重要的问题是它们与公众的关系。要吸引人们的关注已经成为一个突出问题”[②]。我国博物馆实行向全社会免费开放，堪称共享多元文化、促进社会和谐的一大举措。免费开放使博物馆能够更好地融入社会生活，在与社会的互动中提升自身水平和服务能力，更好地实现自我价值。在此背景下，博物馆的角色要转型，思维要转变，不仅要做好馆舍内的各项工作，还要担当起城市对外交流的“文化大使”重任，策划有利提升城市影响力和美誉度的文化活动。如今博物馆走出自我的小圈子，融入与公众联系度更强的社会大循环中，广大民众的认识、感悟、参与等现实需求，都应该成为博物馆改进服务工作的指向。

博物馆通过多样性与公众参与性的实现，可以建构起面向未来的公共文化服务机制，形成符合时代发展趋势的新型博物馆文化生态。自贡地区恐龙化石埋藏丰富并易于发现。自贡恐龙博物馆是建立在恐龙化石遗址上的一座遗址类自然博物馆，除了在馆内布置有特色鲜明的展厅外，每年暑假都带着展板、展品、影像资料，走出馆舍，走进周围社区。在社区，由专家向放假在家的中小学生和社区居民讲述博物馆和恐龙古生物知识，开展趣味恐龙知识竞赛、恐龙画和恐龙模型制作有奖比赛，并在此基础上开展“恐龙就在你脚下”的野外化石寻宝活动。中小学生和社区居民对寻找身边的恐龙活动热情高涨，他们根据专家的提示，对身边有可能埋藏化石的地方进行调查分析，并将有关线索及时联系报告，博物馆方面适时进行辅导，协助或带领大家实地调查或试探性发掘。这一活动成效显著。近年来，自贡恐龙博物馆的“杨士蟆门溪龙”“合川马门溪龙”“汇东四川鳄”以及贡井地区的大量恐龙脚印化石等，都是由社区居民发现并及时报告后，得以由博物馆组织发掘保护。近年来，

① 谢尔盖·Y. 格里申:《谢尔曼诺夫斯基雅马尔—涅涅茨博物馆：前景和挑战》，载《国际博物馆》，2006（2）：100。
② 海伦娜·弗里曼:《没有围墙的博物馆》，载《国际博物馆》，2006（2）：55。

长沙简牍博物馆立足湖南，开办市民文化遗产讲堂，主要讲解长沙历史风土人情、湖湘文化、简牍历史、艺术书法等，为民众提供了走进博物馆、参与博物馆的机会。

6.5 博物馆职能与社会共享

城市不仅是物质资源、精神资源、人力资源和智能资源的集萃地，而且也是生产与消费、交换与交通、变革与发展的最前沿，其对实现社会全面、健康、快速、持续发展，具有既极为重要，又无可替代的拉动力量、提升功能和示范作用。博物馆文化高度自觉地运用文化的效能和力量，不断地给予经济以推动、精神以鼓励、生活以愉悦、社会以和谐，积极营造浓厚的文化氛围和良好的人文环境。今天，要占据文化发展的制高点，就必须从所追求的目标和所特有的基础出发，真正利用现有文化优势来实现文化目标。为了实现这一目标，就必须深刻认识和充分发挥博物馆文化特色与文化优势，并不断通过文化创造，使特色更明显、优势更强大。如今，博物馆能够为人们提供多种精神文化需求，例如科学知识、人文精神、艺术鉴赏、美的享受①。博物馆的这一特性决定了它是公共文化的积极参与者和推动者，其作用也不仅仅表现在文物的收藏、研究和陈列，还表现在为引领公共文化建设、弘扬文化精神、搭建多元文化交流平台等方面所承担的特殊作用，以其独有的文化资源和文化方式为社会发展服务。博物馆不但要继承传统，同时也要适应时代的发展和社区的需要不断地创造和更新。成功的博物馆必定在保持自己文化传统基础上进行再创新。坚守历史传统、适应时代需要的文化创新是博物馆发展的灵魂和活力。

当前在我国，保持经济的较快增长速度十分必要，因为我国仍然是一个绝对收入水平较低的国家，只有保持经济的较快增长速度，才能积极创造就业岗位，提高人们的收入水平，增加人们的快乐和幸福。但是，西方国家过去的经济增长方式不适合今天我国的经济增长需求。经济增长方式的转变不应只是一个经济问题，而应该与文化、社会、环境等方面发展协调起来，以促进整体协调发展。这样的经济增

① 武斌：《论博物馆的社会责任》，载《沈阳故宫博物院院刊》，2008（6）：1。

长方式才能增加人们的快乐和幸福。“从这一点出发，中国经济增长方式应实现四个方面的重大转变；一是从粗放型向集约型转变；二是从数量型向质量型转变；三是从物质型向知识型转变；四是从资源型向生态型转变”[①]。在我国经济增长方式得以转变，集约型、质量型、知识型和生态型增长方式得以实现时，人们的生活水平和质量就会得到较大提高，人们的快乐和幸福就会得以增长。随着我国经济社会进入新的发展阶段，广大民众的家庭支出结构也进入新的阶段，生活消费水平将跨上新的台阶。文化性消费、休闲性消费、保健性消费和生态环境需求的满足，在人们的家庭支出结构中所占比重越来越大，其中文化消费将成为重要的组成部分。人们的消费不能以物为中心，而是应该以人自身为中心，实现人的自由全面发展。要想在经济社会发展的同时，极大地提高人们的快乐和幸福，就必须关注和实现人的自由全面发展。

进入21世纪以来，人们见证着博物馆发展繁荣时期的来临。博物馆是现代社会发展的产物，在社会生活中所扮演的角色随着社会变革而转变。随着博物馆所处外部环境的改变，博物馆与社会公众的关系也在发生着巨大的变化，博物馆不再单纯是文物收藏机构和陈列展览场所，而更关注社会公众对于博物馆的期望、理解和认同。“我们为什么去博物馆？”2005年，著名作家和新闻记者C.道格拉斯（C. Douglas）在一篇获得年度最佳论文奖的文章中，曾严肃地提出这个问题[②]。社会公众是博物馆的“根”，如果社会不需要，公众不欣赏，博物馆就会失去存在与发展的前提。“我们说博物馆要融入社会的发展，考虑公众的需要，这个‘融入’‘考虑’并不是简单的迎合，而是一种积极的嵌入，与社会发展的需求相协调”[③]。一方面，博物馆应积极引导社会公众走进博物馆，并逐渐养成经常参观博物馆的良好生活习惯；另一方面，博物馆必须调整工作思路，对社会公众产生更大的感召力和吸引力。例如在博物馆内，除了展览大厅外，还应根据社会公众的需求，增加开展学术交流、展示民间收藏、购买特色礼品等附属设施以及快餐、茶座等休闲场所，只有多功能、

---

① 曹新：《经济增长与快乐和幸福》，载《光明日报》，2007-01-16（10）。
② 刘克成：《到博物馆去》，载《建筑与文化》，2007（2）：10。
③ 白綦播：《省级博物馆的社会价值、责任及发展方略》，见《携手2010：宁波国际博物馆高峰论坛论文选辑》，第24。

立体化的博物馆，才能满足社会公众多方面的需求，使博物馆具有更多的文化功能。

今天，博物馆不但应允许社会公众积极参与博物馆事务，而且博物馆自身亦应积极参与社会变革与发展。当前，我国经济发展迅速，科技进步日新月异，民众的物质生活水平大幅度提高，人们的思想观念、生活方式等不断发生变化，社会正朝着现代化不断迈进。全面意义上的社会现代化，不仅包括物质和技术，更重要的是文化和精神，是人们更为合理的生存和生活方式，是更为完美的人格和人生，这些意味着一种理想的生活状态。随着人们生活水平的改善和闲暇时间的增多，人们有更多的机会参与文化活动，参观博物馆成为越来越多的社会公众享受文化熏陶、获得艺术启迪的高雅文化活动。而且随着人们对文化的关注，对知识更新的需要，社会公众对博物馆提出了更多的期望与要求。观众参观博物馆不仅仅是一种社会活动，大多数观众参观博物馆，希望通过广泛而又特殊的文化体验，满足自身的休闲和知识学习的需要，同时使身心轻松愉快，即通常所说的“寓教于乐”。因此，博物馆要尽可能地让观众在参观中领略历史文化信息，从历史文化中获得知识，开启智慧，润德励志，同时得到美的享受。而且，随着自主意识的加强，许多观众不再满足于仅在展厅中观看陈列在展柜中的文物藏品，他们希望获得更多的文化信息，获得更多的精彩体验，有更多的参与活动。

城市文明步伐的加快，赋予了博物馆新的责任与使命，作为信息和交流的中心，博物馆应当是社会教育最理想的场所。国际博物馆协会远景规划指出：“虽然传统认为博物馆是文物收藏和文物保护的场所，但当代的博物馆是为社会及其发展服务，并逐渐成为社会变革的工具。”博物馆是不可替代的文化教育机构。联合国教科文组织《关于博物馆向公众开放最有效方法的建议》指出：“博物馆应成为其所在地区的知识和文化中心，从而有助于社会的知识和文化生活；相应地社会应得到参与博物馆活动及发展的机会。这应特别适用于那些位于小城镇及乡村的博物馆，这些博物馆的重要性常常与其规模不成比例。”不同时代塑造着不同的博物馆，人们需不需要博物馆，需要什么样的博物馆，这些都有着深刻的时代烙印。“在美国早期博物馆事业的发展中，博物馆在某种程度上甚至有可能取代宗教机构，成为帮助新移民建立家庭与社会的价值的重要纽带”①。所以博物馆在一个国家可以成为文化成就的象征，成为精神价值的象征。今天博物馆正在从更多的角度介入当代人类的生活。“正如一位博物馆界人士所说，2000 年以前，是专家办博物馆，博物馆办给专家看。但进入 21 世纪以来，这种现象有了质的变化，这是一个中国博物馆走向寻常百姓的世纪。’”②

从“公众参与”进一步走向“社会共享”是时代的呼唤。2008 年我国“文化遗产日”，从保障公民文化权益的角度出发，将主题定位为“文化遗产人人保护，保护成果人人共享”，以“共享”来满足广大民众日益增长的精神文化需要，以“共享”来激发全民共同保护文化遗产的热情，以“共享”来平衡社会各方面的文化遗产权益。文化遗产的多样性以及时代需要的变化，也为博物馆提出了保护与传承方法多样性的要求，尤其许多社会乃至全球问题的出现，更为完善博物馆功能与职能提供了多维思考的基础，也是有效解决博物馆结构失衡状态的重要依据，从而使博物馆更加充满活力，使博物馆的影响辐射到社会每个角落。今天国际社会强调博物馆的可进入性，例如主动为贫困和远离博物馆的观众提供交通或子女托管服务，使其能够享有同等的参观权利。一些博物馆以完善先进的设备设施为基础，以人性化服务理念为原则，增加多语种导览图、多语种讲解服务、触摸屏查询电脑、智能化语言导览机、休息座椅、红十字药箱、自助购物机等设施，方便社会公众参观，并为残障人士准备了轮椅、可移动式坡道板。英国博物馆针对残障人士、老年人、未成年观众等有特殊需要的参观群体量身定做不同的服务设施，在展览中采用盲文的展示说明牌，允许盲人观众携带导盲犬进入展厅，并为导盲犬提供饮用水等。

当今社会，博物馆的观众更加广泛，要求更加多样。针对个性化要求、差别化要求，需要博物馆提供更加细致周到的服务。2007 年，卢浮宫博物馆接待游客数量

① 郑勤砚:《迈向真正的公共性》，载《中国文化报》，2009-02-05（3）。
② 李玫:《博物馆走进社区的意义及途经》，载《博物苑》，2008（1）：25。

高达830万人次，连续5年打破纪录，每天都面临着人满为患带来的种种问题，参观者与保安人员之间的冲突不断发生。为解决这一难题，卢浮宫博物馆2008年启动了一项文明礼貌活动，要求公众尊重展品。卢浮宫博物馆认为，不应该因为人多而变得不再好客，恰恰相反，应该更多地关注那些由于社会、经济、文化和身体原因没有机会进入博物馆的弱势人群。卢浮宫博物馆建设了一个提供大量的文物藏品介绍和互动短片的网站，让艺术爱好者足不出户就能大饱眼福。此外，他们开始培训大批教师、导游成为“参观推荐人”，并且开发了一种多媒体语音导游器，可以为孩子、盲人和聋哑人等提供各种主题的参观讲解①。同时，卢浮宫博物馆在每周五开办包含舞蹈艺术表演等活动内容的夜场，免费招待普通市民；在画廊为青年人提供素描、临摹的条件；对残障人士开辟触摸式展厅；与较为“贫困”的学校建立联系，命名该校的班级为“卢浮宫班”，定期组织学生们参观②。在卢浮宫的大厅里，还为观众提供了各个语种的免费导览图。这些导览图不仅简单地介绍了卢浮宫的历史和主要藏品，还设计了合理的参观路线，参观者依据导览图，可以选择个性化的最佳参观路线，使用起来十分方便。

在今天科技日新月异、新思维和新观念层出不穷的时代，人们的生存环境、思维方式乃至生活方式正在以始料不及的速度发生着深刻的变化，只有善于学习、吸收和创新才能发展和进步。从实际出发，在了解观众的基础上，注重人性化设施的增设和陈列展览水平的提升，才能营造出安全、和谐、崭新的参观环境，以符合社会公众的需求和时代的快速发展。在埃及，“博物馆的服务工作应该深入到乡村去”的口号已被广泛采纳，开罗科技博物馆为此组织了专门的乡村展览，并在举办展览之前，先在乡村里成立科学俱乐部，挑选1~2名能干的青年男女进行专门训练，“以便他们能以博物馆工作人员和名义去进行工作，因为这些人更能用他们的朋友和亲戚所能理解的语言去讲解展览”。今天博物馆应当基于社会的纷繁复杂，对博物馆未来发展有多方面的思考，并为此采取积极有效的行动。反映主流文化的博物馆必不

① 孙丽：《卢浮宫用艺术教育解决人满之患》，载《中国文化报》，2008-03-23（1）。
② 宋敏：《免费开放给宣教工作带来机遇》，载《中国文物报》，2009-07-31（6）。

可少，但是关注社会问题．体现弱势群体呼声的博物馆更是现实的需求，博物馆之所以冠之于“博物”，就在于力图使其从多个角度反映社会及其文化的多样性。在墨西哥，国家历史博物馆原本是一座专门陈列贵族生活和爱好的专题博物馆，而目前已经着手以不同的历史观点对其进行改陈，使其能够面对广大民众，同时展现墨西哥的社会、农业、工业和技术等方面的发展情况。

《关于博物馆向公众开放最有效方法的建议》强调，“博物馆应易于进入并应以舒适的措施使之尽可能具有吸引力。在尊重博物馆特性及不妨碍参观藏品的前提下，最好应于博物馆范围内（在庭园、平台、适宜的地下室等）或在其周围附近，为观众提供休息厅、餐馆、咖啡厅及类似设施”。在日本，65 岁以上的老年人口约占总人口的 20%，即已经进入超高龄社会，面对越来越多走进博物馆的老年观众，日本的博物馆为高龄者提供各种各样的特殊服务。例如，原本展厅内的文字较小不易阅读，就为高龄者准备大文字的展示说明；原本展厅内光线较暗，就为高龄者适当调整灯光亮度。同时，在博物馆内设立更多的休息场所，添置更多的休息座椅以及为高龄者准备专用轮椅，加宽无障碍通道，设置轮椅用的卫生间，为视听障碍者准备更多的声音解说和文字解说，增加盲文触摸式展示说明，再加上多语种的语音导览机、具有亲和力的游客服务中心等，都使人们感受到“以观众为中心”的服务宗旨[①]。2009 年清明节的清晨，中国人民抗日战争纪念馆接待管理中心张玉平主任就站在了博物馆的门口。在这个特殊的日子，纪念馆要将 1000 朵淡雅的菊花分批免费送给观众，供他们寄托对先烈的哀思。家住丰台 82 岁的张俊堂老人接过鲜花，感动地说：“送人鲜花手留余香，一朵免费的菊花表达了对革命先烈的崇敬，更是温暖了自己，感谢抗战馆想得如此周到。”[②]

物质和精神从来就不是对立的两极，而是互为支撑，共同推动人类社会前进的动力。亚里士多德在《伦理学》中曾经讲道：“财富显然不是我们追求的东西；因为它只是有用，而且是因为其他事物而有用。”人们的快乐感、幸福感、信任感等主观

① 行吉正一著：《着眼现代课题的日本博物馆》，崔岩，译，载《沈阳故宫博物院院刊》，2008（6）：14。
② 刘冕：《博物馆“免单”：有多少考验在等待》，载《北京日报》，2009-07-06（3）。

因素对社会发展具有重要的影响。“而主流经济学在追求财富、效率和最大化利益中迷失了对大多数人的快乐幸福的关怀”[①]。今天，人类社会在享受电力、石油、煤气、汽车等现代能源和设施的同时’也饱尝疾病、噪声、污染之苦，人类陷入了深深的困惑与矛盾之中，开始注意到自然生态的恶化已经威胁到人类社会的可持续发展，开始调整人类与自然的关系，调整人们的生产、生活方式。人们认识到，如果只把物质生活水平的高低作为衡量生活质量水平高低的唯一标准或重要指标，把衣食住行得到满足等同于快乐和幸福，显然难以达到目标的实现，因此必须超越人类中心主义，树立生态环境意识。面对严峻的现实，博物馆有不可推卸的责任。博物馆要加强生态文明的传播，用事实说明每个人都应具有生存道德和生态道德，否则就可能成为破坏人与人、人与社会、人与自然和谐的不良因素，甚至成为触犯生存道德和生态道德底线的历史罪人，因为生活在地球上的任何人的任何行动都具有生存意义和生态意义。

博物馆不仅是历史的积淀，更是现实的呈现，健康的博物馆事业必须具有科学、完善的结构，而不是单一区域、单一领域、单一行业的博物馆文化再现。贫困、疾病等社会问题，同样可以成为展示主体。巴西里约热内卢的印第安人博物馆是一座规模虽小，但是颇具特色的博物馆。该博物馆有非常明确的办馆方针，即用印第安人过去制作的和他们现在正在制作的物品样品，使人们对印第安人及其所处的社会困境有全方位的了解，并使观众在离开博物馆时下决心为改善这种局面去做力所能及的事。印第安人博物馆的展览在告诉观众，印第安人是他们的朋友，应该受到关心和保护，不应该被消灭或受到剥削，他们同其他任何人一样，本身就是值得注意的族群。建立于同一座城市的精神病人博物馆也取得了同样的成功，该馆是一座精神病院的组成部分，20 多年来医院一直鼓励病人把绘画和雕刻作为一种治疗方法，并把每一件作品都写上时间和病人的姓名，精心归档保管并陈列展示，展品的选择和布置均由博物馆学专家提供意见，从而使得该馆无论对病人及其家属，还是对附

① 孙明泉、张雁:《致读者》，载《光明日报》，2007-01-09（10）。

近地区的民众，都产生了积极的影响，而其藏品无须任何外援也会不断地稳步增加和更新，院方也在同时把同一个病人在今天所做的作品与其以前作品进行比较，作为观察病人精神状态变化的依据[①]。

近年来，世界各国在发展建设中特别重视博物馆文化的力量。博物馆具有特殊的功能，具有其他文化设施无法取代的力量，可以起到整合观念，规范行为，激励奋进的作用。2007 年 3 月，欧盟在柏林隆重庆祝象征欧盟诞生的《罗马条约》签署 50 周年，并发表了《柏林宣言》。柏林的各大博物馆开放，人们纷纷走进博物馆，欣赏来自欧洲各个历史时期的艺术精品。当欧盟已经拥有 4.5 亿人口，边界自由出入，建成大部分国家使用同一种货币的内部大市场时，欧洲公民们忽然发现，他们的生活水平及所享受的种种社会福利，与他们的父辈相比有所下降，与众多新兴发展中国家蒸蒸日上的态势相比，欧洲的经济停滞不前，失业率居高不下，物价持续上涨。于是，人们认识到，必须利用欧洲的文化潜力，让欧洲的文化成为一体化建设新的推动力，影响欧洲的发展进程。此时，人们不约而同地将目光投向博物馆。欧洲各大博物馆的展览，让人们深刻感受到欧洲的文化精髓。在具有历史意义的博物馆举办各类重大活动，意在表明对欧洲文化和历史的尊重与认同。欧盟 50 周年庆典中最重要的一场活动，签署《柏林宣言》仪式，在德国历史博物馆举行，表达了对博物馆文化的尊重。“如果把欧盟宪法比作欧洲的‘有形灵魂’，那么，欧洲文化则是欧洲更具深层意义的‘无形灵魂’”[②]。

① 王运良，赵宗强：《完整型博物馆的回溯与思考》，载《中国文物科学研究》，2009（2）：39。
② 吕鸿：《给欧洲一个“灵魂”》，载《人民日报》，2007-04-29（8）。

第七章 实现保护性再利用的旧址博物馆

旧址博物馆一般是指利用特殊的空间来展示社会发展、事件发生、人物活动历史瞬间的博物馆。旧址博物馆可以分为，体现一定历史时期社会经济生活的代表性建筑、重大历史事件发生的纪念地、承载某一传统文化的代表性建筑等多种类型。目前，在我国3020座博物馆中，旧址博物馆约占1/4，其涉及面之广，影响力之大，已是我国博物馆系统中不可或缺的组成部分。其中历史建筑旧址博物馆、名人故居旧址博物馆、工业遗产旧址博物馆等均是重要的表现形式。

7.1 历史建筑旧址博物馆

在我国历史上发生了许多重大历史事件，涌现出许多叱咤风云的历史人物，在一定程度上推动和改变了历史发展进程。许多历史事件的发生地和历史人物的活动地，至今都完好地保存着昔日风貌和历史遗迹。随着人们精神领域的追求，这些遗迹成为了历史纪念地，也成为旧址博物馆的首选地。对于体现一定历史时期社会经济生活的代表性建筑，可以利用其历史遗存建立专题博物馆，表现一个特定的历史时期社会政治、经济状况，展现当时的社会面貌，满足社会教育需求；对于某一重大历史事件酝酿和发生的纪念地，可以利用其所保存下来的具有代表性的建筑，建立专题纪念馆，展示这一历史事件的社会背景、发生过程以及对历史进程的影响，能够更清晰地勾画出历史发展的脉络，提供宝贵历史借鉴；对于承载某一传统文化的代表性建筑，可以利用其文化特色，建立展示传统文化、民族文化、地域文化的专题博物馆，深入发掘传统文化精髓和传承关系。历史建筑旧址博物馆的展览主体是旧址复原陈列，旧址复原陈列需要以真实的历史资料为依据，或者以历史当事人的回忆为佐证，应当以旧址中历史建筑和实物展品真实、形象地向观众进行某一历史时期以及某一历史时刻的展示。事实证明，依托历史建筑旧址建立的博物馆，能够成为一个地区、一座城市的宝贵文化资源和独特文化场所。

山东威海中国甲午战争博物馆（2004 年 8 月 17 日）

挖掘建筑旧址文化内涵

历史建筑旧址博物馆具有一般博物馆所不具备的本质属性，即历史建筑具有不可移动性，必须依托于旧址才具有存在的价值，通过对历史建筑及周边环境的形象展示，配以相关的辅助陈列，对旧址的历史价值进行深刻诠释，揭示和深化历史建筑的文化内涵，才能给参观者以更加丰富、准确、系统的知识。今天，人们意识到，赋予历史建筑以恰当的新功能，将成为一笔不可忽视的文化资源。例如澳大利亚新南威尔士州的海德公园营房建成于 1819 年，直到 1848 年，这座乔治式建筑一直作为监禁 600 名男囚的夜间寄宿处，后来它成为一座旅馆和女性移民的劳务市场。1887 年至 1979 年间，法院和政府部门总共有超过 50 个机构曾在这里工作过。1980 年，海德公园营房成为第一批主要由政府资助进行考古研究的历史遗址之一。经过 12 个月的调查研究，揭示出这座营房 170 年深刻而独特的历史。海德公园营房博物馆的设计，使这一旧址成为包含历史建筑整体建造方式、考古遗迹、历史性文献及设施的文化遗存及文化体验。其中重点放在收容囚犯的时期，因为现存的建筑物多是反映这一时期的状况。例如最能唤起人们对于囚禁想象的建筑项层已被保存并修复，以反映出这一时期的真实面貌，为人们了解 19 世纪严酷的监狱生活提供了独特的视角[①]。

同样在澳大利亚，悉尼博物馆是在第一个总督府遗址上建造的。1788 年，A. 菲利普（A.Phillip）总督建造了第一座总督府，在 1845 年被破坏以前，他一直是新南威尔士前 8 任总督的住宅、办公室及大英帝国殖民地权利的象征。早期的澳大利亚殖民地生活艰苦，社会动荡不安，总督府遗址对于今天的澳大利亚人来说，具有不平常的意义。20 世纪 80 年代，考古学家发现了包括基础、排水系统和大量工艺品在内的建筑物的结构遗迹，认为“该遗址是一个作为今天的澳大利亚人如何看待我们自己的标志”。于是，一座现代博物馆和纪念性的市民空间在考古遗址和未开发区域上建成，考古遗址被保存在一个混凝土板下。遗址上的振动和荷载均有所限制，其

① 海伦·坦普尔:《改造为博物馆的历史建筑——来自新南威尔士州历史建筑基金会的实例》，焦舰，译，吴耀东，校，载《世界建筑》，1999（5）：30。

中有两块场地在严格的环境控制下已向公众开放，在将要建造的研究场所里，人们还可以看到其考古文物及相关报告。依据澳大利亚《巴拉宪法》制定的实践方针和原则。第一步是对遗址的意义作全面评估，包括历史学、考古学、建筑学及社会学等各方面意义的评估，同时还要对现存建筑作全面的检查。通过这些研究材料得出一个“文化价值报告”，并附以保护方针。在反映其独特文化价值的博物馆发展计划中，该报告和保护方针成为决定性因素。基金会管理的每个博物馆均有自己的发展计划，在计划中对保护工作的原则及策略进行详细说明，进而导出对这一遗址的诠释及日常性的管理原则①。

对于历史建筑的保护和利用，首先要使旧址文物本体“延年益寿”。因此，如何在历史元素与新的功能之间决定取舍，找寻保护“记忆”与展示“记忆”的平衡点，是不能忽视的问题。然而，很多历史建筑旧址博物馆在筹建过程中，大兴土木，热衷于建设大体量的展馆、营造大制作的展览，盲目拆改原有历史建筑，破坏历史氛围和生态环境，影响建筑旧址的真实性和完整性，使原应处于主体地位的历史建筑旧址，反倒处于从属地位，因而形成了建筑旧址和基本陈列主从地位倒置的现象。在此情况下，树立正确的历史建筑旧址博物馆营建理念尤为重要。例如全国重点文物保护单位历代帝王庙，曾经长期被北京第159中学占用，学校没有正规操场，主要活动空间只有大殿前的一个篮球场，大殿兼做风雨操场、会场和库房使用，学校用房不够，凡能盖房的地方都盖满了平房、楼房，还把古代建筑景德门、御碑亭封砌起来当作办公室使用。古代建筑内通风采光很差，夏天闷热难耐，冬天靠煤炉取暖，有的古代建筑还用作校办工厂，院内电线密布，消防设施缺乏，文物建筑年久失修，发生多次塌檐事件。为了彻底解决这一重要文物建筑的安全隐患，2000年12月，正式启动了历代帝王庙历史建筑保护工程，经过3年多的努力，终于将中学迁出安置，历代帝王庙得以全面修缮，并作为历史建筑旧址博物馆对外开放。

历史建筑旧址博物馆中有很多是依托历史事件的发生地或历史人物的活动地，

① 海伦·坦普尔:《改造为博物馆的历史建筑——来自新南威尔士州历史建筑基金会的实例》，焦舰，译，吴耀东，校，载《世界建筑》，1999（5）：30。

进行实物陈列而建立的旧址博物馆，通过对历史事件和历史人物的发生与活动场所的复原以及文物藏品展示，再现当时的场景，勾勒出一幅真实而生动的历史画卷。北京的北大红楼犹如一座丰碑，铭刻着人们永远的回忆和缅怀，在车水马龙的喧嚣闹市间，默默地矗立了百年，成为现代都市中一个永恒的地标。北大红楼是新文化运动的主阵地，是五四爱国运动的策源地，这是取之不尽，用之不竭的文化资源。正因为如此，2002 年，以北大红楼为依托的新文化运动纪念馆正式成立，并向社会开放。新文化运动纪念馆成立后，承担了《北大红楼历史沿革考证》科研课题，深入考证新文化运动时期红楼内的房屋布局以及当时著名人物、社团、机构的使用情况，为旧址复原提供科学依据。通过详细考证，已经掌握了历史建筑内各个房间的功能布局。例如地下室为印刷厂，著名杂志《新潮》《国民》《北京大学日刊》等，都曾在这里排版印制；一楼大部分是图书馆，有李大钊的图书馆主任室、毛泽东工作过的新闻纸阅览室等；二楼是校内行政机构，有校长蔡元培办公室、文科学长陈独秀办公室、各科教授会等；三、四楼则是各科教室和国文、哲学、英文三科研究所所在地。

通过对北大红楼各类房屋旧址的复原，并辅助一些小型的专题展览，全方位展示新文化运动时期的历史风貌，再现北大红楼内每一处房屋旧址最值得纪念的历史瞬间，营造历史氛围，让参观者走进红楼，身临其境，感受历史沧桑。其中北大红楼一层的东北角，曾经是北京大学学生进步团体创办的《新潮》杂志社的旧址。1919 年五四运动爆发前夕的那个上午，作为《新潮》杂志社主要发起人之一的罗家伦，在此起草《北京学界全体宣言》，发出“中国的土地可以征服而不可以断送！中国的人民可以杀戮而不可以低头”的爱国呐喊。关于这段历史，在相关历史回忆中有详尽的记载。依照这些史实，不仅可以复原《新潮》杂志社的历史旧貌，而且可以将房屋旧址复原的内容，凝固在罗家伦奋笔疾书的历史瞬间，通过数以百计的白布写成的标语横幅以及桌上凌乱摆放的笔墨、报纸、宣传话筒等物品，再现爱国学生即将出发游行时的历史场景，从而揭示五四运动爆发前夕北京大学学生所迸发出的爱国激情，形成生动形象的立体展示。这种实地展示效果是一般博物馆所难以达到的。这种展示效果将形象性、实践性、知识性、趣味性紧密结合起来，使旧址陈列增加无限生机，散发着真实性很强的浓烈时代气息，能够将观众引入所展示的时代环境中，给人以身临其境的深刻感受①。

对于历史建筑的保护性再利用不能任意妄为，抹杀原有历史建筑的生命，而是要在保留旧址文化价值的前提下，在保护历史建筑原貌的同时，经过适当的建筑结构评估，针对安全状况进行改善，发挥原有材料的优点，使建筑旧址获得更好的生存状态。北大红楼原是按照作为北京大学预科学生宿舍的标准进行设计施工，之后又作为文科教室及研究所、图书馆等功能使用。如今，作为开放的历史建筑旧址博物馆，其功能已经完全不同于从前。因此，就北大红楼原有建筑结构与新文化运动纪念馆社会功能而言，存在着发展的局限性。例如筒子楼式的建筑结构，不利于观众疏导，在观众较多的时候，纪念馆内显得十分拥堵，存在一定的安全隐患；由于起初按照学生宿舍的格局设计施工，因此建筑旧址内均是小户型房屋，每间房屋面积多为 20 多平方米，即使打通非承重墙，扩大后的展室最大也仅为 50 m^2，因此，不适于在纪念馆内举办大型展览；从建筑旧址保护角度出发，北大红楼属于砖木结构，防火任务极为严峻，在形式设计和展览设备的使用上，都存在很大的局限性。目前，新文化运动纪念馆有藏品 6000 余件，陈列面积 530 m^2，年接待观众 3 万人次左右，举办有《新文化运动陈列》《蔡元培与北大红楼》等长期展览以及复原陈列李大钊工作过的办公室、毛泽东工作过的阅览室等，这些符合历史建筑的保护与合理利用要求。

上海澳门路 477 号是中华书局总厂旧址，因在我国近代出版史上具有重要意义而被列入上海优秀历史建筑。然而，2009 年下半年，这组历史建筑面临诞生 70 年以来，一次从建筑结构到使用功能的改造，即当地政府拟将中华书局旧址变成“创意

① 孙陈翔：《博物馆与旧址复原》，载《中国文物报》，2009-06-05（6）。

产业园”，其临街一面的楼顶已经竖立起巨大的广告牌，上书“中华1912创意园”的字样，并有简单的经营、招租项目介绍，内容包括办公写字楼、商铺、商务酒店以及人才公寓，建设方曾希望赶在上海世界博览会期间，让商务酒店开门迎客、园内招商。但是这一改造计划，使一些上海文化出版界的人士感到不安，他们中的一些人与这组历史建筑有着特殊记忆和情感联系。同时，改造计划也在参与这组历史建筑改造利用的专业人士中间引起讨论。中华书局创始人陆费逵的女儿担心旧址改建酒店、商铺与公寓，原本大开间的建筑，多了分隔墙，添了上下水道、空调等生活设施，会对原有结构造成破坏。陈子善教授认为，“只保留住建筑外壳，不注重内在文化遗产的传承，实际上不能算是对文化的尊重与妥善保存”。同济大学阮仪三教授则认为，城市发展不可能样样不动，大多数工业遗产建筑都会发生使用性质的改变。这类建筑的历史意义多依附于其外形和内部场景上。只要建筑不被拆毁、破坏，历史记忆就会得到留存，也可能恢复。

多年来，上海文化出版界人士一直建议将2万平方米的中华书局旧址的一部分，改造成为上海出版博物馆。老出版家丁景唐认为中华书局总厂的价值在于其内在传承的无形文化财产，这是上海乃至全国仅存的大规模、高质量的近代出版文化遗存，70多年间尽管机构名称、体制不断变化，却一直在印刷出版行业内部流转，历史发展脉络十分清晰，再利用不应人为割断历史传承。一家连续运转了70多年，曾领行业风骚的著名印刷企业，将它转变成概念模糊的“创意产业园”，不是保护具有文化价值的历史建筑的好选择。人们认为中华书局旧址建筑被保留下来，改建的内容却是与文化出版类内容毫不相关的酒店、商铺，将会本末倒置。从2000年起，几乎每年上海市“两会”期间，均有人大代表、政协委员递交建议或提案，呼吁“利用中华书局旧址，抓紧建设出版博物馆，认为利用这样一处能显示上海中国出版源头地位、具有标志意味的历史建筑，建设出版博物馆将是中华书局旧址的最佳选址。上海出版博物馆筹办处也在2003年11月成立，征集文物史料和开展文献整理研究的工作也已经启动。对于出版博物馆的选址，上海市有关部门明确表示，经过多次协调和比选，“倾向性意见是利用出版机构旧址进行改建。规模比较合适的是中华书局旧址和商务印书馆第五印刷所旧址”[①]。

侵华日军第731部队遗址是抗日战争和第二次世界大战期间，侵华日军从事生物细菌战研究和人体实验相关研究的秘密军事设施，由于利用健康活人进行细菌战和毒气战等实验，使其作为人类历史上最大规模、最灭绝人性的细菌战研究罪恶行径与奥斯威辛集中营和南京大屠杀同样骇人听闻。目前对参观者开放的731部队基地遗址，由150多幢建筑组成，经过精心设计，十分坚固，包括各类生产设施，有约4500个培养跳蚤的容器，6个巨大的制造各种化学制品的锅炉以及约1800个用于生产生物试剂的容器。1939年—1945年，至少有3000余无辜生命被侵华日军第731部队在哈尔滨平房区本部直接作为活体细菌实验材料，无一生还。从731生产出的数十吨生物武器以及一些化学武器，在整个战争期间被存放于我国东北地区许多地方。1945年8月，日军在败退时为了销毁罪证，下令炸毁了这里的主要实验设施，并要求其部下“把秘密带进坟墓”。岁月流逝，如今731部队遗址混杂在城市生活区中，周边环境杂乱，安全隐患严重。为了永久保存这一极为特殊的标志性遗址，近年来，对遗址进行全面清理，发现大量当年遗存。同时，采取措施对遗址进行保护。目前，731部队本部大楼遗址和2号楼遗址已经维修复原，在此基础上，一座“侵华日军第731部队罪证陈列馆”建立起来，使这一反人类罪行昭示天下，引发全人类反思战争，关注和平[②]。

位于北京王府井中央美术学院旧址的中央美术学院美术馆，建于1953年，在1958年中国美术馆建设之前，曾经是全国最重要的美术展览场地。在半个多世纪的风雨历程中，美术馆在教学研究、展览陈列、艺术交流以及艺术品收藏等方面发挥了重要作用。2002年，伴随中央美术学院迁往望京，学院旧址将由北京协和医院建设保健病房，而美术馆将被拆除后建成绿地。此计划遭到包括众多老艺术家在内的

① 姜泓冰：《中华书局，明日沪上何处寻》，载《人民日报》，2010-08-19（24）。
② 刘洁：《侵华日军七三一遗址能否申遗》，载《中国文化报》，2010-07-21（5）。

社会人士反对。此后美术馆虽然被列入“北京市优秀近现代建筑”予以保护，但是这一历史建筑将被改造为协和医院的医学用房。距离2008年10月，交付的最后期限临近，中央美术学院美术馆的命运牵动着众多美术家的心。廖静文、张仃、王琦、常沙娜等200多位美术界知名人士联合签名宣言，共同呼吁：“中央美术学院美术馆的历史地位与社会功能不能改变。”认为“这座美术馆从装饰到布局设计，都是专为美术展览而设计的，它不是一座普通的建筑物，因此改变使用功能即失去了保护下来的意义”。“现在的问题是，建筑虽然保护下来了，但却要成为协和医院的医学用房，我们认为不妥”。廖静文女士回忆起徐悲鸿先生当年用20多幅画作，从国民党将领李宗仁手中争取到这块地方建设校舍的艰难，“我坚决反对改作他用。现在虽然保护下来，但如果不作展览之用，那意义也不大。如果既能保留其建筑，还可以让画家有展览的地方，才是物尽其用”。

展示建筑旧址文化面貌

“保护并不意味着将其束之高阁。”保护历史建筑的最大动力是保存文化，以便对人类的共同记忆提供寄托与思念。因此，需要以智慧和创意来权衡对建筑旧址的定位，挖掘建筑旧址的文化底蕴，满足社会公众的文化需求，使历史建筑以“活态”的面貌出现，做到既科学保护又合理利用。事实上，只要历史建筑在使用，就会被不断维护，就不会因为被闲置而加速损毁。由此看来，为历史建筑旧址与人们的现实生活重新建立联系，创造使闲置空间再次获得继续生存的契机，为历史建筑旧址寻求新生是一种积极的保护方式。即采取合理利用的方式，使历史建筑旧址得到再生，进而再次与社会公众生活结合在一起，延长其使用寿命，创造出新的价值。历史建筑旧址博物馆具有很多普通博物馆所不具备的特点，有些是它们的优势，有些则是它们的弱势。由于历史建筑旧址博物馆所依托的历史建筑大多为文物保护单位，而文物保护单位内部结构不能随意改变，因此历史建筑旧址往往不适合大型陈列展览，保护要求与使用功能之间存在矛盾：历史建筑旧址的周围环境要保持原有风貌，又要与博物馆的功能相协调，不得随意改变，因此，相应的配套设施，例如道路交通、停车场地等受到限制；由于历史建筑多为砖木结构，在文物保护和安全防范方面任务艰巨。

巴蜀地区会馆是明清时代外省向四川大移民的产物。明末清初，四川人口锐减，从而引发了历史上跨越100多年，以“湖广填四川”为代表的各省向四川大规模的移民运动。会馆是一种客居、流寓外乡的商人、官吏或迁徙的移民群体，为共同利益需要而建立的，以地域同乡为纽带的民间组织形式。重庆湖广会馆兴建于明末清初，是由湖北会馆、广东会馆等组成的大型移民会馆建筑群，占地面积逾万 m^2，建筑面积7000 m^2。会馆建筑依山就势，北靠长江嘉陵江交汇处的朝天门码头，充分反映出重庆曾经作为移民城市的文化经济特色。但是2003年2月，当笔者到重庆湖广会馆调研时，看到由于历史变迁，会馆建筑群被埋藏于杂乱无章的工厂、仓库和民居之中。由于房屋年久失修，内部空间任意分割，裸露电线密如蛛网，历史建筑破败不堪，随时面临毁灭危险。2003年5月重庆市开始对湖广会馆内268户居民和单位实施排危抢险性搬迁安置，并于同年12月修复工程开工，在湖广会馆的修复过程中，强调历史建筑修缮“不改变文物原状”和“可识别性”原则，探索适合东方砖木结构体系的历史建筑修复方法。2005年9月重庆湖广会馆修缮工程竣工并对外开放，形成具有浓郁地域特色的建筑旧址文化空间，体现出城市厚重的历史和海纳百川的气魄，成为重庆重要的民俗文化保护、展示、传承场所。

恭王府是北京王公府邸中保存最完整的清代王府，不仅具有独特的艺术、文化价值，也见证了我国最后一个封建王朝的兴衰荣辱。“一座恭王府，半部清朝史”，著名历史地理学家侯仁之先生高度评价这座名声赫赫的王府的重要地位。恭王府由府邸和花园两部分组成，占地面积约6 hm^2。府邸建筑格局为三路五进，被称为是世界上最大的四合院。1921年恭王府府邸及花园被抵押给天主教会。1937年辅仁大学将其购置作为校舍。新中国成立后，这里一度被北京师范大学、中国音乐学院和中国艺术研究院占用。恭王府府邸文物保护修缮工程于2005年正式开工，这是自1850年以来恭王府最大的一次修缮。这次修缮按照清代同治、光绪时期恭亲王最辉煌时期的原貌进行，有历史依据的按照原样修复，没有历史依据的按照专家指导意见修复，既无历史依据、专家又有分歧的按照现状进行保护修复。2008年8月，恭王府府邸撩开了它的神秘面纱，这是232年以来恭王府府邸首次对公众全面开放。希望通过不懈努力，使这座历史建筑旧址博物馆在古都北京的文化生活中发挥独特作用。但是，恭王府中原本收藏有大量珍贵文物，经过历史变迁，大量家具、字画、陈设、收藏品都已散失。目前，恭王府管理中心已向社会公开征集王府原有文物，并制定了文物捐赠奖励办法[①]。

在北京故宫筒子河北岸，景山西侧有一组气势恢宏的古代建筑，即国内目前保存下来的唯一一座明清皇家道观大高玄殿。大高玄殿由大殿、钟鼓楼、东西配殿等建筑群组成，其中象征天圆地方的乾元阁，圆攒尖屋顶，覆以蓝琉璃瓦，内部彩画及藻井精美绝伦。新中国成立之初，虽然故宫博物院对大高玄殿进行过产权登记。但是，当时有关单位为解决一时办公用房急需，暂时借用大高玄殿建筑至今。因此，这里从未对社会公众开放过。半个世纪后，尽管大高玄殿早已成为全国重点文物保护单位，但是院内早已被杂乱无章的新添房屋所占据，文物建筑自身也出现了严重的安全隐患：据专家回忆，“2005年，大高玄殿等古建筑上飞线很多，所有建筑都未安装防火报警设施，大部分建筑未安装避雷设施。部分大殿的屋顶已经漏雨，古建筑的石栏板被人为锯断，兽头被车辆撞坏散落院内。杂物和煤堆已将百年古树挤压得奄奄一息”。几十年来，专家学者、政协委员们就大高玄殿腾退、归还、修缮、开放问题一再呼吁。2002年郑孝燮等著名专家发出《关于收回大高玄殿作为文化设施的倡议书》，2005年已故国学大师季羡林也曾联合多名专家学者发出倡议书，要求占用部门尽快腾退大高玄殿，进行修缮。2010年6月，在各方面的积极努力下，大高

① 翁巍巍：《恭王府撩开神秘面纱》，载《人民日报》（海外版），2008-08-30（7）。

玄殿移交故宫博物院的协议得以签订。近日大高玄殿将开始实现腾退，精心修缮后向社会开放①。

北京和巴黎均以其城市轴线在世界享有盛名。同时，两个城市的主轴线上都布置有最重要的历史建筑群。北京中轴线上的故宫和巴黎主轴线上的卢浮宫分别为昔日的皇宫和王宫。古代它们为皇权或王权的代表，是至高无上的禁地；现代又因其罕见的艺术价值而受到最严格的保护，被作为历史建筑旧址博物馆使用②。具有个性与特色，是博物馆社会影响力的灵魂。从王室城堡到著名的博物馆，卢浮宫以其艺术特色哺育了全世界的艺术天才和他们的艺术灵魂。北京的故宫博物院，也从近百年前的皇家宫殿，演变成今天为社会公众服务的博物馆。进入新的世纪，故宫的游客数量每年都有较大幅度的增加，同时，游客数量在时间分布上不均衡，在旅游旺季和节假日，有时一天的游客超过 10 万人，而根据科学测算，故宫目前能够承受的合理流量为每天 3 万人次以下。由于人满为患，摩肩接踵的人流、嘈杂的环境使许多参观者兴趣索然，不仅使游客难以得到良好优质的服务，而且对文物保护也造成了很大压力。正在实施的故宫文物建筑群全面修缮工程，其重要目的之一是扩大参观开放的范围，使故宫开放部分的面积由目前的 30%，扩大到 70% 以上，使参观者更好更多地享受文化权益，使故宫博物院作为历史建筑旧址博物馆，发挥出更加独特的文化功能。

与一般博物馆相比，利用历史建筑旧址设立的博物馆，更要求馆舍与周边环境的历史氛围相匹配，使人们从馆舍上体验到真实的历史，从环境中获取到更多的信息。因此，对于历史建筑旧址的保护，在保护历史建筑真实性的同时，还要保护周边环境的完整性。但是，由于历史原因建筑旧址的保护状况往往不尽如人意。目前即使对于北京故宫来说，皇家宫殿建筑群也并不完整，还有一些缺憾。例如位于故宫东面的皇史宬，是明清两朝皇室档案储藏所，也是我国现存唯一的皇家档案馆，反映我国封建时代的档案制度，是故宫历史建筑旧址博物馆的重要组成部分。1925

① 刘罡:《大高玄殿腾退后将大修》，载《北京日报》，2010-06-30（8）。
② 王小舟，孙颖:《北京与巴黎传统城市空间形态的比较和研究》，载《国外城市规划》，2004（5）: 68。

年故宫博物院成立后即对皇史宬实施管理。1980 年成立中国第一历史档案馆，皇史宬由第一历史档案馆管理。如今皇史宬院内搭建有大量非文物建筑，住有居民，既破坏了历史建筑及其环境，也造成了严重的安全隐患。另外，在故宫博物院内西华门南北两侧，1974 年以故宫生活用房的名义添建了高度超过 16 m 的 5 座楼房，俗称“屏风楼”，从建筑风格和文化内涵上，破坏了故宫的历史风貌和整体格局。因为这些楼房建设的需要，拆除了西华门两侧城墙的马道，不仅对历史建筑造成了破坏，也直接影响了故宫的统一保护管理。使用单位的各类车辆每天从西华门进出，造成环境污染，形成安全隐患。

山西南部地区的晋城、运城、长治、临汾一带，至今遗存有大量早期木结构历史建筑群，承载着这片古老土地上一段厚重的历史和独特的文明。就历史时代来说，包括唐、五代、宋、金、元至明的历朝历代代表性建筑，年代排序齐全、连续。就建筑类型来说，除数量较多的佛寺、道观等宗教类建筑外，还有众多的衙署、钟楼、鼓楼、乐楼、祠堂、戏台、民宅等，建筑类型丰富。就技术工艺水平来说，建筑内部保留大量与建筑同时代的塑像、壁画、彩绘和小木作以及木雕、石雕、砖雕、琉璃、铁艺等，匠心独具、造型精美、工艺高超。这些早期木结构历史建筑数量之多，价值之高，分布之集中，年代之久远，品类之齐全，绝无仅有，令人震撼。虽然历经数百上千年，但是这些历史建筑群的总体格局多保持完整，历史信息和纪年标记多保存清晰，有的可以从建筑形制、艺术构件上直接看出典型的时代手法特征，体现出丰富多彩的文化和信仰、精美独到的风格和成就，成为今天研究山西南部社会发展史、思想史、宗教史、建筑史、美术史、艺术史和技术史不可多得的实物例证。其中已有 105 处被列入全国重点文物保护单位，占全国同类早期木结构建筑群的 46.5%[①]。但是，自清朝末年经济衰退以来，这些早期木结构历史建筑群逐渐荒凉破败，年久失修，甚至墙倒屋塌，残垣断壁在风雨中飘摇，几乎沦为废墟。

2005 年，国家文物部门将山西南部早期建筑调查研究和维修工程列入全国文物

① 张之平:《发现·机遇·挑战·使命》，载《中国文物报》，2009-10-23（5）。

保护工程重点项目，为山西南部早期建筑的保护带来了重大机遇。无论从管理还是技术方面，在保护规划、勘查调研、方案设计、项目实施直至竣工验收的全过程中，自始至终严格把握不改变文物原状的原则，坚持最小干预、最大限度保存早期建筑现存所有实物和环境，把它们留存的历史信息和全部价值真实、完整地延续下去。同时，对每一座早期建筑的背景、布局、形制、结构、构造、材料、装饰、彩画、塑像、碑刻等内容做全面细致的调查研究，并将调查研究贯穿于工程的始终，使其形成完整资料。明确早期建筑的时代、法式、传统特征和地方手法，确保在维修工程中使这些价值、特征得以留存、延续，而不是损毁和灭失。同时，对于建筑残损的状况、程度、原因，进行全面细致的探查和科学合理的评估鉴定，准确界定和把握保护修缮工程的性质和范围，努力做到既能排除险情，又能最大限度保持现状，保存和保留原材料、原构件，甚至所有技艺的痕迹、历代更换添加的信息和历史的沧桑感①。山西南部早期建筑调查研究和维修工程使大量珍贵文物得以保护和合理利用，形成大型历史建筑旧址博物馆聚落，同时为历史建筑旧址保护积累和创造了难得的经验。

曲阜文化遗产保护特区以世界文化遗产孔府、孔庙、孔林等文物古迹为载体，保护绵延数千年而不绝的中华文脉，使之成为具有教育、纪念、展示功能的独特精神文化空间。这一精神文化空间，涵盖了北辛文化、大汶口文化、龙山文化等一系列大型聚落遗址群以及鲁国故城、汉故城、明故城等一系列大型故城遗址。规划建设曲阜文化遗产保护特区，就是用一种有别于传统意义的精神文化空间的概念，把无比丰厚而珍贵的文化遗产，包括地下与地上、可移动与不可移动、物质与非物质的文化遗产，进行文脉梳理和资源整合，全面有效地保护起来，使它们避免受到快速发展的城市化进程的侵蚀，使其成为独具特质、令人神往的文化圣地，成为培育民族精神、缅怀先祖先贤、砥砺道德心性、凝聚炎黄子孙的精神家园。从这个意义上讲，建设曲阜文化遗产保护特区是区域性、整体性文化遗产保护理念的创新实践，

---

① 张之平：《发现・机遇・挑战・使命》，载《中国文物报》，2009-10-23（5）。

是整体保护与展示星罗棋布且文化价值巨大的文化遗产区域的积极探索。使全球华人到此体验根的呼唤、家的情怀，跨越时空与先贤对话、与智者交流，思想上得到升华，心灵上得到净化；使世界各地孔子学院的学生，无论国籍、年龄、性别、职业，都怀着朝圣的心情，来到这里聆听儒学学者的演讲，接受学術的授予，体会中华文化的源远流长和博大精深[①]。

安江农校位于湖南洪江安江镇，始建于 1939 年。袁隆平院士及其团队在此生活和从事教学、杂交水稻研究长达 37 年。“一粒改变世界的种子”——杂交水稻就是在这里经过艰难探索取得突破和成功。杂交水稻研究成果在世界科技史上产生了巨大影响，先后获得第一个国家特等发明奖和联合国“世界粮食奖”等项殊荣。安江农校见证了袁隆平及其团队的科学研究奋斗足迹，成为“隆平精神”和杂交水稻研究历程的大型物证，也是人类稻作文明历史发展的真实载体。2008 年，安江农校老校区更名为“安江农校杂交水稻纪念园”，园内保存了具有一定规模的、1939 年~1986 年间特定历史时期修建的、时代特征明显的各类教学及科研设施，例如办公楼、校训牌、袁隆平旧居、鱼鳞板教学楼、杂交水稻温室、鱼塘、早期杂交水稻试验田、捞禾深井、玻璃温室、高温抗病鉴定圃等，将杂交水稻研究历史全过程，以实地、实物真实记录下来，为丰富世界科学技术发展史提供珍贵素材。2009 年 8 月，国务院将安江农校杂交水稻纪念园这一活态的、与广大民众生活密切相关的文化遗产列为全国重点文物保护单位。如今纪念园占地约 16.66 hm^2，建筑面积 4 万余平方米，园内古树参天，绿叶成荫。这里不但继续承担着国家杂交水稻中心的科研任务，承担着数千名农民科技骨干的培训任务，而且成为集文物展示、人文景观、旅游休闲于一体的爱国主义教育基地[②]。

突出建筑旧址文化特色

国子监是我国元、明、清三代国家管理教育的最高行政机关和国家设立的最高

① 徐向红：《全面保护独具特色的精神文化空间》，载《光明日报》，2009-11-11（11）。
② 邓剑军：《安江农校杂交水稻纪念园》，载《湖南文化遗产》，2010（1）14。

学府，而孔庙则是皇家祭孔之地，两者相伴，形成“左庙右学”。新中国成立后，在国子监里开设首都图书馆，首都博物馆则在孔庙内建立。近年来，北京市陆续将首都图书馆和首都博物馆迁出古代建筑群，使国子监与孔庙合为一处。如今，孔庙与国子监修葺一新，合并成为历史建筑旧址博物馆，重新对外开放[①]。神乐署位于北京天坛的西南外坛，始建于永乐十八年（1420年），为天坛的五组重要建筑之一，是为了满足皇家祭祀礼仪需要，教练舞生、乐生，演习祭祀乐礼的机构，也是祭天建筑群的重要组成部分。2004年4月，天坛神乐署修缮工程竣工，不但很好地恢复了历史风貌，而且作为中华古代祭祀音乐博物馆向游人开放，在这里人们可以欣赏到中国古代最高祭祀礼乐——中和韶乐。镇江博物馆馆址为原英国领事馆旧址，五幢东印度风格的建筑依山而建。该馆西依云台山麓，北临浩瀚长江，东靠西津渡古街，是英国在我国沿海沿江建造的最早的领事馆之一。镇江博物馆利用原有的历史环境，将五幢建筑按原英国领事馆的旧貌进行恢复，整个博物馆区按英国式园林风格进行整体环境景观整饰，水体、绿化、凉亭与历史建筑浑然一体，表达出建筑本身与自然环境的和谐，形成花园式博物馆[②]。

加拿大建筑师P.M.歌德史密斯（P.M.Goldsmith）认为：“对老建筑最有意义的保护是找到它‘再利用’的方式。”今天人们普遍认同这一观点[③]。在澳大利亚的遗产保护中，为历史建筑寻找改造性再利用的方式越来越受到重视，人们在制定保护规划的基础上，通过改造性再利用使建筑遗产的重要性得以最大限度的保存和再现，并不断为社会提供效益。历史建筑的价值在于它的真实性，失去了真实性，也就失去了自身的意义。因此，当一座博物馆设在建筑旧址内，博物馆的管理者首先必须承担起对文物建筑所应负的保护责任，任何超越保护限制所计划开展的改造，都应该慎之又慎。悉尼布莱克镇的罗斯山庄园，保持着自1813年以来澳大利亚历史上一个家族拥有一处房产时间最长的纪录，它位于一处现存的最古老的乡间花园之中，附属建筑保持原貌，内部陈设的每一样东西都保持着原状。这个澳大利亚家族180

① 谢宇野，凌关胜:《“左庙右学”展儒学遗产》，载《人民日报》（海外版），2008-07-01（7）。
② 吴芳:《镇江博物馆环境资源的整合》，载《中国文物报》，2010-04-14（4）。
③ 张华:《青岛老建筑的再生运动》，载《中国文化报》，2007-11-15（6）。

年来，七代人起伏不定的命运就像一部生动的文化史，博物馆包含着对其独特而珍贵的记录，将这一段历史描述成为“一个长期积累下来的反映澳大利亚人生活的原始档案”，而这也是此处遗址的本来面目。历史建筑旧址博物馆不但严格控制着自己的行为，也拒绝了家族修复损坏的建筑物或因审美原因移动设施的要求，仅在为了延长历史建筑寿命时才实施一些修复工作[①]。

颐和园早在 1989 年就编制了第一部《颐和园总体保护规划》，并每隔 5 年及时细化并完善保护规划项目，在总体保护规划指导下，颐和园先后恢复了苏州街（1990 年）、景明楼（1992 年）、澹宁堂（1997 年），建设了文昌院文物库馆（2000 年），恢复了清漪园时期的重要历史景区耕织图（2004 年）。在对文物环境进行综合整治的同时，加强对文物本体保护。科学实施各项保护工作，对文物建筑和考古遗址进行相关的勘察测绘、防护加固、现状修整、遗址保护、彩画修复、日常保养等；修缮听鹂馆、大船坞、排云殿、佛香阁、长廊、仁寿殿等文物建筑；采取科学手段，加强对石刻、室内外陈设、馆藏文物等附属文物的保护；采取科学的保护方法，有效治理石质文物的风化、爆裂；维护山形水系，恢复霁清轩玉琴峡、谐趣园清琴峡的水景，再现颐和园的山水格局；保护古树名木，制定古树名木的保护措施；清理淤积，进行环境整治，恢复历史园林意境。同时，拆除属于当代为扩大使用面积在文物建筑上添建、扩建的部分；拆除不符合保护规划要求的非文物建筑，逐步恢复颐和园的完整格局，逐步淡化颐和园内的商业化倾向，对游人进行合理限制。通过上述一系列总体保护规划项目实施，实现历史文化名园保护与公园综合功能的统一[②]。

青岛虽然仅有 110 余年建置历史，但是由于在近现代史上的特殊地位和丰富的文化遗存而成为国家级历史文化名城，彰显出不凡的文化容量与文化气度。今天，越来越多的青岛人认识到，新的文化项目不一定要进行新的建设，历史建筑旧址通过深入挖掘原有的文化内涵，在新时期同样可以有新的作为。与栈桥隔海相望，始建于 1934 年的兰山路 1 号礼堂，如今已经是享有盛誉的音乐厅；几街之隔，位于大

① 海伦·坦普尔：《改造为博物馆的历史建筑——来自新南威尔士州历史建筑基金会的实例》，焦舰，译，吴耀东，校，载《世界建筑》，1999（5）：30。
② 翟小菊，谷媛：《遗产保护规划先行——颐和园遗产保护实践谈》，见《世界遗产保护杭州论坛暨 2008 国际古迹遗址理事会亚太地区会议论文集》，第 125 页。

学路 7 号的红十字会旧址成为书画爱好者经常聚首的美术馆；正在筹建中的青岛建筑博物馆、小提琴博物馆等，选址意向也锁定在承载着城市文脉的历史建筑保护性再利用。“这些老建筑是一座城市文化底蕴生生不息的象征，也是一系列代表不同时期的历史坐标，现代人也会以此作参照物，辨认日新月异的生存环境，青岛虽是座年轻城市，但丰富多彩的老建筑已成为构成青岛影像、传承城市文脉不可或缺的重要元素”[①]。历史建筑旧址保持着优雅气质，延续着人们的珍贵记忆，容纳进新的文化功能后，焕发出无与伦比的魅力，成为独具特色的文化舞台。青岛的一座座历史建筑旧址博物馆的建成开放，是历史建筑保护性再利用的成功尝试和有益探索，特别是为 20 世纪遗产的保护提供了新的思路和借鉴。

北戴河是我国四大别墅区之一，被誉为“万国建筑博物馆”，现存别墅 130 余栋。北戴河的别墅建筑始于清光绪十九年（1893 年），由英国传教士史德华（Steward）首开其端。随着近代铁路的修筑，大批英美传教士和商人纷纷在此购地筑屋。1898 年春天，清政府宣布北戴河海滨作为秦皇岛“自开商埠”的一部分，被划作“允中外人士杂居的避暑地”。于是一些外国公司和个人开始在北戴河大举收购土地、兴建别墅。据史料记载，至 1948 年北戴河海滨范围共有中外别墅 719 幢，其中外国人所修建的别墅 483 幢，涉及美、英、法等 20 多个国家，北戴河因此成为仅次于庐山别墅区的我国第二大别墅区。北戴河的别墅历史建筑充满异域风情，构成独具特色的建筑风景。然而，一百多年的风雨剥蚀和各种人为因素的影响，目前保存完好的仅有 130 余幢，尚存的不少别墅历史建筑或被改头换面失去原有的风韵，或闲置不用、年久失修、面目全非。近年来，为了保护北戴河别墅历史建筑群，有关部门开始对现存的别墅建筑逐一登记造册，深入挖掘每栋别墅建筑的历史价值，有计划地实施修缮保护，将何香凝别墅、东岭会教堂等 60 余处有文物价值的历史建筑确定为文物保护单位，在保护修缮工程完成后，创造条件对社会开放[②]。

历史建筑旧址博物馆中，建筑旧址是人们参观的主体，这是任何新建的博物馆

① 张华：《青岛老建筑的再生运动》，载《中国文化报》，2007-11-15（6）。
② 耿建扩：《别让北戴河老别墅在历史中湮灭》，载《光明日报》，2009-11-25（4）。

无法比拟的优势。在新建的博物馆中，虽然也可以通过陈列展览的组合布置使人们有身临其境的感受，但毕竟是人为营造。而历史建筑旧址通过严谨的科学研究，进行必要的总体环境设计，可以创造出真实可信的历史环境。观众进入建筑旧址，感受历史氛围，这正是历史建筑旧址博物馆的本质魅力所在。作为历史建筑旧址博物馆，应更加关注历史建筑本身与博物馆陈列展示内容的关联性，形成别具特色的专题博物馆。例如 1989 年建立的杭州胡庆余堂中药博物馆，位于西子湖畔，在有“江南药府”之称的百年老店胡庆余堂老字号建筑群的基础上创建。博物馆建筑面积约 4000 m^2，分为陈列厅、作坊厅、养生保健门诊部、营业厅和药膳厅等，使历史建筑与博物馆陈列展示融为一体。英格兰北部的湖区小镇凯西特，有一座独具特色的铅笔博物馆。馆舍利用生产车间收藏和展示世界各长短粗细，形状各异地的铅笔，以及各种颜色的笔芯和外包装。除了铅笔实物，还展示有生产铅笔用的材料，例如颜料、木材等。通过丰富多彩的实物资料，人们可以从中了解铅笔的历史、用途、制造工艺，还可以参观正在生产铅笔的加工企业[①]。

每一个中华老字号都有过辉煌的历史，都有着鲜明的传统文化背景，因此都是一本翻不完的历史传奇。这些老字号所创造的企业文化，有着古老的历史渊源和深厚的文化底蕴，使其成为所在城市的文化品牌。老字号最值得珍惜的是文化内涵。老字号沃尔玛的创始人 S. 沃尔顿（S.Walton）曾说：“我创办沃尔玛的灵感来自一个古老的中国商号，瑞蚨祥，它的名字来源于一个可以带来金钱的昆虫，我想它是世界上最早的连锁企业，它做得很好。”品质、服务、诚信是老字号的三大法宝，也是现在市场经济中必须遵守的准则。老字号所传承下来的历史文化无疑是其优越于其他竞争对手的巨大财富，注重对精神内涵的挖掘弘扬，必将对老字号本身的发展壮大起到积极的推动作用[②]。2007 年，全聚德为了促进所谓“产品标准化”和扩大门店数目，曾宣布改用傻瓜电炉烤制烤鸭，然而并没有为大多数顾客所接受，于是不得不在一些重要门店仍然保留挂炉烤鸭，毕竟传统工艺的精髓不能丢，需要深入挖

① 冯雁军：《乡村博物馆》，载《人民日报》，2009-05-26（15）。
② 袁帅，韩永先，谢建磊：《老字号的新举动》，载《人民日报》（海外版），2009-12-17（4）。

掘和弘扬。几十年来，老字号几经波澜，数量不断减少。特别是近年来随着城市化进程推进，一些老字号被逐步边缘化，出现严重萎缩的问题。为此，商务部决定启动振兴老字号工程，重新认定第一批老字号。今年国家14个部委又联合发布《关于保护和促进老字号发展的若干意见》，使老字号的保护和振兴迎来了重大历史机遇①。

前门地区是老北京三大商业区之一，巅峰时期商贾云集，商业老字号多达上百家。2008年8月，在经过1年多的修缮整治后，改造为步行商业街的前门大街重张开业。它北起正阳桥五牌楼，南至珠市口，全长84 m，两侧商业店铺建筑面积6.6万 m^2，“计划招进餐饮、零售和服务类商户180余家”。2009年10月，一批带有浓郁京味特色的商业老字号重新入驻前门。然而时隔半年多，当时在人们热切期待中隆重开张的一些商业老字号逐渐销声匿迹。由于改造整治后的前门地区店面租金水涨船高，除了资金实力雄厚的老字号之外，大部分商业老字号都无力承担高昂的租金，无奈之下，最终只有选择退出前门大街。前门的商业老字号之所以能够长期保持旺盛的生命力，固然在于老字号传承人有着高超的技艺，同时也因为在漫长的岁月里，这些物美价廉的商业老字号与普通民众，特别是周边的社区民众建立了难以割舍的情缘，已经成为许多民众生活中的一部分，也正是因为这种情缘与人气，商业老字号才得以成为一种品牌，一种文化现象，成为其能够绵延不断的滋养所在。而搬迁、改造导致的高成本，割断了普通民众与商业老字号的血脉联系。如今，随着商业老字号的陆续撤出，国际化品牌专卖店却相继落户，穿梭于前门大街上的游人也大多以观光为主，这里更像是一处旅游景点②。

老字号经历了商业舞台百年沉浮，在市场经济的今天，又面临城市建设的巨浪，对于这些老字号是妥善加以保护，继续造福社会，惠及民众，还是不分青红皂白，加以搬迁改造，使它们消逝在历史长河中，仅仅成为人们以后的一个回忆？杭州张小泉剪刀厂的前身，是明万历年间创设的张大隆剪刀铺，至今已有400多年历史。1956年，通过国家拨款、地方自筹，在杭州大关路33号建设了杭州张小泉剪刀厂。

---

① 郑蕾：《老字号，道不完的传奇》，载《中国文化报》，2010-01-01（7）。
② 侯丽：《一批老字号小吃黯然撤离前门》，载《中国文化报》，2010-07-02（7）。

经过 50 多年的持续发展，形成今天的张小泉集团有限公司。张小泉剪刀厂内约 4 000 m^2 的苏式建筑已有 50 多年历史，青砖黑瓦、坡顶木构保存完好，是杭州工业遗产中保存比较完整的轻工业建筑遗产，也被称为“运河工业遗产长廊中的活标本”。但是，杭州市城市开发建设部门要求张小泉集团有限公司于 2010 年底之前搬离大关路 33 号，搬迁后的地块计划为住宅用地或被公开拍卖。“杭州的老字号很多，但影响全国，甚至影响世界的老字号屈指可数。张小泉剪刀厂就是这样一家影响深远的老字号企业”。毛昭晰先生认为，大关路张小泉剪刀厂区块已经形成了以张小泉剪刀厂为中心、周边为剪刀厂职工居住区的独具特色的张小泉文化圈，这个文化圈对历史文化名城杭州来说，是一份原生态的遗产，这份遗产一旦破坏，就很难再形成，因此他建议将张小泉剪刀厂和整个区块保留下来①。

香港特区政府于 2008 年启动了“活化历史建筑伙伴计划”，旨在通过与非营利机构的合作，争取实现公益事业和保护历史建筑双赢。2010 年公布了第二批“活化历史建筑伙伴计划”，内容包括 3 大项目，预计修复费用总共约 1.27 亿港元，特区政府还将为负责计划的 3 家社会企业营运初期提供 830 万港元资助，依托各自的建筑特色和结构特点，将昔日的老建筑分别化身为环保训练营、服务大楼和主题餐厅等设施，不仅为历史建筑注入新的生命，而且丰富历史建筑的文化内涵，在改造性再利用中得到妥善保护。其中旧大埔警署将被“活化”为“绿学苑”，面向香港市民推广可持续的生活方式，提供教育课程和训练营，举办推广健康饮食的活动，设立文物展览馆等；位于港岛湾仔区的蓝屋建筑群将被“活化”为多元服务大楼，在继续为新老租户提供理想住所的同时，举办文化和教育课程及文物导赏团，运营两家食肆，并通过单位阁楼建筑展现早期香港的居住环境；位于九龙城的石屋将被“活化”为主题餐厅和旅游资讯中心，计划举办教育课程、导赏团等反映九龙城文物景点历史的活动。这些工程将于 2013 年下半年完成，项目实施部门有信心将所有获选的计划都能在保护历史建筑的同时，为社区带来良好效益②。

① 梅芳燕：《保护杭州张小泉剪刀厂迫在眉睫》，载《光明日报》，2010-07-08（2）。
② 孙浩：《香港公布“活化历史建筑伙伴计划”》，载《中国文化报》，2010-09-17（7）。

7.2 名人故居旧址博物馆

名人故居是指某一历史人物出生、生活或从事活动，并对周围环境产生一定影响的场所，是一种特殊的文化景观。在众多历史名人中，有政治家、军事家，也有文学家、艺术家和诗人，有国内名人，也有国外名人，他们为自己的国家和民众，为社会进步和人类福祉作出过积极贡献，他们受到广大民众的敬仰和崇拜，他们应该永远活在人们中间。名人故居作为地域文化的载体，记录了当时当地的文化传统和风土人情，是城市记忆的守护者，是名人留下的一笔弥足珍贵的文化遗产，应受到关注和保护。名人故居不仅凝练着历史名人的生命光彩，也映射着人文思想的博大光辉。同时，名人故居是历史文化名城的重要组成部分，寄托着多重人文历史内涵。如果城市中每一位历史名人的行迹、思想与创作都能得到全面而精彩的展现，将使一座城市的精神魅力得以彰显，使一座城市的文化记忆得以传承。文化记忆是无形的存在，在现实生活中看不见，摸不着，因此它的存在必须通过有形的载体来体现，即通过实物衬托出来。因为只有充分唤醒这些记忆，才能使人们真正了解人类文化整体的内涵与意义。山海之间，这些承载着文化灵魂的场所脉脉诉说着历史的记忆，也倾注着对未来的期待，也正是在历史与未来的复合视野中，人们看到了名人故居修复开放的更为深远的意义。

注重名人故居真实遗存

由于名人故居是历史上某一名人曾经定居、生活过的地方，因此，利用其旧址进行再现历史瞬间的复原陈列，通过对历史人物活动的展示，表现这一历史阶段社会的面貌，可以凸现出故居主人非凡的人生经历和对社会的贡献以及独有的魅力和巨大的感召力。人们慕名而来，在这里抒发自己的情感、汲取历史的营养，从中获得生活的动力，有着普通博物馆所不能比拟的优势。在欧洲城市中，名人故居的保护与利用以不改变现有用途、实物保护与设立标志牌为主，以建设博物馆、纪念馆进行资料、图片陈列为辅。在一些名人一生中经历重要阶段的故居建筑物外墙上，镶嵌着醒目的标志牌，上面有被纪念者的头像和在此生活的时间。这些标志牌表达出人们对先人的缅怀。在英国，伦敦、利物浦、伯明翰、爱丁堡、曼彻斯特等大城市都设有名人“蓝牌”。伦敦共计900余块，其中70%设在伦敦的繁华地区。这些蓝牌由铁质搪瓷制成，上面有6行英文字。第一行字比较大，写着人名。下一行是他的职务、身份，再往下就是在何领域有何卓越贡献、生卒年月。最后一行是某年某月在此居住。英国实施“蓝牌”制的做法，不仅是为了让名人文化走进社会公众的生活，也是为了还原、放大、升华文化的价值和文化的尊严。

在当今大规模的城市改造过程中，如何保护好文化名人故居，如何使名人故居的保护性再利用融入城市文化和市民生活，一直是文物界、文化界乃至整个社会极为关注和倍感沉重的话题。20世纪90年代以来，北京的文化名人故居的消失速度不断加快，拆除数量巨大，目前已被拆除的文化名人故居98处，占调查故居总数的31.81%。特别是在所谓“旧城改造”和“危旧房改造”中大量文化名人故居被拆除，其中包括已列为市级、区级文物保护单位和文物普查项目，例如市级文物保护单位朱彝尊故居和区级文物保护单位林白水故居、尚小云故居、余叔岩故居等，均已荡然无存，有的名人故居则按照建设规划将被拆除。同时，由于保护、修缮和管理不力，大多数名人故居已经失去了当年的风采，这些名人故居主要集中在“大杂院”和一部分单位宿舍内，许多院落房屋年久失修，院内地面坑洼，私搭乱建现象严重，原有建筑格局遭到破坏，供电、用火带来的火灾隐患严重，名人故居内居民的居住条件亦亟须改善。目前，保护状况较好的文化名人故居只有74处，主要是一些单位办公用房和名人后代居住的独门住宅，其中辟为博物馆、纪念馆的只有8处，占总数的2.60%。除少数文化名人故居挂牌明示外，绝大多数淹没在建筑群之中，鲜为人知，没有得到合理利用。

江阴市刘氏兄弟故居是我国文化名人刘半农、刘天华、刘北茂三兄弟的故居，为一座200余平方米的清代民居。1990年，刘氏亲属将故居和一大批刘氏兄弟珍贵文物郑重捐献给国家，由当地政府修缮并筹备建立“刘氏兄弟纪念馆”。前辈三兄弟作为忧国忧民的爱国者，为国家与民族付出了毕生奉献，后辈将哺育他们成长的故居捐献给国家，希望成为永留后世的珍贵文化遗产，令人感动。对此，当地政府有责任和义务对刘氏兄弟故居予以保护，并加以合理利用。但是，随着城市开发建设进程；刘氏兄弟故居却不断遭到厄运。

2003年前后，当地政府执意要将刘氏兄弟故居“移建”。此计划遭到侯仁之教授、吴良镛教授等5位专家学者的反对，他们“紧急建议立即撤销拆建‘刘氏兄弟故居’的计划，保持历史文物原貌”，受到有关部门的重视，并组织专家现场勘察，使原定错误计划得以制止。但是，不久5位专家又第二次紧急呼吁，刘氏兄弟故居周边的房地产开发以及道路建设，使故居处于被紧紧包围之中，待周边这些高楼大厦建成后，刘氏兄弟故居“则犹如一叶扁舟，飘摇在汪洋大海之中”，刘氏兄弟故居将难以发挥出应有的人文价值。遗憾的是，此次专家的建议并未得到重视，在短短一年中，刘氏兄弟故居南、北、东三面被新建的高楼大厦和城市道路紧紧包围。2004年8月，刘氏兄弟故居又被进行拆改，20多名工人边拆边垒，用红砖垒起了新墙[①]。

聂耳故居坐落于昆明市原云贵总督府前的官道，现在的甬道街上。1912年聂耳出生在这栋房子里，并在此处居住了3年。1986年7月，当地政府将甬道街73、74号临街铺面命名为“聂耳故居”，并列为区级文物保护单位，2003年又升级为省级文物保护单位。2010年3月初，由于附近花鸟市场的改造，聂耳故居旧址周边的建筑被逐步拆除，聂耳故居的墙上也被写上大字。看着周围的残垣断壁和故居破败不堪的门窗，许多市民非常担心。当地媒体的记者通过工地上的工人了解到，他们的任务是拆除整条街上的房屋。消息被报道后，迅速引起当地民众的关注。针对聂耳故居将被拆除的消息，区政府多个部门联合向媒体通报予以否认，并称将对故居进行

---

① 全国政协文史资料委员会:《关于名人故居保护和纪念馆建设的考察报告》, 2004年1月。

修缮、改造，未来这里将就地建成聂耳生平陈列馆。通报会上还公布了对聂耳故居修缮、改造的方案，落架大修后聂耳故居的结构、布局、样貌、装饰等都将保持清末的风格。然而，时隔不久，当人们再次来到聂耳故居时，这里已经夷为平地。目睹拆迁现场的市民看到一群工人抡着大锤在拆除聂耳故居，近100年历史的房子，很快就被全部拆完。针对聂耳故居遭遇强拆，出生于昆明的当代诗人于坚表示'如果换掉原有的，重新另建一栋，对规模、结构、形式、风格等诸方面妄动其一，就不是维修而是破坏①。

一段时间以来，各地名人故里之争硝烟不断，鏖战日趋白热化，从神话传说，到三皇五帝；从先秦诸子，到三国群英，众多省市参与其中，乐此不疲。例如湖北随州、陕西宝鸡、山西高平、湖南炎陵和会同争夺炎帝故里；安徽涡阳、河南鹿邑、甘肃临洮争夺老子故里；四川江油、湖北安陆、甘肃天水争夺李白故里；湖北襄樊、河南南阳争夺诸葛亮躬耕地；河北的晋州、馆陶、巨鹿三地争夺魏征故里；陕西米脂、甘肃康乐、山西忻州争夺貂蝉故里；河北临城和正定争夺赵云故里；安徽凤阳、嘉山、明光三地以及江苏盱眙争夺朱元璋故里：河北丰润、江西武阳、辽宁辽阳和铁岭争夺曹雪芹故里等。名人故里之争，历史上也曾有过。在古代一些地方志的编纂过程中，为提高本地文化地位，或出于编纂人的主观愿望，或出于当地官员的授意指点，在未进行考证的情况下，即将一些与本地有联系的名人的出生地、久居地写入当地地方志，结果就出现几处地方都是同一“名人故里”的矛盾。这些地方志不应作为依据加以采信。今天，一些地方在发展经济的过程中，或者当经济水平发展到一定阶段后，出现了一种文化焦虑，发现本地原有的文化根基不够扎实，文化色彩不够浓厚，甚至成为经济社会发展的一个瓶颈。于是，当地与历史名人有关的一些内容，就会作为文化资源被“挖掘”出来。

真正有历史文化积淀的城市，合理整合文化资源，深化城市文化内涵，是必要的，但是，在当今研究评价历史名人时，经常出现无视前人的定评和民间的口碑，

① 吕天璐：《昆明聂耳故居：被“大修”夷为平地》，载《中国文化报》，2010-04-16（7）。

肆意颠覆历史名人形象的情况，这样将会伤害民众的感情，伤害民族的集体记忆，导致社会价值观的失范和混乱。尤其是一些地方无视道德、伦理底线，将一些历史上的反面角色作为“名人”来开发，直接挑战中华民族一贯倡导的正直善良、健康向上的价值观。一些地方出于短视的经济利益考虑，生拉硬拽、牵强附会、哗众取宠，急于与历史名人或历史事件挂钩，以此“促进招商引资”，则不可取。更有一些地方，追求所谓“名人故里”已经无视历史事实，进行凭空臆造，将一些神话人物和历史传说，作为现实文化资源用来“创造”历史。这些并不拥有真实历史信息的“假古董”“假遗产”，最终只会伤害民族感情，破坏文化遗产。其实“现在欧洲一些国家和地区也在‘争’一位历史上著名的音乐大师，他曾在很多地方生活过。但是，各方争的却不是哪里是这位大师的‘故里’，而是在竞争，谁保存他的生活片段遗迹多、保存得好，因为谁这方面优胜，谁就能受到更多大众的青睐”[①]。名人故居带来的首先应该是保护的责任和义务，其次才是各方面可能的利益。

历史名人在我国文明发展史中有着特殊的意义。他们承载着民族的集体记忆，体现着社会的基本价值准则，受到历代民众的尊重和保护。而打着普及历史知识的旗号，对历史名人“恶搞”“戏说”“抹黑”，那只能说是对历史的亵渎。如果对自己国家的历史名人没有足够的敬畏之心，恐怕也很难得到他国的尊重。西班牙哲学家G. 桑塔亚纳（G.Santayana）说过：“不尊重历史的人，注定要重犯历史的错误。”今天社会理应对历史名人多一份尊重，多一份责任。通过多种手段和方式，将文化展示、思想教育、文化体验和旅游观光等相互结合，充分发挥名人故居的作用。例如上海市政府将一批作为办公用房的名人故居定期分阶段向公众开放，市民和外宾踊跃参观，既增强了人们对上海历史文化名城的文化认同，又起到了教育、宣传、展示的作用，有利于形成良好的城市形象。名人故居是天津20世纪文化遗产的重要组成部分，从末代皇帝、前清遗老遗少、民国总统总理，到各部总长，各省督军，特别是文化名人都在此形成故居群落。天津市名人故居的保护和利用工作由文物、规

① 董城，史楠：《“名人故里”之争何时休》，载《光明日报》，2010-05-11（5）。

划和旅游等多个部门共同参与，取得了较好的效果，已有26处名人故居被公布为市级文物保护单位，集中在五大道历史文化街区的名人故居全部挂上了说明牌，目前已经成为天津文化旅游的热点地区。

展现名人故居文化价值

在欧洲，无论人们走到哪里，都能时常听到对名人的呼唤，历史名人总和社区生活相随相伴。例如悠久的历史和灿烂的文化在巴黎留下了许多世界闻名的文化遗产，巴黎的名人故居资源也非常丰富，不少世界顶级的思想家、作家、音乐家、美术家、艺术家们的故居，都妥善保存在城市中。如今著名剧作家雨果的故居，著名小说家巴尔扎克的故居，著名印象派绘画大师莫奈的故居，著名雕塑家罗丹的雕塑工场，著名画家毕加索博物馆等均作为名人故居对社会开放。北京地区的名人故居资源同样非常丰富，是古都文化的重要组成部分。经调查资料显示，在北京的历史城区内，有308处名人故居。从历史名人的类型看，可分为政治、军事、文化、艺术、经济、科技、医学和其他领域的名人，其中数量较多的是政治、文化和艺术类名人，这与北京的城市性质有关。从名人故居的历史产权看，有的是祖宅私产，有的是租赁房屋，有的是单位宿舍、公寓或会馆。这些名人故居大多是北京四合院传统民居中的精华，是北京历史文化的物化载体，是无法再生的宝贵文化遗产和文化资源，这些名人故居借助历史人物在全国、在世界的影响力以及故居所特有的文化氛围，能够强化北京作为全国文化中心和历史文化名城的地位和作用。

目前，各地将陆续修复开放名人故居或建立名人纪念馆，作为提升城市文化品位，完善城市文化形象的重要举措。詹天佑纪念馆在宣传詹天佑精神和普及铁路知识方面卓有成效。在某种意义上，陈列展览就是博物馆与观众之间的互动交流。詹天佑纪念馆为了全方位、多视角挖掘詹天佑爱国创新的精神内涵，在陈列展览中增加了“做人·做官·做事”部分，突破工程技术领域，集中展示詹天佑的人格魅力，成为基本陈列的点睛之笔，不仅给观众塑造了一个有血有肉的詹天佑，拉近了观众与历史人物的距离，而且促进了观众思想情感的升华。詹天佑修建京张铁路的事迹，是目前小学教材中的内容。詹天佑纪念馆的京张铁路“之”字线沙盘模型，以动态形式真实模拟火车双机牵引穿越八达岭的情形，形象直观，使人仿佛身临其境，而且可以亲自动手操作，大大增加了陈列展览的科普性、互动性和趣味性，可以有效辅助学校教学，充分发挥纪念馆在形象教学方面的优势，实现博物馆教育与学校教育的有效衔接和良性互动。同时，通过对普通观众不熟悉的一些文物展品，例如詹天佑修建京张铁路时期使用的水平仪、火车连接装置自动车钩的使用方法等，进行详细介绍，操作演示，步骤分解，图文结合，简单易懂，激发了观众们的兴趣[①]。

复原陈列是名人故居旧址博物馆通常采用的方法，即有根据地复原旧址内的陈设，并展示给人们，更能展现出那一历史时代的气息，透露出更多的历史信息，更具有真实感，也更贴近参观者。通过复原陈列使观众了解曾经在旧址内活动的历史人物，发生在旧址内的历史事件，进而深入了解这段历史，获取有益的启迪。这种环境的真实是其他博物馆所不具备的。但是，目前一些名人故居旧址复原陈列单调贫乏，展示内容单一，多以展示历史图片为主，而缺少实物资料，很难获得观众认可，也很难成为真正意义上的博物馆。在一些名人故居旧址博物馆中，常常看到的是破旧不堪的桌椅，空空荡荡的书柜，房间内零散地摆放着几件残破的日常用品，缺乏历史信息和生活场景，这样的展陈自然不会引起观众的兴趣。名人故居旧址博物馆陈列展览中的人物元素，是值得深入研究和表现的内容。实际上，场

天津曹禺故居纪念馆（2011 年 5 月 13 日）

① 付建中：《构建博物馆与公众社会的互动》，载《中国文物报》，2010-08-04（4）。

景中的细节是氛围营造的基本元素，只有深入挖掘细节，才能达到营造历史氛围的真正目的。只有展示的细节充实丰满，营造的环境才更具有真实感。但是，要复原一位场景中人物的生活和工作环境，就必须认真研究相关人物的生活经历和志趣爱好以及在旧址上发生的与该人物相关的历史事件，并把研究成果制作成形象的展示，使观众通过这些特殊展品，在真正的名人故居旧址上，在特定的历史氛围中，感受相关人物的魅力，获得更多的历史信息。

名人故居的文化价值主要是精神价值。一般来说，凡是重要的历史名人，都有大量以往专家学者对其生平事迹、学识修养、性情习惯和兴趣爱好的专项研究成果。通过细心研究史料，挖掘故居中看似平常的珍贵细节，才能再现出故居主人独特的精神世界，体现出独特的文化氛围。应该说名人故居的魅力与名人故居建筑的华丽与简陋没有直接关系，印象派大师凡·高在巴黎郊区的故居，不但十分简陋，而且房间只有 6m2，但是一直完整地保存到现在，参观者在这样的故居建筑内，才能更加深刻地感受到画家的伟大情操。历史名人曾经居住过、工作过的地方，凡是能保护的应该尽量加以保护，其中一些具备条件的，建立名人故居旧址博物馆，供人们瞻仰。名人故居是社会文明的载体和象征。当人们走进为国家、为民族、为民众作出毕生贡献的名人故居时，心中的敬仰之情必然油然而生，令人们激动不已。面对历史名人使用过的物品，历史名人居住过的房屋，仿佛历史忽然站立了起来，鲜活、生动、真实，看得见、摸得着。少数历史上知名的反面人物的故居，同样也对民众起着牢记历史的警示作用。名人故居旧址博物馆所蕴藏的独特内涵和肩负的社会使命，决定了它必将受到社会各界的特殊关注和期待。

当前，在名人故居的保护中，注重保护故居旧址本体却破坏了周边环境的事例不胜枚举。虽然投入巨大人力、物力对不合理利用故居的单位或住户进行搬迁安置，对故居建筑进行保护修缮，但是对名人故居旧址周边的环境却随意加以改造。一些地方为了突出名人故居旧址的地位，将历史名人原来的老邻居们拆迁搬离所居住的

台北张大千先生纪念馆（2011 年 5 月 30 日）

街巷或村庄，取而代之的是一片花红柳绿的花园，修建纪念广场、移植高大树木、添加喷泉水面、配以灯光绿地，使名人故居旧址像纪念碑一样凸现出来，虽然环境“美化”了，但是历史名人成长的真实环境杳无踪影，名人故居旧址的原有记忆将被世代误读，破坏了历史名人生活和工作过的特定情节。现在不少地方喜欢在名人故居周边建设仿古建筑，实际上是舍本逐末，因为每一个经过历史磨砺的文化遗迹都有自己独特的价值，是任何仿古建筑都无法比拟的。名人故居旧址博物馆应重视总体环境的设计，不应随意改变周边环境，失去历史真实性和完整性。同时，要综合考虑故居内外环境，形成整体和谐的文化景观。如今大部分名人故居已经作为民居或单位用房被超负荷利用，对于这些“养在深闺人未识”的名人故居，各级政府应发挥引导作用，向居民详细介绍故居以及相关的历史背景，使他们能够积极支持名人故居的保护。还可以利用各种资源，调动名人后代、基金组织、保护协会等社会群体的力量，形成名人故居保护的合力。

著名漫画家丰子恺先生的旧居，坐落于上海卢湾区陕西南路“长乐邨”，是上海有名的西式洋房小区，丰子恺旧居日月楼就是小区中一幢西班牙式的三层小楼，门前有一个小花园。丰子恺一家于1954年搬到这里，成为他一生中最后定居的地方，而且是居住时间最长的寓所。在此居住的21年间，是丰子恺艺术创作的丰收期，他在此完成了巨著《护生画集》，并出版了《丰子恺画集》等。1978年，丰子恺家属以调房形式搬出日月楼。这座有着纪念意义的名人故居，长期以来如同“72家房客”，居住着10多户居民。2003年5月，丰子恺家属向上海市和卢湾区政府分别致函，建议恢复旧居原貌，作为纪念地对外开放。2005年5月“丰子恺旧居”被列入卢湾区文物保护单位。丰子恺家属决定出资置换长乐邨旧居，通过多方努力，置换出旧居内的多户居民，使丰子恺家属重返阔别30年的日月楼。随后上海市文物部门组织编制了旧居修缮方案，并拨专款用于旧居的部分修缮工程。修缮后的旧居展出丰子恺生平绘画、译作和书法等以及具有代表性的漫画和书法复制品，同时将陈列丰子恺在民国时期出版的各类书籍。卢湾区表示，孙中山、宋庆龄、陈独秀、徐志摩等名人都曾在卢湾居住、生活过，丰子恺旧居采取的“民办公助”恢复名人故居的新模式，为其他名人故居的保护性再利用提供了可资借鉴的经验[①]。

发挥名人故居教育功能

名人故居博物馆通过展现故居与当时人们社会生活的生动画面，揭示其发展和变化的历史进程以及对当今社会生活可能产生的影响；由于名人故居博物馆展示内容主题鲜明，重点突出，适合于知识获取和文化休闲。一般综合博物馆或专题博物馆，由于所展示的文物藏品脱离于它赖以产生的背景，孤立于它长期存在的环境，使普通参观者很难将文物藏品置于相应的时空场景中进行思考。而名人故居博物馆提供给观众的是一个恰当的历史氛围，观众对故居建筑和环境以及与之相关的文物

① 侯丽：《上海丰子恺旧居：“民办公助”的新模式》，载《中国文化报》，2010-04-16（7）。

资料，容易形成一个整体的、立体的、全面的认识。同时，名人故居博物馆有利于增强社会公众由被动接受转向主动接收的意识，即由“参观博物馆”走向“阅读博物馆”。“阅读博物馆”是博物馆传播自身信息的新理念、新境界。名人故居博物馆在这方面拥有得天独厚的条件，能使参观者了解每一件文物藏品在漫长的历史进程中所经历的沧桑岁月，了解它们背后鲜为人知的事件和人物，通过“阅读博物馆”，使观众将自己的感受融入名人故居博物馆之中，并成为日常文化生活的组成部分。名人故居博物馆在多大程度上满足社会公众的文化需要，应作为评估博物馆文化传播效果的标准。伴随现代社会的迅猛发展，社会环境的不断变化，社会公众对博物馆的功能与职能不断提出新的要求，因此，名人故居博物馆的研究内容需要不断扩充，研究范围需要不断扩大。

青岛境内既有天下名山崂山，又有海产丰富的胶州湾，山海钟秀，物华天宝，人杰地灵，吸引了历代众多名人客寓或定居青岛。1930 年青岛大学成立，一批我国当代知名作家、社会学家和科学家应聘到这里任教，八关山成为他们生活、工作、创作的地方，也使青岛成为当时我国北方最有影响的文化名城。鱼山路 33 号的一幢二层小楼，是语言大师、文学家梁实秋的故居，1930—1934 年，梁实秋在青岛的四年，创作出版了《文艺批评集》，翻译了《莎士比亚全集》；著名作家、戏剧家洪深于 1934 年来到青岛，接替梁实秋任山东大学外文系主任，其故居位于八关山山角福山路 1 号的一幢二层小楼，他在这里清静的环境中，创作了我国第一部电影文学剧本《劫后桃花》；文学大师沈从文的故居，是八关山麓下的一幢二层小楼，沈从文 1931 年来到这里后，度过了一生中创作最旺盛的时期，诞生了《从文自传》《记丁玲》《月下小景》《八骏图》等名著。在小鱼山福山路一带，还有现代诗人闻一多、小说家王统照、海洋学家毛汉礼、教育家华岗、海洋生态学家朱树屏、生物学家童第周、物理学家束星北、历史考古学家王献唐、现代小说家杨振声、当代作家萧红等名人的故居[①]。此外，康有为故居坐落于小鱼山东麓的福山支路 5 号，他曾三度来

---

① 陈培栋：《青岛访文化名人故居》，载《人民日报》（海外版），2010-06-17（8）。

到青岛，最后在青岛仙逝，墓就修在崂山。

老舍是获得“人民艺术家”光荣称号的现代作家，著作等身，享誉世界，留下了丰厚的文化遗产。1934—1937 年的青岛岁月，是老舍文学创作生涯中的重要时期，在此他创作了长篇小说《骆驼祥子》等一些重要作品，丰富了我国现代文学宝库。老舍故居位于八关山北坡下的一条僻静街巷内，近年来，青岛市为修复开放老舍故居，安置了楼内的十几户居民，对故居建筑进行全面修复，使这幢欧式小楼唤醒了青岛一段珍贵的文化记忆。如今，这座故居建筑连同它所封存的文学与历史记忆一起敞开，成为一座专题博物馆。2010 年 5 月，笔者有幸参加了“骆驼祥子博物馆”的开馆仪式。这是值得纪念的时刻，老舍故居以“骆驼祥子博物馆”的形式对外开放，成为国内首家以现代文学名著为主题的博物馆，体现了博物馆文化的多样性和地方特色，丰富和完善了我国博物馆类型体系。骆驼祥子博物馆是一座有力度、有内涵、有感情的名人故居旧址博物馆，全面梳理了老舍在青岛时期教书、生活与创作的情况，详细解读了老舍代表作《骆驼祥子》的诞生过程与文学内涵，不但对当时老舍的精神世界作了深刻的刻画与生动的阐释，而且特别注重老舍与城市、与时代、与作品中人物形象的命运联结，呈现出一个真实而丰富的老舍。

如今，历史文化名人在青岛曾经生活过的旧居，已经成为记录历史的珍贵文化遗产，成为点缀青岛“红瓦绿树、青山碧海”城市景观的璀璨明珠。青岛市对“青岛文化名人”的界定是：“具有爱国主义思想、为人类文明与进步、为弘扬民族优秀文化作出杰出贡献的青岛籍或在青岛工作过 3 年以上，或虽不够 3 年，但是在青岛工作期间有过特殊贡献的已故的文化界、教育界、科技界、体育界和卫生界人士。”按此界定标准，2003 年被青岛市政府列入《青岛文化名人故居》名录并设置标志牌保护的共有 20 处文化名人故居，包括 18 栋历史建筑。这些文化名人故居错落分布于山麓海畔之间，海滨风景区内，环境清静幽雅，但是在地理位置上，集中在八关山一小鱼山周围约 2 km^2 范围内。这些文化名人故居大部分建于 20 世纪 20~30 年代，大多采用欧式建筑形式，尤以德式居多，也有一些采用了中西合璧的建筑手法，设计风格各异，建造工艺精美，人文气息浓郁。目前，这些文化名人故居都已成为省级或市级文物保护单位。同时，青岛市将名人故居最集中的福山路至鱼山路，命名为“文化名人故居一条街”，并设置了醒目的标志牌。整洁、幽静的街道营造出特定的文化氛围，使参观者一踏入该区域就能感受到浓厚的文化气息，也使社区内的居民为自己能与文化名人为邻而感到骄傲和自豪，从而自觉地参与名人故居的保护和宣传①。

一座城市经济和社会事业的发展，在一定程度上取决于文化的发展，取决于民众的文化态度。尊重文化，给文化遗产以尊严，对一座城市而言，必须用行动来证明，用行动来诠释，并从维护文化细节开始。其中使城市中星罗棋布的名人故居得到精心保护和合理利用，可以使城市文化的影响力和感召力更加鲜活、更加生动。调查表明，名人故居旧址纪念馆在中小学生中有较大的影响，是服务的重点对象。中小学生正是世界观形成时期，在成长的过程中，他们崇拜偶像，需要榜样，于是他们对历史名人的成长经历、奋斗历程和所取得的成就有着较大的兴趣。了解中小学生的这一特征，让更多的青少年走进名人故居，通过历史名人的事迹引导他们树立正确的世界观，应是名人故居旧址博物馆的职责。长期以来，鲁迅的许多作品作为汉语言文学的经典之作，编入我国中小学语文课本，在课堂上反复讲授，对我国几代人的汉语表达和人格培养产生了难以估量的影响。今天，鲁迅 . 作品仍然是大中小学课堂教育中的重要内容，其作品入选语文课本的数量达 17 篇，远远超过任何一位作家。让名人故居旧址博物馆为国民教育服务，帮助中小学生更多地了解鲁迅所处的时代情景，进而更好地理解课本中的鲁迅作品，是各地鲁迅博物馆一直以来都在努力的方向。

绍兴鲁迅纪念馆包括由纪念馆管辖的鲁迅故里文物群，每年接待参观者数量达到 100 万人左右，作为绍兴市“跟着课本游绍兴”活动的主要参与者，绍兴鲁迅纪

① 魏明、隋永琦:《青岛名人故居保护与利用的探索》，载《中国文物报》，2010-09-10（6）。

念馆和当地的鲁迅小学等学校挂钩，推出一系列对小学生有吸引力的和教学内容相结合的“修学游”活动，例如学生们穿上过去儿童的服装，到鲁迅读过书的“三味书屋”早读，体验过去私塾授课的氛围，让学生们到鲁迅当年曾经游戏的“百草园”上户外课，在故里进行开学典礼等。北京鲁迅博物馆也通过多种形式开展社会教育活动，首先是参与、配合、支持鲁迅当年曾经生活、工作过的福绥境社区、北京市鲁迅中学等地的社区居民和中学生们，开展认识鲁迅、学习鲁迅的各种活动，并与他们结成了长期共建的关系。另外，通过流动展览的方式将名人故居旧址博物馆的资源延伸到大学、中学和全国各地，“鲁迅生平展览”曾经在全国 17 个省 26 个市巡回展览，“‘鲁迅的读书生活’展”在国内外多个地方进行巡展，尤其是在高等学校的展览有相当的影响和特色。除此之外，北京鲁迅博物馆“在鲁迅身边听讲座”活动从 2005 年开设组织，到现在已经有 30 多讲。北京鲁迅博物馆还通过编辑出版普及读物、联合报刊和网站举办征文、知识竞赛等多种活动，对鲁迅文化的普及进行卓有成效的探索和实践。

名人故居也是一所特殊的学校，是人们学习历史文化，缅怀先贤业绩，弘扬前人美德的重要场所，具有很强的教化作用和陶冶情操的功能，尤其是具有对青少年进行思想道德教育的作用，很多名人故居已成为爱国主义教育基地。从目前情况看，名人故居博物馆在陈列展览、社会教育等方面，在深度和广度上还有很大的提升空间。例如名人故居博物馆有目的地加强与同一城市或不同城市的其他名人故居博物馆以及综合博物馆之间的横向联系，逐渐成为价值互补的博物馆资源共享网络。在北京，新文化运动纪念馆与宋庆龄故居、北京鲁迅博物馆、郭沫若纪念馆、茅盾故居、老舍纪念馆、梅兰芳纪念馆等 7 家名人故居、纪念馆联合举办的爱国主义教育系列活动已经延续了多年，“7 家名人”已经成为京城博物馆界非常有影响的文化品牌。在“请进来”的同时，主动“走出去”，与社区、学校、部队共建共育，不断扩大教育覆盖面，被观众誉为“无墙的博物馆”。不仅如此，“7 家名人”系列展在国外也产生了较大的影响，几年来，展览分别赴马来西亚、新加坡、日本、韩国、澳大利亚展出，促进了与海外的文化交流。让更多的人走近历史文化名人、了解历史文化名人、学习历史文化名人，丰富广大民众的精神文化生活，特别是在青少年思想德育教育方面，展现出名人故居旧址博物馆的独特价值[①]。

7.3 工业遗产旧址博物馆

建筑是人类文化的重要载体，人类自从有了建筑活动开始，建筑就与文化结下了不解之缘。建筑通常分为工业建筑和民用建筑，过去在关注建筑文化时，人们往往首先考虑民用建筑，而工业建筑的建筑文化却往往被世人所忽视。实际上，最早的工业建筑可以算是作坊，最初的作坊与家庭的居住生活密切结合，所以早期并分不出什么是工业建筑，什么是民用建筑。其后，由于生产发展，建筑规模扩大，单独建设了生产作坊和厂房。欧洲工业革命以后，大量的生产厂房出现，工业建筑则成了一个独立的门类。工业建筑为生产活动而建，其门类繁多，有重工业和轻工业之分，又可分为钢铁工业、能源工业、信息工业、化学工业、机械工业、纺织工业、电子工业、造船工业、汽车工业、食品工业等许许多多的门类。由于生产工艺的不同，对厂房建筑的要求不同，因而形成了许多体量不同、外观形象不同的各式厂房建筑。对于工业遗产保护，既不能界定过窄，导致文化遗产的消失；也不能界定过宽，失去保护的重点。目前，国际上工业遗产旧址博物馆的实践和工业遗产的保护与利用模式，主要包括室内工业遗产博物馆、露天工业遗址博物馆、工业遗产公园和工业建筑遗产保护性再利用等多种类型。每一处工业遗产均应根据遗存特点、保护状况和社会需求，确定自身的发展路径。

保护工业遗产文物本体

室内工业遗产博物馆，是指馆舍坐落于原有的工业厂房或仓库等历史建筑遗产

① 李玫：《博物馆走进社区的意义及途经》，载《博物苑》，2008（1）：25。

中，或由历史建筑遗产经保护性再利用作为馆舍，其博物馆藏品和陈列展览也往往是与工业历史和工业遗物有关的内容。从20世纪60年代开始，一些发达国家先后进入后工业化时代，城市中出现大量废弃的工业建筑和遗存。在探索工业遗产有效保护方法的实践中，工业遗产博物馆应运而生。在法国，与卢浮宫隔塞纳河相望的奥塞博物馆，其前身是为举办1900年第一届世界博览会所兴建的新客站大楼，1986年经大规模改建后成为博物馆。火车站两边的月台现在为展览大厅左右两侧的画廊，中间轨道部分改建为开阔的雕塑大厅。楼上原有的400多间客房，经过重新布局，变成为多个贯穿相连的小型展厅和陈列室。博物馆顶部3.5万 m^2 的拱形大玻璃天棚，为雕塑大厅提供了自然明亮的采光。原本悬挂在火车站上方富丽堂皇的奥塞大钟被保留下来，现在已经成为奥塞博物馆的形象标志，也是其最醒目的艺术展品。在英国，利用工业建筑作为馆舍的艺术类博物馆中，最典型的代表是泰特美术馆。该馆位于市区泰晤士河南岸，利用伦敦旧发电厂高大而宽敞的建筑改造而成，高大的烟囱和工业厂房建筑与河对岸著名的圣保罗大教堂遥遥相对，成为伦敦市中心的一个地标性文化景观。

在欧洲，工业革命和第二次世界大战遗留下来的大量工业厂房，曾经是城市衰败和颓废的象征，而当代正在作为工业遗产重新得到重视，并以崭新的姿态成为城市复兴的积极因素。工业遗产博物馆的出现与城市发展、产业转型以及文化遗产保护意识的增强有关，也是工业遗产保护运动与博物馆事业相结合的产物。英国威尔士拥有丰富的工业遗产资源，该地区的众多工业遗产博物馆专注于本地区煤矿、板岩矿、钢铁生产及海事历史的展示。2005年在斯旺西新建的国家海滨博物馆，则使公众可以通过新技术“重返”工业革命时代。博物馆坐落在斯旺西历史上的海事区域，其新建部分以威尔士石板和玻璃幕墙为外观构架，由玻璃长廊连通维多利亚晚期码头上典型的砖砌仓库，使历史与现代相衔接。博物馆的设计初衷，是让参观者通过历史环境和现代设计的互动手段，了解世界上最早进入工业化国家的民众如何生活和工作，因此，博物馆不仅反映工业技术发展历史，而且更加关注历史时期平民百姓的生活。这座工业遗产博物馆由现代建筑与数百年前的仓库相联通，使参观者得以在现实与历史之间穿行。当地政府希望博物馆成为新威尔士的象征，让这段工业历史记忆留在人们心中。

坦佩雷市是芬兰历史最悠久的工业城市。早在1783年，这里就建造了芬兰第一家造纸厂，此后成为重要的造纸、纺织、木材和金属工业基地。俯瞰坦佩雷，最引人注目的不是那些有100~200年历史的老街区、老教堂，也不是各具特色的现代建筑，而是市中心成片的红砖厂房和到处高高矗立的红砖烟囱，形成坦佩雷市的景观特色。这些建造于19世纪的老厂房，红墙白窗，洁净宽敞，朴素大方，散发出沉稳的气韵。它们有的依然用于生产，但是大多数经过内部改造，成为教育、文化和娱乐设施。瓦普里克博物馆中心是坦佩雷市最著名的市立博物馆，馆舍原是位于市中心老工业区内的一座钢铁厂，始建于19世纪前半叶，博物馆内至今仍保留着许多机器时代的痕迹，工厂当年使用过的巨大的起重机仍然高高悬吊在走廊的天花板上，彰示出工厂往日的辉煌，院落里保留着一小段铁轨，上面陈列着该厂生产的第一辆蒸汽机车。走廊里摆放着该厂生产，并在该市使用过的公共汽车，可供观众登临其中。展厅内存有一块加工车间原来的地面，由小木块拼成的地板上深嵌着一百年前散落的铁屑。这个博物馆有馆藏文物资料36.5万件，日常开放坦佩雷历史陈列、鞋子制品陈列、印花纺织品陈列、自行车陈列等基本展览。这些形形色色与民众生活息息相关的展品和生动活泼的展览方式，每年仍吸引着十几万观众前来参观[①]。

维利奇卡盐矿是古老的地下.奇观，位于波兰克拉科夫附近，自公元1044年偶然发现盐矿开始，这里便开始了旷日持久的开采，成为人类从中世纪开始创造的地下文明，于1978年被联合国教科文组织列入《世界遗产名录》。早在14世纪，这个盐矿创造出波兰王国超过30%的收入。但是在采掘了近1000年后，盐矿于1996年停产。当人们徒步走下300多级台阶，直到地下100 m深处，看到维利奇卡盐矿的

① 李建丽：《一座建在百年厂房内的博物馆》，载《中国文物报》，2009-01-09（5）。

"大门"。这是盐矿的第一层，盐矿地下共分9层，深327 m，长度超过300 km，其中建有房间、礼拜堂和地下湖泊等，宛如一座地下城市。曲折蜿蜒的地下一层有几个规模不大的盐矿博物馆，展示有中世纪矿工劳动时的情景和当时宗教人物的盐雕，还复原了中世纪采盐的面貌，充满智慧的人畜动力装置，利用滑轮的双向性原理，既能将矿井中的盐吊上来，又能将上面的积木吊到矿井中。地下3层是著名的圣金加教堂，该教堂始建于1896年，历经近70年，于1963年建成。教堂长54 m，宽18 m，高12 m，地板上布满精美花纹，天花板上有精美吊灯。据统计，整个地下9层矿区，共有大小教堂、圣坛47座，它们分布在2000多个挖掘而成的洞室中。维利奇卡盐矿是迄今为止世界上发现纯度最高的的盐矿之一。在这里展示给人们的白色菜花状的结晶体、黑色的透明岩石、碧绿的地下湖泊，都是盐的最生动的形态①。

我国的工业遗产博物馆产生于最近10年。在保护工业遗产的探索实践中，工业遗产博物馆也开始出现。目前已建成开放的有无锡中国民族工商业博物馆、武汉张之洞与汉阳铁厂博物馆、大冶矿山公园博物馆、沈阳铁西工业遗址博物馆以及唐山开滦博物馆等。就收藏和展示内容而言，室内工业遗产博物馆有单一性和综合性之分。所谓单一性工业遗产博物馆，是指利用原有的工业建筑建立的工业遗产博物馆，收藏和展示的物品主要都是本企业的历史遗存，展现了本产业的发展历史。综合性工业遗产博物馆，实际上是多行业的综合体，例如江苏无锡的中国民族工商业博物馆，其馆舍是我国早期民族工业起源地之一的荣德生茂新面粉厂旧厂房，馆内收藏和展示的工业遗产，除了面粉生产业机械与设备外，还包括近代以来无锡地区纺织业、商业等在内的各类老旧机器和设备设施等实物，综合反映了我国民族工商业的发展历史。目前，一些位于城市中心区域的工业建筑遗产，由于具有较好的地理区位优势，正在逐步加以保护性再利用。除了对一些重要工业遗产严格保护，并开辟为工业遗产博物馆外，对具有一般价值的工业建筑遗产，视其工业建筑结构特点，或作为文化活动场所，或作为公共游憩空间，或利用为创意工作室、艺术画廊等。

① 赵岚:《地下奇观：维利奇卡盐矿》，载《精品阅读》，2010（3）：142。

2008年，明孝陵博物馆利用原南京手表厂的部分厂房，建立明孝陵博物馆新馆，并于2009年2月正式面向社会开放。新馆用作主体陈列展览的是一座长52 m、宽13 m、高8 m的工业厂房。在外观设计上，具有浓郁的江南建筑风味，简洁明快的白墙青瓦掩映于苍松翠柏之间，环绕的小道及门前广场均以各式青石板铺就，古朴典雅。在内部设计上，展览色彩选取红、黄、灰三种颜色为主色调，红色是中国传统的吉祥颜色，也是皇家宫殿墙体的通用颜色，黄色是明代皇家的御用颜色，灰色代表城砖颜色。三种颜色或巧妙搭配，或以单种颜色占据较大的墙体平面，凸显出物理空间的视觉效果。在建筑面积有限的情况下，因地制宜，陈列设计充分利用厂房的高度优势，使展线向空中和地下延伸。同时，努力将空间利用与陈列内容有机结合，力求达到相得益彰的效果。例如基本陈列以朱元璋与明孝陵为主线，内容分为天、地、人三个元素。朱元璋由平民成为皇帝或者说“天子”，是从“人”到“天”，由皇帝而崩逝葬入孝陵则是从“天”到“地”。这种人、天、地的变化通过展示空间中高度的抬升和下降得到了很好的揭示。合理的色块布置配合以高低起伏的展线所创造的物理空间，给人的感觉是空间大而合理，内容多而有序，形式传统而又不失现代性，既突破了博物馆展板加展柜的传统展示手法，也突破了“博物馆成为挂在墙上的教科书的老面孔”。

素有中国民族工业摇篮之称的江南造船厂，其前身是建于1865年的江南机器制造总局，是我国最早和规模最大的近代民族工业企业，也是我国现代工业的发端。1867年江南机器制造总局迁至黄浦江边。此后140多年间，伴随着黄浦江的潮起潮落，这里培育了我国近代意义上的第一代科学家和工程专家，走出了我国第一代产业工人，先后创造了100多项“中国第一”。早期在这里诞生了我国第一台车床、第一艘兵轮、第一炉钢、第一批枪炮和火药等。现代在这里又建造了我国第一艘潜艇、第一台万吨水压机、第一艘万吨远洋轮船、第一艘航天测量船和海洋科学调查船等，成为不同时期我国先进工程技术的见证。经过近一个半世纪的风雨历程，江南造船厂积累了丰富的工业遗产。可以说，一部江南造船厂的发展史，就是一部中国民族工业发展史。根据上海世界博览会的总体规划，江南造船厂已于2008年迁往长兴岛。但是在世界博览会园区的浦西片区里，仍然较好地保存着江南机器制造总局初创时期的建筑以及不同时期的工业建筑，我国造船业的根在此。江南造船厂的工业遗址和建筑无疑具有标志性的时代记忆，这里是我国产业工人保留着美好记忆、引以自豪和骄傲的地方，维系着几代上海市民千丝万缕的情感，也是最能反映上海城市个性的地点，对它的整体保护，比保护单体工业建筑更有现实意义和历史价值。

京奉铁路正阳门东车站位于北京天安门广场东南角，是我国铁路的早期建筑，始建于1901年，从它诞生之日起，便见证着无数的历史事件。当年为了军事运输需要和加强对北京城的控制，英国侵略者强行将铁路从永定门延伸到正阳门，延伸到清王朝统治者的皇宫附近。建成后正阳门东车站成为当时全国最大的火车站，也是当时我国最大的交通枢纽。在1959年9月新北京火车站开通运营前，这里每天人来人往、熙熙攘攘。20世纪60年代初，老车站首先被改造成铁道部的科技馆，不久之后又被收归北京铁路局，建成北京铁路工人文化宫，候车室则被改造成剧场使用多年。20世纪90年代，铁路拓展多种经营，拆除剧场，改造内部，老车站先后被改建成“老车站商城”和“电讯市场”，车站内部布满了商店、摊位。京奉铁路正阳门东车站地理位置优越，文物价值突出，理应得到精心保护、合理利用。2008年8月，老车站在接受全面修缮之后，作为铁路博物馆向社会开放。包括路轨、站牌、信号灯具、票证、线路图、老照片等百余类文物进入展览，总数超过2000件。铁路博物馆还为参观者设置多项互动式项目，例如模拟动车组机舱，时速最高可达每小时350 km，让参观者实现驾驶高速列车的体验[①]。

我国近代工业由于其特殊的产生、发展条件和殖民地半殖民地的社会性质，具有依赖国外进出口、国内供销失衡等特点，因此我国近代工业企业大都占据城市交通条件较为优越的区域，或是铁路、公路密集区域；或是城市滨水区域；或是与城

① 杨汛:《前门火车站即将“变身”博物馆》，载《北京日报》，2008-04-23（9）。

市生产生活联系较为密切，便于管理的区域等，以满足工业生产和销售需要。这种特征使得我国的工业遗产很多处于城市建成区域的核心地段，与当前城市经济社会发展关系十分密切。同时，工业遗产保护与城市开发建设之间的矛盾也异常突出，成为工业遗产保护的难点和重点。今天，工业遗产保护已经成为文化遗产保护的重要组成部分。荒废的工业厂房、破旧的机器设备、弃用的铁路设施和枯竭的矿山旧址等，这些工业遗产虽然早已丧失了原有的使用价值，但是其承载的工业文明，记录的工业发展历程，在今天的社会文化生活中，仍然可以释放出无穷的生机与活力。因此，对于城市中的工业遗产资源，需要不断发掘，进行详尽的调查，摸清家底，登录注册；对于不同尺度和环境的工业遗产，需要进行价值评估，对于历史沿革、建筑遗存、旧址范围和工业文化景观等予以分析研究，确定科学保护原则；对于工业遗产的合理利用方式开展研究，分析其保护状况、管理现状和周边环境，确立保护性再利用方案。

位于北京市朝阳区东南部的北京焦化厂，自 1959 年建成第一座焦炉并投入生产以来，一直是首都的能源产业基地。2006 年为保护北京的碧水蓝天，北京焦化厂进入停产搬迁转型过渡期，直至 2009 年年底完成全部停产。焦化厂 150 万平方米的厂区，除了两座 20 世纪 70 年代的办公楼被爆破外，其余工业设施均保存完好，其中包括厂区周围的烟囱，传送带以及蒸馏塔，苯气罐等各类巨型化工设备等，极具老工业厂房特色。为了让更多的人了解北京工业历史，停产后的焦化厂原址并没有被拆除，而是作为一处城市工业遗址得到保存。未来将成为北京一座极具特色的工业遗址公园，人们在这里除了可以看到焦化厂原有的一系列生产工艺流程之外，还能感受到包括“煤之路”“碳之路”“气之路”以及“化工之路”在内的四条特色景观路线。从而使这座拥有 50 多年历史的老厂区能够重新焕发活力[①]。沈阳以现代工业遗产保护为主旨，在已搬迁的工业旧址区内，通过对工业建筑遗产的修复，建设了沈阳铸造博物馆、工人村生活馆、铁西人物馆等，其中铸造博物馆展出了 2000 多种

① 华锴，陈婧：《焦化厂原址将建工业遗址公园》，载《北京日报》，2010-01-13（3）。

设备和铸件，工人村生活馆复原了13户典型的工人家庭景观，铁西人物馆则收录了百余件名人作品手稿和图片，使沈阳这座国家重要的工业城市，保留下自己独特的记忆和文化。

改革开放以来，我国经济社会取得迅猛发展，经历了剧烈的产业升级与社会转型。一些在民族经济发展过程中发挥过重要作用的工业建筑与设施，正在遭遇淘汰的危险。20世纪50年代，北京与许多城市一样，进行如火如荼的工业建设。仅仅10年时间，就初步形成了东郊纺织工业区，东北郊电子工业区，东南郊机械化工工业区、西郊冶金机械重工业区的布局。这些工业区具有用地规模大，功能配套齐全的特点。从20世纪90年代至今，北京逐步进行战略性的产业结构调整和城市功能的重新定位，位居城市首位的制造业逐步从城市中心区域向外围区域转移。例如北京商务中心区所在的东三环和东四环地区，现代建筑拔地而起，成为北京的新地标，但是这里曾云集了北京第一机床厂、北京开关厂、北京金属构件厂等众多大型工业企业。其中创建于1949年的北京第一机床厂，在半个多世纪里创造了共和国机床行业多项“第一”，包括第一台螺旋伞齿平面铣床、第一台电子管电路的数控铣床等。短短几年内，就有150多家位于城市中心区域的工业企业向郊区或其他地区转移，包括首钢的停产搬迁，这一进程目前仍在持续。随着工业企业的搬迁，工厂旧址逐渐废弃，建筑设备逐渐闲置，如果不能及时进行保护，很多具有代表性的工业遗产将消失殆尽。

北京首钢厂史博物馆（2010年12月7日）

保留至今的工业遗产，横跨古今中外，纵观兴衰沉浮，历经沧桑巨变，传承人类智慧，昭示当代进步，启迪未来发展。工业遗产不仅从一个侧面记录了我国近代饱受列强凌辱的历史，同时更见证了近现代工业文明发展历程，承载了前人的无穷智慧和劳动创造，构成社会公众的宝贵记忆，体现城市的独有特点和文化个性。与民用建筑相比，工业建筑遗产往往具有高大的空间尺度、粗犷的文化气质和独特的沧桑美感。首钢旧工业区现址 7.071 km^2，“按照目前的初步设想，2010 年首钢在北京的钢铁生产项目停产后，将会在现址内建设一座展现钢铁工业史的博物馆。博物馆的镇馆之宝，就将从首钢现在的厂房和生产设备中选取”。首钢旧工业区内的工业建筑遗产主要为体量巨大的厂房和仓库，其中炼铁高炉是启动区的制高点，高约 100 m，也是首钢的标志性建筑。在首钢旧工业区内有列入文物保护单位的建筑 3 座；还有登记保留建筑 81 座，其中强制保留建筑 36 座、建议保留建筑 45 座。规划设想采取多种方式，科学合理地保护和利用这些工业遗产，例如一些高大的工业厂房可以作为博物馆、艺术展览馆，一些工业旧址可以作为创意工坊，一些高耸独特的高炉、冷却塔等机器设备可以作为登高观景设施，其他一些体量较小、样式独特的机械设备、生产设施、交通设施等可以作为工业主题公园内的陈列品和基础设施[①]。

从 20 世纪 80 年代中期开始的城市产业结构调整，带来城市功能布局的根本性改变，一批传统重工业城市，尤其是资源型城市，由于体制改革、产业调整、资源枯竭等原因，经历了由兴盛到衰败的过程，其功能布局、物质空间开始经历重大变动和重构，面临着巨大挑战。在此过程中，一些城市简单地对工业建筑和设施大肆拆除，使珍贵的工业遗产遭到破坏；一些城市简单地实施“退二进三”，加剧就业和居住的不平衡；一些城市简单地关注土地价值，忽视工业旧址的保护。因此，正视和解决当前各地在工业遗产保护方面存在的诸多问题和误区，成为当务之急。据报道，颇有纪念意义的武汉江岸车辆厂生产的最后一辆蒸汽机车“上游 1251”，被一家物资回收公司以 12.83 万元购得，并最终将其拆毁；重庆綦江松藻矿区的“上游 0329”，“上游 1148”和“上游 1197”3 辆蒸汽机车，“下岗”后被当作废铁，以 40

① 周健森：《首钢厂房旧址将建工业博物馆》，载《北京日报》，2007-01-12（4）。

万元卖给物资回收公司；始建于1936年的沈阳冶炼厂，尽管制定了详细的保护和利用规划，但是最终仍然没有避免被拆除的命运。天津市工业遗产调查的结果显示，该市在20年间消失的工业遗产，数量不低于30%[①]。如何像对待古代文物那样对待工业遗产，如何处理好工业遗产保护与城市发展的关系，如何妥善保留城市文明的历史记忆，已经成为十分紧迫的课题。

保持工业遗产历史环境

露天工业遗址博物馆，是对整个遗址采取的一种整体性保护措施，往往建在大型或超大型的工业遗产地。发达国家对于近代工业遗存的大遗址整体性保护，一般采用建设露天工业遗址博物馆或工业遗产公园的形式。这样既保护了工业生态环境，又使整个工业遗产地成为工业文化景观，在对工业遗产有效保护的同时，产生可观的综合效益。在英国，最著名的露天工业遗址博物馆是铁桥峡工业遗址。铁桥峡是世界上最早的钢铁工业区。1980年铁桥峡又被规划成为世界上最早的工业遗产文化景观区域，该区域占地面积达10 km^2，是一个由7个工业纪念地和工业遗产博物馆、285个受保护的工业建筑遗产整合为一体的工业遗产文化旅游胜地。位于英国南威尔士的布莱纳文工业文化景观也是露天工业遗产博物馆。该遗址区域内还有一座位于矿井中的工业遗址博物馆，这座矿井从19世纪开始生产，一直到1980年才－停止作业，随后经过保护性再利用开始对外开放。参观者能够直接下到真实的矿井中参观，感受矿工们在井下的作业和生活。工业遗址博物馆区域内的所有遗存，包括早期的铁路系统、大熔炉、煤矿和铁矿的矿井、采石场、工人住宅区以及社区的基础设施等，至今保存完好，这是世界上保存得最完好的钢铁联合体。

德国鲁尔工业区作为大型工业遗产地的露天工业遗址博物馆具有代表性。鲁尔区大大小小的工业遗产博物馆有200多座，如今鲁尔工业区不仅“擦去了脸上的煤灰”，而且成为世界著名的工业文化旅游胜地。该地区的埃森曾是历史上最重要的煤

---

① 谆儒:《留一点现代文明记忆》，载《中国建设报》，2010-06-01（3）。

炭——焦化厂，现在已经成为一座大型露天工业遗址博物馆，因其独特的工业景观促成的文化繁荣，使埃森一跃成为“2010 欧洲文化首都”，区域内的工业建筑具有典型的鲍豪斯建筑风格，简洁大方，具有很强的艺术感染力。1998 年，鲁尔工业区规划机构制定了一条连接全区的工业文化旅游路线——“工业遗产之路”，这条路线连接了 19 个工业遗产景点、6 个国家级博物馆和 12 个典型工业城镇，同时鲁尔工业区还规划了 25 条各具特色的工业遗产文化旅游线路，几乎覆盖整个鲁尔工业区。实践证明，加强对工业遗产的科学保护和合理利用，可以有效地促进对城市近现代历史、工业文明进程以及科学技术发展历史的研究；可以有效地推动城市功能的提升、空间结构的优化、城市经济的转型、土地集约利用水平的提高，并在增加城市就业岗位、改善居民生活质量，改善城市环境面貌、提高城市竞争力等方面均具有十分重要的作用。工业遗产资源的保护性再利用，应充分维护城市公共利益，以传承城市历史文脉，彰显城市文化特色，提升城市功能品质，促进资源合理利用，实现就业和居住平衡，推进城市可持续发展为根本出发点。

1866 年，马尾船厂破土动工，经过 2~3 年建设，我国第一座官办专业造船厂在此崛起。1871 年，我国第一台实用蒸汽机在此诞生。历经 140 年风风雨雨，船政轮机厂、船政绘事院、钟楼和官厅池等历史建筑群保留至今。2006 年 12 月在福建船政的发源地，福建马尾造船历史陈列馆正式开馆。北洋水师大沽船坞位于天津塘沽区入海口冲积平原的海河北岸，始建于清光绪六年（1880 年），作为北方第一座造船厂，被誉为“北方工业的摇篮”。在大沽船坞修建至今的 120 余年历史中，先后历经了各个历史时期的改建，从最初的北洋水师大沽船坞，到北洋政府的“北洋劝业铁工厂大沽分厂”，民国政府的“海军大沽造船所”，日伪时期的“天津浮船株式会社分社”，直至中华人民共和国成立后的“天津市船厂”。这一历史反映了我国民族工业产生和发展的进程，也反映了天津城市和塘沽区的发展变迁。目前，大沽船坞主厂区占地 0.26 km^2，厂房面积 4.05 万 m^2，主要遗留建筑有轮机厂房、船坞、铸工车间、木型车间和办公楼以及 2000 年建成的大沽船坞纪念馆。其中甲坞是大沽船坞第一座开挖建成的船坞，挖掘工艺合理，工程质量优良，保证其连续使用了近 90 年。位于海河岸边，1880 年建成的轮机厂厂房是与甲坞同时制造并保留至今的地面遗存，带有明显的西方工业建筑特征，是大沽船坞仅存下来的厂房，其建筑形式、使用材料都具有重要意义。

近年来，大沽船坞旧址所处的塘沽区海河沿岸，规划为天津市滨海新区的核心开发区。这意味着该区域的城市产业结构、用地性质、人口结构等都将发生根本性的调整，沿海河的拆迁工作已经大规模展开，社会结构的深刻转型激化了工业遗产保护与城市建设之间的矛盾。在大沽船坞旧址的保护研究过程中，工业遗产的保护规划与滨海新区的区域规划，由文化部门和城市规划部门分别提出，未能进行充分的融合，对此天津市政府及时进行了有效的协调，避免了一条城市道路穿越大沽船坞旧址，使工业遗址得以完整保护。人们企盼将大沽船坞旧址保护规划作为专项规划纳入滨海新区总体规划，使其保护与利用符合城市总体发展目标。大沽船坞旧址应该以文化价值的整体保护为基础，以创新模式的工业旧址展示为手段，以良好的周边环境为背景，体现大沽船坞旧址独有的工业遗产特性。大沽船坞旧址的滨水优势明显，特别是沿海地段的甲坞和轮机厂房以及海神庙码头遗址，为陆地与水面亲和，营造生动的滨水文化景观打下良好基础。因此，应将大沽船坞旧址的保护性再利用，结合滨水文化景观展示，设立独具特色的工业遗址公园。这样不仅有利于大沽船坞旧址的保护，而且形成使工业遗产融入城市社会生活的良好机制。同时，工业遗址公园还可以促进工业遗址文化旅游的开展，对于宣传工业遗产的保护与合理利用，促进公众参与起到积极的作用。

唐闸镇是南通近代工业的发源地，也是中国早期私人资本民族工业与近代纺织工业的发祥地。1895 年，著名爱国实业家张謇先生选址通州县城近郊农村的唐闸开基筹建大生纱厂。经过 4 年艰苦卓绝的创建，1899 年底大生纱厂正式开车投产。在此后数年里，张謇先生在大生纱厂周围陆续兴办了榨油、磨面、冶铁、蚕桑、染织等一系列附属实业群体以及包括原料运输、仓储、产品综合利用、设备支持等配套服务设施建设，形成了一个以大生纱厂为中心的综合性工业乡镇。与此同时，张謇先生积极筹划、启动唐闸的市政工程建设，辟道路、兴河运、收地引商、建屋启市、开埠通商，一时间唐闸成为通海地区的交通枢纽与苏北新兴的工业重镇，赢得“小上海”“小汉阳”的赞誉。大生纱厂的崛起开创了我国近代民族工业的成功典范，而唐闸从此闻名遐迩，跻身近代世界著名的新兴工业城镇[①]。然而，此后唐闸随着一代名人的陨落而衰败，接着日寇占领，屡遭重创。自 20 年代末开始，唐闸日渐萧条，从而也避免了由于产业发展和经济调整，对工业设施造成的持续改造，避免了因城市持续扩展而导致的大拆大建，使近代工业重镇的基本格局得以奇迹般地完整保留下来，同时保留下来的还有大生企业群体的众多工业遗存以及部分完整的历史街区与工业文化景观。

以大生纱厂为核心企业的唐闸近代工业历史遗存，是自洋务运动以来，我国近代工业历史遗存中整体规模保存最完整、最集中，工业门类保留最丰富、最充实，原址原状保护最真实、最完善，同时又是最具典型意义的我国早期私人资本民族工业的杰出代表和宝贵历史见证。随着城市化进程加快，南通工业结构重组，发展重心南移，唐闸镇多数传统产业终因种种原因积重难返，不少企业停产、职工下岗、商业凋敝，唐闸镇成为一座孤岛型老工业城镇。但是，今天唐闸仍然保存着工业重镇的历史风貌。近代唐闸的空间布局没有被现代高层建筑所破坏，保持着 20 世纪 20 年代工业城镇的肌理。百年工业重镇的工业遗产在被人遗忘中，由历史的经济包袱变为现实的文化资源。今天唐闸镇留下了百年工人住宅区和传统民宅建筑群，留下了具有西洋风格的近代商业建筑群，留下了通扬运河两岸规模宏大的近代储仓建筑群，留下了红楼、医院、戏院、公园、码头、菜场、船闸等全套社会生活设施。这些工业遗产既是见证南通工业文明与城市变迁的宝贵文化财富，又是彰显城市个性

① 姜平，张廷栖：《唐闸近代工业遗产普查实录》，载《江海文化研究》，2007（6）：1。

和城市精神的文化载体，还是唐闸工业重镇具有标志性的地域特色与环境风貌。它们是南通城市文化底蕴的魅力所在、特色所在、根脉所在，对唐闸工业重镇旧址和工业遗产的保护具有整体的战略性意义[①]。

本溪是著名的老工业基地，在城区 55 km^2 的区域内，有历史悠久的大型冶金企业、煤炭企业和水泥企业等 10 余家，密度之高，全国鲜见。同全国其他老工业城市一样，加强工业遗产保护利用，是在城市发展进程中必须要面对和解决的一个新课题。本溪的老工业企业主要集中在钢铁、煤矿、建材、机械等领域，其中最具代表性的是本钢一铁厂，该厂成立于 20 世纪初，略晚于汉冶萍煤铁厂，早于鞍山制铁所和石景山钢铁厂，是我国现存最早的钢铁企业，是我国钢铁工业的发祥地和工业文明的重要标志之一，也是我国炼铁条件最为得天独厚的制铁企业。它在记录日本帝国主义掠夺我国煤铁资源的心酸历史同时，又写下了新中国成立后的辉煌篇章。一百年来，本钢一铁厂经历了清朝末年、中华民国、伪满洲国和新中国四种不同的社会制度，为中国近代史、帝国主义侵华史以及中国经济史、冶金史和科学技术史的研究提供了实证。2008 年 10 月，因节能减排的需要，具有百年历史、资产数亿元的本钢一铁厂正式停产。这个曾为国家贡献生铁 3000 万吨，承担了全国 1/4 统配铸铁生产和 1/2 球墨铸造用生铁生产任务，连续 30 年名列全国高炉利用系数第一的炼铁老厂退出历史舞台，就此也正式拉开了本溪工业遗产保护的序幕。

本钢一铁厂的前身为本溪湖煤铁有限公司，其中本溪湖煤矿创办于 1904 年，本钢一铁厂创办于 1911 年，为此孙中山在建国方略中写道“中国经营钢铁事业只有汉阳铁厂与南满洲之本溪湖铁厂”。该厂曾经是全国第二大钢铁生产企业，其 1 号高炉是国内乃至亚洲现存历史最悠久的高炉，建成投产时产量居亚洲最高，从高炉炉体，到卷扬机、锅炉、鼓风机、发电机等设备，分别从英国、德国和日本购进，是 20 世纪初亚洲最先进的冶铁设备。从铁矿、煤矿、石灰石矿的开采，到铁路交通运输，再到矿石加工冶炼，作为钢铁联合企业的生产要素一应俱全，在十几平方公里区域

① 姜平，张廷栖：《唐闸近代工业遗产普查实录》，载《江海文化研究》，2007（6）：1。

内完成钢铁生产，在国内同类企业中绝无仅有。2010 年 7 月，当笔者一行考察本钢一铁厂时，发现 2 号高炉已经在不久前被拆除，使这一珍贵工业遗产的价值受到伤害。本钢一铁厂停产后，应注重保护工业遗产的完整性和真实性，最大限度地保护工艺流程的完整和设备的原样，真正体现工业遗产的 rf 直 . 其中以 1 号高炉及其主要设备为核心，同时将与其相关联的本溪湖煤铁有限公司的办公地点大白楼，企业创办人居住的小红楼，本溪煤铁的斜井、变电所，部分劳工工棚和死难矿工的肉丘坟以及本溪湖火车站等统筹考虑，在 2 km^2 内形成体系健全、内容完整的近代工业遗产园区，建成特色鲜明的科普教育基地、工业旅游基地，使工业遗产成为延续本溪历史文脉的宝贵财富①。

京张铁路具有百年历史，是中国人自主设计施工的第一条铁路干线，沿线的铁路桥、车站、隧道与沿线环境融为一体，特别是京张铁路沿线有关沟 12 景，八达岭长城等，具有很强的观赏性，具有突出的文化景观遗产价值。为此专家呼吁，不能仅仅保护建筑遗存，而应尝试将京张铁路作为工业生态博物馆。平绥西直门车站旧址为詹天佑主持修建京张铁路时所建，遗存有站房、站台、机车库及员工宿舍等，是现存京张铁路站场设施中唯一保存较完好的一处。其中站房建筑为西方古典风格，是研究我国近代铁路发展史和建筑史的重要实物例证。2009 年 5 月，在京张铁路百年小站青龙桥车站举办的一场别开生面的展览，整个青龙桥车站作为“展品”呈现给世人。青龙桥车站位于万里长城和京张铁路交会处，目前仍在使用。展览恢复了车站外部的女儿墙、烟囱、油灯座、百叶窗、报站器、男女候车区等原有环境，利用老照片、影像资料呈现车站历史面貌。站舍院内陈列有百年历史的钢轨和参观者可以自己动手操作的老式手动道岔。京张铁路将作为文化线路被保存下来，乘客乘坐和谐号穿过铁路沿线的百年小站等建筑遗存，同时饱览关沟 12 景和八达岭长城风光，京张铁路也就成为一个工业遗产长廊和工业遗产博物馆②。

滇越铁路起点为我国昆明，终点为越南海防，全长 884 km。1903 年 10 月始建，

① 黄力强：《加强工业遗产保护 延续城市历史文脉》，载《全国工业遗产保护利用现场会材料之四》，第 1 页。
② 舒欣：《京西老厂房等待华丽变身》，载《世界新闻报》，2009-12-4（7）。

1910 年 3 月全线通车。由于铁道轨距仅 1 m，故称“米轨”。抗日战争期间，我国东南沿海口岸被日军封锁，滇越铁路成为抗战大后方的战略交通线，大量军用物资、工业原料、医疗药品等由此运入。火车的轰鸣也带来了云南工业文明的发端。滇越铁路原设计寿命为 20 年，而 100 年后的今天，滇越铁路仍然在运行，成为我国铁路网中唯一运营中的窄轨铁路，被誉为铁路“活化石”。由于滇越铁路采用了当时世界上最先进的勘测、设计、施工等技术，因此为后世留下了为数众多的近现代工业遗迹以及代表 20 世纪初铁路建筑工程最高水平的技术范例。但是由于滇越铁路云南段线路病害多、塌方落石等自然灾害频繁，自 2003 年 6 月起旅客列车已经停开，目前主要运行货物列车。而随着铁路新线的相继建成通车，滇越铁路传统的营运功能将进一步丧失。因此滇越铁路正面临兴衰存亡的关键时刻。2010 年 3 月，“纪念滇越铁路通车 100 周年活动”在昆明市举行。人们在思考如何将滇越铁路工业遗产保护提升到文化路线整体保护的高度。同时，滇越铁路沿线居住着 10 多个少数民族，是典型的融文化与自然遗产于一体的文化线路遗产，具有以铁路为载体跨国申报世界文化遗产的潜力①。

在我国，20 世纪 90 年代起，随着经济转型和产业结构的调整以及城市化进程的加快，在许多城市中工业旧址和工业建筑遗产，被作为城市进一步发展的包袱而废弃或清除，工业遗产资源受到严重的毁坏。抗日战争的 8 年时间，重庆作为抗战首都和陪都，成为二战远东指挥中心和大后方政治、经济中心，也成为工业建筑遗产类型最丰富的城市和我国近代工业重镇。抗战爆发后，东部地区大量工矿企业迁往内地，其中迁到重庆的为数最多，共有 200 多家，占全部内迁工厂的 1/3。至 1944 年 6 月底，全国登记的国营、民营工厂 4346 家，其中重庆占 1228 家。抗日战争期间，先后有 400 万民工应征修建战备公路、军用机场和完成战勤任务。英雄的重庆人民在开凿的山洞内坚持生产军用物资，8 年中平均每年生产各种武器 20 多万件。各种炮弹 400 多万发；每月生产军用柴油 600 吨，各种机油 4 万加仑；8 年中生产军

① 胡洪江：《铁路“活化石”企盼退而不休》，载《人民日报》，2010-04-01（12）。

用棉布 3 亿 m，军服 200 多万套，军鞋 35 万双。抗战工业遗址传递了重庆人民不屈不挠、发展工业、坚持抗战的信息。这一重大史实，将永远铭刻在世界反法西斯战争的历史丰碑上，这一时期珍贵的工业遗产更应得到珍惜和保护。但是，目前列入保护的抗战时期工业遗产仅 21 处，占现存抗战遗址总数的 5.4%。

辽宁省阜新海州露天煤矿是新中国第一个五年计划 156 项重点项目之一，因煤炭资源枯竭于 2005 年 5 月关闭。其工业遗址长 4 km、宽 2 km、深 350 m，是世界上最大的废弃人工矿坑之一。如今，阜新海州露天煤矿化腐朽为神奇，改建成国家矿山公园，全景式展示了现代我国工业文明百年发展的历史，曾被选入中国普通邮票和人民币背景图案，其丰富的工业文化遗址和特殊的文化旅游资源十分罕见。矿山公园内陈列有电镐、蒸汽机车、牵引机车、潜孔钻机等大型采掘设备，每一件展品都有背后的故事。此外，总建筑面积达 5000 m^2 的 A、B 双体矿山博物馆正在紧张布展。矿山博物馆将采用高新科技手段揭秘煤从形成到被开采出来的全过程，用丰富实物展现煤化石、硅化石、玛瑙、玄武岩柱等罕见化石，再现不同年代矿工生活场景。矿山博物馆讲述煤炭与人类的密切联系，展示古代劳动人民发现煤炭、挖掘煤炭、使用煤炭的历史画面；展示近代社会中煤炭推动工业革命的功绩；展示现代社会中煤炭给人们生活带来的便利，同时预测煤炭的未来前景，提醒人们必须科学规划并合理利用煤炭①。矿山公园将利用现存的 85 辆国内外生产的蒸汽机车和电机车，建设蒸汽机车博物馆；矿山公园还将利用 15km 矿山铁路，向参观者提供驾驶蒸汽机车、摄影观光等工业文化旅游项目。

中华人民共和国成立初期，洛阳市在规划上采取了远离老城建新城的办法，而没有沿袭当时流行的以老城为中心的摊大饼式的规划模式，独具一格，获得好评。同时，洛阳工业区的规划设计，汲取了长春、包头等城市工业区规划的经验与教训，规划科学、合理，得到了国内外城市规划界的高度评价，被誉为“洛阳模式”。在文化遗产保护上，洛阳工业区安排在涧河以西，避开了东周王城、汉魏洛阳城和隋唐

---

① 魏运亨:《世界上最大的废弃人工矿坑成为中国工业遗产旅游示范区》，载《中国文物报》，2009-05-01(1)。

洛阳城三处大型古代城市遗址，避开了历经金、元、明、清的洛阳老城，体现了历史性城市保护的思想和观念。新中国第一个五年计划156项重点项目中，有6项安排在洛阳工业区，包括了当时我国最大的拖拉机厂、最大的轴承厂、最大的矿山机器制造厂、最大的铜加工厂、最大的高速船用柴油机厂和最大的耐火材料厂。在规划布局上，洛阳工业区根据北依邙山、南临洛河、陇海铁路横贯东西的地理环境，巧妙利用自然地形，合理进行功能分区。工业区顺山沿河靠铁路，由西向东，由北向南，布置生产区、生活区、仓库区、文教科研区等。其中拖拉机厂、矿山机器制造厂、轴承厂和铜加工厂等企业大门、厂部办公楼和厂前广场，一线相连，气势宏大，沿建设路连绵5.6 km，成为完整的工业建筑风景带，风格独特，构成洛阳工业区最重要的、成系列的核心建筑群，充分体现出建国初期我国工业遗产的特点。

如今的涧西工业遗产街区总体结构清晰。区域北部为工厂区，主要分布了第一拖拉机厂、洛阳轴承厂、洛阳铜加工厂等多个大型工厂，个别厂房虽然经过翻修重建，但是整体布局并未改变。区域中部为原有工厂的配套居住区，具有典型的苏联建筑风格，平面规矩，左右对称，中间高两端低。但是由于年代久远，部分建筑质量较差，环境杂乱。随着时间的推移，“一五”时期建设的36个街坊，大部分已经改造重建，较完整保存原貌的街坊已不多。工厂区和生活区之间为原规划的中央绿地带，目前被大量的现代建筑所占据，各类建筑杂乱，建筑等级参差，中央绿地保留很少。南侧为教育科研区域，主要分布与区内企业相关的科研教育机构。该区域环境较好，风貌体系完整，建筑保留较多，展现出我国20世纪50年代以来科研院所的环境历史气息。近年来，随着经济社会发展和人们对工业遗产认知度的不断提高，越来越关注洛阳工业遗产的保护，一些市民自发成立了洛阳工业遗产保护组织，宣传保护工业遗产的重要性和紧迫性，对洛阳涧西工业区的保护也提出了不少建设性的意见和建议，2009年5月，洛阳市公布了《洛阳市工业遗产保护办法（征求意见稿）》，开始为涧西工业区的保护提供法律保障，加快了洛阳工业遗产保护的进程[①]。

---

① 侯丽涧:《西工业遗产街区：中苏蜜月期的时代印记》，载《中国文化报》，2010-07-23（7）。

最近，武汉市青山区“红房子”居住区的去留引起人们的关注，起因是当地政府要求调整原有的红房子历史地段保护规划，拆除“红房子”，兴建新的住宅。第一个五年计划时期，武汉市青山区被确定为以钢铁生产为中心的国家级重工业基地，素有“十里钢城”之美誉。为了配合重工业基地的建设，一些大型企业在位于青山区的工厂西侧，集中修建了大型生活居住区，经过1955年、1957年和20世纪60~70年代3个阶段的建设，逐渐形成成片的以红砖外墙、红色坡屋顶为外观的居住建筑群，被称为“红房子”居住区。现存的“红房子”包含16个街坊，20余万m^2，使用年限已超过或接近50年。作为新中国成立初期工业建筑遗产，“红房子”居住区是目前国内保存完好、为数不多的仿前苏联工业居住区，已经被确定为武汉市10片历史地段之一，也是唯一反映建国初期城市建设成就和历史脉络的历史地段，作为“一五”时期工业文化遗产，在全国具有典型意义。作为一种独特的“活着的工业遗产”，随着社区肌理和建筑形式一起保留下来的还有邻里氛围、空间环境，成为唤起一代产业工人对艰苦奋斗，无私奉献的创业历程的集体记忆载体。与此同时，它们也代表了前苏联居住区规划布局特点和居住区设计在我国的演变过程。因此，“红房子”居住区的价值日渐凸显，应予以整体保护[①]。

作为我国最重要的工业城市，工业遗产对于上海城市的历史有着特别重要的意义。上海从20世纪90年代起加快了产业转型与更新进程，城区内留下了大批工业遗产。这些工业遗产见证了我国近现代工业艰难曲折的发展历程，记录了我国工业从无到有、从弱到强、从受人控制到独立自主的发展经历。这些工业遗产清晰展现上海城市发展的历史轨迹和不同时期城市文明的真实面貌。据统计，上海有4000万m^2的老工业厂房，其中不少工业遗产都有着几十年乃至近百年的历史。其中苏州河沿岸是我国近代民族工业的发祥地之一，两岸遍布近代工业文明的足迹，孕育了一大批近代知名民族工业品牌。如今，这些积淀着百年历史的工业遗产正在被积极保护，并逐渐连接成为“博物馆长廊”，以专题博物馆的形式再现于公众面前，反映苏州河历

① 李兆汝：《“一五”遗产的动态保护》，载《中国建设报》，2010-07-20（3）。

史变迁，展示沿岸工业文明。其中位于普陀区域内 14 km 长的苏州河沿岸，正在兴建 20 余座专题工业博物馆，形成集中展示上海民族工业历史与发展成就的专题工业博物馆群，将为上海留下近代发展的珍贵记忆，延续上海城市的历史文脉，也使城市通过工业遗产的科学保护与合理利用，进一步彰显出历史的魅力与时代的辉煌，为上海城市文化发展带来长久的后续效应[①]。

实现工业遗产合理利用

实现工业遗产合理利用，是指应以系统、整体的观念对工业遗产资源予以确认，着眼于工业遗产在城市可持续发展中的不可替代作用，从城市总体发展高度、城市整体空间层面，对工业遗产的合理利用进行宏观战略定位。要保护大量工业遗产，就必须根据不同工业遗产的性质，探索更为合理而广泛的利用方式，例如利用工业遗产资源创办博物馆、美术馆、展览馆、社区文化中心等，也可以针对工业遗产建筑所特有的历史底蕴、特色空间和文化内涵，使之成为激发创意灵感、吸引创业人才的文化产业园区，开展美术创作、产品研发、建筑设计、科学普及、社区教育等。为此，应认真做好工业遗产的价值评估，制定合理利用方案，本着节约资源和可持续发展的原则，避免对于具有保护价值的工业遗产进行简单的拆改；应创新土地使用机制，调动产权人和利用者对工业遗产保护的积极性，实现文化效益和经济效益的统一，形成良性持续的工业遗产保护氛围；应充分考虑工业遗产的建筑质量和可适应度，确保保护性再利用的安全性，并高度重视污染土地的再利用问题；应鼓励工业遗产保护性再利用与文化创意产业相结合，与文化博览、科普教育相结合，与文化旅游、生态环境建设相结合，形成工业主题博物馆、工业遗产公园、创意产业园区等灵活多样的发展模式，承载城市健康发展的新功能，增加社会公众生活的新体验。

在日本 1000 多家博物馆中，除了人们所熟悉的历史博物馆、艺术博物馆和自然博物馆外，还有很多由企业创办并运营的工业主题博物馆。日本企业设立的工业主

---

① 丁波：《上海开建最大造船博物馆》，载《解放日报》，2008-04-04（9）。

题博物馆，与我国不少企业创办的专题博物馆不同，在博物馆的展厅里并没有布置企业所获得的奖杯或锦旗等荣誉物证，而是最大限度地追求博物馆陈列展览与社会公众的互动效果，更多地通过展出与本行业有关的文物和资料信息，从而间接介绍本企业的历史和产品，既增加社会民众在博物馆学习知识的机会，也促进了企业文化的发展。1975 年，资生堂公司在日本静冈县建造了一座大型工厂，为了感谢当地居民对工厂的帮助，同时也为了接待前来企业的参观者，该公司在工厂附近建设了资生堂艺术馆，艺术馆内共有约 1600 件收藏品，主要收集了 1970 年以后日本艺术家的作品，每 3 个月策划更新一次展览。之后又在工厂附近增建了企业资料馆，作为专门生产化妆品的企业，资料馆内陈列的各种香水、口红、粉饼也就构成了一座化妆品博物馆。由于艺术馆和企业资料馆均免费对公众开放，因此企业方面每年都要投入上亿日元资金维持运转。但是在企业看来，这两个展馆不仅记录和保留了企业的发展历史，也是对当地居民在文化上的回报，最终也起到了企业宣传的作用[①]。

工业主题博物馆一般与社会公众的现实生活紧密相连。例如日本最大的日化企业花王公司的“花王博物馆”，展示的主题与其所生产的主要产品密切相关，即与人们日常生活息息相关的“清洁文化”。从洗涤、清扫、化妆等角度，展示了从远古时代至今人们生活状况的历史变迁。在展厅内人们不仅可以看到古代美索布达米亚人使用过的肥皂、古埃及人使用过的洗涤剂，还可以通过壁画观看到奈良、平安时期日本人的日常生活情景。展区中央的一栋缩微模型复原了江户时代的公共浴室外观，通过电脑视频操作，参观者可以模拟走进浴室内部体验当时人们泡澡、搓背以及喝茶休息的全过程。参观者还可以使用馆内的仪器，现场免费检测自己的皮肤和头发的健康程度。自 1888 年，英国人邓勒普（Dunlap）发明了充气车胎的自行车之后，很快传入我国。从此，自行车见证了我国一个多世纪的历史轨迹。我国素有“自行车王国”之称，目前全国自行车社会保有量为 4.7 亿辆。霸州中国自行车博物馆共收藏自行车 400 余辆，在这里观众不但可以追忆昔日我国飞鸽、红旗、凤凰、永久

① 严圣禾：《走进日本企业博物馆》，载《光明日报》，2009-08-07（8）。

四大名牌，还可以博览来自世界各国制造的自行车，在收藏自行车件数、产地、展厅面积方面都堪称世界最大。“这样一个集自行车收藏、展示、研究、教育于一体的博物馆，对促进中国自行车工业的发展、丰富文化旅游内涵及推动当代自行车运动的开展都具有重要意义”①。

LOFT这一称谓最早来自欧美，在牛津词典上的解释是“在屋顶之下、存放东西的阁楼”，而现在的所谓LOFT往往是指那些“由旧工厂或旧仓库改造而成的，少有内墙隔断的高挑开敞空间”。20世纪70年代开始，发达国家的一些工业化城市，遗留下大批在城市化进程中被淘汰和废弃的工业厂房，因高大宽敞的空间有利于艺术家们的创作，较浓的历史文化氛围又能够激发他们的灵感，同时房租相对低廉，于是大批未成名艺术家进驻这些被废弃的工业厂房，将其作为自己的创作基地。LOFT的内涵和外延也在发展中不断变化，逐步演变为新型文化和创意产业的聚集地。艺术家与设计师们从废弃的工业厂房中分隔出居住、工作、社交、娱乐、收藏等各种空间，他们在这里体验各种生活方式。20世纪90年代以后，这些工业厂房因为其开放性、艺术性特征而广受年轻人青睐，LOFT成为一种席卷全球的艺术时尚。北京的798艺术区、昆明的创库、上海的田子坊、杭州的LOFT49等都是有名的LOFT艺术区。因为工业厂房空间具有较大的灵活性，工作和家居可以发生在一个大空间中不必分离，工业厂房和住宅之间出现了部分重叠，人们不会被已有布局限制，几乎可以随心所欲地在里面创造自己喜爱的人居环境。

北京798厂原为国营电子工业的老厂区，工业厂房为具有德国包豪斯建筑风格的工业建筑。从2001年起来自各地的艺术家开始纷纷聚集，近年来更有数百个艺术家与艺术文化单位进驻798艺术区，成为工业遗产保护性再利用的世界知名成功案例，“老厂房转变成另一种崭新的北京艺术风貌，也成为北京文化创意产业发展的世界新地标”。LOFT使利用者即使在繁华的城市中心，也仍然能感受到轻松、自由的氛围。此类建筑往往乐于暴露，甚至刻意炫耀现浇水泥梁柱结构，或将各类工业残

① 耿建扩：《走进霸州中国自行车博物馆》，载《光明日报》，2009-09-07（5）。

留物审美化，机器、水泥、管道，对于他们来说已经不再意味着紧张和压抑，不再是单调与冷漠，而有利于彰显个性和特色，这也证明了工业遗产保护性再利用后受到人们欢迎，使城市中的一些工业遗产重新焕发生机。“对于现如今需要面对各种生活压力的都市人而言，LOFT 提供给人们的是一个酣畅淋漓的创造机会，一个能带给内心些许放松的休憩空间，这是一个自在的精神归宿”①。过去对于工业遗产往往采取“搬迁—卖地—拆房—新建”的模式，而发展文化事业和文化产业，无疑为工业遗产保护开辟了一条新的途径。这些工业建筑以其优越的地理位置，宽阔高大的内部空间和独具特色的建筑个性，为艺术家们提供了个性化的生存环境，也使工业遗产在实施保护性再利用的过程中，不断产生新的价值，推进新的就业，同时较好地保留下难得的工业遗存。

石家庄是我国近代早期工业发展的聚集区，作为新兴的工业城市，工业门类比较齐全，涵盖钢铁、纺织、医药、化工、机械、建材等多个领域。特别是在“工业一条街”和平路两侧，水泵厂、棉纺厂、印染厂、制药厂、化肥厂、拖拉机配件厂、热电厂、钢铁厂、化工厂等有序排列，蔚为壮观。这些工业企业见证并推进了城市的发展历程，塑造了城市的个性和品格。随着城市空间发展结构性优化，这些企业大多面临搬迁，至 2010 年全市搬迁或转产企业将有 48 家，其中包括华北制药厂和棉纺厂等“龙头”企业。石家庄市适时地认识到，这些企业搬迁后留下的不应是工业废墟，而应是城市文化的鲜活记忆，保护和利用好这些工业遗产，有利于积淀城市文化底蕴，提升城市文化品位。成功的工业遗产的保护都不是封闭式的静态保护。为此，石家庄市注重对工业遗产资源在重组中实现升华。例如利用企业原有的厂房设施组建工业博物馆，展示生产过程和生产工艺，不仅活化了工业遗产的历史感和真实感，同时激发了社会公众的广泛参与和认同。第一、二、三、四棉纺厂，曾是石家庄的代表性企业，位于河北省博物馆北部的文化轴线上，具有建设工业遗产博物馆的良好条件，通过利用棉纺厂旧有厂房和机器设备等实物，集中展现棉纺工业

① 乔欣：《老式工业建筑的文化价值》，载《中国文化报》，2010-03-05（7）。

的历史与发展，使之成为融文化教育与科学普及于一体的棉纺主题博物馆，也使市民们能够感受和回味历史与文化的现实存在①。

2010年上海世界博览会园区，选择在位于南浦大桥和卢浦大桥之间的上海城区黄浦江两岸区域。这一区域是早期工业的发展区域，是上海市中心最后一块大型工业聚集地，也是上海工业遗产最集中的地方，不仅包括被誉为“中国工业摇篮”的江南造船厂，而且区域内的其他大型钢铁厂、仓储企业也大多具有上百年的历史积淀。这里为数众多的、曾经为我国工业发展立过汗马功劳的工业遗址、工业建筑、工业设施等工业遗产元素，承载着城市发展的珍贵历史记忆，如今也正在以其特有的方式叙述着不能忘却的记忆。有效保护世界博览会园区内的工业遗产，特别是对在一个时期、一个领域领先发展、具有较高水平、富有特色的工业遗产的保护，并使其在世界博览会期间和之后都得到积极利用，成为上海世界博览会主题“城市，让生活更美好”演绎的重要内容。围绕筹办世界博览会，上海市确定了工业遗产整体保护的思路，实现工业遗产保护与经济社会发展的平衡互动与和谐共存，既要注重工业遗产保护对于城市长远利益的重要性和不可替代性，又要注重合理利用和可持续发展，尽量发掘其在历史、社会、科技、经济和审美等诸多方面的价值，赋予工业遗产以新的内涵和功能，注入新的活力，实现与城市经济社会环境的互动发展。

历史上，世界博览会曾经是商品特产、科技发明的展示会，而今天的上海世界博览会，不仅向世人展示了最新的科技成果，而且向世人展示了世界各国的优秀文化。上海世界博览会的文物展览，主要集中在3个场馆，即中国国家馆、城市足迹馆和世界博览会博物馆，来自国内外几十家博物馆和收藏机构的330件珍贵文物，为世界博览会增添了文化气息。但是，在上海世界博览会园区，带给人们震撼的不仅是这些国际文物精品，更为重要的是，利用为展示场所的工业建筑遗产，这些工业遗产展示出工业化为城市发展带来的勃勃生机和远大前景，使世界博览会的现代建筑与历史建筑相映成趣，相得益彰，为世界博览会的鲜明主题锦上添花。尽管

① 刘卫华：《保护工业遗产提升城市文化》，载《中国文物报》，2010-09-24（6）。

1851 年以来的历届世界博览会，有大规模建设新场馆的传统，但是，上海世界博览会在保护和利用工业建筑遗产方面进行了大胆探索。对世界博览会园区 5.28 km^2 红线规划范围内的工业遗产进行统一规划，在 200 万 m^2 的世界博览会总建筑面积中，工业建筑保护性再利用总面积超过 40 万 m^2。一些工业建筑遗产经过保护性再利用、注入新技术的元素，或用于各类管理办公，或用于各种服务设施，或用于专题博物馆和展览馆。上海世界博览会有 15 个展览场馆是利用工业建筑改建而成，一些大跨度的工业厂房建筑，经过空间灵活分隔，适合用来作为展示空间。这些工业遗产再次成为人们向往的彰显城市魅力的地方。

中国船舶馆利用江南造船厂东区装焊车间改造而成，是上海世界博览会西片区内占地面积和建筑体量最大，而且保护性利用率最高的工业建筑遗产。除了体现世界博览会主题、展示企业文化面貌之外，更重要的是突出场所的历史价值，延续场所的文化精神。因此，中国船舶馆的设计针对建筑的结构潜能，突破惯常的方法，尽可能地保留了江南造船厂老厂房的历史痕迹，减少对原有结构、材料的干预。不仅利用原有厂房的钢架结构，还利用了厂房保留下来的原用作制造潜水艇的水泥槽地面。园区内原始斑驳的厂区地坪，深灰色锈蚀的钢铁构件，静静地诉说着对场所文脉的传承。同时，尝试将一系列新功能和构件，例如景观斜廊、屋面及立面装饰构件等，承载于老结构之上，使原有结构焕发出新的生命。“这种布局方式，没有割裂原来的空间尺度，而是使游客置身其中，时时感受工业建筑的震撼之处”[①]。同时，中国船舶馆的建设应用了最新的环保技术、智能化灯光的互动效果和先进的多媒体视觉技术，形成绿色环保展示环境，让参观者提前体验未来城市水域生活的美景，人与船舶、人与城市的紧密关系，展现我国造船工业发展前景。在中国船舶馆参观者不仅可以看到古船模型，学习我国的千年造船史，还可以在互动区，通过触摸屏虚拟制造自己喜欢的轮船。据报道中国船舶馆日均接待游客近 1.82 万人，成为浦西场馆游客接待量最大的场馆。

---

① 刘颖:《世博园区老厂房》，载《解放日报》，2009-10-13（2）。

城市未来馆是世界博览会五个主题馆之一，由拥有百年历史的上海南市发电厂的主厂房改建而成，也成为达到国家标准的绿色建筑，厂房主体的保护性再利用方案，保持原有建筑体形和高度不变，保留厂房主体结构、内部3台发电机组及大量附属设施、完整的取、排水系统，通过内部加层将原来的4层结构改为8层，改建后的总建筑面积为3.11万 m^2。通过太阳能光伏发电技术、风能发电技术，不仅延续了工业厂房的发电功能，并且运用影片、书籍和雕塑等方式，向参观者展示人们对未来城市的梦想、设计与实践，畅想未来城市的各种可能。在城市未来馆前，建于1985年的高达180 m的大烟囱，被利用为“气象景观塔”，塔身的红色刻度和塔顶显示屏都清晰地显示了园内的实况温度，成为标志性的工业构筑物，也提出了对于“低碳”的鲜明主张，体现出“变废为宝”的巧妙构思。世界博览会后，“城市未来馆”与“气象景观塔”都将被保留，成为独具特色的工业遗产博物馆。人们看到，工业建筑遗产粗犷的建筑风格、厚重的历史沧桑感，都使其具有独特的美誉度。近年来，那些空旷的车间、库房，高大的烟囱、水塔，一般人看来似乎不再具有价值的工业遗存，而在世界博览会设计者眼中成为了增加城市文化个性和世界博览会特色的宝贵资源和难得空间。

在上海世界博览会的设施中利用工业建筑遗产的案例不胜枚举。例如上海世界博览会博物馆由江南造船厂西区加工工厂改造而成，主要功能为收藏、研究、展示历届世界博览会的文物、文献、盛典纪实和成就成果；综艺大厅由江南造船厂部分装焊车间改造而成，在世界博览会期间承担浦西园区的特色演艺功能，改建的关键是保留原有建筑骨架，形成了镂空的网状屋顶，通过新材料的应用，使工业建筑达到节能环保要求；上钢三厂的特钢车间，成为敞开式景观性演出场地，可容纳3000人，其舞台区北面临江的墙体可以开启，使黄浦江景色跃然入室，成为演出的天然背景；世界博览会的活动场所由江南造船厂原一号、二号、三号船坞改建而成，其中二号船坞成为占地面积0.57 hm^2 的下沉广场，构成传统与现代相互呼应的崭新空间。此外，在江南造船厂原址的保留工业建筑群中，还有原江南造船厂飞机库、海军司令部、翻译楼、机装管子工场，求新造船厂办公楼、红楼等。其中部分保留建筑改建为以大型工业博览展示和文化交流为主导功能的工业博物馆。同时，世界博览会园区内保留的码头、船坞、轨道、起重机械、烟囱等部分构筑物，一些钢炉、冷却槽、巨型螺栓等构件，作为开放性展览平台和大型户外公共活动场所或公共开放空间的景观雕塑。

在世界博览会的历史上，如此大面积地使用工业建筑遗产作为展馆和场馆前所未有，也成为本届世界博览会的永久标志。对于快速成长着的现代城市来说，对于工业建筑遗产的拆与留、改造与保护的选择，早已成为全世界城市共同思考的课题。上海世界博览会园区内矗立至今的高大工业厂房，成为新与旧、过去与未来，对接与融合的典型范例。当然，上海世界博览会园区内工业遗产的保护，只是今天工业遗产科学保护与合理利用的一部分，但是这一实践对于不断更新的我国城市来说，具有重大指导意义。作为文化遗产的新概念，工业遗产作为城市近现代化进程中的特殊遗存，是“阅读城市”的重要物质依托。认定和保存有价值、有特点的工业遗产，并加以合理利用，对于维护城市特色，改变“千城一面”的城市面貌，保持生机勃勃的城市活力，具有特殊意义。这一实践表明，退出生产领域的工业建筑，同样可以服务于现代社会。上海世界博览会的这一举措，得到联合国教科文组织专家们的肯定。国际展览局秘书长洛塞泰斯认为，上海世界博览会保护、使用和后续利用的历史建筑和工业建筑遗产面积，为1851年首届世界博览会举办以来规模最大，这可以为其他发展中国家在保护工业遗产方面作出示范[①]。

今天，国际社会更加强调人类与地球家园友好的理念，包括环境保护、低碳经济、可持续发展等在内的科学发展及和谐共处思想，这些都和工业遗产的科学保护与合理利用息息相关。上海世界博览会园区内工业遗产的保护，不仅带动了400万 m^2 工业建筑的保护，对于我国在国际社会中积极倡导尊重环境、尊重生态、尊重资

① 吴焰：《上海世博园喜“新”不厌“旧”》，载《人民日报》，2007-08-07（11）。

源的理念具有现实意义。现代城市不仅具有功能，更应该拥有文化。具有鲜明文化特色的城市，更具有全球竞争的能力，更能捕捉到发展机遇。上海世界博览会以文化战略的眼光，从全局的、宏观的、战略的和发展的角度，对工业遗产的科学保护进行谋划，大量合理利用工业遗产，绝不会被人们看作不重视世界博览会的举办，反而会迎来全世界赞赏与尊重的目光。这种利用工业遗产的独特文化理念，留下的将是一份厚重的世界博览会遗产，也使上海世界博览会成为一届独具慧眼的世界博览会。世界博览会后，不仅利用工业建筑遗产资源建设的一系列工业遗产博物馆将被永久保留，而且世界博览会的部分新建展馆也将转变为博物馆。届时，上海世界博览会园区将会出现一个博物馆群，为上海博物馆事业增添持续发展的动力。世界博览会后保留如此众多的博物馆，在世界博览会的历史上史无前例，不但将成为世界博览会历史上的一大特色，同时也将载入中国博物馆发展的史册。

第八章 实现考古信息展示的遗址博物馆

伴随城市化加速进程，经济发展与考古遗址保护之间的矛盾日益突显，以往的考古遗址保护模式和措施，越来越难以抗拒大规模城乡建设对考古遗址的蚕食和破坏。因此，必须在科学保护考古遗址的前提下，更好地协调考古科研、遗址保护、社会展示以及经济社会发展、居民生活改善等诸多方面的关系。在此背景下的遗址博物馆建设，应具有整体规划性与循序渐进性。当前，亟待探索适应考古遗址保护要求和满足社会公众文化需求的遗址博物馆建设理念。

8.1　遗址博物馆的建设实践

遗址是指“人类和自然界遗留下来的非移动性文化载体”，从考古学角度，遗址“可细分为城堡废址、宫殿址、村址、居址、作坊址、寺庙址等，还包括当时的一些经济性的建筑遗存，如山地矿穴、采石坑、窖穴、仓库、水渠、水井、窑址等；防卫性的设施如壕沟、栅栏、围墙、边塞烽燧、长城、界壕及屯戍遗址也属此类”[①]。遗址往往占据较大面积，因其较大的体量而不可被移动，因此，也往往具有一定规模的容许人们进入的空间。考古遗址，一般意义上是指“从历史、审美、人种学或人类学角度看具有突出的普遍价值的人类工程或自然与人联合工程以及考古地址等

①《中国大百科全书·考古学》. 北京，中国大百科全书出版社，1986。

地方”[①]。结合我国考古遗址的特点和保护工作实际，考古遗址可以分为旧石器时代古人类遗址，新石器时代文化遗址，各历史时期城市遗址，各类工程遗址，建筑群和园林遗址，石窟寺和石刻遗址、手工业遗址、帝王陵寝和墓葬群等类型[②]。我国目前发现的考古遗址，涵盖了人类社会的各个时期和各种活动，数量庞大、类型多样，这些考古遗址有着丰富的历史文化、地域文化、民族文化的内涵和背景，其复杂性和丰富性是任何其他国家都无法比拟的。正是我国考古遗址类型复杂性和丰富性，为我国率先进行遗址博物馆理论研究和建设实践提供了得天独厚的条件。

关于遗址博物馆，在国际社会还是一个较新的课题。直至20世纪80年代，遗址博物馆在整个世界范围内都缺乏可借鉴的先例，更没有规范性的定义。日本学者小川光旸先生在《亚洲的遗址博物馆——现状与课题》一文中就提道：“就遗址博物馆而言，如果想从美国或欧洲寻找学习榜样那简直是毫无意义的。”[③]但是我国有关学者对遗址博物馆进行了积极的探讨。早在20世纪50年代，在我国的文物博物馆工作实践中就出现了“遗址博物馆”的称谓，例如1958年第4期《文物》杂志上，就有介绍半坡博物馆的文章，题为《我国第一座遗址博物馆开放》。自1985年张文立先生的《遗址博物馆科学研究的探讨》一文开始，博物馆学者对遗址博物馆的理论与实践探索逐渐增多。20世纪90年代中后期有张理智先生的《遗址博物馆研究》和吴永琪先生等主编的《遗址博物馆学概论》两部关于遗址博物馆盼专著，对遗址博物馆的社会功能、考古工作、藏品管理、文物保护、陈列展示、科学研究、管理运营等诸多方面进行的系统研究。其中，《遗址博物馆学概论》一书认为，遗址博物馆是指“在古文化遗址上建立针对该遗址文化进行发掘、保护、研究、陈列的专门性博物馆”[④]。1999年，中国博物馆学会史前遗址博物馆专业委员会在浙江余姚成立，成为我国与遗址博物馆相关的第一个学术团体。

近年来，一些学者针对遗址博物馆也进行了专门研究。例如崔光海先生在《中国遗址博物馆建筑研究初探》中认为，遗址博物馆是指“在遗址保护区划内，以遗

---

① 国家文物局，等编：《国际文化遗产保护文件选编》，北京，文物出版社，2007。
② 陈同滨：《城镇化高速发展进程下的中国大遗址背景环境保护主要规划对策》，载《中国文物报》，2005-10-14（7）。
③ 崔光海：《中国遗址博物馆建筑研究初探》，清华大学建筑学院博士论文，2008（10）：5。
④ 吴永琪：《遗址博物馆学概论》，西安，陕西人民出版社，1999。

址保护为前提，以遗址价值展示为目的，对文化和自然遗址本体及（或）其附属的可移动文物进行保护、研究、收藏和展示的专门机构”[①]。张男先生在《遗址博物馆建筑研究》中认为，遗址博物馆是指“建立在遗址之上或遗址区范围内的以保护遗址、研究遗址和展示遗址为其主要任务的博物馆”[②]。综上所述，可以认为遗址博物馆是指“依托考古遗址，以发掘、保护、研究、展示为主要功能的专题博物馆”。由于考古遗址的时空是“发生历史的地点”，因此遗址博物馆具有其他博物馆所不具备的天然情境。“遗址博物馆是博物馆空间内容与形式在时间上相统一的一种形式，两者的时间都是指向过去的同一点。这是遗址博物馆时空的最根本特点。这种在历史时间上自然统一的时空突破了传统博物馆的局限”[③]。李鄂权先生将遗址类博物馆定位于为供保护已发掘遗址或为展示发掘成果而在遗址上修建的博物馆，它涉及政治、宗教、军事、科技、工业、农业、建筑、交通、水利等门类，包含具有丰富历史文化信息的聚落、园林、城址、宫室、陵寝墓葬等遗址、遗址群及文化景观。由此可见，遗址博物馆具有丰富的文化内涵，融历史、文化、科学、艺术以及经济、社会、哲学、伦理等各门知识[④]。

中国猿人陈列馆，是我国第一座遗址博物馆。周口店北京人遗址位于北京房山周口店村的龙骨山，附近的山地多为石灰岩，在水体作用下，形成许多大小不等的天然洞穴，其中一条东西长约 140 m 的天然洞穴，被称作周口店“第一地点”。1921 年该遗址由瑞典学者 J.G. 安特生（J.G.Andersson）首先发现，至 1929 年，我国考古学者裴文中在考古发掘中出土了“北京人”头盖骨，举世震惊，这是华北地区第一个被发现的旧石器时代古人类遗址。1953 年中国科学院拨专款修建了我国第一座史前遗址陈列馆——中国猿人陈列馆。馆舍位于龙骨山遗址本体片区北面台地，“第一地点”遗址的西北方向，建筑面积约 300 m^2，用以介绍 1921 年以来的考古发掘历史和北京人头盖骨化石模型以及陈列展示考古遗址出土的古人类化石、用火遗迹、石器、骨器、动植物化石等。整个馆舍完全出于简单功能的需要，没有进行刻意的设

---

① 崔光海：《中国遗址博物馆建筑研究初探》，清华大学建筑学院博士论文，2008（10）：5。
② 张男：《遗址博物馆建筑研究——“区外”模式遗址博物馆建筑设计初探》，天津大学建筑学院硕士论文，2004。
③ 刘迪：《博物馆时空刍议》，载《东南文化》，2009（1）：83。
④ 李鄂权：《关于遗址类博物馆传播功能及相关问题的研究》，载《中国博物馆》，2010（1）：34。

计。这也是我国第一座建在考古遗址区范围内的展示建筑，创造了考古遗址出土文物就地、就近展示的先例。至今周口店北京人遗址的考古工作时断时续地进行了80余年，其出土文物种类、数量之多，都是同时代其他考古遗址无法相比的。中国猿人陈列馆也已于1994年更名为周口店遗址博物馆，并于2002年再次更名为周口店北京人遗址博物馆。

早期的考古现场一般不会就地建造遗址博物馆，而是将出土文物从考古地点移送到文物库房或博物馆，便是考古工作完成的标志之一。陕西西安半坡遗址的调查发掘和研究是新中国考古事业有计划、有组织、有目的的考古研究工作中最早付诸实现的一项任务。石兴邦先生曾经主持半坡遗址的考古发掘，他在《史前时期的文化遗址——记半坡遗址的发掘》的回忆中写道："解剖大房子费的力气最大，这个房子的墙修的又宽又坚实，墙壁厚达二十多厘米，里面夹的树枝、草和泥土，团成一块，坚如砖石。一块块打下来，再打成碎块，在里面搜求包含物。就这样将这个房子全打成碎土块，里面并没有太多太特殊的包含物，都是杂草和树枝。如果是现在就不费那么多的事，解剖典型的几个部分就行了。但那时有一种'打破砂锅问到底'的彻底精神，就怕遗漏了什么。后来，半坡博物馆要恢复这个大房子，见原来的屋基发掘出来后，一点墙的影子也没有，叫人非常失望，我才感到为那个时候的彻底精神而后悔。当初我们不知道后来要建博物馆的事。……我们将不同类型的房子都这样解剖了，我们对建筑结构和内涵弄清楚了。在当时看来，从考古研究的角度说，这样是对的、应做的。但在博物馆成立后，原貌没法展出就觉得遗憾了。"①

半坡遗址位于西安东郊灞桥区浐河东岸半坡村北，在1953年灞桥火力发电厂施工中偶然发现，是世界上较早发现完整的原始聚落群遗址之一，也是典型的新石器时代仰韶文化聚落遗址。1954年以后的数年间，中国科学院考古研究所对半坡遗址先后进行了5次考古发掘，发掘面积达1 hm^2，共发掘出房屋遗址、圈栏、洞穴、各类墓葬以及生产工具和生活用具等近万件文物。当时，北京大学师生提出在半坡遗址考古工作告一段落后，在现场举办一个面向公众的考古成果展览，展览分为两部分，一部分是现场展示考古遗址出土的文物，另一部分是展示现场发掘的房屋、瓮棺等遗迹，这两部分都由师生们轮流值班讲解。前来参观展览的民众十分踊跃，一时轰动了西安市。展览活动延续了将近一个月的时间，参观者累计达到10余万人，成为当时文物考古和博物馆界的一件盛事。这次考古发掘成果展览，为半坡遗址的保护和遗址博物馆的建立，形成广泛的社会舆论，打下良好的民众基础。1956年，郑振铎、王冶秋先生提出建议，将半坡考古遗址完整地保存下来，建造一个博物馆，供游人参观，有利于宣传“历史唯物主义和进行爱国主义教育”。同年，半坡博物馆开始动工，并于1958年正式对外开放。

西安半坡博物馆，是我国第一座史前考古遗址博物馆。在整个20世纪60年代，都代表了我国考古遗址博物馆的最高水平。半坡遗址揭露面积约10000 m^2，分为居住、制陶、墓葬三个区域，居住区是村落的主要组成部分。西安半坡博物馆的总建筑面积为6590 m^2，出土文物陈列室主要展出在半坡遗址发现的生产工具，有石器、渔具、纺轮、骨针、鱼钩、鱼叉等，介绍半坡人生产活动的各种场景和半坡人的社会生活、文化艺术以及各种发明创造，本着“就地发现、原貌保存”的原则，生动而具体地展现了先民开拓史前文明的艰难足迹。遗址大厅建筑由两组拱形屋顶结构组合而成，跨度33 m的钢木混合桁架完整地覆盖了发掘后的考古遗址。西安半坡博物馆也是我国第一座直接在考古遗址发掘现场上建立的遗址博物馆，其中遗址大厅内保存着原始村落的一部分，面积约3000 m^2，有房屋、窖穴、圈栏及大围沟等遗迹，展示了原始村落的面貌。西安半坡博物馆的建立表明人们对考古遗址的认识已经从单纯的保护，提高到在保护基础上的科学展示和深入研究。当年博物馆的建筑图纸上注明：“本平面图纸方位应根据遗址实际情况及测绘图参照进行施工，以柱子位置不影响遗址为原则。”说明当时针对遗址博物馆建筑和建设过程中考古遗址的保护问题，已经有了基本的意识。

---

① 高蒙河：《这些令人遗憾的考古失误》，载《解放日报》，2009-12-18（19）。

此后，随着一些大型古代遗址考古发掘和保护观念的加强，我国的遗址博物馆数量逐年增加，其中定陵博物馆、秦始皇兵马俑遗址博物馆的建立，在世界范围的遗址博物馆建设方面具有重要意义，也代表了当时我国遗址博物馆的发展水平。定陵位于北京昌平大峪山下的明十三陵陵区中部偏西，是明神宗万历皇帝朱翊钧和孝端、孝靖两皇后的陵墓，建成于1590年。此后，定陵的地面建筑曾经历过3次大火，仅存建筑遗址。定陵是我国以科学研究为目的有计划地主动发掘的帝王陵寝。在定陵发掘之初，就确定了建设遗址博物馆的目标。郭沫若、沈雁冰、吴晗等专家在请示报告中写到，“陵墓发掘后，就原址建立博物馆，将出土器物整理陈列”。1956年至1958年，定陵由夏鼐先生主持进行发掘，墓室由前、中、后殿和左、右配殿组成，全部用石材垒砌起券，高大宽敞，总面积达1195 m^2，出土各类器物总计2000余件。定陵博物馆是我国第一座利用考古遗址的地下遗存建立的遗址博物馆。1959年成立的定陵博物馆，依托地下宫殿对考古发现的文物进行原地展示，将其分设两个展厅，分别展示与皇帝、皇后相关的文物、资料和举世罕有的随葬品。同时，

大明宫国家遗址公园考古探索中心（2012年9月10日）

整个定陵陵寝遗址和保留下来的陵门、明楼和宝顶等古代建筑本身也是遗址博物馆的展示内容。

秦始皇兵马俑博物馆是目前国内规模最大的遗址博物馆。1974 年，临潼县骊山镇农民在秦始皇陵东 1.5 km 的地方打井时，发现了用泥土烧制的陶俑，经考古勘探和试掘，发现了秦始皇时代的兵马俑。秦始皇兵马俑的发现，被世人称为 20 世纪考古史上最伟大的发现之一。遗址博物馆于 1975 年筹建，在 1 号坑上建起拱形展览大厅，并于 1979 年 10 月落成开放，很快在国内外引起了轰动。随后 3 号坑展览大厅也于 1989 年 9 月落成开放。作为典型的陵寝和墓葬群遗址博物馆，秦始皇兵马俑博物馆的选址延续半坡博物馆在遗址上建馆的思路，展览大厅直接建在兵马俑坑之上，根据兵马俑坑的规模、展示的要求，分别以不同形式的大跨度结构加以覆盖，展览大厅中向观众展示丰富多彩的兵马俑坑发掘现场和坑内出土的高大兵马俑群。其中 1 号坑出土陶俑 1087 个、陶马 32 匹、战车 3 辆、兵器 4 万余件。依据排列密度推算，坑内可出土陶俑、陶马 6000 余件。伴随着持续的考古发掘以及新的发现，秦始皇兵马俑博物馆对考古遗址的展示研究和实践仍在持续，百戏俑坑博物馆、文吏俑坑博物馆也将于近期建成开放。同时，1998 年，陕西省正式提出建立秦始皇陵博物馆的构想，“计划由秦俑博物馆、石铠甲坑博物馆、马厩坑博物馆等多个独立博物馆，设立一个统一的机构，就是秦始皇帝陵博物馆”。

20 世纪 60—70 年代的一些考古发掘成果，为后来的考古遗址博物馆建设提供了契机和据，例如临淄齐国故城遗址（1964 年）、元谋人遗址（1965 年）、满城汉墓遗址（1968 年）、西夏王陵遗址（1972 年）、吴城商代遗址（1973 年），西汉大葆台西汉墓遗址（1974 年）等，后来均建设了考古遗址博物馆或相关设施。但是，也有一些重要考古遗址，由于条件不具备等因素，没有建设考古遗址博物馆。例如，20 世纪 70 年代初长沙马王堆汉墓的考古发掘，为研究西汉初期手工业和科学技术的发展以及当时的历史、文化和社会生活的方面，提供了极为重要的实物资料，但是由于条件的限制，出土文物采取巡回展示和易地展示的方式，把重心放在举办“出土文物展”等常设专题陈列展览上，而考古遗址本身没有被作为保护和展示的重点予以重视；另一方面，早期的一些考古遗址博物馆，除了对考古遗址进行空间覆盖以外，因为认识水平和条件的限制，在很多情况下都只考虑遮风挡雨的基本保护功能，而没有考虑或较少考虑长远发展，考古遗址展厅建筑设施不全，留给辅助陈列的空间和观众活动的空间严重不足，较少考虑考古遗址的保护问题，在博物馆的建筑形式上也没有能够更多探讨与考古遗址、陈列展示内容等方面的关系。

当时，在国际上对考古遗址的展示以露天遗址公园为主，而附属文物以易地展示为主，直到 1956 年 12 月，联合国教科文组织在新德里通过的《关于适用于考古发掘的国际原则的建议》中才开始提出“在重要的考古遗址上，应建立具有教育性质的小型展览（可能的话建立博物馆）以向参观者宣传考古遗存的意义”。苏东海先生在《遗址博物馆学概论》的序言中，回顾 1965 年在联合国教科文组织的支持下，使考古遗址保护工作从国际博物馆协会分裂出来，把考古遗址和博物馆分离开，致使“国际博物馆界对遗址博物馆的实践和研究至少晚于中国 20 年以上”。当时，我国的文物保护和博物馆体系独立于欧美主导的国际组织之外，同时我国的考古研究与博物馆工作始终统一归口文化文物部门管理，这也是我国在遗址博物馆建设方面的优势。从遗址博物馆的建设实践中，人们逐渐认识到考古遗址保护是一项长期而艰巨的任务，在实施过程中会面临新的问题和挑战，必然伴随着更加深入的思考和更加审慎的决策。在这一过程中，我国文物保护工作者对于遗址博物馆的建设理念、工作思路和方式方法，也会不断取得新的理解和进步，不断被引向更加多样的形式和更加广阔的天地。经过一系列实践，必将使人们得以重新认识遗址博物馆建设的长远意义和战略作用。

我国遗址博物馆具有多种类型。按照博物馆建筑选址位置和建设方式可以分为，直接建设在考古遗址上面的遗址博物馆、建设在考古遗址保护范围内的遗址博物馆、建设在考古遗址建设控制范围内的遗址博物馆和建设在考古遗址附近的遗址博物馆等四种基本模式。第一种选址和建设模式，即直接建设在考古遗址上面的遗址博物馆，往往以建筑物覆盖考古遗址空间，以遗址现场为主要展品，同时达到考古遗址保护的目的；第二种选址和建设模式，即建设在考古遗址保护范围内的遗址博物馆，往往以建筑物覆盖部分重要的考古遗址，与保护范围内的其他考古地点形成整体性的考古遗址保护展示空间；第三种选址和建设模式，即建设在考古遗址建设控制范围内的遗址博物馆，往往将博物馆作为整个考古遗址的展示中心，展示考古发掘成果，并可以就近参观保护范围内的考古遗址；第四种选址和建设模式，即建设在考古遗址附近的遗址博物馆，是将博物馆建在已经探明的考古遗址保护区以外、并与考古遗址密切相关区域，距离考古遗址不远，以展示考古遗址出土文物和相关信息为主。以上四种遗址博物馆的选址和建设模式，分别确立了博物馆建筑与考古遗址的不同位置关系，对考古遗址的保护和遗址博物馆的展示方式产生不同影响。

大葆台西汉墓博物馆是第一种选址和建设模式的早期实践，也是我国第一座汉代墓葬博物馆，建成于 1983 年。大葆台汉墓是一座西汉中晚期的诸侯王陵墓，位于北京丰台黄土岗，1974—1975 年进行考古发掘，发现按西汉天子葬制修建的纯木结构地宫，底面积 417 m^2，由墓道、甬道、外回廊、黄肠题凑、内回廊、前室和后室几部分构成，顶和底部以及四壁均以木炭和膏泥密封，史称“梓宫、便房、黄肠题凑”制，是研究西汉帝王葬制的珍贵实物资料。大葆台西汉墓博物馆的基本陈列由 1 号墓墓室复原陈列、殉葬车马陈列、汉车复原陈列和出土随葬器物陈列 4 部分组成。遗址博物馆的主体部分直接建在 1 号墓墓室之上，就地复原墓室并对出土文物进行原地展示。博物馆建筑形式采用覆斗造型，隐喻汉代陵墓体型特点，使地表建筑与地下墓室以及外部环境尽量融为一体。在遗址博物馆内，从展厅入口处开始，步步下行。在墓道中的车马坑处，将参观路线所经之处标高降低，这样既可以降低建筑层高，使观众能够清晰地看到车马坑遗址，同时又有深入地下之感，以此求得建筑形式所表达的文化内涵，与陈列展览主题内容协调统一。这一构思对于此后陵墓类的遗址博物馆建筑造型有一定影响。另外，在遗址博物馆的建筑体量与周边环境的关系以及利用建筑技术保护考古遗址等方面，也作出了有益的探索。

在遗址博物馆中，采取第一种选址和建设模式的情况较多，例如唐华清宫御汤遗址博物馆、西汉南越王墓博物馆、澳门圣保罗教堂天主教艺术博物馆、河南洛阳周王城天子驾六博物馆、上海元代水闸遗址博物馆等均属于此种类型。面对考古遗址的多样性，遗址博物馆的功能设计开始从多学科综合的角度进行思考，积累了有别于其他类型博物馆，而符合考古遗址保护与展示要求的设计经验。唐华清宫御汤遗址，发现于1982年，包括莲花汤、海棠汤、太子汤、尚食汤、星辰汤等5处，另外还有汤池殿基、墙垣、莲花方砖铺砌的坡道、陶质上下水管以及其他建筑遗存，是我国目前发现的规模最大、时期最早的皇家汤池行宫遗址。唐华清宫御汤遗址博物馆以考古遗址为主要展示对象，建筑设计综合了覆盖和复原两种方式，将考古遗址置于展厅之中，以满足保护和展示的要求。为了缩减建筑体量以配合园林式的布局，采取每个汤池遗址上对应一个独立展厅的方式，化整为零，同时建筑外形与历史环境相协调，不同展厅以不同性格，采用了同属“唐风”的不同建筑形式，例如根据各汤池的等级不同，分别采用歇山、攒尖、悬山等不同建筑形式加以区别，以利于参观者产生历史的联想，使遗址博物馆本身在华清池景区内成为一组有历史特色的文化景观。

南越王墓位于广州象岗，是第二代南越王赵眛之墓，始建于公元前120年左右，1983年6月在城市建设时被发现，随即进行考古发掘，因历史上未被盗掘而保存完好，是岭南地区出土文物最多、考古收获最大的一座汉墓。南越王墓墓室深埋在冈顶之下20 m的腹心深处，用红砂岩大型石块构筑，出土玉器、青铜器、印玺等1000余件。1985年，着手加固保护考古遗址，并决定就地辟建遗址博物馆，建筑设计师为莫伯治、何镜堂两位岭南派建筑大师。西汉南越王墓博物馆，在构思阶段就明确

“突出以古墓为主题，保持遗迹的历史纯洁性和历史可读性，参照《威尼斯宪章》的原则，在遗迹与新构筑之间，外观识别要有明显的区分，不以今损古，不以假乱真”。即以现代博物馆的功能和布局要求为依据，以考古遗址为中心，以相关的考古遗址保护规则为依据，尊重考古遗址的环境。博物馆建筑采用古典庭院建筑的空间结构体系，以墓室原址为中心确定两条垂直的轴线，将综合陈列馆、墓室、主体珍品陈列馆通过回廊组织起来。博物馆建设分为两期，分别于1989年和1993年完成，被普遍认为是代表20世纪80年代最高水平的博物馆建筑设计之一，也是尊重历史环境和地域文化，具有独创性的遗址博物馆代表性建筑设计。

在遗址博物馆内，遗址本体保护应始终放在第一位，对于考古遗址资源的利用，要符合可持续发展要求，考古遗址展示应在遗址本体保护与展示效果之间寻求平衡点，采取科学、有效的方法。澳门圣保罗教堂的天主教艺术博物馆，是直接建在考古遗址上部的遗址博物馆。圣保罗教堂创建于1580年，是当时东方最大的天主教堂，整座教堂体现了欧洲文艺复兴时期建筑风格与东方建筑特色的结合。之后圣保罗教堂经历了3次火灾，至1835年仅残存目前所看到的教堂前壁部分，由于教堂前壁形似中国的传统牌坊，故俗称“大三巴牌坊”。1990—1995年间，澳门政府对圣保罗教堂遗址进行考古调查及修复，并发现了教堂背后的建筑遗址及传教士墓地。1996年建成了天主教艺术博物馆，展出地下墓穴以及天主教艺术品。圣保罗遗址博物馆对建筑和考古遗址景观进行统一设计，遗址展示慎重选择方式方法，使保护措施到位，展示效果良好。同时主体建筑部分完全服从景观整体的要求，几乎全部埋藏于地下，消隐于考古遗址之中，使博物馆建筑只是完成功能需要的构筑物，没有具体的文化象征符号，甚至没有形成自身的外部形象，同时，着重加固前壁牌坊、妥善处理地下部分的入口、突出原有的地面遗存，较好地保护了考古遗址的真实性和完整性。

洛阳周王城天子驾六博物馆，是在城市建设过程中发现的古代文化遗址，及时调整建设方案，直接在考古遗址上就地建设遗址博物馆的实例。该博物馆位于洛阳市中心，东周王城遗址区的东北部。2002 年原计划在此建设河洛文化广场。但是在施工过程中发现了古墓葬群，经过考古勘探和发掘，发现了六马驾驭的“天子之乘”，并在广场 3 hm^2 的范围内，共发现 710 座东周时期墓葬和 36 座陪葬坑。鉴于考古遗址和出土文物的重要性，洛阳市决定修改原城市广场的设计，改建成以展示东周文化遗存为主的东周王城广场，并建设原状保护和展示考古遗址的“周王城天子驾六博物馆”。周王城天子驾六博物馆的规划设计，探索现代城市广场与考古遗址博物馆共生的方式，采用馆舍建筑与环境景观相结合的整体设计手法。博物馆建筑主体利用发掘后地面与城市地面之间的高差，将建筑体量大部分埋于地面以下，地面部分采用仿陵墓封土的覆斗形建筑形式，由于考虑与考古遗址整体景观相协调，限定遗址博物馆的建筑高度，外观形象尽量淡化，使较长尺度的博物馆建筑体量掩映在绿地、鲜花、树木之间，消隐在广场的文化景观之中。而陈列展厅则强化考古遗址整体形象，通过简明、大方、实用的设计，满足遗址博物馆的使用功能。

志丹苑元代水闸遗址发现于 2001 年，经过 2002 年的考古试掘，2004 年的小范围考古发和 2006 年开始的全面发掘，考古工作获得重要收获，一座呈对称“八”字形的水闸遗址完全呈现。元代水闸位于一条已淤塞的吴淞江支流上，曾是江南地区通往东海的主航道，此后航运功能被明代开挖的黄浦江所替代。水闸遗址面积 1500 m^2，在宋代水闸营造的基础上建造，是长江口海岸水利工程的重要标志，从闸门到驳岸、外墙、固水的石面构造、用材，都堪称是此类水利工程的先驱，也是迄今我国保存最好的元代水闸遗址，对研究古代水利工程、吴淞江历史变迁、上海城镇发展历史均具有重要的学术价值。同时，元代水闸遗址的发现，证明上海早在 700 多年以前就已经有了大规模的水利工程建设，也是上海航运史最早的实物见证，填补了我国这一领域考古研究的诸多空白。为了更好地整体保护考古遗址及出土文物，按照“遗址整体保护，水闸原位保存，文物原样保护；建设遗址博物馆，遗址及其文物今后将保存于博物馆室内”的原则，历经长达8年多的遗址考古发掘与遗址博物馆筹建，2009年11月，上海元代水闸遗址博物馆正式开工建设，将成为上海第一个遗址博物馆[①]。通过参观这座遗址博物馆，人们可以获得对考古成果和考古遗址保护更加全面、深入、系统的认识。

除此之外，北京市王府井古人类文化遗址博物馆、白鹤梁水下石刻博物馆等是伴随大型工程建设，在特殊的条件下建设遗址博物馆的实例。王府井古人类文化遗址博物馆是在工程建设中发现考古遗址后，采取补救措施，在原址建立考古遗址博物馆的实例。1996年12月，北京东长安街北侧王府井地段，东方广场建设项目正在紧张施工，北京大学城市与环境学系学生岳升阳在施工工地发现了一个清晰的地层层面，而且在该层面上找到了一些碎骨化石和数片人工打击形成的燧石片。随后，考古学者对这里进行了抢救性发掘。在连续8个月的野外考古工作中，对2000 m^2的遗址进行发掘，发现遗址中的文化遗物出自距离地表11~12 m深处，包括上下两个相距1 m的文化层，两处遗址地层都含有炭屑、石器和骨制品、骨化石，代表古人类的两个生活期，最终被保留下来的是距地表12 m的遗址地层。于是，在繁华的王府井商业区地下，在发现考古遗址的相对位置，出现了一座静静守护时间流转的古人类遗址博物馆。在遗址博物馆内，可以看到距今2.4万~2.5万年前古人类生活的遗址地层，可以了解到当时王府井地区曾经是一个生机勃勃的地方，古人类为了狩猎来到这一平原河谷地区。同时，通过出土化石不难看出这里的动物资源为古人类的生活提供了丰富的食物[②]。

白鹤梁水下石刻博物馆，是世界上第一座水下遗址博物馆。白鹤梁是涪陵城北长江中，一条长1600 m、宽10~15 m的天然巨型石梁，长年淹没于水中，仅在冬末枯水季节露出水面。其上有自唐广德元年（公元763年）至当代的石刻题记165段，约3万字，反映了1200余年间72个年份的水位情况。白鹤梁上刻有石鱼18尾，记录枯水变化，预卜农业丰歉，堪称“长江水文资料的宝库”。因此，1974年在巴黎召

① 曹玲娟：《上海建元代水闸遗址博物馆》，载《人民日报》，2009-11-04（11）。
② 乔欣：《王府井地下的古人类遗址博物馆》，载《中国文化报》，2010-03-31（6）。

开的国际水文工作会议上，白鹤梁的科学价值得到世界公认，联合国教科文组织称其为“保存完好的世界唯一古代水文站”。由于三峡水库蓄水，白鹤梁题刻将长久淹没于水下 40 m 处。为了保护这一世界独有的文化景观，并保证对白鹤梁遗址持续进行保护、研究和展示，决定建设一座水下遗址博物馆。但是，由于巨大的深水压力使水下遗址博物馆建设在世界上没有先例。白鹤梁水下石刻博物馆的建设，采用葛修润院士提出的“无压力容器”原理，创建循环水技术保持水下保护体内外水压平衡，集成文物、水利、建筑、市政、航道、潜艇、特种设备等多专业、多学科技术，以实现白鹤梁题刻的原址、原样、原环境的保护和展示。白鹤梁水下石刻博物馆于 2003 年开工，总建筑面积 8433 m^2，由水下保护体、交通及参观廊道、地面陈列馆三部分组成，2009 年建成开馆，成为水下文化遗产保护的成功范例。

伴随考古遗址保护项目的推进，近年来采取第二种和第三种选址和建设模式，即建设在考古遗址保护范围内的遗址博物馆和建设在考古遗址建设控制范围内的遗址博物馆，数量逐渐增加。在实践过程中，越来越多的遗址博物馆设计者更加关注考古遗址本体与环境的维护，而对博物馆建筑形式的表现保持克制。这种思路以保护考古遗址的真实性和完整性为前提，以对历史信息和背景环境的最小干扰为原则，重新理解遗址博物馆在选址建设、功能组织和表现形式等方面应该遵守的理念和规则。例如敦煌石窟文物保护研究陈列中心、三星堆遗址博物馆、汉阳陵博物馆等，都是遗址博物馆选址建设可资参考的例证。其中河姆渡遗址博物馆，将考古发现的干栏式木结构建筑遗迹特殊意义，以简化的手法表现在建筑设计中；敦煌石窟文物保护研究陈列中心，运用考古遗址所在地的自然地形高差与自然环境融合，达到弱化博物馆建筑的目的；汉阳陵博物馆则将建筑体量压入地下，运用建筑材料和科学技术使博物馆与自然环境融合，达到突出考古遗址本体和历史环境的目的。总之，通过遗址博物馆建设的实践，保存考古遗址及其出土文物，全面收集、研究和展示它们共生的各种文化信息，已经成为新时期考察考古发现与考古遗址保护关系的重要指标，并通过考古遗址保护带动考古发现和学术研究。

河姆渡遗址博物馆，是在考古遗址建设控制范围内建设遗址博物馆的实例。1973 年发现并发掘的浙江余姚河姆渡遗址，因其具有得天独厚的地下埋藏环境，出土了丰富的稻作农业遗存，以及大量的陶、石、玉、木、骨、角等质地的生产生活遗物，堪称距今 7000~5000 年间宁绍地区史前社会的缩影。特别是考古遗址内保存良好的早期干栏式木结构建筑遗迹，出土建筑木构件数千件，包括长圆木、桩木和木板等，其中凿卯带榫的构件 100 余件。这一发现将我国使用榫卯结构的建筑历史大大提前，在古代建筑史上具有特殊意义。1993 年，河姆渡遗址博物馆作为史前遗址类博物馆对外开放，馆舍位于考古遗址的建设控制地带内，紧邻保护范围。博物馆群体布局采用化整为零、错落布置的手法，以减少对考古遗址环境的影响。6 个相对独立的建筑通过连廊组合相接，使建筑与自然景观相互融合。遗址博物馆的展示内容是以田野考古发掘的成果为核心，依据考古发掘报告，在展厅内复原考古探方，立体展示各个层位的土色变化与出土器物的对应关系，使参观者可直观地了解河姆渡遗址从产生到走向衰落的过程。同时，陈列展览尊重河姆渡文化所处时代背景，陈列的整体风格定位在洪荒的原野、质朴的个性，避免光影与色彩鲜亮夺目，而强调深沉和稳重的文化氛围。

敦煌石窟文物保护研究陈列中心是我国第一座石窟类遗址博物馆，也是在考古遗址保护范围内建筑遗址博物馆的成功范例。最初建设地点拟选址在莫高窟窟区的重点保护区内，即宕泉河西岸，后经研究为保护考古遗址的完整性，将选址移至重点保护区之外的宕泉河东岸的一般保护区内，与莫高窟隔河相望，避免了对敦煌的考古遗址和历史空间环境的干扰。为使博物馆建筑与整体文化景观协调，规划设计方案采取含蓄的建筑形象。选择以 5~6 m 的平缓丘陵作为建筑用地，将建筑物掩置于丘陵山体之内，两层陈列中心的大部分埋入地表以下，使建筑物与地形连成整体，仅保留博物馆出入口广场，最大限度地保护环境原貌，既减小建筑体量和形象对莫窟历史环境的影响，又对严酷的气候条件具有隔热效果。建筑外墙采用在敦煌当地烧制的大型青砖，表面作锤花饰面处理，既给人以质朴的印象，又使人能感觉到历史的沧桑，使建筑色彩和质感都能与周边环境自然地产生对话。同时，封闭沉稳的建筑性格也与这一地区戈壁沙漠的典型气候相呼应。1994 年，敦煌石窟文物保护研究陈列中心建成开放，现代博物馆应具备的功能内容一应俱全，包括复制洞窟展厅、壁画临摹品展厅、文物展厅和影像放映厅以及文物库房和保护研究所。

汉阳陵博物馆是我国第一座对考古遗址发掘现场实现全封闭保护的地下展示建筑，该馆采用包括建筑结构技术、环境保护技术等各领域先进技术，成为兼顾考古遗址保护和博物馆建设的成功范例。汉阳陵陵园内有大小不等的外藏坑 190 余个。1998 年对位于帝陵东侧、司马道以北的 10 个外藏坑进行考古发掘，出土大量各种身份的陶俑以及各种质地的生活器具、兵器、木车马和粮食、肉类、纺织品等物品。尤其是坑内出土的印章、封泥，对于西汉帝王陵寝制度以及西汉中央官署机构的设置与职掌研究具有重要价值。为了避免发掘现场暴露而造成考古遗址破坏，并有利于进行持续研究和展示，经过多次组织专家论证，一座建筑面积约 7000 m^2 的遗址博物馆开工建设，并如期建成开放。遗址博物馆采用了具有创新性的建设方案，即由于遗址博物馆与帝王陵寝主体距离较近，因此在 10 个外藏坑原址上部，采用大跨度结构支撑，将除建筑入口引导墙以外的全部建筑体量置于地下，并将园内绿化植被延伸覆盖至博物馆屋顶结构上部，最大限度弱化新建筑与环境的冲突，保持了考古遗址原有环境风貌。同时在馆内将考古遗址空间和参观活动空间完全区分隔开，创造了保存彩画和有机质文物的理想环境。这一全封闭的展示方式开创了考古遗址陈列的新途径，受到考古界、博物馆界、建筑界以及社会的广泛关注，并给予高度评价，被称为“汉阳陵模式”。

近年来，伴随考古遗址公园的建设，一批遗址博物馆相继落成，例如安阳殷墟遗址博物馆、金沙遗址博物馆、良渚博物院、隋唐洛阳城定鼎门遗址博物馆等。这些遗址博物馆既对重要考古遗址或出土文物进行保护性展示，又通过博物馆选址与建设强化考古遗址的主题。作为考古遗址上的增建内容，遗址博物馆在选址、功能、建造、展示和景观等方面，必须遵守反映真实性和可读性的原则，其中最直接的就是室外建筑形式，清晰的古今并置往往有利于准确传递文化信息。同时，在一些考古遗址保护中，局部采取适宜方式进行保护性复原展示，既有利于保护文物本体，又有利于保持考古遗址的真实性，还能为人们提供立体形象的感性概念，是一种值得探讨的展示方式。但是，保护性复原展示应遵循《威尼斯宪章》关于“任何不可避免的添加都必须与该建筑的构成有所区别，并且必须要有现代标记”的要求，展示依据应具有科学性、可靠性，展示方法应具有协调性、通俗性，展示布局应具有系统性、整体性，展示流线应具有逻辑性、流畅性。由于考古遗址保护性展示所采用的方式、手段、设施都是基于目前的认知水平和技术条件，而认识水平和技术条件必然不断进步。因此，应该通过规模控制、措施可逆等手段，为未来采取更加科学的保护方法和展示方式留有余地。

安阳殷墟博物馆，是在保护范围内建设考古遗址博物馆的成功范例。殷墟遗址从 1928 年开始发掘，先后发现了 110 多座商代宫殿宗庙建筑基址、12 座王陵大墓、2500 多座祭祀坑等，出土了数量惊人的甲骨文、青铜器、玉器等精美文物，再现了辉煌灿烂的殷商文明。几十年来，在殷墟遗址考古发掘中出土的大量珍贵文物，一直妥善保存却无缘与社会公众见面。出于对考古遗址保护和考古遗址参观流线的综合考虑，博物馆选址在殷墟宫殿遗址与洹河河道之间，宫殿宗庙保护区东侧的考古遗址保护范围内。同时，为了维护考古遗址环境的真实性和完整性，“建筑表现得斟酌与克制”，建筑主体完全安排在地下，力争使建筑形式消隐于考古遗址环境之中，只有中央庭院、下沉天井和建筑边界，非常有限的建筑体量突出地面，最大限度地尊重考古遗址的景观环境，而博物馆内部设置了 5 个展厅、文物库房、研究室、报告厅等功能内容，保障了遗址博物馆功能的发挥。2005 年 9 月，建筑面积 3500 m^2

的殷墟博物馆正式开放。该馆由中国社会科学院考古研究所与安阳市合作建设，集中展示在殷墟发掘出土的文物精品，有效整合了国家和地方保管的文物资源，使大批出土文物回归原生环境，得到妥善的保护与展示，解决了考古成果社会化、普及化的问题，这种互利双赢的做法被称为“安阳模式”。

金沙遗址博物馆建设于考古遗址的一般保护区范围内。该遗址在城市建设过程中被发现，考古发掘出祭祀遗址和大型建筑址、一般居住址、墓葬址以及出土金器、玉器、青铜器、象牙、陶器等各类文物数万件。依据《金沙遗址保护总体规划》，在保护好金沙遗址的前提下，确定金沙遗址博物馆遗迹馆、文物陈列馆、文物保护中心的建筑设计方案和环境景观设计方案。将摸底河以南保存较好的祭祀遗迹区，整体列入金沙遗址保护范围，而遗址博物馆等则规划建设在摸底河以北的一般保护区。2005 年 3 月，金沙遗址博物馆建设正式启动。其中金沙遗址博物馆遗迹馆，采用大跨度钢结构建筑形式保护考古发掘现场，建筑最大跨度达 120 m，将金沙遗址已探明的祭祀遗迹分布集中区全部覆盖，不但有效地改善了祭祀遗迹发掘现场的环境，也为今后更好地开展考古发掘工作创造了条件。金沙遗址博物馆文物陈列馆建筑造型独特，地下空间利用充分，博物馆建筑与考古遗址环境协调，而由于文物展示空间大跨度无立柱，又为陈列布展提供了良好空间。同时，考虑到考古遗址保护范围地势较低洼以及位于城区的特殊环境，在对金沙遗址保护范围地表实施回填保护后，在周边种植树木遮挡外部建筑，也使新的建筑消隐于绿化之中，改善和优化了金沙遗址的环境。

良渚博物院的建设，从一开始就体现出对考古遗址进行整体保护、科学展示的理念，尤其是在选址问题上，既满足博物馆建筑功能的要求，又充分考虑与考古遗址保护的关系和与考古遗址公园建设的关系。良渚博物院选址于良渚遗址保护区外围南缘的建设控制地带内，由于紧邻遗址保护区，可以使遗址博物馆与良渚古城遗址、反山、莫角山、瑶山等核心遗址形成便捷、合理的展示路线，弥补大遗址展示性较差的缺憾。同时，由于遗址博物馆选址于遗址保护区以外，使遗址博物馆在建筑体量、高度、形式等方面有较充分的余地，以满足遗址博物馆陈列展示、社会服务等功能的需要。良渚博物院占地面积约 4 hm^2，建筑面积 1 hm^2，地上 2 层，地下 1 层，建筑高度 8~14 m。事实上，良渚博物院的建设地段，原为采石矿、化肥厂和沼泽地，通过良渚博物院的建设及其周边环境改善配套项目“美丽洲”公园的实施，安置了区域内 46 家企业和大量农户、居民，对原有用地性质进行重新调整，并围绕良渚博物院布置了大面积的环绕水系和多层次的绿化，使考古遗址环境得到了根本性改观。以前布局杂乱的厂房、嘈杂的机器轰鸣声和刺鼻的化工农药味已经彻底消失，取而代之的是大面积的水域和绿化，鸟语花香的和谐生态环境，满足并实现了良渚遗址环境整治的要求和目标，成功阐释良渚文化和良渚遗址在我国乃至世界文明进程中重要地位和突出价值。

定鼎门为隋唐洛阳城外郭城的正南门，是隋唐洛阳城中轴线上的标志性建筑。定鼎门遗址作为隋唐洛阳城中轴线最南端的重要建筑遗址，其保护展示工程受到高度关注。从 2006 年 12 月开始，考古人员对定鼎门遗址进行了长达一年的考古发掘。成果显示，定鼎门城门最早的建筑遗址为隋代，最晚的为北宋末年，说明自隋至北宋的 530 年间，定鼎门一直在持续使用，是迄今为止我国发现的沿用时间最长的古代都城城门。2007 年 3 月，隋唐洛阳城定鼎门遗址博物馆开工，2009 年 10 月竣工开馆。遗址博物馆主体为仿唐门楼式建筑，高 28.6 m，东西长 300 m、南北宽 30~35 m，由城门、城墙、城楼和阙楼组成，总建筑面积约 12600 m^2。遗址博物馆内部空间共为 3 层，地下一层和地上一层展示定鼎门遗址，其中门道遗址、柱础石等原址展示，地上二层主要陈列隋唐洛阳城考古出土的部分文物。遗址博物馆建筑采用大跨度钢架结构，即在考古遗址上部建设保护设施，既能有效保护考古遗址和出土文物，又能充分展示定鼎门考古遗址的全貌，通过展厅内部的通道，观众还可以近距离观看考古遗址，感受历史的厚重与沧桑。同时，观众站在定鼎门城楼平台上，可以俯瞰国家考古遗址公园的整体景观，感受隋唐洛阳城考古遗址的宏大规模。

从上述这些案例中，可以看到遗址博物馆的发展，给博物馆事业带来的活力和创造力。通过遗址博物馆的建设，使考古遗址得到保护和科学展示，使之作为城市文化传承和发展的重要资源和策略，已经逐渐得到社会各界的认同。这一观念的普及，也使遗址博物馆的建设数量明显增多。据不完全统计，我国目前已经有遗址博物馆 100 余座，分布较为广泛，几乎所有的省、自治区、直辖市都有遗址博物馆，其中北京、陕西、河南、江苏、内蒙古、辽宁、江西、山东等地比较集中。近年来，结合大遗址保护和考古遗址公园建设，全国各地新建和即将竣工开放的遗址博物馆有 50 座左右。遗址博物馆以其独特的魅力，成为当前最具吸引力的博物馆类别之一，其发展前景广阔、潜力巨大。“遗址博物馆在我国所有的专门性博物馆中一直占据很高的比例，近几年以来其增加的速度已经高过所有其他类型博物馆，并远高于其他专门性博物馆”[①]。但是，也必须看到，遗址博物馆具有文物藏品就地发掘、就地保存、就地展示，文物藏品与出土地点关系清晰，未经“异地”迁移等特点，因此，遗址博物馆的建设与一般博物馆相比，需要处理的矛盾更加集中，更需要全局观念、综合观念和创新观念，无论是选址方案、规划方案，还是建筑设计方案、工程实施方案，均应科学论证，慎重决策。

由于遗址博物馆建在考古遗址保护范围、建设控制地带或与其紧密相关的区域内，通常会对考古遗址及其环境造成不同程度的干预，如果处理不当甚至会使考古遗址的价值受到损害。特别是选址位置和建设规模，往往是决定遗址博物馆对考古遗址干预程度的最重要因素。在遗址博物馆的选址位置方面，一般来说“建在考古遗址上面”“建在考古遗址保护范围内”“建在考古遗址建设控制范围内”和“建在考古遗址附近”的遗址博物馆，对于考古遗址的干预程度往往逐次递减，一般来说，前两种情况会影响到考古遗址的本体，而后两种情况会影响到考古遗址的环境。在遗址博物馆的建设规模方面，必须明确最低限度干预的原则，尽可能对建筑面积加

① 崔光海：《中国遗址博物馆建筑研究初探》，清华大学建筑学院博士论文，2008（10）：13。

以限制和压缩。同时，遗址博物馆的建设应力求真实、全面地保存并延续考古遗址及其环境的历史信息与全部价值，无论是功能界定、形式设计、技术标准等，都应以此为基本前提和首要目标，努力使遗址博物馆的建设成为考古遗址保护的组成部分。总之，遗址博物馆具有多功能性，无论在考古发掘、馆舍建设、遗址保护、文物收藏、学术研究、陈列展示等方面都具有内在规律，因此对于遗址博物馆建设的经验，目前还不能认为已经成熟，特别是对于一些正在建设的遗址博物馆应加强指导，例如南越国宫署遗址的保护与南越王宫博物馆建设过程中所遇到的“两难”问题，就引起了人们的持续关注。

南越国宫署遗址位于广州中山四路。1995 年 7 月，通过抢救性考古发掘，宫署御苑中的大型石构水池等重要遗迹第一次展示在世人面前。1997 年，考古人员又发掘出保存基本完整的南越宫苑的曲流石渠遗迹。该石渠与 1995 年发掘的石构水池通过导水木质暗槽相连，组成了宫苑的园林水景，是迄今为止我国发现年代最早、保存较为完整的秦汉宫苑实例。从 2002 年 9 月开始，南越国宫署遗址进入有计划按步骤的科学发掘阶段，通过 5 年多的持续考古，发掘面积近 1.2 hm^2，发现了自秦汉到民国 12 个朝代的遗迹和遗物。这些遗迹和遗物层层叠压，厚达 5 m 左右，是广州城市发展历史的实物见证。异常丰富的考古发现证明，2000 多年来，这里一直是广州城市中心而未曾改变。南朝、唐、宋地层中发现的大型建筑基址，在规模、结构、布局等方面具有明显的衙署式建筑风格，明、清时期的建筑遗存则具有典型的宅第式建筑特征，其中很多在岭南地区乃至全国尚属于首次发现。由此看来，对于文化内涵极其丰富的南越国宫署遗址来说，不应将考古挖掘的目的定位于某一地层，更不能仅仅清理下层的南越国时代的考古遗址，因为在此之上的历代考古地层都可能拥有珍贵的文化信息，不能仅保留“单页”，而必须保留“整部”历史。

南越国宫署遗址由于历史地层的相互叠压、打破，增加了考古研究和考古遗址保护的难度，对于一个时期考古遗址的发掘和保护，不应对其他历史时期考古遗址造成破坏。同时，南越国宫署遗址处于寸土寸金的广州繁华市区中心，如何全面地保护和诠释这一重要遗址，客观上也有许多难度。2009年8月，南越王宫博物馆正式开工。南越王宫博物馆以保护、展示遗址和服务考古为主，以出土文物陈列展示为辅，并实现教育宣传、文化休闲等功能。根据南越王宫博物馆的设计方案，在博物馆的底层，将呈现出曲流石渠遗址；在博物馆顶层，将模拟出南越国御花园的大致景观；在地下空间，将可以参观到元代的宫衙遗迹、宋代的房基遗迹、南汉国的宫殿遗迹等。南越王宫博物馆最有创新之处在于留有足够的考古空间，例如针对尚未发掘的南汉国2号宫殿考古遗址区域，预留有考古研究空间，未来参观者可以在博物馆内，现场参观考古人员的发掘工作。使人们得以深入而直接地观察2000余年来城市的建设与发展过程，了解考古学家是如何对待和整理历史遗迹，如何保护城市的珍贵记忆，从而实现考古遗址保护的公众参与，使社会公众切实感受到广州作为国家历史文化名城名实相符，使广大市民对自己的城市更加热爱、更加自豪。

近年来，一些文明古国的遗址博物馆建设经验也值得借鉴。2009年6月和2010年10月，笔者有幸分别参加了希腊新卫城博物馆开馆典礼和考察了正在建设的埃及国家大博物馆，对这两座遗址博物馆的规划设计思路和理念印象深刻。新卫城博物馆，选址在雅典卫城山丘南侧，距世界文化遗产帕提农神庙的直线距离仅280 m。这是一个具有胆略和创新精神的选址，不仅要与1874年建成的旧卫城博物馆相协调，而且要面对既有的考古遗迹和随时可能新发现的考古遗迹，又不可忽视即将蜂拥而至的参观者以及遗址博物馆应有的特色。新卫城博物馆的选址伴随慎重的决策，从1976年开始，先后历经30年的规划选址过程。1989年，新卫城博物馆开工建设后，又因发现敏感的考古遗址，而于1999年宣告建设计划终止。2003年，新卫城博物馆设计方案最终确定，并于2006年正式动工。2009年6月正式开馆的新卫城博物馆，总投资13亿欧元，总面积达25000 m^2，展厅面积14000 m^2，展出过去一个世纪以来希腊的重要出土文物，其中雅典卫城出土的大理石雕像珍品4000余件。博物馆的最底层“悬挂”在考古遗址之上，并以强化玻璃“隔与不隔”，参观者从上面经过，可以观赏到脚下的古代房屋与街道遗存。同时，博物馆内部宽敞明亮的展厅以及通过顶层帕提农神庙馆展厅，可以近距离领略帕提农神庙的壮观景象，实现出土文物与出土地点之间的“沟通对话”，这些都能够给参观者留下深刻的印象[①]。

2003 年 6 月，埃及政府向全世界公布了埃及国家大博物馆的建筑设计方案与建设计划，这座世界上最大的展示埃及文化的博物馆，位于开罗西南 10 km^2，吉萨金字塔以北约 2 km 处，建筑规模近 10 万 m^2，未来将容纳 10 万件馆藏文物。埃及国家大博物馆的建筑设计方案从城市设计的角度，将博物馆看作是由城市转向金字塔区域的标志，即将金字塔与开罗之间的区域全部纳入视野，而不仅仅局限于用地范围。通过博物馆“将金字塔与开罗之间的空地变成了具有雕塑感的空间”，一望无垠的沙滩中，简洁优雅的楔形形体极富力度感，将金字塔与开罗城、历史与未来紧紧相连，三角形的母题与呈射线分布的轴线关系，抓住了金字塔文化的表象特征，向历史与环境表达了最高的敬意，充分满足了埃及政府提出的在时间与空间上“建立一种美学关系”的要求。永久性陈列展厅位于顶层，从一层入口大厅直达顶层永久性陈列展厅的大台阶，并从垂直方向组织空间，观众从大厅拾级而上沿途将经过专题展厅、临时展厅、文物修复保护车间以及开架库房等与观众关系密切的各项功能，大台阶顶点处金字塔景观的出现将成为参观者博物馆体验过程的最高潮。埃及政府将正在建设的埃及国家大博物馆视为埃及文化的永恒象征，埃及文化部长 F. 胡斯尼（F. Hosni）在新闻发布会上指出，一定要把这

希腊雅典国家考古博物馆（2009 年 6 月 19 日）

① 方竟成：《希腊文化遗产保护的法律与实践》，载《中国文物报》，2009-08-07（3）。

个博物馆建成一个庞大的文化宫殿，使其成为一面永恒的旗帜[①]。

2008年10月，国际古迹遗址理事会第16届大会于加拿大魁北克通过关于诠释与展示文化遗产的相关文件，倡导为了提高公众意识，增强公众对文化遗产地的理解，通过诠释信息、文化遗产地点展示，以及有计划地交流，进行全方位的诠释与展示文化遗产活动。根据对我国“十一五”期间大遗址保护项目库的100处重要大遗址调查表明，有将近40%的考古遗址没有对社会开放，也就是没有实现展示功能，即使实现展示的考古遗址，仅有7%左右的考古遗址展示内容和展示方式，能基本满足陈列展示的要求。由于不少考古遗址面积大、出土文物体量小，考古遗址观赏性差，“观众或只能远观，不能近赏，或虽看得见，但却看不清，或虽然看见了，但却看不懂”[②]。同时，一些考古遗址的研究人员和管理机构，不重视考古遗址的现场陈列，出土文物展示和考古遗址原位展示缺乏统一设计，展示形式单一，缺乏应有特色；一些遗址博物馆，在建馆之初仓促上马，缺乏合理规划设计和长远眼光，对使用功能考虑不周，严重束缚了陈列展览的手段，限制了陈列工作的开展；一些地方政府希望通过考古遗址开发来促进经济发展，增加财政收入，但是，往往对考古遗址保护的艰巨性认识不足，保护服从于旅游发展，对考古遗址造成损害和破坏。

基于我国考古遗址类型的多样性，不同考古遗址的文化背景环境形态、文化信息残留程度、抢救保护特殊要求等方面，均有着诸多的差异和区别，针对这些限定条件，遗址博物馆在选址位置、建筑形式、保护手段、展示方式等方面，也必然存在差异性，需要进行细化论证和分类研究，也使遗址博物馆呈现出多元化的倾向。在50多年的发展过程中，遗址博物馆的研究和实践，逐渐由单一学科向多学科转化，这是遗址博物馆发展综合化的结果。早期的遗址博物馆建设，往往仅由建筑设计人员和考古工作者合作完成。近年来，已经发展到与历史学、人类学、社会学、博物馆学、城市规划学、环境生态学以及聚落考古学、环境考古学、动物考古学、

① 张谨：《沙漠中的宝石——记埃及国家大博物馆》，载《世界建筑》，2004（7）：66。

植物考古学等多学科的协同，结合考古发掘、文物修复、遗址保护等项工作共同完成。这种综合化趋势，来自考古遗址保护性展示观念的进步和展示方式的变化。大多数考古遗址本身都包含着复杂的文化信息，随着相关各学科的进步，不论从认识深度还是从技术手段，都使这些珍贵文化信息有了进一步被解读的可能性，使考古遗址展示的内容不再局限于独立的单项，而是针对考古遗址所代表文化的整体，这样就使综合化成为一种必然的要求。跨学科、跨专业、跨部门、跨系统的合作，使遗址博物馆的基础研究、设计思路、表达方式、技术手段等都得到巨大丰富，将直接影响到遗址博物馆的未来发展方向。

8.2　大遗址保护的理念拓展

大遗址，是根据我国考古遗址特点，提出的具有中国文化遗产保护特色的概念。大遗址在我国资源丰富。目前在 2352 处全国重点文物保护单位中，属于大遗址类别的 500 余处，占总数的 1/4 左右。在 8000 多处省级文物保护单位中，属于大遗址类别的有 2000 余处。仅就首批列入大遗址保护国家项目库的 100 处大遗址进行分析，可以归纳出以下特点，一是类型复杂。这些大遗址的类型包括城址、聚落址、墓葬址、窑址等，在这些类型中，古代城市遗址所占比例较大，是保护的重点。二是规模宏大。100 处大遗址总占地面积达 2.67 万 km^2。其中面积最小的是成都古蜀船棺合葬墓，保护区面积为 1.12 万 hm^2；最大的是泥河湾遗址，保护区面积为 5000 hm^2。大部分大遗址的保护区面积在 1.100 km^2 间。据统计，其中保护区面积在 1~100 km^2 的大遗址占 71.4%，小于 1 km^2 的大遗址占 21.5%，而大于 10 km^2 的大遗址占 7.1%。三是分布广泛。100 处大遗址中 97 处大遗址呈点状、面状分布于 26 个省、自治区和直辖市，3 处大遗址呈线状跨区域分布于 15 个省、自治区和直辖市。其中 31 处大遗址位于南方的 11 个省和自治区，66 处大遗址位于北方的 15 个省、自治区和直辖市。6 年来，大遗址保护形成了以长城、大运河、丝绸之路、西安片区、洛阳片区“三线两片”为核心，100 处重要大遗址为重要节点的基本格局。

我国的大遗址，集中代表了我国传统文化的丰富内涵和发展的历史轨迹，具有不可替代的整体价值和地位，是我国 5000 年文明史的重要载体，也是我国文化遗产资源的精髓部分。大遗址保护一直是我国文化遗产保护工作的重点和难点，在一些历史性城市问题更为突出。当前，对考古遗址及其背景环境的破坏威胁，主要来自城乡建设造成的破坏和民众生活环境的变迁。一方面，大规模城乡建设导致考古遗址内部环境持续恶化，外部历史风貌也受到严重影响。再加上自然侵蚀、突发灾害和缺乏科学依据的修复等自然和人为破坏因素，使考古遗址的保护出现了众多难题和困难；另一方面，考古遗址的保护长期以来未能造福当地民众，反而由于受到保护的限制，缺乏相应的政策补偿，当地居民的经济收入和生活水平与考古遗址区外居民之间的差距越来越大，因而对考古遗址保护普遍缺乏认同和理解，甚至不断发生破坏考古遗址的行为。今天，众多位于城市发展地区的考古遗址，特别是大遗址，不断被侵蚀和破坏，其衰败落后的景象，历历在目，惨不忍睹；人们深刻地认识到，目前对于考古遗址的侵蚀和破坏，不是单体的，而是整体的；不是局部的，而是全面的；不是渐进的，而是剧烈的；不是一时的，而是长期的。

长期以来，大遗址保护一般沿用各级政府负责行政管理，地方文物部门实施行业管理与执法监督的模式，存在着相当多的体制机制问题。现有的行政区划和管理制度不仅不利于大遗址的整体保护，甚至成为进一步加强大遗址保护的障碍。由于一些大遗址区域被分割归属于不同的乡镇或街道管辖，不能设立统一的大遗址保护管理机构，条块分割，各自为政’无法形成保护和管理的合力，土地利用、环境整治、人口搬迁和村庄改造等关系到大遗址保护的重大问题难以顺利开展。这种情况不仅严重制约众多大遗址保护管理水平的提升，而且也影响大遗址综合作用的发挥。当地方经济发展与大遗址保护发生矛盾时，地方政府往往强调经济发展为首要目标，而大遗址管理单位因受管理层级和权限的制约，无法有效进行协调。考古遗址保护之所以形成上述局面，主要症结在于长期以来对其保护管理重视不够，无论在保护观念、法制建设、科技应用、资金投入，还是可持续发展等方面都存在亟待解决的问题。同时，由于历史原因，大遗址上往往已经不合理占压着众多民居和企事业单位，搬迁安置、保护展示等所需资金压力巨大。面对全方位的侵蚀和破坏，国家财政投入捉襟见肘，文物保护部门势单力孤，使得考古遗址的保护范围日渐缩小、文化遗存日渐减少。

综上所述，考古遗址的保护状况亟须改善，民众的生存环境亟须改善，城市的整体面貌亟须改善，对我国考古遗址及其背景环境实施抢救性保护，已经成为刻不容缓的紧迫任务。针对上述情况，进入21世纪以来一些地区采取有力措施，完善大遗址保护与管理措施，国家文物部门也加强大遗址问题研究，促进保护规划实施的力度，开展大遗址保护的创新实践，并取得积极成效。经过几年实践，大遗址保护的思路和方法取得了显著进步：从被动地抢救性保护，到主动的规划性保护；从打补丁式的局部保护，到着眼于考古遗址规模和格局的全面保护；从单纯的本体保护，到涵盖考古遗址背景环境的综合性保护；从画地为牢的封闭式保护，到引领参观的开放式保护；从专一的文物保护工程，到推动城市发展、改善民生的文化工程。从而，大遗址保护从仅靠文物部门和考古工作者孤军奋战的行业行为，提升为得到广泛理解和参与的社会文化公益事业；上述转变，反映出文化遗产保护理念和技术手段的进步，反映出文化遗产保护工作素质和能力的提高，反映出广大民众在致力于经济建设的同时对民族历史文化的眷念，更反映出从国家到地方的有关部门、各级政府对社会文化事业卓有成效的运筹和把握。

大遗址保护的理念具有鲜明的中国特色，大遗址保护的任务长期而艰巨。需要以尊重历史、尊重科学、尊重民生的态度，按照人与自然和谐、人与遗产和谐、遗产与环境和谐、生活与遗产和谐、传统与现代和谐的思想理念，在更大的空间范围和更广的地域范围，来保护和延续历史文化脉络。目前，各地的大遗址保护已陆续启动并逐渐步入正轨，大遗址保护的工作重心，也正在从最初的宣传和引导，争取各级决策者的支持和各相关部门的配合，转入从方式、方法上研究和探索进一步深化的途径。在继续加强考古和保护工作的基础上，考古遗址的展示与利用成为今后面临的重要课题。同时，如何创新保护管理体制，形成国家保护为主，动员全社会保护的新体制，重构国家与地方、政府与社会、专家与民众三种关系是考古遗址保护必须突破的现实问题。吴良镛先生指出“中国地下文物丰富，已经探明和未揭露的宝藏为逐步形成‘中国的庞贝’留有可能，应更为科学地将这些历史文化特色纳入规划之中，因此国家文物局加强‘大遗址保护’之举更显重要。‘大遗址保护’是一个值得规划工作者加以切实注意的大问题”[①]。在实践中，新的问题和挑战必然不断涌现，伴随着理性的思考和审慎的决策，大遗址保护逐步迈向崭新而广阔的天地。

公园，一般意义上是指“由政府或公共团体建设经营，供公众游憩、观赏、娱乐的园林。有改善城市生态、防火、避难等作用”[②]。从 19 世纪末到 20 世纪初，我国各地开始相继建设公园。在我国现有的公园体系中，包括以不同的自然形态、生态系统为主题的公园，例如森林公园、地质公园、矿山公园、湿地公园等，这些公园是对具备特殊景观风貌特征的自然生态资源的一种集中展示，是集环境保护、科学研究、知识普及、旅游休闲等多项功能于一体的资源利用方式。考古遗址公园与此相类似，是指基于考古遗址本体及其环境的保护与展示，融合了科学研究、知识普及、文化休闲等多项功能于一体的城市公共文化空间和遗址类的文化景观。考古遗址公园理念的提出，是大遗址保护与考古工作紧密结合的升华，既是对考古遗址保护工作的创新，同时也是对公园这一城市功能元素内涵的拓展，是在考古遗址保护理念发展到一定阶段，国家经济社会实力具备一定基础后出现的考古遗址保护方式，具有鲜明的时代特色。在《国家考古遗址公园管理办法》中，把国家考古遗址公园定义为“国家考古遗址公园，是指以重要遗址及其背景环境为主体，具有科研、教育、游憩等功能，在遗址保护和展示方面具有全国性示范意义的特定公共空间”。

① 吴良镛:《文化遗产保护与文化环境创造》，载《城市规划》，2007（8）：14。
② 中国大百科全书（简明版），北京，中国大百科全书出版社，2004。

考古遗址公园是在许多国家经实践检验证明行之有效，并已日趋成熟的一种大遗址保护和利用模式。在美国，1872年建立了黄石国家公园，1916年由国会立法成立了国家公园管理局，美国最大的史前建筑遗址卡萨格兰德遗址，于1918年成为第一个被纳入美国国家公园管理体系中的考古遗址。迄今为止，该体系已管辖70000处古迹遗址，其中6世纪至12世纪的印第安人遗址梅萨沃德国家公园包含了3800处古迹遗址。该遗址于1978年被列入《世界遗产名录》。此外，《世界遗产名录》上的考古遗址公园，还包括希腊的雅典卫城考古遗址公园、意大利的庞贝考古遗址公园、哥伦比亚的圣奥古斯汀考古公园、危地马拉的蒂卡尔国家公园、土耳其的戈雷梅国家公园、印度的尚庞巴瓦加德考古公园、柬埔寨的吴哥窟遗址公园、巴基斯坦的塔克西拉考古遗址公园、突尼斯的迦太基考古遗址公园和杜加考古遗址公园以及摩洛哥的沃吕比利斯考古遗址公园等。各国的考古遗址公园一方面通过多种展示手段的综合运用，将考古遗址以更加通俗易懂的形式介绍给普通参观者；另一方面通过对考古类文化景观的精心塑造，使考古遗址公园成为令人流连忘返的文化旅游胜地。迄今为止已有24个国家建立了国家公园管理体制。这种体制体现了国家对于考古遗址的尊重，体现了公共财政投入的方向，在管理上也取得了重要的实践经验。

早在公元前，庞贝就已经是一座繁华的都市，背山面海、景象宜人、物产丰饶、交通便捷、商业发达、人口稠密，成为当时罗马帝国政治、经济、文化、宗教中心之一。庞贝古城占地1.8 km^2，周长4.8 km，有14座塔楼，7座城门，城墙由石头砌筑，整个城市秩序井然。规整的街道、圆形的剧场，壮丽的寺院，以及随处可见的壁画和雕像。然而，庞贝古城的命运因为维苏威火山的爆发而被定格，公元79年8月24日，整个城市顷刻间被埋在火山灰下，成为迄今全球最大天灾之一而载入史册，同时也遗留下大量古罗马时期建筑遗址及具有珍贵价值的文物。庞贝遗址的考古发掘，开欧洲近代考古遗址发掘与保护之先声。自1748年开始至今已经持续260余年，吸引众多国家的考古研究人员参与，而且每一阶段考古工作的界限都十分清晰，留下了考古研究过程的详细记录。庞贝遗址目前只对公众开放1/3。意大利考古学者认为，庞贝古城的考古至少还要再进行250年。应当承认，这才是对待重要考古遗址应有的严谨、负责的态度。在展示方面，庞贝遗址的做法是将考古发掘后的遗址以及正在考古发掘的现场直接向公众开放。如今，庞贝古城遗址生动地展现出当时人们居住、宗教、经济、艺术、饮食等方面的状况，成为具有教育意义的灾害考古遗址文化场所，当人们穿行在有着2000年历史的古城遗址之中，能够获得许多特殊的感受。

在日本，直到1965年以前，考古遗址保护方针还是以“现状保存”为主。之后，随着经济的高速发展，土地开发热潮席卷全国，考古遗址保护受到极大冲击，连著名的平成宫遗址也曾一度遭到建设计划的威胁。在这种形势下，人们开始重视考古遗址的展示与利用，先后实施了大室公园、吉野里遗址公园、飞鸟公园等考古遗址公园。其中吉野里遗址公园自1952年调查发掘以来直至现在，基本上是边发掘边复原。在筹建考古遗址公园之前，组织者和建设者就制定出长期规划，按照规划考古发掘采取先主后次、循序渐进的方式进行。首先是弄清考古遗址的基本布局，然后根据整体复原的需要进行重点发掘。在发掘现场以及发掘过程中对每一功能区的细节都尽量全面掌握，以便复原时有据可依。日本奈良平成宫遗址，保存了大量宫殿、园林、城垣遗址。在平成宫遗址中专业人员开展多种不同形式的展示陈列，并在一些重要的宫殿遗址上；通过修剪整齐的树木标示出柱子的位置，以便于公众理解。在平成宫遗址的展示馆中不仅展示出土文物，而且对平成宫所处的时代背景进行介绍，并通过模型和图片对考古发掘的情况、遗址保护的情况、建筑园林复原的情况等进行说明和介绍。这种做法在一定程度上保障了相关考古遗址和文物信息真实、完整地向社会公众传递[①]。

由此可见，考古遗址公园是国际通用，并已日趋成熟的考古遗址保护和利用模式，对于现阶段的大遗址保护，具有较强的现实意义和操作可行性。在我国，公园

① 李春华:《吉野里公园给中国遗址博物馆的启示》，载《中国文物报》，2006-07-28（21）。

的概念引入考古遗址保护较早，例如西安的兴庆宫公园，洛阳的王城公园，但是这些都只是借用考古遗址的名称建设公园，而往往忽略了考古遗址的保护和展示。世纪之交，考古遗址公园这一概念正式进入文化遗产保护领域。在河南，中国社会科学院考古研究所在进行偃师商城遗址考古发掘时，清理出商代城墙、城壕、墓葬、道路和车辙等考古遗迹，建立起偃师商城商文化比较完善的地层序列，丰富了宫城文化内涵。此后，对宫城中部的宫殿、宫城北部的人工池渠等进行考古发掘，基本掌握了富城的内涵、布局、演变以及宫殿、祭祀遗迹和池苑遗迹的年代信息。鉴于考古遗址的重要性，考古人员希望将在学术研究中起到关键作用的考古地层和遗迹保护下来，作为“标准地层”。在 1997 年编制的《偃师商城东北隅考古发掘现场保护方案》中，明确在北城墙发掘现场“采取开放式的遗址公园形式”，“将考古发掘的城墙、墓葬、车辙、灰坑、陶窑等商代文化遗存复原出来，露天展示”，这一方案经国家文物部门批准后，1998 年开始实施，“形成了一个长 147 m、宽 82 m，用于考古遗址保护和展示的小型遗址公园”[①]。在北京，早在 1983 年，由国务院批准的《北京城市建设总体规划》，就将圆明园遗址确立为遗址公园。北京市陆续建成了元大都遗址公园、明城墙遗址公园、明皇城遗址公园等。

2000 年，经国家文物部门批复的《圆明园遗址公园规划》，对圆明园遗址公园的性质以及它具有的功能进行了较为明确的规定，几十年来，对圆明园遗址如何科学保护与合理利用始终存在争议。20 世纪 80 年代，曾出现盲目开发利用的趋势，在万春园东部的东六所考古遗址上，新建了仿古式别墅，对考古遗址及其环境造成严重损害。20 世纪 90 年代，一度打着“振兴中华，再现辉煌”的旗号，主张全面重建的观点甚嚣尘上，导致部分园内古代建筑实施重建。进入新的世纪，针对圆明园遗址，仍然存在着“遗址保护”与“全面复建”的严重分歧。强调“遗址保护”的观点，主张按照国际古迹遗址保护原则，保护和展示考古遗址，使圆明园成为不忘国耻的警示场所。强调“全面复建”的观点，主张按照圆明园历史风貌复建被烧毁的

① 杜金鹏：《大遗址保护与考古遗址公园建设》，载《东南文化》，2010（1）：11。

古代建筑，使圆明园再现古典园林辉煌。正是因为存在着不可调和的分歧，因此在圆明园遗址的保护与利用方面需要格外谨慎。例如经过国家文物部门批准，2003 年对长春园的含经堂遗址实施保护工程。含经堂是一组集宫殿、花园、文物储藏、演戏和接待来宾的大型古代建筑组群，共有各类建筑约 30 座。经过全面考古发掘论证，专家们一致认为所揭示的考古遗址价值重大，不应进行复建，也不应再覆土掩埋，应当实施考古遗址的保护和展示。

秦始皇陵是世界文化遗产，是全人类共有的文化财富。秦始皇陵考古遗址公园是全国最早开始建设的考古遗址公园之一，具有鲜明的开创性和示范性。秦始皇陵是我国古代帝王陵墓中规模最大、埋藏最丰富的帝王陵园之一，秦始皇陵因蕴含着巨大的综合价值，而备受社会各界的关注。在截至目前确认的总面积逾 56 km^2 的秦始皇帝陵园内，考古人员发现大型地面建筑遗址 10 余处，大型陪葬坑、陪葬墓、修陵人墓等 600 余座，已经发掘和探明的重要遗址有秦兵马俑坑、铜车马坑、铠甲坑、百戏俑坑、文吏俑坑、青铜水禽坑等，出土了大量珍贵文物。名震天下的秦兵马俑，只是秦始皇帝陵园内陪葬坑出土的部分文物。2003 年，国家文物部门批准“秦始皇陵遗址公园”规划，这项规划以秦始皇陵 2.13 km^2 的内城和外围为保护重点，内容涉及考古调查、环境整治、文物本体保护、防护设施建设以及考古遗址展示等。同时，将秦始皇陵保护区划分为保护范围和建设控制地带，其保护面积由原来不足 4.4 km^2 扩大到近 36 km^2。考古遗址公园建设项目启动以来，提出未来考古工作的科学计划，相继开展了秦始皇陵兵马俑坑、铜车马坑、陵园内外城墙、宫殿建筑遗址、陪葬坑等重要考古发掘和文物保护项目，并积极推进征地拆迁、居民安置等工作，为考古遗址公园建设和相关保护管理工作的开展，创造了良好条件。2010 年 9 月，秦始皇陵国家考古遗址公园实现对社会开放，如今，古朴大气的考古遗址公园内，环境整洁，绿树成荫，呈现出悠久历史与深厚文化底蕴，成为陕西西安特有的文化地标，也成为全国大遗址保护的典型范例。

自从21世纪之初，国家文物部门相继批复圆明园遗址公园规划和秦始皇陵遗址公园规划起，考古遗址公园的概念开始逐渐传播。考古遗址公园的提出主要基于两点考虑。一是考古遗址与普通意义上的公园之间存在相互契合的可能。首先，考古遗址是全民共有的文化遗产资源，其保护与展示具有公益性特征；而公园是城市必不可少、民众喜闻乐见的文化载体，是面向社会开放的公共文化空间，服务对象是全体民众，其次，考古遗址是存在于一定区域内相互关联的地面和地下遗存，围绕考古遗址开展的各项工作必须系统而统一，而公园是通过规划设计而形成的特定区域，其管理和运营自成一体，再次，考古遗址保护与公园的管理同属各级地方政府的职能，在管理体制和人力资源等方面可以相互衔接。二是考古遗址保护与公园建设在特性和需求方面可能存在的矛盾，通过努力可以得到化解。这种冲突主要在于考古遗址的珍稀性、脆弱性和不可再生性，决定了考古遗址保护对措施、技术以及环境的高标准要求，考古遗址通常要在隔离状态下付诸展示；而公园作为公共文化休闲场所，人流量大，参观者行为随意，客观上会给考古遗址保护带来压力。但是，面对这种压力，与应对其他各类自然、人为影响因素一样，只要采取有效的措施和

陕西秦始皇陵遗址公园（2010年9月29日）

手段，借助先进的设施和设备，强化保护与科学管理相结合，考古遗址保护与展示同公园完全可以实现良性结合，相互促进。

高句丽遗址，是我国东北地区的大遗址群。其中辽宁桓仁的五女山城是高句丽创建的第一个都城，也是鸭绿江两岸现存100余座高句丽山城中建造最早的一座，其规模宏大、体系完备，保存也较为完整。吉林集安的国内城、丸都山城是高句丽早中期的都城，其特点是平原城与山城相互依存共为都城。由于长期以来当地生产的发展以及人口的不断增加，考古遗址空间地带被民房、工厂、电力设施所占用。日趋活跃的人类活动影响着考古遗址周围的环境，同时也对考古遗址本体安全构成威胁。2003年，国家文物部门会同吉林、辽宁两省政府，加大了对这组大遗址的保护整治力度。随后逐步完成考古调查、发掘和文物维修及展示，一次性建成面积276 hm^2 的五女山城考古遗址公园、21 hm^2 的国内城考古遗址公园、284 hm^2 的丸都山城考古遗址公园和72 hm^2 的王陵及墓葬区考古遗址公园。这四处高句丽考古遗址公园面积总计约650 hm^2，从根本上解决了这些大遗址保护的后顾之忧，为未来的保护管理和科学考古创造了条件。2004年7月，高句丽王城、王陵及贵族墓葬作为世界文化遗产列入《世界遗产名录》。2007年，吴良镛教授访问高句丽遗址时指出，“积极保护，整体创造是将保护与发展统一起来的理论探索”，“使具有2000年历史的山城、建筑及其环境显现出来，笔力遒劲之碑文、清晰绚丽之壁画、气势磅礴之古城址，实不愧为露天的文化博物馆，这说明规划建设、城市管理只要决策正确，措施有力，就能使这并不很大的历史文化名城争放异彩”[①]。

殷墟是3300年前由殷商先民在安阳建立的都城。80年来的考古发掘表明，殷墟遗址面积达136 km^2。在这一区域内密集分布着宫殿宗庙遗址、王陵遗址、洹北商城、手工作坊遗址、甲骨窖穴、贵族墓葬、祭祀坑、族邑聚落遗址、家族墓地等不同类型的文化遗存。2003年6月，《安阳殷墟保护总体规划》经国家文物部门批准，为殷墟遗址科学保护与可持续发展奠定了基础。安阳市政府根据规划对殷墟遗址周

---

① 吴良镛：《文化遗产保护与文化环境创造》，载《城市规划》，2007（8）：14。

边环境进行了大规模的整治。在实现殷墟考古遗址公园的过程中，当地民众用各种不同形式参与和支持环境治理，不到半个月的时间，就全部搬迁完毕。当地民众主动为殷墟遗址保护捐款，仅一个月内就汇集了3100多万元。同时，对保护范围和缓冲区内的村庄、道路、环境进行了有效治理，使殷墟及其周边环境得到了根本性改善，在大遗址的保护、管理和展示等方面取得了显著成效，有效阻止了小屯、花园庄等村庄扩建对殷墟遗址的蚕食与威胁，维护了殷墟遗址的真实性，使殷墟核心保护区成为具有良好环境质量、兼顾保护和展示的大型考古遗址公园。2006年7月，殷墟遗址成功列入《世界遗产名录》，范围包括处于殷墟遗址核心区域的4.14 km^2宫殿宗庙遗址和王陵遗址，72 km^2的缓冲区，申报世界文化遗产成功标志着殷墟遗址保护进入了新的阶段。

殷墟遗址博物馆和考古遗址公园在考古展示方面做了一系列探索：一是地下封存，地上夯土台阶、柱墙抬高模拟展示。作为宫殿区遗址展示的一种主要形式，对已经发掘完毕和研究清楚的遗迹，采用将原址掩埋封存，在其上对应位置重新复原夯土台阶、木柱桩和与建筑有关的祭祀坑遗迹；二是地下封存，地上抬高祭祀坑模拟展示。在原遗址上垫土覆盖地下遗存，在不损害地下遗迹的前提下，复原宫殿区内的宗庙祭祀坑和车马坑遗迹；三是地下封存，地上植物或卵石标识展示，在柱础位置的覆土之上，栽植小叶女贞修剪成圆柱形，在墙体位置栽植柏树修剪成墙状，表示立柱和建筑物规模的方法展示，或直接用草坪和卵石标示夯土遗址的范围、面积和形状。四是异地搬迁保护展示。在殷墟宫殿区外考古发掘中发现的具有科研、观赏价值的遗物、遗迹，由于原址过于零散不宜保护和展示，则采取异地搬迁保护展示。五是原址原物覆罩保护展示。对已发掘的原始遗迹覆盖玻璃罩保护，或建设保护房进行保护性展示。例如王陵区部分殉葬坑，透过玻璃罩，参观者可以清楚地看到殉葬坑里形状各异的考古遗存。六是回埋封存、留取详细准确的测绘和记录资料。主要是对青铜器、玉器、陶器、骨器等作坊遗址采取此种保存方式，并在原址地表设立指示标志和说明①。通过上述努力，探索出一条适合我国土质遗址保护与展示的新途径。

高句丽遗址、殷墟遗址保护实践及其成果，鼓舞了实施大遗址整体保护的信心，取得了可贵的经验。从2005年起，国家开始设立大遗址保护专项资金，并不断加大投入力度。2005年8月，国家财政部门和国家文物部门联合发布《大遗址保护专项经费管理办法》，明确大遗址保护专项资金，优先考虑那些价值重大、遗址本体保护需求急迫、有较好考古勘查研究工作基础、已编制规划或规划纲要、宣传展示可行性强、地方政府重视并有一定经费配套的项目。2006年12月，国家财政部门和国家文物部门联合发布《"十一五"国家重要大遗址保护规划纲要》，其中遗址公园建设被明确提出，并决定设立大遗址保护国家项目库，首批100处大遗址被列为国家重要大遗址保护专项。大遗址保护专项资金的设立、大遗址保护规划体系的确立、大遗址保护国家项目库的建立，在一定程度上使大遗址保护的被动局面得以扭转。在此基础上，大遗址保护和考古遗址公园建设均需要通过扩大试点，积累更多的实践经验，这项工作得到了各地区、各部门的广泛响应。其中成都金沙遗址、无锡鸿山遗址以及西安大明宫遗址、洛阳隋唐洛阳城遗址保护规划的实施，为在全国大规模抢救保护大遗址，建设考古遗址公园，进一步提供了成功范例。

2001年2月，考古人员在成都市青羊大道西侧金沙村发掘出土大量玉器、金器、青铜器及象牙等珍贵文物，这一重要发现立即在国内外引起轰动，对金沙遗址的保护也逐渐成为社会关注的焦点。与许多分布在远郊或农村的大型遗址不同，金沙遗址位于市区二环路与三环路之间的城市人口聚居区，建设活动十分频繁，若不及时采取措施，必将严重影响金沙遗址的保护。因此，文物考古部门及时开展金沙遗址考古工作，经过数年的艰苦努力，共对60余个建设项目开展文物勘探和考古发掘，发掘面积高达20万 hm^2，可以确定考古遗址分布面积达5 km^2 以上，发现的重要遗存有大型宫殿基址、祭祀区、中小型居址、墓葬分布区等。通过对出土文物和

① 杜久明:《安阳殷墟遗址保护展示的现状、成效、问题与对策》，载《2009大遗址保护良渚论坛》，第56页。

重要遗迹的研究分析表明，金沙遗址是商代晚期至西周时期与古蜀国最高统治者活动相关的重要文化遗存。大规模的考古工作为金沙遗址保护提供了科学资料。在此基础上，编制了《金沙遗址保护总体规划》。2005 年 3 月，金沙遗址保护工程正式启动，并对长达 10 余 km 的摸底河进行全面疏浚、截污、绿化，改善和优化了金沙遗址的文化景观环境。2006 年 4 月，占地 30 km^2 的金沙遗址公园和建筑面积 4 万 hm^2 的金沙遗址博物馆正式对外开放，产生了较大社会影响，其考古遗址展示和出土文物陈列受到参观者的广泛好评。

鸿山墓群是春秋战国时期长江下游吴越地区的大型墓葬群。墓群分布范围约 7.5 km^2，现存土墩墓 133 座，时代从马家浜文化时期至宋元明清和民国时期，延续 6000 余年，是了解越国历史文化的重要资料。2003 年，无锡新区鸿山镇在工程建设过程中，发现了零星文物，联合考古队在对施工现场进行抢救性考古发掘时，获得了意想不到的巨大收获，出土了大批系统、成套的越国礼器、兵器、乐器，证明鸿山遗址是越国贵族墓葬群。鸿山遗址的发现为研究当时的社会结构、科技水平和文化艺术等提供了翔实的实物资料，首次完整展现了春秋时期越国上层社会生活。2004 年，这一考古发掘成果被评为全国十大考古新发现。面对鸿山遗址的众多珍贵的出土文物，面对周边还有相当数量的同类墓葬，如果对大遗址进行原址保护，有利于保留完整的文化信息。2006 年 3 月，《鸿山遗址保护规划》经国家文物部门批准后，鸿山遗址保护工程正式启动。鸿山遗址拥有丰富的文化内涵和广阔的分布面积，通过合理规划布局，使考古遗址公园内遗址、建筑与环境共同组成一个和谐整体。2008 年 2 月，严格按照大遗址保护规划，体现国际先进保护理念，促进当地社会经济发展的大遗址保护项目初步实现，鸿山遗址公园和位于遗址公园内的遗址博物馆初步建成。

鸿山遗址公园的建设经验在于，一是寻求大遗址保护与当地社会经济发展相结合将鸿山遗址公园作为城市最具吸引力的文化工程，使大遗址保护和生态保护、生物多样性保护、环境规划、土地利用规划、旅游发展等协调一致，充分发挥大遗址的综合效益，使鸿山遗址成为不可多得的城市文化景观，成为新的经济增长点；二是寻求大遗址保护与当地民众改善生活状况相结合，使考古遗址保护成为当地农民的致富工程。在鸿山遗址公园的建设中，对不同区域的农户和居民采取不同的安置措施：在核心保护区，对中青年人安排就业，其住宅向城镇集中，并提供优于城区的住房条件，享有同城市居民相同的基本保障；对一般文物保护区实行疏散人口的政策，以减轻对大遗址本体保护的压力；对留下来的农户实施再就业，引导他们积极参与到鸿山遗址公园周边的建设中，发展文化休闲、水上旅游及农家乐；对风貌协调区的居民，原则上不搬迁，对村容镇貌进行整治，并进行农业结构调整，向高效农业发展，使留下来的民众收入能得到不断增加，生活水平得到不断改善。鸿山遗址的保护使名不见经传的鸿山小镇，成为一个充满文化气息、宜人居住的园林山庄小镇，考古遗址园区内除分布着未发掘的星星点点的鸿山墓群外，还有配套的果园、菜园、休闲乐园，分区明确①。

20 世纪 50 年代以来，中国社会科学院考古研究所对大明宫遗址进行了长期考古研究，取得了一系列重要成果，为含元殿、麟德殿、丹凤门等单体建筑的保护利用提供了考古依据，也为唐代宫室制度的研究以及大明宫遗址实施单体保护工程奠定了科学基础。但是，随着西安城市化进程的加快，大明宫遗址已经从西安城市近郊成为城市中心区，大规模城市建设以及考古遗址区内居民的生产生活，与考古遗址保护之间的矛盾越来越尖锐。2008 年 8 月，《大明宫遗址公园总体规划》通过专家论证。总体规划涉及考古规划、遗址保护与展示、景观及绿化、道路交通组织、主要服务设施、遗址管理等方面，体现出新时期文化遗产保护与推进城市现代化发展、调整周边产业结构和谐共赢的战略思考，使文化遗产真正成为现代城市的文化资源，同时也成为广大民众生活的精神乐园。随着大明宫遗址区保护工程正式启动，对大明宫遗址及周边道北地区进行全面整治。建成后的大明宫考古遗址公园，占地面积

① 吕春华：《遗址博物馆的横向比较：鸿山遗址博物馆与台北十三行遗址博物馆》，载《中国文物报》，2008-04-25（6）。

$32\ km^2$，依托“前朝后寝”的历史格局，形成壮美宏大的文化景观。在对考古遗址加强保护的前提下，依据历史时期的地形地貌，形成大面积生态草坪，为今后的可持续考古研究创造良好条件，维护考古遗址保护、研究、展示的严肃性和延续性。

隋唐洛阳城遗址是我国乃至世界上具有重要影响的大型古代城市遗址，其中轴线建筑体量巨大，气势恢宏，在我国古代城市遗址中独一无二。隋唐洛阳城遗址包括洛河以南的里坊区和洛河以北的宫城皇城区、里坊区。2007 年 3 月，洛阳大遗址保护现场会召开，决定推动隋唐洛阳城里坊区和宫城核心区两大考古遗址公园建设。2007 年 9 月，隋唐洛阳城宫城考古遗址公园正式启动，需要搬迁安置考古遗址保护范围内丘 30 家企事业单位和 800 余户居民，特别是需要对占压宫城核心区的大型工业企业洛玻集团，实施整体搬迁，使明堂、天堂、应天门遗址区域，同九州池遗址区域连成一片，形成总面积约 $333\ hm^2$ 的国家考古遗址公园。这一计划的实现，需要付出极大的努力，作出富有文化战略眼光的历史性贡献。童明康先生在启动仪式上指出，“我们脚下这片土地恰恰是隋唐洛阳城宫城的核心所在，遥想当年，这儿曾是何等的庄严肃穆，何等的繁华。回望两年前，这里还是当时洛阳市旧城区的一片不起眼的社区、厂房，凋敝而破败。今天，大家作证，这片土地正在成为洛阳城市中最有文化气息和内涵的地方，隋唐洛阳城宣城遗址的真容正在越来越清晰地展现在我们面前，这里必将成为洛阳市最美丽的地方”。

实施大遗址保护和考古遗址公园建设，促进了保护工作由局部向整体再向区域性保护范围的转变、由单一向全面再向综合性保护理念的转变，使大遗址保护工作从考古调查、勘探发掘等基础工作，到保护大纲、保护规划的编制，再到保护计划、保护项目的实施，形成一套较为完整的规范程序，是保护意识与规划意识进一步深化的体现。面对众多急需实施保护和环境整治的大遗址，国家文物部门确定了加强大遗址保护，推动考古遗址公园建设的一系列原则，即坚持统筹规划、分步安排、量力而行、突出重点；坚持高标准规划、高水平起步、高效益实施；坚持从实际出发、讲求实效、不断丰富实践经验；坚持合理配置技术力量、依靠科技进步、促进学科融合；坚持统筹各种资源、加快保护进程、发挥综合效益。在专项资金投入的方式上，优先保护好列为世界文化遗产和全国重点文物保护单位的大遗址；优先保护好面临严重威胁和破坏，濒临灭失的大遗址；优先保护好能够实现文物保护、环境改善和民众生活水平提高等综合效益的大遗址。明确大遗址专项资金的使用为补助性质，突出重点，不撒“芝麻盐”，向具备实施保护和整治条件、当地政府和文物部门有开展保护和整治决心的项目倾斜，充分调动地方政府的积极性，争取更多的地方配套资金，放大国家保护专项资金的效果，以解决更多的大遗址整体保护问题。

良渚文化遗址和红山文化遗址，作为实证中华五千年文明史最具规模的考古遗址，应成为具有纪念、研究、教育、观光功能的文化圣地。考古研究成果证明，良渚遗址区内包括宫殿、祭坛、墓地、城址、村落等各类遗存，原始地理环境和考古遗址保存的完整性、密集度，在全世界范围内实属罕见，集中而全面地反映出我国新石器时代特定的社会形态。但是，由于良渚遗址保护面积庞大、遗存分布广泛、区内人口密集，使保护工作面临比其他地区同类考古遗址更多的压力。2008 年 2 月，良渚遗址管委会进行体制机制调整’将原有的开发职能划转乡镇政府，而管委会专职良渚遗址保护工作，使保护管理职能定位更加清晰，更加明确。这种“文化遗产特区”的模式，为全国大遗址保护和考古遗址公园管理提供了可以借鉴的范例。《良渚遗址保护总体规划》，经过几年的磨合，各方也逐渐达成共识，确定保护范围为 42.02 km^2，建设控制地带 23.9 km^2，为加强良渚遗址保护提供了科学、可行的管理依据。在此基础上，杭州市余杭区和良渚遗址管委会决定启动良渚考古遗址公园建设，确定了以良渚古城遗址、塘山遗存、瑶山祭坛等为保护项目实施重点，实现总面积 25 km^2 的大型考古遗址公园。

近年来，朝阳市政府认识到要实现牛河梁红山文化遗址的可持续保护和周边地区的可持续发展，必须用文化战略的眼光来审视考古遗址的保护，用文化战略的思维来考虑广大民众的长远利益。在推进牛河梁遗址的保护过程中，探索实现大遗址保护展示与环境保护、生态保护、农民生产生活改善和地方社会经济发展的有机结合，通过建设牛河梁考古遗址公园，形成文化遗产保护成果最终惠及当地经济社会发展与民众生活改善的良性循环之路。为此，本着高标准、高起点的原则，组织编制《牛河梁遗址保护和遗址公园建设规划（纲要）》，规划范围包括牛河梁遗址保护范围、建设控制地带及周边地区，对考古遗址文物本体保护展示、基础设施建设、生态环境治理、社会经济发展以及特色生态农业、文化旅游、综合服务等功能区进行综合规划。2008 年正式启动了牛河梁考古遗址公园建设。近期将实现 8 km^2 核心保护区范围对社会开放。同时，为了确保良性保护循环模式实现，规划在大遗址保护进展过程中，适时改变过去的管理体制，组建具备一定行政职能的牛河梁遗址管理特区。在积极保护的同时，借助媒体广泛宣传牛河梁遗址的重要文化价值，不断提高社会公众自觉保护考古遗址的意识，加快牛河梁考古遗址公园的实施进程。

从圆明园遗址公园、秦始皇陵遗址公园的起步，到高句丽遗址公园、殷墟遗址公园的试点；从金沙遗址公园、鸿山遗址公园的探索，到大明宫遗址公园、隋唐洛阳城遗址公园的启动；再到良渚遗址公园、牛河梁遗址公园的规划实施，这一研究、探索与实践的历程，使通过建立考古遗址公园，整体保护大遗址的方式逐渐得到人们的关注和认可。对于带动全国大遗址的全面保护，起到重要示范作用。在保护资金投入上也出现了可喜的趋势，“截至 2018 年底，国家财政共安排大遗址保护专项经费 14.5 亿元，并带动地方各级政府和社会各界经费投入达到 305 亿元”。当前，伴随大规模城乡建设和大量农业人口涌入城镇，大遗址及其背景环境的保护，必将面临更加尖锐的挑战，保护工作也必将进一步呈现综合性、复杂性的特点。“我们所面临的挑战是复杂的社会、政治、经济、文化过程在由地方到全球的各个层次上的反映，其来势迅猛，涉及方方面面，我们要真正解决问题，就不能头痛医头，脚痛医脚，而要对影响建筑环境的种种因素有一个综合而辩证的考察，从而获致一个行之有效的解决办法”[①]。考古遗址公园建设是文化遗产保护和考古学理念不断进步，并达到一定阶段后必然选择的结果，也是目前在我国最具现实意义和操作性的一种大遗址保护途径。

在我国，考古遗址公园被称为是一项实践操作先于理论研究的新生事物。为了加强考古遗址公园的理论研究，近年来，国家文物部门召开了一系列专题会议。2008年10月，来自10个历史性城市和部分省、自治区、直辖市文物部门的代表以及专家学者，参加了在西安召开的“大遗址保护高峰论坛”，与会代表注意到，“城市化进程的加快给文化遗产保护带来了前所未有的冲击与挑战，这突出表现为大遗址保护与土地资源高度紧张的矛盾日益凸显，与城市建设的冲突日益凸显，与传统保护理念和模式的不协调日益凸显”。面对这一形势，必须重新思考和定位大遗址的保护模式和管理方式。与会代表同时注意到，“从高句丽遗址、殷墟遗址到大明宫遗址、隋唐洛阳城遗址，再到金沙遗址、鸿山遗址，都开展了一系列卓有成效的保护行动。伴随着这些实践，大遗址正在从城市中被人遗忘的角落、脏乱差的角落，逐渐转变为城市中最美丽的地方，最有文化品位的空间”。论坛围绕“做好大遗址保护，推进城市和谐发展”的主题，就探索大遗址保护新模式，推动大遗址保护健康发展，促进区域经济协调发展，确保民众共享保护成果等内容，进行了深入的探讨，形成了我国大遗址保护方面的第一个专门性文件《西安共识》。《西安共识》包括5个方面，一是大遗址是不可再生的文化资源，是城市文化景观的核心要素，是城市可持续发展的资本和动力。大遗址保护对建设城市文化，彰显城市特色，保持文化多样性，守望中华民族共有精神家园具有重大意义。二是科学编制保护规划，将其纳入城乡发展规划，是优化城市空间格局，合理配置资源，妥善处理城市建设与大遗址保护关系的必由之路。三是坚持政府主导与公众参与相结合，坚持整体保护，不断创新，积极探索保护和利用新模式，是开创大遗址保护新局面的重要保证。四是深入挖掘大遗址内涵和价值，充分发挥其社会效益，促进旅游等相关产业的理性

① 吴良镛：《国际建协北京宣言——建筑学的未来》，北京．清华大学出版社，2002。

发展，为区域经济提供新的增长点，是大遗址保护成为城市发展积极力量的有效途径。五是以人为本，因地制宜，加强环境整治，改善城乡生态，创造美好的人居环境，提高城市生活品质，让全社会共享保护成果，是大遗址保护的出发点和根本落脚点。

2009 年 6 月 12 日，以“大遗址保护与考古遗址公园建设”为主题的大遗址保护良渚论坛召开，在广泛交流和讨论的基础上，形成了关于建设考古遗址公园的《良渚共识》。《良渚共识》指出，考古遗址公园应“根据不同遗址各自的特点，紧扣其内涵和价值，采取有针对性的保护展示方式，形成独特的风格和魅力”。2009 年 11 月，来自 18 个城市的代表，再次相聚古都洛阳参加“大遗址保护洛阳论坛”，形成了大遗址保护的《洛阳宣言》。与会代表认识到，“城市核心区的大遗址保护极具挑战性；当前在城市核心区和城乡接合部建设考古遗址公园，有助于协调文化遗产保护和城乡经济社会发展的关系，有助于发展文化旅游和相关产业，有助于提升城市文化品位”，并郑重承诺：一是坚持统筹规划、持续发展原则，从遗址保护和城市发展的实际出发，科学规划，有序推进，努力实现大遗址保护和利用的和谐共赢；二是坚持政府主导、多方参与原则，进一步强化政府主导地位，正确引导，加强管理，调动社会力量和广大民众支持、参与大遗址保护的积极性；三是坚持公益为主、惠及民众原则，切实维护考古遗址公园建设的公益性，避免片面追求商业化，始终将大遗址保护成果全民共享作为工作的出发点和落脚点；四是坚持解放思想、开拓创新原则，因地制宜，积极探索考古遗址公园建设与管理的机制和方法，开拓大遗址保护利用新局面。从《西安共识》，到《良渚共识》，再到《洛阳宣言》，在一定程度上达到了统一思想的目的。在总结各地经验的基础上，大遗址保护理念不断创新，相继形成了建设“国家考古遗址公园”的新理念，考古遗址公园建设，成为我国今后一个阶段大遗址保护的工作重点。

在实践的基础上，2009 年 12 月，国家文物部门印发了《国家考古遗址公园管理办法（试行）》，对国家考古遗址公园的申报、评定、管理等进行规范，指导各地依法开展考古遗址公园建设工作。《办法》指出："国家考古遗址公园，是指以重要遗址及其背景环境为主体，具有科研、教育、游舌等功能，在遗址保护和展示方面具有全国性示范意义的特定公共空间。"同时，《办法》规定，"已公布为全国重点文物保护单位；保护规划已由省级人民政府公布实施；考古工作计划已获批准并启动实施；具备符合保护规划的遗址公园规划；具备独立法人资格的专门管理机构"，可向国家文物部门提出国家考古遗址公园立项申请，评定合格者，由国家文物部门授予"国家考古遗址公园"称号，并向社会公布。并明确规定"任何单位和个人不得擅自改变国家考古遗址公园的用途和功能，不得侵占其合法用地，不得擅自改变国家考古遗址公园的用地性质，不得开展任何不利于遗址保护的活动"。国家文物部门同时发布了《国家考古遗址公园评定细则（试行）》，评定内容包括考古遗址公园的资源条件；遗址的考古、研究与保护；遗址的展示与阐释等方面内容。张忠培先生指出"《国家考古遗址公园的管理办法》以及《国家考古遗址公园的评定细则》的颁布，标志着我们大遗址的保护以及遗址公园的建设从理论到实践到法规都进入了一个新的阶段"。

2010 年 6 月，国家文物部门发布通知启动第一批国家考古遗址公园评定工作。共有 19 个省（区、市）、74 个项目参加国家考古遗址公园立项和评定工作。根据《国家考古遗址公园管理办法（试行）》等有关法律法规，国家文物部门组织来自 10 个相关科研机构、高等院校的 20 余位专家，参考现场考察评分和会议评议，根据专家投票结果，确定了首批 12 项国家考古遗址公园名单[①]。此外，根据专家意见并结合实际工作情况，还确定了首批 23 项国家考古遗址公园立项名单。但是，对于考古遗址公园的建设，一些专家也提出了中肯的建议。张忠培先生指出，不是说所有的大遗址都要建设为考古遗址公园，需要的只是其中的一部分，这一部分大遗址位于城市之中和城乡结合部，或者城市附近。"将这部分大遗址建设成国家考古遗址公

① 首批 12 项国家考古遗址公园名单按省份排名依次为：圆明园国家考古遗址公园、周口店国家考古遗址公园、集安高句丽国家考古遗址公园、鸿山国家考古遗址公园、良渚国家考古遗址公园、殷墟国家考古遗址公园、隋唐洛阳城国家考古遗址公园、三星堆国家考古遗址公园、金沙国家考古遗址公园、阳陵国家考古遗址公园、秦始皇陵国家考古遗址公园、大明宫国家考古遗址公园，这 12 项国家考古遗址公园名单都是超过专家投票半数以上的，国家文物局尊重投票结果。

园，目的是为了解决这部分大遗址和城市建设的矛盾，并在保护的前提下，对这部分遗址予以合理利用，使之为城市建设服务，成为城市的有机组成部分。因此，我们也可以这么说，国家考古遗址公园建设的提出为城市建设和大遗址保护找到了一个结合点”。“考古学者可在这个结合点上构建一个大遗址和公众服务同公众对话的平台，从而为考古学增宽了学术活动的舞台”。

8.3 考古遗址公园的创新探索

伴随一批遗址博物馆和考古遗址公园建设项目相继启动，不仅为考古遗址本体和周边环境的保护、研究、展示和利用提供了空间与可能，而且也改善了当地民众的生活条件，美化了城市环境，增强了民众的自豪感，提高了城市文化生活品位。当前，迫切需要认真研究并规范相关概念和核心理念，建立一套相对完整的管理体系，调动各方面的积极力量，尤其是地方政府的积极性，推动考古遗址，特别是大遗址保护工作持续展开，探索可持续发展的新型遗址博物馆和考古遗址公园建设模式。

8.3.1 确立科学保护理念

遗址博物馆和考古遗址公园的建设过程，应该是确立科学保护理念的过程。考古遗址公园是基于考古遗址本体及其环境的保护与展示，融合了教育、科研、游览等多项功能的城市公共文化空间。要准确把握考古遗址公园的定位，避免舍本逐末。考古遗址公园不首批 12 项国家考古遗址公园名单按省份排名依次为圆明园国家考古遗址公园、周口店国家考古遗址公园、集安高句丽国家考古遗址公园、鸿山国家考古遗址公园、良渚国家考古遗址公园、殷墟国家考古遗址公园、隋唐洛阳城国家考古遗址公园、三星堆国家考古遗址公园、金沙国家考古遗址公园、阳陵国家考古遗址公园、秦始皇陵国家考古遗址公园、大明宫国家考古遗址公园，这 12 项国家考古遗址公园名单都是超过专家投票半数以上的，国家文物局尊重投票结果。

是建于考古遗址上的主题公园，前者展示的是考古遗址本身及其价值，阐述的是真实的历史，容不得半点涂抹和篡改，后者是基于历史素材的创作，展示的是现代人们的思维和想象，允许一定意义上的虚构和夸张，二者存在本质区别；考古遗址公园不是建筑师竞技的舞台，这里主角只有一个，那就是考古遗址，任何展示设施都是考古遗址的陪衬，其存在的意义只应是凸显和释读考古遗址，绝不应让张扬的创意、时髦的设计、华丽的材料等无关内容干扰甚至妨碍人们对考古遗址的品读和对历史的思考；考古遗址公园不是游乐园，任何建设项目都必须谨守不破坏考古遗址的原则，各类保护与展示措施都应当可逆且可识别，举办的各类活动都应当与考古遗址的内涵和价值相协调；考古遗址公园不是普通的旅游景点，需要科学评估考古遗址的观众承载力，合理限定参观者的数量，绝不可为了追求门票收入而盲目扩大游客数量，以免对考古遗址产生不利影响。此外，还要注意控制好考古遗址公园的整体氛围和参观秩序，规范园内的各类经营行为，不要让考古遗址公园沦为商业经营场所。

建设遗址博物馆和考古遗址公园符合现阶段我国的国情和大遗址保护的实际需要，但是应该坚持循序渐进，避免贪多求快。我国大遗址以土质遗址为主，本体脆弱，残损严重，受到保护技术限制，使得考古研究工作极为艰难。一个学术问题可能会连续困扰几代学者，全面认识和阐述一处大遗址，更需要漫长的研究过程和长时期的积累。目前各地考古遗址公园的预想建设周期往往只有短短几年，在依据不充分、调查不深入、研究不透彻、论证不缜密的情况下，匆忙建成的考古遗址公园，其实施质量势必无法得到保证。因此，建设考古遗址公园应时刻秉承科学研究的精神、实事求是的态度，统筹规划，合理部署，循序渐进，有序实施，以足够的耐心和恒心，做好每一个环节的工作，而不应出于政绩需要、经济效益等方面考虑而急于求成，强行在短时间内把考古遗址公园的文章做死、空间塞满。此外，考古遗址公园并非要在全部建成后才能向参观者开放，局部建成并开放是检验考古遗址公园规划和建设得失的重要环节，可以通过获取各类参观者的意见和建议，进一步调整和完善考古遗址公园的规划。参观者的反响可能会多种多样，就一个问题或许会收到参观者截然相反的评价，这就需要进行深入的研究和思考，无论是坚持还是修正，都应拿出具有说服力的论证结论。

遗址博物馆和考古遗址公园是加强考古遗址保护、深化考古遗址展示与利用的一条有效途径，但是并非唯一途径，也并不是所有的考古遗址或大遗址都适合建设遗址博物馆或考古遗址公园。任何事物都有一定的适用范围，必须在某些基本条件得到充分满足的情况下才具有可行性。因此，应当坚持前期调查论证，避免一哄而上。首先是考古遗址自身的条件，例如其价值、内涵、规模、可观赏性、地理位置、基础设施状况等，其次是政策支撑、机构建设、人才培养、资金投入等。应加大理论研究力度，不断完善评价标准，减少产业化、商业化、娱乐化倾向，并进一步理顺保护管理体制，加强文物部门的主导作用。事实上，任何新的理念提出，未经充分实践检验，都会存在不同意见，应该把这些不同意见看作是深化实践、完善理念的动力。当评判一座遗址博物馆或考古遗址公园的优劣时，不应比较投入资金的多少，而应比较回报社会精神财富，带给城市文明进步，改善民众生活质量的贡献；不应比较建设速度的快慢，而应比较建设过程的科学性和可持续性，比较从多大程度上保护了考古遗址的真实性和完整性，留给今后多少调整和完善的余地；不应比较占地面积和建设规模的大小，而应比较历史的积淀和信息的容量，比较参观者报以的兴趣和思考的深度，比较展示布局的合理性、展示路线的逻辑性，展示内容的准确性，展示效果的生动性。

8.3.2 揭示文化遗产价值

遗址博物馆和考古遗址公园的建设过程，应该是揭示文化遗产价值的过程。从未中断的中华文明，使我国成为考古遗址资源最为丰富的国家，也是我国独具的文化优势。在这些考古遗址中深藏着历史上最辉煌、最灿烂、最壮阔的历史记忆，也保存着最能代表和反映文明成就的历史遗存。考古遗址是国家和民族文明发展历程的集中体现，蕴含着巨大的综合价值，其保护应受到国家的高度关注。每一处考古遗址所反映的文化信息都具有独特内涵，它们同时又是不可再生的文化资源。在经济全球化的背景下，各种文明的融合与竞争更趋激烈。保护本民族独特的文化遗产，维护民族文化独立性，关系到国家文化主权和文化安全。因此，遗址博物馆和考古遗址公园不仅是一个陈列展示考古遗址的公益性机构，同时还是考古遗址保护机构和学术研究机构，收藏展示、科学保护和学术研究，三个方面彼此兼顾，在保护和探索人类文化遗产方面可以承担更多的使命。实践证明，持续开展考古遗址保护研究，具有至关重要的意义。通过专业化地保护考古遗址和出土文物，并对它们进行深入地科学研究，同时以文化为主题，通过陈列展示，阐释考古遗址的文化内涵，满足社会公众对文化知识的需求，发挥文化遗产的社会效益，是遗址博物馆和考古遗址公园的职责所在，也是实现揭示考古遗址价值的重要途径和有效方法。

遗址博物馆是对考古遗址及其附属文物进行就地展示的博物馆，这也是遗址博物馆与其他博物馆的一个显著区别。遗址博物馆是考古遗址的附着物，其主次关系必须明确摆正。由于通常遗址博物馆建设在考古遗址的环境之内，有的甚至直接建在考古遗址之上，作为考古遗址保护性展示的核心手段之一，其中考古遗址整体或局部成为陈列展示的主要对象，这种超大规模、不可移动的展品，无论是空间尺度，还是重要程度，都超过馆舍建筑的本身，考古遗址保护的要求，也高于遗址博物馆建设的要求。因此，遗址博物馆既要满足博物馆收藏、保护、研究的基本功能，也要从选址、功能、建造、形式、展示等方面尊重考古遗址保护的要求，遵守考古遗址保护的规则。因此，遗址博物馆建设必须要有全局观念，要从考古遗址的整体保护出发，一切建设活动和管理目标均应以考古遗址保护为前提。许多遗址博物馆都是集考古遗址的保护、管理、展示等多项功能为一体。在遗址博物馆建设过程中，持续地进行科学研究、理念定位、价值评估是必不可少的组成部分，对于增进人们对考古遗址重要性的理解和正确评价具有重要作用。同时，将遗址博物馆建设与大遗址保护有机结合起来，并根据大遗址保护规划制定遗址博物馆的发展规划，能够正确引导遗址博物馆的建设与发展。

今天，遗址博物馆建设、大遗址保护和考古遗址公园实施，是对考古遗址抢救性保护的行动。人类的足迹和城市的历史就书写在脚下的这片土地上。然而，当前地球表面正在经历着快速变化，城市形态正在经历着迅速变迁，与人类历史息息相关的考古遗址时刻都面临着被损毁的威胁，如果不失去这些珍贵的历史记忆，那么别无选择，必须迅速采取有效措施对考古遗址加以妥善保护，使人们现在以及将来有机会寻回更多关于自身的记忆。这些考古遗址不仅是祖先的生存证据，而且是现代人的“根”与“魂”，更是立足现在、面向未来的镜鉴。在大遗址中文化信息不应是零碎的、间断的、无序的“文明的碎片”，而应是相对完整的、系统的、有序的“文化综合体”，整体反映出特定时代、特定地域的历史风貌和文化特征，代表不同历史时期的社会观念、艺术水平、科技发展、审美观念等诸多方面的精神内涵，在文化解读方面，给参观者提供无穷的想象空间。遗址博物馆和考古遗址公园建设有助于进一步深化大遗址保护理论研究，完善文化遗产管理体制，倡导科学求实的精神。遗址博物馆和考古遗址公园，一方面为考古遗址保护与研究提供必要的空间，促进考古遗址保护和研究的可持续发展；另一方面借助系统化、人性化的陈列设计，形成开放和直观的考古遗址展览，引导公众走近考古遗址、了解考古遗址，实现考古遗址保护成果的全民共享。

8.3.3 实现遗址整体保护

遗址博物馆和考古遗址公园的建设过程，应该是实现遗址整体保护的过程。今天，大遗址保护绝不仅仅是指对考古遗址本体的保护，而是通过规划等各种有效手段来保护和管理周边环境，追求考古遗址自身与周围景观的和谐_致；大遗址保护绝不仅仅是分散的保护，而是通过整体保护，揭示出其整体的文化内涵，全面展示其完整的文化意义；大遗址保护绝不仅仅是停留在建设一座遗址博物馆，更多的是要保护考古遗址的文化生态，在文化空间中呈现考古遗址本体所特有的魅力和价值。考古遗址因其不可移动的特殊性，使其与周边环境得到整体保护成为可能。在实现大遗址保护和考古遗址公园建设的方式上，对不合理占压考古遗址的地面建筑物、构筑物实施一次性拆迁，对考古遗址内的居民、单位实施妥善安置，实现整治一处，保护一处，不留隐患、不留死角，避免保护整治后出现反弹，彻底解决考古遗址保护中长期存在的零星投入、反复投入，效果不显著的问题，遏制考古遗址保护范围内的城市化进程。在保护态度上，实现考古遗址保护工作从消极被动向积极主动的转变；在保护方式上，实现由突击式、抢救式、应急式向建立健全制度、形成长效机制的转变，最终实现考古遗址本体和环境的整体保护。

大遗址保护涉及考古、保护、管理、展示、科研、环境整治、土地利用、产业调整、人口调控、资金投入等多项内容，是综合性社会系统工程。考古遗址公园可以在一定范围内统筹落实这些部署，开辟并维系相对独立的空间，从而有效抵御城市建设对考古遗址的蚕食，净化考古遗址环境，并能依靠自主运营维护考古遗址保护和利用的可持续性。因此可以说，通过考古遗址公园的建设，为考古遗址的保护增添了一道新的防线，可以有效捍卫考古遗址尊严，提升考古遗址的社会形象。真实性和完整性是文化遗产保护的重要概念，真实性的概念强调文化遗产所表述的相关信息来源的真实性，强调这些信息对于所见证的历史给予客观、真实的反映；完整性的概念则强调文化遗产所表述的相关信息来源的完整性，强调这些信息对于所见证的历史给予全面、完整的反映。同样，对于考古遗址的保护和展示，真实性和完整性也是必须遵守的原则。由于遗址博物馆建设在考古遗址及其相关环境范围内，遗址博物馆与考古遗址两者密切关联，因此遗址博物馆在选址、规划、建设、管理的过程中，均要将考古遗址保护作为一切工作的出发点，尊重考古遗址的真实性，考虑考古遗址及其环境共同构成的完整性，保护考古遗址的整体遗存和全部信息。

今天，当城市政府和文物部门加大投入力度，通过遗址博物馆和考古遗址公园建设，对考古遗址实施整体保护，并加以适当展示，但是这种保护和展示必须符合考古遗址的特性。关于考古遗址陈列，目前采用的方式主要有开放式陈列和封闭式陈列。开放式陈列投资少、难度小，可以使考古遗址融入自然环境之中。但是，在开放式陈列状况下，考古遗址的保护环境不宜控制，由于气候变化、空气污染、自然侵袭等原因所造成对考古遗址的损坏，难以避免。封闭式陈列建筑成本、维护成本、运营成本较高，但是，考古遗址的安全可以得到更多的保障，陈列展览的效果能够得以提高。依托考古遗址建设的遗址博物馆建筑，通常具有遮风挡雨的作用，但是一般应在景观上力求弱化，在深化对考古遗址文化内涵的理解上下功夫，实现考古遗址保护的可持续发展。遗址博物馆的独特之处在于，一是地理位置特定。考古遗址的发现地点，就是遗址博物馆的建设地点，就地发掘、就地保存、就地展示，没有选择的余地；二是文物藏品特殊。文物藏品主要由考古遗址和出土文物共同构成，考古遗址是遗址博物馆最重要的文物藏品，而展示大厅同时也是考古遗址这一特殊藏品的保管场所。遗址博物馆的重要原则是让考古遗址本体说话，所有展示都是为考古遗址服务，而不能让博物馆建筑物喧宾夺主。

8.3.4 推动考古学科发展

遗址博物馆和考古遗址公园的建设过程，应该是推动考古学科发展的过程。一般情况下，考古遗址埋藏在地下，经过考古学家科学地发掘清理、整理研究，形成基本考古成果后，才具备建设遗址博物馆，对考古遗址进行保护与展示的条件。考古遗址是遗址博物馆最根本的工作对象，是保护与展示的主体，是遗址博物馆赖以存在的基础，也是遗址博物馆发展的根本。保护考古遗址是考古遗址公园的根本目的和首要职责，任何情况下任何建设行为，都不能以破坏遗址为代价。遗址博物馆的创建，必须掌握考古遗址保护的科学依据，这些依据首先来自于考古调查、发掘和研究，而遗址博物馆的持续发展，还要依靠考古工作的新发现和研究工作的新进展。对于遗址博物馆来说，考古遗址中出土文物原来的分布位置与出土文物本身同等重要。充分的考古研究是遗址博物馆建设的基础，应以满足考古遗址保护为前提，对考古遗址进行全面的考古调查、勘探以及必要的发掘、资料整理和研究，全面了解考古遗址的性质、年代、内涵、范围和布局，查清考古遗址的过程与地层关系，测定考古遗址的城市坐标，建立考古遗址的地理信息系统，合理推测原有建筑的形制布局、建筑特征以及各处遗迹间的相互关系等具体问题，准确判断该区域内地下可能埋藏遗存的分布，并争取及早完成发掘简报、发掘报告、资料汇编等系列成果。

考古遗址是考古遗址公园赖以存在的母体，也是考古遗址公园健康发展的根本。考古遗址公园不仅依托于考古遗址，同时也必须依托于考古学家，只有进行系统和完善的考古调查和发掘工作，并由考古学家提供可以用于展示的遗迹和可用于展览的出土文物，考古遗址的整体保护和考古遗址公园的规划建设才具备充分的科学依据，考古遗址的展示内容才能更加丰富、系统和深入，才能有力地推进考古遗址的科学保护和合理利用。考古遗址是考古学家的事业起点，也是考古学家的事业家园，是考古学赖以生长发展的基础，对于考古遗址内涵和价值的揭示，主要依靠考古学家的不懈努力。我国近一个世纪以来的各个历史阶段，考古学家长年累月默默无闻地辛勤耕耘，为考古发掘和研究作出了无私奉献，他们通过科学细致的工作，发现和揭示考古遗址的文化价值，使之成为宝贵的文化资源。因此，考古学家才是遗址博物馆和考古遗址公园当之无愧的奠基人，只有通过他们的努力，才能使考古遗址不断彰显出神秘而迷人的风采。在考古遗址公园中应该为考古学家留出应有位置，为考古学家的科研活动提供方便和支持。“考古学家不仅应该是考古遗址公园建设的参与者，还应是考古遗址公园管理的参与者”[①]。考古学家参与管理是遗址博物馆和考古遗址公园可持续发展的重要保障。

事实上，遗址博物馆和考古遗址公园是在以往考古遗址保护的基础上，对于考古遗址实施整体保护和科学展示的一种更高层次的追求。对考古遗址的整体保护，大体都会经历发现、发掘、保护、展示等各个阶段，但是，在很多情况下，上述各个阶段在相当长的时期内相互并行，相互叠加，相互促进。考古遗址的考古研究工作，不会随着遗址博物馆或考古遗址公园的建成开放而结束，而是要在考古遗址保护规划的指导下，科学有序地逐步开展，并可以适当对参观者开放考古工作的现场，这将成为遗址博物馆和考古遗址公园的特色与持续发展的动力。因此，不仅遗址博物馆和考古遗址公园的创建，需要依据来自于考古发掘和研究的成果，而且其持续发展，也仍然有赖于考古发掘和研究不断提供的新资料和新成果，仍然离不开考古学家的参与和支持。同时，考古遗址公园的建设，应为未来考古工作的持续开展预留充分的空间，避免为追求一时的尽善尽美效果，而妨碍甚至中断未来的考古研究进程。遗址博物馆和考古遗址公园的初步建成和对外开放，只能是一个新的开始。今后仍应按照相关规划要求，逐步做好考古、研究、保护、展示和利用等各项工作，不断丰富遗址博物馆和考古遗址公园的展示内容，深入挖掘其内在价值，使之对社会公众保持持久的吸引力。

8.3.5 普及公共考古知识

遗址博物馆和考古遗址公园的建设过程，应该是普及公共考古知识的过程。长期以来，一些考古遗址的重要发现，虽然曾经轰动一时，但是却往往不能公开地、长期地展示给社会公众，即便是生活在考古遗址周边的民众，甚至也并不知道身边考古遗址的真实面貌和科学价值。因此，那些具有特殊意义与重大价值的考古遗址，只能少数人有幸面对和观赏，这无疑是文化资源的极大浪费。同时，那些为考古遗

① 杜金鹏:《大遗址保护与考古遗址公园建设》，载《东南文化》，2010（1）：11。

址保护作出重要贡献的考古学家，其工作意义和学术成就也未能为社会公众所了解、所理解。遗址博物馆和考古遗址公园不仅是考古学扩大公众影响的窗口，也是考古学服务公众的途径。近年来，我国考古学界和社会各界对考古学与社会公众的关系问题开始给予关注，多次召开以“考古学与公众”为核心内容的学术研讨，并提出尽快在我国建立公众考古学的建议。今天，越来越多的考古学家正视社会公众与考古学科的关系，认识到不应将考古遗址视为考古学的独享领地，不应以为只有专业人士才是考古遗址的唯一主人，不应把考古遗址仅仅看作是学术研究的场所。越来越多的考古研究机构开始采取多种形式普及考古知识，将最新的考古研究成果告知公众，使社会公众理解考古工作意义和考古遗址保护的重要性。

随着我国经济社会的发展和人们物质文化水平的逐步提高，公众对历史、文化和文化遗产的关注度和热情普遍上升，教育考古和考古的公众阐释在我国也呈现升温之势。当考古知识进入社会公众，当考古与社会公众开始互动，公众考古学便应运而生。公众考古学实践的价值，不仅在于使考古遗址得到更加有效的保护，还在于丰富人们的精神生活，开阔人们的文化视野，提升人们的人文素质，增进不同种族、民族、国家和地区人们之间彼此的尊重、理解、互信和合作，使整个社会变得更加宽容、和谐、美好。“从考古学家理所当然地自认为是考古资料独一无二的阐释者和拥有者，到尊重广大民众对其自身文化资源的拥有权和发言权，从专注于象牙塔内的学术研究，到把目光转向普通的公众，考古学开始肩负起更多的社会责任”[①]。必须承认，任何考古遗址都是全体公民的公共财产，应该让考古遗址为全体民众服务，应当正确处理学科利益与公众利益的关系。考古学家有责任将考古发现和研究成果，向每一位利益相关者作出说明，真实、准确、完整地反映考古遗址的文化价值。对于考古遗址的诠释与展示，应该是考古学者和相关社区，以及利益相关者之间有意义合作的结果。遗址博物馆应成为考古学家和社会公众共同的乐园，把社会公众对历史奥秘的好奇看作是一种文化寻根的愿望，是遗址博物馆发展的积

① 李琴，陈淳：《公众考古学初探》，载《江汉考古》，2010（1）：38。

极动力和坚实基础。

目前，在考古成果的展示与传播过程中存在着一些问题，例如媒体报道失实甚至错误，对公众引导的片面化，公众参与的目的不明确，正确理解和接受考古成果的缺失等。可喜的是，近年来一些考古研究机构，改变了过去封闭式的考古模式，通过媒体和其他方式，广泛地架起与公众沟通的桥梁。例如在报刊、电视上开辟专栏，系统介绍考古学家、考古工作、考古成果；撰写通俗科普文章、出版通俗读物，让社会公众对考古学有更为全面、系统、深入的了解；组织博物馆之友到考古工地观摩考古工作流程，普及考古调查、勘探、发掘等考古知识；组织在校学生实际参与考古操作或模拟操作；选取文化内涵丰富的典型考古发掘项目进行现场直播；对考古发掘成果及时召开新闻发布会；根据发掘与研究情况，开放考古现场，对社会公众实行考古发掘准入参观；制作相应的宣传资料，并培训讲解人员进行考古现场讲解。一些遗址博物馆辟出专门展厅对新的考古发掘和研究成果进行展示。考古学家们普遍意识到自身所肩负的社会责任，注重考古遗址价值和保护意义的宣传，通过编写面向普通公众的考古知识书籍以及在博物馆、图书馆、学校举办考古知识讲座的方式向公众传播考古知识和信息。通过这些丰富多彩的形式，提升社会公众对考古学的认识，加强社会公众对考古工作的理解。

8.3.6 整合文化遗产资源

遗址博物馆和考古遗址公园的建设过程，应该是整合文化遗产资源的过程。考古遗址公园是具有综合职能的考古遗址保护管理机构。为了妥善保护考古遗址出土的各类文物，为了使过去考古发掘的出土文物回到原生环境，为了使前来参观的人们获得更多关于考古遗址的知识，考古遗址公园内往往设置一定规模的遗址博物馆。同时，遗址博物馆可以将考古遗址的发掘、保护、展示、管理等相关功能融合在一起，包括考古工作站、小型游客中心、安全防范中心等功能设施，也可以与遗址博物馆综合考虑。遗址博物馆和考古遗址公园不但可以为考古研究工作提供理想的环境，使考古研究工作享有更加宽松的工作时间、更加优越的工作条件和更加良好的工作氛围，使考古调查和发掘工作更加具有科研意。识、课题意识，而且通过制订长期的考古研究计划，避免考古发掘操之过急。考古遗址的考古发现，依赖于科学调查；考古遗址的价值揭示，依赖于科学研究；考古遗址的抢救保护，依赖于科学技术。保护好一处考古遗址，就是保护好一座古代信息资料库。考古遗址保护，使不同学科的专业人员实现前所未有的合作。同时，随着科学研究工作的深入，考古遗址的整体保护还将为我国历史、经济、军事、建筑、生态环境和城市规划等诸多领域的研究，提供更为系统、全面、科学、翔实的资料，有力地推动相关学科的发展。

实践表明，在大多数情况下，通过建设遗址博物馆和建立考古遗址公园，进行考古遗址保护与展示的总体设计，都能够取得良好的效果，不仅有利于节省保护和整治所需大量资金，也有利于避免因不适当的城市建设而导致对考古遗址原有价值的破坏。考古遗址保护为遗址博物馆提供了更广阔的空间，通过新的视角进行已有资源的重新有机整合，可以成为提升考古遗址价值的有效手段。同时，多学科的广泛参与，使遗址博物馆的保护和展示具有较强的科学性和创造性。例如殷墟的文化价值和影响远远超出了出土器物数量带给人们的震撼。作为中国考古发掘次数最多、持续时间最长、发掘面积最大的古代都城遗址，殷墟遗址培养造就出一大批世界知名的考古学家，被赞誉为“中国现代考古学的摇篮”。殷墟甲骨文蕴涵丰富的历史文化信息，是我国最早的、成体系的文字；殷墟青铜器、玉器等是古代科技与艺术的完美结合，更是不可多得的艺术珍品。今天，对殷墟的研究已从早期单纯的甲骨学发展成为包含考古学、人类学、历史学、古文字学、天文学等多门学科的世界性的“殷墟学”，这在我国乃至世界同类遗址中也不多见，而殷墟遗址博物馆和考古遗址公园的建设，使多学科的研究与合作成为可能。因此，考古遗址公园的建设，有利于整合文化遗产资源。

考古遗址公园不仅对于考古遗址保护具有重要的推动作用，同时，对于促进区域经济社会发展，也是理想的选择。考古遗址的保护管理工作是一项综合性很强的工作，特别是在新形势下，考古遗址的保护管理机构不但要承担考古遗址的保护、研究、管理、展示等项职能，还要承担起协调文化遗产保护与地方经济、社会发展关系的重任。因此，考古遗址保护不是单一的文化遗产保护项目，而是涉及当地经济社会发展的系统工程，要体现对社会经济的推动。考古遗址公园在着重发挥文化遗产社会效益的过程中，也可以实现巨大的综合效益，使其成为今天文化城市建设的宝贵资源和不竭动力。通过在考古遗址周边预留土地，为考古遗址保护的未来发展创造条件；通过考古遗址区域环境的改善，带动周边土地价值的提升，利用土地级差收入来反哺考古遗址保护，减轻财政压力；通过有序、合理地推进考古遗址公园的建设，使考古遗址整体保护和整治成果惠及城市建设，给当地社会经济发展带来新的契机。考古遗址公园的建设实践证明，对于历史性城市来说，考古遗址是城市发展的动力，而不是包袱。因此，从全局的角度协调考古遗址保护目标与城市发展目标，制定详细的保护措施，统筹加以安排，将使考古遗址保护与当地经济社会发展形成有效的、科学的、合理的统筹协调。

8.3.7 创新保护展示理念

遗址博物馆和考古遗址公园的建设过程，应该是创新保护展示理念的过程。针对大多数考古遗址本身可观赏性较差的特点，通过遗址博物馆和考古遗址公园可以全面揭示出考古遗址及出土文物所包含的历史信息和文化特征，利用多种形式的陈列将这些文化精髓传递给观众。遗址博物馆和考古遗址公园可以再现考古遗址的全貌，这里所说的再现，并不是实施建筑复原，而是不改变考古遗址原状，在考古勘探、发掘和科学研究的基础上，以长久、完整、真实地保护考古遗址为原则，通过考古遗址的规模、布局和由基址所反映出来的平面形制，给人们以体形联想，感受考古遗址总体环境氛围和昔日盛况。所有展示方式都应以保护为前提，采用可逆性手段，不但真实地展示考古遗址历经沧桑的历史风貌，同时应尽可能反映其文化内涵。复原展示的程度应依照考古发掘出土的内容和研究的结论而定，绝不允许主观臆造。不但要有针对性地开展考古调查、勘探和发掘工作，还要探索考古遗址的保护与展示，根据考古遗址不同的地理位置和文化内涵特点，通过研究考古遗址特性和周围区域条件，确定陈列展示的主要内容和方向，准确把握定位，紧扣考古遗址的内涵和价值，采取有针对性的保护展示方式，形成独特的风格和魅力，同时，通过讲解宣传，提高服务意识，吸引不同观众，使参观者得到一种立体的、厚重的而又愉悦的文化与休闲享受。

对于原状保护的考古遗址应加以专门的解释和说明，并创造条件向观众开放。遗址博物馆和考古遗址公园的陈列重点在考古遗址，展示难点也在考古遗址。过于专业化和观赏性不足往往是遗址博物馆必须克服的难点。许多遗址博物馆虽然历史价值和社会价值重大，但是存在考古遗址观赏性不足，考古知识对于普通民众来讲过于专业，观众对考古遗址的历史背景信息缺乏了解等问题。遗址博物馆的展示设计应在考古遗址、出土文物以及观众之间架起一座沟通的桥梁，而不重视展示与传播功能，会导致遗址博物馆的发展受到局限。遗址博物馆应依靠考古学的新发现和新研究，在条件允许的情况下，扩大或调整展示项目，增加或更新展览内容。不同类型考古遗址的展示应有不同的侧重点，以便使陈列展览脉络清晰、主旨明确、重点突出。例如对建筑基址，应以表现原有地上建筑的结构、形制、规模为主；对古墓葬群，应在墓葬本体展示的基础上，将周围的山形水系等自然景观一并纳入展示内容，以便阐释古代各地的墓葬文化；对于聚落遗址，则应考虑如何重现特定历史时期的原始自然风貌、生态系统以及古代居民的生产生活方式；对于城址或宫殿遗址，应将其范围轮廓、格局、各功能区域的划分、其间的道路、排水系统设置等规划层面的内容作为展示重点。

考古遗址的展示是一项科学而严谨的工作，需要真实、完整地向公众传达考古遗址的内容和价值。在遗址博物馆和考古遗址公园中，考古遗址本体展示区别于一般的文物陈列，应知识性和趣味性并重，向人们展示的应是一部文化长卷，而不是简单的一页。通过一定的设计手法，将内容与形式科学、合理、有效地结合起来，无疑会使考古遗址的陈列展示更具吸引力，更易于为观众接受，更具个性。人们的参观过程，应该成为一种深层次的文化体验，使人们更好地获取历史知识，享受文化熏陶，使之流连忘返。在考古遗址公园中，考古遗址的展示有不同的类型，包括考古遗址回埋保护、地面复制展示；考古遗址大部分回埋、局部揭露展示；考古遗址大面积揭露后，用现代大跨度结构覆盖，进行整体展示；通过遗址博物馆对出土文物进行展示等。如何把握陈列展示设计的尺度，同样是遗址博物馆和考古遗址公园必须慎重考虑的问题。事实上，每一处考古遗址都有其独特的文化属性和地域特点，各具特色。因此，遗址博物馆和考古遗址公园的形式也应防止雷同的倾向。此外，考古遗址因其不可移动的特殊性，也使其与周边环境得到整体保护成为可能。应该说，考古遗址陈列和围绕考古遗址展开的辅助性陈列，都是遗址博物馆的基本陈列，二者关系紧密不可或缺。

8.3.8 突出城市文化特色

遗址博物馆和考古遗址公园的建设过程，应该是突出城市文化特色的过程。我国的一些历史性城市，建城年代早、历经朝代多、持续时间长，在城市规划区域遗存了众多大型古代城市遗址，如果通过城市规划设计，将这些考古遗址整体保护与城市规划总体布局调整相结合，可以在城、近郊区形成蔚为壮观的考古遗址群，有利于提升城市的生态环境和文化品位。这些考古遗址整体文化内涵的揭示，还可以使城市文化建设取得突破性进展，把最负盛名、最令人难忘的考古遗址妥善保护，并集中合理展示，产生震撼人心的文化景观，展示出其他城市所不具有的文化特色。

同时，对于一个拥有文化资源优势的历史性城市来说，具备一定规模的考古遗址，并能得到科学保护与合理展示，有利于城市摆脱“千城一面”的规划形态，丰富城市的文化内涵，真正成为“形神兼备”、古今辉映的历史文化名城。文化影响力是一座城市综合竞争力中的“软实力”，保护好、研究好、展示好这些考古遗址和出土文物，通过各种理论和实践方法，提炼考古信息，从更深刻、更广阔的背景来重建各个历史时期的生态环境、经济产业、聚落形态、城址特点、人口规模、民族关系和社会结构等文化信息，对于丰富广大民众精神文化需求，具有十分重要的意义。

博物馆在一座城市中往往被看作是标志性建筑，博物馆的建筑形式具有一定特点，建筑师通常也将博物馆作为展现个性的最佳设计题材。但是，遗址博物馆则不同。由于“遗址是遗址博物馆的最主要藏品”，因此，考古遗址的展示要求、展示规模、展示方式等，都直接对遗址博物馆的馆舍选址、功能布局、建造方式等产生决定性的影响。特别是很多考古遗址文化遗存堆积复杂，文化内涵丰富多彩，所传递的并非单一时期的文化信息，而且很难在一次考古过程中全部发现。因此，考古遗址的考古研究，尤其是重大考古遗址，通常不是一次完成，或在一个时期内完成，有的甚至跨越数十年、上百年，所以遗址博物馆，特别是针对重大考古遗址而建立的遗址博物馆，通常是由多个展示场所、不同时期陆续兴建。与普通功能建筑的扩建和分期建设不同，作为遗址博物馆建筑，由于考古发现和研究成果的不确定性，要求在规划设计中，对于功能定位、规模确定、总体布局、流线组织等各个方面，都留出更多余地。同时，人们也注意到，不同的考古遗址，在类型、性质、规模、时代、周边环境等方面均有所不同，情况千差万别，因此，遗址博物馆和考古遗址公园的建设在设计意图、环境衬托、细部处理上，强调因地制宜，形成自身特色，切不可相互照搬，避免“千园一面”。

吕舟教授指出：“大遗址不仅是一个城市、一个地区，乃至一个国家历史的实物见证，同时也构建起了今天与历史的联系，构成了一个城市、一个地区，或一个国家历史的厚度。这种与文明发展的关联，这种历史的厚重感使得具有这种资源的城市处在了一个文化城市建设的制高点上，使得这些城市或地区有可能通过展示深厚的历史、展示古老文明的成就，形成一种独特的城市性格，形成人们对城市的认同感或城市的凝聚力，并最终形成城市的竞争力。”当然，“拥有遗产资源，拥有大遗址并不意味着这一资源能够自动转化为城市或地区的竞争力。要实现这种从资源到竞争力的转化同样需要大量的投入和艰苦而持续的工作”①。考古遗址公园是以考古遗址为内容，以公园为形式，包含了丰富的文化内涵和历史底蕴，是对考古遗址资源的一种保护、展示与利用方式。考古遗址公园基于考古遗址本体及其环境的保护，融合教育、科研、游览、休闲等多项功能的城市公共文化空间，是我国考古遗址保护实践的有益尝试，符合现阶段考古遗址保护的实际需要。由于注重挖掘考古遗址与地域文化的关系，使考古遗址公园与周围环境景观产生时空对话。通过一系列的实践，考古遗址所拥有的资源优势逐渐显现，使考古遗址公园在城市文化建设中大有作为。

8.3.9 形成优美生态环境

遗址博物馆和考古遗址公园的建设过程，应该是形成优美生态环境的过程。根据城市总体规划的要求，在每一座城市的土地利用规划中，均应按一定比例设置城市公园和公共绿地，而位于城市中心区或城郊接合部的考古遗址，特别是大遗址可以作为城市公园绿地的首选，形成特色鲜明的考古遗址公园。将考古遗址保护与城市公园绿地规划建设相结合，与生态环境保护相结合，这样既有利于通过土地使用性质的置换合理安排城市用地，又有利于考古遗址的整体保护，还有利于提升城市公园绿地的文化品位。散布在草地、灌木丛中的柱础残垣，使考古遗址表现出一种天然野趣，特别能表现光阴的流逝和岁月的沧桑，有助于使考古遗址公园成为供人们追思凭吊的文化空间和展示城市核心文化价值的休闲空间。在使这些考古遗址成为城市绿色的“肺”和“肾”，给市民带来新鲜氧气和湿润清风的同时，也可以成为

① 吕舟:《大遗址保护中的展示问题》，载《中国文物报》，2009-12-25（4）。

市民进行文化交流和陶冶情操的场所。考古遗址公园不仅充分凸现历史文化内涵，而且兼顾当地文化环境，使考古遗址公园充满地域文化元素和气息；不仅能为城市居民提供极为难得的美景绿地，还能为国内外参观者提供在世界其他城市难以获得的文化体验，并使一些历史性城市成为世界文化遗产城市，有力提升城市的国际知名度和文化影响力。

考古遗址公园应确保考古遗址的完整保存，各类设施及景观设计应以考古遗址内涵及价值的展示为前提。近年来，在考古遗址公园的建设过程中，解决了大量历史上遗留的文物本体和环境的保护问题。例如秦始皇陵考古遗址公园项目建设共征地 225.73 hm^2，涉及 1039 户村民和 26 个企事业单位，拆迁建筑总面积达 48 万 m^2，使秦始皇陵的核心区域整体置于科学有效的管理之下，真正达到保护的目的。高句丽考古遗址公园的建设，在 4 个月的时间内，完成了不合理占压考古遗址的建筑物拆迁，妥善安置了上千户居民和企事业单位，拆除约 20 万 m^2 占压考古遗址的建筑和约 2000 座现代墓葬，实现绿化面积百余万平方米，净化了考古遗址的环境。殷墟考古遗址公园的建设，先后拆迁各类不合理占压考古遗址的建筑 2 万 m^2，妥善安置居民、单位和商业门面 688 户，形成 19.7 hm^2 的保护性绿地。大明宫考古遗址公园所在地，属于西安的道北地区。这一地区过去是西安的“城中村”和棚户区，人口密度大，外来人口多，素以脏乱差著称。西安市从加强考古遗址保护，改善城市生态环境出发，采取长效性的根本措施，对不合理占压考古遗址的建筑物进行一次性整治，共拆迁不合理占压考古遗址的建筑 350 万 m^2，妥善安置居民 10 万人，使考古遗址环境得到全面改善，完善了考古遗址保护展示设施，实现了考古遗址公园对外开放。

遗址博物馆强调与天地、万物的沟通和融合，这是心灵上的沟通和融合。通过展示考古遗址本身的形成和变迁，使公众了解过去，达到与周围环境和谐共处。一些大遗址的陈列展示，依托外部优美怡人的绿地空间，灿烂的古代文明与良好的外部环境，共同构成了考古遗址对参观者无法抗拒的吸引力。敦煌莫高窟具有庞大的体量和规模，其实物遗存为4~14世纪所建的全长约1700 m的石窟群，包括现存不同建筑形制的735个洞窟以及每个洞窟内美轮美奂的壁画和彩塑。莫高窟处于被戈壁沙漠包围的小绿洲之中，背靠浩瀚的鸣沙山、面对高耸的三危山、前有大杈河流过、窟前绿树成荫、流水潺潺，周围矗立着历代建造的舍利塔群和清代修建的寺庙，文物本体及其与本体共存的文化、自然、生态、景观环境和山形水系，共同构成一座规模巨大的遗址博物馆。杭州是一座重叠型城市，现代城市与古代城址基本重叠，各个时期的文化遗存依次叠压，特别是繁华一时的南宋临安城，代表了当时最高的建筑设计和园林建设水平。南宋历代帝王推崇自然湖山之美，醉心于优美的园林景观，把南宋临安城营建成美丽的山水花园式皇城。近20年来，通过考古调查，先后发现了包括皇城、宫殿、太庙、官署、御街、宅第、官窑等大量与南宋临安城有关的重要遗址，使深埋地下的临安城遗址的轮廓逐渐清晰，为临安城城市布局以及南宋官式建筑的研究，提供了重要的实物资料，也成为下一步建设临安城考古遗址公园的重要基础。

8.3.10 促进经济社会发展

遗址博物馆和考古遗址公园的建设过程，应该是促进经济社会发展的过程。过去，在一些城市中，高楼大厦被认为是现代城市生活的象征，今天，考古遗址则成为城市生活改善的重要标志。通过政府主导、社会参与的保护行动，考古遗址正在摆脱“蓬头垢面”的形象，逐渐成为城市中最美丽的地方。事实一再证明，保护与发展并不一定是相互对立、相互分离的关系，而可以是一种相辅相成、和谐共生的关系。只有把文化遗产保护与文化城市建设、特别是与改善民众生活紧密联系在一起，才能为文化遗产的保护与利用找到真正的根基，才能使文化遗产成为广大民众生活的组成部分，才能使文化遗产成为城市文化的内核与灵魂，也才能使城市成为文化遗产真正的家园。考古遗址公园建设能够有效缓解文化遗产保护与城市化进程之间的矛盾，优化土地资源的利用，带动相关产业发展，进一步改善人居环境，扩展和丰富城市文化内涵。未来的考古遗址，应该是城市中最有文化价值的地方。随着物质文化生活水平的日渐提高，越来越多的人将来到这里，享受喧嚣都市中的一份宁静，感受内涵深厚的文化底蕴。居住在考古遗址周围的人，在享受优美环境的同时，还会得到多方面的现实利益。保护考古遗址，保护城市中的优秀文化载体，不但可以提升城市的整体形象和品位，而且可以为城市的经济社会发展注入强大活力。

如何在城市化加速发展和城乡面貌急剧改变的形势下，从长远的、整体的、可持续的角度，考虑考古遗址的有效保护，是各历史性城市所面临的共同问题。几年来，通过实施大遗址保护工程，在城市核心区和城乡接合部，依托考古遗址建设考古遗址公园，通过开展相关考古遗址本体保护、环境整治，使考古遗址的文化魅力得以展现，也使考古遗址保护得到地方政府前所未有的重视，促进地方经济社会和谐发展的思路逐渐明晰。经过保护规划实施，人们发现这些大遗址可以成为城市发展最有效、最持久的地方，考古遗址保护不仅可以记录城市的悠久历史，而且可以书写城市的当代历史。各级政府保护考古遗址的积极性和主动性显著提高，各级文物部门实施大遗址保护的重心也已经从宣传和引导，争取各级政府的支持和各相关部门的配合，转入开展保护方式、方法的研究，通过持续加强各项基础工作，全面推进大遗址的保护与展示，探索将大遗址保护进一步引向广泛、深入、可持续。与以往推动大遗址保护相比较，更加强调积极的保护方式，强调保护工作的社会性和公益性，强调地方政府的综合管理和全社会的共同参与，强调注重考古遗址保护成果为全民所共享，其服务公众、反馈社会的功能更加突出。

实践证明，考古遗址公园可以缓解大遗址保护与城市土地资源稀缺之间的矛盾，提高土地利用效率，实现考古遗址保护与城市发展的有机结合，使二者从以往的冲突关系转化为现实中的和谐共赢。考古遗址公园是大遗址保护由部门行为上升为国家战略的一个有益尝试，是文化遗产事业融入社会发展的一个有效举措。近年来，人们发现当时对考古遗址花大力气实施保护的地方，正是今天社会效益和经济效益最好的地方，是生产力发展最有效、最持久的地方。实际上，考古遗址的最重要价值不在于使用，而在于传承；考古遗址保护的最重要成果不在于直接可见的物质收益，而在于现存状态的无声延续。随着城市化进程的加速和新一轮基础设施建设的到来，大遗址保护面临着更加严峻的挑战，借助考古遗址公园建设，与城市发展形成良好的互动关系，这是大遗址保护得以顺利开展的有效保障。考古遗址公园为文化遗产保护成果提供了回馈社会的有效方式，不仅可以有效提升城市文化品位，深化城市特色，还表现在改善人居环境、丰富城市功能、解决就业需求、带动相关产业等诸多方面。“建设一个工业项目，可以服务一个城市几十年，而保护一处大遗址，可以让一个城市受益上百年、上千年”[①]，这是一些城市实施大遗址保护过程中达成的共识。

8.3.11 改善民众现实生活

遗址博物馆和考古遗址公园的建设过程，应该是改善民众现实生活的过程。考古遗址公园的建设提升了人们的文化理念，使人们用辩证思维的方式去看待城市发展中的各种矛盾，平衡、协调、解决好各类问题。考古遗址保护与当地民众生活息息相关，保护考古遗址是国家和社会的责任，国家和社会也有责任使考古遗址保护范围内的民众脱贫致富，与全体民众共同富裕起来。因此，加强考古遗址的保护，应对满足广大民众日益增长的精神文化生活需求有所贡献，也应让保护和整治的成果惠及广大民众的生活质量提高。解决考古遗址保护与当地民众发展生产、改善生活的关系问题，就要做到统筹兼顾，相得益彰。

大遗址保护和考古遗址公园建设，必须是民心工程、德政工程，不能让祖祖辈辈居住在考古遗址上的人们因此遭受损失。要关心其生计，让他们从中受益。大遗址保护和考古遗址公园建设对当地民众生产生活造成的不便和损失，应给予相应补偿。通过研究制定优惠政策，妥善处理当地民众脱贫致富、发展生产、改善生活等问题，能够使考古遗址保护成为一项惠民工程。实践证明，考古遗址保护和考古遗

① 李政：《若问古今兴废事 请君只看洛阳城》，载《中国文物报》，2010-08-20（5）。

址公园建设的成果，惠及了城市环境建设，惠及了民众现实生活，证明了文化遗产不代表落后，不代表贫穷，不代表脏乱。考古遗址公园能够成为城市最美丽的文化景观，成为改善人们生活环境贡献最大的地方。

考古遗址保护应当以“以人为本”精神为宗旨，更多地关注普通民众的生活，关注人与自然、人与环境、人与土地的关系问题。改善农村居民的生存条件和生活环境，也是考古遗址公园建设的重要目标。对于占压考古遗址本体和考古遗址保护范围内的现代民居与村落一般需要实施搬迁，但是，居民应尽可能近地安置，如果条件允许，可以考虑在建设控制地带区域内进行调整。在建设控制地带内，经考古调查确认地下没有考古遗址，原有的居民和村落可以考虑不搬迁，或搬迁到建设控制地带附近的地方。原住居民希望继续留在当地务农或从事符合考古遗址保护的生产活动的要求，应尽量加以满足。原住居民如果希望离开考古遗址，则要妥善安置，尽量改善其居住、生活和就业条件，原有生产活动如影响考古遗址保护，应帮助其调整种植和生产方式。对于考古遗址区内不实施搬迁的村落和民居建筑，如果影响考古遗址风貌，应根据考古遗址景观保护的要求，对房屋体量和建筑形式进行整治与规划调整，探讨选用符合考古遗址特色的房屋样式，并兼顾考古遗址保护用地、村落用地和农业用地的需求，进行土地调整和置换。通过科学的土地调整和置换，既可以节约村落用地，又可保证考古遗址保护用地，还可保证基本农田用地，促进当地居民生活水平的提高。

考古遗址保护，特别是大遗址保护是一项复杂的系统工程，对考古遗址及其背景环境的综合改善，必然要触及不同社会群体的经济利益与生活状况，需要强有力的舆论支持，需要全社会的认同，特别是考古遗址所在区域民众的广泛参与。建立在考古遗址基础上的遗址博物馆和考古遗址公园，是一座专题文化教育基地。通过揭示考古遗址文化内涵，发挥文化遗产传承作用，使广大民众以积极健康的心态面对这些文化遗存，是减少考古遗址人为破坏的关键。目前已经有越来越多的文物工作者意识到鼓励公众认知文化遗产的重要性，也认识到使公众分享保护成果是不可回避的社会责任。同时，建设考古遗址公园作为一种积极保护而非被动保护的方式，使当地民众通过考古遗址保护得到实惠，可以赢得更多公众参与，唤起民众对文化遗产的自觉保护意识，调动各方面参与的积极性。从政府主导变成社会各界和广大民众的积极参与，有利于考古遗址保护的可持续发展，使考古遗址保护能够长久地发挥在经济、社会、文化等各方面的巨大效益。如果通过考古遗址公园建设，带动了地区的文化氛围，改善了城市的生态环境，提高了民众的生活水平，带动了相关产业的发展，考古遗址保护的成果就必然会感动社会各界，就必然会有更多的人力和资金投入文化遗产保护事业，就会赢得更广泛的支持。

8.3.12　动员各界参与保护

遗址博物馆和考古遗址公园的建设过程，应该是动员各界参与保护的过程。全面、科学、严谨的保护规划，是遗址博物馆和考古遗址公园成功的前提和基本保障，在保护规划制订方面，应使考古学家和文物保护专家拥有更多的发言权。同时，充分吸收其他领域专家的意见，广泛听取各方面利益相关者的意愿，得到包括地方政府、专业机构、社会团体、社区居民等各方面的支持和协助，经过公开、科学论证，并经批准后方可实施。在保护规划实施方面，应建立政府主导、行业指导、社会协同、公众参与的格局，形成科学、高效的保护管理体系、人才培养体系和技术支撑体系，激发各方面的创造活力，科学有序地推进大遗址保护和考古遗址公园建设。在保护规划宣传方面，应积极举办各种与考古遗址内涵相关的文化活动以及教育项目、社会培训、公众讲座等类型多样的科普活动。同时，积极开展丰富的社区活动，体现广泛性，参与性，服务不同社区群体。遗址博物馆和考古遗址公园应成为向公众介绍展示考古遗址和考古标本的公共设施，既服务于专家学者，又面向社会公众。考古遗址公园应为广大民众创造更多接触文化遗产、感悟历史文化的机会，使人们能够深入了解和亲身体验考古遗址的丰富内涵和独特魅力，有效拉近考古遗址同普通民众之间的距离，使不同年龄、不同文化背景的社会公众自发地走近考古遗址，感知考古遗址，热爱考古遗址。

目前，遗址博物馆和考古遗址公园的建设，虽然在某些地方取得了可喜成绩，但是就总体而言考古遗址公园建设尚在初创阶段，因此，应当通过统筹规划，建立规章制度，制定管理办法等措施，使考古遗址公园建设增强科学性和可持续性。必须充分认识到，考古遗址公园建设是一个复杂而长期的过程，既不能搞“大跃进”，又不能搞“一刀切”，一切都应从实际需要出发，一切都应按科学规律办事，确保其沿着正确的道路发展。长期以来，考古工作是少数专业人员而为之的高深学问，但是，文化遗产保护面临的严峻挑战和学科的发展，迫使考古工作必须面对公众和社会。随着社会发展，广大民众了解考古知识的要求越来越强烈。公众考古就是要让考古知识走出象牙塔，面向广大民众，实现考古成果的社会共享，让考古成果惠及广大民众，带动和动员社会公众自觉地保护好文化遗产。同时，考古遗址公园作为新生事物，需要更加广泛地统一认识，鼓励人们用宽容的科学态度、新的思维方式看待这一新生事物，从单纯的固守式考古遗址保护模式中摆脱出来，从可持续发展的高度思考问题。统筹兼顾、科学发展，使遗址博物馆和考古遗址公园建设，既有利于考古遗址保护，有利于考古学科进步；也有利于城乡建设，有利于经济社会发展；还有利于民众生活改善。

当前城市化的加速进程，导致大规模的城乡建设，房地产开发、新农村建设以及基础设施建设与考古遗址保护之间的矛盾日益突出和尖锐，局部实施的考古遗址保护措施渐渐失去了有效性和可行性，亟待探索适应当前形势的考古遗址，特别是大遗址保护方法。这种方法，必须是能够有效调整考古遗址保护、考古科学研究、社会经济发展、生态环境改善和居民生活提高等诸多方面关系的新型考古遗址保护模式。“考古资源保护的现实是如此严峻，如果我们采取的行动不足够果断和迅捷，我们活着的这一代人，恐怕将会是最后有机会见到没有被扰动过的这段人类历史记录的人。形势之急迫，保护工程之浩大，都使将全民的参与和支持纳入其中成为必然和必需，而公众的参与和支持正是我们保存、发现和了解这段历史的唯一希望所在”[①]。关于大遗址保护的任何举措都必然影响深远。因此，近年来关于大遗址保护的每一项活动，几乎都是“国家行动”。“经过 5 年努力，从南到北，由东到西，全国范围内，大遗址保护已经形成以长城、大运河、丝绸之路、西安片区、洛阳片区‘三线两片’为核心，100 处重要大遗址为重要节点的基本格局。大遗址保护成为近年来我国文化遗产保护中最重要的工作，各地政府大遗址保护热情空前高涨，我国大遗址保护已经进入新阶段”[②]。

综上所述，遗址博物馆建设、大遗址保护和考古遗址公园的实施，促使人们以更加开放的思维、更加务实的方式和更加积极的态度来应对考古遗址保护所面临的各种问题，体现出新形势下文化遗产保护的大局意识和创新精神。当前，这项事业方兴未艾，未来的道路还有待于进一步探索，并在实践中对工作理论和方法不断进行检验和完善：由于我国目前尚未就遗址博物馆、大遗址保护和考古遗址公园建设的相关问题建立有效的理论指导体系，缺乏完善的工作规程和建设规范，因而在实践过程中必须谨慎从事，需要设计一套科学合理、有吸引力的实施规则，调动各方力量，尤其是地方政府的积极性，以考古遗址为依托，以考古遗址保护为前提，以考古遗址合理利用为杠杆，以促进考古遗址保护与地方经济社会发展和谐共生为目的，推进考古遗址保护向纵深发展。这一实施规则应扎根于现有文物保护法律、法规，以现有文物保护管理体系为基础和依托，同时又力争在现有文物保护法律、法规所规范的范围内，完善现有文物保护管理体系，更多地着眼于评价各种考古遗址保护、展示和管理行为的合理性、适用性。总之，遗址博物馆建设、大遗址保护和考古遗址公园的发展，需要漫长的探索、跋涉和追寻，才能不断开创新的局面。

① 李琴，陈淳：《公众考古学初探》，载《江汉考古》，2010（1）：38。
② 刘琼：《中国大遗址保护在行动》，载《人民日报》，2009-11-05（20）。

第九章
实现原生环境保护的生态博物馆

世纪之交，面对城市化进程和工业化发展的冲击，诸多保护理论应运而生，其中生态博物馆作为一种全新的文化遗产保护和博物馆建设理念，开始为我国文化遗产保护和博物馆领域所引入和应用。生态博物馆理念与传统的文化遗产保护和博物馆建设理念的本质区别是，生态博物馆强调在文化的原生地保护文化遗产，并且由当地民众自主管理和保护文化遗产，从而使文化遗产的原生环境与文化遗产得到一体保护。

9.1 生态博物馆的有益实践

近现代公共博物馆诞生以来，曾经高扬“科学”“民主”的旗帜，例如法国卢浮宫的理念是“艺术属于全体人民”，美国史密森尼学会的宗旨是“在民众中间积聚和传播知识”。进入 20 世纪，由于工业社会对农村生活的侵蚀，由于战争对民族文化和文化设施的破坏，博物馆逐渐进入专业化和职业化阶段，历史导向、学术研究和业务规范成为博物馆工作的主流。这些做法虽然有利于博物馆一些基础工作的加强，有利于博物馆的规范管理，但是也将博物馆从“创新”转向了“保守”，导致博物馆工作的“学术导向”“藏品导向”和“内部事务导向”。20 世纪 30 年代形成的“经验博物馆学”是以藏品的管理、研究和利用为核心，其视角是“精英”，其核心是“理性”，其基础是“经验”，其导向是“历史”，博物馆更将自己归属到社会精英和高雅文化的领域中，在博物馆自身与民众、社会之间划了一条鸿沟。事实上，博物馆自诞生以来，对其是保护文化遗产还是破坏文化遗产的争论便从未停止。批评者认为博物馆把艺术与历史遗物从它们的原生地移走，放置在展厅中，切断了历史传统的生命血缘与整体社会文脉之间的联系，失去了相互之间关联性，也就失去了文化的意义。“从嘉特梅贺（A.C.Quatremere）[①]、黑格尔、尼采、杜威到海德格尔、孟洛庞提（MerleauPonty），他们的论述中都哀叹艺术与其生存环境分离的责任应由博物馆承担”[②]。

自从德国动物学家 E. 海克尔（E.Haeckel）将“研究有机体与环境相互关系的科学”命名为生态学以来，作为一门年轻而充满朝气的科学，生态学与人们的社会生产、生活息息相关。随着人类活动对生态环境的改变，使人口、环境、资源间的矛盾日益尖锐。于是，人们试图用生态学的观点来认识人与自然的关系，树立起新的生态价值观，认识到人类只是生态系统中的一部分，人类社会应该进入一个用生态文化适应新环境、建设新社会的时代。生态文化是人与自然协同发展的文化，其内容包括生态意识、生态哲学、生态伦理、生态美学、生态艺术等诸多方面[③]。在生态博物馆的概念产生之前，曾出现过一些新型博物馆的形态，例如产生于 19 世纪末的瑞典斯坎森露天博物馆。20 世纪初，北欧国家还曾出现过保护乡土文化的“活态博物馆”运动，其特点是以一个特色文化乡村为核心，将其视为一个活态的天然生态博物馆。在这个文化空间里，当地的文化节日、集市贸易、婚丧嫁娶、民居民宅、表演游戏、歌舞弹唱、玩具器物等各种可移动与不可移动文物、有形与无形遗产都是其组成部分和表现形式，借以弘扬当地传统文化[④]。1956 年，日本建立了第一个户外民俗博物馆，即日本民家聚落博物馆。随后，户外博物馆开始出现在日本各地，注重保存在建筑和民俗方面具有重要意义的民间文化遗产。

---

① 注：法国第一位反对博物馆的理论批评家。
② 尹彤云：《从物到文化遗产传统博物馆发展的新趋向》，载《文物世界》，2006（5）：66。
③ 周鸿：《生态文化与和谐社会》，载《光明日报》，2006-07-24（9）。
④ 向云驹：《原生态文化是生活中的文化》，载《中国艺术报》，2007-06-15（6）。

生态博物馆的概念及其实践，首先诞生于20世纪70年代的法国，随后才在欧洲获得迅速发展。“生态博物馆”一词来自于法语ecomusee，是生态和博物馆概念的结合。任何重要概念的产生，都有一定的历史和社会背景。第一代生态博物馆是在法国博物馆学界两位承前启后的开创性人物G.H.里维埃（G.H.Rivière）和H.戴瓦兰（H.de Varine）的推动下得以实现。在G.H.里维埃的指导下，以人与环境的紧密结合为特征，于1967—1975年创建了法国地方公园系统。在H.戴瓦兰的指导下，于1971—1974年在法国勒特索煤矿区建立的生态博物馆，开创了工业社区建立生态博物馆的先河。1974—1979年在G.H.里维埃的推动下，在加拿大法语区魁北克开辟了新的实验区，将生态博物馆的概念扩大到小型社会的整体，被称为“社会生态博物馆”[①]。1968年，G.H.里维埃强调指出，民族学博物馆的目标是在世界历史的框架中建立人与自然的联系，他关于民族学博物馆的任务和陈列思想中已蕴含了“生态博物馆”的基本思想，即博物馆不能脱离社会发展实践，要与社会发展同步，要为社会发展服务，要根据社会发展需求重新认识和定位博物馆藏品的作用，要发挥博物馆的特长，为广大民众服务，努力增加广大民众的福祉[②]。

1971年8月，国际博物馆协会第9次大会在巴黎举行，这是一次被称为试图定位当代博物馆社会地位与角色的重要会议，新思维、新观念正在改变世界及博物馆。会议作出了修改博物馆定义的决定，增加了博物馆是公共机构的一部分的观念。来自非洲和拉丁美洲的代表，阐述了自己国家和民众的文化特点和当代需求，强烈表达出建立和发展非欧洲式博物馆模式的愿望。来自贝宁的博物馆学家认为，博物馆没有投入到当代世界中去，没有真正成为客观存在的一部分，所有国家的博物馆都是高人一等的，对于大多数民众没有多大用处，博物馆是过时的事物应当消失。G.H.里维埃和H.戴瓦兰为法国首任环境部长R.普杰（R.Poujade）的主旨发言而创造的“生态博物馆”一词，成了一场博物馆革新运动的标志。面对来自世界各地的500多位博物馆学者和博物馆工作者，R.普杰指出，“我们正在向一些人所说的生态

① 鲁娜：《“中国民居五书”：记录的不仅仅是建筑》，载《中国文化报》，2010-06-03（10）。
② 宋向光：《生态博物馆理论与实践对博物馆学发展的贡献》，见《2005年贵州生态博物馆国际论坛论文集》，北京，紫禁城出版社，2005。

博物馆方向发展，这是一个动态的路径，通过它，公众首先是年轻人将能够重新认识人类、人的占有物及人的环境的基本原理的演变”，他公开地将博物馆与环境联系起来，并提出了“生态博物馆”的概念，指出要建立一种与传统博物馆完全不同的新型博物馆，寻求掌握未来的各种文化和物质手段，服务于整个人类。生态博物馆概念的提出及其实践，是博物馆发展历史上重要的里程碑。

1972 年，法国环境部和国际博物馆协会法国委员会在波尔多召开了“博物馆与环境”专题国际研讨会，会议认为一个博物馆必须努力与其服务的社区实现完全的和谐共生，并确认与环境有着特殊关系的一种新型博物馆可称之为生态博物馆。1974 年 6 月，在丹麦哥本哈根召开的国际博物馆协会第十届全体会议上，“为社会和社会发展服务”的理念，被纳入博物馆定义之中。国际博物馆界出现的生态博物馆运动，是一场文化复兴运动，是对近现代公共博物馆基本理念的回归，是对后工业化社会反思的结果。伴随城市化的迅速推进，工业社会的生态危机日益加深，带来了许许多多人们意想不到的“城市病”：人口拥挤、交通堵塞、环境污染、资源衰竭、贫富差距、犯罪率高以及人生观、价值观的扭曲和道德水准的下降，使后工业社会陷入层层的困境之中而不能自拔。生存环境的日益恶化，生活质量的日益低劣，机器产品的日益泛滥，居住环境的日益拥挤，人们开始厌倦城市，崇尚自然，向往乡村的宁静生活，萌发回归自然的情感与行动，追求一种朴素的社会生态，出现反城市化的潮流。因此许多城市居民开始摆脱喧闹和污浊的城市中心，回归到景色自然的乡村和朴实无华的小城镇，城市空心化现象逐渐呈现。在这一情势下，生态博物馆的产生是博物馆事业对社会发展的时代响应，成为促进人类社会现代生态意识和现代环境意识不断觉醒的积极力量。

生态博物馆开启了博物馆学研究的新领域。生态博物馆的实践力求积极响应社会发展的需求，力求使博物馆成为所在地民众实现发展的手段和工具。G.H. 里维埃在 1985 年曾将生态博物馆定义为“生态博物馆是由公共（或地方）权力机构和当地人民共同设想、共同修建、共同经营管理的一种工具”，他在文章中指出，生态博物馆像一面镜子，当地民众可以通过这面镜子照出自身的形象，通过这面镜子追寻到当地的历史演变。也就是说，生态博物馆是当地民众树立在游客面前的一面镜子[①]。“正如传统博物馆的诞生，是少数精英人士将自己的收藏转化为博物馆或向普通民众开启大门一样，但在相当长的时期里，民众眼中的博物馆依然是上层社会的俱乐部”[②]。他认为如果博物馆被赋予社会责任和可持续发展的作用，那么它必须根植于它的社会，“只有这样，博物馆才能真正深层表现传统社区，传统社区才会真实直接反映于博物馆中，使得博物馆的社会责任能够交互地表现出来”[③]。生态博物馆在结构上还原了被传统博物馆生硬分离了的物和它的原生环境，使之具有整体认知感。K. 赫德森在《有影响力的博物馆》一书中，曾评价生态博物馆给世界博物馆带来的最为重要的影响，正在于这种让地方的人们参与规划的“双向沟通的制度”[④]。

由于生态博物馆具有传统博物馆所缺乏的性质，并顺应了当代人类生态环境保护意识日益觉醒和高涨的潮流，顺应了当代要求文化遗产权益回归原生地和原住民的呼声，顺应了人类要求协调和可持续发展的愿望，因而其理论创新与实践创造在欧洲、拉丁美洲和北美洲等许多国家和地区迅速传播，成为一种保护本国文化形态和本民族文化遗产的有效方式。目前世界上已有 300 多座生态博物馆。其中，西欧、南欧约有 70 座，主要集中在法国、西班牙和葡萄牙；北欧约有 50 座，主要集中于挪威和丹麦；拉丁美洲约有 90 座，主要集中于巴西和墨西哥；北美洲约有 20 座。另外，亚洲地区的日本、韩国等也有类似的保护文化生态的形式。由于各国社会、经济、政治、文化、民族、环境、生态等方面条件的差异，各地区的发展面临不同的挑战和机遇，各地民众的需求也不尽相同，这使得与所在地社会发展紧密结合的生态博物馆，呈现不同的组成形态和运作方式。例如北欧突出农业和工业经济的产业型生态博物馆，北美地区则强调民族文化特性的族群型生态博物馆。虽然生态博物馆仍处于试验之中，还有许多理论与实践问题有待于解决，但是这种模式所反映

① 海伦娜·弗里曼:《没有围墙的博物馆》，载《国际博物馆》，2006（2）: 55。
② 黄春雨:《理想与现实——生态博物馆必须的对接》，见《2005 年贵州生态博物馆国际论坛论文集》，北京，紫禁城出版社，2005。
③ 杰拉德·柯赛:《从“向外延伸”到“深入根髓”: 生态博物馆理论鼓励社区居民参与博物馆事业》，//《2005 年贵州生态博物馆国际论坛论文集》，北京，紫禁城出版社，2005。
④ 张涛:《反思中国第一座生态博物馆的发展瓶颈》，载《中国文物报》，2006-06-23（5）。

出的物质文化遗产和非物质文化遗产之间紧密结合的观念，无疑具有非常积极的现实意义。

世纪之交，人类面临越来越突出的生存问题，例如生态环境的退化、地区差异的加大等，各类全球性的问题和相互联系的危机日益尖锐，这已引起各国政府和社会公众的广泛注意，人们开始对工业革命以来形成的传统的发展观念、模式、道路等进行反思。1999 年 10 月，国际古迹遗址理事会第 12 次大会在墨西哥通过了《乡土建筑遗产宪章》，这是一部关于文化遗产保护的重要文献。《宪章》阐述了乡土建筑遗产的价值和保护的意义，“乡土建筑遗产在人类的情感和自尊中占有重要的地位。它已经被公认为有特征的和有魅力的社会产物”。《宪章》强调指出：“由于文化和全球社会经济转型的同一化，面对忽视、内部失衡和融合（因而导致彼此的独特性逐渐消亡）等严重问题，全世界的乡土建筑都非常脆弱。”对于乡土建筑的保护，《宪章》提出一些基本原则：应尊重其文化价值和传统特色；需依靠维持和保存有典型特征的建筑群和村落来实现乡土性的保护；不仅包括建筑物、构筑物和空间的实体和物质形态。“应尊重和维护场所的完整性，维护它与物质景观和文化景观的联系以及建筑和建筑之间的关系”。传统建筑体系和工艺技术对乡土性的表现至关重要性，《宪章》认为这些技术应该被保留、记录，并在教育和培训中传授给下一代的工匠和建造者。

进入 21 世纪，国际博物馆领域推进保护文化遗产的重心转向社区、转向文化原生地的努力不断加强。生态博物馆的理论和实践为此提供了经验，人们通过生态博物馆，探讨与人类有关的自然、社会、历史和文化环境。同时，生态博物馆将促进社会发展视为最重要的职责和基本任务，制定为社会发展服务的明确目标，将生态博物馆与社会条件和发展需求紧密结合起来，充分发挥生态博物馆各项资源对社会发展的作用，从社会发展层面评估生态博物馆社会效能和业绩，在实现社会价值的同时增加生态博物馆的自身价值。通过为社会发展服务，密切关注所在地的特殊社会条件和发展需求，创造性地开展工作，也促进了生态博物馆的多样性，加深了人们对生态博物馆普遍本质和价值的认识。例如意大利乡村“生态博物馆”概念的建立和实践始于2000年，由一些学者与当地政府、社区、文化和旅游协会共同创造设计提出实施方案。其宗旨是力图以保护、创新和可持续利用自然环境和文化遗产的方式，将当地的自然环境、文化遗产和民众的生产生活方式一体化地、整体互动地，展示给意大利国民和外来参观者，借此保护乡村的自然生态和人文景观，进行爱国主义的教育。乡村“生态博物馆”实施以来，受到国民的普遍关注，并且吸引了大批国内外游客，受到当地政府的大力支持①。

意大利乡村“生态博物馆”的建立，不仅仅是为了促进旅游，更重要的是让人们记住意大利的历史和文化，通过一个个具体村庄的历史和文化，让青少年知道自己故乡的历史，了解祖先们曾经历过的生活和走过的道路，了解他们所创造的物质和精神文化。乡村内也建有室内博物馆，但是只作为生态博物馆的一个组成部分。室内博物馆的建设风格完全与周围的环境、民居相协调，对当地的自然、历史、文化进行图文并茂的详细介绍，所展示的展品包括考古发掘实物、乡村历史上各种传统生产生活用品、艺术品和手工艺品以及对当地各种野生动物、植物的详细介绍，配有很多精美的照片资料。室内博物馆中制作有影像光碟，多层面地放映自然和人文环境，反映当地社区居民的生产生活，还专门设置展示空间张挂社区儿童们以当地自然景观、文化景观为题材而创作的各种绘画作品。乡村“生态博物馆”更大的展示空间在有形的室内博物馆之外，整个社区生活的自然环境和农牧生活场景都被纳入生态博物馆的视野之中。当地社区的生产方式成为展示的对象，保留了过去各村各户的农地界碑，而过去的牛厩羊圈，成为真实再现过去畜牧生活场景的场所，连当地森林牧场中每一种草的标本都有展示，相关内容标示得十分详细。

由于气候和环境的关系，不少意大利的山地社区每年以乡村的大本营所在地为核心，以周围山林牧场为半径，进行周期性的流动农牧活动。例如每年3~7月，村

① 杨福泉:《意大利乡村“生态博物馆”对云南乡村文化产业的启示》，载《中国文物报》，2006-06-23（5）。

民就赶着牛羊，举家搬迁到草青林茂的林中居所。村庄民众过去的农牧生活，盖木板瓦的木楞房、各种农具、制作奶制品的器具、厨具炊具等皆完整地保留着，同时还保留着村庄民众的家庭生活场景，例如菜地、猪圈、水井、室外喂猪的地方和猪食槽等以及村庄民众伐木用的斧头锯子、用水力来进行锯木的水车等，都如实地展示，并且还可以进行演示，使参观者能够领略到村庄民众各种真实的生活情景。有的乡村“生态博物馆”还包括“艺术和工艺园”，里面陈列着村庄里各种传统的工艺品和制作工艺品的工具，例如木纺织机、酿酒器具等。还专门为参观者设计了非常详细的各种徒步参观路线，除了可以到达当地各个自然景观、文化景观，还普遍设计出与宗教信仰相关的文化路线，作为生态博物馆的组成部分，内容主要是反映村庄民众的宗教信仰生活，包括教堂、村庄民众在随季节迁移过程中所用的路旁祭坛、民间信仰中的神山等，还包括村庄民众收藏的各个时期的宗教绘画、雕塑作品、宗教装饰品、圣经等，包括文艺复兴时期的各种宗教题材的艺术品①。

古代形态的博物馆在我国有着悠久的历史，而近代形态的博物馆则是从西方传入并得以逐渐发展。我国博物馆界自20世纪80年代开始，关注国外生态博物馆的理论与实践。1986年，生态博物馆的理念开始在国内传播，例如在《中国博物馆》学术季刊上，开始引进国际生态博物馆的思想和实践经验，包括介绍生态博物馆理论的一些重要论文，并发表了我国博物馆理论界对生态博物馆的讨论文章。此后，我国博物馆界开始与国际同行合作，引进生态博物馆模式并使之中国化，苏东海先生对此作出了重要贡献，他曾对生态博物馆作出如下定义：“生态博物馆是对自然环境、人文环境，有形遗产、无形遗产进行整体保护、原地保护和居民自己保护，从而使人与物与环境处于固有的生态关系中，并和谐的向前发展的一种博物馆新理念和新方法。”②在我国，生态博物馆格外关注人类学资源丰富和民族、民间、民俗文化独特的少数民族地区。生态博物馆的实践首先选择了西南地区的贵州，该省境内现有苗族、侗族、布依族等19个少数民族，大多生活在比较偏僻的山区，对外联系

① 杨福泉：《意大利乡村“生态博物馆”对云南乡村文化保护和发展的启示》，见《2006·中国昆明亚洲博物馆馆长和人类学家论坛文集》，第146页。
② 张涛：《反思中国第一座生态博物馆的发展瓶颈》，载《中国文物报》，2006-06-23（5）。

较为不便，因而生活方式、民间习俗和文化观念等受外界影响较小，民族文化保存较好。同时，当地气候温暖，山清水秀，大片的原始森林和奇特的喀斯特地貌构成一幅幅人间仙境。独特的民族文化加之得天独厚的自然环境，具备发展生态博物馆的良好基础。

1992 年，“世界环境与发展大会”通过了《里约热内卢宣言》和《21 世纪议程》两个纲领性文件，使生态学成为一个流行的话语。在我国，1993 年，吴良镛、周干峙、林志群在分析当时建设事业的形势和问题的基础上，正式提出建立“人居环境科学”，着重探讨人与环境之间的相互关系，强调把人类聚居作为一个整体，而不像城市规划学、地理学、社会学那样，只涉及人类聚居的某一部分或是某个侧面。学科的目的是了解、掌握人类聚居发生、发展的客观规律，以更好地建设符合人类理想的聚居环境。“人居环境科学”认为，“人创造人居环境，人居环境又对人的行为产生影响”[①]。就像世间万事万物都在不断变化一样，民族文化也处在永恒的变化过程之中。每一个民族都有自己独特的文化，每一种文化也都有自己独特的价值，没有高低优劣之别，世界上从来就不存在，今后也不会存在一种超然的可以衡量民族文化优劣的价值标准。因此，必须平等地看待每一个民族的文化，对之采取尊重、宽容乃至欣赏的态度，也就是费孝通先生晚年反复强调的 16 字方针：“各美其美，美人之美，美美与共，和而不同。”[②]在这一背景下，生态博物馆成为提高人们的文化意识、保护文化遗产所在地的自然环境、促使人类社区可持续发展的积极力量。

1995 年，《在贵州梭嘎乡建立中国第一座生态博物馆的可行性研究报告》提出，得到了我国政府的重视和挪威政府对这一项目的支持，并纳入了《1995 至 1996 年中挪文化交流项目》之中。随后，建立梭嘎生态博物馆项目获得了贵州省政府和国家文物局的批准。梭嘎生态博物馆建在贵州省六盘水市六枝特区的深山中，这里居住着一支远离外界，仍然生活在自然经济和传统文化中的苗族群体。这里山高缺水，每年有三个月要到山下背水，生产、生活十分艰苦。在建立生态博物馆时，当地仍

① 吴良镛：《人居环境科学导论》，北京，中国建筑工业出版社，2001。
② 郭家骥：《云南少数民族文化保护问题的若干理论思考》，见《2006·中国昆明亚洲博物馆馆长和人类学家论坛文集》，第 224 页。

保存和延续着自己独特的文化传统。这种文化非常古朴，有十分平等的原始民主；有十分丰富的婚嫁、丧葬和祭祀的礼仪；有别具风格的音乐、舞蹈和精美的刺绣艺术。但是他们没有文字，靠刻竹记事，过着男耕女织的自然经济生活。这一生态博物馆社区内分布有 12 个行政村寨，社区总面积达到 120 km^2。1998 年 10 月，梭嘎生态博物馆及资料中心建成开放，成为我国第一座生态博物馆。此后在贵州又相继建立了花溪镇山布依族生态博物馆、锦屏隆里古城生态博物馆、黎平堂安侗族生态博物馆等，初步形成了贵州民族文化生态博物馆群。它们不仅代表 4 个不同区域的民族，而且具有不同环境和不同的挑战。当地民众以对自己传统文化的固有感情，对脱贫致富和对外界的向往，热情地支持和参与生态博物馆的建设和实践。

生态博物馆的思想产生于欧洲的后工业社会之中，是一种深刻的理念，不可能在距离这个时空十分遥远的我国民族村寨中自发产生。在我国，在这些正在努力摆脱贫困的村寨中建立生态博物馆，就是为了保护文化传统的多样性，使这些民族村寨在现代化过程中不会丧失自己。但是，要使村庄民众接受生态博物馆，需要走很长的路，进行中国化、本土化的实践。所谓中国化、本土化就是和我国乡村的实际相结合。在梭嘎生态博物馆创建之初，就把帮助民族村寨“脱贫”作为第一任务，因为村庄民众是重视眼前利益的，衣不蔽体、食不果腹是无暇顾及文化的。如果人们必须外出谋生，就是建立起生态博物馆也难以巩固。“这也就是国际上的文化生态保护区之所以不容易长期维持的原因，美国印第安人、因纽特人保留地如此，新西兰毛利人保留地亦如此”。所以生态博物馆首先做的是运用挪威政府的捐款和我国政府的拨款，进行引水上山、引电上山的工程，并修筑了出山的道路。村庄民众的生活和生产条件得到改善，村庄民众开始接受生态博物馆的项目，随后生态博物馆又采取以工代赈的办法，由村庄民众用自己勤劳的双手建设生态博物馆资料信息中心、文化活动中心，然后再培训村庄中的年轻人运用照相、摄像、录音等技术开展文化记忆工程。生态博物馆的价值开始逐步实现，村庄民众的文化主人地位也开始得以实现。

从此，生态博物馆逐渐成为提高民众文化意识、保护文化遗产所在地自然环境、促进社区可持续发展的积极力量。2001 年在内蒙古建立了中国北方地区第一座生态博物馆，敖伦苏木草原文化生态博物馆，2003 年 12 月，广西第一座生态博物馆，南丹里湖白裤瑶生态博物馆展示中心在怀里村奠基。由于历史、传统与自然环境等方面的原因，怀里村目前仍保存、延续着白裤瑶极为独特、完整和丰富的传统文化，包括染织文化、礼仪文化、制度文化、铜鼓文化、丧葬文化、建筑文化等，均表现出与众不同的特色。从某种意义上，体现出广西境内处于封闭、偏僻的自然地理环境中，独立、缓慢发展的少数民族文化的特点，而与之相伴的则是当地经济发展的相对落后，民众生活水平的相对低下，民族文化保护状况较为脆弱，在这样的条件与背景下建设民族生态博物馆，探索在落后地区保护与传承民族文化，促进当地经济社会的协调发展，具有深远的实践意义。2016 年，在我国云南省西双版纳地区建立了布朗族生态博物馆。近年来，新疆、福建、湖南、黑龙江等地也陆续提出建设生态博物馆的目标和构想。我国的少数民族地区有着经济落后、文化丰富的特点，正是保护文化多样性的重要地区。这些已经建成的生态博物馆，开始承担保护苗族、布依族、侗族、瑶族、蒙古族、汉族等多种文化的任务。

我国生态博物馆从传统博物馆中走出来，在文化的原生地建立了第一代生态博物馆，突破了传统博物馆的局限性，弥补了传统博物馆的缺陷，实现了文化保护社区化和民主化的博物馆新理念。生态博物馆的理念在我国博物馆界得以传播的背景是，一方面我国正处于城市化、工业化的进程中，社会经济迅速发展，但是先进国家工业化带来的生态失衡和环境破坏也开始在我国重演，并且有越来越突出的表现，因此生态平衡和环境保护日益为我国社会各界所关注，在此背景下，我国博物馆界开始关注国际生态博物馆运动。另一方面，20 世纪 80 年代开始，整体保护文化遗产的观念开始萌芽，到 20 世纪 90 年代，结合引进国际保护文化遗产的理论和实践，有了进一步的发展。同时，这一时期我国博物馆发展进入新的高潮时期，当时我国博物馆已经发展到1000多座，博物馆界也迫切需要寻找扩大保护文化遗产，更加有效服务社会的新形式。“生态博物馆就是一种补偿传统博物馆缺陷的新形式”。生态博物馆的方法不是要增加一座新的博物馆，而是要使整个社区和它的周围环境一起构成场所型的生态博物馆。在生态博物馆的范围中，可能有若干个自然村，还可能打破行政区划的界限，包括同一“文化色块”的更广阔的区域。

多年来，学者们对生态博物馆的性质、信念、价值观、目的、特点、工作方法、组织建置和管理体制等课题进行了多方面的阐释和讨论。概括而言，生态博物馆具有以下一些鲜明的特征，一是对自然环境、人文环境、有形遗产、无形遗产的整体保护与展示；二是强调原地保护展示和当地社区、居民的参与；三是在发展中保护，即注重社会文化、环境的和谐与发展。针对我国第一座生态博物馆创造的经验，项目科学顾问D.M.布斯特（D.M.Bust）先生和我国同行一起研究提出了《六枝原则》。这些原则包括：①村民是其文化的主人，有权认同与解释其文化；②文化的含义与价值必须与人联系起来，并应予以加强；③生态博物馆的核心是公众参与，必须以民主方式管理；④旅游与保护发生冲突时，保护优先，不应出售文物，但鼓励以传统工艺制造纪念品出售；⑤避免短期经济行为损害长期利益；⑥对文化遗产进行整体保护，其中传统技术和物质文化资料是核心；⑦观众有义务以尊重的态度遵守一定的行为准则；⑧生态博物馆没有固定的模式，因文化及社会的不同条件而千差万别；⑨促进社区经济发展、改善居民生活。这些实践原则的产生是为了更好地在文化原生地保护文化，更好地尊重村民的主人地位。

纵观国内外生态博物馆的建设实践，可以认为生态博物馆是博物馆的新类型，是传统博物馆概念的延伸，是传统博物馆功能与界限在特定条件下的扩展。生态博物馆并没有更新或颠覆传统博物馆的概念，它也是保存、陈列、研究物质文化和精神文化遗存以及自然标本的文化教育事业机构，它也是一个文化教育的工具。从概念的延伸来说，它增加了“文化原生地保护”“居民自主管理和保护”“文化原生环境一体保护”等内涵，它是保存、陈列、研究形式的改变，而不是概念的更新，更不是颠覆[①]。但是，生态博物馆在形式上，打破了博物馆机构与环境之间的障碍，管理者和观众之间的障碍，博物馆内外物品之间的障碍．可移动与不可移动物品之间的障碍以及信息与实物之间的障碍，是一种保护、展示、宣传和生活方式的综合体。生态博物馆的建立，不仅使人们对文化遗产的权衡、取舍、保护、展示更加科学，也更加注重过程性。生态博物馆理论的出发点，不是要当地民众与他们的文化相分离，而是基于社区民众的文化理念建设自己的未来，当地民众的精神寄托在其间得到了淋漓尽致的体现。实践已经证明，生态博物馆是进行民族文化遗产保护与展示、推动当地文化与社会发展的卓有成效的工具，而乡村文化景观更成为生态博物馆理念和实践可持续发展的有力见证。

人类对自身的文化遗产，从任其自生自灭，到开始自发保护，再发展到全球性协作保护；从对有形文化遗产的保护，扩展到对无形文化遗产的保护，这期间经历了十分漫长的过程，这一过程反映出人类社会对自身文化遗产价值的认识正在逐渐深化。与此形成反差的是，经济全球化的冲击和少数民族地区对自身文化遗产保护意识的缺失，正在加速着民族文化的丧失。由此，保护民族文化遗产已成为世界各国的共识，也成为我国当前刻不容上，即文化遗产应原状地保存和保护在其所属的社区环境之中。因此，生态博物馆不是一座建筑、一组建筑群，而是一个社区。例如贵州黎平堂安侗族生态博物馆的地域概念，不仅指堂安侗寨，而是包括所临近的8个侗族村寨组成的生态博物馆社区，约50 km^2。从这种意义上讲，社区的区域等同于博物馆的面积。三江侗族生态博物馆，将三江境内苗江15 km流域范围内的高定、独洞、座龙、岜团等村寨列入生态博物馆范围，保护范围内侗族传统建筑文化底蕴丰厚，其中包括风雨桥13座，鼓楼26座。

缓的文化战略。生态博物馆的内涵与传统意义上的博物馆有所不同，有着更广

---

① 莫志东:《生态博物馆的实践需要宽容》，载《广西文化》，2007（3）29。

泛的含义。传统博物馆是将文化遗产搬到一个特定的博物馆建筑中，与之同时发生的是，这些文化遗产远离了它们的所有者，远离了它们所处的环境。而生态博物馆是建立在一种全新的基本理念之上，即文化遗产应原状地保存在其所属的社区环境之中。因此，生态博物馆不是一座建筑、一组建筑群，而是一个社区。例如贵州黎平堂安侗族生态博物馆的地域概念，不仅指堂安侗寨，而是包括所临近的 8 个侗族村寨组成的生态博物馆社区，约 50 km^2 从这种意义上讲，社区的区域等同于博物馆的面积。三江侗族生态博物馆，将三江境内苗江 15 km 流域范围内的高定、独洞、座龙、岜团等村寨列入生态博物馆范围，保护范围内侗族传统建筑文化底蕴丰厚，其中包括风雨桥 13 座，鼓楼 26 座。

生态博物馆往往不具有确切的地理分界，可以位于一个聚落、一组村庄、一座城镇，其范围可能是它的核心区域，也可能是它的全部。生态博物馆空间的内容

贵州堂安侗族生态博物馆（2010 年 8 月 12 日）

"与传统博物馆或遗址博物馆相比则更加复杂，它是自然与人文、有形与无形的结合，包括自然环境的一切因素，生活于其中的人的一切物质生活方面以及人的习俗、传统、观念、仪轨等一系列非物质形态的表现，可以说是一个小型社会——自然的完整系统。整个系统是作为遗产存在的，而内部的各项因素既可以作为单独的遗产存在，也可以作为整体遗产中的一个要素而存在"[①]。壮族是广西的主体民族，在靖西县旧州街，壮族刺绣、织锦、土司遗存、民居建筑、山歌艺术、壮剧、木雕、节日等民族文化保存的丰富性、完整性使之成为壮族文化的一个典型代表。像这样具有文化多样性和独特性的民族村寨，在我国的边远地区还有很多。在这些生态博物馆中，文化景观、自然景观；不可移动文物、可移动文物；物质文化遗产、非物质文化遗产等一系列要素，均具有特定的价值和意义。如果说生态博物馆是传统博物馆走出神圣的象牙塔，将博物馆特有的保存与延续理念带入文化和历史得以创造的原初土壤中，那么，将传统博物馆工作的重心由馆藏文物转向内涵更广泛、层面更多样的文化遗产，则是博物馆领域从"馆舍天地"走向"大千世界"的积极实践。

2008 年 10 月，"村落文化景观保护和可持续利用国际学术研讨会"在贵州贵阳召开。会议代表认为，乡村文化景观是自然与人类长期相互作用的共同作品，是人类活动创造的并包括人类活动在内的文化景观的重要类型，体现了乡村社会及族群所拥有的多样的生存智慧，折射了人类和自然之间的内在联系，区别于人类有意设计的景观和鲜有人类改造印记的自然景观，是农业文明的结晶。乡村文化景观展现了人类与自然和谐相处的生活方式，记录着丰富的历史文化信息，保存着民间传统文化精髓，是人类宝贵的文化遗产。乡村文化景观所蕴含的自然和文化多样性是未来理想生活的活力源泉，具有重要的文化象征意义。鉴于乡村文化景观的性质和特征，倡导保护乡村文化景观，应当注重保护乡村赖以生存的田地、山林、川泽及其生态环境，保护村落的居住环境，保护村落文化记忆，保持村落发展的基础和动力，实现自然和文化、物质和非物质、历史和现时的整体保护。鉴于乡村文化景观是长

① 刘迪：《博物馆时空刍议》，载《东南文化》，2009（1）：83。

期历史发展过程中形成的，并仍然在继续发展和不断变化，倡导尊重乡村文化景观的演变特性，延续村落的文化脉络，维护现代社会文化多样性。村民是乡村文化景观的重要组成部分和保护的重要力量，重视村落发展诉求，维护乡村文化景观发展途径的多样性。

2009年11月，第二届“中国乡土建筑文化抢救与保护暨建德·新叶古村研讨会”召开，会议归纳出具有典型推广意义的《建德新叶共识》。《共识》强调，历史村落保护必须由政府引导、社会参与，把文化遗产保护和民生建设结合起来，在加强文化遗产保护的同时，注意做到自然、文化和社会三个生态环境的和谐。《共识》建议，地方各级政府发布的法律法规和乡规民约相互补充，逐步建立起以适应社区民众自主管理为基础，地方政府以政策配套为支持的历史村落保护法治环境。《共识》提醒，在保护物质文化遗产的同时，注重挖掘、继承和发扬非物质文化，积极探寻历史村落保护与经济社会和生态环境协调发展的模式。严格注意避免那种为了促进旅游而“创新”的伪文化、伪民俗、伪传统的渗透和玷污，避免唯利是图的商业文化对于地方固有物质和非物质历史文化遗产的侵害。会议认识到，历史村落保护是一项文化工程，应该立足于对历史文化的全方位沿承，而不能追求商业开发，对文化遗产造成破坏；历史村落保护也是一项系统工程，不仅要进行核心区的原物、原貌保护，而且要实行外围控制区的风貌保护以及更大范围地进行环境保护；历史村落保护还是一项民生工程，保护历史村落不能简单地对其进行封存，而要有活生生的耕读文化的延续，因此在保护工作中必须充分考虑社区民众的发展问题。

文化是一条流动的长河，处于永恒的变迁过程之中，所有历史积淀的传统都将经过今天的变化而形成新的传统，并成为明天变化的基础。从这个观点出发，任何“静态地”保护民族文化的愿望，都是不可能实现的，不可能将一个地区、一个民族的传统文化原封不动地全盘保护下来，特别是在全球化、现代化加速发展的今天更是如此。因此，只能对每一个民族的传统文化进行价值评估，重点选择那些在各民族的社会生活中仍然发挥着作用的“活态文化”；那些各民族自我推崇、自我评价较高的文化内容；那些对内能促进民族认同、增强民族自信心和自豪感的文化内容；那些对外能代表民族形象、促进民族发展的文化内容；那些有利于生物多样性保护、人与自然和谐相处的文化内容；那些有利于促进各民族经济、社会、文化、生态可持续发展的文化内容；那些有利于民族团结、社会稳定、国家统一的文化内容：那些有利于家庭、邻里、人际关系和睦的文化内容。还要特别关注特色鲜明，内涵丰富，但是在现代化进程中面临传承危机和容易消亡的少数民族文化，即将一个民族最核心的、最能体现其民族特征的、最符合时代要求的、最能实现人与人、人与社会、人与自然和谐相处和可持续发展的文化要素保护下来[①]。

9.2　生态博物馆的当代意义

我国 5000 年的历史就是一部农业文明史，至今农业人口仍占全国人口的 50% 以上，农业文化遗产和乡村文化景观是我国文化遗产的重要组成部分。农村社区是有文化的，农村社区文化是在农业生产、农村生活之中，在人与自然亲密接触之中逐渐形成，并由当地民众世世代代传承与弘扬。因此，农村社区文化是最有泥土芬芳的文化，是最富民间亲情的文化。但是，农村社区文化特有的价值却长期被忽视。同样令人担忧的是，我国农业村落近些年来数量锐减。据中国社会科学院社会学所李培林所长提供的调查数字，从 1985 年到 2001 年，在不到 20 年的时间里，我国农业村落的个数，从 94 万余个锐减到不足 71 万个。仅 2001 年，我国那些延续了数千年的农业村落就减少了 25000 余个，平均每天减少约 70 个。为此他撰写了《村落的终结》一书探寻其规律[②]。生态博物馆是在一个特定的地域内，在相对独立的社区群体中，仍然保持和延续着包括建筑、语言、服饰、饮食、工艺、知识、信仰、道德、法律、风俗以及生活能力在内的比较完整的文化形态。这样的社区群体有着双重性，一方面，拥有原生态的、唯一性的、独特的传统文化，保存得完整和丰富；另一方

① 郭家骥：《云南少数民族文化保护问题的若干理论思考》，见《2006·中国昆明亚洲博物馆馆长和人类学家论坛文集》，第 224 页。
② 苏东海：《新农村·农村文化·生态博物馆》，载《中国文物报》，2006-11-17（5）。

面，由于长期封闭，经济十分落后，物质生活条件较差，处于贫困的状况。在这样的农村社区中建立生态博物馆，必然要在保护文化遗产的同时，担负起促进消除贫困的任务。

今天，地球生态系统的变化日趋激烈，陷于恶性循环之中，不可持续的开采、收获、生产与消费模式，导致了气候变化、污染扩大与环境浩劫，并造成了严重的贫穷与疾病问题。人类正面临前所未有的危机，无法再承认不关注可持续发展的贪婪行径。同时，在城市化加速进程中，农业生态文明所面临的巨大危机显而易见。在乡村文化景观中，最基本的要素是传统民居。这些民居建造于自然环境和文化背景之中，不同民族、不同地域的传统民居千姿百态，是人们识别不同乡村文化景观最重要的符号。传统民居的实用性与地域美，都是当地民众千百年来的文化创造。今天，民居的建造、保护与修缮，如果背离了历史文化之根，另搞一套，就必然造成对乡村文化景观和历史文脉的伤害与破坏。一座有着500~600年历史的民族村寨，靠山面水，依山而建，村寨中一条石板路自然曲折延伸到尽端，数条纵向小道与之相连，整个村寨曲径通幽，充满情趣。但是被列为新农村建设的示范村后，拟规划建设纵横交叉的“十字街”，将原本完整的村寨人为割裂成4个部分，还要拆掉数十户传统民居。如果这一规划实施，村寨的历史文脉将被肢解和割裂。这种脱离实际、劳民伤财的做法，是对新农村建设的误导。不少地方在新农村建设中推倒传统民居，造起别墅式住宅，结果是客厅变成了储存粮食、放置农具和杂物的仓库，门口搭起了鸡窝、猪圈和牛棚。

2000年，为了平衡东西部的经济发展，国家推行了西部经济大开发计划。同时也关注到，西部地区是我国自然生态最为多样化，少数民族最为集中的地方，也是文化遗产保存最为丰富的地方。随着我国经济社会快速发展，商品经济的渗透，长期处于封闭状态的民族地区，人们的观念不断发生变化，越来越多的民众向往城市生活，不断走出家门离开村庄，涌入城市打工就业，强烈希望改变生存环境和改善生活条件。更有一些人对本民族所处的环境和文化存在着一种自卑的心理，对自己的家园和文化感情淡漠，认为家乡的一切都不如城市。在这一背景下，乡村文化景观也出现了城市化的现象，在城市规划建设中喧嚣一时的“城市化妆运动”，向农村地区大举进军。不少历史文化村镇将一般城市规划中的分区规划、园林规划、城市设计的理念套用过来，盲目复制城市文化景观，将大量雄伟气派的房地产开发项目移植到历史文化村镇之中，导致乡村文化景观规则化和庸俗化倾向，空间关系日益单调，缺乏相互内在联系，形成“万村一面”的同质化，使城市化现象进一步蔓延。与世界许多地方一样的、钢筋混凝土立面和铁皮屋顶构成的、按照城市风格建造的村落和民居，正在改变着我国成千上万的美丽乡村，使它们变得浅薄和粗俗。

生态博物馆理想的实现，取决于当地民众出于文化的目的而参与的程度，取决于生态博物馆能否营造和培育出适合农村社区生存与发展的环境。“我们必须认识到：弱势群体可能珍视自己的文化传统，也可能自动地将其全部或部分加以抛弃。当社区居民因强势文化的撞击，而选择有可能背离传统文化的道路，并仅仅把生态博物馆视为改善社区生活的工具时，生态博物馆就会面临很大的危机”[①]。生态博物馆能够凸现自己有益于社区发展，并直接使社区民众感受到实际利益的途径。但是，近年来随着旅游业的蓬勃发展，历史文化村镇旅游逐渐成为热点。与此同时，历史文化村镇作为生活场所和文化空间的功能却面临着诸多挑战，当地民众现实生活与旅游发展之间的矛盾日益明显。在这一背景下，一些地区的生态博物馆把借助旅游谋求经济效益看作是唯一发展道路。如果仅以此维系农村社区和村庄民众参与生态博物馆的热情的话，生态博物馆也就失去了它存在和发展的意义，而仅仅成为一处旅游目的地。H. 戴瓦兰曾经指出：“由于所选择作为生态博物馆的村寨，将在日后会变得对旅游者非常具有吸引力。如果村寨居民没有充分准备好面对危险和挑战，在多种诱惑面前，小规模的村寨丰富的文化遗产同时会变得非常脆弱。”[②]

在生态博物馆的问题上，我们可以看到我国与欧洲在发展阶段方面的差距，欧

① 黄春雨：《理想与现实——生态博物馆必须的对接》，见《2005 年贵州生态博物馆国际论坛论文集》，北京，紫禁城出版社，2005。

② 于格·戴瓦兰：《中国生态博物馆论坛笔记》，见《2005 年贵州博物馆国际论坛论文集》，北京，紫禁城出版社，2005。

洲生态博物馆概念最早提出来的时间是在20世纪70年代，那时欧国各地的经济社会发展已经达到一定的水准，但是却面临着能源危机和生态压力，在这种文化背景下的反思，使其产生了对文化与生态的保护思想，这是一种自发的文化自觉行为。可见，生态博物馆主要是农村社区在生活水平提升、经济实力增强，文化精神需求旺盛的条件下，由村庄民众创办并发展起来。而我国的生态博物馆，大多数是建立在西部民族地区偏远的贫困山村，在经济发展水平远远没有达到一定的富裕程度，文化发展水平也尚未达到自己创办生态博物馆的意识条件，于是一些生态博物馆是在当地民众对自己的文化没有一定的自信和认识的情况下建立的，"官办"色彩浓厚，由外来力量主导，村庄民众并没有举办生态博物馆的主动性和积极性，或者只是出于希望在生态博物馆的名义下能够摆脱贫困。因此，当地民众并不知道该怎么创办和如何维持生态博物馆，缺乏主观能动性，成为生态博物馆建设的盲目观望者或被动参与者，似乎生态博物馆对他们的生活来说可有可无，因此出现只要外来力量一旦撤出，这些生态博物馆就面临偃旗息鼓的局面。在这样的背景下产生的生态博物馆，很难成为一种教育的工具和阻止文化退化的方式。

方李莉教授认为："文化生态区的保护也已经和文化产业及旅游业发展形成了一个有机的整体，其不但是对文化遗产保护的一种探索过程，同时也是将所保护的文化遗产对外展示的过程，而这种展示的本身就带有观光旅游的性质，也带有保护与开发同时进行的性质。这样的方式在生活富裕、民众文化自觉意识又很高的地区问题不大，但在一些贫穷落后、当地领导干部和老百姓又还没有一定的文化自觉意识的地区，尤其是并不具备专门的学术研究人员对保护区的文化做记录和研究的时候，不宜轻易建立生态博物馆或文化生态保护区。就像至今我们还不敢挖掘秦始皇和武则天的陵墓一样，因为一旦挖掘了，我们又没有能力保护，里面所有的文物都会在瞬间遭到氧化，有些甚至会化为灰烬。文化也一样，尤其是没有文字记录的口头非物质文化更是如此。"目前，一些民族村寨兴建为旅游服务的"民族村""民族风情村"，把相邻民族的文化元素聚合在一起，试图展示各民族的传统文化和生活习俗。"但是这种新的文化产业的发展中，我们发现许多民间的传统文化成为一种艺术的表演形式，在这些表演形式背后，与农民们的宇宙观、道德观、生命观乃至生产方式紧密相连的传统文化，似乎正在碎片化，甚至空洞化。这里面隐含了一系列令人担忧的问题"[①]。

目前，一些民族村寨的建设与发展，更多面向的是旅游者而不是当地民众，在很多旅游经营者看来，满足游客需求，加强景区管理，是头等大事，而如何满足居民需求，完善社区管理，似乎并不重要。有些地方为了降低管理难度，干脆将居民全部或者部分搬迁到新村居住，白天再让其回到古村镇工作，彻底将古村镇变成一个提供"真实建筑，虚假生活"的主题公园[②]。新的项目主要功能是为旅游服务，理所当然以营利为目的，缺少民族传统文化的真实性，掺杂其间的伪民俗却十分丰富。在这些所谓的"民族村""民族风情村"里，缺少对本地文化与自然资源价值的准确认识，盲目开发甚至进行破坏性开发的行为突出，既违反民族建筑传统，又影响生态环境的大体量豪华客栈越来越多，不少旅游接待设施按照城市建设模式，装修滥用瓷砖、水泥等现代建筑材料，而逐渐失去地域特色和民族风格。同时，对旅游从业人员更是缺少必要的历史文化知识和文化遗产保护理念以及"负责任旅游""可持续旅游"方面的培训，不少导游在讲解中存在较大随意性，迎合参观者的喜好任意编造讲解内容；原生态文化标签随意贴在来自各地的旅游商品上，鱼龙混杂，缺少本地特色；文字影像方面的旅游产品更是缺乏权威性，漏洞百出，严重影响民族村寨温馨平和的文化氛围，使民族传统文化受到伤害，物质和非物质文化遗产在不断地悄然消失。

在生态博物馆的建设过程中，还始终存在着民族民间可移动文物和手工艺品流失的问题。一方面，是民族民间文物的非法贩运，这是目前国际间文化遗产保护的难题之一，在我国生态博物馆中同样存在，当旅游者，特别是一些外国收藏家或者

---

① 方李莉：《西部人文资源与生态博物馆研究》，载《群言》，2008（9）：30。
② 宋瑞：《保存古村镇的生活空间》，载《人民日报》（海外版），2008-05-14（6）。

文物贩子来到民族村寨，往往会设法购买当地民众的祖传物品，使得尚处于贫困状态的村寨居民很难长期抵御这一诱惑，最终使这些精美的民族民间文物离开了文化原生地，甚至流落异国他乡。与此同时，国外一些国家和机构通过各种渠道大量采集、收购珍贵的民族民间文物，甚至挨家串户抢购民族民间文物，连当地民众正在使用的生产生活用具也在劫难逃，进一步造成民族地区文化资源的严重流失；另一方面，长期以来为了满足家人或本地居民的需求而制作的手工艺品或生活用品，包含着使用功能、文化象征、精神寄托、场景装饰等综合意义。但是，当外地旅游者购买这些手工艺品或民族生活用品时，仅仅被看作是纪念品、礼品或展品，必然全部或部分失去原有的真正功能。随着旅游市场的需求增长，这些手工艺品变成了批量生产的产品，用典型的样式销售给旅游者，同时往往在当地民众之间产生竞争，使成为产品的传统工艺品逐渐失去了文化含义，质量也变得粗糙，降低了当地传统文化的声誉。同时，当地从事手工艺品制作的民众也因此而受到剥削，因为与他们所付出的劳动相比，销售价格过于便宜。

生态博物馆的建立以保护民族传统文化为出发点，而且这种保护是整体保护、原地保护、自我保护及发展中保护相结合的一项系统工程。生态博物馆"至今已历经 30 来年，并在不少国家都可发现它的顽强实践。但不可否认的是生态博物馆的发展并不是如创建者和支持者们期待的那样，拥有一个令人振奋的局面，反而是在争议和艰难的实践中起伏"[①]。在我国诞生的第一批生态博物馆，建馆至今也已经有 10 余年的历史，经历了初建时的兴盛阶段，目前正在步入艰难的巩固与提高阶段。"保护的难度就在于我们企图让这一'活化石'在现代'污染'无处不在的社会环境中接近'原生态'地活下去"[②]。迄今为止，我国的生态博物馆建设，大多选择了民族文化极为丰厚，居民生活却极为贫困的古老民族村寨，脱贫几乎是每一个民族村寨所面临的最大问题，因此从一开始，这些生态博物馆的建设，就承担着社区发展和文化遗产保护的双重重任。"当一个长时间处于相对封闭状态的村寨，突然间向世

① 苏东海：《中国生态博物馆的道路》，见《2005 年贵州生态博物馆国际论坛论文集》，北京，紫禁城出版社，2005。
② 邓晓：《生态博物馆建设中值得关注的三个博弈现象》，载《中国文物报》，2010-04-07（6）。

界开放时，来自世界上高度发展的社会和技术的交流以及文化影响的涌入会造成什么结果，这是生态博物馆研究应解决的关键问题”[1]。生态博物馆既要考虑社会公众意识与整体利益，也要考虑区域内民众的现实需求，应采取适当的支持与补偿措施。

目前，我国所建立的生态博物馆，一般来说，均是当地政府根据保护文化多样性的需要给予热情支持以及专家学者根据文化遗产保护和博物馆事业发展的需要给予热情指导的产物。民族村寨是当地民众的家园，当地民众希望生态博物馆的建立，有利于改善自己贫困和生活水平低下的状况，往往也能够积极参与。由于有政府、专家和民众三个方面的积极性，就具备了生态博物馆建设的基本条件。但是，目前在这三个方面的积极性之中，当地政府和专家是主导力量，当地民众则往往是被指导的，因为他们并不知道什么是生态博物馆的正确理念，也不知道生态博物馆建设的前景如何，他们仍然把精力放在各自家庭的现实生计问题上，而在文化发展与文化遗产保护的问题上保持沉默，任由“有知识”的外来人所把握和决策。对此苏东海先生指出：“我不得不说，事实上外来力量成了村寨文化的代理人，村民则从事实上的主人变成了名义上的主人，没有外来力量的进入，就不可能有生态博物馆，这是事实。也许别的国家不是这样，但中国是这样。在中国建立一个生态博物馆并不难，而巩固比建立就难多了。因为建立它是政府和专家的行为，而巩固它只有文化主导权回归到村民手中，村民从名义上的主人回归到事实上的主人时，生态博物馆才得以巩固。”[2]

在生态博物馆中，文化遗产的保护不能由政府和专家包办代替，只有被保护对象认识到自身所创造的文化价值和保护的必要性时，才能进行有效的保护；只有被当地民众认同的、认可的文化遗产，才能进行有效的传承。而各级政府的责任是服务、组织和协调，制定相关政策；学者、专家、志愿者的作用是研究、指导和支持。民族文化遗产的保护不能让当地民众缺位，应由农村社区里的民众作为文化遗产保护的主体。因为村庄民众是文化遗产的创造者，文化遗产的保护应当由他们参与。

① 吴昶：《文化遗产保护不容回避民生问题》，载《中国文物报》，2006-09-08（8）。
② 苏东海：《建立与巩固：中国生态博物馆发展的思考》，见《2005年贵州生态博物馆国际论坛论文集》，北京，紫禁城出版社，2005。

“文化不是血缘的东西，是心理的东西，是要传承的”。因此，建设生态博物馆应该强调，让拥有某种文化遗产的主体以一种主人翁的姿态来进行真正意义上的文化传承，才能有效地实现文化遗产保护的目的。H. 弗里曼（H.Friman）指出：“我们工作的动力源自生态博物馆背后的哲学理念，即一个地方或一个区域连同其所有的物品是一种文化财产。这里所说的财产与法律意义上的概念无关。”[①]然而要实现文化遗产保护的目的，关键要使文化遗产的主体在心理上实现对于本民族、本地域优秀传统文化的认同，对于自身传统文化自豪感和自信心的升华，这种文化认同心理，才是当地民众自觉保护文化遗产的不竭动力，从而实现生态博物馆和文化遗产保护的可持续发展[②]。

实际上，在我国古老民族村寨中建立生态博物馆，无论对于农村社区，还是村庄民众来说，都是一种超前的行为，要使生态博物馆得到巩固和发展，当地社区和民众都必须超越自己的固有观念和能力。任何一种先进理念和由此催生的新生事物，只有和现实的需求相契合才能具有生命力。生态博物馆在理想与现实的对接过程中，最容易实现的是技术层面的对接，例如记录、维护、保存文化遗存，建立信息资料中心等，这些可以通过借鉴传统博物馆的已有做法，结合当地实际来完成。但是，社区民众对于自己传统文化和生活方式的认识，参与生态博物馆建设的目的，是否与建设生态博物馆的目标相一致，则是生态博物馆在理想和现实的对接过程中，所面临的最大挑战。生态博物馆的核心理念在于文化遗产的原生地保护，并且由文化的主人保护自己。但是，在我国的生态博物馆建设过程中，确实存在着文化代理阶段。从文化代理回归到文化自主，社区民众需要“经过三个文化的递升的层面。这就是利益驱动层面，情感驱动层面和知识驱动层面”。当地民众保护自己文化的动力来自利益的驱动，也来自对自己文化的天然感情，但是，对自己文化的价值往往缺乏科学认识。这三个层面都需要提高，而且将是一个长期的提高过程。

在过去 20 年里，陈志华教授率领清华大学建筑学院乡土建筑研究小组的 200 余

① 海伦娜·弗里曼:《没有围墙的博物馆》，载《国际博物馆》，2006（2）：55。
② 赵世林，田婧:《民族文化遗产的主位保护和客位保护》，见《2006·中国昆明亚洲博物馆馆长和人类学家论坛文集》，第 215 页。

名学生，调查了我国13个省的100余个不同类型的村镇，用3000余张建筑测绘图纸和40余部关于乡土聚落的研究报告，记录下变化中的我国乡村，总结出了乡村聚落和乡土建筑保护的8项原则。第一是保护乡村聚落和乡土建筑的原生态，凡是有损于乡村聚落和乡土建筑原生态的行为都要尽量避免；第二是为了尽可能完整地保护乡村聚落和乡土建筑的原生态，必须保护乡村聚落的整体，也就是保护历史信息的完整性和系统性；第三是不但要保护乡村聚落的各类建筑，也要保护乡村聚落里的各种公用生活设施和生产设施，如池塘、沟渠、石磨、水井等；第四是要收集、保护各样日常的和劳动的器物、用具，它们同样能表现村民们的智慧和技巧，一样能反映出乡村聚落生活的细节；第五是要细心地发现和保护乡土建筑上的细节和历史痕迹；第六是尽可能地保护乡村聚落的原生态环境；第七是保护一个乡村聚落，就要保护它一切可以收集到的文字史料和口传史料，把它们展览出来，最好是编纂村志正式出版；第八，乡村聚落作为居住环境，和它共生的还有很多其他物质性和非物质性的东西，都应该广泛收集保存。乡村聚落和乡土建筑保护总原则就是力争完整地保护住乡村聚落和乡土建筑的多方面综合价值[①]。

无论是农村社区，还是乡土建筑，都不应视为落后与贫穷的代名词。“在中国的传统文化中，乡村本来是比城市更美好的地方，是知识分子的家园，是传统中国社会田园牧歌生活的载体，也是所有文人衣锦还乡的最终归属地”。“所以在过去的中国，乡村的住房比城市里的更好，如徽派建筑等。因为在人们心里，乡村才是最终的归属地”[②]。农村社区与自然山水的结合更为密切和谐，乡土建筑在风格形态上更为丰富多彩。它们都是利用当地资源材料，由当地工匠采取当地传统技艺建造出的适合当地民众生活的街巷形态和各类房屋，很容易形成自己的风格。在建筑装修、装饰方面，乡土建筑更有原创性，有时虽然显得粗糙，但是生动活泼。在城市化加速进程、新农村建设以及农村危房改造等一波接一波的建设浪潮中，一些原本美丽和谐的乡村中，出现大量违章建筑，池塘水面日益减少，街巷格局日益零乱，许多

---

①《陈志华的8个乡土建筑保护原则》，载《中国文化报》，2010-07-07（5）。
② 方益波：《城市化不是简单的消灭乡村变城市》，载《中国文化报》，2010-07-05（2）。

亲切怡人的院落空间、街巷空间、园林空间、山水空间以及文化空间不复存在。传统村庄的原有属性和历史记忆亟待保护。农村社区发展应该有自身的评价体系，应该发展成为与城市社区有所区别的另外一种生产、生活形态，而不是简单地从外表上模仿城市社区布局和建筑形式。“类似村头的风水树、田地里的界碑、村庄附近的栈道、村内的宗祠等，都是乡村聚落遗传因子，是乡村民众的精神寄托，构成了中华民族整体的家园感和归属感”①。

生态博物馆是指一个特定的文化社区，一个没有围墙的博物馆。“生态博物馆运动让博物馆工作者不得不再次审视博物馆的性质、任务和职能，不得不重新思考博物馆的社会责任，不得不思考博物馆生存的意义，不得不思考博物馆发展的社会条件”②。生态博物馆所保护的不是单体的文物，也不仅仅是古老的建筑，实际上是一个完整的文化空间，一个活态的文化肌体。对文化遗产的保护，从简单的收集、整理、展示，到在文化的原生地系统全面的保存、展示和传承，是文化遗产保护和博物馆实践上的一次飞跃。生态博物馆的出现和发展，有着深远的历史渊源和强烈的现实需求，是时代的召唤。虽然，目前各地生态博物馆的建设，或多或少地存在一些问题，但是这些均属于具有开创性实践中的正常现象。对于我国生态博物馆发展中存在的问题，应给予更多的宽容，不断总结，不断完善，不断提高，使我国生态博物馆的建设更加符合国情，探索出中国特色的生态博物馆建设道路，建立起中国特色的生态博物馆理论体系。“博物馆的方法是在不断创新之中，我们并没有一个标准的模式”③。但是，人们已经通过实践，看到生态博物馆在延续乡村文化景观、保存珍贵文化记忆、提升民众文化自觉、保障民众主体地位、推动社区经济发展、促进社会各界合作、扩大社区文化传播和完善自身能力建设等方面的积极作用。

生态博物馆延续乡村文化景观。乡村文化景观的价值最早在建筑、城市规划、景观设计等领域中得以发现和应用。同时专家学者们从文化人类学、历史学、社会学、民俗学等角度对乡村文化景观进行了有意义的科学研究。伴随着城市化的发展，

① 方益波：《城市化不是简单的消灭乡村变城市》，载《中国文化报》，2010-07-05（2）。
② 宋向光：《生态博物馆理论与实践对博物馆学发展的贡献》，见《2005年贵州生态博物馆国际论坛论文集》，北京，紫禁城出版社，2005。
③ 苏东海：《论坛小结》，见《2005年贵州生态博物馆国际论坛论文集》，北京，紫禁城出版社，2005。

人们逐渐认识到乡村文化景观是最接近人与自然的和谐存在，是最理想的人居环境，而生态博物馆关注的正是人与自然和谐环境的保护。生态博物馆提供了最丰富的原址展示，既包括山脉、河流、森林、草地等人们生存所依赖的自然条件，也包括居住建筑、文物古迹、传统节日和民间习俗等人们日常生活的文化环境。生态博物馆更大的展示空间在有形的博物馆建筑之外，其规划把整个文化社区的自然环境和生活场景都纳入保护视野，除了那些有数百年历史的寺庙、戏台、民居等古老建筑被精心保护外，传统的磨坊、酿酒作坊、打铁作坊、甚至过去烧炭的土窑、饮用的水井等，都作为乡村文化景观的组成部分而保留下来，而且自然村寨周围和谐的生态氛围，依山傍水，植被良好，同样是生态博物馆的组成部分。生态博物馆是在文化的原生地保护文化遗产与自然遗产，对乡村文化景观更强调整体保护，其保护范围涵盖整个文化社区，力求避免城市化和新农村建设过程中“千镇一面”“万村一面”的悲剧重演。

农村社区与周围环境生态意义上的平衡，是乡村文化景观保护的前提条件。同时，生态博物馆因人的生活而存在，是活态的文化景观，是联系过去、现在和未来的纽带，因此生态博物馆的规划建设应重视过程，不能把现在变成过去，把活态变成静态。生态博物馆能够实现历史与现实的完美结合，关键在于它是“活态的”“动态的”。生态博物馆中的文化遗产拥有生命，它们与村庄民众休戚相关，或是以村庄民众为传承载体，因而具有生命力和现实性。生态博物馆的时间是现实的。现实的时间是历史时间的延绵，即不能在某一时段断裂，截然分成过去和现在。“因此，生态博物馆的时间是有历史延续性的，从历史中来，现在进行着，又流向未来。不要因为它继承了历史便判定它是过去的，这种能看得见的历史与传统正是现实的体现，是在现实中折射出的历史”。生态博物馆中的农村社区和乡土建筑既是从祖先那里承袭下来的，也是现实生活的组成部分，并将继续传承下去。“生态博物馆的时空确实有其独特性，即生态博物馆空间的形式与内容都是现在的”。即现址与现实构建的时

浙江安吉龙王村造纸文化作坊（2010 年 7 月 28 日）

空是生态博物馆的时空[①]。生态博物馆对特定区域实行整体保护，所表现的不是冻结在某一时间的事物，更不是将乡村文化景观永久“冻结”，而是在动态发展中实现保护和延续。

生态博物馆保存珍贵文化记忆。博物馆是征集、收藏、研究、保护、展示、传播人类生存及其环境物证的文化机构，生态博物馆作为新兴的博物馆形态，也并不能改变其与传统博物馆同样的本质。但是，与传统博物馆相比，生态博物馆寻求以一种可持续的方式，在特定的区域范围内，在文化原生的土地上，伴随着当地民众的参与，强调文化遗产与自然遗产的整体性，实现文化遗产保护、研究与展示的功能发挥。当前，国际经济和文化一体化加速发展，传统文化逐渐消退。在这样的背景下，生态博物馆的职责是保护和展示文化多样性，使文化遗产的保护和传承充满活力，使非主流文化也能够获得充分有效的生存空间。在生态博物馆的实践过程中，

① 刘迪：《博物馆时空刍议》，载《东南文化》，2009（1）：83。

应努力为未来世代留下更多文化记忆的物证。因此，生态博物馆的首要任务是文化记忆的保存，活态文化的传承，对所有物质与非物质遗产，都应予以科学的记录、妥善的保护。在我国，还有很多经济相对落后，与主流社会相对隔离的民族村寨，由于封闭，这些民族村寨保留着多种多样的传统文化，体现出中华民族的文化多样性。这些传统文化之所以能够传承至今，是因为它们仍然“活态”地存在于原生环境之中。因此，在这些正在摆脱贫困的民族村寨中建立生态博物馆，就是要唤起和帮助村庄民众保护与传承传统文化。

生态博物馆不是一般意义上的博物馆，不是局限于某个农村社区建造的有形博物馆，而是通过将农村社区的自然资源和人文环境进行一体化整体保护、展示与传承，而创建的“没有墙和门的博物馆”，是将农村社区的各种文化遗产保留在创造和发展它们的地方，让当地社区始终拥有自己的文化遗产。在农村社区“村庄处处是展品，家家是博物馆”。为此，生态博物馆应制定文化遗产和自然遗产的保护规划，制定社区保护管理规章，设立社区文化保护基金；建立以资料信息中心为基地的研究机构，指导年轻的村民掌握信息记录技能，并带领他们开展文化记忆工程；指导当地民众用本民族的语言记录自己村寨的口碑历史和传说，通过采访村寨老者，录制长期保存的音像资料，建立“文化记忆数据库”；充分鼓励区域内民族手工艺人、民间艺术家、乡土作家等继续发挥特长，建立民族民间艺人和非物质文化遗产档案，培养文化传承人。生态博物馆及其所属的资料信息中心，应为居住于此的社区民众集体所有，为他们提供传统文化保护和发展的平台，而对于传统文化的理解和解释由当地民众完成，使生态博物馆及其所属的资料信息中心对当地民众具有感召力和亲和力，而不是被看成是为了吸引外来游客的旅游基础设施，为生态博物馆的健康发展奠定基础。

生态博物馆提升民众文化自觉。把文化遗产保护推向文化原生地，并且由文化的主人自己保护自己的文化，是生态博物馆的基本理念。苏东海先生指出：“中国的生态博物馆运动可能要经过一个学者的文化代理阶段，但是最终必须发展到当地人们的文化自觉，才能够说取得了真正的成功。因为文化是与所有生活在文化之中的人有关的，文化是动态发展的。”[①]对农村社区来说，生态博物馆是一种增强自我文化认同与文化遗产保护意识的工具，不仅要帮助当地民众正确理解生态博物馆，更迫切的是帮助他们理解自己的文化，认识身边的文化遗产。当地民众只有科学地认识自己的文化和身边的文化遗产突出的普遍价值，才会更加珍惜自己的文化和身边的文化遗产，更加关心社区的前途和长远利益。生态博物馆可以更加有效地使当地民众坚信在时间和空间中的自我价值，使他们能够在自己所生活的土地上熟悉自己，也将通过了解当地的历史，渐渐地欣赏自己的文化和身边的文化遗产在当今世界上的原汁原味，进而支持采取生态博物馆的形式，帮助他们揭示和肯定自我的潜力和方向。同时，农村社区需要“乡规民约”的保护。古往今来，历史村落的形成、保护、发展得益于当地民众自觉严格遵守乡规民约。在保护形势更为严峻的今天，更需要确立深入人心的乡规民约，进而落实一系列法律规章的保护措施。

建立生态博物馆，不可避免地要有一个培训阶段，当地政府和专家学者的责任在于帮助农村社区和当地民众，从文化自在上升到文化自觉。社区民众不应该是被动地接受来自专家学者的知识传授，而是要在生态博物馆的各项活动中承担重要角色，与当地政府和专家学者平等地共同讨论生态博物馆的建设与发展事宜。生态博物馆的责任者和指导者，应该尽可能多地由当地社区有责任心的人士承担，树立当地民众文化主人意识，培养他们对农村社区文化遗产的自觉保护意识，使他们对社区文化发展和文化遗产保护满怀热情和坚定信心。通过生态博物馆，社区民众可以看到自己，认识自己，学会珍惜自己的文化传统，树立自己的文化尊严。同时，使社区民众认识到自己身边就有珍贵的文化遗产，但是它们并不仅仅是私人财产或家族财产，而是关系民族文化延续的社区共同财富。在外来的强势文化面前，如果当地民众对社区文化和文化遗产的价值，在认识上达到科学的高度，在情感上达到珍

① 曹兵武：《生态博物馆：谁的生态？贵州生态博物馆国际论坛参会笔记》，见《2005年贵州生态博物馆国际论坛论文集》，北京，紫禁城出版社，2005。

惜的程度，社区文化就会变得坚强，就会具有抵抗力。总之，生态博物馆的成功与否，取决于当地居民对自己的文化和身边的文化遗产的态度。只有当地居民达到高度文化自觉，才能使传统文化得到长久的保护和传承，并为自己的文化和身边的文化遗产感到光荣、自豪和骄傲。

生态博物馆保障民众主体地位。在近现代公共博物馆发展的初期，博物馆与广大普通民众的生活渐行渐远，这种局面并不符合博物馆工作者的初衷和意愿。生态博物馆的实践为博物馆回归社会公众开辟了新的道路。关注广大民众关心的问题，激发广大民众的创造力，增强广大民众的发展能力，努力营造和谐的发展环境，这就是生态博物馆给人们的有益启迪。考察我国已经创建的各地生态博物馆实例不难发现，它们大多兴建于弱势群体的聚集地，因此生态博物馆的重要任务不仅仅是揭示自然资源与人文环境的相互关联，更重要的是社区居民的主动与积极参与。生态博物馆不是一般的文化机构，而是为农村社区建立的，以社区民众自主保护为特征的文化机构。不尊重社区民众的知情权、参与权、监督权，不实现社区民众的文化自觉和文化自主，就不是真正意义上的生态博物馆。生态博物馆应允许并鼓励社区公众参与各项活动。生态博物馆的各项活动，首先要符合当地民众的传统习俗，不但要尊重农村社区的文化理念，而且要使每一位外来访问者或合作者，尊重农村社区传统文化和当地民众文化情感的意识。例如贵州梭嘎生态博物馆就成立了包括社区 12 个民族村寨的寨老在内的社区管理委员会，负责生态博物馆的日常运作和管理，并协助开展民族村寨的原状保护，协助管理民族村寨内的有关演出活动。

村庄民众是文化的真正主人。虽然在生态博物馆创建阶段、培训阶段，当地政府与专家学者一度处于主导地位，但是只有当主导地位转换到当地民众的手中时，生态博物馆的价值才能真正地体现出来，从当地民众眼中看到的世界，才是思考发展问题的基础和应有视野，而树立广大民众文化自觉和文化自信，才是生态博物馆最应该加以关注和提倡的。特别重要的是生态博物馆应该成为当地民众日常生活的组成部分，使当地民众对生态博物馆发展具有感情和负有责任。从这个层面上讲，生态博物馆的核心思想便是农村社区的广泛参与和当地民众的积极互动，核心理念则是对特殊区域、特定文化的整体性保护。当地民众是否能够切实加入生态博物馆的建设中来，是否能够成为社区文化保护与传承的主要力量，这将在很大程度上决定生态博物馆事业的成败。任何越俎代庖都无济于事，因为创造社区文化、拥有社区文化、享受社区文化、传承社区文化的是当地民众自己，而不是别人。只有尊重当地民众的主体地位，才能保证文化遗产的科学保护、合理利用、永续传承；只有当地民众充分认识自身文化的价值，才能勇敢捍卫自己社区的文化遗产；只有当地民众科学理性地认识传统与现代的关系，才能满怀信心地创造社区的美好未来和自己的美好生活。

生态博物馆推动社区经济发展。生态博物馆不是静态地展示一定历史时期或一定社会形态的文化，生态博物馆也无权阻止农村社区的持续发展。当一个农村社区或民族村寨进入生态博物馆时，无论是当地政府还是专家学者以及过往参观者、项目合作者都必须认识到，任何人都没有权力凝固其中文化和自然遗产与社区民众生活之间的关系，任何人都无权阻止当地社区为可持续发展而进行的努力，任何人都无权剥夺当地民众拥有享受现代化生活的权力。就目前我国已经建立起来的众多生态博物馆而言，虽然当地社区传统文化均十分独特和丰富，但是社区民众的生活却十分贫困。生态博物馆的根本目的是保护物质与非物质文化遗产，而不是保护贫穷与落后。一个贫穷与落后的农村社区，在未来市场经济的大潮中，不可能保护好自己的文化遗产，“贫穷和自卑往往是联系在一起的”。在金钱和利益的诱惑下，当人们只看到社区文化的经济价值，反而会加速文化遗产消亡。只有社区民众的物质文化水平不断得到提高，生活逐渐富裕，才能提高对社区文化的自尊心和自信心、自豪感和责任感，才能增强保护文化遗产的自觉性。既不应喜新厌旧，也不应厚古薄今。应充分尊重时间维度中的文化，应在生态博物馆建设理念中坚持“以人为本”。

针对生态博物馆建设和文化遗产保护中涉及的民生问题，应有冷静而客观的思考。如果没有对于民生问题的深入思考，如果对于社区民众生活中的现实问题熟视无睹，那么当地民众作为文化资源的拥有者，必然会对仅以保护为目标的生态博物馆产生抵触情绪。鉴于农村社区经济社会发展的艰巨性和复杂性，需要各级政府在政策导向、资金投入、技术保障和资源整合等方面，对生态博物馆所在地加大支持力度。虽然生态博物馆没有能力解决当地经济社会发展的所有问题，也不能大包大揽，但是，在不损害当地社区文化价值和当地民众文化权益的基础上，必须努力提高社区民众的生活水平，则是生态博物馆建设的应有内容。必须通过保护改善社区民众的生产生活条件，让绝大多数社区民众在保护中得到实惠。例如在生态博物馆建设的过程中，带来当地民众盼望已久的通水、通电、通路、通电视、通电话等，成为提高农村社区生活质量的重要手段，完全符合社区民众的意愿。在生态博物馆中经济生活的改变是正常的改变，文化生活的发展是不可阻挡的发展。事实证明，文化虽然可以相对独立于经济，但文化发展最终不能脱离经济基础。生态博物馆必须为促进社区经济社会发展作出贡献，才能真正实现自己的使命，使生态博物馆成为促进农村社区和谐发展的积极力量，成为提高广大民众生活质量的积极力量。

生态博物馆促进社会各界合作。生态博物馆建设要以严肃的学术研究为基础。目前，生态博物馆的建设为专家学者深入了解、研究和挖掘各少数民族地区文化提供了一个活态的基地。各民族丰富多彩的文化通过生态博物馆这种形式得以搜集、保护、展示，受到了国内外民族学家、人类学家、考古学家、社会学家、文化学者、民俗学者等科学工作者的密切关注和欢迎，一批批有分量、有深度的研究成果陆续涌现。生态博物馆的工作对象是复杂的，特定区域的社区文化与社区民众、社区发展的关系，其内容从横向看，既包含乡村文化景观、文化与自然遗产等有形存在，也包括语言、规则、信念、行为、人际关系和人地关系等无形存在，还包含社区民众对待自己的文化和文化遗产的认知和评价状况等；从纵向看，则包括了过去、现在和未来。生态博物馆的知识基础，更倾向于研究复杂系统的人文科学和社会科学[1]。生态博物馆注重同时保护文化遗产和自然遗产，可移动文物和不可移动文物，物质文化遗产和非物质文化遗产，鼓励社会多元因素参与生态博物馆的各类项目；鼓励跨学科、跨行业、跨系统、跨领域的各方面专家参与合作；鼓励运用人类学、历史学、语言学、考古学以及社会学等多种研究方法和理论，解读生态博物馆所在社区的文化深层结构，构建生态博物馆的创新理论。

近年来，广西将民族博物馆和生态博物馆建成联合体，以广西民族博物馆的力量帮助新建10座生态博物馆，帮助这些生态博物馆研究和保护他们的原始文化和开展对外展示，形成了民族博物馆的科研力量和社区民众之间的互动互益体制。生态博物馆同时成为广西民族博物馆的科研基地。自从生态博物馆诞生以来，就始终离不开传统博物馆的帮助和博物馆学者的指导，而广西民族博物馆直接与生态博物馆结盟，则是中国生态博物馆实践中一种新的探索。同时，这也是中国传统博物馆与文化原生地接近的一种努力。广西民族博物馆的专家介入到生态博物馆建设中来，以科学的方法、专业的视野对“活态文化”标本进行科学研究，再把研究成果以通俗的方式传授给当地民众，在专家学者与当地民众之间建立起不断互动的机制，其结果不仅直接提升了当地民众对自己文化价值的认识，而且提高了民众保护的自觉性，并有利于当地专业人才的培育。在选择生态博物馆的研究课题，策划更广泛的合作项目时，首先要深层次理解生态博物馆的文化与自然景观内涵，融会贯通地加以挖掘、提炼，实现标准化与特色化，在生态博物馆内不同空间层次与不同区域的完美融合，体现文化景观的原生态活力。同时，在合作过程中，关注社区民众的文化需求和生态伦理，使现代技术得到妥善而恰当的运用，从而达到保持生态博物馆文化特色与完善功能的双重目的。

生态博物馆扩大社区文化传播。生态博物馆是没有围墙的博物馆，旨在向参观者表现全部的文化信息，因此，向外界展示和善待参观者是生态博物馆的重要课题。

① 宋向光:《生态博物馆理论与实践对博物馆学发展的贡献》，见《2005年贵州生态博物馆国际论坛论文集》，北京，紫禁城出版社，2005。

现代人对于乡村文化景观的依恋可以追溯到观光农业的兴起，自然村寨的旅游吸引力则与逆城市化的价值认同相适应，而生态博物馆以其特有的方式抚慰着人们怀旧和思乡情结。将美丽的自然风光与多彩的民族风情完美结合的生态博物馆，是所在地文化旅游发展的基础。“但是生态博物馆不仅仅提供了一种怀旧的工具，一面仅仅反映过去的镜子。它们应当是窗口，今天真正向世界开放的窗口。生态博物馆必须帮助社区面对他们已经失去的东西和正在失去的东西，向世界开放，并准备着自己的未来”[①]。由于生态博物馆中文化景观与自然景观之间直观的和谐关系，因此在研究和观赏方面极具吸引力。生态博物馆强调民族特色和地方感觉，其价值和意义正在被人们所认识和理解。生活在农村社区中的民众，结合生活和生产实践，创造了世代沿袭的居住环境和生活方式，与城市社区存在着较大的差异性，必然带来不同文化之间的认同与吸引。不同文化背景的参观者带来不同文化，开阔了当地民众的文化眼界，通过各种方式的接触和交流，当地民众也在逐渐了解外面的世界。

生态博物馆不是明确划定界线的保护地，不是普通的社区公园，而是一个“活着的”农村社区，具有流动的边界区域。生态博物馆不局限于单一的文物景点，而是给参观者提供更为广阔的历史文化情境，使之充满一种历史文化的魅力，民间民俗的魅力。生态博物馆不能将自己封闭起来，参观者理应在生态博物馆受到欢迎。生态博物馆也能够在社区文化保护与“负责任旅游”“可持续旅游”之间寻求结合。如果一个农村社区或民族村寨拥有独特的传统文化，而不向外界传播，没有得到外界的欣赏，就难以展示文化多样性的价值。越是能为外界所欣赏的文化，就越有生命力，外界的赞叹应作为激励文化传承的重要动力。应科学评估大众旅游带来的负面影响，正确认识两者和谐发展的重要性。事实上，当大批参观者来到生态博物馆，激发了当地民众的文化活力，参观者对当地传统文化的高度评价，提高了社区民众保护文化遗产的热情，增强了在外来文化面前对自己文化的信心，此时社区民众的表演和展示，已不仅仅为了商业目的，而是出于文化自豪，他们真正感到成为自己

① 马克·摩尔:《生态博物馆：是镜子，窗户还是展柜？》，见《2005年贵州生态博物馆国际论坛论文集》，北京，紫禁城出版社，2005。

文化的主人，文化遗产也才拥有自觉传承的基础。生态博物馆周边其他农村社区或民族村寨的民众，通过参观生态博物馆，也会认识到保护自己家乡文化遗产的重要性，扩大生态博物馆的社会影响。

生态博物馆完善自身能力建设。生态博物馆的核心是实践性，在管理、运作、资金、人员和服务设施等方面，各地的生态博物馆都具有自己的特点。与传统的以静止、固态的文物藏品为导向的博物馆不同，生态博物馆所包含的内容更为广泛、形式更为丰富多彩。

因此，根据传统博物馆的实践经验，很难解决生态博物馆所面临的全部任务和现实挑战。生态博物馆要更加积极地探讨与文化主体，也就是与当地民众的合作方式，当地民众是社区文化的创造者、亲历者和拥有者，应该拥有更多的参与机会，主导生态博物馆的发展。生态博物馆中人们传统知识系统必须受到尊重、发扬与保护。“人居环境科学”认为，“人创造人居环境，人居环境又对人的行为产生影响”[①]。要根据文化多样性特点，突破原有的学科界限，以平等、尊重的态度欢迎社会各界的参与实践，更广泛地吸收不同领域的成果，使生态博物馆成为不同学科交流和互动的空间，推动生态博物馆文化的广泛传播。近年来，博物馆界大力提倡的“博物馆的宗旨应该转变为以人为核心”“实现人与物的结合”“到博物馆来享受发现的快乐”“博物馆要有助于人的发展”等新的概念，传达着博物馆在普及科学知识的同时，还要体现人文关怀的新要求和新思维[②]，这些都对生态博物馆从业人员的能力建设提出了更高的标准。

生态博物馆不仅应该使当地民众在充分的参与过程中，提高其文化和经济发展水平，而且也应该通过独特的展示模式，使广大参观者在观赏过程中受到更加深刻的历史、环境、文化方面的科学教育，分享交流与体验的乐趣，真正体现现代博物馆“贴近实际，贴近生活，贴近群众”的服务宗旨。例如菲律宾拉博拉多生态博物馆，持续地开展社区活动，包括节日庆典、河流清淤、森林保护、电脑网络、青年

① 吴良镛：《人居环境科学导论》，北京，中国建筑工业出版社，2001。
② 陈卫平：《科学与人文在博物馆文化的融通》，载《博物馆研究》，2006（3）：10。

培训等，受到社区的广泛支持和赞扬，体现出可持续发展的社区特性。在这里人们格外珍惜当地历史和传统文化，珍爱农村社区的珍贵文化遗产和浓郁的民风民俗。社区内历史悠久的乡土建筑被原样地保留下来，对于房屋外部和内部的局部破损，都严格地按照不改变原状的方式进行修复。随着终生学习时代的来临，应使终生学习包括在生态博物馆的发展中，通过生态博物馆的活动，为当地民众和参观者提供知识，并把知识传递给下一代的机会，可以使当地居民和参观者增强对文化遗产的感情，正确理解文化遗产的价值。如果社会各界将生态博物馆视为社区文化特别是社区发展的基石，而不仅仅是当地政府推介旅游的手段，不仅仅是专家学者研究的标本的话，就一定能够找到生态博物馆与现实发展对接的途径，实现生态博物馆的理想。

9.3　生态博物馆的延伸拓展

目前，在全世界范围内，生态博物馆的理念还在深化过程中，不断创造新的实践，不断拓展新的理论。生态博物馆的思想在我国的土地上生根、发展已有 10 余年历史，苏东海先生在总结我国生态博物馆建设的基本经验时指出：“生态博物馆的思想必须本土化才能生根。生态博物馆的思想具有普世价值，但它存在的形态却是千差万别的。它是一颗思想种子，必须种在土壤中才能生根。一切从国家的、社会的、本地的实际出发，生态博物馆才有希望自下而上与发展下去”。“生态博物馆的第一个使命是促进社会和文化发展”[①]。今天不应该试图把生态博物馆标准化和形式化，不应否定各个地域的特殊性。生态博物馆应该根据地域特点而千姿百态。事实上，近年来我国在生态博物馆的实践中，不断探索适合本国国情的建设模式。从村民文化自治的层面看，2006 年云南省西双版纳政府在布朗族生态博物馆建成的开馆大会上宣布生态博物馆的管理权全部移交给村民组成的管委会，而自己退至顾问地位。贵州新筹建的水族生态博物馆也试验从开始就实现村民文化自主权的方法。社区民

① 玛葛丽塔·科古:《生态博物馆和地方政府》，见《2005 年贵州生态博物馆国际论坛论文集》，北京，紫禁城出版社，2005。

众是自己文化的主人，政府和专家只是当地文化的暂时的代理人。只有实现了社区民众从名义上的主人到达了实际上的主人的角色转变，生态博物馆的价值才能真正实现，生态博物馆也才能真正得到巩固。

10多年来，我国主要选择了在不同的民族村寨，建立不同民族的生态博物馆，以体现保护民族文化多样性的目的。这些生态博物馆多兴建于民族文化遗产富集地区，其实践已经证明生态博物馆是进行民族文化遗产保护与展示、推动当地文化与社会发展的卓有成效的工具。在这些自然与文化遗产相对集中的地方，进行生态博物馆的规划建设，正确处理文化遗产保护、展示、利用以及继承与发展的关系，构建人与环境和谐相处的良好关系，不仅可以充分发挥这些地方的资源优势与后发优势，为当地的发展找到具有特色的出路，而且可以避免城市化、现代化和新农村建设过程中千村一面的悲剧重演。建立生态博物馆，不仅为人类学、民族学、民俗学、社会学、文化学、经济史学等科学研究提供了鲜活的实践资料，更有利于农业、农民、农村的生产、生活、生态的发展。在生态博物馆中，社区民众认识到了民族文化的价值，更为珍视自己的文化，民居建筑、民族歌舞、民族服饰、民族习俗等优秀传统文化得到了较为有效的保护，而且这些独具特色的民族文化也吸引了大批中外参观者，促进当地旅游业的发展，也带动了当地民族工艺产业的发展，使社区民众走上脱贫致富的道路。虽然，目前各地生态博物馆的建设，或多或少地存在一些问题，但这都属于具有开创性的实践中的正常现象。

今天生态博物馆的建设与发展，有着更为宏阔的社会背景和积极的时代意义。当前，面对城市化加速进程，农村社区和乡土建筑应该具有与城市社区和城市建筑不同的特色和优点，"城市化"并不是简单的"消灭乡村变城市"，要珍视、保护好人类在农村社区的历史文脉，促进城乡统筹和可持续发展。我国生态博物馆的覆盖面，应该从边疆少数民族村寨向东部、中部农村地区方向延伸，进一步扩大生态博物馆的覆盖面，更多地实现生态博物馆的价值。实践证明，生态博物馆的概念不应该被模式化，没有也不应该有固定的模式，更不应脱离当地特点，建造标准化和形式化的生态博物馆。我国幅员辽阔，不同的地域文化各具特色。在社会转型时期，传统文化与现代文化的交融，本土文化与外来文化的冲突，更使地域文化、民族文化呈现出异常复杂的局面，这就使生态博物馆建设，担负着保护文化多样性的重任。特别是我国东部沿海地区，经济快速发展引发持续地大规模城乡建设，更需要引入生态博物馆的先进理念，实现农村社区文化遗产的整体保护。因此，生态博物馆应该突破目前的实践范围，根据各地的特点，具有丰富多彩的形式，从更广泛的领域，选择有代表性的不同地区、不同要素，作为生态博物馆实践的延伸与拓展，具有十分重要的现实意义。

安吉生态博物馆是在我国东部经济发达地区建设生态博物馆的首例实践，为在较高经济基础和社会发展水平上，实践和发展生态博物馆理念提供了机会，丰富了我国生态博物馆建设模式，其影响和示范意义深远。安吉处于太湖与黄浦江源头，以山区、半山区农村为主体。10多年前，安吉曾经是浙江省的20个贫困县之一。20世纪80–90年代，安吉走上以牺牲环境为代价的“工业立县”之路，造纸、化工、建材、印染等企业的崛起，成就了全县经济指标的快速增长，终于摘掉了贫困县的帽子。然而，安吉人蓦然发现，环境破坏，生态恶化，黑烟滚滚，污水横流，美丽家园面临前所未有的生态危机，以致1998年国务院发出黄牌警告，安吉被列为太湖水污染治理重点区域。近年来，国家环境保护政策不断出台，过去污染严重的小化工、小造纸等企业被相继叫停。安吉人在困难的处境中思索变革之路，认识到安吉的优势是山水文化景观，潜力也是山水文化景观，生态环境是安吉最大的也是最可宝贵的资源，安吉应该依靠生态优势，走“生态立县”之路。这种对于人与自然相依相存和谐关系的认识，无疑是安吉民众智慧、文明与进步的体现。这种在生活实践中所延续的自然生态观及其优良传统，在今天更值得继承和大力弘扬，以更好地保护人们赖以生存的环境。

安吉历史悠久，文物古迹众多，极具江南地区文化代表。境内上马坎遗址，填补了浙江旧石器文化考古的空白，揭示了江南早期人类活动；位于递铺镇的春秋早期越国重镇及秦汉鄣郡治所古城遗址，至今保存基本完整，遗址内遗存丰富，护城河遗迹清晰。这一地带，陆续发掘出土商、周、秦、汉、两晋等各个时期的珍贵文物，揭示出古代长江下游地区政治经济文化中心的历史地位。“安吉”取自《诗经》“安且吉兮”，东汉建县以来，已有1800多年历史。安吉境内有古遗址、古建筑、古窑址、古墓葬以及碑刻等不可移动文物2000余处，博物馆有各时代文物藏品愈万件，其中珍贵文物千余件。安吉具有丰富的自然生态资源、历史文化资源、地方人文资源和现代特色资源，其自然环境、社会结构、经济状况和精神生活，仍旧处于比较完整的文化生态之中，保持着十分难得的、生机勃勃的独立文化整体，成为文化遗产体系中难得的组成部分，为民族学、人类学、社会学、文化学、民俗学等方

浙江安吉竹种园（2010年7月28日）

面科学研究，提供了十分珍贵的信息资料。因此，安吉所呈现出的文化景观具有丰富的复合类型，展示出乡村类文化景观、山水类文化景观、民俗类文化景观、产业类文化景观和军事类文化景观等方面的鲜明特点，同时在宗教类文化景观和遗址类文化景观等方面也有重要遗存。

在乡村类文化景观方面，悠久的农业文明历史，展现出丰富的文化信息。其中安吉以茶乡著称，茶园面积达 5333 hm^2，拥有 23 只地方茶种，各具品味和地方传统特色，尤其是安吉白茶为全国珍稀良种，独一无二，茗中极品，以其清香、味美、保健享誉世界，已成为绿茶中的天之骄子。安吉白茶种植面积已达 3333 hm^2 左右，获国家原产地产品保护，产值近 8 亿元。在半山区丘陵地带，黄土垄间，白茶园层层叠叠，成行成垄，满眼绿色，茶农时而劳作于其中，宛然一幅安逸与恬静的生活画卷。白茶之乡溪龙村是重要的白茶生产区，在传统制茶工艺的基础上提升的白茶生产工艺，作为一项特色产业和民族传统工艺加以保护，展现出白茶生产区的文化景观。每当夜晚来临，茶农们在传统的作坊里按传统工艺一道道地炒制宋皇贡茗，一股股白茶清香沁人心扉。此外，安吉目前还保存有传统造纸作坊、水碓作坊、笋干作坊等古老的生产方式。灵峰山区，环境幽静、山水清新、民风朴素。近年来，随着生态环境保护的深入，人们选择这处森林氧吧，在原始生态环境中，利用当地传统建筑材料，建造没有现代材料装饰的“毛坯房”式生态屋，给人以幽静、古朴、舒适、自然的感觉，作为传统环境保护与节能建筑，使生态理念、生态环境、生态行为得以充分体现。

在山水类文化景观方面，安吉位于南太湖上游，黄浦江源头。作为国家生态县，全县森林覆盖率、植被覆盖率、人均拥有森林和植被面积、出水水质达标率、空气质量等均处于全国前列，被称为气净、水净、土净的“三净之地”。在自然资源方面，连绵的群峰，漫山的翠竹，潺潺的山泉，使安吉展现出丰富多彩的山水类文化景观。西苕溪是安吉的母亲河，境内的溪流几乎全部汇入西苕溪，形成叶脉辐聚状单一水系，流向东北贯入太湖，太湖有 36% 的水资源来自西苕溪。西苕溪沿岸自古以来就是人类理想的生活与活动场所，人们依山傍水而居，创造出灿烂的文明成果。昔日西苕溪上水路运输繁忙，承担安吉作为南北文化通道的重要使命。西苕溪两岸拥有大量乡土民居建筑、祠堂建筑和宗教建筑，是人们安居乐业的主要地带。而西苕溪东岸的原始生态环境，展现出人类、动物、植物在同一蓝天下和谐相处的优美画卷，形成西苕溪湿地文化景观。而位于报福镇和上墅乡一带的大汉七十二峰，由 72 座千米以上的高山组成，素有江南“青藏高原”之称。区域内奇峰怪石林立，云雾变幻无穷，碧潭飞瀑密布，其壮丽风景享有“百里画廊”之美誉。境内的天目山主峰龙王山海拔 1587.4 m，为浙江北部第一高峰，保存有 80 hm^2 原始森林，是国家级自然保护区。

在民俗类文化景观方面，安吉不但风光旖旎、气候宜人，而且民风淳朴，具有历史悠久的生态保护意识。早在清代，安吉就鼓励乡贤积极参与生态保护，保留至今的“奉宪禁碑”“阖村公禁碑”上的铭文，均表达出强烈的生态环境保护理念，至今影响深远。如今，在安吉随处可以感受到人们独有的传统生活习俗。每到年关，家家忙着杀年猪、磨豆腐、打年糕，还不时地有狩猎人的吆喝声在山村上空回荡。山村农家院墙上挂着一串串包米、火腿，山民们吊着香袋，一杯清茶围坐在火堆旁，悠闲自得的生活其乐融融。以竹文化、茶文化、书画文化为代表的安吉非物质文化遗产精髓源远流长，精彩纷呈，已成为安吉乃至南太湖文化的品牌。独松关和古驿道一带保留着独特的传统生活习俗，关上村原住村民 200 余户，均为南宋守关将领之后裔，生活习俗至今不乏宋代风情，例如村民上山携带的竹筒，是根据南宋将士行军佩带的韩瓶而改制；村民至今还保持着每年端午节在纪念屈原的同时，撒一些籼米在竹林间，以此来纪念他们的祖先。浓郁乡土风情孕育出的璀璨民间艺术，例如舞竹龙、跳竹舞、采茶歌谣、孝子灯及犟驴子、踩旱船等，世代相传并得到充分展示。这些民俗类文化景观所蕴含的文化多样性，成为未来理想生活的活力源泉。

在产业类文化景观方面，安吉是我国第一竹乡，有占县域面积 1/3 以上的大竹海。群山起伏，竹海连绵，方圆 1886 km^2 的土地上，蓄积了百万亩竹林和约 1.5 亿株毛竹。“川原五十里，修竹半其间”，安吉竹制品和竹工艺品历来都是安吉经济发展的支柱产业，仅清乾隆《安吉州志·器用属》中记载的竹制品就有 4 大类 163 种。包含农林牧副渔猎工具类、工业制品及工艺类、家具和生活用具类、文体用品及药品类等。位于大毛竹基地的递铺镇五岳村，展现出独特的竹制工艺生产文化景观，通过传统的竹资源利用方式和竹制品生产工艺，使竹乡文化得以现代推广和永续传承。在这里，人们不仅能看到村民们上山捏油、钩梢、砍竹、拉竹以及撬竹、接竹、山溪水运竹排等传统的生产和运输过程，还能看到机械化的破竹、拉丝等加工程序。在第三次全国文物普查中，在报福村发现一处明代水利设施——报福水渠，水渠全长约 1900 m，砌筑规范、保存完整，为安吉乃至整个太湖流域水利设施的研究提供了重要的实物资料[①]。同时，安吉拥有世界上品种最丰富，面积最大的竹子博览园和展示竹文化的竹子博物馆。在现代产业类文化景观方面，世界第二的抽水蓄能电站位于天荒坪镇天荒坪村，历经 8 年建成。水库位于海拔千米的高山之巅，被誉为“江南天池”。主机房建于山腹之中，幽深隐秘，在所开展的工业旅游中，展示出现代生态工业文明的独特文化景观。

在军事类文化景观方面，独松关，是南宋时期军事防御设施，位于关上村独松岭，横跨东西两山，关墙由块石垒筑，显示出江南坚固的城防体系，既是都城临安抵御北方敌兵的重要关隘，也是当时的急递驿站之一，是关隘、筑城制度和驿传文化研究遗存不多的重要实例。据《宋书》记载，南宋嘉泰年间（1201-1204）开辟临安至建康驿道，经独松关过独松岭。古代驿道沿山溪而筑，群山环绕，现存部分路段和设施保存完好，这条由块石或卵石铺筑而成的驿道宽 1.2~2 m，道间存有自然条石构筑的平桥和卵石构筑的拱桥，至今仍为安吉至余杭徒步的主要通道。沿途翠竹葱郁、流水潺潺，并有竹林茶圃、农家菜园拥随，保存各类文物古迹和传统民居建

① 邱宏亮：《安吉发现一处明代水利设施》，载《浙江文物》，2009（3）：29。

筑，文化与自然环境独具特色。关隘、烽燧、驿道、古桥以及原始森林、生态水系，共同集中展示出独特的地域文明。而独松关和古驿道承载的历史信息翔实生动，南宋守关将士抵抗金兵侵略，在此浴血奋战，其可歌可泣的壮举，至今强烈地激发出地域自豪感，对后人产生无比的震撼力。除此之外，位于良朋镇牛头山上的古代军事设施，是春秋战国时期越国的军事瞭望台，宋代时岳家军延续使用，尚存建筑遗迹和多处石灶遗存以及崖刻题记，是难得的军事类文化景观。

综上所述，安吉的文化景观以农业经济为基础、广泛分布于县域范围，是自然与人类长期相互作用的共同作品。但是，近年来这些各具特色的文化景观，一直受到城市化的冲击，特别是在全球化的浪潮中，更面临着传统中断和特征丧失的威胁。可喜的是，目前安吉县将生态立县提到经济社会发展的战略高度，提出建设生态博物馆的战略目标，旨在更好地保护自然环境，保护绿水青山和竹林资源，保护可移动和不可移动文物，保护物质和非物质文化遗产，融自然生态环境、传统地域文化与文化遗产资源于一体，尊重人类与自然的整体创造，注重文化景观遗产的保护，动员广大民众积极参与，以达到真正意义上的可持续发展。2008 年 10 月，安吉生态博物馆正式奠基，其中生态博物馆资料信息中心，建于县城中心，建筑面积约 1.5 hm^2，建筑风格体现安吉深厚的文化底蕴，具有鲜明的个性和特色。博物馆建筑工艺采用太阳能、自然采光、水循环利用等一系列先进生态技术，馆内集中展示安吉历史文化和生态文明。安吉生态博物馆作为在我国东部发达地区所开展的独特实践，具有创新意义，为此当地政府与文化遗产部门已就安吉生态博物馆的性质与特征以及文化景观保护与发展方向等达成了基本共识。

一是提倡对文化景观实施整体保护。安吉生态博物馆立足于独特的生态优势和丰富的文化遗产资源，倡导整体保护文化景观的理念。通过深入调查区域内的文化与自然遗产资源，按照整体保护和科学发展的原则，确立生态文化和文化生态并重的思路，注重保护人类赖以生存的田地、山林、川泽及其生态环境，保护村落的居住环境，保护社区的文化记忆，保持族群的发展基础和动力，即保护地域文化的全部内容，保护人类及其环境的所有有价值的信息，实现自然与文化、“静态”与“动态”，物质与非物质、历史与当代的整体保护。通过安吉生态博物馆的构建，体现农村社区及当地民众所拥有的多样的生存智慧，展示人类与自然和谐相处的生活方式，突出鲜明的地方文化特色，所涉及内容不仅包括当地文物古迹、民居建筑、文物文献、民俗风情、传统技艺、乡土知识等，还包括这些文化遗产赖以孕育和发展的自然生态环境。

二是提倡对文化景观实施原状保护。通过明确和坚持安吉生态博物馆的使命、宗旨、功能、任务和阶段性目标，充分体现生态博物馆与当地文化繁荣、经济发展、环境改善、社会进步和公众生活水平提高的良性互动，形成追寻历史、陶冶情操、融入自然、可持续发展的文化景观，有效保护传承当地文化与自然遗产和优良乡风文明，改善生产生活的环境氛围和景观品质，从而使文化深深地根植于肥沃的生活土壤之中，而得以生机勃勃地发与延续，满足于今天和未来的需要。安吉生态博物馆不是将文物搬到博物馆里面，而是将其保留在文化的原生地，从而正确地表现文化遗产的真正文化含义，折射出人类和自然之间的内在联系和良好互动关系。除此之外，安吉生态博物馆积极推动非物质文化遗产的记忆、弘扬、传承和普及。在实施过程中，动员社区民众应用本地区传统技术、材料和资源保护当地文化遗产。

三是提倡对文化景观实施动态保护。安吉生态博物馆将是展示社区文化魅力的窗口。它展示在历史发展进程中留下的珍贵文化财富以及它们的现状，成为不同文化之间相互理解、相互尊重的重要渠道。鉴于安吉多样性文化景观是长期历史发展过程中形成的，并仍然在继续发展和不断变化，倡导尊重不同类别文化景观的演变特性，延续族群的文化脉络，维护现实社区文化的丰富性。生态博物馆应作为现存文化和习俗在现代化进程中变革的见证而存在，它向观众展示的是当地独特的人文活动、活的生产和动态生活以及与之相关的自然环境、山水风光、生产劳动、建筑风格、风俗习惯等诸多因素构成的当地整体特色，进而吸引人们走入其中，观赏、体验、参与当地文化生活。以安吉生态博物馆的建设为契机，发展当地文化产业和旅游事业，并提升地区的社会影响力和知名度，以此带动其他经济社会活动。

四是提倡对文化景观实施综合保护。鉴于安吉生态博物馆建设是新型博物馆的创造性实践，将积极吸引社会力量的关注和支持，鼓励他们参与文化遗产保护和生态博物馆的建设与发展，并共享其中的成果。鉴于安吉多样性文化景观保护和发展的复杂性，安吉生态博物馆建设将是一项系统工程，不仅包括文化遗产保护，还包括基础设施完善、自然生态维护等，因此需要倡导政府在政策导向、法律体系构建、技术保障与资金筹措、资源整合等方面给予支持和引导。文化遗产部门发挥专业指导作用，与规划、财政、文化、农业、水利、交通、建设、林业等有关部门密切配合，整合资源，加大投入。同时，应以安吉生态博物馆为平台，邀集国内外高水平的文化遗产保护、博物馆、规划等领域的专家，开展相关考察、研讨、培训，帮助建立一支生态博物馆的专业队伍，为安吉生态博物馆建设提供智力支持和人才保障。

五是提倡对文化景观实施传承保护。安吉生态博物馆以“大竹海”和白茶园为依托，集中展示“百里竹海”“宋皇贡茗”蕴含的丰富生态内涵。通过建设竹子生态文化园，延续传统的护竹、养竹方式，生产现代高科技竹制产品，将传统与现代结合，使人们全方位了解安吉竹资源的利用和先进的竹制品生产流程，形成使竹制品工艺得以永续传承，现代科技得以普及推广的竹资源生态文化展示区。通过建设茶叶生态文化园，将白茶种植园及其生产工艺作为一项特色产业和民族传统工艺加以保护和展示，通过对安吉白茶的培植、移栽、管理、加工、包装等进行深入研究，使传统制茶工艺和特色产品，在原有的基础上得到进一步提升。此外，安吉生态博物馆还将按照不同性质、不同环境、不同功能，形成各具特色的历史文化区、自然生物区和现代生态区，形成独具“安吉地方感觉”的生态博物馆模式。

六是提倡对文化景观实施居民自我保护。生态博物馆是由遗产地居民群体共同意愿决定“照料自己的区域”，其内容包括社会、文化、环境和经济发展。生态博物馆具有凝聚社区民众的力量，这是建立有效的、可持续发展的文化社区的一项必要条件。安吉生态博物馆建设将尊重当地民众的共同意愿，包括民众广泛的共同目标，共同的价值观，过去、当前和未来的共同生活方式。通过生态博物馆，使当地民众能够实现设想、自我体验，并按照自己的愿望提出发展诉求，使当地政府的发展设想与当地民众的发展愿望有机结合。当地民众是文化景观的重要组成部分和保护的重要力量，因此必须充分尊重和激励社区民众的民主参与意识，维护文化景观发展途径的多样化，通过宣传普及和情感交流，确立和增强社区民众的文化认同感、文化自豪感和文化自觉性，实现全社会积极参与的生态博物馆建设体制。

安吉生态博物馆将以持久保护文化与自然遗产为目的，吸引多方目光聚焦安吉文化特色。在安吉生态博物馆中，自然风光、文物古迹、传统民居、生产用具、生活用品、民间习俗等，物质与非物质的所有文化内容，都被赋予了积极的含义。与此同时，当地的民众利用生态博物馆这一方式来保护自己的文化遗产，并利用这些文化遗产来创造未来，增进人们对自己文化的了解，增强自信心和自豪感。如今，安吉作为著名的生态县，连绵不绝的竹海，漫山遍野的树林，清澈的溪流，古朴的民居，村在林中，林在村中，成为一个美丽的大花园。“安吉模式”也将成为文化遗产保护与富民强县有机结合的典范。在这里每个村镇都深入挖掘自身文化内涵，将“家园”与“田园”相结合，整合丰富的文化元素，彰显特殊的文化魅力。例如迂迢村建村已有数百年历史，书画文化源远流长，如今这里成为书画家云集的园地，全村有书画爱好者 500 多人，有着浓郁的人文气息。剑山村农庄的建筑风格颇具特色，随处可见石头的墙、石板的房顶，就连一些用具也是由石材制造，例如石桌、石凳、石磨、石碾、石槽、石臼，特别是用砾石建起的石屋冬暖夏凉、舒适宜人。石岭村在 5 km 长的山路边布满 2000 多株紫薇花，村里又采购了鲜花种子，分给每个农户，使全村成为处处是美景、家家是精品的生态景区。

20多年前，安吉民众为守着满山翠竹受穷而苦恼。“1984年这L亩竹林地承包时，竹子运到上海做建筑脚手架，100斤才8块钱，每年也就有3000~4000元钱的收入”。如今，安吉的满山翠竹已经成为农民家门口的“绿色银行”。通过竹子加工提高附加值，让丰富的竹子资源产生更多的效益。安吉竹子产品涉及竹板材、编织、竹纤维、工艺品、医药食品、生物制品、竹工机械等七大系列3000余个品种。2009年，全县竹子产业从业人员4.5万人，竹子产业为全县农民平均增收6500元，占农民收入的60%。种竹、育竹、游竹、听竹、画竹、论竹、吃竹笋、穿竹衣、用竹家具，勤劳智慧的安吉民众用小小的翠竹撑起了一个巨大的竹子产业。同时，全县以游竹海、住农家、沐浴森林、品味山水为特色的“农家乐”休闲游活动方兴未艾。如今安吉有500多家“农家乐”，建成了一批以山林体验、民俗风情、自然景观为特色的山村休闲旅游群落。近年来，安吉的文化旅游人次、门票收入、旅游收入每年都以40%以上的速度递增。2009年，全县接待游客544万人次，专职从事“农家乐”的农民达到了1.8万多人。安吉农民人均收入，已经高出浙江全省平均水平①。如今在安吉，视生态环境与文化资源为发展之命脉的理念已经深入人心，并体现于经济社会发展的方方面面，成为建设安吉生态博物馆的重要社会基础。

我国自古以来十分重视天人关系，注重对生态环境的保护。面对日益严峻的生态环境，认真整理、总结和研究有关敬重生命、爱护环境和珍视资源的文化思想与观念，继承这份宝贵的文化遗产，特别是汲取其中积极、合理的成分，对于保护生态环境，促进可持续发展，具有十分重要的现实意义。文化多样性与生态多样性一样，都是人类生存、发展、繁荣的宝贵资源。文化多样性是人类社会的基本特征，也是人类文明发展进步的动力。任何一种文化在历史发展长河中，不可能自我封闭，而是在相互交流中保护自己的文化特色，在竞争和比较中取长补短，在求同存异中共同发展。文化多样性体现于各民族、各地区文化的个体性、独特性。我国有56个民族。但是，中华民族文化不是56个民族文化加在一起的总称，而是各民族、各地

① 郑北鹰：《安吉 比熊猫更爱竹子》，载《光明日报》，2010-07-22（6）。

区文化在数千年的历史发展中逐步交融、整合而形成有机的文化整体。每个民族都有自己的文化背景和文化特色。各民族、各地区在长期的文化互动、交流中形成同质化和一体化文化现象，并逐步整合成为具有共同价值取向的中华民族传统文化。保护中华民族传统文化，不仅要保护汉民族的文化，更要保护少数民族文化，保护各民族的文化，最主要的是保护各民族的宗教信仰、风俗习惯、文学艺术、工艺技术等物质与非物质遗产。

2010 年 8 月，笔者考察了贵州黔东南地区的数座侗族村落，看到经历了千百年变迁的侗族地区，正在从贫困落后走向繁荣进步，社会面貌和经济生活也正在发生巨大变革。可喜的是，这里青山绿水的秀美景色犹存，人们仍然享受着良好的居住环境。究其原因，正是侗族民众世世代代，不论在村落选址建设，还是在土地资源、水资源、林木资源利用方面，始终顺应自然规律的结果。世代居住于此的侗族民众，选择在依山傍水的坡地上建设村落，这样可以不占耕地或少占耕地，特别是不占良田，这是侗族营造村落和修建房屋的基本原则。侗族民众在选定和营造村落以后，对于土地总是渐次开垦，以满足人们的生活需要为原则。在水资源的利用上，侗族村落周边有着丰富的水资源。但是侗族民众在溪水中所筑堤坝的高度和所拦截的流水量，都以满足其村落农田灌溉的需要为原则，而不超量堵截水源，以保持溪河下游流水不断，使下游的民众也可以正常用水。在村庄内，村民们因地制宜，就地取材，采用石板砌成道路。在经济和社会快速发展的今天，随着城市的快速扩张，交通堵塞、空气污染、水资源紧张等一系列问题，正在日益困扰着城市生活的时候，这些具有民族特色的侗族村落，却维持着越来越让城市居民羡慕的经济社会发展与自然资源保护共存共荣的道路。

地扪侗族村寨，位于黔东南州黎平县茅贡乡的大山深处。清水江的一条支流从村中弯曲而过，将母寨、寅寨、模寨、围寨、芒寨等 5 个自然寨分成了两大片居住区域。全村人口 500 多户，2300 多人。根据地扪侗族古歌传唱的内容可知，早在唐代人们就在此居住。地扪积淀着千百年来的侗族风情文化，淳朴浓郁，原汁原味。“饭养命，歌养心，酒养神”，在这些密切的交往活动中，地扪村民世代相处和睦，团结友善，热情好客，构成人与自然和谐的生命旋律。地扪侗族人文生态博物馆的建立，加强了与相关高等院校、文化研究机构的合作，成为研究侗族人文生态，学习侗族语言，了解侗族戏曲、侗族音乐以及侗族传统工艺的工作基地，收集整理和储存各种文化记忆，促进当地原生态文化的保护和传承。近年来，香港城市大学师生 3 次造访地扪村寨，研究侗族鼓楼的传统建造技术，记录侗族口述历史，并与地扪侗族人文生态博物馆建立长期合作关系，共同建设“少数民族档案库”。地扪村寨文化旅游一直秉承和谐发展的理念，即不能在异化、透支文化资源赋存的基础上发展旅游，而是要在符合自然和人文生态保护的前提下，适度地开展民族村寨和侗族文化的生态旅游，通过对文化资源的合理利用，与村寨民众达成利益共享关系，实实在在地促进当地民众提高收入、保障就业，从而达到保护乡村生活方式、保护乡土文化的目的。

近年来，地扪侗族人文生态博物馆重点帮助村寨民众培育生态种植养殖业和传统手工业，以推动当地社区经济社会的发展。其中“手拉手”活动别开生面，活动的一头是城市家庭，另一头是乡村家庭，通过农产品的直销，使两个家庭建立起经济关系和社会情谊，用“一袋米”架起城市与乡村互动的桥梁。2009 年秋天，香港，北京、广州的一些家庭，开始收到一袋来自地扪的有机红米。红米装在自造的土纸做成的袋子里，袋子上标识着米的产地、重量、品质以及生产者的名字。这是一袋真正的绿色生态有机米，从播种、育秧、施肥到收割，全程由地扪侗族人文生态博物馆进行质量监控。从脱粒开始，进行评定等级、包装、编码，建立完整的档案，然后通过物流发送到城市的家庭。这些家庭是与地扪村寨农户建立“手拉手”活动中一对一联谊关系的家庭。为了加强生产者与消费者的交流，促进双方了解认知，地扪侗族人文生态博物馆牵线搭桥，帮助更多地扪村民参与有机红米示范种植，并与相关城市家庭建立稳定的关系，实现农村家庭和城市家庭“手拉手”结对直销，通过组织消费者到访生产现场参观考察，促进乡村文化旅游发展。有机红米只是地扪物产走进京、穗、港家庭的第一步，今后家织布、手工纸、茶、油、家酿酒等绿色产品，也将通过一对一的直销方式走进城市家庭[1]。

① 喻丹:《地扪：世界聚焦“时光边缘的村落”》，载《当代贵州》，2010（9）：25。

第十章 实现社会和谐发展的社区博物馆

从博物馆发展的历程来看，大多数博物馆都设立在城市中，使城市拥有了形形色色的博物馆类型，包括反映城市发展的综合类博物馆，反映城市历史的遗址类博物馆，反映城市文化的专题类博物馆，反映城市生活的民俗类博物馆等。这些博物馆与当代城市有着千丝万缕的联系，发挥着不尽相同的作用。其中，社区博物馆从出现之日起，就成为人们关注的对象，对博物馆事业和博物馆学发展产生深刻的影响，是博物馆理念的又一次飞跃式的发展，同时也开启了博物馆学研究的新领域。

10.1 社区博物馆的提出与探索

社区，是社会学的一个基本概念。目前，广泛使用的社区一词，源于德国社会学家 F. 滕尼斯（F.Tönnies）于 1887 年出版的《社区和社会》一书。F. 滕尼斯认为，社区是基于亲族血缘关系而结成的社会联合。在这种社会联合中，情感的、自然的意志占优势，个体的或个人的意志被感情的、共同的意志所抑制。社区成员对本社区具有强烈的认同意识，重感情、重传统，彼此之间全面了解。与此相应，人们由契约关系和“理性的”意志所形成的联合称为“社会”。F. 滕尼斯关于社区的理论，为以后的社区研究打下了基础。他所创立的社区概念，不仅仅是社会学的一个核心概念，也是人们生活组织、生态分析、公众参与和城市规划展开的重要载体和基本单元。对社区理论所包含的丰富内涵加以充分发掘，成为众多学科所关注的重点。在城市规划的初期，“社会博物馆”作为一种新的机构于1894阵在巴黎出现。这并不是传统意义的博物馆，而是一个城市问题的展览和社会学实验室，它对法国的早期城市规划有一定的帮助作用。事实上，伴随着社会学作为一门学科的发展以及它对城市的影响，“社会博物馆”在国际范围内普遍建立，其中包括1903年建立的哈佛大学社会博物馆，其创建者F. 皮博迪（F. Peabody）认为，社会博物馆是为了“发展现代社会条件下的调查，用以引导工业和社会生活的改善”，在整体的、跨学科和多重实践的基础上构想出来的①。

美国的芝加哥学派以研究城市社区闻名于世。20世纪20–30年代，这个学派研究了芝加哥的城市化过程，用以说明美国城市的结构和动态。在分析社区区位的基础上，发展出人文区位学理论。从不同的层次上研究城市社区问题，例如将芝加哥市内的犹太人聚居区、波兰移民区、上层阶级邻里、贫民窟等，分别作为单个的社区研究对象。芝加哥学派的代表人物R.E. 帕克（R.E.Park）认为，社区的本质特征是，人口是按地域组织起来的：人口或多或少扎根于它所占用的土地上；人口的每个分子生活于相互依存的关系之中一总之，社区是指以一定地理区域为基础的社会群体，具有一定的地理区域、一定数量的人口，居民之间有着共同的意识和利益，并有着较密切的社会交往。自工业革命以来，人类社区进入城市化快速发展阶段，不但社区的数量日益增多，而且出现了小城镇社区、大城市社区、邻里社区等多种规模不等的形式。这些社区以一定地域为特征，形成与其他社会群体的主要区别。一般来说，社会的一切活动都是在具体的社区里进行。整个社会普遍存在的一些现象，也必然会在各个社区里有所表现。社区研究的意义在于，由于整个社会是由一个个或大或小的社区组成，一个社区就是一个具体的小社会，可谓整个大社会的不同程度的缩影。

① 邓肯·格鲁考克:《城市博物馆和城市未来：城市规划的新思路与城市博物馆的机遇》，载《国际博物馆》，2006（2）：32。

社区原意是指城市中的共同体。所谓共同体，首先是指相关的社会群体所共同生活、居住的地区，由这种地区的联系导致文化的、经济的乃至政治上的相互认同[①]。尽管“社区”一词广泛使用，但是人们对其概念的理解始终不尽相同。有研究表明，到目前为止，已经有 140 多种关于社区的定义[②]。在这些定义中，有的从社会群体、社会过程的角度界定社区；有的从社会系统、社会功能的角度界定社区；也有的则是从价值观、生活方式的角度界定社区；还有的从归属感、认同感及社区参与的角度界定社区。人们普遍认为，社区作为居民生活的社会共同体，通常包括五个基本要素，一是有以一定生产关系和社会关系为纽带组织起来的、并达到一定数量规模的、进行共同社会生活的人群；二是有人群赖以从事社会活动的、有一定界限的地域；三是形成了一套基本能满足社区需要的生活服务设施；四是建立健全了相互配合的、适应社会生活的制度和相应的管理机构；五是有基于社区经济、社会发展水平和历史文化传统的文化、生活方式以及与之相连的社会成员对所属社区在情感上和心理上的认同感和归属感。这五要素中：“人群”是社区的主体；“地域”是社区人的生活空间；“生活服务设施”是物质基础；“制度和管理机构”是调节器；“认同感和归属感”是纽带。一般来说，所有符合上述“五要素”的社会生活共同体均可称作社区[③]。

“社区”一词，是一个引入我国较晚的概念，由社会学者于 20 世纪 30 年代，从英文意译而来。许多社会学者认为，社区以一定的地理区域为前提，强调社会群体生活建立在一定的地理区域之内。在我国早期积极倡导社区研究的是有“中国社区之父”之称的学者吴文藻先生，他不但为我国社区的研究奠定了理论和方法基础，还培养出林耀华、费孝通等一批从事社区研究的人才，试图走出一条具有中国特色的社区研究之路。费孝通先生在《社会学概论》一书中，把社区界定为：是若干社会群体（家庭、民族）或社会组织（机关、团体）聚集在一个地域里，形成一个在生活上互相关联的大集体。人们可以从地理要素、经济要素、社会要素以及社会心

---

① 蔡琴：《博物馆与建设社区：以浙江为例》，载《国际博物馆》，2006（2）120。
② 注：美籍华裔社会学家杨庆堃曾在 1981 年进行过统计，“社区”一词共出现过 140 多种不同版本的定义。
③ 张秀兰，马学理：《中国社区建设解读》，载《社会福利》，2002（2）：5。

理因素的结合上来把握社区的概念，即把社区视为生活在同一地理区域内，具有共同意识和共同利益的社会群体[①]。关于“社区”的不同定义，源于社区本身的多样性与差异性，从一个侧面反映出社区在人们生活中的重要性，也从另外一个侧面说明，在不同的历史时期和发展阶段，在不同的国家和地区，在不同的文化背景下，社区总是多元化且不断发展变化着的，既没有单一模式的社区，也没有一成不变的社区。

社区文化，是指一定地域范围内共同生活的人们，在其生活和历史发展过程中，所创造的文化形态，是社区内物质文化、精神文化和制度文化的总体表现。社区文化是通行于一个社区范围内的特定的文化现象，其内容包括社区内人们的历史传统、风俗习惯、社会信仰、价值观念、道德规范、行为模式、生活方式、地方语言和特定象征等。社区文化是社区中历史、地域、人口、民族、心理等因素以及居民长期共同的经济、社会生活的反映，实质上是地域文化的具体表现，表现为不同社区的人们所具有的多种多样的差异。最早使用“社区文化”一词的是美国学者 O.T. 梅森（O.T.Mason），他曾把拉丁美洲的土著文化划分成 18 个“社区文化”。实际上，社区文化是文化特质的社区分类，文化社区与行政区不同，行政区只是一个行政管理的区域单位，而文化社区则是不同文化特质的空间载体，前者是人为划分的，后者则是在一定地理环境中形成的。社区文化体现为社区内共同的价值观和行为准则，是社区凝聚力的核心，对于人们的心理、性格、行为有着深刻的影响。不同社区文化不仅造就了人们特殊的习性，而且在一定程度上决定着人们的价值取向。不同的地域位置构成了不同的社区文化，构成社区独特的人文精神和文化传统，铺设了社区文化的基本底色。

吴文藻先生认为，社区文化可以说是某一社区内的居民所形成的生活方式，也可以说是一个民族应付环境——物质的、象征的、社会的和精神的——的总成绩[②]。英国文化人类学家 B. 马林诺斯基（B.Malinowski）认为，从功能的角度考虑，社区文化应包括经济、教育、政治、法律及秩序、知识、巫术、宗教、艺术及娱乐等 8 个

① 《中国大百科全书：简明版》，北京，中国大百科全书出版社，2004。
② 吴文藻：《文化表格文明》，载《社会学界》，1939（10）：219。

方面。美国社会学家桑德斯（Sanders）认为，社区文化存在于语言文字、公共象征、知识信仰、价值体系及有关行为程序中的惯例、规划与特定方式当中[①]。“社区发展”源于20世纪初，1915年，美国社会学家F.法林顿（F.Farrington）在《社区发展：将小城镇建成更加适宜生活和经营的地方》一书中首次提出“社区发展”的概念。英国、美国、法国等为了培养社区成员的自治与互助精神，开展了“睦邻运动”。第二次世界大战以后，社区发展的实践活动开始得到广泛倡导和深入开展，其体系涉及社区成员、共同意识、社区组织、物质环境等主要内容。1952年“社区组织与社区发展小组”正式成立，社区发展逐渐形成新的世界性运动。

联合国曾在《社区与有关服务》一文中将社区发展定义为：民众与政府机关协同改善社区经济、社会及文化状况，使其与整个国家的生活融为一体，使其能够对国家的进步充分贡献的一种程序。

20世纪40—50年代开始盛行的郊区化浪潮，导致美国及许多西方国家城市中心的衰败，富裕阶层和中产阶级逐渐离开城市中心，使原本繁荣的城市中心被大量失业人群和低收入人群所占据，不仅导致生活、治安环境的恶化，而且也严重影响了城市的经济发展。于是，西方国家在第二次世界大战后不久，就经历了持续的大规模建设时期，普遍展开了由政府主导的“城市更新”运动，当时确定的目标是，消灭低标准住宅，振兴城市经济、建造优良住宅、减少城市隔离。但是，“城市更新”运动遵循《雅典宪章》所倡导的功能理性，将社会现实理解得过于简单，大拆大建式的城市更新，并未能使城市融合为一个有机整体，不但使城市失去了有机性和延续性，而且使新的社会隔离又随着重建更多地产生出来。在这一背景下，许多社会人士对简单、粗暴、大规模的城市更新以及城市开发建设中的急功近利做法进行了猛烈的抨击。为了保护长久以来所形成的邻里关系，为了保护良好的社会环境，居民们创造性地组织了各种称之为邻里保护的运动，抗议那些破坏人居社区和邻里关系的城市更新改造项目，维护自身的正当权益，并在专业人员的帮助下，寻找在

① 吴晓，魏羽力：《城市规划社会学》，南京，东南大学出版社，2010。

保护原有社区文化的前提下，改善生存环境的有效途径。

社区博物馆的思想，来源于国际社会对社区和社区文化发展认识的深化。早期的博物馆，将社区教育作为博物馆的重要使命。但是，进入 20 世纪，博物馆这一传统职能却开始淡化，博物馆越来越以学术单位自居，而与社区民众渐行渐远，出现重学术而轻社区的趋势。经过半个世纪的实践，直到 20 世纪 50 年代，博物馆界才开始反省其与社区的关系，社区文化开始重新受到关注，并将社区发展的过程，看作是社区成员以积极的行动来改造社区，使之更适合于环境和人们生活愿望的过程。20 世纪中期，在美国出现的“邻里博物馆”、在墨西哥出现的“综合博物馆”，都为社区博物馆的产生提供了理论和实践经验。20 世纪 60 年代，在西方一些国家的居住环境建设领域，出现了一场后来被称为“社区建筑”的自下而上的理论与实践探索，其结果极大地推动了居住环境建设中的公共参与和社区合作。由此引发出“社区规划”“邻里保护”“社区自助”“住户参与”“社区合作”和“社区技术援助”等一系列概念，并得到了联合国以及世界各国的广泛响应和支持[①]。在这一背景下，1960 年 12 月，联合国教科文组织专门就博物馆的开放问题，发布《博物馆向公众开放最佳方法建议案》，认为：“博物馆应成为其所在地区的知识中心和文化中心。”“各成员国应鼓励发展博物馆俱乐部，并动员年轻人参加各种博物馆活动。”[②]

美国学者 L. 芒福德对博物馆有着广义的认识。早在 1961 年，他就在《城市发展史》一书中指出：“如果说博物馆的产生和推广主要是由于大城市的缘故，那也意味着，大城市的主要作用之一是它本身也是一个博物馆：历史性城市，凭它本身的条件，由于它历史悠久，巨大而丰富，比任何别的地方保留着更多更大的文化标本珍品。人类的每一种功能作用，人类相互交往中的每一种实验，每一项技术上的进展，规划建筑方面的每一种风格形式，所有这些，都可以在它拥挤的市中心区找到。”[③]芒福德认为“一个孤立的人是难以在社会上达到稳定的，他需要家庭、朋友及同事去帮助维持他自身的平衡”。他强调要密切注意人的基本需要，包括人的社会

① 方可：《当代北京旧城更新：调查・研究・探索》，北京，中国建筑工业出版社，2000。
② 李玫：《博物馆走进社区的意义及途经》，载《博物苑》，2008（1）：25。
③ 刘易斯・芒福德：《城市发展史——起源、演变和前景》，宋俊岭，倪文彦，译，北京，中国建筑工业出版社，2005。

需求和精神需求；强调以人的尺度为基准进行城市规划。他从多方面抨击大城市的畸形发展，提倡重新振兴家庭、邻里、小城镇、农业地区、小城市和中等城市；强调复兴城市和地区的历史文化遗产，使其成为优良传统观念和生活理想的重要载体。芒福德关于大城市“本身也是一个博物馆”的理念引起人们的深入思考。越来越多的国家开始重视“建筑外的博物馆”，甚至不少欧洲民众认为“整个欧洲就是一座博物馆”，很多城市居民也认为“应该把自己的城市建成博物馆”。

美国文化人类学者 R. 雷德菲尔德（R.Redfield）认为“城市的作用在于改造人”[①]但是，一座传统意义上的博物馆不可能做到完全开放，它受到建筑、学科和观众使用等方面的限制，而社区博物馆为克服这种封闭性提供了一种可能，即实现所有的建筑空间开放，实现各种类型的文化遗产开放；向全体公众开放，向不同学科开放。对于外来参观者来说，在社区博物馆中，在文化遗产的原生环境中，体验真实的文化内涵，能够更深刻地理解一脉相承的社区文化。社区博物馆是社区文化交流的窗口，通过文化展览和活动的引进与交换，社区博物馆不断把具有异地风情的优秀文化带到社区之中，使社区民众得以拓宽视野，增长知识，丰富人们的文化生活，促进和繁荣社区文化的发展。1967 年 9 月，隶属于美国史密森机构的安纳考斯提亚社区博物馆，作为第一座以社区民众及其议题为主的社区博物馆正式开馆。安纳考斯提亚社区位于华盛顿特区，居民以黑人为主，虽然社区内也有部分生活比较富裕的专业白领阶层人士，但是多数居民则以领取社会福利金维生。整体而言，安纳考斯提亚社区在华盛顿特区内属于贫穷的区域。当当地居民听到史密森机构将要设立社区博物馆的消息后，主动与该机构进行接洽，并成立社区咨询委员会，讨论在安纳考斯提亚社区成立社区博物馆的可能性。

安纳考斯提亚社区博物馆，在经过数个月的讨论及筹划后，利用当地一个废弃的小型电影院改建创立。虽然在社区博物馆建设之初，史密森机构给予过财力支援，但是，社区成员在参与及决策上，一直扮演着相当重要的角色。除此之外，社区博

① 刘易斯·芒福德:《城市发展史——起源、演变和前景》，宋俊岭，倪文彦，译，北京，中国建筑工业出版社，2005。

物馆还为年轻人成立了咨询委员会，帮助展览活动的策划。在展览策划上，推出呈现社区文化及美籍非洲人历史的展览，例如“这是非洲展”“安纳考斯提亚社区先贤展”“迈向自由之路展”等，这些展览特别注重当代的社会问题，尤其是社区所面临的种种议题。其中，最为轰动的是“老鼠：人们所引来的苦恼”展览，这个展览展示出居住于安纳考斯提亚社区的孩童们，在日常生活中所时常面临的被老鼠困扰的问题。展览中呈现出不少社区孩童因居住环境卫生条件不良，常常遭到老鼠的侵袭，许多孩童都有遭受老鼠啃咬及攻击的经历，这一状况经由电视画面转播，成为轰动美国的展览，因而受邀巡回美国各地展出。由于这个展览紧扣社区实际问题，赤裸裸地展示出生活于贫困社区的黑人孩童生活状况，对于许多物质生活条件优裕的美国白人而言，感到不可思议且骇人听闻。这个展览也因此成功地增进了社会民众对弱势群体，尤其是城市中贫困的黑人社区生活状况，所面临种种问题的了解。

安纳考斯提亚社区博物馆不同于传统博物馆的办馆理念，通过该馆首任馆长J. 科纳德（J.Kinard）的著作论述，将其理念传播开来，带给博物馆界不少震撼，引起强烈反响，也引发了博物馆界的讨论。“就其对博物馆学界的影响而言，社区博物馆的理念，质疑了传统博物馆以文物保存及学术研究为主的角色，其实践更直接地挑战 19 世纪以来，遵循着现代主义精英式的博物馆的营运管理模式，提供后博物馆论述形成之养分与模型”[①]。J. 科纳德馆长主张，社区博物馆应以新的理念与思考来挑战社会问题，尤其是以呈现社区问题作为展览活动的主要诉求。同时，社区民众不应只是博物馆的服务对象，其本身即应为博物馆的规划者与决策者，以社区博物馆作为工具，重建社区民众的自尊心，并解决他们对于社会和文化的迫切需求。J. 科纳德在《满足今天观众的需求》一文中，将博物馆的角色描述为：“如果博物馆能够满足人们今天和明天的需求，必须将博物馆建设于人类生存的每一个地方。”[②]强调社区民众实际参与并解决社区问题，成为安纳考斯提亚社区博物馆自开创以来，一直秉持的重要理念。在安纳考斯提亚社区博物馆影响下，社区博物馆以各种不同

① 陈佳利：《社区博物馆运动：全球化的观点》，载《博物馆学季刊》，2004（4）：44。
② 马克·摩尔：《生态博物馆：是镜子，窗户还是展柜？》，见《2005 年贵州生态博物馆国际论坛论文集》，第 113 页。

美国华盛顿安纳考斯提亚社区博物馆（2011 年 10 月 26 日）

的形态，陆续在世界各地设立，实践其理念并影响当地的博物馆生态。

20 世纪 70–80 年代，因社区民众对于地域文化的热爱，并在经济发展的推动下，英国的地方博物馆蓬勃发展，这些博物馆开始反省传统博物馆的典藏与展示策略，认为博物馆不应仅仅是收藏及展示伟大的文明时代遗产或皇宫贵族收藏品的地方，社区民众的生活经验和回忆以及无形遗产也同样可贵。因此，口述历史保护与展示，也开始广泛地运用于地方博物馆当中，使民众在参观展览时，可以拿起耳机，聆听当地居民的述说，告诉观众他们从前是如何使用这些文物，并述说与这些展示文物相关的故事与回忆。除了地方博物馆，大型的国家博物馆也越来越重视与社区之间的关系，希望透过社区教育、馆外服务等活动，加强其与社区之间的互动。“通过这些教育活动，国家博物馆也企图缓和与社区之间随着学术界质疑并挑战博物馆掌控典藏、展示及诠释之权力及文物归还等议题所引发的日益紧张的关系”。因此，随着社会变迁及各种关系的化解与改变，进一步推动了社区博物馆的实践探索。普雷斯特维奇（Prestwichy）指出，“广义来说‘社区博物馆’可以是一个有关社区的博物馆，它也可以是利用社区资源发展的博物馆。因此，根据这一定义，英国虽然没有以社区博物馆这样的名称来命名的博物馆，但只要是关于社区或利用社区资源的博物馆，也都可以称之为社区博物馆”[①]。

社区博物馆的出现，源自对博物馆内涵和外延认识的不断深化。社区博物馆在内涵上跨越了传统博物馆的分界线，根据文化与自然遗产的特点以及社区需求来决定博物馆的起源和运转。因此，讨论社区博物馆，必须要研究社区与博物馆的关系。同时，一些专家学者不断深化社区博物馆的相关理论。瑞典 H. 弗里曼（H.Friman）的《没有围墙的博物馆》，讲述了她主持的“斯德哥尔摩教育”项目，在作者看来，斯德哥尔摩拥有丰富的文化资源，城市本身就是一个鲜活的“大博物馆”。“斯德哥尔摩教育”项目通过对城市街区及其文化财产的展示和项目运作，达到增进人们认知，理解城市历史文化，促进人们融入当今城市发展的最终目的。从这个意义上讲，“斯德哥尔摩教育”正营造着一座独具特色的、没有围墙的城市“大博物馆”，表明博物馆教育职能的拓展，在城市公众文化建构中可以大有作为[②]。T. 戈尔巴乔娃（T.Gorbacheva）在《城市博物馆及其价格》一文中，针对博物馆发展方向指出，“博物馆的结构已趋复杂和多元，不再只是楼房加人工制品，而是包容了作为整体的文化遗产”，清晰地阐明了城市博物馆已经开始摆脱旧有的简单建筑加藏品的模式，凸显出对未来城市发展的重要意义，也说明参与未来文化价值观的构建对于博物馆来说，已经成为其社会功能的重要组成部分。

这一时期，博物馆与社区文化也逐渐成为世界博物馆发展的重大课题，一些博物馆开始强调，博物馆文化要与社区文化相融合并能代表社区文化。20 世纪 70 年

① 陈佳利：《社区博物馆运动：全球化的观点》，载《博物馆学季刊》，2004（4）：46。
② 崔波，李文昌：《城市生活与博物馆》，载《中国文物报》，2007-02-23（6）。

代，西方包括前苏联出现了大量各种类型的社区博物馆，摩洛哥阿斯拉斯高社区博物馆、瑞典乌尔摩市博物馆、乌拉圭文化与艺术数字博物馆等，它们以社区为中心，逐渐成为世界范围内博物馆发展的一个新的趋势。博物馆充当的社会角色在不断变化，从对物的关注，发展到对人的关注，以至积极参与社会的变革和发展，成为服务社会变革和发展的积极力量。由于经济社会的发展，出现行业的专门化、分工的专业化，也形成社区文化中的不同社会心理和各种社会现象。社区文化作为人们生活的真实表达，以不同方式体现在民众的日常生活中，铭刻在特定的社区空间里，不断发展和完善社区生活，使社区环境更加宜人，社区生活更加丰富。1976 年，联合国在温哥华召开了“人类住区”大会。会议所形成的《人类住区温哥华宣言》指出:“一个人类住区不仅仅是一伙人，一群房屋和一批工作场所。必须尊重和鼓励反映文化和美学价值的人类住区的特征多样性，必须为子孙后代保存历史、宗教和考古地区以及具有特殊意义的自然区域。”之后，人类环境和文化保护问题更加引起世界范围的重视。

社区博物馆的理论发展，一直伴随其实践而深化。1984 年，新博物馆学建立，并在加拿大发表了《魁北克宣言》，宣称“扩大博物馆功能，协调人类与自然环境的生态关系，深入为社区和特定的群体服务，社区居民是博物馆的主人”。1987 年，哈德逊（Hudson）在考察了世界各地博物馆的基础上，出版了《最有影响力的博物馆》一书，提出当代社会的五个问题，一是自然环境因人之贪婪而日益恶化；二是在少数几个超级强国，如美国集中掌握资源之下，政治、科学及经济资源分配不均等问题；三是除了少数几个例子外，如加拿大、新西兰等国家，多数后殖民国家在脱离殖民主义后，情况未见好转，反而问题丛生而更加穷困：四是包括艺术及音乐等专业分科愈趋精细，使得一般民众越来越无从了解这些学问，而感到被排除在知识权利之外；五是掌握权力的人为了巩固其权力，以模糊不清的学术用语自筑象牙塔，使得理论性的知识论述与所在地的知识之间的鸿沟日益扩大。因此，他预测面对当代种种议题及现象，在未来的数十年中，最具影响力的博物馆，将不是所谓大型的国家级博物馆，而是在运营上，能结合地方资源的社区型或生态型博物馆。他所列举对未来最有影响力的博物馆，包括美国的安纳考斯提亚社区博物馆及英国的铁桥博物馆。

长期以来，一些经济发达国家的郊区化大规模发展，使城市用地不断扩张，进而产生交通阻塞，环境污染、侵占农田、传统社区文化丧失等一系列问题。“如今的城市，就像一个容器，正被不断填装各种巨大的、毫无场所感的、由建筑师设计的空间，如飞机场、地铁、豪华宾馆、办公大楼、郊区购物中心等”[①]。至20世纪90年代，这些问题再次得到社会前所未有的关注，地方政府、环保机构、社区民众等发起了一系列运动来阻止这种蔓延，先后提出可持续性社区、精明增长、新城市主义等新的发展理念。精明增长和新城市主义发展观，都把地方归属感和发挥地方特色作为重要的原则，美国规划协会在1997年发布了《精明增长立法指南》，其中对精明增长的定义为“精明增长是旨在促进地方归属感、自然文化资源保护、开发成本和利益公平分布的社区规划、社区设计、社区开发和社区复兴”[②]。澳洲联邦在1994年的“联邦文化政策”中指出，“文化产生于公众，甚至可能在公众本身都没完全意识到的时候，它包含了我们全部的生活方式，我们的伦理道德观，我们的制度，我们的风俗习惯。它不仅阐释了我们的世界，并且使之成行。因此，文化关系到一个民族、社会和个体的本质特点。我们试图保护我们自己的文化，因为这是我们理解我们自身的根本点，它是我们居住的地方，文化就是赋予我们一种我们自己的感觉”。

在英国，根据《城市文明法》所确立的规划保护区制度，规划保护区的数量持续增长，进入20世纪90年代，全国的规划保护区超过6600处，在社区文化保护方面发挥了巨大的作用。随后实施的“可持续社区”建设计划，将博物馆的建设纳入其中。依据英国政府的定义：“可持续社区是指人们愿意现在和未来生活和工作的地

① 约翰·弗里德曼:《对中国城市中场所及场所营造的思考》，刘合林，译，载《城市区域规划研究》，2008（1）：130。

② 王丹，王士君:《美国“新城市主义”与“精明增长”发展观解读》，载《国际城市规划》，2007（2）：61。

方。它能够满足现有和未来居民各种各样的需求，对环境的变化敏感，能够为居民提供高质量的生活。它们安全、设施齐全、规划良好、运转正常，并且可以为所有居民提供平等的竞争机会和良好的服务。”可持续社区不仅仅包括为居民提供生活的空间，尊重个体权益的人文环境。同时，由于社区博物馆重要的社会作用，在“可持续社区”计划中担任十分重要的角色[①]。目前，持续开展的还有英国“社区建筑”运动、A. 厄斯金（A.Erslqne）的参与式规划、A.D. 素伦森（A.D.Sorensen）的公共选择规划以及近年来兴起的 T. 塞杰（T.Sedger）的联络性规划等，这些理论与实践的核心都是要求改变传统城市规划建设模式，将公众意愿作为城市物质环境建设和城市文化建设中的核心因素。2007 年新博物馆学里斯本会议提出了新的变革目标“除地方与乡村外，要通过多种途径，加强对毗邻大城市地区和新兴城市移民中心社区的干预”，表明该组织已经在加强社区博物馆的理论建设。

目前人类面临越来越突出的生存问题，生态环境的退化，地区差异的加大，致使各类全球性危机日益尖锐，引起各国政府和社会公众的广泛注意，人们开始对工业革命以来形成的传统发展观念、模式、道路进行深刻反思。一些城市盲目追求城市化速度，人口密度迅速增加，基础设施建设滞后，城市长期超负荷运转。伴随房地产企业迅速崛起，城市用地无节制地快速蔓延，到处是繁忙的建设景象，无序的开发建设带来环境灾难，原本秀美的山林被无情砍伐，原本清澈的河流被水泥护衬，原本高产的良田被长期撂荒，也破坏了昔日和谐的公众生活空间，特别是城市中文化遗产的快速消失，使人们再也难以听到历史的呼吸、难以感受传统的脉搏。与此同时，人类精神生活的质量也在不断下降，城市中逐年增多的钢筋混凝土立交桥和逐年增高的高楼大厦，使昔日温馨的社区空间变得封闭和压抑；城市中快节奏的生活方式，使人们的生存压力随之加大，也使身处社区之中的人们感到疲惫和厌倦。伴随城市中公共空间的急剧减少，更加重了城市生活的紧张感，使居住社区中不可避免地出现消极郁闷、懒散厌倦的情绪。“现代城市中出现的一系列严重问题为人类

① 朱莉，丁燕:《博物馆，城市文明的践行者》，见《携手 2010：宁波国际博物馆高峰论坛论文选辑》，第 109 页。

的生存和城市的发展发出了黄色警告，如何让城市变得更适合于人类生存，如何让人类与现代的城市共同发展，这成为一个亟待解决的问题”[①]。

近年来，博物馆事业对于保证社区民众的文化需求，促进社区和谐发展发挥的重要作用清晰展现。联合国教科文组织提出“人类资源是社会的主要资本”，而文化特征和社会归属感是人类资源重要的组成部分。人们越来越认识到，城市是人类文化和记忆的会聚之地，历史性城市必须保护那些经过时间积淀，凝聚着地域文化和社会归属感的特定地点。博物馆的一个重要职责，就是支持社区民众参与到博物馆活动中来，吸引社区最广泛的观众，使博物馆成为所在地区的知识和文化中心，从而有助于社会的发展。目前，社区发展已经成为博物馆界关注的热点问题。2001 年“国际博物馆日”的主题是“博物馆与社区”，呼吁博物馆利用其丰富的文化遗产以及相关的智力资源，积极推进社区的文化建设；2003 年，“国际博物馆日”的主题是“博物馆与朋友”；2005 年“国际博物馆日”的主题是“博物馆：沟通文化的桥梁”；2008 年“国际博物馆日”将主题定为“博物馆：社会变革与发展的动力”。2008 年 2 月，国际博物馆协会主席 A.S. 康明斯（A.S.Cummins）发表国际博物馆日的主题演讲时指出，“虽然传统博物馆以藏品而知名，越来越多的博物馆发挥积极作用参与到探讨解决社会问题之中 . 对社区发展作出自己的贡献”。今天，对于一座博物馆来说，能否融入社区生活，满足广大民众在教育、文化等方面的需求，并在经济社会发展中发挥更加重要的作用，已经成为衡量博物馆开放观念的重要体现。

社区博物馆概念的提出及其实践，是博物馆发展史上重要的里程碑。目前，全世界范围内，在社区博物馆理论深入探索的同时，实践也在深化拓展，各国博物馆界努力探讨适合本国国情的社区博物馆模式。一些国家在社区博物馆实践方面取得丰富经验。例如美国有大大小小的博物馆约 1.5 万个，其中“大多数的博物馆，都是由一些个人、家庭和团体创立，目的是庆祝和纪念地方及区域的传统和实践，为地方社区的人们带来知识和娱乐”[②]。特别是一些社区民众面对当地人文与地理环境

① 李玫：《博物馆走进社区的意义及途径》，载《博物苑》，2008（1）：25。
② 尼尔·科特勒，菲利普·科特勒：《博物馆战略与市场营销》，北京，北京燕山出版社，2006。

的改变，自发开展设立小型的社区博物馆运动，来应对各种社会问题。在英国的格拉斯哥，1986 年成立的斯普林柏恩博物馆，面对当地工厂关闭，失业问题居高不下，而借用斯普林柏恩图书馆的一个小阅览室作为活动的空间，在没有任何永久典藏品的情况下，博物馆的运营由志愿者所组成的委员会进行，展览的主题以当地社区文化为主。在加拿大的蒙特利尔，马希尔博物馆是为保存当地的一个石造农舍，并为当地居民开启“文化之窗”而设立。在韩国的清州，尝试建立全面保护整个城市为一个城市型生态博物馆，保存和保护城市的自然、历史、文化和工业遗产[①]。在美国的新泽西，纽瓦克博物馆作为专门的教育和社区机构，以一种独特的方式，将文物藏品与充满活力的社区，以及多元文化和教育拓展结合起来[②]。

将传统社区的保护与发展相结合，意味着在实现保护目的的同时，也将传统社区作为居民的生活环境，在保护中实现同步发展，让传统社区维持旺盛的生命力。2007 年 1 月，笔者访问了菲律宾北部地区的历史城镇维干，感受到社区文化对于当地居民现实生活的重要意义。由于地缘关系，历史上维干直接与中国进行贸易，并曾在“大帆船”贸易史上写下光辉的一笔。今天，维干古城的“历史遗迹中心区”，长 200m 长的街道保持着历史的尺度，宽约两辆马车并行，斑驳的石板路蜿蜒至历史街道的尽头，清脆的马蹄声和着车轮滚动声，两旁商家橱窗内陈列着土特产品，这一切洋溢着社区民众恬静的生活记忆。历史街区商铺的主人中 90% 是中菲混血，他们依然保留着中国商人的习惯，两层楼的商铺，一层临街房屋为店面，二层则是仓库和居家。当地传统的织布机、制陶业、制砖业等都源于中国文化。维干的历史街区是一座理想的社区博物馆，维干的魅力不仅在于历史悠久，也不仅在于保存完整，更加重要的是社区民众对于社区文化的自豪感和传承的自觉性。维干从中学教育就开始有纺织课、制陶课等课程，这些传统工艺课程为必修课程，他们不仅能够帮助维干后人了解和认识先辈的生活方式，与先辈进行超越时空的对话，同时，使维干的社区民众认识到保护文化遗产的重要性[③]。

---

① 崔孝升：《韩国清州保护文化遗产的全民运动》，见《2005 年贵州生态博物馆国际论坛论文集》，第 204 页。
② 郝黎：《从若干博物馆实践看博物馆教育》，见《携手 2010：宁波国家博物馆高峰论坛论文选辑》，第 1 页。
③ 王传军，徐静：《“非常”维干》，载《光明日报》，2007-06-07（12）。

牛车水是新加坡的唐人街，1821年以来华人漂洋过海至此，逐渐形成聚居地。由于以前这一带的华人用牛车拉水，故称“牛车水”。新加坡华人的根在牛车水。新加坡华人社区历史悠久，从第一个宗亲会馆成立至今已有近200年的历史。牛车水社区的面积虽然不大，但是传统街巷纵横交错。与新加坡的其他社区相比，这里没有西方文化影响，而延续着浓郁的中华文化传统，甚至使华人感觉不到身在异乡。这些传统街巷，默默地陪伴着新加坡华人走过艰辛的岁月。近一个世纪以来，牛车水社区见证了新加坡的繁荣发展，也留下了华人奋斗的足迹和中华文化的传承。在这里，传统的华人食品、用品以及祠堂、庙宇、会馆等一应俱全，沿街还保留着开埠时仿闽南和广东建筑风格的骑楼。每逢我国春节、元宵、清明、端午、中秋等传统节日，牛车水社区热闹非凡，到处张灯结彩、人头攒动，一派节庆气氛。这些节日反映出中华民族的传统习惯、道德风尚和宗教观念，寄托着人们的美好憧憬，是中华民族精神沉淀的载体。正是这些节日使唐人街的一代代华人，虽然身在异国他乡却仍然体味到中华文化的博大精深和源远流长。近年来，随着华人新移民数量逐年增加，联系新移民和协助他们融入社会的社团组织相继产生，给新加坡华人社区带来了新力量和新气象①。

北村是朝鲜王朝时代贵族的居住地，这里拥有大量称为“韩屋”的韩国传统住宅建筑，鳞次栉比的青瓦曾经是富贵的象征，但是经过600年的变迁，特别是在城市现代化的进程中，北村社区逐渐衰落。年久失修使“韩屋”中的生活出现诸多不便之处，而且由于传统木质结构不利于保温，取暖费用的提高更增加了居民的生活成本。一度城市政府也将“韩屋”视为地区发展的绊脚石。20世纪60年代末，韩国开发汉江南部，北村社区的学校逐步搬到江南，与此同时，一些大型企业进入当地，现代建筑开始取代传统韩屋，传统文化景观遭到破坏。1983年，首尔市转变经济发展方式，对韩屋实行保护政策，规定不允许拆除任何传统建筑，并实行严格的建筑风格和高度限制标准。然而这些措施并没有考虑当地居民改善居住条件的愿望，因

① 张红，郗云：《牛车水：狮城中华文化的缩影》，载《人民日报》（海外版），2010-09-17（12）。

此遭到抵制。为满足北村社区民众的实际需求，1991 年首尔市把原规划限制为 1 层的建筑高度放宽到了 3 层以下，大量多户型的住宅开始兴建，北村社区的传统文化景观进一步遭到重创。1998 年首尔市重新制定保护北村社区的政策，为了满足当地居民的不同需求，提出多样性的整治方案，例如对于拥有产权的居民出售韩屋，政府进行收购；对于希望修缮韩屋的家庭，市政府提供资金援助；对于保护传统韩屋有贡献的居民，可以获得较低的银行贷款利率作为补偿奖励。

8 年后，北村社区成为首尔人“最想走一走的街道”，“北村美化工程”成为韩国第一个荣获联合国教科文组织亚太地区文化遗产保护奖的项目。而经过保护性再利用的北村社区成为传统与文化的象征，岁月在这里成为美丽风景，越来越多的首尔市民习惯在周末到这里的特色咖啡厅坐一坐。“现在韩屋反而成了新文化，和 10 年前相比，这里的地价上涨了 10 倍。”北村社区拥有大量传统作坊、韩屋体验馆和私人博物馆。“不仅要保存传统房屋，也要积极利用传统地带，把它完善成可以体验韩国传统文化的空间”。当地政府希望“任何人到这个地方都可以体验茶艺、传统礼节，或者把韩服销售店、传统饮食店、住宿也聚集在这里，非物质文化遗产传承人在这里开设自己的工坊……在这里，你可以体验到传统的一切”[①]。在首尔，像北村社区这样的韩屋聚集区至今还尚存 4~5 片，为了使韩屋能够培育成未来的文化资产，首尔市将进一步扩大韩屋的保护范围。实践证明，社区文化既包括有形的社区面貌，也包括无形的社区精神。有一定人口密度的传统社区，是保证城市多样性存在的必要条件。社区中最具文化魅力的是当地居民和传统建筑，不能忽视社区的历史性和复杂性，一旦人为地使社区空间改变，社区就缺乏自然演变的机会，也就失去了它应有的魅力。同时，社区应具有多样性，失去了多样性，社区的价值和活力，将会大打折扣。

我国幅员辽阔，不同的地域文化各具特色；我国又是多民族国家，不同的民族文化丰富多彩。我国早在公元前 300 年左右，先秦时期的《尚书·禹贡》中，就记

① 王晶晶：《看看咱邻国怎样进行旧城改造》，载《中国青年报》，2010-07-13（9）。

载了根据地理环境各方面要素的内在联系与差异，合理进行地域区划的做法与观念。关于社区邻里、制度设置等方面的记载更多，例如《周礼·地官·遂人》日，“五家为邻，五邻为里”;《尚书·大传》则日“八家为邻，三邻为朋，三朋为里”等。在我国，“居住”一词包含了居与住的两个方面。社区是一个富有生活意义的概念。社区一般被分为农村社区、城市社区等。一个自然村落就可以视为一个农村社区，通常情况下，农村社区地域界线分明，成员构成同质稳定，生活设施自给自足，社区多为自然形成。相比之下，城市社区的形成多系“人为合成”，其区域界线也多是人为划分，成员构成异质性明显。近年来，在我国城市生活中，社区一词被广泛使用，它往往与传统意义上城市中的街道委员会、居民委员会等具有基层管理职能的机构相关联。实际上，从“社区”一词的本义来讲，主要并非强调行政区域的意义，而着重强调社会生活区域的意义。同时，在日常应用中，“社区”一词通常是指城市社区。因此从狭义理解，“社区博物馆”应当主要指与城市社区相关的博物馆。

由于我国城市社区与行政区划基本上是重合的，行政色彩浓重，而社区经济和文化生活功能不明显。社区人口分别被归入行政单位、事业单位或企业单位进行“归口”管理，而非以社区为中心管理，他们的工作、生活与所居住的社区没有紧密的联系，因此当地居民对社区的依赖感、归属感并不强，不大关心对社区活动的参与。以展示社区历史文化、丰富社区民众文化生活、构建社区文化凝聚力为宗旨的社区博物馆缺乏培植的土壤，使我国社区博物馆发展长期处于停滞状态。我国现有博物馆主要是用财政资金兴建的，包括文化文物系统的博物馆、行业博物馆、高校博物馆等，这些博物馆基本上属于全国性、区域性或专题性的博物馆。近年来，逐渐兴起的民办博物馆，也基本上是由企业或私人创办的行业性博物馆，而非主要服务于社区的社区博物馆。在传统博物馆中，最具社区博物馆特色的是民俗类博物馆，其藏品展品来自当地居民，或与社区民众的文化传统密切相关。1994 年，深圳市颁布了我国第一部物业管理法规，也第一次提出了“社区”的概念，并对社区的功能提出了初步要求。这是我国城市从居民区向社区转换的标志，也体现出在这个过程中对于传统的地域文化和当代的社区文化意识的尊重。

在我国，社区博物馆尚处于探索阶段。近年来，在北京、上海、南京、杭州、沈阳、深圳、郑州等城市，开始出现社区博物馆的建设实践。自 2005 年以来，北京市开展社区文化记忆工程，许多社区纷纷举办胡同历史展览，开展社区老物件征集活动，组织当地居民口述胡同历史。例如乾面胡同在社区文化记忆工程中，组织了 60 位原住居民口述胡同生活的感受；西交民巷社区举办的西交民巷地区历史文化展，参观者十分踊跃；南锣鼓巷社区的胡同节一般在每年 10 月，已经连续举办了 3 年，以展现传统民俗和现代时尚的交融发展为主题，既成为展现社区文化的窗口，也是了解社区发展的平台。北京东四街道社区面积 1.63 km^2，常住人口 4.5 万人，人口密度较大。为了挖掘社区历史，了解地区特点，东四街道走访专家学者和社区民众，查阅大量文史资料，经过艰苦细致的挖掘整理，先后出版《东四的故事》《东四名人胜迹》等书籍。为了使当地胡同和四合院历史街区得到保护，同时使社区民众生活得更加方便，着手对社区的 21 条胡同进行“煤改电”工程，完善给水排水设施，将电力电信的“飞线”入地，拆除私搭乱建的违法建设，保护具有地域特色的门楼、门窗等建筑元素，采取传统施工工艺进行修缮。通过整治，修复了四合院门楼 437 个，传统花窗、窗扇 1000 余个，使社区的传统风貌得以逐渐恢复。

国子监街，位于北京旧城的东北角，是一条有着 700 多年悠久历史的古老街巷。街上耸立着 4 座彩绘牌楼，街中有用 6 种文字镌刻“官员人等，至此下马”的下马石，隐于街内举世无双的孔庙、国子监古建筑群以及流传街巷的神秘故事，都向世人昭示着其不平凡的经历和非同寻常的辉煌。国子监街浓缩了我国传统文化精华，并以幽雅、宁静、庄严、神秘的环境和丰富的历史、人文内涵，成为北京一处独具特色的文化社区。国子监街依旧保存着老北京街巷的风貌，街道两侧多是低矮整洁的四合院民居。虽然是皇家文化、儒家文化的发祥地，却与周边的百姓融成一片，用自己渊博的学识去熏陶社区民众，致使整条街上弥漫着儒雅、闲适的气息。这种浓郁的历史街巷的文化气息，是任何一条树小墙新、大路宽阔的仿古一条街所无法比拟的。在历史街区的保护与整治过程中，按照“有机更新”理论，从调查入手，通过对人口、居民的生活和居住结构、建筑用地、房屋质量、基础设施的详细普查，明确了该历史街区的特性，取消了历史街区内原规划城市道路，保持传统街巷尺度，并确立了“不搞大拆大建，逐渐恢复传统风貌特色，形成以简朴民居为主，衬托两组古建筑群的幽静环境和独特风貌”，“力求在原有基础上，以整治和逐步恢复传统风貌为主，保留历代建筑的叠加，使历史街区‘延年益寿’，而不是‘返老还童’的原则”①。

现今社会，人们一方面欣喜于城市环境迅速提升；另一方面，又在担忧社区历史文脉和文化景观的消失。传统社区历史文脉和文化景观的保护，在于维护传统建筑所呈现的群体性和整体性，在于维护街巷肌理、空间结构和特色风貌。传统社区不可能一成不变，必然是动态的、变化的，但是这一变化过程应该是个体的、细微的、渐进的、循环的。笔者一直以来反对“旧城改造”和“危旧房改造”的提法，虽然这些提法长期以来在城市建设领域被广为使用。“旧城改造”的问题在于，将拥有千百年文化积淀的旧城，仅仅定位于“改造”的对象，而忽视对传统社区进行保护和采取“有机更新”的方式加以整治。“危旧房改造”的问题在于“危”“旧”不分，如果说房屋危险，出于解危的目的需要改造的话，那么大量传统建筑仅仅因为年代悠久，就要被彻底改造吗？可喜的是，近年来越来越多的城市放弃了大拆大建的“旧城改造”和“危旧房改造”方式。例如杭州市小河直街传统社区在保护规划实施中，强调公众广泛参与，保证大多数居民按照意愿回迁，避免了社区结构难以逆转的急剧变化。扬州市为了避免原住居民大规模动迁，在实施社区环境改善工程的同时，提倡“我们的家园我们建”的理念，鼓励房屋产权人或使用人自行修缮传统民居，增强社区文化的吸引力。

① 单霁翔：《国子监街的整治与历史地段的保护》，载《建筑师》，1996（8）：52。

水城苏州是一部水与人的历史，水与人共同创造的辉煌文明。这段历史与文明有的凝固在历史街区的物质空间中，有的则活跃在历史街区的生活空间中。平江历史街区位于苏州古城东北隅，是苏州迄今保存最完整、规模最大的文化社区，对照绘制于 1229 年的宋代《平江图》及明末《苏州府城市水道总图》，可以看出平江路基本延续了唐宋以来的城坊格局。长期以来，与大部分历史街区一样，平江路也存在着人口和建筑密度大、环境和设施条件差等现状，成为与城市周边环境有巨大反差的“城市角落”。2002 年，以迎接第 28 届世界遗产委员会会议在苏州召开为契机，苏州市启动了平江路风貌保护与环境整治工程，坚持循序渐进的工作原则，实施河道清淤、码头修整、驳岸压顶、绿化补种、路面翻建、管线入地等工程，使平江路风貌保护与环境整治取得显著成效。平江路一期保护与整治工程已经结束，如今的平江路仍然保持着“水陆并行、河街相邻”的双棋盘格局以及“小桥流水、粉墙黛瓦”的独特风貌，居民生活设施得到改善，生活环境进一步优化，一批契合历史街区业态发展、具有浓厚历史文化底蕴的客栈、旅舍、会所、画廊、茶楼、会馆等相继落户。平江路的历史文化在传承，居民原来的生活还在延续。社区成为民众幸福的依托，而民众是社区积极的主人。

苏州的山塘街河逶迤平行，绵延 3.5 km，沿街两侧大多数是晚清至民国年间的建筑。其东段水面幽深宁静，民居临水构筑，水流侵蚀的木桩上支撑着枕河人家。山塘街修复前，河道污染严重、驳岸下沉、河埠石级出现断裂，同时，基础设施落后，空中电线纵横，地下管网淤塞。由于对历史遗存缺乏有效管理，传统民居的墙壁有些砌成红砖墙，屋面铺上石棉瓦，违章搭建严重。山塘街保护性修复工程，坚持“渐进式、微循环、小规模、不间断”的方针，在充分挖掘历史信息、详细调查现状的基础上，借鉴清《姑苏繁华图》山塘段、清《虎丘山塘图》的基本格局，遵循历史街区的有机肌理，编制详细规划，向社区民众公示，广泛征求社会各方意见，有计划有重点地逐步完善方案。保护性修复的主要目标是文物建筑和传统民居。包括保持外观风貌，提高居住质量，拆除违章建筑，恢复历史遗存，整治外立面，对招牌、路灯、雨篷、店铺门窗等景观要素进行整饰处理；改善基础设施，整修驳岸，疏浚河道，管线入地，雨污分开，污水截流。将改善社区民众日常生活，提升当地居民满意度，保持街区活力和魅力，作为出发点和立足点①。至今山塘街上本地原住民达 85% 以上，较好地保留着代代相传的传统生活方式和习俗，洗衣用井水，夏天摇蒲扇，冬天晒太阳，过着“低碳”生活。

仓桥直街是绍兴著名的历史街区，是一条临运河的古老街巷，由河道、民居、道路三部分组成，全长 1.5 km。其民居多为清末民初建筑，色彩平和，空间适度，风格统一，且有许多富于绍兴特色的台门保存完好。近年来，经过缜密论证，开始实施渐进式的历史街区保护工程。工程采用政府主导、居民参与的模式，基础设施由政府负责，房屋修缮政府承担 55%，居民出资 45% 原住居民愿意回迁的就选择回迁，不愿意回迁的，政府给予一定补贴，购买经济适用房。历史街区保护工程最终实现 80% 的原住居民回迁，既解决了危房问题，又保留了原有的生活形态。历史街区的生命力和创造力即在于此：体现世代文化传承，与人们的日常生活息息相关。同时，保护工程采用传统的工艺和材料，对历史街区内的建筑、道路、河道、桥梁，开展整体性保护修复及全面环境整治。如今仓桥直街重现了粉墙黛瓦的传统绍兴民居风貌，水乡风情愈加浓郁。这项保护修缮工程荣获了联合国亚太地区文化遗产保护“优良项目奖”。吴良镛教授在考察绍兴仓桥直街保护工程后，给予了高度的评价，认为该历史街区的保护与修复，不但使社区历史文脉得以延续，而且使社区民众得以安居乐业，使仓桥直街真正成为活着的历史街区②。

三坊七巷社区坐落于福州城区，总占地面积 45 hm^2，在经历了千年历史风雨之后，仍然基本保留着唐宋遗存下来的鱼骨架坊巷格局，特别是现存 268 幢保存较为完好的明清古建筑，有着“明清古建筑博物馆”和“城市里坊制度的活化石”之誉。三坊七巷社区曾是古代的儒林学士、文人墨客；近代的革命先驱、民族精英；现代

① 《苏州市山塘街：水城古街 粉墙黛瓦》，载《中国文化报》，2010-04-12（5、8）。
② 张晓红：《保护历史街区的浙江模式》，载《建筑与文化》. 2004（创刊号）：29。

福州三坊七巷历史街区（2010 年 10 月 31 日）

的文坛巨匠、工商名人的聚居地，承载着福州厚重的历史和人文情感，浓缩着福州千年的历史。但是，伴随 20 世纪 90 年代的大规模“旧城改造”，福州市政府与香港长江实业集团签署了“三坊七巷”保护改造意向，将在 5~7 年内对三坊七巷实施大规模改造，由于社会各界的强烈反对，2005 年末，这份至 2043 年到期的 50 年合同得以提前终止。从 2006 年开始，福州市启动了三坊七巷修复保护工程，按照“政府主导、居民参与、实体运作、渐进改善”的思路，保护社区内的 159 处文化遗迹，以最接近历史真实的形态重现历史街区风貌。通过政策引导，调动社区民众参与的积极性，有序进行微循环式的渐进更新，改善基础设施，控制建筑密度，降低人口规模，优化人居环境。如今社区坊巷格局完整，传统建筑精致典雅，宅院内保存着花园、假山、鱼池、古树等，社区内古运河、古石桥、寺庙、书院等公共空间保存完好，浓缩着福州传统生活面貌。

社区，是与居民生活息息相关的基层组织，除了硬件条件，居民盼望什么呢？2010年7月，在北京日报社等单位发起的“如何让社区生活更加和谐美好”专题建言活动中，共有910人提出了1166条建言。其中一位市民在“该探讨一下如何让社区真正成为邻里交融的纽带”的建议中提出，“应创新社区管理模式，让社区居委会真正成为居民自己的组织，发动尽可能多的当地居民参与到社区管理和公共事务中来，让社区成为邻里交融、构建和谐社会的纽带，经常组织各种联谊活动、座谈会、恳谈会。征求居民对社区的建议，要求”。这位市民建议，“应通过广泛开展，组织各种文体活动、节日团聚庆祝活动、郊游活动等，创造更多的条件让居民认识自己的邻居”。北京日报记者在西南三环一处入住5年左右的小区进行了一项邻里认知小调查，调查随机选取了10位常住的居民，发现当下认识邻居已经成了一件困难的事。在回答是否认识本楼层邻居的问题时，有4位受访者表示根本不认识。而在回答是否能认全本楼层邻居时，10位受访者全部给予了否定答案。至于认识邻居的途径，不外乎装修、居住纠纷、电梯或走廊里碰到过，几乎没有人选择主动认识邻里。对于是否愿意与邻居相识，10位受访者均表示希望能与邻居相识，但是同时表示，不知道该如何与邻居接触。

睦邻文化是我国传统文化中的重要特色，但是在现代城市社区中，这种优良传统已经严重萎缩，甚至荡然无存，门对门的两户人家有可能老死不相往来。“同一楼层的邻居都不认识，以前住平房大杂院的时候，邻里间有说有笑，现在住房条件改善了，可是下了班一家人就在一个单元房里，邻里交往基本成了奢望。”2003年“东四奥林匹克社区”创建工作投入运转。与奥林匹克有关的纪念日成为东四居民们的节日，一个个活动就是一次次居民面对面的机会。现在东四街道与北京地球村环境教育中心举行的“乐和城市社区行动”进行得如火如荼，居民们纷纷自发组建环保社团：“绿房子小组”“绿蝴蝶行动小组”是倡导资源回收的；“乐和低碳周末跳蚤市场”是促进旧物品流通的；“绿之梦小组”是为居民提供养花种草知识的；“健步走乐和队”每日组织队员积极行走；“节水行动小组”坚持节约用水；“四平八稳”小组集纳社区力量完善居家养老社区化，等等。东四街道工作人员高兴地说：“以前社区搞活动形式很单一，一次也就能有十几、几十人参加，现在社区搞活动跟得上时尚，每次活动动辄能有上百人参加，老人、年轻人、学生……许多人都在社区里找到自己的乐趣，认识了更多的朋友，社区邻里关系也和谐了不少。”①

广东中山市的孙中山故居纪念馆虽然不是社区博物馆，但是该馆立足位于翠亨村内的独特区位优势，将纪念馆的发展与社区文化遗产保护展示统筹考虑，将社区内一些传统民居以及周边农田完整保留下来，拓展出孙中山纪念展示区、翠亨民居展示区、翠亨农业展示区等内容，并将翠亨村周围20余处文物纳入保护范围，构建成与社区历史环境保护展示融为一体的博物馆模式。孙中山故居纪念馆还征集当地居民生产生活用具在传统民居中展示，邀请当地居民在纪念馆表演传统民间技艺，帮助社区修缮公共设施等，给社区民众带来实惠，在纪念馆与社区民众之间建立了紧密的联系，使社区文化遗产保护成为民众的自觉行动，把整个社区建设成为富有特色的社区博物馆，也使纪念馆发展成为兼具社区博物馆特色的机构。在台湾地区，越来越多的地方博物馆以社区博物馆定位。无论是为了重建失落的木屐工业传统，而由社区民众自主创办的白米木屐博物馆，还是由台北文化机构经营管理，以保存地方温泉文化的北投温泉博物馆，都强调以所在社区文化及居民为主的理念，而定位为社区博物馆。“因此，社区博物馆可以是以各种方式来运营，不论是收藏或展出社区文物或由社区民众参与经营的博物馆，都可以称为广义的社区博物馆”。

位于台湾宜兰县苏澳镇的白米社区，因为当地富产“石米仔”而得名，是一个风景优美的小型社区，人口总数约1000人，以中老年人居多，且逐年递减。社区内有台湾地区最大的水泥制造厂台湾水泥公司苏澳厂。但是，丰富的矿产资源带来的不只是繁荣的工业，还有高浓度的落尘量和砂石车进出所带来的隆隆噪声。1992年台湾水泥公司开始为苏澳镇提供400万台币的环境污染补偿金，但是起初这些补偿

① 孙颖：《认识邻居成了困难事》，载《北京晚报》，2010-07-23（2）。

金却没有被分配给饱受空气污染和噪声之苦的白米社区。社区民众因此了解到必须要自立救济，才能争取到属于社区的权利，改善生活环境。于是，居民们成立了白米社区发展协会，推动社区各项事务。除了成功地争取到了环境污染补偿金外，社区民众还在协会的组织下，思考如何运用这次成功的经验，来积极地改善自己的社区与家园。在专家的指导下，白米社区民众被鼓励以文化的方式来进行社区建设，即重新发掘在白米社区曾经盛极一时，但是已然衰落的传统木屐制造业。这一指导意见使社区民众十分兴奋，他们找到了资深的木屐师傅来传授木屐制造工艺，并结合创意与设计，使木屐从平凡的生活日用品，变成具有文化艺术的手工艺品，不仅宣告濒临消失的木屐生产工艺重现活力，同时使社区文化出现新的气象。

1995 年，白米社区民众将这些木屐手工艺品成果进行展示后，不但受到参观者的喜爱而销售一空，而且他们传承与创新传统工艺的精神，也受到了各界积极的肯定。于是社区民众希望保存自己所创作的木屐，“为木屐找个家”，萌发了创办木屐博物馆的愿望。不同于一般博物馆设立的动机和目的，社区发展与民众参与成为木屐博物馆设立的缘由，因此社区博物馆选址也担负起改善社区环境的责任。1997 年社区民众选择了社区内一处荒废多年、环境脏乱的水泥厂宿舍，由居民们一起义务进行整理、清洁，并加以装修、布置，使木屐博物馆得以正式成立。不同于一般博物馆由专业人士或地方文化中心组织编制，白米木屐馆的运营模式是由社区发展协会所催生、推动与经营。因此，白米木屐馆没有传统博物馆的精英与专业色彩，在管理上也缺乏专业的典藏、展示或教育推广，而是由居民来担任馆员、义工及导览员的工作。虽然在木屐博物馆设立之初，并没有将“为教育、研究、欣赏的目的征集、保护、研究、传播并展出人类及人类环境的物质及非物质文化遗产”作为目标，而是以社区事务及繁荣地方为其主要目的，但是，“没有官方经营的束缚并重视居民的参与，使得白米木屐博物馆能时时依照社区的需求做调整与变化，带给参观者传统博物馆所罕有的变化与惊喜”[①]。

① 陈佳利：《社区博物馆运动：全球化的观点》，载《博物馆学季刊》，2004（4）：51。

在重视社区发展与繁荣，且不受传统组织编制的影响下，木屐博物馆有着快速的成长与转变。随着白米社区的成功经验通过电视媒体等广为宣传，木屐博物馆吸引了越来越多的参观者造访，而使木屐博物馆的空间越来越不敷使用。因此，社区于 2000 年将邻近的一间空置的建筑承租下来，作为白米客栈，内设有简单的咖啡厅与木屐彩绘制作区。之后，2001 年木屐博物馆又承租了另一个空置房屋，作为教学、制作及陈列空间，发展成为兼具接待团体参观的木屐工艺教室。在上述发展过程中，白米社区发展协会扮演着重要的角色，而决策过程及结果都是经由当地居民的参与和讨论。木屐博物馆在白天对外开放，而晚上则成为社区民众聚会的场所，在这里进行着社区发展各种议题的讨论。在经营管理上，木屐博物馆除了由社区民众担任木屐师傅和义工外，为了加强社区民众的向心力及认同感，木屐博物馆以合作社的方式进行营运。于 2000 年成立了白米木屐合作社，凡是社区的居民，都可以认购股权，每一股为 3000 元，为了强调平等参与，每人最多只可认购 10 股，合作社设有理监事数名，经过选举产生。这样的运营方式，受到许多社区民众的认可，而纷纷入股。使得当地居民人人都可以成为股东，也因此更关心木屐博物馆的运营绩效，甚至有许多居民直接以担任义工的方式，来协助博物馆的运营。

从保护社区环境，到传承濒临消失的传统手工艺，再到带动社区经济发展和社区民众就业，白米木屐博物馆已经成为社区民众的活动中心，在这里居民的向心力随着社区事务的解决及木屐博物馆的经营得以凝聚。白米木屐博物馆的成功实践说明，社区博物馆应该深入关注社区现实生活，通过对热点、焦点问题的观察和思考，不断围绕这些主题，举办具有鲜明特点和积极意义的陈列展览，以满足社区发展与民众生活等方面的需求。无论是国际经验还是我国发展的实践，都表明伴随城市化进程的加快，对居民与社区的关系既产生了重大影响，也提出了不断协调的要求。居民作为城市的主体，其主观意识、思想行为会对社区的发展产生重大的作用。H. 戴瓦兰针对社区博物馆的定义，认为“社区博物馆是产生于底层，而不是上层强加的，它在成立时要满足生活和劳作在其地的民众的需要和愿望，它在规划、创办、开放和运作的各个阶段都要积极参与到民众之中”。事实证明，民众是物质财富和精神财富的创造者，提升文化竞争力的任务应该主要靠他们来完成。研究民众与社区和谐的基点，应该是如何使民众与社区更好地相融，社区既要宜人居住，又要宜人发展。同时，这种宜人居住发展的环境与条件，又要鼓励社区民众自己的创造。

几十年来，人类社区见证着历史上最激烈的城市化浪潮。1970 年，全球城市化水平仅为 37%，目前已经超过了 50%，预计 2025 年和 2050 年，将分别超过 60% 和 75%。形成这一趋势的原因，是在全球知识经济的浪潮中，工作机会集中在知识和信息汇集的地方，而人们始终向往有发展机遇的地方，也就是城市地区。社区的现代化应以满足人的现代化发展需要为中心，而人的现代化发展需要随着时代的进步而提升。今天，社区民众的现代化需要不同于以往时代人们的需要，不仅表现在物质方面，更重要的是表现在文化方面。因此，社区的现代化发展必须研究实现人的现代化发展的途径，研究社区民众的文化需求。社区博物馆是推动社会与文化发展的重要工具。社区博物馆要将保护、展示和传承社区文化特色作为主要任务，将社区民众的文化发展需求作为目标导向，要以主人翁的姿态就社区文化发展面临的挑战和机遇，与社区民众进行坦诚对话，为社区民众提供学习和交流的机会，使社区博物馆成为社区文化特色的守望者，使社区博物馆的公共形象越发亲切感人，成为社区民众的公共活动中心。社区博物馆置身于社区之中，作为文化机构，如何发挥自身在社区文化建设中的积极作用，如何使博物馆与社区之间良性互动，是一个值得深入探讨的问题。

10.2　社区博物馆的核心理念

纵观国内外社区博物馆的实践，可以认为社区博物馆是传统博物馆范围与界限在特定条件下的扩展。社区博物馆诞生于对传统博物馆的反思，其中贯穿着对于博物馆功能与职能的重新定位。这种创新思维力图冲出馆舍天地，突破文物藏品的狭义概念，并且使文化拥有者自己成为文化的主人。通过对传统博物馆与社区博物馆的比较研究，可以发现两者之间在办馆理念与运营方式等方面存在明显差异，突出反映在社区博物馆“整体保护”“原地保护”“活态保护”“自我保护”“开放性保护”“发展中保护”和“可持续保护”等方面的独特理念。

“整体保护”的理念

在我国，传统意义上，社区问题往往被简单地理解为居民住宅状况以及居住环境问题，而忽略将社区作为一个整体，忽略社区内各居住单元相互之间的外部性联系。如今，们对居住概念的理解发生了明显变化，开始关注个体、家庭和社会三者在生活行为和居住空间层面上的对应关系，探讨居住问题与社会稳定的关系，并提出基于“社区发展”的一系列理念。社区博物馆深深植根于当地社区，满足于今天和未来的需要。社区博物馆试图整体地保持社区文化的健康发展方向，并为后代留下文化记忆的物证。人们对于社区内文化遗产资源的认识，也有一个进步的过程，开始将关注的焦点投向一些过去忽略的内容，特别是那些生存状态脆弱，亟待抢救的文化遗产，例如历史街区、传统民居、文化空间、传统技艺等。社区博物馆引入“整体保护”的理念，即将社区特有的自然和文化遗产进行整体保护，并保存在社区原生环境中，内容涵盖与社区民众生活联系在一起的所有可移动与不可移动文物、物质与非物质文化遗产，涵盖一切见证社区发展的集体记忆场所，涵盖全部构成社区人居环境的文化景观和文化空间。通过社区博物馆整体保护理念的建立，起到保护和表达社区文化多样性的作用，并倡导当地居民以一种积极态度对传统文化进行传承和发展。

在所有的社区博物馆中，文化遗产保护和博物馆工作应融为一体。“在理念上，社区博物馆与生态博物馆秉持着相似的精神境界，均关心博物馆与社区的关系，然而生态博物馆并不以社区为界"[①]。社区博物馆在空间形式上具有较明确的地理区域，但是因其辐射范围具有关联性和广延性，往往不具有确切的地理分界，而是由社区博物馆文化特质的影响范围所决定。社区博物馆的空间形式可能是它的核心区域，也可能是它的全部。因此，社区博物馆的工作范围界定，与传统博物馆相比更加复杂，包括本体与环境、文化与自然、物质与非物质的一切因素，特别是包括社区民众生活中的一切习俗、传统、观念、仪轨等文化表现，可以说包括社区文化的完整系统。社区博物馆往往将传统民居、历史街巷、自然环境以及生存状态等纳入博物馆范围，从而突破了传统博物馆在固定空间内展示文物藏品的格局，展览空间从室内拓展到室外，展示内容从静态走向动静搭配。社区内部各项文化遗产因素，既可以单独存在，也作为文化遗产整体中的要素而存在。在社区博物馆的理念中，环境是一个重要的因素，离开特定的文化与自然环境，社区博物馆将不复存在，而树立整体保护的理念，则可以大大提高社区民众的环境意识和可持续发展能力。

社区作为人类文明发展到一定阶段的产物，是为满足人的生存和发展而形成的一种人居环境。"随着时间的推移，城市的每一部分，每个角落都在一定程度上带上了当地居民的特点和品格。城市的各个部分都不可避免地浸染上了当地居民的情感。其效果便是，原来只不过是几何图形式的平面划分形式，现在转化成了邻里，即是说，转化成了有自身情感、传统，有自身历史的小地区"[②]。社区自产生之日起就不仅是经济聚集体，而且是人类文明的汇集地，是文化资源相对丰富的社会区域。由于城市社区是一个协调统一的整体，因此在保护过程中，必须遵循社区发展的历史规律，保持社区肌理的相对完整性，从而确保社区整体的协调统一。"我们爱护文物建筑，不仅应该爱护个别的一殿、一堂、一塔，而且必须爱护它的周围整体和邻近的环境。我们不能坐视，也不能忍受一座或一组壮丽的建筑物遭受到各种各式直接或间接的破坏，使它们委屈在不调和的周围里，受到不应有的宰割"[③]。因此，我们不但要保护社区内的文物古迹、历史建筑，还要保护构成整体风貌的所有要素，例

① 弗朗索瓦·科泰：《博物馆城市之脉动与激情》，载《国际博物馆》，2006（2）：43。
② 帕克：《城市社会学——芝加哥学派城市研究文集》，宋俊岭，等，译，北京，华夏出版社，1987。
③ 梁思成：《北京城——都市计划的无比杰作梁思成文集（四）》，北京，中国建筑工业出版社，1986。

如街巷、院墙、小桥、溪流、堤岸、古井及古树名木等。同时，社区内有大量居民生活其间，有其特有的社区文化，不能只保护那些历史建筑的躯壳，还应该保存它承载的文化，保护非物质形态的内容，保护文化多样性。

随着我国基层自治组织建设，和谐社区建设力度的不断加大，基层管理职能向社区的下移，“小政府、大社会”的格局有可能逐步形成。当地居民对社区生活和文化环境的关注度逐步提升，社区凝聚力日益增强，社区文化活动更加丰富多彩，居民参与社区活动的积极性明显提升。实际上，在欧洲对于社区的理解要宽泛得多，所指的不仅是最基层的地方政府组织，同时又是居民高度自治的自我管理和服务机构。德国通过立法的方式确保社区高度自治，以此保障社区自身的建设与发展，有利于提高管理效益，促进民众对社会生活的参与热情，培养其参与社会生活的能力，并有利于社会问题的解决与政治情绪的合理释放[①]。社区文化作为一种文化形态，是历史文化传统的积淀。保护社区中的文化遗产，就是保护社区文化发展的延续性，也是保存社区文明发展的脉络。早在20多年前，英国学者K.赫德森（K.Hudson）就曾提出“完整性博物馆”的概念，并且指出“完整性”指的是博物馆的公共活动，指的是认识到博物馆的存在是为了满足民众的需要，而不单是为了保护文化遗产。为此，博物馆应当“陶冶其所服务社区的思想意识”，“反映当代的问题”，“把过去与现在结合在一起”，“并投入到必需的结构变革中去”。

“原地保护”的理念

今天，“让市民走进身边的历史”已经成为社区文化和文化遗产保护运动的主流。文化学者怀特（White）在《文化科学——人和文明的比较研究》中指出：“每个人都降生于先于他而存在的文化环境中，当他一来到世界，文化就统治了他，伴随着他的成长，文化赋予他语言、习俗、信仰、工具等。总之，是文化向他提供作为人类一员的行为方式和内容。”人们在某地定居，就必然要与所在的社区建立联系，

① 袁剑：《稳定完善的德国社区建设》，载《中国文化报》，2010-07-23（3）。

这种联系既存在于空间之中，也存在于时间之中，形成具有独特逻辑关系的交流网络。F. 滕尼斯认为“社区是一种由同质人口组成的具有价值观念一致、关系密切、出入相扶、守望相助的富有人情味的社会群体。在社区中，个人与社会的一致性表现为有共同的价值取向，有亲密无间的关系，有强烈的归属感”[①]。城市中的每一个人的大部分时间，都是在社区中度过，社区的人文环境、自然环境、民风环境、文明程度等，对每一位社区民众都产生着极其重要的影响。苏东海先生指出“社会办的这些博物馆与传统博物馆不同，这些新博物馆是在行业之中，社区之中，在文化的原生地保护和展示自己的文化遗产。这就把文化遗产与遗产产生的环境统一在一起了，把遗产的产生者和遗产的保护者统一在一起了。这就实现了把文化还给文化原生地的理想”[②]。

社区博物馆的诞生，是对传统博物馆理念的挑战。社区博物馆和传统博物馆的重要区别是，在文化的原生地保护文化遗产，并且由当地居民自主管理和保护文化遗产，使文化遗产的原生环境与文化遗产得到一体保护。社区内的传统建筑、文化景观、自然风貌、风俗习惯等所有物质与非物质遗产都因社区博物馆的建立而具有特殊的含义。社区博物馆的理论出发点在于，社区民众不应当与社区的文化遗产相分隔，而应在保护文化遗产的基础上创造未来，从而强化博物馆的社会功能。与此同时，当地居民利用社区博物馆这一手段，增进对社区文化的了解，增强自信心和自豪感。社区文化就其内涵和外延来看，是具有鲜明地域特点的文化。只有准确地把握社区中文化遗产保护的特点及其规律，才能真正、理解社区文化。在文化认同危机加剧的情况下，社区博物馆要实现对文化遗产的成功保护与传承，首先要成为具有本土特色的博物馆。真正意义上的本土化、特色化博物馆不仅指藏品上有特色，最重要的是博物馆能置身于所处的文化背景中，与所在地的文化气氛、公众心理和社会需求相适应，保护历史、展示精髓、阐释文化，增强广大民众对文化遗产的认同，并形成与所在地公众的文化互动，使保护文化遗产成为人们的自觉行动。

---

① 朱国云：《社区管理与服务》，天津，天津大学出版社，2010。
② 苏东海：《当前我国博物馆热的现象及其意义》，载《浙东文化》，2008（创刊号）：7。

随着城市现代化的推进，人们日常生活的公共化程度不断加强，衣食住行和人际交往等日常生活的各个方面，越来越多地由公共设施来承担。伴随这一变化趋势，人们日常生活越来越便利，但是，人际关系却日渐疏离，家庭、邻里、社区等传统的联系纽带受到削弱，朋友关系、邻里关系，甚至家庭关系，都在不同程度上有所淡漠。实际上，从内心渴望来看，人们更愿意在那些不断产生归属感、亲和力，最终产生文化认同的社区中生活。通常所说的社区文化是指社区共同体在长期生产和生活实践中，逐渐形成和发展起来的传统信仰、价值观念、生活方式、行为模式、风俗习惯、群体心理和公共意识等一系列精神现象的总和，是社区共同体得以形成和维系的精神纽带，也是社区认同的基点。社区文化建设就是凝聚社区共识，积累社区文化，建设和谐精神家园，构筑意义共同体的过程。今天，在社会重心下移、“社区”取代“单位”成为人们社会生活和国家治理基本单元的时代，社区文化建设成为社会文化建设的重要内容和支撑。如何丰富居民的精神文化生活，促进沟通与交流，增强社区凝聚力和当地居民的认同感、归属感，形成真正的社会生活共同体，这应该是今天所倡导的和谐社区建设的重要命题①。

城市是以社区为单元形成的有机整体。城市的细胞是社区，城市的活力也在社区，没有社区的个性，就没有城市的特点。从城市文化建设的高度思考，不应将城市中的博物馆仅仅定位于可移动文物的保护设施、研究机构和展示场所，使它们与社区民众日常生活的关系日渐疏远，而应该使博物馆与城市文化发展建立起更加紧密的联系，拓展其独特的社会教育职能。文化遗产一旦放在传统博物馆中，往往就割断了它们与原生环境之间的生动联系，失去了他们最初的实际意义。使博物馆融入社区生活既是一种文化智慧，也是一种历史责任。通过社区博物馆的设立和博物馆活动的开展，使之与所在城市社会变革和发展紧密结合，使社区民众更加关注所在城市的文化变迁和社区的文化生态。如此，社区博物馆与城市文化建设的关系，将不再只是静态的空间关系，而是多层面、多方位的，复杂的互动关系。今天，社

① 黄家亮：《社区文化建设与社会生活共同体构建》，载《中国文化报》，2010-07-23（3）。

区需要借助文化的力量来达到经济社会持续稳定地发展，社区博物馆应成为可持续发展的重要因素和关键保证。为了实现这一目标，社区博物馆应尽可能恢复展品的现实功能，使陈列展览的主要特征不再是空间的阐释，而是人的社会活动，即使在室内博物馆展厅内，也可以与社区文化建立起多层次的沟通与联系。

“活态保护”的理念

历史街区是城市内涵浓缩的精华，往往具有协调的历史风貌，具有真实的历史遗存，具有传统的民居建筑，具有鲜明的典型特点，反映城市的历史面貌，代表城市的传统特色。对于历史街区的保护，重在整体活态保护。吴良镛教授认为：“首先要把旧城看作‘有生命的整体’（Living Organism），即使是要精心保留的文物建筑，也不能当作‘木乃伊’，而要尽可能地派上适当的用途，即所谓旧建筑再利用（Adaptive Reuse）。整个旧城更不能成为‘博物馆城’，既然是有生命的整体，当然就要有新陈代谢’。但不是大拆大改，而是要走‘有机更新’的道路，这一点道理要明确。”[①]早年陈之凡先生在《剑桥导弓》中指出，许多许多的历史才能形成一点传统，许多许多的传统才能形成一点文化。历史传统是社区文化的宝贵资源，也是社区文化创新的重要基点。从一定意义上说，社区研究是研究整个社会的起点，是社会研究的具体化，而且更加易于把握。社区文化有着静态与动态的双重含义。静态地看，社区文化是一种状态和结果；动态地看，社区文化则是一个内涵不断丰富的历史过程。一个健康的社区必然具有一定的文化传承性和公众参与性，由此也具有一种生命的特征，它是活态的、变化的，有着自己的特色和个性，有着自己的内涵和外延，有着自己的精神和灵魂。

社区博物馆作为一种观念和工具，不仅使人们对文化遗产的保护、研究、展示更加科学，也更加注重过程性，并实现对文化传承过程的保护。任何一座历史性城市的社区都有深厚的历史文化积淀，其中许多文化信息都蕴藏在传统街道中、历史

① 吴良镛：《北京旧城保护研究》，载《北京规划建设》，2005（2）：65。

建筑里。一座文明的城市，一座富有魅力的城市，总是新旧街道、新老建筑的信息相互叠加、和谐互动。“这些传统街道、历史建筑呈现出活态和动态特征，静态的建筑与流动的时间，共同确立了社区的生活方式”[①]。社区是有生命的，生命中充满了故事，随着时间的流逝，故事成为历史，而历史演变为文化。“我们就是我们所讲述的故事的一部分”，这意味着必须面对这一挑战，尊重人们讲述自己文化历程的故事的权力，尊重人们为形成自己社区的文化赋予意义的权力。今天，人们看待文化遗产的目光，不论是建筑的、环境的或景观的，均在不断发生着变化。同时，社区文化动态发展，社区博物馆与社区的关系，不再只是静态的空间关系，而是与所有社区民众生活密切相关，呈现多层面、多方位的复杂互动关系。“而且可以预见，随着财富的积累，物质消费对于生活必需所占比例的不断降低，科学观念的深入普及以及社会的进步，人类生活的博物馆化将不可避免，人类也将更有能力更加生态地、连续地处理我们生活于其中的自然环境与文化成就”[②]。

应更加注重博物馆文化在社区生活中的作用和意义。将文化遗产资源保护与社区文化特色的认知相结合，建构文化空间网络，强调多元化展示和利用。只有将博物馆文化资源融入社区空间之中，与当前的社会生活衔接起来，才能使更多的人认识文化遗产、了解文化遗产，才能实现有效保护。生活在一个健康的社会环境中，可以使人身心愉悦，安居乐业，发挥出最大的潜能，为社区发展贡献力量。同时，良好的社区文化也有利于保持社会的稳定，缓解各阶层的矛盾，加强凝聚力，促进人们之间的沟通和交流，为社区发展节约许多社会成本。任何社区都存在着传统，既包括一般意义上的文化传统、生活习俗等，也包括社区发展历程中可歌可泣的精神文化，这是社区赖以存在的精神支柱，鼓舞、激励着社区民众的生存意志，而且在很大程度上成为社区民众共同的文化心理。社区居住品质的提升，不但包括作为生存需求的物质空间提升，而且包括作为心理需求的文化空间的提升。人们创造了有形的社区，社区反过来又以无形的方式陶冶人、塑造人。社区民众的价值观念、

① 海伦娜·弗里曼:《没有围墙的博物馆》，载《国际博物馆》，2006（2）：55。
② 曹兵武:《生态博物馆谁的生态？贵州生态博物馆国际论坛参会笔记》，//《2005·贵州生态博物馆国际论坛论文集》，第 261 页。

思维方式、道德水准、社会风尚等因素是社区文化建设的综合反映，也是社区文化建设发挥作用的过程与结果。宜人的居住空间应包括便利的生活网络和良好的社会空间，这些取决于完善的公共设施建设和和谐的社区居住环境营造。

为此，应努力保护社会成员的生活网络，包括对历史街区基础设施的完善和居住环境的改善，并使生活环境改善的范围能够覆盖更多的社会群体。今天的博物馆面前还有许多挑战，这与本地区建立新形式联系是分不开的。社区是一个复杂的动态系统，是物质、社会、环境和经济等因素演进发展的结果，同时也在推动这些因素之间的相互关系的发展。一些社区博物馆在创建之初，馆舍往往利用当地的历史建筑或空置建筑加以改造而成，而不是为了设立博物馆的目的，首先着手兴建馆舍，虽然这些历史建筑或空置建筑，存在展示空间不适和活动容量有限的问题，但是由于所选择的地点位于社区中心或当地居民易于利用的地方，又是社区民众有着共同回忆的历史空间，可以增强居民的凝聚力和向心力。另外，由于缺少永久性的博物馆藏品，因此，社区博物馆是以当地居民为主体，而非陈列展品为主体，使社区博物馆得以实现“以物为中心”向“以人为中心”的转变。一些社区博物馆为了举办专题展览，向当地居民征集展品，这些从各家各户汇集的展品，“来自使用的人，而非独立于人之外”，有着来自现实生活的热度和气息，格外受参观者的欢迎。在展览结束后，再将各家各户的展品归还，这些做法使人们认识到自己身边文物的价值，以及它们对于自己生活的意义。

“自我保护”的理念

民众是社区文化的创造者，社区文化的保护应由民众参与。当地居民与社区之间有着独特的精神与物质联系，对于居民来说，社区与他们的知识系统存在着密不可分的关系。民众是社区的主人，也是社区记忆的主体。“一个城市的形象取决于人们对她的历史记忆。”城市规划学家林奇说，“城市可以被看作是一个故事、一个反映人群关系的图示、一个整体分散并存的空间、一个物质作用的领域、一个相关决策的系列或者一个充满矛盾的领域。”[①]每一位曾经在本社区有过重要活动的文化名人，每一件曾经在本社区发生过的重大历史事件，都应成为珍贵的社区记忆，如果将文化名人对社会的贡献，历史事件对社区产生的影响，展示给社区民众，能够使社区民众了解和认识本社区的光荣历史，从而生产自豪感。不仅如此，社区博物馆还要从各方面了解社区民众的需求，积极满足社区民众的需求，适时推出各类有意义的活动。社区文化通过对个人思想和情趣的净化、对心理及行为的渗透影响居民的素质，正如人们肯定环境对人的影响一样，文化对人的发展也有移默化的作用。而且，由于社区是人类聚集的一种方式，个体行为特征会在发展中形成群体性，社区文化不仅有助于提高市民的个人素质，也对形成良好的社会风气有很大的作用。

社区是人们聚集的一种形式，人们在这个特定的区域里相互交往，相互影响，以社区为归宿地，形成眷恋感和依附性，这便是民众的社区意识。民众不仅是社区的主体，也是文化的主体。几乎所有的博物馆都位于一定社区范围内，并与社区发生着不同程度的关系，但是不能因此将它们一概称之为社区博物馆。社区博物馆强调博物馆的范畴以社区民众为主。社区博物馆应被理解为是属于社区民众的博物馆，例如由社区民众或社区组织出资兴办、利用社区内的传统建筑作为博物馆用房、藏品或展品来自社区民众的捐赠或征集等，但是更为重要的是，社区博物馆由社区民众管理，由他们组织活动、参与活动，使社区博物馆在社区日常生活中，如同生活基础设施一样，发挥着实质性作用，成为社区公共服务体系的重要组成部分。社区博物馆一方面乐于接受来自社会各界的帮助和指导，例如来自地方政府的扶持、来自大型博物馆的专业指导、来自有关机构的资助等。另一方面也积极向社会提供开放服务。但是社区博物馆更强调社区民众的参与和社区文化的自我展示。在这些方面，社区博物馆与由政府投资兴建、政府出资运营、配备正式公职人员维护管理、与周围社区民众没有必然联系等情况，形成鲜明的区别。

---

① 凯文·林奇:《城市形态》，林庆怡，等，译，北京，华夏出版社，2001。

社区博物馆中居民主导及参与的概念非常重要。如果不考虑与之相伴的生活群体，不考虑他们的生活方式和态度，不把社区民众作为文化遗产保护中的积极力量进行整体考虑，社区博物馆的建设将失去意义。社区博物馆发展的真正难点，在于如何使当地居民切实加入社区博物馆的建设中来，如何共同承担起传统文化保护与传承的艰巨任务，这将在很大程度上决定着社区博物馆的成败。“如果它们具有关于社区历史和发展的基本知识，如果他们时刻意识到自己是社区的一员，那么他们会感到更有信心”。“社区是人们的安居之所，需要知识和尊重，需要启发心智”[①]。一方面，社区博物馆的发展关键在于当地居民社区意识的形成，使当地居民能够在自己所生活的土地上熟悉自己，也唯有通过社区民众的主动参与，社区博物馆才可能成功。另一方面，社区民众拥有保护文化遗产的权利，通过社区博物馆，社区民众自己能够决定保护什么和如何保护，更加有效地使居民能够实现在时间和空间中的自我价值。新的文化遗产保护理念激发了各地政府的保护与传承热情，而这种热情又需要通过社区民众的积极介入体现出来。由于社区博物馆的建立，使当地居民能够实现愿望、自我体验，并按照自己的意愿进行保护与弘扬，由此增加了社区民众的自信心和自豪感。

对传统意义的博物馆而言，是“历史物质证据收集、保存和展现的场所”，而社区博物馆用综合和历史的方法来接近社区民众物质生活、精神生活的各个方面，包括了可移动和不可移动、物质的和非物质的文化遗产资源，更多地关注活态遗产的承传。因此社区博物馆除了陈列展览以外，还经常通过博物馆文化活动等形式来实现文化功能，这些形式都是鲜活的动态的社区文化组成部分。社区博物馆的文物藏品也不只是艺术品、出土文物和宗教纪念品，还包括与社区传统文化、地域文化、民族文化有着更为复杂联系的传世物品。社区博物馆强调文物藏品对社区民众的意义，对区域社会和生活发展的意义。这些文物藏品保存在社区博物馆，与保存在一般博物馆的意义不尽相同，因为它们与社区文化中的人物或事件有关，在原生态环

① 海伦娜·弗里曼:《没有围墙的博物馆》，载《国际博物馆》，2006（2）：55。

境中进行研究和展示，这些文物藏品的真实性和完整性，以及特殊意义可以得到最佳表达和说明，可以对社区的文化凝聚力和信仰体系产生重要的影响。社区博物馆的陈列展览语言也有其独特性。P. 瓦勒里（P.Valery）认为，艺术作品一旦放在博物馆中，就失去了它们的即时性、独特性、内在性和自律性等最初的实际意义，就不可能引领参观者到达一个新的境界。而在社区博物馆中，陈列展品尽可能地恢复现实功能以及与社区环境千丝万缕的联系。

“开放性保护”的理念

近年来，博物馆概念的深化与功能的扩展，使博物馆由单纯静等观众上门的参观场所，成为社区文化中心，成为介入民众现实生活的有力组织。这一理念使博物馆更加开放，也更多地参与社会发展。随着文化服务功能的逐步完善，博物馆不断超越自我，拓展着文化传播的空间。今天，越来越多的博物馆积极地参与到社区文化塑造和社区环境优化的过程之中，努力使自身成为促进社区文化建设的特殊阵地和宣传社区文明成就的重要窗口。虽然社区博物馆的参观者来自不同的地域，但是事实证明，博物馆对本地观众的教育作用最为直接、最为有效。社区博物馆作为社区文化中心，要充分发挥对社区的教育作用，就必须具有对社区民众的持续吸引力，应该能够吸引社区民众持续来馆活动，使参观博物馆成为他们一种经常性的文化习惯，只有这样社区民众才能受到持久的熏陶，对其审美心理才能产生深刻影响。这就要求社区博物馆必须采取各种措施树立自身在社区中的形象，树立自身在民众中的威信，采取各种措施满足社区民众在精神文化方面的需求，使其真正成为社区民众关注的对象，成为他们的贴心朋友。今天，社区民众需要追溯历史渊源，明确自我身份。社区博物馆要响应民众这一文化需求，为社区民众讲述身边文化遗产的故事，使他们获得和增强归属感。

H. 格林希尔（H.Greenhill）指出：“我们从前（现在仍是）以建筑来想象现代博

物馆，而未来的博物馆则是以过程或经验来被想象的。”“也就是说，当我们想象现代博物馆，脑海中浮现的多是雄伟如希腊罗马式的建筑物，而后博物馆则逾越博物馆之墙，融入社区的空间与关怀之中。”社区博物馆是指一个特定的文化社区，是一个没有围墙的博物馆。历史文脉是社区中最具代表性的因素，是社区文化的灵魂和根基。历史文脉在社区自然生态和文化生态的长期演变中形成与发展，代表着社区不可复制的历史，体现着其他社区难以模仿的品位。城市的自然景观、生态特色、空间布局以及建筑风格、传统民居，均是历史文脉的有形载体，与此密切相关的物质与非物质文化遗产是历史文脉最重要的体现。社区博物馆应尊重社区历史，延续社区文脉，保护由传统文化、经济社会、自然环境以及风俗习惯等因素构成的社区个性；社区博物馆应满足社区民众的生理、心理、行为、审美、文化等各方面需求，达到安全、舒适、愉悦的目的；社区博物馆应注重宜人的尺度，增强空间的亲切感和认同感；社区博物馆应考虑空间形态的多样化，满足不同阶层、年龄、职业、爱好和文化背景的参观者需求与活动规律；社区博物馆应强调参与性，环境设施不仅应具有观赏性，更应创造条件让人们参与各项活动，使审美、参与、娱乐等各项功能相互渗透与结合。

现代城市多被分为若干相对独立的区域。社区即是一定区域内的社会生活共同体。社区文化则一定区域内市民自发形成和逐步发展起来的一种共同体文化。社区文化往往是由当地居民广泛参与，形式多样、内容广泛，最为民众所喜闻乐见的文化活动。社区博物馆寻求以一种永久的方式，在一片特定的社区中，伴随着当地居民的参与，保证文化遗产保护、研究与展示的功能，强调自然与文化遗产的整体性，以展现其代表的社区环境及传承下来的生活方式。社区博物馆是向外界展示社区文化魅力的窗口，向全社会展示本社区在历史发展进程中留下的珍贵文化财富，以及它们的现状，成为不同文化之间相互理解、相互尊重的重要渠道。社区博物馆是在全球化趋势下，保护与传承地域文化的一种博物馆新概念和新方法。同时，社区博物馆为其他类型的博物馆提供借鉴，使更多的博物馆将服务社区作为重要职能。社区教育是社会教育的基础，是社会教育的重要组成部分。博物馆社区教育，是博物馆教育系统中不可缺少的重要组成部分。今天，在不少城市，博物馆已经成为社区教育的重要机构。博物馆适应社会形势发展，将流动展览办到校园、工厂、公共场所等人群聚合较为集中的地方，深入社区基层，方便人们参观，通过加强与公众的沟通，更加广泛地发挥自身宣传教育的功能。

不断进化的博物馆文明，对营造社区文化氛围和提高社区文化底蕴有着独特而重要的作用。社区博物馆应该成为每位社区民众的“终身学校”，是“生动的百科全书”。社区博物『馆可以帮助社区民众直观地认识和了解自己社区的传统文化，了解社区成长和发展的历史，使人们更加关注社区文化的发展进程。当地居民通过社区博物馆的建立，更加了解所处社区的历史沿革、自然环境、文化景观，发展成为自发的保护行动，使社区文化遗产的保护拥有更加坚实的社会基础，从而更加完整地保留历史文化街区、传统民居建筑以及各类物质与非物质文化遗产。F. 科泰（F. Cortoi）指出：“博物馆，尤其是常趋向于以建筑为中心的城市博物馆，需要认识到这一点，并学会扩大城市内部的关联范围以提高运行效率，譬如，与当地社区协作、将城市的部分地区转换成活生生的博物馆，让参观者更深刻地感受其呼吸与脉动。”[①]现在的社区已经不仅仅是生活社区，还扩展为经济社区和文化社区。这就要求博物馆的社区角色功能在时间和空间上不断延伸，以便适应文明发展的需要。博物馆要更好地参与社区建设，必须明晰其社区角色内涵，强化其社区角色定位。从博物馆与社区的关系看，博物馆应当是本社区文化及其社会生活不可或缺的组成部分，不论其规模大小，都应具备学习、娱乐、休闲的理想环境。

“发展中保护”的理念

社区是一个有机的生命体。社区的演化和发展是一个生命体的成长发育和有机

① 弗朗索瓦·科泰：《博物馆：城市之脉动与激情》，载《国际博物馆》，2006（2）：43。

完善的过程。社区博物馆应面对不断变化的形势，积极开展社区研究。通过社区研究，可以对社会变革进行典型调查，探索社会发展的普遍规律以及共同特点。通过社区研究，还可以了解社区的地域特点，因地制宜地进行改革和建设。社区博物馆所研究的空间和时间要素，具有历史延续性，来自历史，经历现在，面向未来，立足于不使社区文化在某一个时刻终止或断裂。要尊重社区内在的遗传基因，顺应社区生成机理和发展规律，在改造与完善中，有机更新，有序发展，使其生态环境不断优化、服务功能日趋完备、文化韵味更加浓郁。保护文化遗产是社区建设中的重大课题。文化遗产在社区建设中焕发着穿越时空的悠久魅力。社区中的物质与非物质文化遗产见证着社区的生命历程，保持和延续着社区文化，并促进城市肌体的健康发展，同时也赋予了人们真切的归宿感与认同感。精心呵护文化遗产，维系历史文脉，留住社区记忆，是人们生存发展的心理需求，也是当代人对祖先和子孙的责任。今天，社区的发展已经进入注重文化价值和文化特色的新时代。历史是城市之根，文化是城市之魂。人类理想的家园，不仅要有现代文明，还应当有历史积淀。一个有吸引力、有魅力的社区，不在于形象奢华、铺张，而在于它的文化底蕴。

社区博物馆应主动参与社区内的各项活动，社区民众也就会主动参与社区博物馆的各项活动。社区博物馆虽然不可能解决当前社区面临的所有重大问题，但是，应该成为促进社区发展而采用的一种有效手段。通过社区博物馆对社区文化的广泛覆盖和深层渗透，为实现社区的文明发展、科学发展和和谐发展服务。在城市文化建设中，社区博物馆应起到各种文化融合和催化作用，成为促进多元文化相互理解，鼓励多元文化交流对话的重要渠道。社区博物馆应积极响应社会发展需求，努力成为社区民众实现发展的有效工具。只有当博物馆深入社区、关心社区、服务社区时，才能得到当地居民的信任与关注，才能获得新的发展动力。在社区博物馆发展过程中，必须高度自觉地关注当地居民的生存与发展，关注当地居民的权益与尊严，追求文明与富裕、科学与时尚、发展与和谐，营造比以往任何时候都更加充满幸福感，都更加拥有凝聚力的社区生活。社区博物馆应在与当地居民的互动中，成为社区发展的文化支点，在丰富社区民众文化生活的同时，积极发挥教育、团结、激励、凝聚、娱乐、审美等多种功能，在潜移默化中陶冶社区民众的情操，进行热爱自己所生活的城市、热爱社区、热爱自然、热爱生命的教育。

科学技术正在日新月异地发展，社会环境正在经历着深刻的变革，这些都使得社区结构变得日益复杂。面对日益纷繁复杂的局面，社区的未来景象越来越呈现出非确定性的特征。文化遗产保护是一种文化积累，有文化积累才有社区文化有价值的发展。没有文化积累的发展只能是一种无序变化，而不是发展。反之，没有发展也就谈不上文化积累，拒绝发展的积累将意味着文化遗产的死亡。没有积累的保护，

品味东四艺术作品展（2006 年）

只能叫保存，保存可以发生在传统博物馆，但是不应该发生在社区博物馆。没有不需要发展的单纯的文化遗产保护，也不会有完全离开文化遗产保护的发展。社区博物馆不是要求人们完全回归传统生活方式，而是从生长的地方寻求文化的根源，思索如何面对未来，向"现有的高度物质文明，缺乏人性的生活环境挑战"。社区博物馆的根本立足点在于保护和发展社区的文化遗产，维护和提升社区的传统文化，改善和丰富社区的文化生活，使社区博物馆真正成为提高当地居民文化生活质量理想方式。社区文化应该是每位社区成员都能够自觉认同、接受和实践的生活理念与价值标准。但是，社区文化不可能一成不变，变革与开放、多样与融合，将是新时期社区文化的特征。因此，社区博物馆必须不断调整发展策略，关注自身社会功能的发挥。

社区博物馆要适应全球化、信息化、知识经济等宏观条件对城市发展的影响，创新工作思路，适应所在地城市发展目标、发展机制和发展动力的调整，及时掌握当地居民年龄构成、文化素质、生活方式等变化，据此制定工作目标和工作任务。同时，应根据城市化对人口、经济、文化等与社区博物馆发展密切相关因素的影响，争取政策、行政、资金、信息、培训等方面的支持，积极参与所在城市的和谐发展进程。社区博物馆对此必须作出全面反映，不仅要切实关注文物藏品的收集和文化遗产本体保护、研究，更要从博物馆展览与公众需求、博物馆活动与城市文化建设的高度进行思考，更多关注社区民众的文化生活，并利用自身优势最大限度地拓展职能。社区博物馆的实践表明，在当今的城市文化建设中，博物馆需要在一种新的、更广泛联系的框架内，重新思考自身的作用和目标。社区博物馆应帮助人们架起现实与历史之间桥梁，发挥认识过去，把握今天，探索未来的重要作用。社区博物馆是全新的博物馆形态，没有围墙、没有边界，表达一种思维方法和行为方式，不断地延伸自己的特色和个性，不断地衍生出新的功能和新的职能，不断地为社区民众带来新的感受和新的惊喜。社区博物馆的构建使社区变成生动的舞台，提高社区文化空间的可读性，强化社区民众与生活环境之间的情感联系。

“可持续保护”的理念

当前，我国绝大多数城市的建设模式，都演变为一种持续的城市扩张，城市建设高速蔓延，不断侵占美丽的乡村和宝贵的农田。然而，现在一些发达国家，在经历了城市扩张所带来的种种弊端之后，开始反思发展思路，倡导重塑人文尺度的社区生活和追求精明成长的城市发展模式，值得深入思考和借鉴。文化生态和自然生态构成一个社区赖以存在的基石，应该把文化生态看得和自然生态一样重要。社区博物馆概念的提出和实践上的推进，是人们文化与自然遗产保护意识觉醒的产物。社区博物馆是为社区民众追溯历史、驾驭现实和创造未来服务的特殊形式的博物馆，可以使当地居民在充分参与过程中，揭示和肯定自己的潜力和方向，提高促进经济社会发展的能力和水平。社区博物馆的展示模式也将使参观者受到印象更加深刻的历史、环境、文化和科学教育，分享交流的乐趣，真正体验现代博物馆的服务宗旨。如果说改善自然生态，是致力于构建环境友好型的社区，那么改善文化生态，则是致力于构建人文关怀型的社区，建设一个环境友好型与人文关怀型相统一的人居社区，才是正确的社区现代化之路。社区博物馆的概念只是一种理论框架，在实践中社区博物馆根植于不同社区的实际，没有固定模式，因地制宜、各具特色、千姿百态。

在当前社会转型时期，传统文化与现代文化的交融，本土文化与外来文化的冲突，使地域文化、民族文化呈现出异常复杂的局面，这就使我国的博物馆建设，担负着保护文化多样性的重任。因此，突破目前博物馆的实践范围，从更广泛的领域，选择有代表性的不同地区、不同要素，作为实施社区博物馆理念的扩展，十分关键。社区博物馆是博物馆理念与工具的一个飞跃式的发展。而且可以预见，随着社会财富的积累，物质消费对于生活必需所占比例的不断降低，科学观念的深入普及以及社会的进步，人类生活社区的博物馆化将不可避免，人类也将有能力更加生态地、持续地处理所生活社区的自然环境与文化成就之间盼关系。一个良好的社区，不仅需要居住环境的硬件配套设施建设，还要更加重视居住社区的睦邻关系、文化氛围和健康快乐、安定舒适的可持续生活方式，倡导“以人为本”的思想理念。社区博物馆所发挥出的强大社会作用，使其被视为城市文明塑造的重要参与者，使其被视为可持续发展的文化要素。在此背景下，社区博物馆应不断适应城市生活变迁，正确认识自身特点、优势及其局限，客观评估生存和发展条件，以创新和包容的态度平和地对待自身实践，这样社区博物馆才可能继续蓬勃发展。

今天，社区既是博物馆的工作背景，也是博物馆工作的对象和确定工作目标的重要参数。博物馆作为社会教育机构，负有促进社区文化环境发展的使命。社区是构成社会的基本组成单位，而家庭则是社会的细胞，社区的面向对象是以家庭为单位的社会群体。在生活水平日益提高的同时，人们更加强烈地关注高尚的精神文化追求。博物馆应该融入社会整体环境的结构之中，服务于社会变革和发展。实践证明，社区博物馆可以将对于经济、政治、社会、文化的考量，引入文化遗产保护研究，将博物馆研究回归时间现场、生活现场，集中展示国泰民安、自然清新、古朴典雅、现代和谐的生态文化。同时，社区博物馆本身具有无可比拟的优势，不断推出陈列展览，丰富民众生活，繁荣社区文化，促进人们文化素质的提高。通过社区博物馆的各项文化活动，社区民众的文化意识、美学理念，不断得到满足，从而契合和提升人们的文化需求，帮助人们扩展文化知识，完善精神品格。社区博物馆应将社会教育功能延伸到社区，使宣传和展览能够真正走进社区，让社区民众更多地熟悉博物馆文化，享受博物馆文化。社区博物馆应经常性地深入街巷、单位、学校以及居民家庭访问，采用发放社区民众调查问卷、提供咨询服务等方式开展调查，了解社区民众需要。

城市不断发展变化，生活在传统社区里的民众也是现代社会的一员，他们的生活质量与城市现代化密切相关，单纯地要求社区民众在快速发展的今天，依然过着与传统物质环境相一致的生活方式，放弃不断改善生活质量的愿望，是不公平的，也不能实现传统社区保护与发展的目的。因此，不论采取何种方式进行传统社区文化遗产的保护，都不能忽略生活其中的社区民众的实际利益。社区博物馆不仅代表着社区文明的进步程度，也反映着社区文化的发展历程。英国政府认为可持续社区“是指人们愿意现在和未来生活和工作的地方，它能够满足现有和未来居民各种各样的需求，对环境的变化敏感，能够为居民提供高质量的生活。它们安全、设施齐全、规划良好、运转正常，并且可以为所有居民提供平等的竞争机会和良好的服务”。“可持续社区议程”在英国影响着社区规划和未来发展，已经成为一个突出的政策主题，与之相关的还有英国博物馆的国家战略性主体，包括博物馆、图书馆和档案馆的重建。英国的博物馆发挥着强大的社会作用，因此它早已成为可持续社区的中流砥柱。可持续社区的宽泛概念和框架，为理解和宣传博物馆对社会的贡献提供了崭新的语境。同样，也为博物馆与城市发展之间更为正式的联系提供了新途径[1]。

10.3 社区博物馆的发展趋势

在全球一体化的时代，任何民族既立足于自己的经济实力里，更立足于自己的独特文化中。中华文化的多样性，决定了我国博物馆的丰富多彩。作为博物馆的一个重要类别，社区博物馆不可能替代其他类型博物馆的存在，也不可能作为今后城市中博物馆的唯一模式。但是必须承认，随着社区博物馆迈出坚实的步伐，必将成为我国博物馆大家庭中的一支重要力量。随着新时期博物馆事业的发展，对于博物馆服务于社区的责任与使命，将不断提出新的要求，社区博物馆也不断面临新的机遇和挑战。

① 邓肯·格鲁考克：《城市博物馆和城市未来城市规划的新思路与城市博物馆的机遇》，载《国际博物馆》，2006（2）：32。

传承社区的集体记忆

社区博物馆理论使博物馆功能和作用发生革命性变化。博物馆已经不是仅仅依靠文物藏品作为工具来教育观众，而是以实际行动回答人们的现实问题，提高人们的生活质量。社区博物馆的理想是使社区民众生活在一个和谐、宁静、优美、舒适、方便的社会环境之中，也就是使每一个人都生活在幸福和快乐之中。社区博物馆将文化活动整合于社区生活之中，并通过鼓励多样化的交流模式，使自身在社区生活的不断进步中得以发展。随着学习时代的来临，将终生学习包括在社区文化的发展中，使人们通过参与博物馆活动获得知识变得更加重要。社区博物馆为当地居民提供了学习和把他们的知识传递给下一代的机会，努力培养出能够对社区文化负责任的新一代居民。社区博物馆应该拥有详细记录社区情况的“资料信息中心”，其主要功能为储存和研究社区文化的相关信息。例如录音记录下的口碑历史、各类文献中的文字资料、具有特殊意义的实物标本、文化遗产资源的普查清单以及其他属于社区文化的物质与非物质遗产。资料信息中心不仅为社区民众保护身边的文化遗产提供广博的知识资源，而且为外来的参观者和研究者提供有关社区文化遗产的珍贵信息。同时，“资料信息中心”利用小型的陈列展览向参观者介绍近期社区博物馆活动情况；为专职工作人员或志愿者提供必要的工作设施；作为社区服务场所，为来访者提供餐饮、会议室等服务。

美国哲学家 R.W. 爱默生（R.W.Emerson）曾经说过，城市“是靠记忆而存在的”[①]。位于英国伦敦的“岁月流转回忆中心”，就是为了透过回忆疗法，保存年长居民对于社区历史和个人经历的回忆，而设立的小型社区博物馆。“在社区博物馆中，公众记忆，是一切工作的基础，社区博物馆依赖它而存在，它是一笔必要的、巨大的、活的遗产”[②]。作为一座拥有 2300 多年历史的文化名城，成都拥有深厚的历史底蕴和文化内涵。成都市提出通过实施“城市记忆工程”，制定《成都市城市记忆保护规划》，将那些浸透着成都历史内涵的老建筑、老街道、老地名等历史文脉保

① 刘易斯·芒福德：《城市发展史——起源、演变和前景》，宋俊岭，倪文彦，译，北京，中国建筑工业出版社，2005。

② 安来顺：《生态博物馆在民族文化遗产保护与利用中的理论和实践价值》，见《2006·中国昆明亚洲博物馆馆长和人类学家论坛文集》，第 155 页。

护留存下来，恢复历史名城的青春活力。首先，开展历史档案资料的征集，向社会广泛征集与成都“城市记忆”有关的文字、图表、声像等历史资料，以丰富城市记忆工程。其次，建立《成都城市记忆工程名录》。在普查市、区文化遗产资源的基础上，将具有突出价值和地域特色的老街区、老民居、老建筑、文物古迹、园林胜景、历史纪念地及名厂、名店、名校等造册登记，建立起“成都城市记忆工程数据库”。第三，抢救拍摄城市现状影像，对城区历史街区现状进行抢救性拍摄，建立起城区历史旧貌照片、录像档案，梳理出《成都市城市老建筑名录大全》，凡是进入“大全”的历史建筑不得擅自拆建[①]。

社区经历漫长的岁月逐步发展而成，正如生命体的发展离不开遗传基因的传递，社区的发展也离不开自身的文化传统。社区民众对于文化传统的眷念，是经年累月由时光和生命交织的情感，并融入社区民众的血液，成为遗传基因，世世代代传递下去。笔者童年、少年和青年的大部分时间，在北京的胡同、四合院里度过，那些温馨时光是值得珍藏终生的美好记忆。胡同、四合院以清晰的街巷肌理平面布局，有序伸展开来，构成历史城区平缓开阔、方正规整的空间形象。街道、胡同、院落、房屋形成公共空间、半公共空间、半私有空间、私有空间的清晰序列。四合院由于庭院的存在，在户内引进自然景观，可以随时感受大自然的风霜雨雪，实现人与自然的信息交换。“那四合院不仅仅是旧时的王府官邸，也不仅仅是前出廊后出厦或进出两院有影壁游廊垂花门外带耳房的标准四合院，却一定是青砖灰檐鱼鳞瓦、天棚鱼缸石榴树的四合院。有了这样的四合院，胡同才有了依托和层次，整个城市才有了人气儿，才会有洁白的鸽儿响起清脆的鸽哨飞起飞落在灰瓦与红墙交织的上空，构成属于北京城一幅独有的画面。才爱登上景山顶，看那起伏而又错落有致的北京城的轮廓线”。李兆汝先生在谈到北京四合院时情真意切，“我确实感觉到它接地气，有一种脚踏实地的感觉，一树一草、一花一木似乎都有灵性，让你可以真切地感觉一年四季的自然轮回”[②]。

---

① 刘桢贵：《四川省成都市，实施城市记忆工程传承历史文脉》，载《城乡建设》，2008（6）：37。
② 李兆汝：《“七号院”四合院修缮的“商业蓝本”？》，载《中国建设报》，2008-12-09（2）。

历史文化街区依托城市整体环境而存在，既要保持她独具一格的历史魅力，也要激活她在现代城市发展中的文化生机。社区博物馆所涉及的不仅仅是保留过去历史的痕迹，而且也涉及展现今日社区文化的面貌。博物馆文化必须融合到社区经济社会发展的大环境之中，以巩固和发展在社区发展战略中的地位。美国艺术人类学家 R. 雷顿（R.Layton）在《艺术人类学》中认为："那些小规模社会中所包含的艺术起源以及早期发展元素在现代文化中仍可以看到。"[①]当地居民是社区的主体，是社区文明的创造者、实践者和受益者，社区的发展不能忽视当地居民的需求。尊重民众，才能尊重民众创造的文化遗存；尊重民众，才能尊重民众创造的生存环境；尊重民众，才能尊重民众创造的文化特色。一个真正拥有活力的社区，应该给予人们鲜活的印象和记忆，但是在轰轰烈烈的城市开发中，人们在追求和享受现代物质文明的同时，往往忽视心理和情感上的归宿和认同，缺少对精神世界的更多考虑，缺少对社区民众生活需求更多的关心。技术现代化导致城市建设可以不注重社区特有的文化面貌、自然环境，盲目开发、盲目引进、盲目模仿其他城市的外表，从而导致社区文化特征的丧失，所形成的"千城一面"城市景观，正在消解着社区文化的集体记忆。

对于社区民众，社区博物馆的建立可以促使他们对所处的自然环境、人文环境的理解和尊重，并进行自发保护，从而完整地保留社区的自然风貌、文化遗存、生存智慧、风俗习惯等。虽然全世界都知道胡同、四合院是北京文化的标志，但是如果不加以妥善保护，若干年后，什么是胡同、四合院，胡同、四合院中的生活如何，恐怕没有多少人能够回答得出。事实上，今天居住在北京历史城区中的大部分居民，已经无法体验真实的胡同居住方式，感知真正的四合院生活，从而也无法与胡同、四合院建立起犹如血脉般的亲密感情。然而，当成片的历史街区从城市的版图上消失后，人们才感受到，消失的不仅是胡同、四合院，而是世世代代社区民众的人文传统和生活模式。"不知从什么时候起，怀旧情绪开始在社会上蔓延。既然在四合院

① 彭兆荣：《"第四世界"的文化遗产：一个艺术人类学的视野》，见《2006·中国昆明亚洲博物馆馆长和人类学家论坛文集》，第 246 页。

里生活有诸多的不便和不爽，可如今住在冬有暖气，夏有空调，不出家门就能如厕洗澡的干净楼房里的人们，怎么反倒留恋怀念起‘苦日子’来了呢？人们在饿肚子的时候是不大会想到营养的，天天大鱼大肉，难免就想吃些粗粮，在物质生活相对满足的今天，人们开始追念起那些普通平常但已经找不回的日子。有关四合院里生活的回忆当然不乏温馨和乐趣，不然人们怎么能够一味沉湎于过去。”①

东花市社区博物馆是北京首个社区博物馆。早在清代康乾盛世时期，花市就是著名的手工艺品制作与销售集散地，手工业的“五行八作”十分发达。目前花市地区仍然生活着不少优秀的民间艺人。然而随着生活方式的变迁，一些手工艺品和民间艺人逐渐退出了人们的视线，有的甚至已经艺绝人亡。2008 年，东花市社区建起约 3000 m^2 的社区博物馆。东花市社区博物馆强调地域文化特点，收藏有数百件老北京民间手工艺品。馆舍包括综合展厅和绢花、绒鸟、料器、葡萄常等特色展厅，还设立了绢花、插花工作室，以高度凝练，的形式，集中了东花市社区的文化资源和创作精华。社区博物馆的设立，还为学习传统技艺和展示民俗作品搭建起了平台，社区民众可以在这里学习传统工艺制作，在这里与历史对话，与文明携手。此前，东花市社区曾组织下岗职工、残疾人和感兴趣的社区民众学习绢花制作，但是没有合适的场所，培训条件十分艰苦。如今，社区博物馆成为当地居民学习传统技艺的工作室，担负起守护和传承社区民间非物质文化遗产的重任。“在以前，很少有人会想到用一家博物馆把一个地区的民间艺人聚在一起，并展示给大家。从这家博物馆敞开大门的那天起，我们已经走出了继承传统并还艺于民的第一步。”②

在美国，一些城市采取以社区为基础的教育方法，以此引起人们对社区问题的关注。下东区是美国最著名的移民区域之一。在历史上曾经是欧洲移民的家园。在 1830–1930 年的 100 年间，几乎每一位来到纽约的移民，至少在一段时间内都住在下东区社区的廉租公寓楼内。新移民们之所以被吸引到这里，是因为他们承租公寓住所的能力有限，而这里是人们能够负担得起的城市住房选择之一。如今，下东区

① 陈永领：《精神四合院》，载《北京晚报》，2008-02-24（25）。
② 祁梦竹：《崇文兴起社区博物馆群落》，载《北京日报》，2010-04-16（8）。

社区主要是流动人口中劳动阶层的聚居地，居住着来自中国、多米尼加、波多黎各等国家的移民。然而，下东区社区的魅力在于它能够超越国家、语言、宗教信仰，把人们联系在一起，使这些廉租公寓楼成为一代又一代移民的共同经历。“现在，世界范围内越来越多的国家正在目睹着空前规模的移民大潮涌入到它们的城市中来，如何应对这个问题深深地困扰着它们。因此，下东区作为首批面临这种大规模移民注入的地区之一，它的故事就有了全球范畴内的重要意义”。下东区社区决定从一个典型的地点开始发掘移民故事，这就是坐落在下东区中心果园大街 97 号的廉租公寓。这是一座建造于 1863 年的五层复合式住宅，也是在 1964—1935 年间，大约 7000 名移民居住过的家园。此后这座廉租公寓被关闭，长期无人入住，直到廉租公寓博物馆获得了它的使用权。

成立于 1988 年的下东区廉租公寓博物馆，即是一座实行以社区为基础的教育机构，鼓励不同背景的社区民众参与其中，就社区存在的问题进行对话。特别是通过介绍下东区社区的移民文化，解释居住在此的流动工人经历，以增加人们的宽容态度，改变对下东区社区的传统观念。下东区是现代服装产业的诞生地，今天这里仍然有相当数量的服装商号，而其中一些被视为“血汗工厂”。廉租公寓博物馆的主题之一是“在服装产业的移民”。时至今日，廉租公寓博物馆已经确认 1700 个左右曾经居住在这所公寓大楼内的住户，而且重新维修了一些移民家庭的旧居，这些移民来自不同的国家，拥有不同的背景，属于不同的阶层，有着不同的经历。试图通过典型家庭的视角，对老移民经历和新移民经历进行比较；通过由专人向参观者讲述这些家庭的故事，试图涉及一些存在久远的社会问题；通过陈列展览，听取录音等方式，了解业主、生产者、顾客和管理者等对下东区社区的不同看法；通过一边讲解一边提问的方式，使参观者根据已有的知识、信仰和观念来回答一系列问题；通过提供公共论坛，让参观者进行交流与思考。廉租公寓博物馆鼓励社区民众在自己生活的社区里，加入各项活动和讨论中来，分享不同的观点，讨论不同的经历，探究解决社区存在问题的方法和措施，批判性地审视复杂的社会问题，用积极的方法来解决社会问题[①]。

20 世纪 80 年代，改革开放启动了中国经济快速发展的车轮，深圳市是改革开放的前沿阵地，也是产生外来劳务工最早和最多的城市之一。截至 2007 年底，深圳市有 800 多万外来劳务工。一批又一批劳务工汇集在深圳这片热土上，开始了充满理想主义精神的打工生活，同时也在铸造着现代文明[②]。为了展现这一特殊文化现象，铭记劳务工所作出的历史性贡献，表示对城市开拓者的铭记与尊重，2008 年，深圳市和宝安区政府，依托成立于 1978 年 12 月的深圳第一家“三来一补”企业石岩上屋怡高电冶厂旧址，建立起全国第一家展示劳务工历史的博物馆，即“深圳（保安）劳务工博物馆”。博物馆征集收藏了企业创办时期的原始文件以及有关中国第一批劳务工的珍贵史料、实物[③]。目前博物馆已征集到各类文物 2000 多件。今天的实物就是明天的历史。“随着社会的发展，劳务工在未来的某一天必将成为历史，先见性地保护和征集劳务工文化史料、史物，筹建劳务工博物馆，征集、收藏并展示劳务工群体各类工作及生活见证物，全方位、多角度反映劳务工生存状况及贡献，承担并组织劳务工课题研究，对劳务工现象及其社会问题进行深入细致的分析，有着重要的历史意义和现实意义。同时，修建一座纪念劳务工的博物馆，通过重温劳务工当初的奋斗足迹，让后人铭记他们的一切，不仅是记忆，更是一种历史责任[④]。

挖掘社区的文化资源

我国社区博物馆的发展虽然尚处于探索阶段，但是近年来各地发展社区博物馆的积极性持续高涨。由此可以看出，社区博物馆的发展，有着宏阔的社会背景和积极的时代意义。社区博物馆是社区发展的重要文化力量。随着生产力水平的提高，人们的世界观、价值观、道德观必然逐渐改变，对社区民众的现代教育，是社区发展的需要，也是社区博物馆发展的需要。在欧洲的历史街区中，当地居民并不以社

---

① 玛吉・鲁塞尔－恰尔迪：《城市环境中以地区为基础的教育》，载《国际博物馆》，2006（2）：71。
② 杨洪海：《“劳务工”——让历史铭记他们》，载《中国文物报》，2008-04-25（8）。
③ 孙明：《劳务工文物的征集》，载《中国文物报》，2008-04-25（8）。
④ 庄礼幸，李瑞娜：《深圳建成首个劳务工历史博物馆》，载《中国文化报》，2008-03-30（3）。

区形象不够现代而不安，而是以保持传统生活而自豪。为了妥善保留城市发展的脉络和原貌，在柏林市的历届政府里都保留有一份历史遗迹的清单，根据这份清单，城市中相当完整地保存了许多80~100年以上的历史建筑，任何公司或个人只有对这些建筑内部进行改造的权利，而不能擅自对历史建筑的外观进行改造。同时，柏林市对城市文化和文化遗产保护持有宽容的态度。由于历史的原因，柏林的东西部分分隔了50年，原东柏林和西柏林早已按照自己的城市规划思路建造了各自风格迥异的城市建筑。东柏林保留了大量“火柴盒”般的东德时期建筑，尽管这些建筑与西柏林古典优雅的建筑风格并不协调，但是柏林市认为：“保留100年来城市发展的脉络和原貌，尽管这可能在风格上有点冲突，但不要紧，这也是历史的一部分。”①

社区形象是自身所蕴含的历史文化积淀的客观反映，而非矫揉造作在短期内即可以造就出来，随着历史的推进，社区形象在历史文化不断积累的过程中逐渐显现出来。L芒福德在《城市发展史》中采用了我国宋代《清明上河图》的景观图片，他认为这幅画充满生活气息，“所显示的那种质量：各种各样的景观，各种各样的职业，各种各样的文化活动，各种各样的人物的特有属性——所有这些能组成的无穷的组合，排列变化”。从人性与自然的回归意义上，我国传统城市的某些文化特质，值得今天的城市建设所汲取或传承。张鸿雁教授认为：“历史的载体不是在教科书中，而是在有质感、有形体、有生命痕’迹的社区里。不同的社区面貌、街道景观，是人们区别、认识不同社区形象最直接的途径。一个社区尤其要注意保护建筑文脉延续中的标志性建筑。因为建筑遗产有多方面价值，如历史价值、科学价值、文化价值、实用价值和情感价值。特别是情感价值的作用，它主要包括文化认同心理、历史延续感、国家责任感、精神象征感、意识凝聚力、宗教崇拜等，核心是‘文化认同’。也就是说，社区建筑环境与民众的社会生活密切相关，在城市物质与社会环境中不时地传递着审美信息，影响着人们的精神气质和审美情操。”②

我国历史性城市的社区，大都不缺少历史，不缺少文化，然而真正缺少的是对

① 严葭淇：《理想城市什么样》，载《中国文化报》，2008-11-04（8）。
② 张鸿雁：《城市形象与城市文化资本论——中外城市形象比较的社会学研究》，南京，东南大学出版社，2002。

历史的挖掘，对文化的唤醒。由于每个社区所在不同城市以及位于城市中不同位置，因此所发挥过的历史作用以及正在发挥着的现实作用不同。一些过去曾经精英荟萃、影响深远的社区，现在看来平淡无奇，然而随着时代的发展，其文化价值逐渐凸现。例如在北京的菜市口社区总面积 44 hm^2 的范围内有胡同街巷 32 条。在明代永乐以来的 600 年间，先后云集了近 500 座会馆。当年参与编纂《四库全书》的 4200 多位清代文人曾多在此地的会馆居住，遗留至今的名人故居就有 69 座。在天津的五大道社区，有着英、法、意、德、西班牙等各国风貌建筑 230 多幢，名人名宅 50 余座。在当时动荡的社会背景下，这些显赫一时的住户希图安逸，不事张扬，房屋以不超过三层为主，实体院墙，隔院临街，繁茂的花木掩住门窗，深邃、幽静的私密性氛围，构成五大道社区的文化特色。在南京的颐和路社区，20 世纪 20—40 年代，先后建造了约 1700 座花园式住宅，总面积 69 万 m^2，平均每户达 400 m^2，千姿百态的花园式楼房，成为社区民众传统生活方式的集中体现。在厦门的鼓浪屿社区，近代建筑群由美国领事馆旧址、汇丰公馆旧址、亦足山庄、寂庄花园等 19 处共 28 栋保护建筑组成，范围涵盖全岛，形成鼓浪屿的特色文化景观。

海南，从唐宋时代起与南洋就有交通贸易往来。由于频繁的商业活动和航海运输业的不断发展，海口民众不再满足于原地经营，纷纷走向更远的世界。20 世纪 20 年代，海南热情邀请海外华侨回乡投资兴业。于是一批批琼籍归国华侨，或衣锦荣归，或落叶归根，纷纷在海口建基立业。他们效仿南洋建筑风格特色，建成一幢幢骑楼式建筑，用于商用和居住，家家户户所建骑楼式建筑逐渐连接形成街道，成为“公共走廊”，一条条骑楼街道又构成大片繁华的骑楼街区。据《海口文史资料》载“仅二年，争相修建有骑楼的新式楼房计 800 多幢，使海口面貌焕然一新”。一幢幢饱含岁月沧桑的骑楼，镌刻着百年以来的文化印迹，串联起海口变迁的历史，是海外华侨集体记忆的共同载体，凝聚着社区民众的思想和情感，向人们展示出海口民众善良、坚韧、执着的精神和气质，这种精神带有博大和宽阔，这种气质充满传奇和神秘。海口骑楼老街，是现今国内骑楼建筑保留规模最大、保存基本完好、极富中西特色的历史文化街区。今天，骑楼老街被命名为“中国历史文化名街”受到保护而免于拆毁，对海口来说是城市中心区最后保留下来的具有文化意义的传统商业空间，是海口市民共同拥有的引以为自豪的文化财富，今后也必将成为海口城市建设的重要文化地标[①]。

今天的城市建设，不应该仅仅是追求物质利益空间的过程，更重要的是构筑温馨包容的社会文化载体。在漫长发展过程中，所形成的社区文化特征弥足珍贵，应该得到妥善保留，因为这些社区是现代人理解城市精神和寻找归属感的源泉。仅从短期经济发展的角度衡量，在寸土寸金的新加坡，建造高楼大厦远比保留传统社区的低矮房屋更具经济效益。但是，传统社区所蕴藏的珍贵回忆和共同情感，却是建构一个国民归属感的必要条件，一旦失去将无法取代。只有保留传统社区的街巷肌理、商业氛围，以及社区民众交往空间等，才能使社区文化的延续和发展成为可能。新加坡政府将这一思想作为社区文化保护的基本策略。新加坡河北岸的克拉码头曾是造船与修船中心，密集分布着低矮的货仓和店铺，1983 年货运驳船迁离新加坡河后，良好的地理区位条件，使克拉码头周边迅速高楼林立，对于市中心滨河沿岸所留存的历史建筑，新加坡政府并没有将其拆除，重建更具经济价值的商务办公设施，而是将这里的数十座货仓和店铺，保护性再利用为独具特色的餐馆和酒吧，如今，克拉码头成为附近金融区职员和国外游客最爱光顾的休闲去处，成为该社区的重要文化特征。实践证明，重新认识与全面发掘传统社区独有的特征与个性，并予以强化，可以为将来的谨慎发展提供指引。

非物质文化遗产虽然是无形的，但却是客观存在，同样占有着一定的文化空间。它们以口述、表演、技艺、文字等形式存在，除音乐、戏剧、绘画、书法等内容外，还有各类文化活动等。近年来首都博物馆推陈出新，不仅仅停留在对古代文物的重视上，也开始记录北京近现代城市发展进程，例如声音的收集与展示，成为一个新

① 张丽珍，李先军:《保护城市的历史记忆》，载《中国建设报》，2009-12-15（3）。

的研究课题和工作方向。首都博物馆特别录制、采集了一些能够代表老北京文化、极具北京特色的声音，并且对这些为人们熟知和喜爱的声音进行了整理，按照《胡同的一天》《四季的声音》等主题进行展示，使参观者在博物馆的环境中，不仅可以观赏历史，还能够倾听历史。走在首都博物馆地下一层的展示空间，耳边时而传来老北京的特色声音，例如有轨电车的汽笛声，走街串巷商贩的吆喝声，邻里街坊的寒暄问候声，用丰富多彩的声音，展现出北京城市的风貌和日新月异的变迁。同时，选取了一些声音在民俗展厅中展示，使观众仿佛置身于老北京的大街小巷，耳边不时传来胡同中的鸽哨、磨剪子的吆喝声、各种货摊的叫卖声，无形中渲染了展厅的气氛。这一保护声音资源的尝试，也是对非物质文化遗产的保护。

现代社区文化具有非常丰富的内容，包括历史、艺术、教育、科技以及市民文化素质，其中文化遗产资源是一个社区最宝贵、最独特的文化优势。作为一种难以复制的稀缺资源，文化遗产为社区文化的繁荣发展提供了永不枯竭的艺术养分。张颐武先生对社区文化进行过仔细观察，对街头文化有着深刻理解，“街头是城市的血脉，都市的文化正在街头展开，许许多多的生活故事和生命的旅程也在街头发生”。“现在有三股力量在街头存在。一股是以老人和城市的本地居民为中心的，以秧歌、京剧形式将传统的民间艺术转化为街头文化的‘老式’街头活动。一股是以都市年轻人为中心的街舞、滑板等具有青少年青春气息和时尚文化特点的街头文化，它们往往有点反叛正统的特色。另一股则是以安静的街边的星巴克等为特色，以白领和自由职业的中等收入者为消费群体，以‘咖啡’为中心的观看式的街头文化。三股力量一方面是平行线般地互不相扰，另一方面却也难免相互竞逐优势”。“城市不可能绝对光洁和绝对平滑，它需要有一些褶皱，需要有一些本地特色和本地的情怀”[①]。今天，人们需要在城市中、在社区里感受更多文化活力，体验更多真实情感。城市文化属于广大市民，社区文化属于当地居民，对于人们的多样性需求，应给予更多的宽容和理解。人们不仅仅需要充满现代感的城市氛围，也需要来自社区

---

① 张颐武:《街头情怀是城市的窗口》，载《解放日报》，2007-04-10（13）。

民众文化生活的特色展现。

澳门从明朝中叶开始直到鸦片战争，是南中国最重要的对外开放港口之一，是西学东渐、东学西传的主要桥梁，亲临其境地见证了东西方文化长达 4 个多世纪交会融合的历史。这段漫长的历史与不凡的经历，使澳门积淀了深厚的文化底蕴。“澳门历史城区”方圆仅 1 km^2，以旧城为中心，通过相邻的广场和街道，串联起 24 处历史建筑群，成为我国境内现存历史最古老、保存最完整、布局最集中的中西特色建筑共存的历史城区。更为重要的是，这个华人与葡人在历史进程中合力营造的独特生活社区，栩栩如生地证明了不同宗教、不同文化、不同生活习俗可以兼容并包，实现相互尊重、和睦相处、平和交融，和谐并进，铸造出澳门别具一格的人文景观，也使澳门传统社区成为一座活生生的人文博物馆，成为人类社会发展史上具有典范意义的文化社区。[①]“这里，不仅有奢华亮丽的赌场酒店，更有古朴迷人的市井小巷；不仅有霓虹闪烁的都市情调，更有朴实无华的乡土气息；不仅有玩乐冒险的世俗生活，更有深沉动容的历史韵味：不仅是颇具声名的东方拉斯维加斯，更是中西荟萃的文化古城”[②]。经过多年的科学保护和合理利用，澳门历史城区所蕴藏的文化积淀和内涵得以揭示和弘扬。2005 年，“澳门历史城区”被列入《世界遗产名录》，成为人类文明共同的宝贵财富。

中英街位于深圳盐田区沙头角镇内，呈东北至西南走向，全长 250 m，宽 3~4 m，街心以八块界碑石为界，西侧为香港，东侧为深圳。1898 年中英签署《中英展拓香港界址专条》，英国殖民者强行租借九龙半岛北部及附近岛屿，将桐芜墟西侧的小河化为“界河”，树立界石，后因河道干涸形成街道。人们在界碑两侧填土整基，盖起房屋发展商业。至 20 世纪 30 年代，这里已是商号林立，成为沙头角最繁荣的一条街道，街内杂货布匹、油盐柴米、山货药材、店铺客栈等门类齐全。由于英国殖民者在九龙关设立税收关厂、缉私关厂，两地民众只能通过关卡互相往来。改革开放后，“一街两制”的中英街成为举国闻名的购物天堂。1997 年 7 月 1 日，中

① 徐超：《成功申遗五周年澳门世遗保护再上台阶》，载《中国文化报》，2010-07-17（2）。
② 吴志良：《品味另一个澳门》，载《人民日报》，2009-12-19（8）。

国政府收回香港，中英街又成为“一国两制”的历史见证。今天，这条街道无声地述说着一百年来的坎坷历程。中英街及界碑，既是19世纪末我国贫穷落后、清王朝腐朽没落的历史见证；又是帝国主义疯狂侵略、瓜分我国的历史见证；还是我国改革开放、走向繁荣富强的历史见证。如今又见证了香港回归祖国并实行“一国两制”后的可喜变化，成为向广大民众进行爱国主义教育的生动教材。延续中英街及界碑的故事，并妥善加以保护，具有重要的历史和现实意义[①]。

守护社区的文化特色

社区是繁荣的结晶、文明的标志，社区的发展离不开文化的影响。传统社区从诞生开始，它的每一块砖、每一片瓦，每一座院落、每一条街巷，都见证着社区的兴衰，都与特定的文化有着密切的关系。社区的建筑形式、景观特色均是文化品位的反映，社区民众的生活和生产方式也都带有文化的烙印。形神兼备是文化社区的重要特征。所谓形，就是社区的建筑、街道、景观，表现为社区外在的风貌气度；所谓神，就是社区历史和现实中蕴含的文化内涵，凸现社区独有的内在品格和气质。一个社区只有形神兼备，才能保持永不衰竭的文化魅力。优美、和谐、安宁的环境不仅可以增加社区的吸引力，也是社区可持续发展的需要。社区文化一经形成，就会渗透到社区民众生活的方方面面，对社区的发展产生巨大的引领作用。但是，今天社区的生活空间被高层建筑物和大体量建筑群挤得七零八落，原本自然和谐的文化空间被排斥在社区生活之外。“任何社区一旦失去了文化的渗透与滋润，就会无一例外地陷于干瘪或沦为低俗，甚至会发生畸变和走向衰微”。社区环境的急剧变迁，使传统文化气息在不断变宽的道路中，在不断变高的楼房中逐渐消失。这一切都表明，目前社区正处在一个特殊的结构性变迁时期，如果不能及时加以应对，社区文化将发生异化与衰落。

怀特（White）曾经指出“街道是留下记忆的空间”，历史街区往往体现出一座

① 单霁翔:《文化遗产保护与城市文化建设》，北京，中国建筑工业出版社，2008。

城市的经济、政治、文化和社会状况以及社区居民的生活习俗。随着博物馆事业的发展，欧洲一些城市已将博物馆概念扩展到整个街区乃至整座城市。无论是法国的阿维尼翁，意大利的威尼斯，希腊的雅典，捷克的布拉格；还是俄罗斯的圣彼得堡，葡萄牙的里斯本，西班牙的马德里，德国的德累斯顿，这些城市都堪称是一座“露天博物馆”。“一座城市本身可以是一个大的教育载体。城市充满了智慧和冒险，并处在不断演进之中”[①]。在巴塞罗那，圣家族教堂和高迪建筑作品是最著名的故事。今天，无论站在巴塞罗那的任何角落，几乎都能看到圣家族教堂的尖塔。这座从1882年就开始动工的教堂，到目前只完成了工程量的一半。但是尽管如此，它还是为城市带来了一份震撼人心的力量。同样，巴塞罗那被称为“高迪之城”。高迪成长于巴塞罗那，并将全部智慧献给了这座城市。高迪作品的一个显著特点就是无论外表还是内部，都大量地使用了曲线，桂尔公园、米拉之家、巴特约之家无不如此。同时，壳体、浪花、骨架、熔岩、翅膀及花瓣，这些建筑的每一处细节都表达出对自然的回归。这些杰出的文化创造，使巴塞罗那呈现出斑斓而活泼的文化景观[②]。

当前，一些城市社区正在经历史无前例的大规模改造。与以往正常的有机更新相比，这一时期的社区改造，无论在目标定位、运作方式方面，还是在改造规模、实施速度方面，都发生了激烈变化，导致社区空间结构在较短的时间内，出现重大调整，甚至引发社区结构性衰退和功能性衰退。冯骥才先生指出“报上常常见到一句话，便是要城市‘高起来，亮起来，洋起来’。这‘高、亮、洋’三个字都很值得推敲。以高楼大厦和灯火辉煌视为现代化城市的标准，恐怕多半来自对纽约与芝加哥的印象；这只是一种肤浅的感官印象，一种对现代都市的非理性的误解。”[③]大规模改造对社区原有的街巷肌理产生巨大冲击，致使社区文化和文化遗产保护，变得错综复杂和日益严峻。特别需要关注的是，各地曾经千差万别的文化景观，正在变成同一张面孔。同时，随着西方文化的大规模涌入，一些城市社区正在面临传统文化丧失的严峻问题，在社区民众层面，尚未形成保护和弘扬传统文化的意识。虽然

① 海伦娜·弗里曼：《没有围墙的博物馆》，载《国际博物馆》，2006（2）：55。
② 于莹：《巴塞罗那：西班牙的城市之光》，载《环球时报》，2010-04-26（B5）。
③ 冯骥才：《神州遍地小洋楼》，载《建筑与文化》，2004（6）：64。

社区民众的生活水平不断提高，但是经济状况的好转与文化生活质量的提高并不同步。例如社区内缺乏文化交流的平台，缺乏关怀老年人和青少年的设施，邻里相互关系日益淡漠，公共绿化空间逐渐缩小等，这些都反映出社区规划建设缺乏人文关怀，传统文化正在远离社区民众生活。

“2003 年春夏之交，北京加快了已经持续几年，城区历史上最大规模的城市改造。随着北京老城区内成片胡同瞬间被推土机碾碎，无数流传了几百年的四合院也灰飞烟灭。北京城的个性正在消失，世界上独一无二的胡同与四合院文化也正在消失”。如今，“走在北京大街小巷，随处可见的情景是：青瓦绿树的胡同被四周毫无个性的高楼包围、挤压，仿佛是一片片随时都会被吞食的孤岛”[①]。肖复兴先生感叹道“高楼越盖越高，越盖越多，并不能代表北京城，那很可能是另外一座城市拷贝。相反，如果胡同和四合院灭绝，就彻底失去了老北京的文化色彩和北京的魂儿”[②]。如今不少历史性城市都在用“日新月异”来描述城市景观的变化，的确这些城市的国际色彩越来越浓，地域特色却越来越少，社区民众对自己的城市、自己的社区越来越陌生，其原因不仅因为高楼盖得越来越多，道路修得越来越宽，还在于历史街巷和传统民居拆得越来越多。对于社区民众来说，百思不得其解的是，一座现代化的城市，高楼可以盖，宽路可以修，但是，一座拥有数百平方公里城市建设用地的城市，为何一定要将高楼、宽路集中修建在仅仅数十平方公里的历史城区中，为什么一定要让传统社区的珍贵文化记忆为高楼、宽路腾地让道。

不同社会环境、历史背景、自然条件，形成不同的社区文化，从而使社区文化呈现出不同的个性色彩。研究社区文化，首先要发现其独具特色的文化个性，并在社会发展中保持其文化个性。城市社区不仅表达着秩序、观念和历史，也表达着生活，而历史街巷和传统民居，集中反映着社区生活更真实、更生动的一面。保护社区文化资源不能简单地对其进行封存，而要有活生生的传统文化的延续。对社区文化的保护，要始终关注社会发展与社区民众的关系。近年来，随着旅游业的蓬勃发

① 陈晓凤：《胡同悲歌》，载《建筑与文化》，2004（2）17。
② 肖复兴：《老北京还有什么可看的》，载《中国政协》，2008（增刊）：108。

展，社区旅游逐渐成为热点。与此同时，一些社区作为生活场所和文化空间的功能却面临诸多挑战，社区民众日常生活与旅游发展之间的矛盾也日益明显。一些社区只注重传统建筑的保留，而将社区内的原住居民全部迁出，结果社区在失去生活气息的同时，也失去了最为珍贵的文化价值；一些社区实施过度的商业开发，社区民众纷纷改行从商，将自家的住宅装修成麻将室、酒吧间或歌舞厅，对珍贵的传统民居造成损害。保护社区文化，首要目的是为了当地居民的生活，而不是为了外来的旅游者。但是，不少地方一谈保护，首先想到的就是旅游，目标直指旅游所带来的经济利益，往往忽视当地居民生活的改善和社区文化的传承。

1999 年，国际古迹遗址理事会起草了《国际文化旅游宪章》，强调如何保持旅游和保护文化遗产之间平衡的动态交互作用，鼓励保护文化遗产和旅游业间的对话，为了使旅游企业了解脆弱的自然遗产和当地文化，寻找出一些解决方案，避免自然遗产和当地文化在旅游业面前受到破坏和冲击。对待一个社区的生命记忆，对待一代代社区民众的经历与创造，必须慎重、严格、精心。对待保留下来的记忆必须尊重它的完整性与真实性。在社区开展文化旅游的同时，有必要制定“负责任和可持续”的旅游政策，确定合理的旅游容量，任何随心所欲的改造都会破坏记忆。2008 年 7 月，国务院颁布实施了《历史文化名城名镇名村保护条例》，使历史文化名城和历史文化名镇、名村，进一步受到法律的呵护。但是，众多在城市历史上发挥过重要作用，在人们生活中具有深远影响，并且在今天的社会生活中仍然发挥着现实价值和情感价值的历史文化街区，至今仍然缺少国家身份，相应的保护意识、保护措施都很薄弱，远远没有引起社会各界的广泛关注和充分认识。2009 年，经文化部、国家文物局批准，由中国文化报社、中国文物报社主办的“首届中国历史文化名街推介活动”，引起社会的广泛关注。历史文化名街保护的核心要素，主要是历史的真实性、风貌的完整性、生活的延续性。

传统社区属于城市生活的重要组成部分，其保护的本质应是对地域特色文化和传统生活方式的继承。然而，历史街区更新过程中的文化传承，一直是历史性城市面临的重大课题。许多城市案例用各种不同的方式对这一难题进行求解，那些成功的实践和走过的弯路，都值得其他城市重视和反思。现实中，社区民众被“边缘化”是历史街区保护中常见的现象。在商业化改造、房地产升值等经济利益驱动下，往往社区民众应有的权益被忽视。例如一些城市对历史街区实施“整体化”改造，虽然规划上强调“原汁原味”，而实际操作却是粗制滥造，为了降低成本，对于不同历史时期、不同特色的传统建筑的修缮采取简单化、模式化处理；一些城市的传统商业街区，老字号店铺越来越少，工艺品专卖店越来越多，为了迎合旅游的需要，销售商品来自全国各地，应有尽有，唯独缺少地方特色；一些城市对历史街区实施“商业化”改造，街区内的建筑被改造成高端会所、星级酒店，成为少数人享受的“风雅”，拒社区民众于门外。一些城市对历史街区实施“空壳化”改造，原住民被完全迁出，很多原有的社区服务功能被消解，大量传统建筑被改造为旅游配套设施。实际上，即使街区环境再“焕然一新”、仿古建筑再“原汁原味”，也难以得到社区民众的认同。

多伦路是上海虹口区的一条街道，却承载了上海从开埠时期的沙船渔村，到20世纪30年代的十里洋场，直至形成今日东方大都市的沧桑历程。不仅如此，还在中国近现代文化史中留下了浓墨重彩的一笔。在多伦路550 m长的道路两侧，加上弄堂的深处，共有几十座风格各异的百年独栋别墅洋房，从一个侧面集中反映了上海一个多世纪以来的历史印记和文化缩影。在20世纪30–40年代，鲁迅、茅盾、郭沫若、叶圣陶、丁玲、柔石等著名作家，以及瞿秋白、赵世炎、内山完造等历史名人曾在这里进行文学创作和交流，铸就了多伦路“现代文学重镇”的历史地位。岁月在此变幻，历史在此留痕。众多公馆建筑的存在，积淀成这里浓郁的海派文化气息，使多伦路成为海派建筑的“露天博物馆”。但是，自20世纪80年代起，多伦路被步步蚕食，成为一个马路菜市场，道路两侧传统建筑由于年久失修变得破败不堪，使多伦路昔日的文化韵味荡然无存。近年来，上海市为了保护传承多伦路的历史文化元素和载体，迁走马路菜市场，保护修缮对延续地区历史风貌有价值的历史建筑和名人故居，并通过环境改善提高土地价值，改善人居环境，形成富有特色的文化社区，重现多伦路文化风貌，使多伦路成为一条文化名人街。近年来，多伦路文化名人街共接待中外参观者 200 多万人，成为上海著名的文化旅游集聚区之一。

喀什位于新疆西南部，是一座已有 2100 多年历史的边疆重镇，曾经是“丝绸之路”中国段南、北、中诸道在西端的总汇点。喀什城市中心保存有规模较大的历史街区，基本为 17 世纪以前形态格局，具有典型的古代西域特色，不少建筑的修筑年代已逾 400 年。其中 28 条迷宫式街巷纵横交错，建筑构成灵活多变。目前，历史街区的面积占城市建成区面积的 20%，平均每平方公里人口密度 3.5 万人，其人口密度之高十分罕见。大部分民居为土木结构住房，不具备抗震能力。此外，由于排水设施落后，浸泡导致部分地基塌陷，危房情势日渐加剧。近年来，喀什市从历史街区的特点出发，结合抗震救灾加固工程，确定了保护规划的要点，即保护历史街区的形态和风貌；保护历史街巷的原有格局和尺度；保护传统民居、宗教遗产、名人故居、古树名木、园林水系等物质遗存和载体；保护优秀的精神文化遗产。希望保护规划实施后，“让老城的穆斯林群众，仍如往常一样地履行宗教功课，一日三餐地品尝传统美食，穿着鲜亮的传统服装喜形于色，专心不二地从事手工艺品的制作，干着自己该干的工作，过着早已习惯的日子”[①]。2009 年 6 月，联合国教科文组织经过考察后认为，喀什老城区整治改造工程对地震等灾害做了前瞻性的预防措施，改造后保留了原有的建筑特征和居民的传统生活习惯，其经验值得推广。

实现社区的有机更新

吴良镛教授针对北京旧城和我国其他历史性城市规划建设实践，提出了“有机更新”理论。“有机更新”理论认为，旧城更新是以更好地满足城市生活需要为目标

① 王瑟：《看新疆喀什如何破解老城改造难题》，载《光明日报》，2010-02-02（5）。

的，而城市生活包含社会经济等各个方面，因此旧城更新“应当努力促进多种效益的取得”。然而，一些城市在所谓“危旧房改造”中，将当地居民全部迁出，改为商业街或酒吧、茶馆一条街，五光十色的霓虹灯广告、熙熙攘攘的购物人群，取代了传统社区悠闲、轻松的文化氛围，人们有理由怀疑失去了原有功能的历史街区，能否在新的城市生活中取得长久认同。“要承认旧城是有机体，需要不断地新陈代谢，有机更新。但这种改进尺度不能太大，需要量力而行，作小规模改建；应修复房屋的产权与市场体系，使城市在公平、公正的房屋产权流通中自然生长，鼓励产权人根据保护政策作小规模整治，而不是‘加速进行’一蹴而就”①。一些传统社区在保护改造过程中，原有居民成分的急剧转变，原有生活方式的骤然消失，使独具特色的社区文化渐进过程被迫中断，而失去了文化真实性的传统社区将永远失去灵魂。事实上，传统生活方式的消失和传统建筑的消失同样可怕。一切不顾居民意愿、强行进行置换改造的方法，都是利用权势对社区文化进行野蛮的践踏和摧残。

“有机更新”理论丰富了城市更新的理论成果，引起了国际社会的广泛关注，其核心思想是主张按照城市内在的发展规律，顺应城市肌理，从而达到有机秩序。从“有机更新”到新的“有机秩序”，这是人文复兴与人居环境整体发展的途径，符合可持续发展思想。吴良镛教授认为，多种效益的追求可以表述为社会效益、经济效益、环境效益和城市文化效益等相统一②。转向小规模、渐进式的“有机更新”路径，“要改变公有产权制度下产权模糊而缺乏激励机制的现状，只有让旧城居民拥有对于产权的控制权，才可能产生充分的自发动力来维护和更新传统建筑，‘有机更新’才有望实现”③。社区文化保护不但要维护社区文化传统，还要改善生活环境，促进地区文化活力。邹德慈、张锦秋教授认为，“城市历史文化保护工作已不仅仅是一个纯防御性的活动，而是急需走出专业部门、专家精英主宰的现状，在保护目标、保护战略、保护模式与保护方法上进行新的探索，应建立由多部门、多学科以及广大市民共同参与的综合性机构，进一步完善与健全保护规划的合力机制，充分提高

① 吴良镛:《北京旧城保护研究》，载《北京规划建设》，2005（2）：65。
② 方可:《当代北京旧城更新调查·研究·探索》，北京，中国建筑工业出版社，2000。
③ 郭湘闽:《房屋产权私有化是拯救旧城的灵丹妙药吗？》，载《城市规划》，2007（1）：9。

保护工作的社会性、制定科学、全面、综合的历史遗产保护政策，将历史文化保护真正融入城市社会、经济发展和城市更新过程中去”[①]。

2006年和2008年，南京市两次对老城区历史街区进行“危旧房改造”，大拆大建，几十处文物建筑被拆毁，成片传统民居被夷为平地，引发社会各界质疑。其中“熙南里”项目采取“镶牙式改造”方式，这种做法如果注重尽可能保护社区内的历史文化信息，采取有机更新的方法，具有一定的实践意义。但是，采取以房地产开发方式运行，强行拆除传统居民，成片改造所谓“没有保留价值”的古街老房，在原地大规模兴建仿古建筑并进行商业开发的做法，则难以得到人们的认同。其中房地产开发公司提交的南捕厅北片设计方案，计划建造“城中顶级别墅”“南京第一高端会所”，“汇集高档中餐厅、私家戏台、雪匣酒廊、多功能宴会中心于一体”，让“贵族士大夫的生活方式在此复活”。2009年5月，笔者在现场看到的情况是，所谓“镶牙式改造”，实际上“镶上去的多是‘假牙’，‘真牙’太少了”。特别是在全国重点文物保护单位甘熙宅第的建设控制地带内，对历史街区大肆拆建，被责令停工整改。随后建设部和国家文物局联合调查组前往南京督查。2009年8月，南京市宣布将按照“整体保护、有机更新、政府主导、慎用市场”16字原则实施历史街区保护，全面停止大拆大建。“以敬畏历史、敬畏文化、敬畏先人之心，加强历史文化名城保护”，被写入2010年南京市政府工作报告[②]。

近年来，人们发现一些城市在文化设施建设方面正在陷入误区，一边对斥巨资新建豪华的图书馆、气派的音乐厅、现代化的歌剧院等津津乐道，一边对不断拆毁历史街区、传统建筑熟视无睹，甚至直接牺牲文物古迹，为城市建设“让道”。我国南方商业街道的沿街骑楼适合当地气候，为居民生活和商业活动遮风避雨，并具有独特的历史风貌。但是两则报道却使人们对传统骑楼街的命运表示担忧，一则是据2010年3月1日《中国文化报》报道，在东莞，最古老的历史街道振华路上，“2009年9月，施工队开始进入振华路着手拆除街面骑楼，拟拆除的骑楼共有60多间，占

① 邹德慈，张锦秋：《快速城市化浪潮下的文化复兴》，载《城市规划》，2007（12）：41。
② 林歆：《南京古城“危改”艰难转向》，载《瞭望东方周刊》，2010（4）：26。

到振华路骑楼数量的一半。振华路骑楼被拆除的消息经媒体报道后，受到东莞社会各界的关注，专家学者和广大民众纷纷参与到讨论中来，呼吁在鳞次栉比的现代化高楼之间，应该多保留一份文化遗产。在一片质疑声中，骑楼拆除工作被迫暂停”[①]。二则是据 2010 年 5 月 27 日《人民日报》报道，在广州，西湖路骑楼街上，一个个硕大的“拆”字喷在临街的墙上，“因为扩建大佛寺北广场，西湖路上仅余的 20 栋骑楼，又有 12 栋被纳入了拆迁范围。这些独具岭南风格的古建筑，是广州千年商业的历史缩影，最能勾起老广州们自豪的回忆”[②]。

社区在时代的前行中，变化是必然的、常态的，这种变化的过程，正是社区具有活力和生命力的表现。对随时都在变化和动态中的社区，进行合理的规划、保护和管理，是社区文化遗产保护的重要课题。城市社区是民众生活的有机载体，更新的原动力来自社区民众生活。因此，更新是在历史积淀而成的现状基础上延续进行，应当尊重历史和现状，尊重居民的生活习俗，继承城市社区在历史上创造并留存下来的物质与非物质的各类资源和财富。“有机更新”理论主张在社区更新中秉承这种传统，采用适当规模和合适的尺度。这是延续并发展城市文化特色的需要，同时也是确保更新获得成功的基本条件。有机更新理论强调社区更新是一个连续的过程，“任何改建都不是最后的完成，是处于持续的更新之中”，应当妥善处理社区更新中的目前与未来的关系。对于一个地区的更新规划来说，应当区分不同质量的房屋，采用不同的更新方式，尽可能减少更新对城市现有社会经济生活的破坏，既经济，又便于实施。此外，在社区更新过程中，也应当积极应用耗费资源和能源较少的传统技术手段，使用造价低廉的地方性建筑材料等。传统的社区更新往往都是小规模的连续的渐变，由于它的“人文尺度”而使社区民众感到亲切自然。

社区文化遗产的保护有着自身的要求和方法。传统社区内的基础设施大多比较落后，社会要发展，生活要改善，因此必须满足生活其中的社区民众逐步改善生活质量的需求，以增强当地居民对所居住社区未来生活的信心。要逐步整治环境，避

① 宾阳：《“文化莞城”拆掉骑楼为哪般？》，载《中国文化报》，2010-03-01（7）。
② 刘泰山，贺林平：《广州文物面临“建设性破坏”》，载《人民日报》，2010-05-27（12）。

免大拆大建，实现小规模、渐进式、微循环的有机更新方式，对社区建筑和环境要精心设计与施工，尽可能保存更多真实的历史信息，逐步改善生活环境，实现社区经济社会发展活力。2004 年，北京市发布《关于鼓励单位和个人购买北京旧城历史文化保护区四合院等房屋的试行规定》，推动旧城历史文化保护区内四合院产权的私有化。这项政策的出台，马上引发了对旧城区四合院进行考察和挑选的热潮。同时在政协北京市第十届常委会议上，建议结合住房制度改革、积极推进公有平房私有化进程的议案被以绝对多数票通过。四合院产权私有化新规定的出台，“意味着北京正在突破以拆房为主的危旧房改造老路，按照旧城改造的国际惯例，通过产权交易的形式来加快危房改造和历史文化保护”。“不久前，一项要求公布北京市确定的 1261 个保护院落名单和保护更多四合院落的签名活动已经展开，已有 1000 多人签名，他们中有著名专家、全国政协委员、官员，也有记者、律师、工程师、教师、公司职员、学生和普通百姓”[①]。

2005 年，北京市提出了“旧城整体保护”的原则，要求“以院落为单位”进行保护修缮，并以“明确房屋产权，鼓励居民成为房屋修缮保护主体”作为保障机制。2007 年，北京市按照“修缮、改善、疏散”的原则，采取“政府主导、财政投入、居民自愿、专家指导、社会监督”的方式实施旧城胡同四合院整治，被誉为“胡同里的里程碑”。2009 年北京继续加大历史文化街区房屋保护和修缮工作力度，发布了《北京旧城历史文化街区房屋保护和修缮工作的若干规定》，明确旧城房屋修缮的指导思想和实施原则，邀请文物专家对计划修缮房屋院落进行分类评估，明确院落的分类和修缮工程性质，并对施工人员进行全面培训。全年安排 10 亿元资金用于旧城 2 万户房屋保护修缮工作。按照“招标优、材料优、施工优、效果优”的标准严把修缮工程的每个环节。参与工程的各方严格执行房屋修缮标准，本着切实改善居民居住条件的原则，力争做到房屋修缮和风貌保护相统一。统筹协调历史文化街区内燃煤改为用电、环卫设施改造、架空电线入地、胡同外立面整修等市政改造和环境

---

① 陈晓凤:《胡同悲歌》，载《建筑与文化》，2004（2）：17。

整治工程。综合考虑区域发展规划和产业定位，保护街区原有风貌特色，充分利用原有丰富的文化资源，坚持保护与发展并重，形成特色文化社区。

钟鼓楼作为古代报时器，是文化传承的见证，也曾经是社区民众在日常生活中最感亲近的存在。如今尽管“晨钟暮鼓”已经不再，但是钟鼓楼在人们的心中依然象征着“北京时间”。刘心武先生25年前在《钟鼓楼》里写道：“有一点是可以确定的——除非发生某种难以预料的灾变，北京的钟鼓楼将成为社会历史和个人命运的见证而永存。”在北京钟楼与鼓楼之间及附近地区，保留着数十条传统胡同，其中传统四合院、传统老字号等构成钟鼓楼地区的独特韵味。由于北京钟鼓楼地区被美国《时代周刊》评为“全世界在消失前最值得去的地方”，原因是“这里将被拆除”，于是，中外游客蜂拥而至。“这些老外误会了”，“是要拆鼓楼周围的胡同和四合院，不是要拆钟楼和鼓楼这两个建筑。”钟鼓楼工作人员不停地向前来询问的游客耐心解释。但是站在鼓楼上往下看，目之所及的是一段延伸达300 m的施工围墙和大型推土机，张旺胡同、国旺胡同几乎已经被夷为平地。“鼓楼和钟楼孤零零地矗立在这片逐渐丧失肌理的老胡同之中，钟鼓楼地区正在大举拆迁”。今天虽然钟鼓楼得到妥善保护，但是周围环境的改变，也会对社区原有文化特色造成影响。这一拆除重建规划，立即遭到质疑，“大迁，大拆，大建……失去了胡同四合院，失去了当地居民的生活，形只影单的钟鼓楼，苍白无力的钟鼓楼街区，北京老城将再次受到重创”①。

传统社区保护与社区现代发展不应该成为对立面，二者完全可以形成良性互动，实现保护与发展的双赢。美国波士顿的北端社区，始建于1630年，是美国历史上最早建立的社区之一。这里保留有大量18—19世纪的历史建筑，较好地保存了早期英国殖民地时期的建筑风格。但是随着城市经济社会发展，这里逐渐成为低收入的少数族群聚居之所。“自由之路”是一条历史遗迹文化旅游路线，由两块红砖并列排成的地面标线和指示牌、说明牌等组成，穿过查尔斯城、北端、波士顿中心城三个社区的大街小巷，串联起16处与美国建国史和波士顿建城史有关的历史遗迹。“自由

① 苏枫：《倒计时下的北京钟鼓楼》，载《小康》，2010（6）：78。

之路”设立于1951年，该项目的设立，有力地展示出文化旅游线路上的历史文化资源，使社区知名度大幅度提升。北端社区也通过这一著名的文化旅游项目，实现社会、经济、环境等多方面的改善。为了保护传统社区的历史文物，扩大“自由之路”的影响，北端社区民众分别于1975年和1991年自发成立了保罗·勒威尔纪念协会和老北堂基金会。另外，还有小型的社区志愿者组织，说明北端社区在享受“自由之路”项目带来的经济利益的同时，也在通过社区参与贡献自己的力量，达到保护传统社区的历史文化资源和“自由之路”的目的[①]。

促进社区的公共参与

对于社区文化传播而言，博物馆是体现传统文化内核、凝聚居民归属感的重要依托。随着社区民众物质生活水平的提高，精神生活需求日益强烈，迫切希望所居住的环境不再仅仅是冷寂的钢筋混凝土建筑群，而是一个拥有文化气息，充分满足居民文化需求的美好家园。社区博物馆，不是简单的文物收藏、研究、展示机构，还是肩负历史使命与社会责任，具有影响力与凝聚力的社区文化中心。社区中历经沧桑的历史街区和传统建筑，正是因为有社区民众的世代居住与守护，才形成独具特色的文化空间，获得与众不同的性格特征。H. 列斐伏尔（H.Lefebvre）将这种空间称之为“生活的空间”或“居住空间”[①]。这些空间与一些仅存建筑躯壳的文化遗产空间不同，它们充满人情、充满温情、充满感情。社区博物馆不仅拥有良好的文化气息，也拥有和谐的社会关系，这些都将成为促进社区博物馆持续发展的积极因素，也将成为促进社区文化整体协调发展的积极力量。社区博物馆不论规模大小，都是学习、娱乐、休闲的理想环境，对于社区文化氛围的营造，对于社区文化品质的提升，有着独特而重要的作用。社区博物馆有利于推动不同文化之间的宽容、尊重和互信。同时，各地的参观者也能通过社区博物馆，了解当地文化与自然遗产资源特色，体验社区的传统文化、地域文化和民族文化内涵，留下深刻的印象。

---

① 李兆汝:《历史街区保护与社区发展可以双赢》，载《中国建设报》，2010-06-22（3）。
② 约翰·弗里德曼:《对中国城市中场所及场所营造的思考》，刘合林，译，载《城市区域规划研究》，2008（1）：130。

在社区博物馆中，首先要考虑生活其中的主体，即社区民众，因为他们才是社区发展的根本动力，才是社区博物馆发展的智慧源泉。社区首先是当地居民的生活家园，没有人比世世代代生活在社区内的民众更热爱自己的家园。在社区文化的构成中，当地居民是最为重要的因素，只有通过他们所进行的文化遗产保护，才是有价值的和可实施的保护。社区文化保护是一项民生工程，社区民众期待着有文化理想的生活社区。社区文化保护的首要目标，是满足当地居民的生活需要。社区发展与民众生活密切相关，必须充分考虑民众的发展诉求，必须通过保护改善民众的生活条件，让民众在保护中得到实惠。推平头式“旧城改造”和大拆大建式“危旧房改造”，不仅摧毁了社区原有的文化景观与文化空间，而且切断了低收入居民的生活来源，增加了社区民众的经济负担，激化了社会矛盾，影响了社会安定。因此，必须既保护社区文化，又满足社区民众追求现代生活的需求，恢复社区文化功能，提高民众生活质量，鼓励人们继续生活在社区，而不是建议他们全部迁离社区，“空巢”不利于历史的延续，使社区缺少生机和活力，也不利于社区文化保护。当前社区文化保护工作，应该重视面向社区民众的宣传，使当地居民成为社区文化保护的主体，使他们知道保护社区文化遗产资源就是保护他们的长远利益。

社区文化的魅力，存在于漫长岁月的积累。社区文化保护也必然是。项倾注社区民众感情的文化工程，为社区民众所关注。被称为南京发源地的老城南是南京历史最悠久的传统社区，围绕这片传统社区是作为历史文化街区整体保护，还是成片推倒改造的争议，已经持续了数年，几度因为原住居民的强烈要求，专家学者的一再呼吁，成为社会各界关注的焦点之一。在南京城市规划部门举行南捕厅社区保护建筑调查报告专家咨询会时，一些热心于社区文化遗产保护的当地居民也赶到会场，把原本小范围的专家咨询会变成了现场“听证”会。40 多位当地居民一边认真倾听专家意见，一边向记者发放材料，表达希望自己居住社区的文化遗产资源得到保护，不再进行大拆大建的意愿。当各位专家说到保护原住居民权利：不应摘“推平头式”

改造，并及时增加保护目录内容时，旁听的当地居民多次自发鼓掌。2009年夏，一批建筑学家开始对南捕厅社区进行历史建筑志愿调查，当地居民闻讯后积极提供线索，在很短的时间内就协助专家发现、确认了上百处清代中晚期和民国时期的具有保护价值的传统民居。于是，专家们根据《文物认定管理暂行办法》，向南京市文物部门递交了认定109处南捕厅社区传统民居为不可移动文物的申请书[1]。

澳大利亚是一个年轻的国家，自从1788年第一批欧洲人来到新南威尔士州定居开始，这个国家便迎来了一批又一批的移民。移民博物馆位于雅拉河畔的旧海关大楼内，于198年正式开放。移民博物馆致力于带领参观者踏上一段难忘的旅程，体验19世纪至今有关移民经历的方方面面。移民博物馆尽力满足无论在文化上还是语言上都差异极大的维多利亚居民的特点，并尝试用各种方法处理有关内容，解决沟通方面的难题。这些方法包括在社区内举办展览、组织节庆活动，组织船员团聚，针对家庭和学校设计并开展各种项目，分享故事和为故事提供材料以及举办论坛探讨多元文化社会的各种问题。在参与互动项目中，参观者可以参与对未来移民的面试过程，即根据官方档案提供的资料，参观者在旁听了面试之后，对是否准许面试者进入澳大利亚提出自己的意见，然后他们将听到官方的决定。通过这种互动能够使参观者感到似乎真正参与了面试，已经融入申请移民者的生活之中。一系列参与互动项目在移民博物馆取得了巨大的成功，也得到了业界的认可。随后移民博物馆针对社区民众进行了专门的调查，邀请包括老年人、青少年在内的家庭代表参加重点小组讨论，讨论如何使社区民众在博物馆中获得更多有益的体验。经过努力，移民博物馆的当地参观者人数从2003年的19%，增长到了2005年的33%[2]。

翻开社区这部百科全书，读到的将是文化氛围与生活气息。社区具有独特的功能，对生活构成积极意义。在社区中最容易感受到文化氛围，最容易捕捉到生活气息。文化留存于社区空间的每一个角落，融会于社区生活的每一个细节。文化对社区的营造、演变，对民众的生活、行为都产生着潜移默化的作用。社区具有对文化

---

① 梁菁：《南京老城南历史街区停止拆除》，载《中国文化报》，2009-12-08（5）。

② 芭芭拉·霍恩：《障碍与动力为澳大利亚墨尔本的移民博物馆争取观众》，载《国际博物馆》，2006（2）：78。

遗产资源的吸纳能力和保存能力。长期生活在社区里，自然拥有一种对社区的认同感。今天，社区缺少的往往不是快速变化而是个性保持。社区发展不在于努力创造日新月异，而在于努力维护独具特色。社区博物馆必须要倡导奉献精神，只有当社区博物馆做到关怀社区、服务民众时，自身才能获得新的发展。社区博物馆需要不断扩大社会影响，也需要积极培养观众群体，而观众群体的培养首先要从社区民众开始。例如北京市东城区合理利用传统四合院和闲置厂房，使社区文化与胡同结缘，让胡同拓展出新的文化空间。2009 年底，由东城区政府策划的《锣鼓巷的故事》在胡同小剧场上演，熟悉的题材、低廉的票价，吸引来很多南锣鼓巷社区居民，一些多年未踏进过剧场的社区民众，现场感受到戏剧的魅力。《锣鼓巷的故事》持续上演，3000 多名居民走进小剧场，观看发生在锣鼓巷里的故事[①]。

日本社区的组织化程度较高，社区民众具有浓厚意识并且积极参与社区的公共事务，这不仅得益于日本社区在长期实践中建立的一套成熟完备的治理制度和组织体系，而且与日本社区治理中的公民文化紧密相关。就公民文化而言，其核心特质是公民具有较强的主体意识和社会参与意识，积极参与公共活动，遵守相关法律制度。在公民文化的形成与塑造过程中，教育至关重要。日本自明治维新伊始，便开展现代国民教育，培养国民的理性、科学精神，提高国民的修养。明治政府将“文明开化”作为基本国策之一，进行移风易俗，实行教育改革，强制推行义务教育和全民教育，学习民主平等思想，在国民中培育现代社会的公德观念。日本社区的日常管理，以及社区建设活动，一般由当地居民组织的民间团体和自治组织进行操作与实施，充分体现社区自治、以民为本的理念。日本的社区治理是一种“小政府、大社会”的模式。这种“大社会”的特点体现在日本社会的民间力量成熟、规范，在社区管理和建设中扮演着极其重要的角色。政府通常负责制定规划、提供经费支持以及进行审计监督，具体事项交给民间的社团法人负责，例如管理社区福利事务，为老年人、残疾人提供服务。这样做不仅为政府行政部门节省了大量精力，而且能

① 侯婧妹:《东城老厂房四合院变戏院剧场》，载《北京日报》，2010-05-07（3）。

够调动民间力量来完成一些政府难以有效完成的事务[①]。

除了民间的社团法人之外，许多由当地居民构成的自治组织也参与到社区公益事业中，例如专门为老年人提供服务的老人工作委员会，为社区活动提供后勤服务的妇女会，专门负责“社区祭”筹备工作的祭典委员会。另外，在很多社区中，有由年轻力壮男子组成的社区消防队，当社区内发生火灾或者其他自然灾害时，社区消防队会积极协助专业消防队开展救灾活动。此外，日本民间力量成熟的另一个标志是社区志愿者活动的社会化，常规化。家庭主妇、公司职员、在校学生、离退休人员等经常自发地到社区的一些公益组织和社团中做志愿者，提供各类义务服务。丰富多彩的社区活动使社区居民自我价值得以实现，日常生活健康充实。笔者早年在日本留学期间，初到老师家中做客，在聊天时问师母，没有工作每天在家做什么？师母当即指出，她并不是没有工作，甚至比老师到学校教学还要忙。她从桌上取来日历给我看，果然整个星期的日程已经排满，诸如参加身体障碍者自愿服务、新型电器使用讲解、传统插花技艺指导、学生家长教育恳谈以及参加社区防灾训练活动、社区环境清洁活动、社区管理研讨活动、议员竞选后援活动……“你们老师一本教案讲好几年，但是我几乎每天都要接触新事物、学习新内容，怎么能说我没有工作呢？”师母再次强调。

在日本的诸多的社区自治组织中，“町内会”独具特色。町是构成日本社区的最小单位，类似于我国的街道。在町的基础上建立的町内会，是日本社区中非常重要的基层居民自治组织。除少量的单身居民以及频繁搬迁的家庭之外，社区的绝大多数家庭都会加入町内会。居民们从会员中选举出会长、会计以及小组组长来负责町内会的日常组织和管理。町内会集多种功能于一身，社区的公共活动大多数是以町内会为单位举办。町内会不仅负责筹办节庆祭祀，而且经常组织一些具有吸引力的文化、体育活动，例如敬老会、茶道会、棒球赛，为居民提供交流的渠道，促进邻里交往和相互了解，满足居民的精神生活需求。在突发事件以及自然灾害的预防与

① 邢朝国：《日本公民文化与社区公共性建设》，载《中国文化报》，2010-07-23（3）。

应对方面，町内会担负起对居民进行防灾培训的工作，并且组织居民共同抵御灾害以及负责救灾物资的分配，培养社区民众同舟共济、互帮互助的意识，提高社区的凝聚力。此外，町内会的工作内容还包括协调社区中老人会、妇女会、中小学生会以及各种文化体育组织和志愿者团体之间的关系，为居民提供保健服务，美化社区环境，维护社区设施。由于町内会兼具当地居民自治组织与行政管理组织的双重特性，因此在社区运作以及与政府行政部门的互动中，扮演着上传下达的角色。

历史街区保护与社区发展紧密结合，唤醒社区民众文化自觉和公共事务参与意识，将是今后历史街区有机更新与文化传承的主要途径。因为，无论是保护还是有机更新，其着眼点都是如何使生活更美好、环境更宜人、文化更繁荣。一些城市恢复历史街区良好的居住功能，既将建筑留下，又将居民留住，使当地居民拥有现代化的家庭居住条件。一方面，按照安全、合理的原则，把电线、电缆、自来水管道、污水管道、雨水管道全部埋入地下，重现历史街区的传统风貌；另一方面，使居民家中安装空调设施、无线宽带，卫星电视、垃圾收集等条件一应俱全。不但为历史街区注入活力，而且注重延续传统文脉和“生态环境”；不但使当地居民安居乐业，而且使旅游者也乐于来此参观体验[①]。实践证明，传统社区不应是城市发展的静止片段，也不应是残破建筑的僵化堆积，更不应该成为城市社会发展的包袱，城市环境改善的负担，城市规划建设的绊脚石。历史街区保护往往需要疏散人口、改善环境，但是强制全部拆迁，既损害居民利益，又对历史街区保护不利。真正要保护传承历史街区文脉，就要保护“原生态、原居民、原文化”。科学的保护模式、适度的保护手段、积极的保护态度，将带给传统社区绵延不断和生生不息。

构建社区的和谐家园

近年来，在大规模“旧城改造”中，很多历史街区的民众被迫迁往郊区居住，不仅丧失了原有的生活网络，更增加了高额的生活成本，造成这些居民在生活空间

① 杨健：《历史街区应该回归“生活态”》，载《解放日报》，2010-06-12（2）。

和经济社会地位上，被双重边缘化，往往容易产生被社会排斥的感觉和不满情绪，滋生社会矛盾与复杂问题。现代化不仅意味着物质财富的极大丰富，同时也意味着精神文明的高度提升，而实现后者更加复杂艰难。但是，构建共同的价值观念体系是人类社区所必须经历的一个过程。新加坡于1991年公布了《共同价值观白皮书》，提出了新加坡道德教育的“五大价值观”核心理念，一是国家至上，社会为先；二是家庭为根，社会为本；三是关怀扶植，尊重个人；四是求同存异，协商共识；五是种族和谐，宗教宽容。社区生活的现代化是一个综合性概念，是经济、政治、文化和社会的协调发展。社区文化和文化遗产是在全球化时代，确立一个社区文化身份的重要途径。针对这一问题，城市规划建设应该调整评价社区民众生活质量的指标体系。指标体系中不但应该包括衡量人们物质生活质量的评价指标，例如居民收入水平、家庭开支结构、住房平均价格、恩格尔系数等；还应该包括衡量人们文化生活质量的评价指标，例如公共文化设施利用、社区邻里交流状况、社区民众幸福满意度等[①]。社区规划编制和指标体系制定阶段，应鼓励公众参与，及时反映和听取社区民众关于社区文化保护与发展的建议。

一个社区的魅力在于其特有的文化个性，它必须在现代化进程中探索适合自己的发展道路。在社区层面，除了对历史街巷、传统建筑等文化遗产给予保护之外，还应该在社区建设的各个方面融入传统文化和地域文化的要素，增加当地居民的地方归属感。这样，一方面可以提升社区文化形象、发扬地域文化特色。另一方面，可以在潜移默化中提高居民保护传统文化的意识。现代人类面临的最严重的问题就是归属感、安全感的缺失和精神生活的危机。一个社区存在的最大意义和作用，就体现在对于人们的关爱和体恤。一个有爱心的社区，必定是充满人文关怀和现代气息的社区，社区间也必将充满着和谐融洽的气氛，和谐轻松的环境，有助于民众释放现代生活和工作中形成的紧张压迫感，协调人与人之间紧张的关系，缓和人们在心理、精神和道德方面的种种压抑，使人们的生存更加健康和充满活力。同时，一

① 王丹，王士君:《美国“新城市主义”与“精明增长”发展观解读》，载《国际城市规划》，2007（2）：61。

个社区会因为充满关爱而更具有发展契机。轻松愉悦的生活氛围使人们拥有更加自由的发展空间，个人潜能和创造灵感能够得到更大程度的发挥，从而使人们的自我价值得到更大的体现。宜居社区，不仅体现在对环境友好，而且体现在对人友好，要使居住其间的居民为社区而自豪，这就上升到了文化层面。特别是拥有深厚历史底蕴和文化内涵的社区，更要使民众能够认同和喜欢自己社区的环境和文化。

公共领域是公众进行社会交往、参与公共事务讨论、对公共政策进行批评的社会空间。在市民社会形成初期，各类沙龙、咖啡馆、戏院扮演了公共场所的角色。近代以来，日本社会的公共领域逐渐走向成熟、完善。一方面，具有公共责任感、关注公共事务的民众有走出家庭、开展公共交往、表达自身诉求；另一方面，政府为民众参与公共事务、讨论公共政策、理性表达愿望提供了制度化的社会空间。而社区里的公民馆便是这样的一个社会公共空间，居民们可以在这里进行对话沟通，形成公共舆论和决策合意。日本大大小小的社区通常都设有公民馆。公民馆的建造和修缮费用一般来源于社区民众的筹资、捐款以及政府的专项经费。每个公民馆都设有事务管理局来处理馆内的日常事务，而管理人员则大部分由当地居民自愿义务兼职。当地居民通常只要达到 5 人以上，就可以申请使用公民馆。居民在使用部分场所时只需象征性地交付少量费用，用于场所设施的维护。公民馆的一个主要功能是给当地居民提供交流、学习、娱乐、休闲的场所和设施。馆内常设会议室和厨房，社区民众可以在这里聚会、聚餐。老人们可以在馆内下棋、锻炼，家庭主妇们可以在馆内切磋厨艺，孩子们可以在馆内学习。社区民众组织的文艺团体.例如合唱团、舞蹈队等也可以在公民馆排练和演出。

对于社区民众来说，公民馆开展的活动范围多元、内容实用，例如为家庭主妇举办幼儿教育、烹饪技艺、插花讲座，为一些爱好绘画、音乐、手工的居民提供培训，为外国居民开设日语学习班，这些活动都是非营利性的。此外，公民馆会动员和组织当地住户、工厂、公司、学校等各种力量来讨论社区的公共事务，为其参与社区管理提供集会场所，有力地推动了社区公共领域的发展。日本的公民文化注重培养民众的自我治理能力、公民参与精神以及社会责任感。现代国民教育使日本民众逐渐具备这样的理性和能力。在这种公民文化的濡染下，日本社区的公共性不断得到强化和发展。一方面，居民将自己的日常生活与社区联系在一起，通过组织各种民间社团、自治组织以及志愿性活动来参与社区的建设与管理，形成一种以当地居民为主体的社区治理模式，真正做到共同参与、资源共享；另一方面，政府通过一系列的制度设置来构建社区的公共空间，为居民商讨社区公共事务、参与社区决策提供渠道，使社区的公共领域向规范化、成熟化的方向发展。实践表明，这种以当地居民为主体、着力塑造居民的公共精神与社会责任感的社区治理模式，可以极大地调动居民的积极性，增强居民之间的沟通和协作，提高居民的社区归属感和认同感。

日本公民文化对社区治理的另一个重要影响，是培育社区民众的共同体精神和参与意识，对社区集体活动具有较强的责任心。在诸多的社区活动中，一年一度的“社区祭”是一项全民事务，社区里的男女老少皆参与其中，公司、学校也全力配合活动的开展。在社区祭筹备以及正式举办的过程中，社区民众根据自己的性别、年龄等扮演着不同的角色。那些平时因工作忙碌而很少往来的男性居民们，也会抽出时间到公民馆聚会，大家一起出谋划策，商讨祭祀活动的细节。女性居民们则主动担负起后勤服务，为参加聚会和祭典活动的人们准备餐食。在社区祭当天，社区民众会穿上节日服装，佩戴象征自己社区颜色的彩带，参与社区游行，为自己的社区呐喊助威，社区祭通常包含诸多当地居民自发组织的文娱活动。在此期间，由社区中的公司职员、学生、家庭主妇、退休老人组成的各种民间合唱团、舞蹈队纷纷走上街头，载歌载舞，表达他们对社区的祝福之情。整个社区祭是一个全民参与、全民联欢的活动。这一共同的社区活动将社区民众组织在一起。居民间通过分工和协作，加强邻里之间团结，提高居民的社区归属感和集体意识。因此，社区祭的每一次举办不仅传承了社区的传统文化，而且整合了社区的人际关系，强化了社区认同。

传统社区保护与发展的基本原则是“使人们生活变得更好”，但是这将是一个复杂的过程，其中包含两个基本构成因素，一是社区民众的认同与自愿，积极参与改善自身生活环境的过程；二是要通过适当的手段，鼓励社区民众采取自发、自助、互助的方式，参与这一过程。“美国波士顿北端社区的经验恰当地表明，历史文化街区的保护绝不是政府一方的责任，如果能够发挥社会力量，特别是促使社区民众自愿参与到这个过程中来，则可以实现保护与社区发展的双赢。”传统社区保护与发展的一个基本前提是社区民众的参与，即充分发挥社会力量，包括非政府组织、社区民众等，参与规划的制定与实施。相对于新建社区，传统社区中的居民彼此之间有着更为紧密的社会关系，对所居住的社区有着更深厚的感情，对生活环境有认同感，对传统社区有归属感，因此，会更愿意为保护自己的生活环境作出努力。从传统社区发展的角度进行历史街区的保护，是一种全面的保护，既要考虑对物质文化遗产的保护，也要考虑生活在其中的居民发展要求，应更加关注社会变迁过程中的人文因素。传统社区是有大量居民生活其间的地区，是活态的文化遗产，有其特有的社区文化，不能只保护那些历史建筑的躯壳，还应该保存它承载的文化，保护非物质形态的内容。

社区博物馆的建设是一个综合的社会实践，需要特别关注实施中的政策和方法问题。大量实践证明，凡是需要整体保护社区文化遗产资源，就不可能通过大规模改造的方式在短期内就地平衡资金，凡是按照房地产开发方式进行的运作，均没有取得预期的效果。一些城市的传统文化社区，虽然编制了保护规划，但是由于盲目引进房地产开发来主导建设，为了就地平衡资金、追求最大利润，致使保护规划得不到实施，其结果使社区文化保护和城市规划建设，均达不到预期目标。有的地方全部迁出社区原住居民，把传统建筑修缮后再以高价卖出，或变成高收入居住者的新社区、或变成高档娱乐的休闲地区、或变成专供旅游参观的布景道具。这些都不是社区文化保护的方向。一些开展社区文化保护较早的国家，虽然有时也采取成片更新的方式，但是往往针对的是已衰落的商业区、仓库区、码头区等，很少大量迁出当地居民。国际社会普遍不赞成对传统社区实施“绅士化”的改造，而成功的做法往往是：政府主导、居民参与、动员社会、渐进改善，即政府出资改善社区基础设施，社区民众出资加上政府补贴改善自家住房。对于传统商业街区也按照发展规律，首先改善基础设施和整治环境，而避免成街成片地大拆大建式地改造，防止建设“仿古一条街”。

J. 戴尔（J.Dell）认为，城市除了提供许多基本的设施，如医疗、教育等，更重要的是自己的特色及与城市居民间的互动。他说：“每个城市居民对自己的城市是否感到自豪是一目了然的。所以对于宜居城市这个问题，没有什么固定的模式或模板。每一个城市都是独一无二的。”[①]在社区博物馆规划建设中，要考虑社区的特色和个性，为社区民众营造充满人文关怀的文化氛围。社区内的历史街巷和传统民居是社区文化之魂。走进社区，人们若想触摸到社区文化的灵魂，感受它最真切的气质，必须走进社区内最富代表性的、纵横交错于社区中的历史街巷和传统民居。人们热衷于探访历史社区，不仅仅是因为那里有独特的传统文化之美，更在于能真实了解城市历史和社区文化。虽然一些社区的文化景观平淡无奇，但是淳朴自然，充分显示出过去时代平静的社区生活。社区生活实际上才是社区博物馆真正的参观展示对象。在那些历经沧桑的历史街巷和传统建筑之间，沉淀着社区的悠久历史，蕴藏着社区的浓郁风情。社区博物馆的展览经常被用来作为讨论社区状况，以及研究社会变化的公共场所。人们通过社区博物馆更好地解读并融入社区文化，体验社区民众的真实生活。判断社区博物馆的价值，不是只看博物馆建筑、设施本身，而是看它能够为社区发展提供了什么、为社区文化创造了什么，为社区生活贡献了什么。

每个社区都有自己的发展历程，每个社区都有自己的传奇故事。社区博物馆没有固定模式，是由于他们所代表的社区情况和文化状况不同，因而具有不同的实现

---

① 严葭淇：《理想城市什么样》，载《中国文化报》，2008-11-04（8）。

形式。一个社区只有坚守共有的精神家园，才会具有向心力、凝聚力和创造力，而共有精神家园，就是社区民众共有的意志、观念、理想、目标和追求。在这一背景下，社区博物馆的核心思想就是让社区充满爱，让社区民众能够在社区中寻找到温馨和安宁，使社区生活更美好，使社区不但宜于居住，而且宜于交流，更要宜于发展。“对许多居民来说，日常生活的习惯，是舒适感、安全感、稳定感的重要来源。当邻里偶然遇见时，会相互问候、播放友谊的种子、互传闲言碎语和处理紧急事件等，这一切都是居民与场所感情联系的重要源泉”[①]。但是，在当代生活条件下，社会网络日益扩张，人们的活动空间远远超出社区范围，邻里间的交往却逐渐冷淡，基于社区邻里的场所，在社区民众生活中的重要性日渐消失。社区博物馆的使命在于，让社区文化成为城市文化的重要组成部分，恢复它们昔日的荣光，让它们继续承载城市的文明，承载民众生活的理想，成为城市中最美好的生活场所。社区博物馆在文化遗产保护中可以发挥出多方面的功能。社区博物馆的重要功能之一，就是尽可能完整地保护文化遗产，使它们成为重要的和可持续的科学研究资源。

① 约翰·弗里德曼:《对中国城市中场所及场所营造的思考》，刘合林，译，载《城市区域规划研究》，2008（1）：130。

第十一章 实现传播方式拓展的数字博物馆

在信息化时代，人们被越来越多地纳入数字化生存状态，逐步改变以往习惯的工作和生活方式。信息技术和互联网技术的高速发展，也为记录和保护文化遗产提供了新的手段。今天，传统博物馆的展示方式，由于受时间、空间的限制，无法满足参观者的个性化需求，而信息传播方式的革命，拆除了博物馆文化传播的壁垒，博物馆网站、数字化博物馆、数字博物馆、虚拟博物馆等的探索与实践，使博物馆文化的传播方式呈现出跨越式发展的趋势。

11.1 数字化对博物馆的影响

人类历史是一条长河。在人类历史上，先后发生了工具制造革命、农业革命、工业革命和知识革命等意义深远的革命。人类文明也随之发生变化，从原始文化、农业文明、工业文明到知识文明[1]。技术进步一直以来影响着人类社会的发展。19世纪，工业化造就了制造业城镇的崛起，蒸汽机导致海港城市的增长，铁路系统开始横跨大陆连接城镇。20世纪，运输技术的进步，特别是内燃机和航空发动机的发明，使在全球范围内城市之间的联系不断加强。大型机场在各地的普遍兴建，高速公路网络的快速延伸，更推动了这些技术的应用。正如加拿大著名传播学家M.麦克

① 金振蓉：《文化生活现代化：未来50年的重中之重》，载《光明日报》，2009-01-19（5）。

卢汉（M.McLuhan）所说："媒介的变化不仅仅在于媒介本身，媒介产生的影响力引起了人间尺度的变化、速度的变化和模式的变化。铁路的使用扩大了过去的功能，创造了新型的工作、新型的生活、新型的闲暇，这是通过运输改变的。"21 世纪以来，以互联网为代表的信息技术的发展，更是彻底地改变了人类的生活方式。"如果说 19 世纪是火车和铁路的时代，20 世纪是汽车与高速公路的时代，那么，21 世纪就是电脑与网络的时代，以数字化技术为依托的'第四媒体'已成为当今社会不可抗拒的技术力量"[①]。由此可见，信息化正成为影响社会发展的日益重要的因素。

长期以来，一般大众所熟知的传统博物馆，虽然拥有权威性的解释和展示：识的能力，但是施展的空间有限。由于各方面原因的制约，博物馆系统整体陈列展示条件仍然薄弱，观众服务理念未能跟上时代步伐，这就使得博物馆文化的传播水平和民众期望有较大的差距。同时，博物馆的陈列展示手段较为单一，基本上还停留在实物展示以及工讲解的层面上，文物藏品的内涵及外延没有完全表现出来，参观者对于博物馆文物藏品的了解极为有限，不能很好地满足参观者的广泛需求。同时，参观者的知识需求越来越朝着多样化、个性化和层次化的方向发展，希望获得大容量、多角度、全场景的文化体验，希望博物馆能够提供一系列与之相关的增值服务，这些都对传统意义上的博物馆服务提出了挑战，再坚持以往的陈列展示方式和观众服务模式，已经很难适应时代发展的需要。进入 20 世纪中期以后，博物馆逐渐认识到要实现观众的平等化、服务的大众化、内容的多样化、陈列的特色化等的必要性，并开始向接受这些趋势的方向转型与发展。同时，从 20 世纪 60 年代起，博物馆文化对于社会生活的重要性，已经在科学技术领域引起重视，在揭开"文化交流新媒介"神秘面纱的努力中，起着举足轻重的作用。

"信息化"概念的起源，可以追溯到 20 世纪 50—60 年代。1959 年，美国社会学家 D. 贝尔（D.Bell）在《后工业化社会：推测 1985 年及以后的美国》一书中，提出"后工业化社会"的概念，实质上就是信息社会。1962 年，美国普林斯顿大学教

① 欧阳友权：《网络时代的人文反思》，载《人民政协报》，2009-01-05（C4）。

授 F. 马克鲁普（F.Machlup）在《美国的知识生产和分配》一书中，又提出“知识产业”的概念，实质上就是信息产业。1963 年 1 月，日本学者梅田忠夫发表了题为《论信息产业》的论文，提出“信息化是指通讯现代化、计算机化和行为合理化的总称”，这是最早关于“信息化”的定义，并首次从信息产业的角度，研究了日本未来社会的发展方向。1977 年，法国的 S. 若拉（S.Nora）和 A. 敏克（A.Minc）在为法国政府撰写的经济发展报告《社会的信息化》中，使用了“信息化”一词，随后“信息化”的概念被世界各国普遍接受并使用至今。早在 20 世纪 70 年代，联合国教科文组织就倡导把信息技术引入博物馆管理，并在其后采取了一系列行动。欧洲和美国的一些博物馆纷纷选择精美文物藏品进行数字化处理和多媒体展示，在信息化实践中进行了很多积极的探索和有效的尝试，1980 年 10 月，在贝尔格莱德召开的联合国教科文组织第 21 届大会通过了《关于保护与保存活动图像的建议》。1992 年，联合国教科文组织推动的“世界的记忆”项目，旨在通过文化遗产数字化推动社会公众更广泛地享有人类的文化遗产。

20 世纪 90 年代，博物馆网站逐渐成为人们熟悉的事物，成为传统博物馆在信息化环境中向外界打开的一扇窗户。1995 年 2 月，国际信息部长会议提出了“电子博物馆和艺术画廊”的概念，也就是今天所说的数字博物馆。从此，博物馆开始经历信息化带来的冲击与变化，其功能不断扩展，在社会生活中扮演着日益重要、日益活跃的角色。20 世纪末，“信息化”浪潮席卷全球，各国政府、专家学者都对信息化做出了不同的解释。例如 1995 年俄罗斯国家杜马定义国家信息化，是指在组建和使用信息资源的基础上，为满足公民、国家政权机关、地方自治机关、机构、社会团体的信息需求和其实现权益而创造最佳条件的组织筹备、社会经济和科学技术的过程。麻省理工学院建筑与规划学院 W.J. 米歇尔（W.J.Mitchell）院长是将信息技术与建筑、城市、社会相结合进行研究的先驱者之一，他于 1995 年出版的《比特之城：空间、场所和信息高速公路》一书，从建筑和城市规划学科的角度，深入探讨数字化信息时代，网络对城市文化和社会生活的巨大影响[①]。韩国在推动“用市民的双手缔造博物馆”以及“接近市民并与市民共享的博物馆”这一主题活动过程中，博物馆界开始认识到利用最新科技的现代公共媒介的重要性[②]。

世纪之交，是一个迅速发展和变化的时期。互联网络的出现在全球引发了一场狂飙突进的信息革命，并以惊人的力量改变着人们的日常生活、交往模式甚至价值观念，以全球化的生存理念冲击多元化世界。互联网络日渐发展成为一个浩大的信息宝库，任何一位稍具电脑操作能力的人都能进行自由访问，再加上博客、论坛等一系列共享信息的辅助活动涌现，使原有的学习方法和知识传播方式发生变革。逐渐地人们不仅仅可以自由选择学校，还能够创造个性化的学习环境，从儿童教育到青年教育，再到成人教育，乃至终生教育，各个阶段的学习环境无所不包[③]。美国伊利诺伊大学的克兰勒特艺术馆是全世界第一家在国家互联网上建立网站的博物馆。应该说从本质上讲，博物馆网站与数字博物馆是一致的，可以看作是数字博物馆的雏形和基础。一般比较成熟的博物馆网站均具有资讯发布、藏品介绍、展览导赏、观众服务、互动交流、综合知识、社会教育等功能。法国卢浮宫是第一个将文物藏品从展厅搬上网络的博物馆。早在 1995 年卢浮宫就开始设置向大众开放的官方网站。最初的网页上只有对博物馆历史和参观信息的简单介绍，即便如此，2001 年它的浏览人数超过了 600 万，而当年实地参观的人数是 550 万。

信息技术和互联网技术的发展，为博物馆的现代化建设提供了重要和广泛的技术支持。随着信息时代脚步的逐渐加快，博物馆的功能也从过去单纯地整理和展示藏品，向包括这些功能在内的信息化社会的尖端知识中心的方向发展，并最终实现博物馆功能新的拓展。信息社会离不开现代化的传播方式，互联网络是博物馆信息传输的重要渠道。例如澳大利亚悉尼博物馆依靠数字化的形象，向人们详细展现了澳大利亚第一届总督府的情况以及悉尼早期历史的考古文物。随着物质生活的极大丰富，精神生活的需求与日俱增，文化现代化的重要性日益凸现。今天，科学技术

① 章岩：《比特将给我们带来什么？》，载《规划师》，2000（1）：97。
② 《博物馆与现代公共媒介》，崔亨守，禹颖子，译．载《沈阳故宫博物院院刊》，2008（6）：18。
③ 弗朗索瓦·科泰：《博物馆：城市之脉动与激情》，载《国际博物馆》，2006（2）：43。

不仅改变着人们的生活环境和状况，而且改变着生活本身；不仅改变着生存的空间和距离，而且直接以一种新的文化形态影响和改变着思维方式。在这一文化变迁过程中，不仅有文化传承和文化进步，而且有文化创新和文化传播，这些都与文化现代化紧密相关。博物馆应经常了解社会的需求和观众的要求，并及时应用到博物馆展览和服务工作的改进中去。虽然推动所有这些变化的重要力量之一是科学技术的发展，但是文化创新也是推动人类社会发展的持续力量。今天互联网络已经不仅仅是一种技术，而逐渐成为人类的一种生活方式，推动着社会的发展和城市的变迁。

博物馆网站通过网络技术向社会提供虚拟的、对话式的、多层次的信息平台，可以更加快速全面地展示博物馆的收藏动态、藏品情况、展览方式以及科研成就等，这一优势构成了博物馆网站独特的魅力。然而，博物馆网站毕竟与实体博物馆不同，它既没有实际存在的文物藏品，也不能为观众提供独特的接近文物藏品的感受。博物馆网站虽然可以替代传统博物馆的部分教育功能，却不可能完全替代实体博物馆在文物藏品收藏、研究、展示等方面的核心功能。在所有的教育和传播领域中，博物馆是唯一采用立体的方式进行文化传播的机构，其文化信息传播的实物性、现场感和可体验性，是其他传播媒体无法做到，也无法取代的。这是实体博物馆独有的特性。但是，博物馆网站给予博物馆一种全新的文化传播方式，可以将所拥有的文化信息传送到过去无法到达的地点，使博物馆实物陈列实现有效地延伸与补充。正是因为时间上的自主性和空间上的任意性，使博物馆网站超越了实体博物馆有形的馆舍天地，帮助博物馆更大程度地“走出去”，帮助社会公众更大范围地“走进来”。同时也需要对博物馆网站的功能定位有清晰准确的认识，找准博物馆网站与实体博物馆的最佳结合点，更好地发挥博物馆网站的影响力和作用[①]。

目前，环境条件和保护要求经常制约着博物馆公开展示功能的发挥，而利用博物馆网站可以解决博物馆文物藏品保管与使用之间的矛盾。一方面，由于许多文物藏品易碎、易污、易损，怕干燥、怕潮湿、怕光线，对于保管条件和展示环境的要

① 张校：《博物馆、公众与网站》，载《博物馆研究》，2010（2）：16。

求极为苛刻，因此难以进入展厅，或不能长期展示；另一方面，由于展览场地的限制，不可能将博物馆所拥有的文物藏品全部放在展厅，因此很多珍贵的文物藏品无法经常展出。而博物馆网站则能通过多媒体技术和数字化手段，多角度、多方位地阐释文物藏品，有效地缓解文物藏品保管与使用的矛盾，为公众提供了更多欣赏文物藏品的机会，也使一些不宜长期陈列的珍贵文物，能够通过博物馆网站走向世界各地。同时，博物馆网站可以改变博物馆的社会形象，扩大博物馆在公众心目中的影响。博物馆网站内容更新快、形式新颖，能与社会公众产生互动，参与性强，是加强博物馆文化传播的有力工具。博物馆网站的内容设计是博物馆文化传递的核心载体，博物馆网站的吸引力，有赖于满足社会公众的文化需求的能力，需要不断丰富和更新博物馆网站的内容，加强其信息交流功能，满足社会公众“一对一”的个性化服务需求，使博物馆网站的价值得到更大程度的发挥和展现。

近年来，博物馆网站不断改进为公众提供信息的手段，适应不同人群的各种文化信息需求。在功能方面，由最初仅通过平面手段展示文物藏品，辅以相关的文字资料介绍，如同大多数实体博物馆一样，以向参观者灌输有关展品、展览的知识为目的；发展为在平面基础上，加入文物藏品的三维展示，展示方式更为生动；再发展为注重互动性，访问者可以通过虚拟场景体验博物馆的文化魅力。如今，一些博物馆网站能够提供所有文物藏品及相关信息，既包括已展出的文物藏品，也包括尚未展出的文物藏品目录，还包括与文物藏品相关的专业知识、文物藏品的时代与社会背景、征集文物藏品的过程或文物藏品出土的经历，甚至包括文物藏品的艺术细节以及文物藏品的多媒体展示等；一些博物馆网站围绕博物馆推出的展览，提供丰富的背景资料和文字图片说明，包括展览的设计构想，展览设计的文化背景及重点文物藏品的精美图片和文字介绍等，而这些资料大多是观众在实际展览中难以见到的，在很大程度上能吸引公众前来参观展览；一些博物馆网站设置留言板、邮箱、论坛等功能，收集观众的感想、意见和建议，对观众的留言及时回复。并建立与博物馆爱好者之间的相互交流，主动发送博物馆快讯、教育计划及活动手册等，形成良好互动。

现代社会已经进入一个多元化的阶段，人们比以往任何时代都有更为强烈的自我需求。年龄、性别、职业、生活经历、兴趣爱好的不同都使公众对博物馆有不同的文化需求，每个人关注的内容和希望获得的信息也各有不同。信息网络为公众充分利用博物馆提供了良好的途径。在这里参观者可以随心所欲地参观博物馆网站中的某一部分展品、某个特殊展览，查阅某些文献，订购某种纪念品，以满足其个性化的需求。博物馆通常是以陈列展品加文字说明的模式向参观者提供信息。而一些陈列品的说明往往过于专业、简单，无法让参观者对藏品的功能、背景等进行比较深入的了解，即使有讲解人员服务，也往往难以进行详细解说，不能满足参观者对文物藏品信息的全面需求。美国华盛顿国家艺术博物馆 S. 萨拉夫（S.Sarraf）在 2004 发表的调查报告《博物馆互联网调查：谁在使用博物馆网站》中指出，大多数人访问博物馆网站是有目的的：绝大部分人，占 85%，访问博物馆网站是为了增加阅历；23% 的被调查者不仅希望看到藏品，更希望获取更多关于藏品的知识和信息，他们把博物馆网站描述成为“很好的电子词典、有效的工具或灵活的图册”。据此，可以了解社会公众的需求重点，逐渐由文物藏品转向文物藏品背后所蕴含的时代与文化内涵。

随着信息化影响的日益广泛，出现了不以实物为基础，而是以信息为基础的“数字博物馆”。博物馆系统的技术条件包含软件开发情况、硬件设施情况、专业研究团队情况、信息领域企业和部门的合作情况、信息化方面投入资金情况等。过去博物馆系统与信息领域关联较少，更缺少自己的尖端信息技术和科研力量。但是，随着博物馆信息化的深入进行，这一情况已经逐渐改变。一些博物馆在信息领域拥有了相当高端的科技成果，特别是在虚拟现实、网络监测等前沿领域更是领先于其他科研单位。相当多的博物馆建立了自己的信息中心，专门进行信息管理。一些大型博物馆甚至拥有了自己的科研团队，调集了专门的科研资金进行博物馆信息化研究。一些博物馆信息化案例更能体现出这些技术条件的成功应用。博物馆信息资源的传播途径尤为重要，否则博物馆只是一座堆放大量珍贵文物藏品的仓库，起不到文化传播的作用。然而要将博物馆中数量巨大、形式多样的信息资源加以有效传播，并不是一件容易的工作。在设计其传播途径时，必须综合考虑博物馆信息资源的内容特点和表现形式、博物馆信息资源的数据特点、受众的鉴赏习惯和兴趣需求、现有的信息技术等多种因素。如果没有对这些因素的深入思考，设计出来的传播手段就有可能脱离观众，引不起观众的共鸣。

数字化博物馆是指实体博物馆利用数字技术，对本馆藏品征集、保护、研究、传播、展示以及内部管理进行数字化处理后的博物馆。具体是指在实体博物馆中建立一套包括藏品管理在内的数字化展示应用系统，以提高实体博物馆的工作效率和管理水平，是信息时代现代博物馆建设发展的产物。数字博物馆不是数字化博物馆。数字博物馆是运用数字、网络技术，将现实存在的实体博物馆的职能以数字化方式完整呈现于网络上的博物馆。具体来说，就是采用国际互联网与机构内部信息网信息构架，将实体博物馆的业务工作与计算机网络上的活动紧密结合起来，构筑博物馆大环境所需要的信息传播交换的桥梁，使实体博物馆的职能得以充分实现。与实体博物馆相比较，“数字博物馆具有信息实体虚拟化、信息资源数字化、信息传递网络化、信息利用共享化、信息提供智能化、信息展示多样化等特点”。在这里，最为关键的是信息实体虚拟化，即数字博物馆的一切活动，都是对实体博物馆工作职能的虚拟体现，都以实体博物馆为依托，同时又反过来作用于实体博物馆，是对实体博物馆职能和功能的辅助、拓展和延伸。在数字博物馆里能完整、真实地看到某一实体博物馆的收藏、陈列、展览等方面情况[①]。数字博物馆资源不仅仅是藏品资源，还包括实体博物馆教育、服务等相关的各类资源，而各类资源又包含文字、图片、音像、声音等不同的信息载体。

---

① 张曼西：《数字博物馆的相关思考》，载《中国文物报》，2009-04-10（6）。

过去，人们参观博物馆看到的仅仅是静静地躺在展柜里的文物，而如今的博物馆是静中有动，充分利用声、光、电等现代手段，注重与观众互动，表现在可以操作、可以触摸、可以创造，增加趣味性和参与性[①]。数字博物馆是促使潜在观众变为实体博物馆忠实观众的桥梁。数字博物馆能够对实体博物馆所拥有文字、图像、声音等数字资源进行整合、加工、提升和频繁更换，并运用多媒体手段，营造逼真、形象、生动的展示效果，使提供的知识、信息丰富多彩。因此，数字博物馆通过丰富的信息资源、品质节目和虚拟展示，呈现出魅力而震撼的场景以及生动而有趣的活动等，心理学家 M. 亚伯拉罕（M.Abraham）将之定义为“巅峰体验”即“将他们（观众）带离常规的日常生活，向他们提示一个美好、思考和记忆的美丽新世界”。数字博物馆的这些努力，能够激发人们参观、体验实体博物馆的兴趣和愿望，进而成为实体博物馆的忠实观众。与实体博物馆相匹配的数字博物馆文化形式，在当代博物馆领域逐渐发展，同时网络文化、电视文化、电影文化以及与现代技术相联系的其他文化形态在数字博物馆中的运用，借助现代科学技术的威力，迅速传播、广泛普及，产生强烈的感染力、穿透力，呈现出当代博物馆多样化的发展态势和由封闭走向开放的进步趋势。

数字博物馆的虚拟时空以网络时空的特性为基础，网络是虚拟的因而不是一般的时空概念，同时，也存在可以创造出各种时空概念的可能，甚至是现实世界中不存在的某种时空概念。美国大都会虚拟博物馆就通过这种方法，来表现从 1674 年到 1914 年美国家庭室内用具和陈设的变化[②]。加拿大把整合国内博物馆丰富资源并提供在线服务的博物馆称作“加拿大虚拟博物馆”，欧洲把汇集、整合各个文化中心 200 多万件文化作品的博物馆称作“欧洲虚拟博物馆”。2002 年，H. 卢瓦雷特（H. Loyrette）馆长宣布开始网络改造计划，表示不满足于做世界上最大的博物馆，而要做世界上拥有最完备教育功能的虚拟博物馆。2004 年 7 月，卢浮宫新的网站正式推出，把 3.5 万件馆内公开展示的藏品以及 13 万件库藏绘画放上网站，并提供了多种

① 刘社刚，崔波，长韦：《博物馆事业 60 年》，载《中国文物报》，2009-09-30（4）。
② 刘迪：《博物馆时空刍议》，载《东南文化》，2009（1）：83。

语言版本的 3D 虚拟参观项目。打开卢浮宫官方网页，下载指定的媒体播放器之后，就能在网上完成一次 3D“虚拟参观”，可以浏览古代东方、古埃及、古罗马和希腊艺术、绘画、素描、雕刻、工艺美术等七大馆，当然包括镇馆三宝《蒙娜丽莎》《米罗的维纳斯》和《胜利女神像》。在虚拟博物馆里，卢浮宫还发布了 1500 件重要藏品的详尽背景资料介绍，这是观众实地到访卢浮宫也难以全面了解的信息。网站通过为其他 3 万多件艺术品配备的简介，观众能够获得卢浮宫馆藏的所有图文信息[①]。

据英国文化部统计，2007 年，只有 35% 的青少年参观过一个博物馆。英国遗产基金会推出“让电脑游戏吸引青少年走入博物馆”活动，旨在关注十几岁的青少年。负责设计游戏的 S. 曼彻普（S.Manchurpe）说：“我希望能调动他们的想象力，加大高技术含量，而不仅仅是视觉刺激。”这些电脑游戏以十几岁的青少年为目标，借助一个经典的神话，使用 3D 效果，使人感觉真实地参观当地文化遗产，在网络上取得了良好的反响，点击率达到上百万次。青少年们说：“比我想象得有趣多了，非常吸引人，因为我能够理解它们。不只是因为它们古老，还因为它们很有趣。”让孩子们感到有趣，从而吸引他们走入博物馆，就是设计者的目的，如果没有看到有趣的东西，他们就不会再来了[②]。大英博物馆在网站首页上设有为各个年龄层次的学生提供的“教育单元”，注重与孩子、教师和家长的交流，提供的信息涉及面广，针对性强，是具有个性化特征的服务体系。博物馆的网络教育课程与学校的教学活动互动，网络上的“教育单元”常年为学校提供相关课程的辅导资料，让学生和教师充分享用博物馆藏品资源及专家资源。同时，还专门为 7~11 岁的孩子开设了“儿童指南”板块，为孩子们了解博物馆及相关知识提供专门园地。很多博物馆还专门设有“家庭单元”，为家长带领孩子参观博物馆、引导孩子学习提供指导。

今天，网络文化已经演变为一种崭新的文明形态，不仅在技术上改变世界，还创造了一种新的文化生活方式。互联网络把信息接收的主动权交到信息接收者的手中，成为知识民主、交往自由、信息共享、观念开放、信仰多元的文化平台和技术

---

① 曾焱：《卢浮宫的虚拟与现实》，载《中国文化报》，2009-02-12（7）.
② 李宏坤：《金融危机下的英国博物馆》，载《中国文物报》，2009-07-03（6）

支撑。每一位使用者只需要拖动鼠标就可以获得自己需要的信息，需要什么、不需要什么，主动权完全掌握在自己手中。由于有了这种文化平台和进步理念，就使得精英文化和大众文化、民族文化和外来文化、传统文化和新型文化并存，并且形成了一种新的文化模式。A. 托夫勒（A.Toffler）在《第三次浪潮》中展示了这样一种前景，即在未来先进的电子别墅里，可以通过通信手段从事各种社会和经济活动。也就是说，随着通信能力的扩展和成本的快速下降，电子交流可能替代面对面地接触活动[①]。于是，很多未来学家预测，随着电子信息和信息技术的降临，人们和工作单位的联系将越来越依赖电子通信和因特网，不再需要面对面的接触。因此，空间集中的需求将下降，活动和居住将分散到乡村地区，城市化将放慢脚步甚至倒退[②]。内格罗蓬特（Negroponte）在其畅销书《数字化生存》中指出："后信息时代将消除地理的限制，数字化生存将导致越来越少对特定地点、特定时间的依赖。"

不可否认，信息革命已经使全球的经济社会活动变得愈来愈无所拘束。由此，一些学者甚至发出"地理学的终结""距离的死亡"等惊叹。互联网重新创造了人类的聚居方式，社区将逐渐脱离地理的范畴。人们在网络上的联系和他们所在的地理位置同样重要[③]。但是，在某些领域互联网的发展也引起人们的警觉。尼采（Nietzsche）曾说，现代科技正在把世界变成一个机械的世界，而"机械的世界是一个本质上无意义的世界"。E. 弗洛姆（E.Fromm）更尖锐地指出："人创造了种种新的、更好的方法征服自然，但却陷入这些方法的罗网之中，并最终失去了赋予这些方法以意义的人自己。人征服了自然，却成为自己所创造的机器的奴隶。"同时，这种对社会经济变革的认识正在遭到愈来愈多的学者反对，他们认为使用新的技术和信息构架，应仅仅是对"面对面交流"的补充，而不应是替代。"目前互联网的发展已走出早先的初级阶段，日臻成熟，各种便携式技术和可视技术发展迅猛，却也使得信息技术研究和发展面临诸多挑战。事实上，我们的信息技术正逐渐由鼠标——键盘——屏幕的传统模式，转向超媒体环境的范式，从依靠触觉的基本界面，转向

① 章岩:《比特将给我们带来什么？》，载《规划师》，2000（1）：97。
② 曼纽尔·卡斯特:《都市理论和中国的城市化》，许玫，译，载《国外城市规划》，2006（5）：1。
③ 汪明峰:《浮现中的网络城市的网络——互联网对全球城市体系的影响》，载《城市规划》，2004（8）：26。

以全方位、多感官方式沉浸到欣赏情境中的界面，从平面的二维再现现实，转入以一对一的模式进行永恒的原位互动的图谱”[①]。

2007年11月，联合国互联网管理论坛公布的统计数据显示，最近10年来全球上网人数显著增加，网民总数已从1997年底的7000万人，增加到2007年的12亿人。1997年低收入和中低收入国家的网民，仅占世界网民总数的5%，但10年后的今天，这一比例已经超过32%。统计显示，美国是世界上网民人数最多的国家，其次是中国，日本的网民人数位居第三。2007年11月，由联合国发起的互联网管理论坛第2次会议在巴西里约热内卢召开，探讨少年儿童与互联网的关系、保护少年儿童的上网安全成为此次会议的焦点议题之一。潘基文秘书长在来信中特别强调，互联网为少年儿童开启了一扇通向知识和文化的大门，但是，也对他们的安全构成了威胁。他希望论坛能有助于营造更安全的网络环境，保护少年儿童的上网安全[②]。人们普遍担忧，不良的网络信息污染社会的文化生态，危害青少年的心理健康，导致一些人对自我道德的约束降低，最后使网络上的道德不良内容，成为现实生活中的道德失范行为的原因，出现高技术而低人文，重物质而轻精神，有知识而少品德，这样一种个性畸形和社会失衡发展。同时，信息崇拜、技术至上、工具理性，导致人生价值取向的偏离和人文精神的缺失，这些问题使人们痛心疾首，需要全社会高度关注。

互联网络的日益普及，为博物馆事业拓展出一片新天地，就是数字博物馆的建设。数字博物馆所传播的健康向上的文化内容，可以有效地弥补网络技术的人文缺陷，抵制社会不良倾向的蔓延。日本最著名的数字博物馆计划，是由IBM东京研究所与日本民族学博物馆合作的全球数字博物馆，主要是支持网络环境中数字典藏资料的检索，同时支持互动式的网络浏览、编辑，尤以博物馆教育为重点。这些数字博物馆不仅包括丰富的数字化资源库，而且充分利用图像、音频、视频、地图、动画，设计出具有高度亲和力的用户界面[③]。埃及国家大博物馆将是世界上第一座全面

① 弗朗索瓦·科泰:《博物馆：城市之脉动与激情》，载《国际博物馆》，2006（2）：43。
② 杨立民:《全球网民人数达12亿》，载《人民日报》，2007-11-14（7）。
③ 郑好:《互联网时代的博物馆营销》，载《中国文物报》，2010-04-28（4）。

采用虚拟现实技术的博物馆。在新闻发布会上，埃及政府宣称：“埃及国家大博物馆将充分运用计算机和网络技术，从而使它成为全球第一个大规模运用信息技术的虚拟现实博物馆。”由于世界许多著名博物馆也收藏有埃及文物精品，埃及国家大博物馆未来将与这些博物馆通过信息高速公路，采用虚拟现实技术进行互动展示，将古埃及文明最为完整地展示给观众。这就要求陈列展示空间具有高度的灵活性，以适应展示形式与内容不断更新的需要：还将开辟开架库房 5000 m^2，用于陈列未经编目的藏品，采用“视觉开放”的办法，即使观众可以在不进入库房干扰工作人员工作的情况下，详细观看对文物藏品进行处理的过程。

实体博物馆陈列展示的文物，是人类绵延历史长河中的文明珍宝，其真实性、稀缺性和唯一性，使有缘相见的人们在心理上获得满足感和幸运感，并产生激动、感慨、震撼和崇敬等多种复杂感受，激发人们对历史的探寻和对科学的追求。这种亲临现场目睹实物的激动、兴奋心情，在数字博物馆中难以获得。同时，实体博物馆所提供的各种教育、娱乐活动和优雅的参观环境及文化氛围，有利于人们放松心情，获得愉悦，这也是数字博物馆不能给予的独特体验。但是数字博物馆充分利用巨大空间进行展示，注重主题鲜明、深入浅出、通俗易懂；注重营造情境气氛，注重图形、图像、视频等多媒体手段的使用；注重展品深层价值的展现，包括展品背后的故事、历史意义、教育意义、创新意义及艺术价值；注重多角度、多方面地阐释展品，使观众能够体验到更为丰富的表现手段。同时，建立起与观众的互动平台与机制，观众既可以对陈列展示进行浏览及鉴赏，听专题讲座，还可以网上留言，写下个人观感，向博物馆进言等。数字博物馆的交互性不仅为博物馆与观众之间搭建起一条信息交流的平台，而且还可以充分利用这一平台服务社会和公众。随着数字博物馆的影响力不断扩大，能吸引更多的参观者进入实体博物馆，因此，实体博物馆与数字博物馆是相互促进的关系。

另一方面，数字博物馆与普通社区居民展开的交流与合作，具有极大的发展空间。英国泰恩和威尔博物馆组织正在筹备中的“文化震撼”计划，就是这方面的典型案例。该项目面向英格兰东北部地区的广大市民，拟征集1000个数码影像故事，历时两年，最后评选出100个故事，放在专门为这个项目开发的网站上，通过这些故事，观众可以了解英格兰东北部地区的历史、文化、风土人情等各方面的内容。该项目不仅拉近了博物馆与社会公众之间的距离，而且拓展了博物馆的功能范围，使博物馆能够更好地融入社会，这无疑是对博物馆最好的宣传[①]。英国东北部地区博物馆联盟联合推出的“我爱博物馆”发展计划，有来自英国东北部地区的81家博物馆共同参与，其目标不仅是吸引更多的观众走进博物馆，而且要吸引观众走进更多的博物馆。具体办法是通过“我爱博物馆”网站这一平台，观众可以将自己喜爱和需要的主题在网站上提交，例如“我爱思考”“我爱动物”，甚至是“我爱呼吸新鲜空气”等主题，然后博物馆网站就会自动搜索出和观众需求相符的信息及网站链接，调动和激发观众的主动参观兴趣。显然，这项活动能够顺利实施并取得良好的社会效益，与81家博物馆的资源共享、通力合作密不可分[②]。

当今社会，是一个交往普遍化和紧密化的全球化社会，是一个信息化、网络化、数字化的社会，是一个充满各类文化因素的多元化社会。随着城市人口的急剧增长，必然出现人才和知识的高度集中、生产和消费的高速流动、思想和精神的高频转换，物流、金融、财富、产业、设备以及知识、科技、教育、信息等，无一不在急剧地向城市集中，并通过向城市集中而实现提升、转换、增值和增效。在信息技术和网络技术一日千里的时代，多种传播手段的介入与更新变化，成为当今博物馆发展中不容忽视的问题。博物馆只有在自我观念更新的过程中，才能在信息时代发挥出巨大的潜力，并作出历史性的跨越。博物馆要在全球化发展中发挥独特的作用，必须从掌握未来发展主动权的战略高度，研究新兴媒体、认识新兴媒体、重视新兴媒体，必须要跟上信息化、网络化、数字化的发展步伐。事实上，博物馆的传播与交流过程是由博物馆的员工、观众、藏品、所运用的媒介相互作用、达成互动，所产生的

① 焦丽丹：《英国博物馆群落实共享体系》，载《中国文化报》，2010-01-13（6）。
② 焦丽丹：《英国博物馆群落实共享体系》，载《中国文化报》，2010-01-13（6）。

信息流动过程。同时，也正是这种信息流动过程所拥有的巨大潜力，使博物馆日益成为支撑城市文化、社区文化的软力量，从而为本地区的文化创造提供智力资源，这是未来的博物馆在社会发展中的新功能，这一功能也将使博物馆更加开放，更多地参与社会发展。

“基于泛在技术的物联网”即广泛存在、甚至无所不在的网络。在泛在技术发展方面居于领先地位的日本，对此的理解为，无所不在的网络社会将是由智能网络、最先进的计算技术以及其他领先的数字技术基础设施武装而成的技术社会形态。根据这样的构想，泛在技术是以“无所不在”“无所不包”“无所不能”为基本特征和目标，帮助人类实现“4A”化通信，即在任何时间（anytime）、任何地点（anywhere）、任何人（anyone）、任何物（anything）都能顺畅地通信。作为一种广博的通信理念和大范畴的网络体系，统合了当今的网络技术。作为一个全新的理念，“基于泛在技术的物联网”不是指某个具体的物理网络，而是指一个IT环境。首先无论在何处使用，无论使用模式是固定的还是移动的、是有线的还是无线的，泛在技术都能提供永远在线的宽带接入。其次泛在技术不仅能够连接通用的大型计算机和个人电脑，也能连接移动电话、游戏机、汽车导航系统、数字电视机、信息家电以及传感器等各种信息设备。泛在技术能够实现对信息的综合利用，不仅能处理文本、数据和静态图像，还能传输动态图像和声音。它能够实现安全的信息交换和商务交易，满足用户的个性化需求。在“基于泛在技术的物联网”的社会中，博物馆如何适应、如何驾驭、如何应用，应给予持续的关注。

11.2　我国数字博物馆的探索

1986年12月，国家科委发展研究中心在北京召开了“首届中国信息化问题”学术讨论会。这次会议正式提出了“信息化”这一词汇。1997年召开的首届全国信息化工作会议，对信息化和国家信息化定义为：“信息化是指培育、发展以智能化工具为代表的新的生产力，并使之造福于社会的历史过程。国家信息化就是在国家统一规划和组织下，在农业、工业、科学技术、国防及社会生活各个方面应用现代信息技术，深入开发广泛利用信息资源，加速实现国家现代化进程。”此后，计算机技术逐渐应用于我国社会生活，标志着信息时代的到来，各行各业也都纷纷开始信息化建设工作。国家制定的《2006—2020年国家信息化发展战略》中，对于信息化定义为：“信息化是充分利用信息技术，开发利用信息资源，促进信息交流和知识共享，提高经济增长质量，推动经济社会发展转型的历史进程。”博物馆系统在对文物资源的保护和利用方面，更加需要信息化手段予以支撑和帮助，在博物馆文化信息推广传播过程中，通过信息化手段，能够使文物藏品本身的价值在社会上实现扩大化，显性化，深入化，满足广大参观者的需求。同时，由于馆藏文物的多样性特点，博物馆信息化建设几乎涉及所有的信息技术研究和应用领域。

在我国，20多年前就已经注意到博物馆信息化的趋势，并开始启动博物馆信息化的工作，已有不少专家学者从理论和实践的不同层面进行了论述和探索。自20世纪90年代初开始数字博物馆探索以来，很多博物馆都开始了各自理解的“数字博物馆”建设。许多博物馆都拥有了自己的网站，强大的网络技术对传统博物馆产生了较大影响，也使博物馆文化对社会的影响更加广泛。针对博物馆网站一度点击率普遍偏低的情况，各博物馆又不断适当调整网站建设方案，突破网络运营的瓶颈，强化网络知识的普及，形成具有地域性特征的公民素质教育网络，构筑起具有时代性特征的信息网络平台。在形式上采用文字、图片、视频等动静结合、多元化、立体式的传播方式，通过定期推出系列网上活动，拉近博物馆与广大公民之间的距离。故宫博物院早在1999年便开始进行信息化建设，先后完成了藏品数字化项目、门户网站建设项目、数据库建设项目、办公软件开发项目等信息化基础项目。实现数字信息的采集、保管、应用、检索、传播，建立数字信息库、数字网络。1999年1月，中国科学院计算机网络信息中心联合20多家专业研究所，建成开通“中国科普博览”虚拟博物馆群，包括60个中文和13个英文虚拟博物馆，内容分为万物之理、地球故事、生命奥秘、星宇迷尘、科技之光和文明星火六大展区，数以千万计人次访问该网站。

顺应时代的发展，从20世纪末开始，我国博物馆界广泛关注和重视博物馆信息化建设，将其视为影响未来博物馆发展和实现博物馆现代化的重要决策。在台湾，台北故宫博物院于2001年制定了为期5年的数字博物馆整体发展规划和分年度实施计划，其中既有远景目标，也有阶段性成果要求；既有总计划，又有子计划，并且都设计完备，操作性强，便于检验。每个子计划都细化到主持人、完成任务的时间、数量、目标效果等。通过一项项计划书，人们能清楚地看到一幅数字博物馆的宏伟蓝图和实现后的美好景象。2003年11月，中国博物馆学会数字化专业委员会正式成立。各地博物馆纷纷开展数字化展示和信息化管理工作，依托信息技术的突飞猛进，我国各博物馆相继开展各方面的信息化建设，具体包括文物信息资源建设、文物信息基础设施建设、行业信息化应用体系建设、信息化标准规范建设、信息化工作机构与人才队伍建设等方面。全国文物信息网络体系框架初步建立起来，实现国家层面与一些省、自治区、直辖市博物馆试点单位的网络连接。例如珍贵文物数据库系统、文物出入境鉴定信息管理系统、科研课题申报系统、文物博物馆事业信息统计管理系统等一批文物博物馆软件系统被成功开发。同时，博物馆的内部管理和文物藏品保护也逐渐开始信息化进程。

2004年，我国基本建成博物馆信息化行业标准规范体系框架，颁布实施了《博物馆藏品信息指标体系规范（试行）》《博物馆藏品二维影像技术规范（试行）》等一系列信息化标准技术规范。这些标准规范的制定表明，我国博物馆管理紧跟国际博物馆管理发展的趋势，在运用科技服务手段、提高服务质量、改善管理和服务的绩效方面作了前期的准备工作。同时，国家财政部门和国家文物部门启动了“文物调查及数字库管理系统建设”项目，旨在以数字化手段调查、完善我国博物馆文物藏品数据库管理系统。伴随该项目的实施,《馆藏文物信息管理系统软件》《馆藏文物数据管理系统软件》《文物信息服务系统(馆藏文物部分)软件》等一系列数据采集和管理平台软件研制应用。2004 年 2 月,“中国数字博物馆”前期研究课题被正式列为国家文物局重点科研课题,为中国数字博物馆工程的启动提供了可行性分析。博物馆信息化建设是一个系统工程。2005 年以来,我国博物馆领域信息化工作快速展开,取得了丰硕的成果。当年全国博物馆单位人均电脑数量已经达到 0.6 台,信息化网站建设发展迅速,各地博物馆网站相继开通。同时,大量博物馆信息资源得以应用,其中“全国馆藏文物腐蚀损失调查”项目,采集的数据涉及 31 个省市的 2802 个收藏单位,共计 1470 万件馆藏文物,收集普查报告 31 份,形成重点报告 12 份。

2006 年,国家文物部门出台了《文化遗产保护事业信息化发展“十一五”规划纲要》,明确了我国文物博物馆事业信息化建设的总体目标和任务,“以文物信息资源开发利用为核心,以文物信息基础设施和公用信息服务平台建设为基础,充分利用现代信息技术,全面实现文物保护、抢救、利用和管理工作信息化,满足文物保护事业跨越式发展的需要”。具体目标包括,现代信息技术在博物馆事业各项工作中得到广泛应用,信息技术的普及和创新能力明显提高;初步建成覆盖全国的文物信息网络体系和完成各级文物信息应用服务系统建设;基本完成全国馆藏珍贵文物和国家重点文物保护单位基础数据库建设,建立动态的数据库管理系统;逐步建立文物保护事业政务信息管理平台,为文物保护管理工作提供决策支持服务;继续推动信息资源的开放共享,建立文物信息资源开发、利用、服务和管理的良好环境;加强文物信息化关键技术的研究和成果推广应用。该项规划的颁布实施,为推动博物馆工作走向信息化的轨道,确保文物事业信息化工作健康发展,提供了重要的法制保障。以上促进博物馆信息化的相关政策表明,必须利用各种先进的信息通信技术,加强博物馆馆藏文物的建档、保护、展示和宣传。

同时，规划纲要中对于“中国数字博物馆工程建设”提出了明确的要求，即通过开发全国博物馆及其他文物博物馆单位的可移动和不可移动文物信息资源，建立超大规模的分布式文物信息资源基础数据库群，以互联网和虚拟现实技术为基础，建立统一的文物信息综合展示平台，向全社会提供生动、高效的文物信息服务。“中国数字博物馆工程建设”的主要任务可以概括为“五个一”工程，即建设一个分布式的文物基础数据库群、一个开放的文物信息网络体系、一个统一的文物信息综合展示平台、一个功能齐全的文物数据加工中心和一个便捷的文物数据交换中心。这些规划内容都表明，必须充分运用信息网络技术，丰富博物馆文化传播手段，提升展示水平和社会服务功能。根据《2007 年：中国文化产业发展报告》，我国居民的文化消费总量过低，居民文化需求的满足程度不足 1/4。但是，国际社会的经验表明，一定的国内生产总值发展水平，与一定的恩格尔系数以及一定的文化消费支出密切相关。当人均国内生产总值突破 3000 美元以后，广大民众对精神文化的需求会明显提高，文化消费总量会越来越大。随着我国经济实力的提升，居民的收入水平不断增长，家庭支出结构发生显著变化，文化教育方面的需求日益提高。

今天，广大民众找寻民族根脉，恢复民族自信的愿望逐渐增强，博物馆信息化建设拥有较大提升空间。截至 2007 年，全国博物馆系统共完成 139 万余件馆藏文物的信息采集，采集各类文物藏品照片数量达 250 万余张，视频影像长度累计超过 4700 小时。半数以上的博物馆建成局域网，2/3 以上的博物馆网络带宽达到 10 M 以上，部分达到百兆、千兆标准。其中故宫博物院网站日访问量高达 50 万人次，南京博物院累计访问量高达 800 万人次。文物博物馆信息化人才队伍建设成果凸显，在全国被调查的 151 个大型文物博物馆单位中，共有信息化专业技术人员 224 人，其中中高级职称人数共 109 人。信息化人才的大量加入，使得文物博物馆单位的专业技术力量大大加强，对信息化建设的加速推进有着至关重要的作用。与之相应，大量先进信息化硬件设备设施被应用到博物馆领域中来，不但拥有大量台式电脑和笔记本电脑等常规设备，同时先进的光学相机、高精度数码相机、数码摄像机等图像采集设备，GPS 设备、三维扫描仪、电子全站仪等先进信息设施，也开始广泛应用于各博物馆。在拥有这些人才资源和硬件设备的条件下，各博物馆充分发挥了自己的技术力量。与此同时，一些博物馆率先开展信息化工作，例如敦煌莫高窟的“数字敦煌”项目。

敦煌研究院对壁画数字化技术的研究目的，是利用计算机数字化技术抢救敦煌石窟珍贵的文物信息，永久地、高保真地保存敦煌壁画、彩塑等珍贵资料；同时为敦煌学研究提供准确详细的信息资料；并可制作虚拟洞窟供游客欣赏参观，为缓解石窟开放的压力、保护壁画提供技术保障。在石窟保护和修复中，引入壁画数字化技术应用于前期工作中的病害现状调查，用数字壁画图像代替传统的银盐胶片记录，并利用计算机生成线描底图，然后基于线描底图调查描绘壁画病害分布图，大幅度提高了保护工作的效率。结合已有的壁画颜料以及变化的理化机理研究，研究了计算机可视技术形象表示壁画色彩变化的过程表达，成为壁画变色研究的重要辅助工具。在石窟考古研究中，利用壁画数字技术的成果，为考古工作提供高质量数字壁画图像，研究开展新型数字技术手段和信息集成方法。在石窟展示工作中，将信息技术与文物数据有机结合，通过运用先进的计算机图形图像技术，人们可以从任意视点、任意视角观察洞窟的三维图像，虚拟展示敦煌石窟的美轮美奂，产生了极大的震撼力。数字壁画图像可以用来制作虚拟洞窟游览、多媒体展播节目、多媒体展示等，为游客提供数字高科技服务，不仅实现了洞窟的逼真重现，还可作用于引导浏览、查询详细的敦煌壁画资料。此外，壁画数字化成果的重要应用还包括数字化技术在游客管理中的应用。

由于数字博物馆的存在，得以构筑物质文化遗产与非物质文化遗产的资料库，提高博物馆藏品的亲近性、有效利用性和有效保存性。数字博物馆超越介绍博物馆并提供相关信息的层面，将在虚拟空间接触并感受博物馆作为目标。敦煌莫高窟保护利用工程是莫高窟保护史上规模最大、涉及面最广的一项综合性保护工程。由于直接与游客参观相关，敦煌莫高窟保护利用工程的子项目保护利用设施建设最为引人关注。这一子项目由两部分组成，一是利用现代数字技术，完成敦煌莫高窟170个A级洞窟的文物影像拍摄、加工处理和数据库建设；二是修建游客服务中心，通过主题电影、洞窟球幕电影等现代数字展示手段，向游客展示一个全新的“数字敦煌”。将来在新建成的游客服务中心，通过多种先进的数字展示设施和方法，让游客全面了解莫高窟的自然、历史背景和洞窟实景之后，再到洞窟内实地参观，这样会有更好的参观效果①。由此可见，通过努力解决和建立起数字化、网络化传播、接收与现场参观、实地考察之间的互动互补的关系，在虚拟和实体、间接和直接、超越时空和回归时空之间建立起新的平衡。最终目标是想方设法让人们回到现场，走进博物馆的展厅，身临其境，亲眼目睹，直接感受，直接对话。

我国悠久的历史和灿烂的文明，保留下来丰富多彩的文化遗产，使深入开展具有中国特色的博物馆信息化服务成为可能。博物馆所拥有的丰富文物资源，是博物馆开展信息化服务的最大保障，也是提升服务质量的最大优势所在。2008年，随着《关于印发〈全国博物馆评估办法（试行）〉、〈博物馆评估暂行标准〉和〈博物馆评估申请书〉通知》的发布，博物馆管理的数字化工作进一步加强。该通知明确规定了“一级博物馆”要实现办公信息化，要具有行政和业务工作数据库；要做到“有专门网站，网页制作精美，内容丰富，形式生动、活泼，支持两种或两种以上语言，网页更新及时”；要求“利用互联网、观众留言本、观众调查表等方式，定期进行观众调查工作，征求观众意见或建议，及时反馈，并尽可能采纳或实施”。此外，通知还对二、三级博物馆的数字化工作提出了相应的要求。至此，我国博物馆的数字化管理在经历了长期的探索和经验积累后，以制度设置的方式正式在博物馆的管理制度中确立并实施。此项规定的出台加速了我国博物馆的数字化进程，在节约运营成本、实现管理科学化和现代化的同时，能够满足专业人士和普通大众对博物馆的

---

① 王艳明：《莫高窟不会关门搞保护》，载《人民日报》（海外版），2009-12-01（7）。

多重信息需求，以一种现代的、便捷的方式诠释博物馆的公益性，让更多的民众能够享受到博物馆的文化服务。

由于我国面积辽阔，各地的历史发展、风土人情普遍存在差异，使得所保留下来的文化遗产各具特色，从可移动文物到不可移动文物，都蕴涵着丰富的思想内涵，承载着古老的文化传统，有着不同寻常的观赏性和趣味性，能够吸引海内外参观者驻足流连，引人入胜。同时，博物馆是中华文明的重要载体和传播源头。作为珍贵文物的保护与展示机构，博物馆应利用自身积累的众多文物藏品，提炼出高质量的公共文化信息资源，完善博物馆公共文化信息基础设施建设，结合新型网络技术的推广，达到利用网络媒介弘扬民族优秀文化，满足广大民众日益增长的精神文化需求，传播中华文明的目的。今天的博物馆不仅是收藏、保存和展示文物的物质空间，而且是公众沟通、参与、娱乐及产生灵感的文化空间。数字博物馆不仅可以通过信息网络，使人们穿梭于实体博物馆与虚拟博物馆形态之间，更因其时空的任意跨越性，而可根据需要重构时空，从而实现实体博物馆不存在的时间形态，这也是其自身文化特色和真正发展方向所在。近年来，我国博物馆信息化建设工作取得了长足的进步，例如故宫博物院、上海博物馆、南京博物院、首都博物馆、湖南省博物馆等一批博物馆机构走在了全国博物馆信息化建设的前列。

故宫博物院作为建立在紫禁城上的博物馆，在其网站建设中，特别关注文物建筑的导览功能，在网页中提供紫禁城的电子地图、建筑搜索、建筑资料，还提供紫禁城的历史资料、宫廷人物、宫廷往事、宫廷典制、文化风俗、宫廷珍宝等资料，使即便没有去过故宫的浏览者也能一览紫禁城的风采。该院网站中设有专门的数字资料馆和学术天地，提供详尽的文物信息和考古科研成果，浏览者既可以通过网站了解所有的馆藏文物信息，还可以了解最新的学术动态、课题研究情况。故宫博物院网站“我的博物馆”界面提供繁体中文、简体中文、英文等个性化服务，具有推广效果好、实用性强的特点。《故宫博物院院刊》《紫禁城》《故宫博物院年鉴》等期刊已经完成了数字化工作，在故宫博物院网站的“数字资料馆”栏目中，可以在线阅读历年的刊物，这也是一项非常重要的信息资源。故宫博物院与中央电视台合作进行专题数字作品的创作，其中大型电视纪录片《故宫》产生了较大影响；与日本凸版印刷企业合作建立的故宫文化资产数字化应用研究所，多年来致力于应用数字技术研制虚拟紫禁城系列影视节目，完成了《天子的宫殿》等作品，通过与观众的互动参与，由外到内的解构与再构，再现了紫禁城宫殿建造过程与结构细节。

明清两朝王宫紫禁城，是世界上规模最大、保存最完整的木结构宫殿建筑群。除了传统的展示手段，故宫博物院同样注重新型信息技术在传统建筑文化传播中的重要应用，与国外多家企业合作，开展“超越时空的紫禁城”“数字故宫”等大型数字化项目建设，并在其中负责文物建筑三维建模与虚拟展示领域的工作。2008 年 10 月，故宫博物院与 IBM 公司合作的“超越时空的紫禁城”正式“落成”，该项目通过运用全球领先的交互式观众体验系统和互动、实时的高科技手段，构建了一个完全潜入式的虚拟世界，为实地和网络的观众提供超越时空的独特体验。在这里参观者可以像现实生活中游览故宫那样，走过每一条参观线路，考察每一处宫殿建筑。更吸引人的是，在虚拟世界中，参观者可以走进太和殿等在现实中不能进入的宫殿。“数字故宫”项目的建设使参观者可以凭自己的兴趣，选择特定的展品无限时地仔细观看、研究，极大地提高观赏的自由度，体现出个性化的特征。这些项目构筑了紫禁城“数字博物馆”，现实世界中紫禁城的建筑、历史、文物都在虚拟世界中有所体现，参与者可以通过完全互动的方式，具体查看所选文物的细部特征，深入了解紫禁城及馆藏文物更丰富的背景知识，还可选择参观紫禁城历史上的某些重要事件，以戏剧般的形式体验曾经的历史情境，获得在历史情境中角色扮演的难得机会。

传统的博物馆资源多以实体形式为主，具体表现为各种文物藏品实体、藏品介绍、藏品档案等。这些资源数量相当庞大，但是其本身确实难于维护、管理和全面展示。即使一座中型的博物馆也往往拥有上万件文物藏品，但是每次用于展览的却只能是很小的一部分，这样低效率的展示跟不上时代发展的步伐。故宫博物院拥有各类馆藏文物150余万件，馆藏文物的数量和价值均居全国之首。但是，长期以来每年展出的馆藏文物只有不足2万件，大多数文物藏品只能长年沉睡库房，无缘与观众相识，而通过数字化技术，这些文物可以呈现在民众面前。如今故宫博物院已经对其藏品全面数字化，其高清晰的数字图片达到50多万幅，拍摄数字视频近万段，累积了数目巨大的数字信息资源。故宫博物院网站中提供了丰富的数字资源，包括文物介绍、文物图片、教育视频、遗迹导览、服务信息、学术资料、院史资料、藏品档案等。其中文物的文字介绍链接功能，对于出现的一些生僻词汇或考古界的专业术语有通俗的解释，使一般浏览者也能方便地欣赏文物、获取博物馆知识。网站中的相当多文物图片具有缩放功能，可以细致展现文物藏品的每一个细节，提高浏览者的信息获取量。经过10余年的努力，故宫博物院已经拥有了自己的专业信息化队伍，并设立了资料信息中心，专门从事数字信息资源的管理和新型信息技术的研究。

上海博物馆是一座以青铜器、陶瓷器、书法、绘画为特色的大型古代艺术博物馆，至今12万件文物藏品已经全部完成信息化工作。该馆重视对学术研究和个性化的展示手段，兴建了国际文博数据库，数据库中有大量的博物馆动态、最新博物馆成果、科普知识资料等，对这些资源，数据库配套的搜索引擎提供智能搜索，无论是博物馆工作者还是一般文物爱好者，都能从中获益。上海博物馆的门户网站提供详细的建筑结构图和各展区的详细介绍，引导参观者在庞大的展厅中方便地找到感兴趣的展示区域。同时，注重个性化展示，提供“三维场景”“视频点播”“绘画技巧”“三维藏品”等特色服务。“三维场景”利用虚拟现实技术，让浏览者能够进入虚拟的数字博物馆，通过虚拟世界参观馆内的文物。“视频点播”使用成熟的多媒体技术，通过点播可以查阅博物馆历次重大活动和专题展览的视频资源。“绘画技巧”提供优秀的三维动画资源，选出能反映国画技巧中“平远”“深远”“高远”等技巧的国画，通过三维动画配合语音讲解，普及中国国画知识，具有强大的视觉冲击力。“三维藏品”通过对重点文物进行建模，利用可交互的三维图像代替了静止的图片信息，更加生动有趣。浏览者可以用鼠标旋转、放大、缩小藏品，“三维互动”配合“结构演示”“铭文演示”“纹饰演示”及文字说明等，使浏览者可以全面了解文物藏品。

南京博物院是我国最早创建的综合性博物馆之一，拥有各类藏品40余万件。该院在信息化建设中着眼于数字化展示方面，设立了信息中心，利用分布式数据库技术建立了藏品数据库，拥有高清晰数字图片近80000张，并基于该数据库设立了门户网站。南京博物院的网站风格简洁但内容翔实，对于馆内常设展览和近期举办的临时展览都有详细的介绍。针对常设展览和临时展览两种不同的展出方式，网站使用了不同的表现形式加以介绍，针对常设展览，网站使用虚拟展馆的方法，馆中诸如明清瓷器馆、青铜器馆、陶艺馆等展厅，都利用可交互的高保真虚拟环境展示技术构建虚拟展馆，网页支持对图像进行放大、缩小、左右旋转、上下调节等操作，让观众对常设展馆有大体的了解，或让观众对已经熟悉的常设展馆进行回顾。针对临时展览，网站一般使用文字结合图片的方式介绍。针对某些展览，特别给出展出品的背景材料和相关知识。另外，还有某些临时展览采用了独特的网上展览方式，使用视频讲解、套图、文字等方式呈现。该院与IBM合作开展“身边的博物馆”项目，面向无法直接来博物馆的青少年，利用计算机、多媒体网络技术，加上专门设计开发的一套历史文化类软件，使偏远地区小学、基层文化社区的青少年足不出户，就能欣赏到博物馆的文物珍藏，了解藏品的文化内涵。

南京博物院的网站中有相当多的馆藏文物信息，提供文物图片和文字说明，同时还对网页浏览者提供文物的搜索引擎，可按藏品种类、年代、名称进行查询。针对图片文物信息不够生动鲜明的缺点，网站设立“虚拟文物”栏目，利用信息技术对东汉错银饰青铜牛、南唐拱立男俑、南唐陶狮、南唐陶人首鱼身俑等重点文物进行了 3D 建模，使之成为数字化虚拟文物，浏览者可以通过网络浏览器转动文物，从任意角度观察珍贵藏品，其展示图像清晰、使用方便，在国内同类展示中更具先进性。南京博物院还承担了“江苏省文博信息网络”的建设任务，负责馆藏珍贵文物三维数字化信息采集、加工与动态三维展示方面的研究。并协助数十家博物馆完成了信息化、多媒体展览的规划、设计。南京博物院网站注重信息化服务，其中学术栏目中，提供近期的学术活动信息，所有由南京博物院承担的科研课题以及科研课题取得的成果都在网上公示，并提供相关资料的下载。不仅如此，南京博物院还致力于将网站构建成一个交流平台，网站中由各文史专家开建博客，在其上发表博文，访问者可以随意浏览，同时还可以在网站的留言板上提问和求助。“文史翰林”栏目中收录了大量电子古籍资料，并给相当多的古籍资料配上了有声朗读，为文史知识较为缺乏的一般观众提供帮助。

首都博物馆网站中展示出各类高清文物图片 500 余幅、特色展览信息近 200 条、视频资源近百条、各类电子出版物 60 余册，电子期刊 10 余套。同时使用三维多媒体技术，建立虚拟陈列系统，使展览现场在时间上得到了拓展。临时展厅专栏针对馆内的几个临时展厅，提供展厅中将要进行或正在进行的临时展览介绍。特别对于正在进行的临时展览，利用全景摄影制作虚拟博物馆浏览，配有对文物资料的链接，虽然不能代替实际参观活动，但是仍然能让无法到达现场的浏览者了解展览内容。该馆还专门制作青少年版网站，侧重于对青少年进行传统文化教育，开辟专门的“中华民族美德专栏”，栏目内容避免容易引起受教育者反感的说教方法，而将尊老爱幼、尊敬师长、谦虚礼貌等传统美德道理融入到故事中，让青少年们在听故事的同时，学习做人的道理。针对青少年好玩的天性，网站中特别介绍了九连环、面人等中国传统玩具，又开辟栏目介绍这些玩具的制作方法，让青少年们对知识的掌握不再停留在知道的程度上。此外，首都博物馆已经不再拘泥于馆内的收藏，同时也把目光投向馆外的各类文化资源。“老北京民俗”专栏利用图片和文字记录下了北京的传统习俗和特色产物，例如北京著名的美食、地方戏曲、世代相传的传统手工艺、盛极一时的老字号等的介绍。

近年来，首都博物馆创新性地建设了信息管理系统，通过博物馆文物藏品信息数据库、博物馆网站等一系列建设，为博物馆的收藏、展示、研究提供了一体化的高效平台，使博物馆在管理、服务等方面获得了强大的技术支撑。该系统工程包含数字化博物馆系统工程、多媒体展示工程、博物馆智能化工程、网络服务工程等。数字化博物馆系统工程，将信息数字化保存、业务研究活动管理、观众现场服务与网络服务等多项应用系统，集成为一个综合系统；多媒体展示工程，将多幕投影技术应用到陈列展览，配合以幻影成像、虚拟现实影像、数字影片等多种多媒体展示手段，强化展示效果，提高信息传达效率；博物馆智能化工程，使展厅内观众活动空间保持舒适的温湿度同时，展柜内则保持有利于文物保护的温湿度，库房能根据文物藏品的材质调节适宜的温湿度；网络服务工程，强调博物馆网站服务功能，专门设有数字博物馆体验页面，提供博物馆及周边的三维数字地图，在地图上分类标出公共设施、交通设施、宾馆饭店等周边服务项目，博物馆内的地图导览系统，则提供博物馆六层建筑的结构图，详细标识出展览区域和公共设施以及在全国率先采用多语种个人掌上电脑导览。同时，博物馆内的安全防范、消防监控与自动灭火、楼宇自动化管理、灯光音响等均可由计算机自动控制。

湖南省博物馆的信息化建设始于 2003 年，不但设有计算机信息中心、典藏技术部，还设置了科研办公室，拥有较强的信息人才队伍。基于先进的硬件设备，湖南省博物馆构建了藏品数据库，开发了图书管理系统、邮件系统，组成了综合办公自动化平台。在数字信息展示方面，湖南省博物馆网站中的许多栏目为浏览者提供个性化服务，还提供有近 10 种风格独特的文物博物馆知识趣味游戏，让浏览者在游戏的同时学习文物博物馆知识，以改变单靠文字、图片的枯燥学习方法。例如“青铜器小游戏”给出一组青铜文物图片，让参与者猜测这些青铜器原本的功能作用；“图片翻翻看”考验游戏者对文物的记忆力，无形中让游戏者加深对这些文物的印象；“填色小游戏”要求游戏者使用规定的一组颜料给一件空白的唐三彩马上色，将唐三彩马的样貌铭刻在游戏者的脑海中；“帛画拼图小游戏”将马王堆一号墓中出土的T形帛画做成了拼图，让游戏者重现其原型，使游戏者了解帛画的构图及帛画中隐藏的内涵。这些游戏将丰富的文物博物馆知识以寓教于乐的理念转化成特殊信息资源，它们在传递过程中，避免说教方式，转而使用趣味互动的方式，让参观者在游戏的同时，不知不觉地接受文物博物馆信息文化。

湖南省博物馆努力将博物馆文化融入社区建设之中。博物馆网站提供丰富的可下载资源，例如古琴曲、文物壁纸、展览海报、小游戏等；网站中专门设置网上订票系统，缓解参观者现场买票排长队的问题；在博物馆展厅中设置多媒体导览系统，帮助游客快速到达自己感兴趣的藏品展示柜；馆中的声光电一体的半景画演示厅是博物馆数字化展示系统的一项重要尝试；网站不但提供馆内建筑的电子地图，还引导各种车辆进入馆中正确的停放位置。基于该数据库建设了湖南省博物馆的门户网站，该网站从数字展示的角度考虑设计，使得整个网站清新友好，体贴实用，特别针对青少年的特点，设计多种多样趣味性强、内容活泼的信息资源和展示手段。在网站的“活动”栏目中，特别为青少年设置了“亲子乐园”和“学生专区”，同时也为成年参观者设置了“成人大课堂”，针对不同年龄阶段的受众，提供其感兴趣的图片和文字信息。在博物馆展厅中设置有多媒体导览系统，游客可以在馆中免费租借到电子导览终端，在走到感兴趣的文物跟前时，便可以收听到对应的语音讲解；在每个展厅内，都配备有触摸屏导览设备，参观者可以利用该设备浏览该展厅中的所有藏品信息，更深入地了解展品知识。馆中的声光电一体的半景画演示厅使用先进的数字技术，使展示的主题更加鲜明突出，视觉冲击力及临场体验感更强。

近年来，一些地方政府提出“无线城市”的建设目标，大力推动泛在技术等新技术的研发、应用和试点示范。“无线城市”是泛在技术的具体形式，即建立“宽带无线城域网”，用高速宽带无线技术覆盖城市所有行政区域，向用户提供在不同地点获取信息的服务，是现代城市重要基础设施之一。目前，我国多个省份及城市纷纷推出了地方无线城市规划方案。例如厦门通过“三纵三横”运营模式，在接入、平台、内容的基础上，交错承载“无线政务，无线产业，无线生活”三大内容应用，积极开展与政府工作、企业运行、群众生活密切相关的高流量无线信息化运用。上海嘉定“无线城市”的目标是形成包括智能社区目标在内的宽带无线城域应用体系。2008年6月，广东省率先提出要建设“无线宽带城市群”，在实现全省主要区域的无线宽带网络普遍覆盖的基础上，促进无线宽带业务在政务、商务、生产、生活等社会各个领域的全面深入应用。2009年6月，四川省政府启动“无线城市”3年规划，规划范围为全省，重点是成都、德阳、绵阳、乐山和眉山五个城市，无线宽带覆盖区内，基本能够使用宽带无线业务高效率进行工作和高质量改善生活。在这样的大背景下，数字博物馆的发展拥有新的起点及不同于以往的范式，这种范式带有鲜明的信息化烙印[①]。

2009年7月发布的《中国互联网络发展状况统计报告》显示，我国网民规模已达到3.38亿人，超过美国位居世界第一，而且网民数量依然保持快速增长的势态，互联网普及率达到25.5%。互联网的使用率和接触度迅速提升，然而与巨大的人口基数相比，我国互联网普及率依然处于较低水平，互联网有效受众规模拥有巨大增长潜力。在网民的组成结构里，学生、机关和事业单位人员、企业管理者和一般职员、专业技术人员等所占比重较大，受教育程度较高，也是比较可能成为博物馆目标观众的潜在人群。在信息化迅猛发展的今天，数字博物馆应是博物馆建设中极其重要的方面。虽然近年来我国地市级以上博物馆均进行了数字化博物馆实践，但是与其他行业的数字化建设相比仍较滞后，特别是在对网络极感兴趣的青少年群体中影响不大。“相关调研报告揭示，大学生了解博物馆或者博物馆新展览的途径，48.4%通过‘报纸杂志’，‘互联网上’虽位居第二位，但只占16.8%。对于‘网上博

① 郑好：《互联网时代的博物馆营销》，载《中国文物报》，2010-04-28（4）。

物馆’，78.7% 的大学生‘听说过，但没去看过’，9.6% 的大学生‘没有听说过’，只有 11.7% 的大学生‘非常清楚，并且看过’，可见没有去过网上博物馆的大学生比例竟然高达 88.3%。在高校这个互联网覆盖已十分充分的群体中，这个比例让人震惊！”①

目前，我国大部分省级以上博物馆都建立了自己的门户网站和设立了信息中心，初步培养了一批既懂文化遗产保护业务又懂信息技术的专业队伍。至 2019 年底，我国文物博物馆领域各单位的总数据容量已经达到 247.9T，已建设的数据资源总量达到 46214.5 GB。就全国范围而言，在被调查的 2401251 件文物藏品中，已有 1059192 件完成了数字化工作，占总数的 44.11%；其中珍贵文物藏品 515304 件，已完成数字化 349479 件，占总数的 67.82%。55.69% 的文物博物馆单位已经全部完成了珍贵文物的数字化工作；2/3 的单位完成了 50% 以上的珍贵文物数字化工作，数据库技术在 80% 以上的省级以上博物馆得到了广泛使用。在数据库建设标准上，已有《文物普查数据库管理系统》《馆藏珍贵文物档案数据库管理系统》《博物馆藏品信息管理试行规范》等标准、规范。在数据管理上，全国 44.55% 的博物馆已经具有数据库管理技术和能力。同时，一些博物馆的技术力量已经具备自主开发专业软件的能力。越来越多的博物馆也在开始尝试将各种尖端信息技术应用到藏品保护、文物修复、库房管理、信息服务等方面。统计数据显示，60% 的博物馆在库房管理中使用智能防盗系统和藏品信息管理系统，省级博物馆中触摸屏和语音导览系统的配备率分别达到 60% 和 50%。

2010 年 1 月，国务院常务会议通过了推进三网融合的总体方案，提出了加快推进电信网、广播电视网、互联网三网融合的阶段性目标和明确时间表，标志着三网融合进入试点推进的新阶段。三网融合突破了传统媒体行业内部及与电信等相关行业的技术壁垒，广播电视与电信互联互通、业务双向进入，一根网线就能够提供语音、数据、图像等多种服务，为新兴媒体的发展带来了良好机遇。近年来，新兴媒

① 毛颖：《博物馆与青少年教育》，载《东南文化》，2010（1）：93。

体迅速崛起。所谓新兴媒体，是指以数字技术、网络技术、信息技术为基础，以有别于传统的传播方式实现传播的新型媒体。新兴媒体具有许多优势：可以实现双向互动、自由点播，受众既是信息的接受者，又是信息的发布者；能够多渠道传播、多方式接收；传播渠道从无线、有线网扩大到通信网、互联网、物联网；传播载体从广播、电视扩大到电脑、手机；能够即时传播、任意转载、海量收播，受众可以随时随地将信息传送出去等。新兴媒体的出现，让人们在任何时候都能从互联网甚至移动通信工具中获得自己喜爱的文化内容。这就深刻改变了人们的信息接收方式和习惯，极大地增强了媒体的传播力和影响力。与此同时，新兴媒体也以锐不可当之势，给传播业带来巨大而深刻的变革。对于新兴媒体这一新生事物，如何进行准确定位，如何认识其发展趋势，如何应用于博物馆文化传播，是当前需要深入研究的实际问题[①]。

随着全世界迅速进入信息时代，互联网络等新兴媒体的各种信息以惊人的速度飞越空间，深入社会的每一个角落，形成强大的传播文化环境，在人们的日常生活中发挥着越来越大的影响力。今天，博物馆已经成为现代社会中重要的信息传播机构，博物馆有责任并且有义务，将蕴涵在实物资料或自然标本中的物质文化与精神文化信息，传播给更加广泛的社会民众。博物馆有效地与各种新兴媒体合作，将为博物馆发展带来许多新的有利因素。由于新兴媒体覆盖的广泛性和即时性，可以使博物馆的各种信息迅速传播，在各社会阶层和不同职业的人群中实现较广泛的普及，大大增加民众对博物馆文化的兴趣和前来参观的愿望，扩大博物馆的受众面和社会影响。同时，与传统媒体相比，新兴媒体更易于为年轻一代所接受。据统计，在我国互联网视频用户中，30岁以下的青少年约占75%，相当多的年轻人已经形成了网上收听收看广播影视节目的习惯。互联网对当代青少年的影响广泛而深刻，已成为他们的“第三课堂”，在日常生活中占有重要位置。青少年思想活跃，兴趣广泛，接受新事物快，博物馆只有将“内容的先进性”与“技术的先进性”有机结合起来，

① 朱虹：《新媒体十论》，载《人民日报》，2010-07-30（7）。

博物馆文化才能走进更多青少年的日常生活，发挥其他教育手段不可替代的作用。因此，从一定意义上讲，抓住了新兴媒体，就抓住了年轻一代，就赢得了未来。

11.3 数字博物馆的未来发展

进入 21 世纪以来，随着互联网络的飞速发展，人类进入真正的信息时代。新的时代在很大程度上改变了人们对博物馆功能与职能的传统界定，并对博物馆使命提出更高的要求。地球是人类的物理家园，文化是人类的精神家园，文化现代化是人类精神生活的现代化。数字博物馆标志着古老文明成果与高科技成果的有机结合与共同进步，使博物馆传统的“文物藏品导向功能”向“文化信息导向功能”延伸，为社会公众提供更加丰富多彩的博物馆文化成果。

加强数字博物馆基础建设

面对新形势新要求，必须深化博物馆信息技术应用，深度拓展博物馆信息资源，大幅提高信息化对博物馆发展的贡献率，最大限度地发挥信息化在博物馆文物藏品保护、利用、传播和积累方面的优势，并显著降低博物馆文物藏品在利用和传播中的潜在风险。博物馆的信息化过程，是利用网络、计算机、通信等现代信息技术，通过对博物馆信息资源的深度挖掘和广泛利用，不断提高博物馆的管理、服务的效

第三届“文化遗产保护与数字化国际论坛”开幕式（2014年9月3日）

率和水平的过程。特别具体到博物馆信息化工作部分，则是指将现代信息技术，应用于文物藏品的收藏、研究、陈列、宣传和管理活动中。从应用角度，可以将博物馆信息化建设分为文物藏品的信息化、文物保护的信息化、传播平台的信息化、博物馆办公和服务的信息化等四个方面。其中文物藏品的信息化工作是利用现代信息技术将文物藏品数字化，即将博物馆中的实体藏品转变为文字、数据、图片、视频、音频等形式，并利用信息技术管理与传播。因此，博物馆信息化能更有效地挖掘隐藏信息，提高工作效率、增大信息传播力度。例如上海博物馆展览厅内设立的触摸屏导览系统，包括历史沿革、陈列大观、典藏精选、服务指南、典型虚拟场景、虚拟三维展品等共 140 多个页面，提供了实用而有吸引力的服务。

在数字技术进入实体博物馆之前，实体博物馆均不同程度地存在着藏品家底不清、业务档案保存不善、资料流失严重、查找使用不便等诸多问题。没有博物馆文物藏品就没有博物馆自身的存在，就失去了博物馆最为本质的实物性特征。而数字博物馆的引入，促进实体博物馆各种资料的整理和数字化保存。数字博物馆的所有信息资源均以实体博物馆的信息资源为基础进行加工、提炼，并以此为基础进行面向社会的资讯服务。数字博物馆是促进实体博物馆管理水平提高的有效手段。特别是实现自动化办公的博物馆，资料的存储、调用的方式，大大加强了对藏品账目、业务资料的安全管理，也提高了管理效率。从宏观的角度看，博物馆信息化不仅是一种技术手段和工作方法，它是一个系统工程，涉及博物馆工作的各个方面，对扩展博物馆的功能、提升其核心价值、扩大社会责任以及促进跨文化交流等，都有着深刻而全面的影响。随着科技进步，引进数字化技术以提高博物馆管理和服务水平已是大势所趋。同时，博物馆全面免费开放的实施，不仅在公益性方面对我国博物馆提出了要求，更对我国博物馆的管理水平提出了更高的要求，以数字化为代表的博物馆管理措施现代化成为发展方向，这也是博物馆发展的必然选择。

传统博物馆展览习惯于用简要的文字信息来作为文物藏品解说的补充，然而简单的文字介绍包含的信息量较少，在现场难以找到不同参观者所需要的相关信息。同时，由于参观者的时间非常有限，不可能在一件或一组文物展品前停留过长的时间，这就使得走马观花式的参观无法达到应有的效果和目的。同时，大量的文物藏品信息难于管理，陈列展览需要经常变动，但是每次展览主题的更换都要经过繁杂的程序，更不用说提供个性化的博物馆服务。因此，一些博物馆存在陈列形式呆板、展览信息简陋、传播手段单一等问题，无法将博物馆所承载的丰富文化信息有效加以弘扬和传播。由此可见，传统的博物馆资源传播形式存在种种弊端，而博物馆信息化建设的开展和数字博物馆的出现，使得这些情况得到了极大的改善。博物馆的信息化过程，是指利用包括传感技术、通信技术和计算机技术等一系列信息技术手段，将博物馆本身及相关信息实现数字化处理与保存，并通过有线和无线网络实现各类博物馆信息资源的整合、加工、交互、传播和开发等各项功能，最终达到博物馆资源利用更加合理，成本更加低廉，管理更加便捷，服务更加深入，同时带动相关方面发展，创造更多的社会与经济效益的过程。

博物馆信息资源包括多种形式，首先是文字信息资源。文字信息是最为主要和常见的博物馆信息资源，其涵盖面广，既包括文物藏品的简要介绍，也包含文物藏品的详细参数、社会背景、相关知识等，同时还能包括针对某件或某组文物藏品所做的考古研究成果、技术鉴定、专家评估等资料。文字信息作为最为普遍的博物馆信息资源，数据量相对较小，可重复利用度高，易于整体提供给参观者，因此被广泛应用于博物馆信息传播之中。其次是图片信息资源，新型的博物馆信息传播途径对其传播手段的生动性、鲜明性有着较高的要求。单纯的文字信息介绍难免让人觉得枯燥，而图片信息利用现代信息设备对文物藏品进行扫描、拍摄，得到高清晰度的照片，能反映文物藏品的细节，保留其丰富的文化信息。图片信息获取成本较低，能以较小的投入使得博物馆信息资源更加生动、文物藏品展示更加鲜活，因此同样应用广泛，是博物馆信息资源的重要组成部分。第三是视频信息资源。视频信息资源是利用数码摄像机等数字设备，将博物馆中的大型展览、重大节目等活动拍摄成视频文件，此外视频信息资源还包含博物馆制作的专题教育短片、知识普及动画等内容。视频信息资源包含信息量大，能给人们身临其境的感官体验。

现实的博物馆文化无法在网络环境中以数据信息的方式进行展示与传播，只有将博物馆的各类信息实现数字化处理与加工，才能通过网络技术进行信息的展示与传播，充分发挥博物馆信息化的作用和实现博物馆文化价值的推广。数字博物馆的信息资源数量必须达到一定规模，展示、教育内容必须具有广度和深度，尤其是在体现数字博物馆特点、优势，为公众提供具有知识性、趣味性展示，提供互动参与使用等方面均有较高要求。因此，数字博物馆必须利用博物馆的大量信息资源建设符合要求的资源数据库，其基础工作包括核查、整理、拍摄、修饰、录入、校对以及开发设计各数据库贮存、检索应用软件等一系列内容。这些工作既具体，又烦琐，必须依靠实体博物馆工作人员进行整理、录入等大量艰苦细致的基础工作以及软件开发和硬件配置，有的工作环节还需要多方面的配合。目前我国很多博物馆正在进行藏品数据库的建设，其中一些大中型博物馆正在进行图片（像）数据库、图书数据库、镜像数据库、陈列展览档案数据库、教育活动数据库等数据库建设，这些都是数字博物馆存储平台的基本建设内容。但是文物藏品已经全部进入数据库的博物馆还为数较少，大多数博物馆进入数据库的信息资源数量不足1/10。一些博物馆虽然信息化设施设备一应俱全，但是，信息化建设进展缓慢，其主要原因在于信息资源建设方面的投入不足。

文物管理信息系统的建设是一个系统工程，需要博物馆信息工作人员、文物管理人员和业务研究人员形成合力。在数字博物馆建设文化内容原创和数字制作转化过程中，可能出现过分专业化而影响传播效果的现象以及过分娱乐化、趣味化的倾向，将会对博物馆文化价值的消解和损害，也是需要特别警惕的问题。“造成这一问题的直接原因，一方面是博物馆人、熟悉博物馆文化资源的专业人员不懂得或不熟悉数字制作、网络传播的原理、特色、意义；另一方面是数字、网络技术方面的专业人员不懂得或不熟悉博物馆文化资源丰富深厚的内涵和特色优势，往往会从顺应普通公众娱乐化、兴趣化的浅层需求出发，或受流行文化、快餐文化、商业文化的干扰，不去也不能把博物馆深厚的文化资源较为丰满地传达给公众，甚至对博物馆文化传播形成负面影响”[①]。同时，数字博物馆在信息资源管理方面存在难点，例如数字化信息储存载体寿命有限；数字化方式存储的信息极易受到诸如磁场、计算机病毒、黑客侵入等外力的干扰、破坏；数字化信息很容易下载和复制，知识产权难以保障等。因此，做好数字博物馆的工作，还要做好博物馆工作者与信息化工作人员以及各方面专业人员的磨合、互补、有效合作。

促进数字博物馆文化传播

长期以来，博物馆文化传播以展览为主。但是今天对于普通观众来说，由实物、图片、文字组成的展览内容，已经无法满足和吸引他们，这些展览手段也已经不能完全表达文物藏品的丰富信息。在传播媒介综合化的今天，博物馆传播的媒介和方式包括广告、宣传册页、图书、刊物、各种电子类宣传品、现场多媒体导览、提供给社会媒体的各种资料。这些手段的运用，对于博物馆的传播媒介来说都是有益的补充。这些技术大致有音频技术、影像技术、场景合成技术、触摸屏技术、视屏技术及网络技术等，它们共同搭建了博物馆面向观众的展示媒体技术平台，在博物馆展示中能够发挥强大作用[②]。博物馆信息化的泛在服务，具有广泛性、随时性、便捷性、交互性等特点，能够实现信息“广泛覆盖”和“准确推送”的功能。对于用户而言，将能够享受“随时接收”和“按需获取”的服务。“博物馆自助游”系统采用最新无线通信技术，解决观众从参观准备到实地参观全过程所遇到的各类问题。内容涉及信息服务、实时服务、资源服务等一系列服务解决方案。观众可以通过手持终端软件，以短信、视频等方式在任何地点浏览相关博物馆信息。同时在每个参观

① 李文儒：《博物馆文化与新媒体传播》，载《中国文物报》，2010-02-24（4）。
② 高晓芳：《略论我国博物馆的传播过程》，载《东南文化》，2009（6）：106。

地点，可实时获取所处位置、周边环境、图文资讯、自动讲解、参与互动等信息。

博物馆系统存在着数量惊人的信息资源，这些信息资源只有实现科学传播与展示才能体现出应有价值，这就涉及博物馆信息资源的数字化展示。博物馆信息资源的数字化展示，一般可以分为信息资源、展示手段、传播方式等三个方面。信息资源是将文物通过信息技术制作成文字、图片、视频、音频、3D 模型及动画等数字资源，是博物馆信息资源数字化展示的基础；展示手段是将信息资源展现给观众时所采用的技术手段，例如构建网站、媒体传输、虚拟现实等；传播方式是指将信息资源传递给观众时所使用的传播媒介，例如互联网、无线局域网、话音通信网等。就目前来说，我国关于数字化展示的研究主要集中在信息资源的制作方面，而在展示手段、传播方式等方面则相对滞后，例如在传播方式方面，大量的博物馆信息资源只是通过互联网用网页的方式展现，但是由于互联网在移动性和灵活性方面的局限，在感染力方面有欠缺，同时，并不是所有的博物馆信息资源都适合使用互联网络进行传播，这就使相当多优秀的博物馆信息资源不能为人所知，被埋没在互联网络信息的汪洋大海之中，造成博物馆信息资源的浪费。由此，需要不断更新观念，将最新适用科学技术成果，引入博物馆信息化建设中，从多尺度考虑博物馆数字化发展问题，实现不同信息资源使用不同传播方式和展示手段。

近年来，随着移动通信的迅速发展以及个人计算机的迅速普及，笔记本电脑、手持智能终端和个人数字助理等便携设备迅速增多，人们希望能通过无线方式随时随地进行数据信息的传送和交换，因此无线数据通信已经成为无线通信领域的发展潮流。随着网络技术、图像处理技术、软件技术等信息技术的不断进步，博物馆信息资源逐渐将虚拟现实、参与互动融入博物馆信息资源的普及传播之中，由此产生一批特殊的信息资源。这些信息资源虽然构建成本较高，特别是视频信息资源制作往往需要高端硬件设备和专业技术人员以及与之配套的传播手段，否则难以体现出视频信息资源的优势，但是其独特的表现形式、强烈的感染力、优越的互动性和娱乐性，使得这些信息资源具有较高的传播能力和应用价值。这些信息资源是博物馆信息资源与先进信息技术结合的产物，是博物馆信息资源的发展方向。例如 3D 虚拟数字文物利用 3D 扫描仪结合三维建模等先进处理技术进行制作，成为一种新型的信息资源，逐渐为众多博物馆所采用。这一信息资源除了具有生动、鲜明的特点外，还具有良好的互动性，观众能够在浏览器中转动虚拟文物，从各个角度观察虚拟文物，从而对文物藏品获得更加全面的认识，这一特性是其他信息资源所不具备的。

博物馆信息化不同于博物馆数字化。博物馆数字化是指利用以计算机为代表的数字处理技术，完成博物馆信息资源的数字化利用工作。而博物馆信息化更加强调利用博物馆信息资源实现博物馆文化传播。博物馆数字化为博物馆信息化提供技术条件。两者既相互关联，又有所区别。“掌上博物馆”是采用新的无线技术和 3G 技术，在自助游览、信息服务方面推出的新功能，是突出个性化服务的信息化应用方式。参观者可以通过手持终端软件方式，在任何地点即可以获取所需目的地的相关信息。到达目的地后，还可以实时获取所在位置、周边信息、图文资讯、自动讲解、文化资源等项服务。“人手一部手机”是现今社会尤其是城市民众的基本生活状况。在对博物馆观众手机功能使用情况的调查中，62.2% 的观众使用过手机上网功能，62% 的观众使用过手机收发彩信的功能，也有近 1/3 的观众使用过手机游戏、手机音乐下载等功能。调查表明，愿意选择用手机上网预订博物馆门票、查询馆藏文物信息、查询博物馆的展览活动信息、接收馆内活动信息等服务项目的观众比例较高。随着 3G 技术的应用普及，手机上网的速度已经得到极大提高，也为基于手机上网功能提供各种服务的方式奠定了更好的基础。因此，随着人们使用手机的进一步普及，基于手机拓展功能而提供博物馆的移动信息化服务，具有更加广阔的前景。

数字化、网络化的出现并日新月异地快速发展，把文化传播带入一个新的境界。新媒体传播使古老的文化遗产与博物馆文化传播面对全新的格局。此种趋势与国家大力推进的博物馆向公众免费开放政策一起，推动博物馆文化与公众、与服务对象的关系进入新一轮的调整期。博物馆文化发展到今天，随着公民文化素质与精神文化需求的提升，随着国家适应社会需求把博物馆建设纳入公共文化建设、公民文化权益保障体系之中，博物馆文化公益性、公共性、公众性的核心价值已经成为人们的共识。而以高科技为依据的数字化、网络化传播的最大特点是最快的传播速度与最大范围的传播覆盖，正在以前所未有的方式和速度凸现和推动着博物馆文化公益性、公共性、公众性的实现，使优秀传统文化与最新科学技术共同构成强大的文化力量。数字化、网络化为代表的信息采集、保存和传播，即推动或带动博物馆文化核心价值在最大范围的实现，还会给广大公众带来博物馆文化的全新体验。数字化、网络化所具有的采集、存储、传播海量信息的优势以及它的无障碍通道，广泛的可选择的共享服务与分享服务，人性化、个性化服务，使得博物馆文化在公众面前变得越来越触手可及。这样的传播不能不改变着、扩展着博物馆文化传播者的价值观念、管理理念和服务的方式，也不能不改变着博物馆文化接受者对博物馆的理解、需求和接受方式①。

近年来，一些博物馆充分利用所拥有的信息资源，作为相关动漫主题推广的重要平台基地，同时提供衍生文化产品的创意源地。例如保国寺根据所典藏的16幅讲述传统人文故事的清代嘉庆年间砖雕作品，创作了16部三维动漫故事短片，再现传统文化魅力。华东师范大学与湖北省文物部门合作，历时2年完成大型考古动画片《三峡文物大抢救》，在参考大量考古资料的基础上，将巴东千年古城遗址搬上电脑，同时还展现了濒临消亡的当地风俗。台北故宫博物院运用动画电影拟人化的特效手法，拍摄3D动画影片《国宝总动员》，总制作经费超过4000万新台币，聘请岛内著名艺人担任配音，以此来拉近民众与文物藏品的距离。文化遗产需要全息化的保护和传承，声音也是“文化遗产”的一部分。在我国第5个文化遗产日当天，北京市首次发布了“北京文物声音标签”。实际上就是一款音频格式的北京文化遗产资源指南，是一项基于无线数字语音平台运营的文化遗产“音景漫游”的文化服务产品。

① 李文儒:《博物馆文化与新媒体传播》，载《中国文物报》，2010-02-24（4）。

这些声音标签都经过了文学艺术脚本创作、大师作曲、名家录制的创作过程，使用者可以登录北京市文物局网站或通过手机下载等方式。与景点解说词最大的不同是，声音标签是从老百姓的角度，以“讲故事”的感性方式，带领人们走进文物古迹的前世今生。同时，接收者可以从声音标签中感受到极强的画面感，获得身临其境般的感官体验[①]。

提升数字博物馆社会功能

过去，人们头脑中固有的传统博物馆必然拥有一定藏品和特定建筑形象，而如今数字博物馆突破了传统藏品和馆舍的概念，扩大了文化遗产保护的范围和领域，充分发挥博物馆保存记忆、传播知识的独特作用。数字博物馆的核心技术是三维图形技术和虚拟现实技术的集成，通过这些技术对采集到的博物馆藏品和展厅数据进行整合，形成三维数据库。

参观者在数字博物馆操作相关按键，就可以通过旋转、放大和缩小图像来进行参观。实体博物馆的丰富资讯得以从数字博物馆这个窗口传递出去，社会公众的需求、意见也可以从数字博物馆这个窗口加以传递，有力促进博物馆与社会公众的沟通，密切博物馆与社会公众的联系，加强社会公众对博物馆的了解。参观者在数字博物馆能够利用论坛、留言板、公众信箱等发表意见和建议，相比实体博物馆展厅的“观众留言”和观众调查，更为客观、真实，并体现出对个人意愿的尊重。通过网络的跨时空功能，可以对博物馆藏品信息资源从时间和空间维度上任意延伸，从而达到独特的展示和应用效果，从而使博物馆对社会的文化影响突破了馆舍、展厅的限制，甚至跨越地域的限制，扩展到更广阔的空间。博物馆的工作者也可以通过数字博物馆更多地提取博物馆文化中所蕴含的信息，使之成为可转化的电子信息，让更多的人在更大的范围内共享。

建立文物管理信息系统不仅使博物馆适应信息社会的需要，为博物馆提供有效

---

① 丁肇文：《北京上午发布文物声音标签》，载《北京晚报》，2010-06-12（4）。

的工作工具，更为重要的是，文物管理信息系统是解决文物管理积弊的重要手段，有利于博物馆摸清家底，打破文物交流壁垒，实现文物藏品的动态监控。这些都是博物馆信息化建设的基础性工作。数字博物馆的信息资源完全来自其所依存的实体博物馆的馆藏文物。每一个实体博物馆的馆藏文物都是唯一的、独特的，是各个历史时期不同地域、不同文化的人类文明坐标，也是各个实体博物馆长期积累的成果。这些成果不可替代，极为宝贵。许多实体博物馆藏有大量文物珍品、古籍善本、文献资料等珍贵藏品，但是，除少数用于陈列和查阅用途外，大部分都封存在博物馆的库房中，大量珍贵文物藏品被束之高阁，得不到合理利用，这既是文化资源的浪费，又造成博物馆与现实社会以及广大民众的隔膜和疏离。目前，众多博物馆通过数字化手段和信息网络提升和扩大了实体博物馆的原有功能。例如观众通过点击进入博物馆网站，移动鼠标，便可以对博物馆收藏的青铜器、瓷器、玉器、书画等珍贵文物进行360度的观赏，比去现场观看更加完整、更加清晰；通过点击多媒体戏台，就可以自由地选择戏剧名段赏析，不仅大大地满足了观众的兴趣，还增加了传播的效果。由此，人们可以在任何时间、任何地点访问数字博物馆，真正做到超越时空。

从全球视角来看，以互联网为先导、以微电子和软件为核心的信息技术变革和信息化浪潮，是推动全球化时代经济、政治、文化、社会变迁的重要动力，也是思考博物馆重新定位、营销创新和管理变革的主要背景。调查显示，观众平时主要习惯于通过电视媒体、网站广告或博物馆网站查询、报纸杂志广告及亲戚朋友或同事介绍等方式来了解博物馆信息。观众在参观博物馆之前，查询最多的信息主要是基本馆藏文物的介绍，前往博物馆的交通路线、票务信息、临时展览等。今天人们来博物馆的主要目的依次为休闲旅游、学习知识、兴趣爱好、艺术欣赏、陪同亲朋好友等。随着人们文化生活需求的逐渐增长及生活水平的不断提高，在博物馆免费开放的促进和推动下，博物馆逐渐进入越来越多人的视野，成为人们学习知识和休闲旅游的重要场所。今天观众们在博物馆不但会仔细观赏陈列文物，而且希望尽可能多地了解文物背后的历史、社会、文化等信息，对从博物馆获取文物信息的兴趣愈加浓厚，特别是博物馆展示方式的生动化及多样化最受观众欢迎，这与目前博物馆提供信息方式的有限性形成对比，因此，为了给观众提供更好的服务，让观众对博物馆的文物有更深的了解，使博物馆能够真正发挥其应有的教育功能，在展品信息上需要多做努力，而信息化浪潮的来临，则为此提供了契机。

在当前信息技术突飞猛进，信息浪潮此起彼伏的时代，特别在泛在技术和相关技术支撑之下，各个行业都已经投入到信息化建设与应用的行列中，取得了显著的成效。与此相比，我国博物馆信息化的推进速度还略显缓慢，依然落后于国家整体信息化建设步伐。实体博物馆由于时空的局限，多采用文献式或纲要式主流展览体系，较重视展览的科学性、逻辑性，强调层次分明、脉络清晰的教育功能，而对文化审美与心灵愉悦功能考虑较少，大部分展览主题挖掘肤浅，馆藏文物利用率偏低，陈列周期过长，陈列手段单一，信息交流存在不对称，互动性差，文化内涵和科技含量不高，与观众沟通交流困难，社会影响不足等问题尤为突出。为了更好地解决这些问题，需要深入了解观众对博物馆信息化的需求状况，以便更好地实现博物馆的信息化建设，对博物馆文化实现更多途径、更大范围、更快速度的全方位、立体化的实体展现与价值推广，为博物馆的观众提供更好的服务，让文物藏品更好地发挥其应有的功能和效用。目前，我国博物馆已处于转型调整的重要阶段，既要继承传统博物馆的功能定位，又要与时俱进，提供更多的社会优质服务，这就需要博物馆工作者打破常规观念的束缚，积极探索新时期的发展模式，结合先进信息通信技术，借鉴成熟信息化应用经验，创新服务模式，走适应新时代文化前进方向的博物馆发展之路。

过去，由于路途遥远，时空阻隔，很多民众难以亲临实体博物馆参观，而如今人们可以在众多数字博物馆里遨游，或了解某个博物馆的历史文化，或欣赏某个博物馆的珍贵藏品，或参加某个博物馆的学术讲座，或参与某个博物馆的社会活动。数字博物馆由于没有物理空间的限制，能够突破空间和时间的藩篱，使参观者在更广阔的范围，在任何时间、任何地点，在不同栏目和页面之间穿梭链接，无论是参观展览、欣赏藏品、浏览新闻、活动资讯，还是参与研究讨论，都可以实现便捷高效，有绝对的自主权。虽然不如亲临实体博物馆的真实体验，但是数字博物馆提供的广阔视野和对博物馆文化生动、深度的阐释，加深了人们对博物馆的了解和热爱，促进了博物馆文化的影响和传播，从而也赢得了社会对博物馆的关注和支持。同时，数字博物馆是向公众进行远程教学的课堂。参观者与展品的高度互动以及展品的技术设置，使参观者能够有效获得自己的学习体验。数字博物馆可借助互联网和数字技术的各种优势，进行交互式远程教学和单向式远程教学，使实体博物馆的教育职能得以更大发挥。数字博物馆还能够在教育区域建立专家定期讲座和专题教育节目以及配合学校课程设计多媒体教学资料，使通过网络远程教学和学习更为方便、深入和系统。

如今，网络技术的全球化加大了博物馆与观众的交互性。通过互联网络平台观众可以便捷地得到博物馆发布的各种信息，并利用交流平台进行反馈。网络技术可以使博物馆扩大潜在的观众，而且由于互联网络的隐蔽性，有利于消解实体观众身份、地位等的差异，观众借助互联网络平台可以自由、平等地浏览信息参与互动，体现出平等意识和民族精神，这是博物馆从高高在上的神圣殿堂走向平民化、通俗化的一条重要途径。信息时代不仅实现博物馆的自我重塑，也进行着对观众的重塑。青年人是乐于接受新事物的群体，也是将来博物馆提供信息化服务的主要对象。我国博物馆网络建设最突出的问题是缺少“青少年教育园地”这一重要内容，虽然有的博物馆网站已经筹建“教育园地”板块，并针对不同年龄段的青少年设置栏目，服务于青少年的普及性及个性化教育内容则仍显薄弱。因此，当前博物馆应该充分利用网络优势，建立自身完整的网络教育体系，以便有效实施对青少年的在线教育。

要适应网络信息技术快速发展的新形势，大力推进数字博物馆建设。借助全国文化信息资源共享工程和远程教育网络，延伸拓展数字博物馆传播服务功能，辐射广大城镇、农村和边远地区，为基层、为民众、为青少年提供更多健康向上的精神文化产品。

创新数字博物馆先进理念

我国在信息化领域取得了令人瞩目的成就，这些科技成果的相当部分可以应用到博物馆信息化建设中来。实体博物馆和数字博物馆具有各自的长处和优势，也都有不足与局限，而且一方的长处恰恰是另一方的短处，一方的缺陷又恰恰是另一方的优势。新的改变绝不是放弃传统的方式。事实上，数字博物馆并不能真正取代实体博物馆。在承认数字博物馆与实体博物馆共存互补关系的前提下，在二者关系中，实体博物馆仍然应是主导，是数字博物馆的基础和依托，而数字博物馆则是对实体博物馆的辅助与延伸。如果二者互补，就能互相促进，相得益彰，共同推动博物馆事业的发展。21 世纪，信息技术日新月异，使世界正在变得越来越平坦。平坦化的世界为知识的传播和资源的共享提供了多种形式并存的平台，也为博物馆的实践提供更为有利的条件，使博物馆文化的传播更加通畅、便捷和高效。与此同时，随着物质生活的改善和文化素质的提高，广大民众对于博物馆的工作能力和服务方式也提出更高的要求。因此需要正确把握新技术革命对博物馆发展带来的机遇，创新博物馆文化传播方式，紧扣观众需求，突出博物馆文化价值，逐步实现信息化普遍服务，发挥博物馆在“提高国家文化软实力”中的应有作用。

博物馆信息化建设是一项浩大的工程，覆盖政策出台、方案规划、技术研发、成果应用等若干工作环节，不可能由博物馆独自完成，必须统筹利益相关者，将各方优势资源有机结合，形成互补，共同建造上下游畅通的实施链条，才能将博物馆信息化建设深入开展。例如对于文字信息而言，其涵盖范围广泛，可以是文物详细信息、文物简单介绍、遗迹历史、注意事项等信息，覆盖了从无限尺度到文物尺度的所有空间尺度。目前使用无线网络传播博物馆文字信息的技术条件已经完全具备。对于图片信息而言，其数据量不大，通过长距离或短距离的无线通信完全可以做到快速传输。利用低分辨率的图片信息，通过移动终端展示博物馆的馆藏文物，能使参观者快速做出自己感兴趣的选择。目前，很多博物馆都提供城市尺度、遗址尺度以及建筑尺度的电子导览图，这些图片可以通过移动终端而非互联网传递给参观者。对于视频信息资源，众多博物馆已经实现利用互联网传播。同时由于数字技术已经相当发达，利用手机、MP4 等设备观看视频已经成为可能。如果对移动终端开放这些信息资源的免费下载，供参观者即时使用，将取得更为理想的效果。由此可以看出，我国博物馆系统拥有大量珍贵的信息资源，但是在展示手段和传播方式方面还需要积极探索，才能实现更为理想的效果。

数字技术也同样可以应用于室外博物馆。例如三坊七巷社区博物馆内存在着海量的“地域文化基因的密码”。福州市规划设计和勘察测绘部门在广泛搜集信息资料的基础上，建立起“三坊七巷”地理信息系统数据库，即以历史街区内的院落为单位，录入当地居民、传统建筑、历史信息等相关数据，配备多种数据分析工具，有效辅助和深化规划编制，并提供方便的信息查询、图文互访等功能。通过历史地理信息系统以时间为向度进行排序累积，建成数据系统，用于了解三坊七巷社区博物馆中历史街巷、文物建筑、传统民居在各个时间点的状态，既能详细监测历史街区的变迁，又能将监测结果用于社区博物馆文化遗产要素的保护、研究和管理。利用数字技术手段，将三坊七巷文化景观、文化空间数据，通过虚拟仿真等技术手段，直观展现给参观者，并可以模拟三坊七巷各个历史时期的风貌，展现历史街区未经改造时的原貌，再现当年居民的生活场景。三坊七巷社区博物馆的文物资料也可以通过数字典藏等手段永久保存。同时，利用电影、视频、多媒体等综合手段，对大量历史人物、典故进行展示。数字导游解说技术已经在三坊七巷社区博物馆试点应用，作为全程自动讲解景点历史与故事的“电子导游”，不受参观路线的限制，更为三坊七巷社区博物馆文化理念的传播创造条件[①]。

当前，虚拟博物馆和泛在技术的概念被提出，引起博物馆界的关注。虚拟博物馆与数字博物馆的区别是，数字博物馆是个体概念，虚拟博物馆是集合概念。数字博物馆是实体博物馆的一部分，是对实体博物馆功能的扩展和延续，虚拟博物馆则是现实中不存在的博物馆，主要是通过广泛的资源整合、创造，进行博物馆文化的传播和推广；数字博物馆强调的是拥有独特数字资源，并对数字资源加以提升利用的博物馆，虚拟博物馆强调的则是资源的重组、创造和对实体博物馆共有职能进行模拟、虚构的博物馆。因此可以说，虚拟博物馆是假设的、实际上不存在的博物馆。虚拟博物馆将某一博物馆组群或一地域范围的博物馆数字资源进行聚合、重组、加工、创造，以丰富的内涵、超大的容量，在互联网上进行展示、传播。虚拟博物馆的特点是不与某一实体博物馆相对应，而是多个博物馆数字资源的集合，或是一个跨地区、跨国家的信息系统。虚拟博物馆不仅可以对实体博物馆加以复制，而且时空跨越性使虚拟博物馆具有更大的创造发挥空间。例如中国古代发明创造数字展示项目，利用现代信息技术和互联网络技术，针对不同受众的需求，将中国古代发明创造所蕴含的海量科技、历史、艺术等信息资源进行二次加工，利用网络通信、多媒体、三维动画、虚拟现实、数字电视、人机交互等数字化技术，重组和创造出一系列数字产品。

经过20多年的努力，我国的博物馆信息化技术发展卓有成效，已经有足够的实力将信息化工作推进到新的阶段。作为中华文明的重要展示平台，博物馆信息化应领先于其他行业。而现阶段博物馆信息化的最大问题，就是数字化展示形式过于单一，大多数是依靠网站来进行数字信息的传播。将虚拟博物馆概念和泛在技术理念融入文化遗产的信息化建设中，让人们在任何时间、任何地点都可以获取先进理念、科学知识，接受中华文明的熏陶，无疑是下一阶段博物馆信息化的重点。从个域网、

① 丁敏帅：《三坊七巷保护驶入数字化车道》，载《中国文化报》，2010-08-16（5）。

局域网，到城域网、广域网，无线通信技术在不同范围之内，针对不同环境，提供着不同的解决方案。泛在技术下的信息化应用，无线技术将起到重要作用。信息化应用方面的业务范围逐渐扩展，业务类型日趋丰富，受众规模逐步扩大，运营模式也在完善和成熟。这些都是博物馆信息化建设的重要参考经验。若将泛在技术理念融入博物馆信息化工作中，则使博物馆系统的传播平台极具多样化，使人们在任何时间、任何地点都能接受博大精深的博物馆文化，这无疑对博物馆信息化建设带来革命性的影响。伴随一系列新型技术的研究、开发、推广，加之博物馆信息化工作中的多年技术积累，已经为我国基于泛在技术理念的博物馆信息化工作提供了充分的技术条件。

国家对于信息与通信产业的推进力度不断加大，为我国博物馆信息化建设寻找新的突破点带来重要契机。与此同时，伴随信息化技术的迅猛发展，多元技术不断融合，催生出更加丰富多彩的应用途径。"文化遗产泛在计划"，是以文物博物馆资源传播的"五大尺度"，即"不受空间时间限制的无限尺度、以城市地区为单位的城市尺度、包括大遗址古建筑群在内的遗址尺度、博物馆等建筑尺度、文物尺度"为依托，有针对性地开展具体项目的信息化工作，做到能够满足"五大尺度"传播要求，让人们可以随时随地以多种方式享用丰富多彩的文物博物馆信息和服务。"文化遗产泛在计划"将通过国家层面、省市层面、博物馆遗址层面分别开展信息化建设工作，形成"同步进行、彼此协同"的效果，有效推进文化遗产信息化建设工作。目前，对传统博物馆的信息化、数字化探索与实践较为普遍，但是对于旧址博物馆、遗址博物馆、生态博物馆和社区博物馆的信息化、数字化工作，还仅仅只用初步尝试或尚未启动。与传统博物馆相比，虽然新型博物馆的信息化技术难度较大，但是具有可行性和无限发展潜力。可以预见，未来博物馆信息化建设，将以泛在技术理念为牵引，以覆盖文化遗产"五大尺度"为目标，以无线宽带技术为基础，推动博物馆信息化建设的快速升级，实现面向公众的博物馆信息化普遍服务。

第十二章 结语

自从1905年清末状元、实业家张謇创建我国第一座近代博物馆南通博物苑起，博物馆事业走过了百年历程。我国的博物馆事业从其诞生之初就被国人视为“广见闻、增智慧”的强国之举，就以“民族的、科学的、大众的”为特征，承担起崇高的社会责任，高扬起伟大的强国理想，“强烈的使命意识一直是中国博物馆传统中最有继承价值的积极因素”[①]。正是我国博物馆先辈，受近代先进思想文化影响，结合我国社会实际，以创建博物馆的形式，肩负起保存文物标本、传播知识文明、服务社会大众的重任，从而冲破旧中国士大夫阶层“玩赏古董”“藏重于用”的旧理念束缚，前无古人地发挥出文物资源的价值与作用。更为重要的是，博物馆先辈在开创和推动博物馆发展过程中，所表现出来的传播文明、启发民智的人文理念：矢志不渝、披荆斩棘的创业精神；无私奉献、恪尽职守的敬业品德；乐而忘忧、服务社会的公众意识，这些都深深地感动社会，并激励着一代一代博物馆人的爱岗敬业精神。近年来，博物馆法规体系不断完善，体制改革不断推进，资金投入不断增加，人才队伍不断会聚，为博物馆事业现实发展不断增添活力，为博物馆事业未来发展不断拓展空间。这些都表明，我国博物馆事业发展处于一个新的战略机遇期，博物馆事业即将踏上新的台阶。

① 曹兵武：《关于博物馆的核心价值》，载《中国文物报》，2007-12-28（6）。

一个国家的综合实力，既指这个国家的经济实力、政治实力、军事实力和外交实力，也指这个国家的文化实力。文化实力能够跨越一系列的指标体系显示出综合国力。当今世界，跨国集团的全球竞争、生产基地的全球布局、文化媒体的全球传播、影视产品的全球输出、品牌制造的全球流行、卡通游戏的全球热销，共同形成势不可挡的全球化潮流，广泛冲击着人们的原有地域文化生活。某些西方发达国家更是凭借其强大的经济、科技实力，向外输出其文化，从音乐到媒体，从电影到快餐，从语言到文学，强势文化裹挟着生活方式和价值观念，无孔不入地对外扩张，渗透到“地球村”的各个角落，其咄咄逼人的态势对别国的传统文化和民族精神构成极大的威胁。文化以其特殊财富的身份显示综合国力。今天，文化力量不仅以其文化产业、文化资源、文化产品和文化设施直接产生经济效益的形式充实国民经济体系，而且还以其巨大的精神财富增进社会财富，成为衡量和测评综合国力的重要方面。由于文化力量的强弱能够反映出一个社会经济发展水平的高低，因此，任何一个国家、任何一个民族，在致力发展经济的同时，都不能不高度重视文化建设，都不能不倾注热情增强文化力量，都不能不防止和及时纠正文化建设落后于经济建设的状况。

进入新的世纪，有识之士逐渐领悟到，在今天世界上还有许多更为重大的问题在困扰着人类，博物馆必须更宏观地思考自己的职能和功能。为此，国际博物馆界也不乏努力和奋斗。回顾进入21世纪以来历年国际博物馆日的主题，可以看出对人类面临问题的普遍关注以及鲜明的时代特点。2000年，新世纪元年，国际博物馆日的主题是“为了社会和平与和谐的博物馆”；2001年，主题是“博物馆与社区”；2002年是“博物馆与全球化”；2003年是“博物馆与朋友”；2004年是“博物馆与无形遗产”；2005年是“博物馆：沟通文化的桥梁”；2006年是“博物馆和青少年”；2007年是“博物馆与共同的遗产”；2008年是“博物馆：社会变革与发展的动力”；2009年是“博物馆与旅游”；到2010年，国际博物馆日的主题升华为“博物馆致力于社会和谐”。这些国际博物馆日的主题，也是我国博物馆文化的主旨，充分反映出新时代博物馆关注社会现实、承担社会责任、体现社会价值的风貌，充分表达出人们追溯自身精神轨迹的清醒意识。今天，我们正处于快速发展的时代，我们所面临的一些问题，既是迫在眉睫的问题，也是不能回避的问题。但是，不能埋头于头痛医头、脚痛医脚地研究现实问题，而忽视博物馆的基础理论研究。博物馆不是静止的，博物馆实践也不会永远停留在原有的经验上，需要博物馆工作者着眼未来，强化探索意识。

正如苏东海先生所指出，“60 年来，国际博物馆界和博物馆理论界有合有分，有分有合，博物馆研究的两种思想路线在分合中前进。新世纪以来，新的整合、新的分化给博物馆界带来的不是相互削弱而是共生共存的繁荣”[①]。当前，我国各项事业处于前所未有的大变革、大发展、大跨越的战略机遇期，同时，各种思想文化此消彼长，人们的思想日趋活跃，对精神文化的需求呈现多元、多样、多变的特征。D. 格鲁考克（D.Grew Hancock）指出“如果说早期的现代城市规划是对 19 世纪工业城市化的回应，那么 21 世纪初期应当被看成是一个充满巨变的时期，亟待新的规划方法；这不仅仅包括规划的新工具，更重要的是改变规划的实质和专业本身。这个转变过渡期是城市博物馆的机遇所在。城市规划所经历的变化与博物馆所经历的变化是相似的，即所谓的“新博物馆学”。这两个领域里，无论是学术批评还是专业的自我检查时期，都有新理论和实践产生”[②]。因此，博物馆学理论应该有更为广泛、更为综合的概念，博物馆工作应该有更为科学的前提。随着社会的发展，任何一门学科的研究都会有一个新的发展，理论思维的高度标志着一门学科发展的水平，要建立具有中国特色和符合我国发展特点的博物馆学理论体系，博物馆学的研究就不能停留于以往的研究水平。

长期以来，“欧洲中心论”引领着世界博物馆发展趋势。由于在欧洲诞生了古希腊、古罗马所代表的西方文化，更有文艺复兴的光辉；由于在欧洲最早发生了产业

---

① 苏东海:《国际博物馆理论发展中两条思想路线札记》，载《中国文物报》，2010-06-30（6）。
② 苏东海:《国际博物馆理论发展中两条思想路线札记》，载《中国文物报》，2010-06-30（6）。

革命，直至近代仍然是新的科学技术思想的发源地。因此，长期以来，以欧洲为中心的博物馆理念占据着世界博物馆理念的制高点。“随着美国的社会经济、科学技术与文化的发展，特别是近百年来的突飞猛进，美国集中了不少世界上第一流的人才，欧洲中心论无形地转为欧美中心论。这在第二次世界大战前后更是如此。这也是有一定历史条件作为基础的”①。今天，我国博物馆界与国际博物馆大家庭的联系日益广泛。国际社会的经验可以为我国博物馆事业发展开阔思路，但是，却不能原样克隆移植，全盘模仿复制，盲目照抄照搬，直接应用于实践，而必须深入分析我国历史的沿革、发展的阶段、政治的特点、文化的传统、社会的需求等，特别是结合我国文化遗产资源的特点，加以选择吸收，寻找更加适合我国国情，具有中国特色的博物馆事业发展之路。正如吴良镛教授所指出，“在我国的伟大实践中，我们必须会产生我们自己的开拓者、创业者，各个方面杰出人物。中国一切有抱负的专业工作者，当然要学习外国。但各种学习的最终目的，在于从本国的需要与实际出发，进行探索、创造自己的道路”②。

当今时代，博物馆的功能与职能，将再次从“保护文物藏品”延伸到“保护文化遗产”。“保护文化遗产”是时代对当代博物馆的呼唤，也是体现博物馆价值的需要，这一需要的实现，使博物馆工作者打开视野．面对多样化的文化资源，进入无限的发展空间。博物馆功能与职能的拓展和深化，赋予 21 世纪博物馆工作者前所未有的用武之地。事实上，我国博物馆文化从起源阶段，就呈现出多样性态势，不同的类别、不同的地域，创造着不同的博物馆文化。当前，文化遗产保护的视野不断扩展，从文化遗产到自然遗产，从历史遗产到当代遗产，从物质遗产到非物质遗产，博物馆的保护、研究、展示空间，也必然从传统博物馆的“馆舍天地”，走向丰富多彩的“大千世界”。正如 K. 林奇（K.Lvnch）所说：“空间与时间环境所形成的对于未来的态度本身就是改变世界的关键所在。”③“原先栖身于一隅，也许自觉为其乐无穷；当进入这‘大千世界’，更能感到自己‘任重而道远’”。由此，博物馆文化的展

① 邓肯·格鲁考克：《城市博物馆和城市未来城市规划的新思路与城市博物馆的机遇》，载《国际博物馆》，2006（2）：32。
② 吴良镛：《广义建筑学》，台北，地景企业股份有限公司，1994。
③ 邓肯·格鲁考克：《城市博物馆和城市未来城市规划的新思路与城市博物馆的机遇》，载《国际博物馆》，2006（2）：32。

示空间从馆舍到社区、从城市到乡村、从地上到地下、从国内到国外，将文化遗产与自然遗产置于博物馆的广义范畴来认识，体现出外向的、多维的、以促进社会发展为己任，以满足公众需求为核心的发展思路和时代精神。

从“馆舍天地”走向“大千世界”，还体现在博物馆的类型发展。旧址博物馆、遗址博物馆、生态博物馆、社区博物馆、数字博物馆等各种各样的博物馆形态，百花齐放，共生共荣，正在结合我国经济社会发展的形势与趋势，进行着积极的实践。城市规划学者 P. 格迪斯（P.Geddes）认为新型博物馆对于理解城市的过去、现在和将来具有明显的潜在作用，“它与以往博物馆运动的不同之处在于，观众既是博物馆的参观者，也是参与者，它的目的就在于让人们与地点、机构和环境形成一种新型的、更为紧密和富有成效的关系”[①]。博物馆的概念必须扩大，从近年来的实践，也可以深刻地感受到这一点。博物馆已经不再囿于传统博物馆的范围，其所包括的内容早已螺旋式地不断发展，大大超过以往博物馆学的领域。面对时代进步，面对文化遗产保护“博物馆化”和博物馆文化“文化遗产化”的发展趋势，博物馆文化必须要有新的创造，博物馆文化的进步，必将丰富和提升原有的文化含量。博物馆的核心理念和价值观念必然不断酝酿和形成，博物馆的思维范式和行为模式必然不断变化和转换，博物馆的专业功能和社会职能必然不断完善和提升。正因为如此，对于博物馆事业发展面临的诸多问题，需要进行全面的分析与整体的思考。

随着世界范围的经济、政治、文化、社会的变化，博物馆事业对国家发展、社会进步的重大作用愈来愈被人们所认识，可以预见博物馆学和博物馆事业，无论在数量上、规模上、发展速度上以及在内容和方法上，都将发生深刻的变化，“广义博物馆”时代将会到来。为什么要提出“广义博物馆”的概念，并不是认为人们通常所说的博物馆概念已经过时，反而今天博物馆学的基本理论需要不断深化和普及。长期以来，人们站在“馆舍天地”，讨论博物馆的功能与职能。这些是博物馆学的基本内容，也是博物馆学的核心内容。对于这些方面的研究，仍然有大量需要加以探

① 邓肯•格鲁考克：《城市博物馆和城市未来：城市规划的新思路与城市博物馆的机遇》，载《国际博物馆》，2006（2）：32。

索的问题。但是，提出和探讨“广义博物馆”概念的目的，在于从更大的范围和更高的层次提供理论研究和实践创造框架，以进一步认识博物馆学的重要性和科学性，揭示博物馆学的广泛性和复杂性。今天，无论是从宏观的系统整体出发，或是从微观的应用角度出发，对博物馆学的一些问题进行深入探索，都不可避免地涉及众多相互联系的学科。“现代自然科学既高度分化又高度综合。一方面，学科越分越细，新学科、新领域不断涌现；另一方面，不同学科或领域之间又相互交叉、融通，向综合的方向发展。‘融汇中外，沟通古今’已成为越来越多学者追求的学术境界”[①]。

今天，我们正沐浴着21世纪的朝阳，新的时代需要什么样的博物馆，博物馆又如何凸显自身的存在价值和特色，这是必须思考的问题，因为这些问题决定着今后博物馆的运行和发展方略。博物馆必须从相对狭小的“馆舍天地”中走出来，迈向更为广阔的“大千世界”，这是人们在社会实践中得出的结论。实现博物馆的文化创新，需要有坚定的自信和包容的胸怀。当今社会生活，呈现信息化、网络化、数字化的特征，也促进博物馆文化形态快速转变。在此背景下，任何博物馆都不可能固守原有的孤芳自赏和自我封闭，而需要更多地介入社会，更多地关注民众，从而发挥更多的社会功能，担当更多的社会责任，完成一次次历史的飞跃。这是博物馆面临的挑战，同时也是博物馆发展的机遇。这些挑战与机遇，使博物馆有机会重新审视自己的地位与责任，跳出传统的樊篱，发掘出更多的潜能。同时，博物馆的工作范围和价值影响，也已经不仅仅在馆舍之内，而走出博物馆的围墙，涉及更广泛的内容。新时期博物馆事业发展，应该有能力承担这一任务。当前人们不断以新的价值观和时空观审视博物馆的存在形式、社会职能以及发展方向。同时，文化多样性正在形成博物馆文化的多样性，成为博物馆发展的时代特质和发展态势。

历史长河滚滚向前，社会发展生生不息，人类在这颗蓝色星球上的文化创造也必然永不停歇。今天的时代亦将成为明天的历史。博物馆作为当今社会重要的文化机构，必须对城市化、信息化和全球化时代作出积极回应，重新检讨博物馆在信息

① 江蓝生：《追求融通与交叉的学术境界》，载《人民日报》，2009-08-07（7）。

化时代与学习型社会中的角色定位，实现博物馆功能与职能的不断扩展。博物馆社会化不仅可以丰富城市文化内涵和提高大众艺术品位，而且可以使原本就属于全社会的宝贵遗产，更好地为全社会的发展服务。在社会多样化需求面前，博物馆应改变坐等观众上门、坐等财政拨款的办馆观念，不断拓宽视野，不断延伸功能，从“文物藏品导向”转向“社会需求导向”，从“文物藏品为本”转向“以人为本”，通过特色化、生态化、社区化和人性化发展，用丰富多彩的精神成果，全方位为社会服务，满足大众需求，焕发自身活力。在积极倡导博物馆从“馆舍天地”走向“大千天地”的同时，必须更加注重博物馆从“数量增长”走向“质量提升”。通过审视影响和制约我国博物馆发展的瓶颈，探索面向未来的科学发展之路，包括努力建设符合我国国情的博物馆法律法规体系，努力建设适合我国博物馆布局和类型特点的管理体制，努力建设保障广大民众文化权益的博物馆社会服务机制，努力建设保证博物馆事业得以持续发展的人才队伍。

当今时代，全球化进程将世界各国更为紧密地联系在一起，我国作为世界上最大的发展中国家，正在向富强、民主、文明、和谐的强国迈进，勤劳善良的中国人民，正在积极致力于实现中华民族的伟大复兴。国家意识是对民族存在的一种文化自觉，其最大的意义就是增进民族认同，提高民众的归属感和凝聚力。而与国家意识不可分割的，则是文化传统。中华民族正处在伟大复兴的重要阶段，对此必须有清醒的文化自觉。既要深入挖掘中华文化的精髓，把优秀文化贡献给人类社会，又要深刻反省文化传播的局限，以便更好地吸收世界其他国家和民族文化的精华，并且适应现代经济社会发展的要求，给予中华文化以现代的诠释和解读，使之产生新的生机和活力。一个经济上正在迅速成长、国际地位正在迅速提高、文化影响力正在蓄势待发的国家，应以更强烈的责任感，来筹划和推进博物馆事业的全面发展。博物馆发展需要现实的鼓舞，同时，也需要执着于终极目标。有理想之光的照耀，博物馆文化将变得更加有意义。

国家的繁荣富强必然带动博物馆事业的跨越式发展。随着博物馆事业的发展，博物馆文化在国家文化体系中，发挥着日渐强大和潜移默化的软实力作用。博物馆文化已经深入到社会的各个领域、各个行业以及各个阶层之中。面对这样的形势和局面，博物馆界必须及时调整思路，审时度势，牢牢把握博物馆未来的发展趋势。经济全球化、政治多极化、文化多元化、社会多样化已成为当今世界发展的大趋势，而时代的主旋律则是"和谐""共享"和"发展"。时代的主旋律对博物馆的社会价值和社会责任提出了更广、更高的要求，并深深地影响着博物馆的发展主题和方向。从某种意义上说，我们居住的地球也是一座博物馆，每一处文化遗产的幸存，都是人类社会的幸运，珍惜和保护地球上所有属于全人类的文化遗产，是每一个地球人应尽的义务，更是每一座博物馆的应尽责任[①]。博物馆领域是一个开放的体系，只要博物馆存在，总会有新的问题、新的挑战出现，需要不断把握博物馆发展的脉搏，具体问题分析，拿出切实可行的解决办法。博物馆能否在新的世纪真正对人类文明和社会发展产生出前所未有的作用，能否成为未来社会中不可或缺的文化资源，能否承担引领文化发展方向的重任，这些已经成为当前明确博物馆前进方向需要深入思考问题。

如今，博物馆的多样性发展，成为衡量一个国家或地区文化繁荣的重要标志之一。"经济全球化是人类的一种需要，文化多样性也是人类的一种需要，只是前者强调物质层面，后者关注精神层面"[②]。博物馆的多样化发展，对于建设和谐社会有着极其重要的现实意义。和谐社会强调各种思想文化相互借鉴，相得益彰，主张在坚持核心价值体系的基础上，尊重文化的多样性，推动不同文化相互学习，取长补短，实现弘扬主旋律与提倡多样化的有机统一。今天，无论是旧址博物馆，还是遗址博物馆；无论是生态博物馆，还是社区博物馆，这种贴近文化原生地环境的博物馆类型，使保护文化遗产本体与保护文化遗产环境联系在一起。"于是文化遗产就分成两种存在：一种是聚集在博物馆中的存在，另一种是生活在原生地的存在"[③]。一

① 于海东：《地球也是一座博物馆》，载《北京日报》，2009-05-15（14）。
② 汤家庆：《多样性与博物馆创新》，见《携手 2010：宁波国际博物馆高峰论坛论文选辑》，第 119 页。
③ 苏东海：《国际博物馆理论研究的分化与整合》，载《东南文化》，2009（6）：9。

种存在于“馆舍天地”，一种存在于“大千世界”。两种存在形成了文化遗产保护的两极分化，博物馆也由此发生了两极分化。实际上，文化遗产的两极分化促进了博物馆的两极分化，“出现了主流博物馆和社区博物馆共存共荣的新局面。这种分化是有积极意义的”。苏东海先生认为“这种分化是客观存在的，没必要也不可能把它们统一起来，它们应该在博物馆这面大旗下分别发展，共存共荣”[①]。

国际博物馆协会所倡导的“为社会和社会发展服务”，体现出博物馆所具有的普适性质的道德观与价值观。为此，既要全面提升博物馆文化的吸引力、感染力、传播力和影响力，让更多的社会民众走进博物馆，也要推动博物馆走向社会舞台，走进民众心灵，担当起服务社会的神圣使命。近年来，城市化加快进程，带来自然、社会、文化、科技、经济、环境的快速改变，博物馆应更加积极地参与社会变迁过程的讨论，帮助人们树立正确的发展理念。博物馆的收藏、保护、研究和展示，要反映社会变迁过程及其特有的文化积淀，要多层次、多角度地反映城市发展所承载的城市文化内涵，要为维护城市特色和新的文化创造提供智力支持。文化多样性的存在与发展是人类社会的基本特征。博物馆要更充分地关注全球化、现代化和信息化对社会发展和民众生活的影响，在避免文化冲突、协调文化矛盾、增进文化包容、鼓励文化创新中发挥更加积极的作用。鉴于近年来文化遗产理念的发展为博物馆带来新的挑战与机遇，博物馆在配置文化资源和开展科学研究时，要更加鼓励跨学科、跨部门、跨行业合作，通过共同努力，使历史与今天、文化与自然、物质与非物质、可移动与不可移动等不同形态和形式的文化遗产，在博物馆文化的传播中均成为主角。

英国博物馆学会发表的《建立21世纪卓越博物馆的宣言》中指出：“在社会经济冲击下，广义的博物馆是科学与艺术普及教育或终身学习的中心，是公民与社区的空间，是社会变迁与促进文化理解的机构，典藏人类文化遗产的博物馆是创造力的触媒，是旅游与观光的关键伙伴，也是文化研究与创新事业中重要的一环。”[②]事

① 苏东海：《国际博物馆理论发展中两条思想路线札记》，载《中国文物报》，2010-06-30（6）。
② 汤家庆：《多样性与博物馆创新》，见《携手2010：宁波国际博物馆高峰论坛论文选辑》，第119页。

实上，博物馆也是生物多样性与文化多样性的中心。如此，博物馆不再局限于一个固定的建筑空间内，而变成一种"思维方式"，一种以全方位、整体性与开放式的观点洞察世界的思维方式。传统博物馆作为一个文化单元，工作出发点往往局限于行业发展，思维落脚点往往专注于文物藏品，对人们的生活和社会发展关注不够。面对当今经济全球化、政治多极化、文化多元化的大趋势，伴随博物馆社会角色的转变，博物馆的工作思路必然也要转变，不仅要做好自身的业务工作，还应该多做有利于社会、有利于民众的社会工作。博物馆只有不拘泥于封闭的"馆舍空间"，而走向"大千世界"，服务"大千世界"，才能更加体现出自身的核心价值和社会责任。

博物馆的核心价值和社会责任是在自身建设和发展中逐渐形成，并为实践证明是正确的，成为博物馆的宝贵精神财富和优秀传统，也是博物馆的生命和灵魂所在，失去核心价值，脱离社会责任，博物馆就会迷失方向，丧失安身立命的基础。博物馆维护核心价值和践行社会责任，也是尊重自己的历史，维护博物馆的生存之基、精神之本。在当前丰富多彩的博物馆世界中，更需要坚守博物馆的核心价值，实现博物馆的社会责任，只有这样，才能保证博物馆在越来越多样化的社会中，不随波逐流，不放弃理想，不异化变质，为博物馆事业的可持续发展奠定坚实基础。今天，社会进步向所有的博物馆提出了双重任务，一是立足"馆舍天地"搞好文物藏品的汇集、保护、研究，推出主题鲜明的博物馆陈列展览；二是走向"大千世界"，在文化遗产原生地保护文化遗产，推出丰富多彩的博物馆文化活动。如果说"馆舍天地"是博物馆工作的基础，那么"大千世界"是支撑这个基础的源流活水。走向"大千世界"，并不仅仅意味着突破馆舍空间的限制，同时也意味着突破传统理念的约束，在"大千世界"中寻找博物馆发展的智慧和动力。只有将"馆舍天地"纳入"大千世界"，博物馆工作的基础才能够不断得到充实和巩固。如果说"馆舍天地"是博物馆事业的起点，那么融入"大千世界"则是博物馆事业的方向。

我国作为历史悠久的文明古国，山河壮美，文化灿烂，文化和自然遗产极其丰富，发展博物馆事业有着得天独厚的资源条件。但是，博物馆文化必须形成一种大众普遍认同，并具有吸引力的整体力量，才能够成为推动历史进程的积极因素。没有吸引力的文化只可能成为一种传统，但是却不能够成为一种力量。要使博物馆文化成为推动历史进程的整体力量，就必须让博物馆文化具有更加强大的吸引力和凝聚力。这就对博物馆提出了更高的标准与期待，也提供了更为广阔的发展空间。今天，博物馆的功能与职能已经超越了传统的范畴，博物馆的形式与空间也突破了以往的馆舍建筑和固定的空间模式。博物馆文化的研究和实践领域随着时代而横向拓展、纵向深化，原有的理念一旦落后于实践，新的理念就必然会诞生。每一次变革都会使博物馆文化更为强大、更为有力。20 世纪博物馆事业的发展已经证明了这一点，并且必将在 21 世纪博物馆事业的进一步发展中继续得到证明。我国博物馆事业已从 100 年前的艰难起步，到 60 年前的重新出发：从 30 年前的阔步前进，到如今

上海世界博览会中国馆（2010 年 4 月 13 日）

的走向世界。不久前国际博物馆协会第 22 届大会在我国成功举行，既是国际博物馆界对我国博物馆事业的信任与支持，也是我国博物馆界对自己综合实力的凝聚与展现，“使我国博物馆界更加自信，敢于、勇于、善于发出中国强有力的声音”。